I0093660

MANUEL

DE

DROIT CONSTITUTIONNEL

Théorie générale de l'État
Le Droit et l'État — Les Libertés publiques
L'Organisation politique de la France

PAR

LÉON DUGUIT

DOYEN DE LA FACULTÉ DE DROIT DE L'UNIVERSITÉ DE BORDEAUX

QUATRIÈME ÉDITION

REVUE ET MISE AU COURANT

PARIS

ANCIENNES MAISONS THORIN ET FONTEMOING

E. de BOCCARD, Éditeur

I, RUE DE MÉDICIS, I

1923

MANUEL

DROIT CONSTITUTIONNEL

DU MÊME AUTEUR

Traité de droit constitutionnel. 2ᵉ édition en 4 volumes in-8°.

Tome I. — La règle de droit, le problème de l'État. 1921.
Tome II. — La théorie générale de l'État, 1923.
Tome III. — La théorie générale de l'État (*suite et fin*), 1923.

Sous presse :

Tome IV. — L'organisation politique de l'État français. Les libertés publiques.

MANUEL

DE

DROIT CONSTITUTIONNEL

Théorie générale de l'État
Le Droit et l'État — Les Libertés publiques
L'Organisation politique de la France

PAR

LÉON DUGUIT

DOYEN DE LA FACULTÉ DE DROIT DE L'UNIVERSITÉ DE BORDEAUX

QUATRIÈME ÉDITION

REVUE ET MISE AU COURANT

BIBLIOTHEQUE DE FRANCE

3 7513 00192149 2

PARIS

ANCIENNES MAISONS THORIN ET FONTEMOING

E. de BOCCARD, Éditeur

1, RUE DE MÉDICIS, 1

1923

BIBLIOTHEQUE
DE FRANCE

MANUEL

DE

DROIT CONSTITUTIONNEL

Théorie générale de l'État
Le Droit et l'État — Les Libertés publiques
L'Organisation politique de la France

PAR

LÉON DUGUIT

DOYEN DE LA FACULTÉ DE DROIT DE L'UNIVERSITÉ DE BORDEAUX

QUATRIÈME ÉDITION

REVUE ET MISE AU COURANT

BIBLIOTHEQUE DE FRANCE

3 7513 00192149 2

PARIS

ANCIENNES MAISONS THORIN ET FONTEMOING

E. de BOCCARD, Éditeur

I, RUE DE MÉDICIS, I

1923

BORDEAUX. — IMPRIMERIE CADORET

17, RUE POQUELIN-MOLIÈRE, 17

TABLEAU DES ABRÉVIATIONS

Arr.....................	Arrêté.
Cass.....................	Cour de cassation.
Cons. d'Etat..............	Conseil d'Etat.
Const...................	Constitution.
D., DD..................	Décret, Décrets.
D. régl.................	Décret réglementaire.
D. règl. adm. publ.........	Décret portant règlement d'administration publique.
D. forme de règl. adm. pub..	Décret rendu en la forme des règlements d'administration publique.
Dall.....................	Dalloz, *Recueil périodique.*
Décl.............	Déclaration.
Doc. parl.................	*Documents parlementaires.*
J. off....................	*Journal officiel.*
L., LL..................	Loi, Lois.
L. fin....................	Loi de finances.
Loc. cit.................	*Loco citato.*
Rec.....................	Recueil des arrêts du Conseil d'Etat.
Règl.....................	Règlement.
S......................	Sirey, *Recueil général des lois et des arrêts.*

INTRODUCTION

—

1. Le droit objectif et le droit subjectif. — Par le même mot *droit*, on désigne deux choses qui, sans doute, se pénètrent intimement, mais qui sont cependant tout à fait différentes, le *droit objectif* et le *droit subjectif*.

Le *droit objectif* ou la *règle de droit* est la règle de conduite qui s'impose aux individus vivant en société, règle dont le respect est considéré à un moment donné par une société comme conforme à la justice et comme la garantie de l'intérêt commun, règle dont la violation entraîne une réaction collective contre l'auteur de cette violation.

Le *droit subjectif* est un pouvoir de l'individu vivant en société. C'est le pouvoir pour l'individu d'obtenir la reconnaissance sociale du résultat qu'il veut, quand l'objet voulu et le motif qui détermine son acte de volonté sont reconnus légitimes par le droit objectif.

Ces expressions *droit objectif* et *droit subjectif* sont aujourd'hui courantes dans la terminologie juridique. Depuis longtemps déjà, elles sont communément employées par les jurisconsultes allemands, et, depuis quelques années, elles ont acquis droit de cité dans la littérature juridique de notre pays. D'aucuns le regrettent et critiquent ce qu'ils appellent dédaigneusement une importation germanique. Nous ne tenons pas aux expressions, mais nous tenons à la distinction qu'elles expriment et que les jurisconsultes français ont eu le tort pendant longtemps de ne pas faire nettement.

A tout prendre, les expressions *droit objectif* et *droit subjectif* sont commodes, et, dès lors, l'emploi en est tout à fait légitime.

2. Fondement du droit. — Pour bien poser et bien comprendre la question, imaginons une société idéale où il n'y aurait pas d'autorité politique, pas de lois écrites. Dans une pareille société, existerait-il un droit et quel serait le fondement de ce droit ?

Qu'il y ait un droit, cela nous paraît incontestable. Nous dirons même : il faut qu'il y ait un droit. Nous savons bien que sous l'influence de Hegel et de Ihering, toute une école, principalement en Allemagne, enseigne que le droit ne se conçoit que comme une création de l'Etat et n'a pu exister que du jour où un Etat constitué l'a formulé ou, tout au moins, l'a sanctionné. Il faut, à notre sens, énergiquement repousser une pareille conception. Ne pourrait-on pas établir le fondement du droit en dehors d'une création par l'Etat, il faudrait affirmer, *comme postulat*, l'existence d'un droit antérieur et supérieur à l'Etat. La conscience moderne sent le besoin impérieux d'une règle de droit, s'imposant avec la même rigueur à l'Etat détenteur de la force et aux sujets de l'Etat. Il n'est pas impossible, au reste, de montrer qu'en dehors d'une création par l'Etat, le droit a un fondement solide, qu'il est antérieur et supérieur à l'Etat et que, comme tel, il s'impose à lui.

Le problème n'est pas nouveau, et il s'est posé à l'esprit de l'homme du jour où il a commencé à réfléchir aux choses sociales. Les doctrines qui ont été proposées pour la solution du problème sont innombrables et de gros livres ne suffiraient pas à en exposer la formation et les conclusions. Cependant, il nous semble que ces doctrines si nombreuses se rattachent à deux tendances générales opposées et par suite peuvent se classer en deux groupes :

1° Les doctrines du droit *individuel;* 2° les doctrines du droit *social.*

3. Doctrines du droit individuel. — Quelque variées que soient ces doctrines, elles se ramènent toutes aux idées essentielles suivantes :

En venant au monde, l'homme possède, en sa qualité d'homme, certains pouvoirs, certains droits subjectifs qui sont des *droits individuels naturels*. Il naît *libre*, c'est-à-dire avec le droit de développer librement son activité physique, intellectuelle et morale et en même temps il a droit au produit de cette activité. Cette liberté physique, intellectuelle et morale, il a droit de l'imposer au respect de tous. Ainsi existe pour tous l'obligation de respecter le développement libre de l'activité physique, intellectuelle et morale de chacun, et cette obligation est le fondement même du droit, règle sociale.

Mais, par la force même des choses, la sauvegarde des droits individuels de tous rend nécessaire une limitation respective des droits individuels de chacun. D'où il suit que dans la doctrine individualiste, la règle de droit d'une part impose à tous le respect des droits individuels de chacun, et d'autre part impose une limitation aux droits individuels de chacun, pour assurer la protection des droits individuels de tous. Ainsi on part du droit subjectif pour s'élever au droit objectif ; on fonde le droit objectif sur le droit subjectif.

Cette doctrine implique l'égalité des hommes, puisque tous les hommes naissent avec les mêmes droits et doivent conserver les mêmes droits. Les limitations aux droits de chacun, rendues nécessaires par la vie sociale, doivent être les mêmes pour tous ; car si elles étaient différentes, les hommes d'un même groupe social n'auraient plus tous les mêmes droits. L'égalité n'est pas à vrai dire un droit, mais cependant elle s'impose au respect de l'Etat ; car si l'Etat y portait atteinte, il porterait forcément atteinte aux droits de quelques-uns.

D'autre part, cette doctrine implique que la règle de

droit doit être toujours la même dans tous les temps, dans tous les pays, chez tous les peuples ; elle est en effet fondée sur les droits individuels naturels de l'homme, qui ont été, qui sont et qui seront toujours et partout, pour tous les hommes, les mêmes droits. Sans doute, les peuples ont eu une conscience plus ou moins claire de l'existence, de l'étendue de ces droits et de la règle sociale qui en résulte ; mais le droit idéal, absolu, naturel, existe néanmoins ; les sociétés humaines s'en approchent chaque jour davantage ; les unes en sont encore très éloignées, les autres plus rapprochées ; cette ascension vers le droit pur a des moments d'arrêt, même de recul, mais elle est constante ; et tous les peuples de la terre marchent vers cet idéal commun. Le rôle des juristes est de travailler à la recherche de cet idéal juridique ; le rôle du législateur est de le réaliser et de le sanctionner.

Produit d'une longue élaboration, la doctrine individualiste a trouvé sa formule précise et complète dans la *Déclaration des droits de 1789* : « Les hommes naissent et demeurent libres et égaux en droits. Le but de toute association politique est la conservation des droits naturels et imprescriptibles de l'homme... L'exercice des droits naturels de chaque homme n'a de bornes que celles qui assurent aux autres membres de la société la jouissance de ces mêmes droits » (art. 1, 2, 4).

Nos lois et nos codes sont pour la plupart inspirés par cette doctrine. Quoique reposant sur des idées inexactes, la doctrine individualiste a rendu un immense service et réalisé un progrès considérable : elle a permis d'affirmer nettement pour la première fois la limitation par le droit des pouvoirs de l'Etat.

Cf. Beudant, *Le droit individuel et l'Etat*, 1891 ; Henry Michel, *L'idée de l'Etat*, 1896 ; Schatz, *L'individualisme*, 1909 ; Hauriou, *Droit public*, 1910, p. 540 et suiv., et 2e édit., 1916, p. 491 et suiv. ; Esmein, *Droit constitutionnel*, 7e édit. publiée par Nézard, 1921, I, p. 539 et suiv., II, p. 512 et suiv.

4. Critique de la doctrine individualiste. — La doctrine individualiste, à notre sens, ne saurait être admise, parce qu'elle repose sur une affirmation *a priori* et hypothétique. On affirme en effet que l'homme naturel, c'est-à-dire l'homme pris comme être isolé, séparé des autres hommes, est investi de certaines prérogatives, de certains droits, qui lui appartiennent parce qu'il est homme, « à cause de l'éminente dignité de la personne humaine », suivant l'expression de M. Henry Michel. Or c'est là une affirmation purement gratuite. L'homme naturel, isolé, naissant libre et indépendant des autres hommes, et ayant des droits constitués par cette liberté, cette indépendance même, est une abstraction sans réalité. Dans le fait, l'homme naît membre d'une collectivité; il a toujours vécu en société et ne peut vivre qu'en société, et le point de départ de toute doctrine sur le fondement du droit doit être sans doute l'homme naturel; mais l'homme naturel n'est pas l'être isolé et libre des philosophes du XVIIIe siècle; c'est l'individu pris dans les liens de la solidarité sociale. Ce que l'on doit donc affirmer, ce n'est pas que les hommes naissent libres et égaux en droits, mais bien qu'ils naissent membres d'une collectivité et assujettis par ce fait à toutes les obligations qu'impliquent le maintien et le développement de la vie collective.

D'autre part, l'égalité absolue de tous les hommes, qui est un corollaire logique du principe individualiste, est contraire aux faits. Les hommes, loin d'être égaux, sont, en fait, essentiellement différents les uns des autres et ces différences s'accusent d'autant plus que les sociétés sont plus civilisées. Les hommes doivent être traités différemment, parce qu'ils sont différents; leur état juridique, n'étant que la traduction de leur situation par rapport à leurs semblables, doit être différent pour chacun d'eux, parce que le rôle que joue chacun à l'égard de tous est essentiellement divers. Une doctrine qui aboutit logiquement à l'égalité abso-

lue, mathématique des hommes, est par cela même
contraire à la réalité et doit être rejetée.

La doctrine individualiste conduit aussi à la notion
d'un droit idéal, absolu, qui serait le même dans tous
les temps, dans tous les pays, et dont les hommes se
rapprocheraient constamment davantage, malgré certains moments de régression partielle. Cette conséquence condamne encore la doctrine individualiste;
car la notion d'un droit idéal, absolu, est antiscienti-
fique. Le droit est un produit de l'évolution humaine,
un phénomène social, sans doute d'un ordre différent
de celui des phénomènes physiques, mais qui pas plus
qu'eux ne se rapproche d'un idéal, d'un absolu. On
peut bien dire que le droit de tel peuple est supérieur
au droit de tel autre, mais ce ne peut être qu'une
comparaison toute relative; elle implique, non pas
que le droit de l'un se rapproche plus que le droit de
l'autre d'un idéal juridique absolu, mais seulement
que le droit de l'un est mieux adapté, à un moment
donné, aux besoins, aux tendances de ce peuple que
le droit de l'autre.

5. Doctrines du droit social. — Nous qualifions
ainsi toutes les doctrines qui partent de la société pour
arriver à l'individu, du droit objectif pour arriver au
droit subjectif, de la règle sociale pour arriver au droit
individuel; toutes les doctrines qui affirment l'existence d'une règle s'imposant à l'homme vivant en
société, et qui font dériver ses droits subjectifs de ses
obligations sociales; toutes les doctrines qui affirment
que l'homme, être naturellement social, est par cela
même soumis à une règle sociale, qui lui impose des
obligations envers les autres hommes, et que ses droits
ne sont que des dérivés de ses obligations, les pouvoirs
qu'il a de remplir librement et pleinement ses devoirs
sociaux.

Les doctrines que nous appelons doctrines du
droit social devraient être appelées plus exactement
doctrines *socialistes*, par opposition aux doctrines

individualistes précédemment exposées. Nous n'employons pas cependant cette expression, parce qu'elle est à la fois trop vague et trop précise : trop vague parce que l'on qualifie de socialistes des doctrines infiniment diverses par leurs principes et par leurs tendances, et trop précise parce que le mot socialiste désigne surtout aujourd'hui en France un parti politique qui tend, par des moyens divers, *évolutifs* d'après les uns, révolutionnaires d'après les autres, à la suppression de la propriété individuelle. Il va sans dire que si, dans la suite de l'exposition, nous opposons à la doctrine individualiste la doctrine socialiste, dans notre pensée cette expression désignera seulement la doctrine qui fonde le droit sur le caractère social et les obligations sociales de l'homme.

Les doctrines du droit social sont à l'heure actuelle en voie d'élaboration ; la conception socialiste du droit tend à remplacer partout, dans la doctrine, dans la jurisprudence et même dans la loi positive, la conception individualiste. Pendant cette période de transition, il est difficile de saisir d'une manière précise les doctrines des divers publicistes et nous devons nous borner à tenter d'édifier une doctrine personnelle cohérente.

6. La solidarité ou l'interdépendance sociale. — Nous partons de ce fait incontestable que l'homme vit en société, qu'il a toujours vécu en société et qu'il ne peut vivre qu'en société avec ses semblables, que la société humaine est un fait primaire et naturel, et non point le produit d'un vouloir humain. Tout homme fait donc partie, a toujours fait et fera toujours partie d'un groupe humain. Mais en même temps l'homme a toujours eu une conscience plus ou moins claire de son individualité ; l'homme se saisit comme personne individuelle ayant des besoins, des tendances, des aspirations. Il comprend aussi que ces besoins il ne les peut satisfaire, que ces tendances, ces aspirations il ne les peut réaliser que par la vie commune avec d'autres hommes. L'homme, en un mot, a la conscience, plus ou moins nette suivant les époques, de sa *sociabilité*, c'est-à-dire de sa dépendance d'un groupe humain, et de son *individualité*. Ce n'est pas là une affirmation *a priori*, mais bien une constatation positive.

Il y a donc et il y a toujours eu des groupes sociaux; et les hommes qui en font partie ont à la fois conscience de leur individualité propre et des liens qui les unissent aux autres hommes. Quels sont ces liens? On les désigne d'un mot, dont on fait à l'heure actuelle un étrange abus, mais qui reste, malgré le discrédit que les politiciens ont quelque peu jeté sur lui, le plus exact et le plus commode. L'homme, dirons-nous, est uni aux autres hommes par les liens de la *solidarité sociale*. Pour éviter le mot *solidarité*, on peut dire l'*interdépendance sociale*.

Cette solidarité ou interdépendance sociale embrasse-t-elle tous les membres de l'humanité? Assurément oui. Mais ces liens sont encore bien lâches et bien incertains; l'humanité est actuellement encore divisée en un certain nombre de groupes sociaux plus ou moins étendus, et l'homme ne se conçoit guère que solidaire des autres hommes appartenant au même groupe que lui. Viendra-t-il un jour où la solidarité humaine absorbera les solidarités locales, régionales ou nationales, un jour où l'homme se considérera comme citoyen du monde? Espérons-le; mais ce ne sera certainement que dans un lointain avenir. La défaite de l'Allemagne a été la victoire du principe des nationalités, et plus que jamais l'homme se considère comme solidaire avant tout, sinon exclusivement, des membres du groupe social auquel il appartient.

Les collectivités sociales, au cours de l'histoire, ont revêtu diverses formes dont les principales sont dans l'ordre chronologique : la *horde*, où les hommes vivent ensemble, sans demeure fixe, réunis les uns aux autres par les besoins de la défense et de la subsistance

communes; la *famille*, groupe plus intégré, parce qu'à
la solidarité née de la défense et de la subsistance
communes s'ajoutent les liens du sang et la communauté de religion; la *cité*, groupement de familles
ayant une origine, des traditions et des croyances
communes; enfin la *nation*, forme par excellence des
sociétés modernes civilisées, et dont la constitution est
due à des facteurs très divers, communauté de droit,
de gouvernement, de langue, de religion, de traditions,
de luttes, de défaites et de victoires.

Mais quelque diverses qu'aient été dans le passé et
que puissent être dans l'avenir les formes sociales,
quelque variables et divers que soient, suivant les
temps et les pays, les liens de solidarité qui unissent
entre eux les membres d'un même groupe social, nous
croyons cependant que la solidarité sociale peut se
ramener à deux éléments essentiels et irréductibles,
qui sont les suivants. Les hommes d'un même groupe
social sont solidaires les uns des autres : 1° parce
qu'ils ont des besoins communs auxquels ils ne peuvent assurer satisfaction que par la vie commune;
2° parce qu'ils ont des besoins différents et des aptitudes différentes, et qu'ils assurent la satisfaction de
leurs besoins différents par l'échange de services
réciproques, dus au développement et à l'emploi de
leurs aptitudes différentes. La première espèce de
solidarité est la solidarité *par similitudes;* la seconde,
la solidarité *par division du travail.*

Ces deux espèces de solidarité peuvent se traduire
en des formes infiniment diverses, suivant les époques
et les pays; l'une peut prédominer sur l'autre: mais
si l'on observe une société quelconque, on constate
que la force, qui en maintient la cohésion, est cette
solidarité par similitudes ou par division du travail;
la société est d'autant plus forte que les liens de la
solidarité qui en unit les membres sont plus étroits.
L'observation démontre en outre qu'avec le progrès,
la solidarité par division du travail grandit de plus

en plus, la solidarité par similitudes restant au second plan. Les hommes deviennent de plus en plus différents les uns des autres, différents par leurs aptitudes, leurs besoins, leurs aspirations; par suite, les échanges de services deviennent plus fréquents et plus complexes, et par là les liens de solidarité sociale deviennent plus forts.

C'est Durkheim, dans son beau livre la *Division du travail social*, 1893, qui, le premier, a déterminé la nature intime de la solidarité sociale et a su en montrer les deux formes essentielles : la solidarité par similitudes et la solidarité par division du travail; il appelle aussi la première la solidarité *mécanique*, et la seconde la solidarité *organique*. Durkheim a épuisé le sujet; et si l'on peut critiquer quelques points de détail dans son livre, ses conclusions générales nous paraissent hors de toute contestation.

7. Le droit fondé sur la solidarité sociale. — L'existence, la nature et l'étendue de la solidarité sociale étant établies, il est aisé de montrer comment elle est le vrai fondement du droit. L'homme vit en société et ne peut vivre qu'en société; la société ne subsiste que par la solidarité qui unit entre eux les individus qui la composent. Par conséquent, une règle de conduite s'impose à l'homme social par la force même des choses, règle qui peut se formuler ainsi : ne rien faire qui porte atteinte à la solidarité sociale sous l'une de ses deux formes et faire tout ce qui est de nature à réaliser et à développer la solidarité sociale mécanique et organique. Tout le droit objectif se résume en cette formule, et la loi positive pour être légitime devra être l'expression, le développement ou la mise en œuvre de ce principe.

Cette règle de conduite, règle de droit, née de la solidarité sociale, se modèle sur cette solidarité et nous apparaît avec les mêmes caractères. Comme elle, elle est à la fois individuelle et sociale. La règle de droit est sociale par son fondement, en ce sens qu'elle n'existe que parce que les hommes vivent en société. La règle de droit est individuelle parce qu'elle est contenue dans les consciences individuelles; nous repoussons toutes les hypothèses de conscience sociale. La règle est individuelle aussi, parce qu'elle ne s'applique et ne peut s'appliquer qu'à des individus; une règle de conduite ne peut s'imposer qu'à des êtres doués d'une conscience et d'une volonté; et jusqu'à présent on n'a pas démontré que d'autres êtres que les individus humains eussent une conscience et une volonté.

Etant individuelle, la règle de droit est par là même diverse. Nous voulons dire que, si la règle de droit est la même pour tous les hommes parce qu'elle impose à tous la coopération à la solidarité sociale, elle impose cependant à chacun des obligations différentes, parce que les aptitudes et les conditions des hommes sont différentes et que, par conséquent, ils doivent coopérer d'une manière différente à la solidarité sociale. Cela montre combien est fausse la conception si communément répandue, surtout en France, à certaines époques, de l'égalité mathématique des hommes.

La règle de droit est à la fois permanente et changeante. Toute société implique une solidarité; toute règle de conduite des hommes vivant en société commande de coopérer à cette solidarité; tous les rapports sociaux ont toujours été et seront toujours des rapports de similitudes ou de division du travail; d'où la permanence de la règle de droit et de son contenu général. Mais en même temps les formes que revêtent et qu'en fait ont revêtues la solidarité par similitudes et la solidarité par division du travail, peuvent varier à l'infini, ont varié et varieront à l'infini. La règle de droit dans son application a varié et variera comme les formes mêmes de la solidarité sociale. La règle de droit telle que nous la concevons n'est pas une règle idéale et absolue, de laquelle les hommes doivent travailler à se rapprocher chaque jour davantage; elle est une règle variable et changeante; et le rôle du juriste est de déterminer quelle règle de droit s'adapte exactement à la structure d'une société donnée. On voit par là comment notre conception de la règle de droit fondée sur la solidarité sociale diffère profondément de la conception courante du droit naturel, compris comme un droit idéal et absolu.

Le droit objectif étant fondé sur la solidarité sociale, le *droit subjectif* en dérive directement et logiquement. En effet, tout individu étant par le droit objectif obligé de coopérer à la solidarité sociale, il en résulte nécessairement qu'il a le *droit* de faire tout acte par lequel il coopère à la solidarité sociale et d'empêcher que quiconque mette obstacle à l'accomplissement du rôle social qui lui incombe. L'homme vivant en société a des droits; mais ces droits ne sont pas des prérogatives qui lui appartiennent en sa qualité d'homme; ce sont des pouvoirs qui lui appartiennent parce que, étant homme social, il a un devoir à remplir et qu'il doit avoir le pouvoir de remplir ce devoir. On voit qu'on est loin de la conception du droit individuel. Ce ne sont pas les droits naturels, individuels, imprescriptibles de l'homme, qui sont le fondement de la règle de droit s'imposant aux hommes vivant en société. C'est au contraire parce qu'il existe une règle de droit qui oblige chaque homme à remplir un certain rôle social que chaque homme a des droits, lesquels ont ainsi pour principe et pour mesure la mission qu'il doit remplir.

La liberté est un droit, sans doute, mais non pas une prérogative s'attachant à l'homme parce qu'il est homme. La liberté est un droit parce que l'homme a le devoir de développer aussi complètement que possible son activité individuelle; car son activité individuelle est le facteur essentiel de la solidarité par division du travail. Il a par suite le droit de développer librement son activité; mais en même temps il n'a ce droit que dans la mesure où il consacre son activité propre à la réalisation de la solidarité sociale. La liberté étant ainsi comprise reçoit un fondement inébranlable, car elle n'est alors que la liberté de remplir son devoir social. On verra plus loin que de ce point

de vue les libertés les plus attaquées de nos jours,
comme par exemple la liberté de l'enseignement,
deviennent inattaquables.

Le droit de propriété lui-même ne doit être conçu
que comme le pouvoir, pour certains individus se
trouvant en fait dans une certaine situation économique, de remplir librement la mission sociale qui leur
incombe par suite de leur situation spéciale. Si l'on
persiste à faire du droit de propriété un droit naturel
de l'homme, fondé sur l'idée que l'homme, ayant le
droit d'exercer librement son activité, doit avoir le
droit de s'approprier le produit de cette activité, on
arrive logiquement au communisme ; car tout homme
qui travaille devrait être propriétaire, et celui-là seul
qui travaille pourrait être propriétaire. Avec la conception de la propriété droit naturel, on est à la fois
impuissant à justifier les propriétés existant en fait,
et aussi à limiter l'exercice du droit de propriété. La
propriété individuelle doit être comprise comme un
fait contingent, produit momentané de l'évolution
sociale ; et le droit du propriétaire comme justifié et
en même temps limité par la mission sociale qui lui
incombe par suite de la situation particulière dans
laquelle il se trouve.

Cette notion du droit fondé sur l'idée du devoir a été mise en
relief, il y a déjà plus d'un demi-siècle, par Aug. Comte, dans un
passage qu'il n'est pas inutile de citer : « La régénération décisive
consistera surtout à substituer toujours les devoirs aux droits pour
mieux subordonner la personnalité à la sociabilité. Il n'a pu exister
de droits véritables qu'autant que les pouvoirs réguliers émanaient
de volontés surnaturelles. Pour lutter contre cette autorité théocratique, la métaphysique des cinq derniers siècles introduisit de
prétendus droits humains, qui ne comportaient qu'un office négatif ; quand on a tenté de leur donner une destination vraiment
organique, ils ont bientôt manifesté leur nature antisociale en tendant toujours à consacrer l'individualité. Chacun a des devoirs et
envers tous, mais personne n'a aucun droit proprement dit. Nul ne
possède plus d'autre droit que celui de faire toujours son devoir »
(Aug. Comte, *Politique positive*, 1890, I, p. 361). Rap. le passage
du *Catéchisme positiviste*, où Aug. Comte exprime la même idée
en termes non moins énergiques (*Catéchisme positiviste, Dixième
entretien*, édit. Pécaut, p. 299-301).

La formule d'Auguste Comte conduit, en réalité, à la négation du droit subjectif, c'est la conséquence que j'ai développée longuement au tome I de la 2ᵉ édition du *Traité de droit constitutionnel.* Dans ce *Manuel* qui doit être un livre élémentaire, je maintiens l'expression *droit subjectif,* pour ne pas troubler les habitudes de langage. Mais je tiens à marquer que je ne retire rien de ce que j'ai dit au tome I du *Traité.*

8. Notion générale de l'État. — Jusqu'à présent; nous avons supposé, pour déterminer plus aisément la notion et le fondement du droit, une société imaginaire, dans laquelle n'existerait aucune trace de ce que l'on est convenu d'appeler l'autorité politique, et nous croyons avoir ainsi établi que la notion de droit est complètement indépendante de la notion d'autorité politique. Mais si, au dire de certains sociologues, il existe des sociétés humaines où n'apparaît aucune trace de différenciation politique, il est d'évidence que dans presque toutes les sociétés humaines, chez les plus humbles et les plus barbares, comme chez les plus puissantes et les plus civilisées, nous apercevons des individus qui paraissent commander à d'autres individus et qui imposent l'exécution de leurs ordres apparents par l'emploi de la contrainte matérielle lorsque besoin est. Voilà, réduite à ses éléments simples, la différenciation politique. Ces individus qui paraissent commander sont les gouvernants; les individus auxquels ils paraissent commander sont les gouvernés. Dans ces sociétés, on dit qu'il y a une autorité politique. Cette autorité politique a en soi toujours et partout le même caractère irréductible.

Qu'on la considère dans la horde encore à l'état primitif, appartenant à un chef ou à un groupe d'anciens, dans la cité, appartenant aux chefs de famille, ou dans les grands pays modernes, appartenant à un ensemble plus ou moins compliqué de personnes ou de groupes, princes, régents, rois, empereurs, présidents, parlements, etc., l'autorité politique est toujours un fait social de même ordre. Il y a une différence de degré; il n'y a point de différence de nature.

En son sens le plus général, le mot *État* désigne

toute société humaine, dans laquelle existe une différenciation politique, une différenciation entre gouvernants et gouvernés, d'après l'expression consacrée,
une autorité politique. Les tribus du centre de l'Afri-
que, qui obéissent à un chef, sont des Etats aussi bien
que les grandes sociétés européennes, qui ont un
appareil gouvernemental savant et compliqué. Mais il
importe de dire tout de suite que le mot *Etat* est
réservé pour désigner les sociétés où la différenciation politique est arrivée à un certain degré.

9. Origine de l'Etat. — Nous employons cette
formule pour nous conformer à l'usage, quoiqu'elle
ne soit pas très exacte. En effet, le problème qui se
pose n'est pas, à vrai dire, celui de l'origine de l'Etat,
mais bien celui de la légitimité de la puissance politique. Dans toute société où il y a différenciation entre
gouvernants et gouvernés, il y a des individus qui
paraissent commander aux autres individus sous la
sanction de la contrainte matérielle. Dès lors, l'esprit
humain, dès qu'il a commencé à réfléchir sur les
choses sociales, s'est posé cette question : le pouvoir de
commander sous la sanction de la contrainte, qu'exercent les gouvernants, est-il légitime? Lui doit-on
obéissance? S'il est légitime et si on lui doit obéissance, pourquoi en est-il ainsi?

Depuis des milliers d'années que les hommes discutent le problème, la solution n'a pas fait un pas. Ne
nous en étonnons pas. La solution est impossible,
parce qu'on ne pourra jamais démontrer comment un
homme peut avoir légitimement, en vertu d'une qualité à lui propre, le pouvoir d'imposer par la force sa
volonté à un autre homme. Ce pouvoir ne peut pas
être légitimé par la qualité de ceux qui l'exercent, par
son origine, mais seulement par le caractère des choses
qu'il commande.

Les doctrines proposées sur l'origine du pouvoir
politique sont innombrables. Cependant, malgré leur
nombre et leur diversité, elles peuvent se classer en

deux grandes catégories : les doctrines *théocratiques* et les doctrines *démocratiques*.

10. Doctrines théocratiques. — Nous désignons ainsi toutes les doctrines qui veulent expliquer et légitimer le pouvoir politique par l'intervention terrestre d'une puissance supra-terrestre. On voit par là que toutes ces doctrines ont un vice irrémédiable : elles sont extra-scientifiques, puisqu'elles supposent l'intervention de forces surnaturelles. Elles n'en sont pas moins intéressantes, car elles forment un élément important dans l'histoire de la pensée politique. On doit cependant éviter une confusion, et pour cela on peut diviser toutes les doctrines théocratiques en deux groupes que nous appellerons, avec M. de Vareilles-Sommières, les doctrines du droit divin *surnaturel* et les doctrines du droit divin *providentiel*.

Doctrines du droit divin surnaturel. — Elles enseignent qu'une puissance supérieure, Dieu, aurait non seulement créé le pouvoir politique pris en lui-même, mais encore désigné la personne ou les personnes, la dynastie par exemple, qui, dans un pays donné, doivent être investies du pouvoir politique.

La doctrine du droit divin surnaturel a été surtout exposée en France aux XVII° et XVIII° siècles. Elle apparaît d'abord dans la vieille formule : « Le roi de France ne tient son royaume que de Dieu et de son épée », formule opposée par le roi et ses légistes aux prétentions du Saint-Siège. D'autre part, nos rois aimaient à invoquer la cérémonie du sacre, considérée par certains théologiens comme un huitième sacrement et le signe extérieur par lequel la divinité conférait à la personne royale la puissance commandante. La pure doctrine du droit divin a trouvé son expression la plus complète dans certains écrits attribués à Louis XIV et dans un acte de Louis XV. Dans les *Mémoires* de Louis XIV, l'autorité dont les rois sont investis est une délégation de la Providence ; c'est en Dieu, non dans le peuple, qu'est la source du pouvoir et c'est à Dieu seul que les rois sont comptables du pouvoir dont il les a investis (*Mémoires* de Louis XIV, édit. Dreyss, 1860, II, p. 336). Dans le préambule du célèbre édit de Louis XV, de décembre 1770, on lit : « Nous ne tenons notre couronne que de Dieu ; le droit de faire des lois... nous appartient à nous seul sans dépendance et sans partage... »

Doctrines du droit divin providentiel. — « Dans ces doctrines, dit M. de Vareilles-Sommières, ce n'est pas par une manifestation surnaturelle de sa volonté que Dieu détermine le sujet du pouvoir, c'est par la direction providentielle des événements et des volontés humaines. » Dans la théorie du droit divin ainsi comprise, le pouvoir vient de Dieu seul ; mais les hommes qui le possèdent en sont investis par des moyens humains, qui s'accomplissent sous la direction invisible de la Providence divine toujours présente. La doctrine du droit divin providentiel a eu deux illustres interprètes au commencement du dernier siècle, Joseph de Maistre et Bonald ; c'est à eux qu'elle doit d'occuper une place importante dans l'histoire de la pensée contemporaine.

Il est clair que ces diverses doctrines n'expliquent rien, et comme elles reposent sur la croyance à l'intervention constante d'une force consciente et surnaturelle dans le monde, elles échappent évidemment à la discussion scientifique. Mais il importe de remarquer que, contrairement à ce que l'on croit souvent, ces doctrines n'aboutissent pas nécessairement à l'absolutisme. Assurément, la théorie du droit divin surnaturel affirmant que le chef de l'État tient son pouvoir directement de Dieu, et qu'il est responsable devant lui seul, conduit logiquement à écarter tout pouvoir pondérateur. Dans cette doctrine on n'aperçoit guère que les lois de morale religieuse susceptibles de limiter la toute-puissance du souverain élu de Dieu. Mais les doctrines du droit divin providentiel ne sont nullement inconciliables avec un gouvernement limité par l'inter-

vention de représentants du peuple et par l'existence
de lois humaines consacrant la responsabilité effective
des gouvernants.

Il faut convenir aussi que seules les doctrines théocratiques sont logiques, parce que la souveraineté ou
pouvoir de commander, si elle existe, implique la
supériorité d'une volonté humaine sur une autre, et
que cette supériorité ne peut s'expliquer que par l'intervention d'une puissance surnaturelle. La critique
des doctrines démocratiques va le montrer surabondamment.

11. Doctrines démocratiques. — Qu'on ne croie
pas que les doctrines démocratiques soient toujours
des doctrines libérales. C'est là une erreur très communément répandue contre laquelle on ne saurait trop
soigneusement se mettre en garde. Nous appelons
démocratiques toutes les doctrines qui placent l'origine
du pouvoir politique dans la volonté collective de la
société soumise à ce pouvoir et qui enseignent que le
pouvoir politique est légitime, parce que et seulement
parce qu'il est institué par la collectivité qu'il régit.
Or ces doctrines, chez deux de leurs plus illustres
représentants, Hobbes et J.-J. Rousseau, aboutissent à
l'omnipotence de la puissance politique et à la subordination complète et sans limite de l'individu.

Il faut noter aussi que ces doctrines démocratiques
n'impliquent nullement la forme républicaine du gouvernement. Comme l'a montré Rousseau lui-même, la
théorie de l'origine populaire du pouvoir politique se
concilie avec toutes les formes de gouvernement, et
la meilleure est celle qui s'adapte le mieux à la situation de la société à laquelle elle s'applique. Le XIXᵉ siècle a vécu sur deux idées politiques : il a cru que tout
était sauvé si l'on affirmait le principe que tout pouvoir émane du peuple et si l'on créait un parlement
élu directement par le peuple; il a cru aussi qu'en
proclamant que la république était la forme nécessaire
de la démocratie, on établissait la liberté sur des bases

indestructibles. L'histoire contemporaine montre à l'évidence que ce sont là deux erreurs, et que s'il est un gouvernement contre l'arbitraire duquel il importe de prendre de sérieuses garanties, c'est le gouvernement populaire, parce que c'est celui qui a le plus de tendance à se croire omnipotent. On a dressé les parlements élus contre le despotisme des rois ; il faut affirmer le droit intangible de l'individu contre le despotisme des parlements.

12. Critique des doctrines démocratiques. — La substance même de la doctrine démocratique est passée dans le droit politique de la France moderne, et deux articles de la législation de 1789-1791 en ont nettement formulé le résumé : « *Le principe de toute souveraineté réside essentiellement dans la nation. Nul corps, nul individu ne peut exercer d'autorité qui n'en émane expressément* » (Déclaration des droits de 1789, art. 3). « *La souveraineté est une, indivisible, inaliénable et imprescriptible. Elle appartient à la nation ; aucune section du peuple ni aucun individu ne peut s'en attribuer l'exercice* » (Const. 1791, tit. III, pr., art. 1er). Ces dispositions sont devenues, pour une certaine école politique, des dogmes intangibles à l'égal des articles d'une religion révélée et elles forment toujours assurément un principe positif de notre droit politique. Malgré cela, comme nous n'admettons aucun dogme, nous devons en discuter la valeur. Or il n'est pas difficile de montrer qu'elle est nulle et que le prétendu dogme de la souveraineté nationale est une hypothèse gratuite, et de plus un postulat inutile.

D'abord, la souveraineté de la collectivité implique que la collectivité possède une personnalité, une volonté distincte de la personne, de la volonté des individus qui la composent. Or cela est indémontré et indémontrable. Pour établir l'existence d'un *moi commun*, d'une personne collective, Hobbes, J.-J. Rousseau et tous ceux qui adoptent la même idée **ont eu recours** à l'hypothèse du contrat social. Mais ce n'est qu'une hypothèse vaine. C'est un cercle vicieux d'expliquer la société par le contrat, car l'idée de contrat n'a pu naître dans l'esprit de l'homme que du jour où il a vécu en société. D'autre part, y aurait-il un contrat tacite entre tous les membres du corps social, qu'une volonté générale et commune, qu'un *moi commun* n'en naîtrait pas. Par le contrat social, les membres d'une même collectivité veulent une même chose ; mais rien ne prouve que de ce concours de volontés naisse une volonté distincte des volontés individuelles concourantes.

Cette volonté commune existerait-elle, on n'aurait point démontré par là qu'elle peut légitimement s'imposer aux individus. En admettant que la puissance politique appartienne à la collectivité personnifiée, on n'a point démontré que cette puissance publique est légitime. La volonté de la collectivité est, dit-on, supérieure aux volontés individuelles. Pourquoi ? Pour être collective, la volonté du groupe n'en est pas moins une volonté humaine, et on ne démontre pas qu'une volonté humaine puisse s'imposer à une autre volonté humaine. On a dit que la Révolution avait substitué le droit divin du peuple au droit divin des rois ; c'est vrai, car l'affirmation que la collectivité a le pouvoir légitime de commander parce qu'elle est la collectivité est une affirmation d'ordre métaphysique ou religieux, de même que l'affirmation du droit divin des rois.

J.-J. Rousseau a cru résoudre la difficulté en écrivant : « Enfin chacun se donnant à tous ne se donne à personne. » Qui ne voit que c'est un pur sophisme ? En vérité, quoi qu'on fasse, cette prétendue volonté générale ne s'exprime jamais qu'au moyen d'une majorité, et la puissance publique, le pouvoir de commander appartient à une majorité qui impose sa volonté à une minorité. Or on ne démontre pas, on ne peut pas démontrer qu'une majorité a légitimement le pouvoir d'imposer sa volonté, cette majorité serait-elle l'unanimité moins un. La puissance de

commander reconnue à une majorité peut être une
nécessité de fait; elle ne peut pas être un pouvoir
légitime.

Le principe de la souveraineté nationale est non
seulement indémontré et indémontrable, mais il est
encore inutile. Plus que personne, nous croyons qu'il
est bon et équitable que la plus grande quantité
possible d'individus soient associés à la puissance
politique dans un pays donné, et nous estimons que
le progrès consiste avant tout à élever le degré de
culture générale et à faire participer à la puissance
politique un nombre toujours plus grand d'individus.
En un mot, le suffrage universel réglementé et organisé est l'idéal vers lequel nous désirons que tendent
tous les États. Dès lors, on comprendrait que l'on
défendît le principe de la souveraineté du peuple, s'il
avait pour conséquence nécessaire, logique, le suffrage
universel. Or il n'en est rien. La souveraineté, en effet,
n'est pas dans cette conception la somme des volontés
individuelles; elle est une volonté générale dans
laquelle viennent se fondre, se perdre en quelque
sorte les volontés individuelles. Quand Rousseau dit
(liv. III, chap. I) que si l'État est composé de
10.000 citoyens, chacun d'eux a la dix-millième partie
de l'autorité souveraine, il se met en contradiction
avec lui-même. Car après avoir affirmé que la souveraineté est indivisible, il la fractionne en autant de
parts qu'il y a de citoyens; après avoir dit que le *moi
commun* est titulaire de la souveraineté, il la donne
par indivis à la somme des citoyens.

La vérité logique est que dans la doctrine de la souveraineté nationale, c'est la personne collective qui
possède la souveraineté et que les citoyens pris individuellement n'en ont pas la plus petite parcelle; ils
n'ont donc aucun droit de participer à l'exercice de la
souveraineté. Par conséquent, le suffrage universel ne
dérive aucunement, en bonne logique, du principe de
la souveraineté nationale. La seule conséquence qui

en découle, c'est qu'il faut trouver le meilleur système
pour dégager la volonté nationale ; mais rien ne prouve
que ce soit le suffrage universel.

Cela est si vrai que l'Assemblée de 1789 n'a pas eu
un moment la pensée qu'en établissant le suffrage
restreint et à deux degrés, elle violât le principe de la
souveraineté nationale qu'elle avait solennellement
promulgué. La Convention elle-même, après avoir
établi le suffrage politique universel et direct dans la
constitution inappliquée de 1793, rétablit le suffrage
restreint et à deux degrés dans la constitution de
l'an III, et n'en proclame pas moins énergiquement,
dans l'article 17 de la Déclaration des droits, que « la
souveraineté réside essentiellement dans l'universalité
des citoyens ». Les auteurs de la constitution de
l'an VIII suppriment complètement le droit électoral ;
ce qui ne les empêche pas de proclamer « que la
Révolution est fixée aux principes qui l'ont commencée » (Proclamation des consuls, 24 frimaire an VIII).
Le dogme de la souveraineté du peuple ne peut donc
même pas donner un fondement solide à la participation de tous à la puissance politique.

Le sophisme de Rousseau écrivant : « Chacun se
donnant à tous ne se donne à personne » (liv. I,
chap. VI) et « quiconque refusera d'obéir à la volonté
générale y sera contraint par tout le corps, ce qui ne
signifie pas autre chose sinon qu'on le forcera d'être
libre » (liv. I, chap. VII), a fait pénétrer dans beaucoup
d'esprits cette erreur néfaste qu'un peuple avait con-
quis sa liberté du jour où il avait proclamé le principe
de la souveraineté nationale et que notamment le
suffrage universel et ses élus pouvaient tout faire et
imposer leur volonté quelle qu'elle fût, qu'ils formaient
cette autorité qui, suivant l'expression de Jurieu, « n'a
pas besoin d'avoir raison pour valider ses actes ». Il
importe d'affirmer qu'il n'en est rien. La Révolution,
faite pour protéger l'individu contre l'absolutisme
monarchique, fondé sur le droit divin des rois, fut au

premier chef légitime. Qu'on prenne garde de lui substituer l'absolutisme démocratique, fondé sur le droit divin du peuple. Qu'on comprenne que des garanties doivent être prises contre le despotisme des assemblées populaires, plus énergiques encore peut-être que celles établies contre le despotisme des rois. Une chose injuste reste telle, alors même qu'elle est ordonnée par le peuple ou ses représentants, aussi bien que si elle était ordonnée par un prince. Avec le dogme de la souveraineté populaire on est trop enclin à l'oublier.

13. Formation naturelle de l'Etat. — Les développements qui précèdent ont montré l'inanité des doctrines quelles qu'elles soient, qui veulent donner une justification philosophique de la puissance politique. La vérité est que la puissance politique est un fait qui n'a en soi aucun caractère de légitimité ou d'illégitimité. Il est le produit d'une évolution sociale dont le sociologue doit déterminer la forme et marquer les éléments. Il ne peut être question d'étudier ici en détail cette évolution, mais on peut en indiquer les principales étapes, en déterminer les facteurs les plus actifs.

Dans tous les groupes sociaux qu'on qualifie d'Etats, les plus primitifs et les plus simples, comme les plus civilisés et les plus complexes, on trouve toujours un fait unique, des individus plus forts que les autres qui veulent et qui peuvent imposer leur volonté aux autres. Peu importe que ces groupes soient ou ne soient pas fixés sur un territoire déterminé, qu'ils soient ou ne soient pas reconnus par d'autres groupes, qu'ils aient une structure homogène ou différenciée; le fait est toujours là identique à lui-même : les plus forts imposent leur volonté aux plus faibles. Cette plus grande force s'est présentée sous les aspects les plus divers : tantôt elle a été une force purement matérielle, tantôt une force morale et religieuse, tantôt une force intellectuelle, tantôt (et cela bien souvent) une force écono-

mique. La puissance économique n'a pas été le seul
facteur de la puissance politique, comme l'enseigne
l'école marxiste avec la théorie du *matérialisme historique,* mais elle a joué assurément dans l'histoire des
institutions politiques un rôle de premier ordre. Enfin,
cette plus grande force a été souvent et aujourd'hui
tend à être presque partout la force du nombre en
attendant qu'elle soit la force des groupes sociaux
organisés.

Ainsi, dans tous les pays et dans tous les temps, les
plus forts matériellement, religieusement, économi-
quement, moralement, intellectuellement ou numéri-
quement, ont voulu imposer et ont imposé en fait leur
volonté aux autres. Les gouvernants ont toujours été,
sont et seront toujours les plus forts en fait. Ils ont
bien essayé souvent, avec le concours de leurs fidèles,
de légitimer cette plus grande force, mais ils n'ont pu
inventer que deux explications aussi artificielles l'une
que l'autre et qui ne doivent tromper personne. Souvent, ils se sont présentés comme les délégués sur la
terre d'une puissance surnaturelle. L'idée théocratique
a eu une grande force aux époques et dans les pays
de foi profonde ; elle a été un moyen commode pour
justifier toutes les tyrannies. Mais aux époques de
tiédeur religieuse comme la nôtre, elle est devenue
insuffisante. De plus, on l'a déjà dit, pour tout esprit
positif, elle ne vaut même pas la peine d'une discussion. On a imaginé alors la fiction de la volonté
sociale : le chef qui commande, roi, empereur, protecteur, président ; les chefs qui délibèrent ou ordonnent,
majorité d'un parlement ou d'une assemblée du peuple, ne sont, dit-on, que les organes de la volonté
collective qui s'impose aux volontés individuelles,
précisément parce qu'elle est la volonté collective. On
a déjà montré (§ 12) que l'idée démocratique est aussi
vaine que l'idée théocratique et que le droit divin du
peuple n'a pas plus de réalité que le droit divin des
rois.

Droit divin, volonté sociale, souveraineté nationale, autant de mots sans valeur, autant de sophismes dont les gouvernants veulent leurrer leurs sujets et se leurrent souvent eux-mêmes. Assurément, ces conceptions ont, à certaines époques, pénétré profondément la masse des esprits; à ce titre, elles sont des faits sociaux qui ne doivent pas échapper à l'observateur; mais ils forment ces croissances artificielles que connaît bien le sociologue et dont il importe de dégager le fait simple et irréductible. Ce fait, c'est la distinction positive des gouvernants et des gouvernés; c'est la possibilité pour quelques-uns de donner aux autres des ordres sanctionnés par une contrainte matérielle; c'est cette contrainte matérielle monopolisée par un certain groupe social; c'est la force des plus forts dominant la faiblesse des plus faibles.

Cf. Duguit, *L'État, le droit objectif et la loi positive*, 1901, p. 229 et s., 320 et s.; *Le droit social, le droit individuel et les transformations de l'État*, 3ᵉ édit., 1922, p. 25 et s.; *Les transformations du droit public*, 1913, p. 12 et s.; *Traité de droit constitutionnel*, 2ᵉ édit., I, 1921, p. 432 st s.

14. Le but et les fonctions de l'Etat. — La puissance politique étant chose de fait, l'on a compris, du jour où l'on a eu la notion du droit, que les ordres de cette puissance n'étaient légitimes que s'ils étaient conformes au droit et que l'emploi de la contrainte matérielle par la puissance politique n'était légitime que s'il était destiné à assurer la sanction du droit. C'est une idée qu'il importe, plus que jamais aujourd'hui, de mettre tout particulièrement en relief. Nul n'a le droit de commander aux autres; ni un empereur, ni un roi, ni un parlement, ni une majorité populaire ne peuvent imposer leur volonté comme telle; leurs actes ne peuvent s'imposer aux gouvernés que s'ils sont conformes au droit. Dès lors, la question souvent discutée de savoir quel est le but de l'Etat, ou plus exactement de la puissance politique, se résout de la manière suivante : la puissance politique a pour but de réaliser le droit; elle est obligée par le droit de

faire tout ce qui est en son pouvoir pour assurer le
règne du droit. L'Etat est fondé sur la force, mais
cette force n'est légitime que lorsqu'elle s'exerce conformément au droit. Nous ne disons pas avec Ihering
que le droit est la politique de la force, mais bien que
la puissance politique est la force mise au service du
droit.

Le but de l'Etat étant essentiellement un but de
droit, son activité ne pouvant se manifester que conformément au droit et dans le domaine du droit, les
actes qu'il fait doivent être logiquement classés d'après
l'effet qu'ils produisent dans le monde du droit. C'est
ainsi qu'on arrive naturellement à distinguer les fonctions suivantes de l'Etat : la fonction *législative*, la
fonction *juridictionnelle*, la fonction *administrative*.

Par la fonction *législative*, l'Etat formule le droit
objectif ou règle de droit ; il fait la loi qui s'impose à
tous, aux gouvernants et aux gouvernés, parce qu'elle
est l'expression du droit objectif qui, on l'a vu, oblige
tous les membres de la collectivité, gouvernants et
gouvernés. Par la fonction *juridictionnelle*, l'Etat
statue sur la violation du droit objectif ou sur les
contestations relatives à l'existence ou à l'étendue
d'une situation juridique subjective ; il ordonne la
réparation, la répression ou l'annulation suivant les
cas, quand il y a eu violation du droit objectif ; il
ordonne les mesures nécessaires pour assurer la réalisation de la situation juridique subjective, dont il a
reconnu l'existence et l'étendue. Par la fonction
administrative, l'Etat fait des actes juridiques proprement dits, c'est-à-dire qu'intervenant dans les limites
du droit objectif, il crée des situations juridiques sub-
jectives ou fait des actes qui sont la condition de la
naissance d'une situation légale ou objective. Il fait
aussi des opérations d'ordre matériel pour assurer le
fonctionnement des services publics.

15. Construction juridique de l'Etat. — Ainsi
donc les hommes qui détiennent le pouvoir sont sou-

mis au droit et liés par le droit. L'Etat est soumis au droit ; c'est, suivant l'expression allemande, un Etat de droit, un *Rechtsstaat*. Du jour surtout où l'on a compris cette notion de l'Etat de droit, le besoin s'est fait très énergiquement sentir à tous les esprits d'édifier la construction juridique de l'Etat. C'est sous l'empire de ce besoin, très légitime au reste, qu'est née la théorie qui compte encore aujourd'hui beaucoup de partisans et qu'on peut appeler la théorie de l'Etat *sujet de droit* ou théorie de la *personnalité juridique* de l'Etat.

L'Etat est un sujet de droit. Les éléments qui constituent cette personnalité sont la collectivité et le territoire sur lequel vit cette collectivité, et aussi le gouvernement, qui exprime la volonté de cette collectivité territoriale. Le gouvernement a-t-il lui-même une personnalité juridique et doit-il être considéré comme le mandataire de la collectivité territoriale ? Ou au contraire n'y a-t-il qu'une seule personnalité, l'Etat, ou plutôt la collectivité territoriale organisée, le gouvernement étant l'organe juridique de l'Etat ? Pour le moment, la chose est sans intérêt. Il suffit de dire que dans cette théorie, les Etats sont considérés comme des personnes juridiques, des sujets de droit, et que les éléments qui constituent cette personnalité sont une collectivité, un territoire, un gouvernement.

Comment cette personnalité juridique s'explique-t-elle ? D'après les uns, il y a là une simple fiction admise pour faire la construction juridique de l'Etat et déterminer un sujet, support de la puissance publique, conçue comme droit subjectif. Pour d'autres, l'Etat ou plutôt la collectivité, qui en est l'élément fondamental, est bien réellement une personne douée de conscience et de volonté, et quand on déclare que l'Etat est une personne juridique, on ne fait que constater la réalité. Pour d'autres enfin, la personnalité de l'Etat n'est point une fiction ; on ne peut non plus affirmer que la collectivité soit une substance personnelle ; en effet, le sujet de droit, la personne juridique, n'est point une substance ; c'est une certaine capacité créée et concédée par l'ordre juridique et la logique n'exige point que cette capacité ne soit concédée qu'à l'individu humain. L'Etat est un fait réel ; c'est un groupe social, une unité collective ; cette unité n'est point une fiction. Les unités collectives ne sont pas moins susceptibles que les individus humains d'être des personnes juridiques, des sujets de droit. L'Etat groupe social, unité collective, est un sujet de droit.

Quoi qu'il en soit, l'Etat serait une personne juridique et serait titulaire d'abord de la *puissance publique,* conçue comme droit subjectif : c'est le droit de donner des ordres et d'en imposer l'obéissance par la contrainte. Dans la terminologie du droit public français, ce droit est communément appelé la *souveraineté,* expression qui a l'inconvénient, on le verra plus tard, de donner lieu à quelque confusion.

L'Etat, compris comme personne juridique, est titulaire non seulement du droit de puissance publique, mais encore de droits patrimoniaux. L'étendue et le nombre de ces droits patrimoniaux à l'époque moderne grandissent chaque jour davantage ; cela tient naturellement à l'extension constante du rôle de l'Etat dans tous les domaines de l'activité humaine. L'Etat, sujet de droits patrimoniaux, est, par là même, sujet de dettes patrimoniales ; et l'ensemble des droits et des charges forme un patrimoine dont l'Etat, personne patrimoniale, est le titulaire. L'Etat, personne juridique patrimoniale, l'Etat fisc, a-t-il une personnalité distincte de celle de l'Etat, sujet du droit de puissance publique? C'est un point que l'on discute encore.

Cons. sur la personnalité collective en général et spécialement la personnalité de l'Etat. Michoud, *Théorie de la personnalité morale,* 1re partie, 1906, et 2e partie, 1909 ; Saleilles, *De la personnalité juridique,* 1910 ; Hauriou, *Principes de droit public,* 1910, p. 639 et s., et 2e édit., 1916, p. 41 et s. ; *Droit administratif,* 10e édit., 1921, p. 86 et s., 185 et s. ; *Droit constitutionnel,* 1923, p. 712 et s.

La vraie théorie de l'Etat. — La théorie de l'Etat-personne a un vice irrémissible. Elle repose sur une

conception métaphysique *a priori ;* elle est une construction juridique édifiée sur les vieux concepts sco-
lastiques, sans valeur, de substance et d'attribut ; elle
est ainsi extrascientifique. Sans doute, il faut faire la
construction juridique de l'Etat ; mais il faut la
débarrasser de tout le fatras métaphysique qui l'en-
combre. Une construction juridique n'a de valeur que
dans la mesure où elle est la synthèse des faits réels ;
ou si l'on veut, une formule juridique n'a de valeur
que dans la mesure où elle exprime en langage
abstrait une réalité sociale, fondement d'une règle de
conduite ou d'une institution politique. La construction
juridique de l'Etat n'aura donc de valeur que si elle
est l'expression en des formules abstraites de réalités
concrètes. La théorie de l'Etat-personne et de la sou-
veraineté-droit ne répond nullement à ces conditions,
puisqu'elle implique que l'Etat est une personnalité
distincte des individus qui la constituent et que cette
personnalité est douée d'une volonté supérieure par
son essence à toutes les volontés individuelles et
collectives se trouvant sur un territoire donné, cette
supériorité de volonté constituant la souveraineté-
droit. Or, ce sont là purs concepts de l'esprit dénués
de toute réalité positive.

Le fait, c'est d'abord le groupement social dont nous
ne méconnaissons point la réalité, mais auquel nous
ne pouvons attribuer une conscience et une volonté
distinctes des consciences et des volontés individuelles.
Le fait, c'est dans le groupement social une distinction entre les forts et les faibles, ceux-là imposant leur
plus grande force à ceux-ci et prenant le nom de gouvernants. La réalité, c'est l'interdépendance sociale
saisissant les gouvernants comme les gouvernés et
imposant aux gouvernants l'obligation d'employer leur
plus grande force à la réalisation du droit. La réalité,
c'est l'obéissance due aux règles formulées par les
gouvernants quand et dans la mesure où ces règles
sont l'expression ou la mise en œuvre d'une règle de

droit; c'est l'emploi légitime de la force pour assurer
le respect des actes même unilatéraux voulus par
les gouvernants ou leurs agents, conformément à la
règle de droit et en vue d'assurer l'accomplissement
de la mission que la règle de droit leur impose; c'est
enfin le caractère propre des institutions destinées à
assurer l'accomplissement de cette mission, institutions que nous désignerons, pour nous conformer à
l'usage, sous le nom de *services publics*.

En résumé, notre construction juridique de l'Etat
suivra d'aussi près que possible la réalité positive.
Rejetant les concepts métaphysiques de personne collective et de souveraineté, elle se composera de six
éléments d'ordre purement positif: 1° une collectivité
sociale déterminée; 2° une différenciation dans cette
collectivité entre les gouvernants et les gouvernés,
ceux-là étant gouvernants parce qu'ils monopolisent
une plus grande force; 3° leur obligation juridique
d'assurer la réalisation du droit; 4° l'obéissance due à
toute disposition générale formulée par les gouvernants pour constater ou mettre en œuvre la règle de
droit; 5° l'emploi légitime de la force pour sanctionner
tous les actes conformes au droit; 6° enfin le caractère
propre de toutes les institutions tendant à assurer
l'accomplissement de la mission obligatoire des gouvernants ou services publics.

Ainsi l'Etat ne doit point être conçu comme une
collectivité personnifiée investie d'une puissance souveraine qui commande; mais il est ce fait que dans
une collectivité déterminée il y a une différenciation
telle que le groupe des plus forts formule le droit, le
sanctionne, organise et contrôle les services publics.

Notre doctrine est ainsi *réaliste* et *positive*. Pour
nous l'Etat est un simple fait. Nous sommes tenté de
dire que de même que la conception de l'Etat-personne s'est substituée à la conception de l'Etat-patri-
moine, de même la conception de l'Etat-fait doit se
substituer à la conception de l'Etat-personne.

Dès lors, il ne faudrait parler ni des pouvoirs, ni des obligations de l'Etat, mais des pouvoirs, des obligations des gouvernants et de leurs agents. Pour nous conformer à l'usage et parce que c'est commode, nous emploierons souvent le mot *Etat;* mais il est bien entendu que dans notre pensée ce mot désigne, non point cette prétendue personne collective et souveraine qui est un fantôme, mais les hommes réels qui en fait détiennent la force.

16. L'Etat lié par le droit. — Si l'on conçoit l'Etat comme une personne, comme un sujet de droit, on doit admettre en même temps et par là même qu'il tombe sous la prise du droit, que non seulement il est titulaire de droits subjectifs, mais encore qu'il est lié par le droit objectif, par la règle de droit, en un mot qu'il est, suivant l'expression allemande, un *Etat de droit*, un *Rechtsstaat*.

En disant que l'Etat est lié par le droit, on veut dire d'abord que l'Etat législateur est obligé par le droit de faire certaines lois et de ne pas faire certaines lois. On veut dire ensuite que l'Etat ayant fait une loi, tant que cette loi subsiste, il est lié par la loi qu'il a faite : il peut la modifier, l'abroger, mais tant qu'elle existe, il est obligé lui-même d'obéir à cette loi comme ses sujets; ses administrateurs, ses juges et ses législateurs eux-mêmes doivent appliquer la loi et ne peuvent agir que dans les limites fixées par elle. C'est le principe de *légalité*.

L'Etat est obligé, disons-nous, par le droit de faire certaines lois et de ne pas faire certaines lois. Comment expliquer cette obligation? Comment fonder la limitation juridique de l'Etat par l'existence d'un droit non écrit supérieur et antérieur à lui?

Dans la doctrine des droits individuels naturels, cette limitation juridique de l'Etat se conçoit aisément. L'homme ayant, parce qu'il est homme, des droits individuels naturels, antérieurs à la société elle-même, à l'Etat, ces droits individuels s'imposent au respect de l'Etat; et celui-ci ne peut faire aucune loi qui porte atteinte à ces droits. Le but même de l'Etat est la protection de ces droits (Déclaration des droits, 1789, art. 2, et 1793, art 1er). Faut-il aller plus loin et dire que l'Etat est obligé par le droit de faire des lois qui assurent la réalisation complète de ces droits? En un mot, la doctrine des droits individuels naturels fonde-t-elle non seulement, à la charge de l'Etat, des obligations négatives, mais encore des obligations positives? C'est une question qui sera discutée plus loin (cf. § 77).

Dans les pays qui pratiquent le système des constitutions *rigides, des déclarations et des garanties des droits,* comme la France, les Etats-Unis de l'Amérique du Nord, cette obligation juridique de ne pas faire certaines lois a été expressément reconnue. Mais ce ne sont point les Déclarations des droits ou les constitutions, quelque solennelles, quelque expresses qu'elles soient, qui ont créé cette obligation; elles n'ont fait que la constater. Quoi qu'il en soit, il est vrai de dire que dans ces pays le législateur ordinaire ne peut faire aucunes lois contraires aux Déclarations des droits ou aux constitutions. C'est la formule du titre I, § 3, de la constitution de 1791 : « Le pouvoir législatif ne pourra faire aucunes lois qui portent atteinte et mettent obstacle à l'exercice des droits naturels et civils consignés dans le présent titre et garantis par la constitution. » Mais ces Déclarations et ces constitutions n'existeraient pas, il resterait vrai, pour tous les pays, d'après la doctrine individualiste, que l'Etat ne peut jamais faire une loi portant atteinte aux droits individuels naturels, qu'il ne peut apporter par la loi de restrictions aux droits de chacun que dans la mesure où cela est nécessaire à la conservation des droits de tous.

Dans notre doctrine, la limitation juridique du pouvoir législatif de l'Etat se conçoit aussi aisément. Il est vrai qu'elle s'applique aux individus qui détiennent le pouvoir, et non à l'Etat considéré comme une personne. Mais cette limitation n'est pas moins rigoureuse, et c'est même pour cela qu'elle est particulièrement rigoureuse. Comme les individus, les gouvernants ont des devoirs juridiques fondés sur l'interdépendance sociale; ils sont comme tous les individus obligés de mettre leurs aptitudes propres au service de la solidarité sociale. Les gouvernants possèdent, par définition, la plus grande force existant dans une société donnée; ils sont donc obligés, par la règle de droit, d'employer la plus grande force dont ils disposent à la réalisation de la solidarité sociale. Ils doivent ainsi faire toutes les lois nécessaires pour obtenir ce résultat; et *a fortiori* ils ne peuvent faire aucunes lois contraires au développement même de la solidarité sociale. Le droit impose aux gouvernants non seulement des obligations négatives, mais aussi des obligations positives.

L'Etat, ayant fait la loi, est obligé de respecter cette loi tant qu'elle existe. Il peut la modifier ou l'abroger; mais tant qu'elle existe, il ne peut faire ou un acte de contrainte, ou un acte administratif ou juridictionnel que dans la limite fixée par cette loi, et en cela encore l'Etat est un *Etat de droit*. L'Etat, en vertu de la même idée, est le justiciable de ses propres tribunaux. Il peut être partie à un procès, il peut être condamné par ses propres juges et il est tenu comme un simple particulier d'exécuter la sentence prononcée contre lui. Il reste à expliquer comment l'Etat peut être lié par la loi qu'il a faite.

Les anciens auteurs enseignaient que le roi était *lege solutus,* c'est-à-dire que le roi avait le pouvoir de dispenser de l'application des lois dans des cas particuliers (cf. notamment Domat, *Le droit public,* liv. I, tit. II, sect. II, §§ 6 et 13, p. 10 et 11, Paris, 1713). C'est depuis la Révolution qu'on a compris et affirmé que l'Etat administrateur et juge est tenu d'appliquer, tant qu'elle existe, la loi qu'a faite l'Etat législateur. Cette affirmation est en effet une conséquence logique de la théorie des droits individuels naturels. Dans cette doctrine la loi est loi, non pas parce qu'elle est voulue par l'Etat, mais parce que, étant voulue par l'Etat, elle est présumée avoir pour but la protection des droits individuels, qui s'imposent non seulement à l'individu, mais encore à l'Etat; et par conséquent si l'Etat est tenu de respecter la loi, c'est parce qu'il est tenu de respecter les droits individuels. Toute atteinte à la loi doit être présumée une atteinte aux droits individuels, et comme telle, elle est formellement interdite. C'est le devoir du législateur d'organiser les pouvoirs publics de telle sorte que le danger de la violation de la loi soit réduit au minimum et que toute infraction faite à la loi par les pouvoirs publics soit énergiquement réprimée. Aucun organe de l'Etat ne peut violer la loi, tant qu'elle existe, pas même l'organe plus spécialement chargé de faire la loi.

Si l'on n'accepte pas la théorie des droits individuels et si l'on se rallie à la doctrine de la solidarité sociale, telle que nous avons essayé de l'exposer, on aboutit aussi logiquement à la même conclusion. La loi puise sa force obligatoire, non pas dans la volonté des gouvernants, mais dans sa conformité à la solidarité sociale. Par conséquent, elle oblige les gouvernants aussi rigoureusement que les sujets, puisque comme ceux-ci les gouvernants sont liés par la règle de droit fondée sur la solidarité sociale. Lorsqu'un organe quelconque de l'Etat ou, pour parler plus exactement, lorsqu'un individu, investi à un titre quelconque de la puissance politique, gouvernant ou agent des gouvernants, viole la loi, il est présumé porter une atteinte au droit objectif fondé sur la solidarité sociale, puisque cette loi n'a de force que si elle est l'expression de ce droit objectif. Encore dans cette doctrine, c'est une obligation qui s'impose aux gouvernants de créer une organisation telle que soit réduit au minimum le danger de violation de la loi, et que cette violation par un agent public soit énergiquement réprimée.

17. Le droit public. — Par ce qui précède, on a
établi le fondement et déterminé le domaine du droit
public. Le droit public est l'ensemble des règles de
droit qui s'appliquent à l'État et, dans notre doctrine,
aux gouvernants et à leurs agents, dans leurs rapports
entre eux et avec les particuliers. C'est d'un mot le
droit objectif de l'État, le *Staatsrecht* des Allemands.
On a vu comment et pourquoi l'État ou les gouvernants sont régis par le droit.

Le droit public est soumis à la grande loi de la formation et de l'évolution du droit. Il existe d'abord
dans les consciences individuelles et tend à s'extérioriser. Il s'est d'abord traduit à l'extérieur par la coutume. La coutume, dans la conception que nous nous
en formons, n'est point un mode de création du droit,
mais un mode de constatation. On ne doit point y
voir, avec l'école de Savigny et de Puchta, une création de la conscience du peuple. Le droit ne peut se
former et se développer que dans un milieu social ; il
règle les rapports des individus vivant en société,
mais il est, à tout prendre, une création de la conscience individuelle, et c'est le mode de constatation et
de sanction du droit qui est social. La coutume est un
mode de constatation encore imparfait et qui apparaît le premier. Lorsqu'une certaine manière de procéder a été suivie pendant un certain temps toutes les
fois que la même situation se présentait, elle devient
une règle et une règle coutumière. Ce n'est point la
coutume qui en a fait une règle de droit, mais c'est
une règle de droit qui se manifeste à l'extérieur par
la coutume.

La coutume elle-même se constate de diverses
manières. Pour les rapports privés, elle apparaît surtout dans les conventions des parties, principalement
dans les clauses contractuelles dites de style, et aussi
dans les décisions de la jurisprudence, qui certainement ne créent pas le droit, mais forment le moyen
de constatation le plus exact et le plus précis de la

coutume. La coutume, manifestation du droit public,
apparaît dans les décisions prises, les déclarations
formulées, les pratiques suivies pendant un certain
temps par les gouvernants ou les agents. En Angleterre, par exemple, la plus grande partie du droit
constitutionnel n'est constatée que par la coutume
parlementaire, cette coutume étant elle-même le produit de pratiques suivies depuis de longues années
par les pouvoirs publics. En France, dans le droit
constitutionnel, la coutume occupe une place moins
importante ; mais cependant, on le verra dans la suite
de ce livre, son domaine ne laisse pas d'avoir une
certaine étendue. Il est une partie du droit public, le
droit administratif, où la part du droit constatée par
la coutume est considérable et où le facteur essentiel
de formation coutumière est la jurisprudence, particulièrement la jurisprudence de notre conseil d'Etat.

Nos sociétés contemporaines sont arrivées, dans
l'évolution générale du droit, à la période de l'expression du droit par la loi positive émanée de l'Etat. On
a déjà dit que le rôle principal de l'Etat est de constater, en une formule écrite, décrétée et promulguée
suivant certaines formes déterminées, la règle de droit,
et d'édicter en même temps des dispositions de détail
ou réglementaires (lois constructives) pour en assurer
l'application. Le droit public, comme le droit privé,
trouve aujourd'hui son expression avant tout dans la
loi positive écrite. Les sociétés civilisées modernes sont
toutes arrivées à ce qu'on peut appeler la période du
droit législatif, c'est-à-dire la période où le mode
essentiel de constatation du droit est la loi positive
faite par l'Etat. Le droit objectif est aujourd'hui surtout la *loi écrite* et cela est vrai aussi bien pour le
droit public que pour le droit privé.

Cependant, la loi écrite positive n'est pas tout le
droit ; elle n'est pas plus tout le droit public qu'elle
n'est tout le droit privé. A côté de l'expression législative du droit, la coutume continue à jouer un rôle

important et beaucoup de règles coutumières viennent se superposer aux règles législatives. Il se produit entre la loi écrite et la règle coutumière une série d'actions et de réactions qu'on ne peut qu'indiquer ici. Souvent la loi écrite est venue donner une expression plus précise à une règle déjà constatée par la coutume. Parfois aussi, certaines dispositions de la loi écrite, qui peut-être, au moment où elles ont été portées, ne répondaient pas exactement à la situation prévue, ont provoqué l'établissement d'une pratique qui, par son application répétée, a donné naissance à une règle de droit qui avait été en quelque sorte formulée d'avance par le législateur.

Lois constitutionnelles et lois ordinaires. — Dans beaucoup de pays modernes, le droit public est constaté par deux catégories de lois appelées les unes lois *constitutionnelles* et les autres lois *ordinaires*. Pour éviter une confusion entre les lois constitutionnelles au sens général du mot, désignant toutes les lois d'organisation politique, et celles dont nous parlons maintenant, on appelle celles-ci lois *constitutionnelles rigides*. La France, les États-Unis et beaucoup d'autres pays vivent sous le régime des constitutions rigides. Au contraire, l'Angleterre ne connaît qu'une seule catégorie de lois. Cette distinction des lois constitutionnelles et des lois ordinaires est purement formelle. Elle se réduit à ceci qu'il y a certaines lois qui sont faites en une forme particulière, par un organe spécial, et qui ne peuvent être ni modifiées ni abrogées par le législateur ordinaire. Habituellement ces lois constitutionnelles contiennent des dispositions sur les obligations générales de l'État, sur l'organisation politique. Mais l'objet de ces lois importe peu; leur caractère particulier tient uniquement au caractère de l'organe qui les fait. On reviendra plus longuement sur la distinction des lois *constitutionnelles rigides* et des lois ordinaires (cf. §§ 130-133).

18. Les divisions du droit public. — Le droit public étant ainsi constaté par la coutume, par la loi

écrite constitutionnelle ou ordinaire, se divise naturellement en un certain nombre de parties, qui sans
doute se pénètrent intimement, mais qu'il est indispensable de distinguer pour faire un groupement
méthodique des règles de droit public.

Nous trouvons d'abord le droit *public externe*, ou
droit international ou *droit des gens*, qui comprend
l'ensemble des règles de droit s'appliquant aux États
dans leurs rapports entre eux. On distingue souvent
le *droit international public* et le *droit international
privé*. En réalité cette distinction n'existe pas ; ce qu'on
appelle le droit international privé est véritablement
du droit public, puisqu'il comprend les règles s'appliquant aux conflits nés entre deux États, en tant que
par leur législation ils règlent les rapports privés de
leurs sujets ou des personnes qui se trouvent sur leur
territoire. Le droit international restera complètement
en dehors de nos études.

Au droit public *externe* on oppose le droit public
interne, comprenant toutes les règles s'appliquant à
un État déterminé. Une première partie du droit
public *interne* groupe les règles de droit qui s'appliquent à l'État pris en lui-même, qui déterminent les
obligations qui s'imposent à lui, les pouvoirs dont il
est titulaire et aussi son organisation intérieure. On
suppose que l'État n'entre pas en relation avec d'autres
personnalités et on étudie les règles qui s'appliquent
ainsi à l'État dans ce qu'on pourrait appeler sa vie
intérieure ou plus exactement les règles qui régissent
les rapports des gouvernants entre eux et avec leurs
agents. Cette première partie du droit public *interne*
est extrêmement vaste. Cela tient d'une part à ce que
l'époque moderne est arrivée à la notion précise de
l'État de droit et a compris que le but essentiel à poursuivre est de limiter l'État par le droit, en déterminant
rigoureusement et minutieusement ses droits et ses
obligations, et d'autre part à ce que le rôle de l'État
moderne s'accroissant chaque jour, son organisation

intérieure devient chaque jour plus complexe. Cette
première partie du droit public *interne,* on l'appelle
souvent le *droit constitutionnel* (en prenant le mot
constitutionnel dans un sens très large, et non plus
dans le sens étroit où on l'emploie pour désigner les
lois constitutionnelles rigides). Cette expression *droit
constitutionnel* est mauvaise, précisément parce qu'elle
prête à la confusion que nous signalons. Cependant
elle passe de plus en plus dans l'usage, et pour nous y
conformer c'est le titre que nous avons donné à ce
livre, qui est exclusivement consacré à l'étude de cette
première partie du droit public.

Après avoir déterminé les règles qui s'appliquent
aux rapports des gouvernants entre eux et avec leurs
agents, il faut étudier les règles qui s'appliquent à
l'activité extérieure des gouvernants et de leurs agents.
On aperçoit tout de suite combien est vaste cette
seconde partie du droit public interne, et comment
son domaine s'agrandit chaque jour, à mesure que
s'accroissent les activités dont les gouvernants doivent
assurer l'accomplissement et les services publics qui
y correspondent. On sait aussi quel prodigieux développement les nécessités de la guerre ont donné à
l'activité de l'État.

Cet accroissement constant de l'activité étatique était
avant la guerre critiqué et regretté par les uns, approuvé
et encouragé par les autres; il avait donné lieu à de
vives polémiques. Aujourd'hui ces controverses nous
paraissent sans objet : il y a là un fait irrésistible, que
l'on doit constater et qu'il faut prendre tel quel. Il a
pour conséquence la formation d'un nombre toujours
plus grand de règles juridiques. Il n'y a pas un moment
de son existence où l'homme moderne ne se trouve en
contact avec les gouvernants et leurs agents. Ce contact continuel a donné naissance à une somme énorme
de règles, la plupart écrites, quelques-unes coutumières, qui forment cette seconde partie du droit
public. Les législations, les jurisprudences modernes,

et particulièrement la jurisprudence française, sont intervenues ici fréquemment et minutieusement, parce que c'est dans ce contact incessant de l'individu et de l'Etat que le danger d'arbitraire a surtout apparu et qu'on a senti le besoin de le prévenir dans la mesure du possible.

Etant donnée la vaste étendue de cette partie du droit public, il est nécessaire d'y faire une subdivision. Celle qui nous paraît la plus logique se rattache à la distinction des deux fonctions de l'Etat, la fonction administrative et la fonction juridictionnelle. La fonction de contrainte n'a pas, à vrai dire, comme on le montrera plus loin, un caractère *spécifiquement* juridique ; elle consiste à assurer l'exécution par la force des actes administratifs ou des actes juridictionnels et, par conséquent, à elle ne peut correspondre une partie déterminée du droit public. A l'exercice de la fonction administrative correspond le *droit administratif*, comprenant l'ensemble des règles s'appliquant aux effets des actes administratifs et aussi au fonctionnement des services publics. C'est surtout cette partie du droit public qui prend de nos jours une importance considérable ; car c'est par le moyen d'actes administratifs que l'Etat réalise son intervention si fréquente et si active dans tous les domaines de la vie sociale, industrie, commerce, enseignement, rapports du capital et du travail ; c'est par des actes administratifs que l'Etat se procure et gère les capitaux énormes dont il a besoin pour accomplir sa mission ; c'est par les mêmes actes que l'Etat remplit aussi ses devoirs d'assistance et de protection aux faibles, aux malheureux, aux infirmes, devoirs qu'on lui reconnaît unanimement aujourd'hui et qu'a consacrés notamment la loi du 14 juillet 1905. Le domaine du droit administratif est si vaste que l'on a pris l'habitude d'en détacher certaines parties, comme le droit financier, le droit industriel et bientôt, nous l'espérons, la législation sur l'assistance publique. Le décret du 1er août 1905 a créé, en vue de la licence en droit, un enseignement spécial du droit industriel et de la législation financière et le décret du 2 août 1922 a justement fait de la législation financière une matière obligatoire à l'examen de licence.

La dernière subdivision du droit public correspond à la fonction juridictionnelle et comprend toutes les règles de droit s'appliquant à l'exercice de la fonction juridictionnelle. En France, par suite de l'organisation spéciale de la fonction juridictionnelle et de la compétence très étendue donnée en matière juridictionnelle à des fonctionnaires de l'ordre administratif, il se trouve qu'une bonne partie du droit juridictionnel, sous le nom de contentieux administratif, fait partie du droit administratif. Dans beaucoup de pays étrangers il en est de même. Malgré cela, nous croyons qu'il est logique de faire du *droit juridictionnel* une subdivision distincte du droit public. Cependant l'expression n'est pas entrée encore dans l'usage. On en comprendra la raison en remarquant qu'en fait cette partie du droit public comprend toutes les règles qui s'appliquent à l'intervention de l'Etat jugeant en matière civile et en matière pénale et qui forment deux grandes branches des législations modernes, le *droit de la procédure* et le *droit criminel*, tous les deux objet de disciplines et d'enseignements distincts, mais appartenant tous les deux logiquement au droit public.

19. Le droit public et le droit privé. — On oppose le droit *public* au droit *privé*, qui est l'ensemble des règles coutumières ou écrites s'appliquant aux rapports des particuliers. Cette distinction du droit public et du droit privé est très ancienne; elle était déjà faite par les jurisconsultes romains (Ulpien, L. 1, § 2, *Digeste, De justitia et jure*, 1, 1; *Institutes*, I, 1, 4). Lorsque l'accroissement considérable des matières juridiques a rendu nécessaire dans nos Facultés de droit une division du doctorat, on a fait cette division sur le principe de la distinction du droit public et du droit privé.

Cependant nous tenons à mettre le lecteur en garde contre une doctrine ou plutôt une tendance qui a aujourd'hui grand crédit : elle consiste à établir une séparation absolue, une sorte de mur infranchissable, entre le droit public et le droit privé, à affirmer que des notions qui sont vraies dans les rapports des particuliers entre eux, cessent d'être vraies quand on veut les appliquer aux rapports entre les gouvernants et leurs agents ou entre les gouvernants et les particuliers. On part de cette idée que le droit privé est un ensemble de règles qui s'appliquent à des personnes égales entre elles et que ces règles ne sont plus applicables quand il s'agit de déterminer des rapports de droit public, parce que alors ces rapports naissent entre personnes inégales dont l'une, l'Etat ou une autre personne publique, exerce un droit supérieur, un droit de puissance sur l'autre.

Nous ne pouvons admettre une distinction ainsi comprise du droit public et du droit privé. Nous nions la personnalité et la souveraineté de l'Etat, par conséquent nous ne concevons pas l'existence d'une règle s'appliquant aux rapports d'une prétendue personne collective souveraine avec des sujets auxquels elle impose sa volonté. On pourrait au reste, avec Seydel, soutenir que la notion de souveraineté et la notion de règle de droit limitant cette souveraineté s'excluent. Mais nous n'insistons pas sur ce point. Pour nous, les gouvernants sont des individus comme les autres, pris comme les autres dans les liens de la solidarité sociale et soumis comme tous les membres de la société à la règle de droit fondée sur cette solidarité. La règle de droit qui s'impose aux gouvernants est la même que celle qui s'impose aux gouvernés. Dans les rapports des gouvernants avec les gouvernés et dans les rapports des gouvernés entre eux, il n'y a et il ne peut y avoir qu'une règle de droit toujours la même : coopérer à la solidarité sociale. Le droit public et le droit privé reposent donc sur le même fondement.

Il en serait de même si, au lieu de fonder la règle de droit sur la solidarité sociale, on la fondait sur la conception individualiste. Dans cette conception, la règle de droit coutumière ou écrite s'impose alors aux gouvernants et aux particuliers, parce qu'elle tend à la protection des droits individuels; et dès lors, les règles du droit public et les règles du droit privé reposent sur le même principe.

On ne peut donner un fondement différent au droit public et au droit privé que si l'on admet que l'Etat crée le droit. On est obligé alors d'admettre que le droit privé a pour fondement l'*ordre* donné par l'Etat à ses sujets, tandis que le droit public a pour unique fondement la limitation que l'Etat apporte par sa propre volonté à sa puissance. Ainsi, en effet, le droit public et le droit privé reposeraient sur un fondement différent. Mais cette doctrine doit être rejetée, car elle est impuissante à fonder d'une façon sérieuse la limitation de l'Etat par le droit.

On dit souvent : l'esprit qui doit présider à l'étude du droit public n'est pas le même que celui qui doit inspirer l'étude du droit privé. En vérité, nous ne comprenons pas ce que cela veut dire. Nous avions cru que l'esprit qu'on devait apporter à l'étude du droit, c'était l'esprit de justice. C'est assurément avec cet esprit qu'on doit étudier le droit privé. Veut-on dire que c'est avec un esprit différent que l'on doit étudier le droit public? Nous ne saurions le croire.

On dit aussi que la méthode qu'on doit apporter à l'étude du droit public est différente de celle qui doit être appliquée à l'étude du droit privé. C'est là pour nous une proposition aussi inintelligible que la précédente. Le droit est une science sociale, et la méthode des sciences sociales est la méthode d'observation, qui doit se combiner avec le puissant élément d'investigation qu'est l'hypothèse déductive. Il y a longtemps

que la vieille logique classique a indiqué cette méthode
comme celle applicable aux sciences qu'on appelait
alors les sciences morales et politiques et que nous
appelons aujourd'hui les sciences sociales. Si le nom
a changé, la chose est restée la même; il n'y a qu'une
seule méthode pour l'étude de toutes les sciences
sociales, pour l'étude du droit public comme pour
celle du droit privé. Si l'on applique deux méthodes
différentes au droit privé et au droit public, l'une est
bonne, l'autre est mauvaise.

On a dit encore : le caractère de l'acte juridique
public est totalement différent du caractère de l'acte
juridique privé; lorsqu'un acte juridique émane d'un
agent de l'Etat, il a de ce fait un caractère tout particulier à cause du caractère propre de la volonté dont il
émane. Ce caractère tout particulier apparaît, dit-on,
surtout dans les actes unilatéraux, dits actes d'autorité ou de puissance publique, où la situation de droit
naît avant tout de la volonté supérieure de la personne
publique et qui n'ont point et ne peuvent avoir leurs
analogues dans le droit privé. Mais le caractère particulier apparaît même, ajoute-t-on, dans les contrats
que fait l'Etat; ces contrats deviennent des contrats de
droit public; on ne doit point leur appliquer les règles
du droit privé. Certains arrêts du conseil d'Etat en
France, Laband, O. Mayer en Allemagne, parlent cou-
ramment des contrats de droit public.

Nous repoussons énergiquement ces propositions.
L'acte juridique a une certaine nature qu'il s'agit de
déterminer; mais nous ne concevons pas que cet acte
puisse avoir une nature différente suivant la personne
de laquelle il émane. L'acte juridique est une manifestation de volonté à la suite de laquelle se produit un
effet de droit parce qu'elle a lieu dans les limites fixées
par la loi et en vue d'un but conforme à la loi. L'acte
juridique a toujours ce caractère. Le contrat notamment
a un certain caractère qu'il conserve toujours; et quand
nous entendons parler de contrat de droit public, nous

ne pouvons nous tenir de croire qu'il y a là une pure subtilité pour justifier plus ou moins heureusement un privilège de juridiction ou tout autre attribué à la personne publique.

Nous maintenons cependant cette distinction classique du droit public et du droit privé; mais nous pensons qu'elle n'existe en réalité qu'au point de vue du mode de sanction du droit. Réduit à cela, l'intérêt de la distinction reste considérable. L'Etat, par définition même, monopolise la puissance de contrainte existant dans un pays déterminé; c'est pour cela qu'il peut assurer et qu'il doit assurer la sanction du droit, en tant qu'il s'applique à toute personnalité autre que lui. Mais le droit public est le droit de l'Etat; il s'applique à l'État.

Cela posé, on ne peut concevoir un mode de sanction direct du droit public s'exerçant contre l'Etat. Toutes les dispositions du droit public qui créent des obligations à la charge de l'Etat ne peuvent être sanctionnées directement par la contrainte, puisque l'Etat, maître de la contrainte, ne peut pas l'exercer directement contre lui-même. Il résulte de là que les dispositions du droit constitutionnel, au sens large du mot expliqué précédemment, sont dépourvues de modes de sanction directe. Il n'en suit point, contrairement à ce qui a été dit quelquefois, que les règles du droit constitutionnel n'ont pas le caractère de véritables règles de droit. La sanction directe par la contrainte n'est pas nécessaire pour qu'une règle soit une règle de droit. Il y a règle de droit du moment où la violation de cette règle provoque une réaction sociale.

Ihering lui-même déclare que pour qu'il y ait règle de droit, il suffit qu'il y ait une sanction résultant d'une contrainte psychologique (*Der Zweck im Rechte,* I, p. 368). Ce mode de sanction existe certainement pour les règles constitutionnelles, qui déterminent les obligations de l'Etat et fixent son organisation intérieure. Aussi ces règles sont-elles certainement des règles de droit, bien qu'elles ne puissent être sanctionnées directement par la contrainte. A raison de cette impossibilité, on a dû trouver des procédés pour réduire au minimum le danger de violation du droit constitutionnel par les hommes qui se trouvent investis de la puissance publique. On étudiera plus tard les différents moyens qui ont été imaginés par l'art politique : séparation des pouvoirs ou des fonctions, création de hautes cours de justice. Mais quelque ingénieux que soient ces procédés, ils ne peuvent jamais assurer une sanction certaine du droit constitutionnel. C'est pourquoi on a eu raison de dire qu'il arrive toujours un moment où les constitutions n'ont d'autre sanction que la loyauté des hommes qui les appliquent.

Comme celles du droit constitutionnel, les règles du droit public administratif prennent un caractère particulier uniquement des moyens qui peuvent être employés pour assurer la réalisation de la situation juridique. Supposé qu'elle implique une obligation à la charge de l'État, le sujet actif n'a pas de voie d'exécution forcée contre l'Etat; il ne peut procéder à une exécution forcée qu'avec l'intervention de l'Etat; et celui-ci ne peut employer la contrainte matérielle contre lui-même. D'où la règle, qui exprime à la fois une proposition de droit et la constatation d'un fait : Nul n'a de voie d'exécution forcée contre l'Etat. On a essayé de justifier cette règle de diverses manières, en disant, par exemple, que l'Etat étant toujours honnête et solvable, on n'a pas besoin de voie d'exécution forcée contre lui; ou encore qu'il ne peut dépendre d'un particulier d'entraver le fonctionnement des services publics en employant des voies d'exécution contre l'État. Tout cela est assurément exact. Mais l'essentiel est que, l'Etat monopolisant la contrainte, celle-ci ne peut être employée contre lui, et de ce fait la situation juridique acquiert un caractère particulier.

Si l'on suppose, au contraire, que l'Etat a le rôle actif, une situation spéciale lui appartient encore du fait de

sa nature même. Le particulier qui veut ramener à
exécution par la force un rapport de droit dont il est
bénéficiaire doit s'adresser à l'Etat; et si l'existence
ou l'étendue de ce rapport est contestée, l'emploi de
la force pour l'exécution n'est possible que lorsque
régulièrement une décision juridictionnelle, émanant
de l'Etat, est intervenue, reconnaissant l'existence et
l'étendue dudit rapport. L'Etat bénéficiaire d'une situation de droit, et maître en même temps de la force
matérielle pour la réaliser, pourra spontanément
employer directement cette puissance de contrainte
malgré les protestations du sujet passif. L'Etat, maître
de la puissance de contraindre, a le privilège de
l'exécution préalable. Il est l'Etat; son but est de
réaliser le droit; et lorsqu'il prétend l'existence d'une
situation juridique à son profit, il est parfaitement
légitime de lui reconnaitre le bénéfice de l'exécution
préalable, ce que M. Hauriou appelle exactement le
bénéfice du préalable. Bien entendu on doit réserver à
l'intéressé le droit d'attaquer l'acte invoqué par l'Etat
et même d'obtenir une indemnité pour exécution
téméraire de la part des agents publics.

En résumé on a raison de distinguer le droit public
et le droit privé. Mais il ne faut point donner à cette
distinction une portée qu'elle n'a pas. Le droit public
et le droit privé doivent être étudiés avec le même
esprit et la même méthode. Les lois de droit public et
les lois de droit privé reposent sur le même fondement. Les actes juridiques de droit public et ceux de
droit privé sont formés des mêmes éléments et ont au
fond le même caractère. Mais la sanction du droit
public et la sanction du droit privé ne peuvent exister
dans les mêmes conditions; la réalisation d'une situation de droit public ne peut être obtenue de la même
manière que celle d'une situation juridique de droit
privé. En cela seulement consiste la différence (elle est
d'ailleurs de premier ordre) entre le droit public et le
droit privé.

PREMIÈRE PARTIE
THÉORIE GÉNÉRALE DE L'ÉTAT

CHAPITRE PREMIER
LES ÉLÉMENTS DE L'ÉTAT

20. Principe de notre théorie de l'Etat. — Nous ne pouvons accepter la doctrine, encore dominante, de l'Etat personne collective souveraine. Elle repose en effet sur des concepts métaphysiques sans valeur : d'une part, la prétendue personnalité de la collectivité, qui aurait une conscience et une volonté, et, d'autre part, la souveraineté, c'est-à-dire la puissance de formuler des ordres *inconditionnés* appartenant à cette volonté collective. Formulée par nos déclarations des droits, nos constitutions de l'époque révolutionnaire et par la constitution de 1848, cette doctrine est encore la base de notre droit public français. Mais les faits sont plus forts que les textes, et le droit se trouve dans la réalité sociale et non dans les formules des lois, quelque solennelles qu'elles soient. Le moment est venu de tenter la construction juridique de l'Etat, en utilisant uniquement les matériaux fournis par la réalité sociale et en écartant tous les concepts d'ordre métaphysique.

Le premier élément social qui doit entrer dans cette construction est assurément la collectivité. Le fait Etat implique l'existence d'une société humaine, d'un groupement social, et la forme la plus générale des groupements sociaux, dans les pays parvenus aujourd'hui à un certain degré de civilisation, est assurément la *nation*. Nous ne nions pas, nous n'avons jamais nié la réalité de la nation, mais seulement l'existence d'une personne nation investie d'une conscience et d'une volonté. La nation est, si l'on veut, un élément de l'État, non pas en ce qu'elle est la substance personnelle de l'État (ce qui est de la scolastique pure), mais en ce sens qu'elle est le milieu social dans lequel se produit le fait État.

Le second élément de l'État est ce que nous appelons la différenciation entre gouvernants et gouvernés. Réduit à ses éléments simples, ce fait est la séparation dans un groupement social d'individus qui ont une plus grande force que d'autres individus, et qui, en fait, peuvent imposer aux autres individus leur volonté par cette plus grande force. Les premiers sont les *gouvernants*; les seconds les *gouvernés*. Cette plus grande force peut affecter des formes infiniment diverses. Elle a été dans les sociétés primitives une force matérielle ou une force morale fondée sur des croyances religieuses. Dans les sociétés modernes extrêmement complexes, ces forces sont elles-mêmes extrêmement complexes. Elles s'entremêlent dans une même société; elles revêtent des aspects divers; mais elles existent toujours et le gouvernement d'un pays n'est vraiment fort que lorsqu'il est l'organisation de ces forces sociales. Les règles de la logique nous obligent à procéder par voie d'abstraction, à opposer ainsi l'entité *gouvernants* à l'entité *gouvernés*. Cela est légitime; car il n'y a là que l'expression en langage abstrait de deux réalités incontestables.

Les gouvernants sont des individus investis d'une volonté; cette volonté, se manifestant à l'extérieur, a-t-elle un caractère propre? Est-elle d'une essence spéciale? La théorie classique de la souveraineté répond affirmativement. Mais cette théorie est insoutenable,

parce qu'affirmer que la volonté de certains individus
est d'une essence supérieure à la volonté de certains
autres, c'est formuler une affirmation d'ordre métaphysique inacceptable en science positive. Ainsi se
trouve écartée la notion de souveraineté ou de puissance publique. La volonté des gouvernants sera
sans doute un élément de l'Etat; mais ce n'est pas
parce que cette volonté a le privilège de s'imposer par
voie d'ordre aux gouvernés. C'est tout simplement
parce que les gouvernants étant investis d'une plus
grande force pourront mettre légitimement en mouvement cette plus grande force pour imposer leur
volonté, quand elle sera conforme au droit.

Par là, nous sommes ramenés à l'élément essentiel
de tout Etat : la plus grande force. Elle peut être
matérielle ou morale; mais, même lorsqu'elle n'est
que morale, elle se traduit toujours par une puissance
de contrainte. Il n'y a différenciation entre gouvernants et gouvernés que lorsque les gouvernants peuvent, en fait, imposer par la contrainte leur volonté
aux gouvernés. A cette seule condition il y a différenciation entre gouvernants et gouvernés, et par conséquent à cette seule condition il y a un Etat.

Mais cette volonté et cette puissance de contrainte
des gouvernants ont une limite, une limite quant à
leur objet, qui est l'organisation et le contrôle des
services publics, conformément à la règle de droit;
une limite territoriale imposée de fait par l'établissement des sociétés civilisées sur des territoires déterminés, de telle sorte que dans l'étude des éléments de
l'Etat, une place doit être faite aux services publics et
au territoire.

21. La nation. — On a brièvement montré (§ 6)
que les trois formes principales qu'ont dû revêtir au
cours des temps les sociétés humaines parvenues à un
certain degré de civilisation sont la famille, la cité et
la nation. La nation moderne, forme générale des
collectivités politiques, est en soi une agglomération

de cités, comme la cité a été une agglomération de
familles. Mais cette conception de la nation moderne
est, il faut le dire, plus schématique que réelle. Dans
le fait, les nations modernes sont des formations
sociales d'une infinie complexité et composées d'éléments dont on doit mettre en relief les principaux.
Elles sont sorties du monde antique par l'intermédiaire du régime féodal, qui pendant plusieurs siècles
a régné dans toute l'Europe et a eu sur nos idées et
nos institutions modernes une influence profonde, toujours persistante, souvent inaperçue. Les éléments du
monde féodal, amalgamés et organisés sous l'empire
de causes diverses, que nous n'avons pas à étudier,
ont donné naissance, ou plus tôt ou plus tard suivant
les pays, à la nation moderne.

Mais quel est le facteur essentiel qui a produit et
qui maintient le lien national ? On a mis en avant la
communauté d'autorité politique, la communauté de
race et de langue, la communauté de croyance religieuse. Ces différents facteurs ont certainement agi
soit ensemble, soit séparément, mais aucun n'était
assez puissant pour créer à lui seul la solidarité nationale. Les faits le démontrent surabondamment.

Communauté d'autorité politique, de droit, de langue, de religion, limites naturelles, ce ne sont là que
des éléments secondaires. L'élément essentiel de l'unité
nationale, il faut le chercher dans la communauté de
traditions, de besoins et d'aspirations. L'humanité,
a-t-on dit, est faite de plus de morts que de vivants ;
la nation est faite elle aussi de plus de morts que de
vivants. Le souvenir des luttes entreprises, des triom-
phes remportés et surtout des défaites subies en commun a contribué puissamment à créer et à préciser la
conscience de la solidarité nationale. Pour ne citer
qu'un fait, la guerre de Cent ans et les souvenirs inef-
façables qu'elle a laissés dans les consciences françaises ont été une des causes les plus actives de la
formation du sentiment national. La communauté des

traditions a joué dans tous les pays un rôle capital, et en ce sens Renan a dit, très justement, que la nation était une formation historique.

La communauté des aspirations et des besoins présents, le sentiment du rôle que les hommes d'une même nation doivent jouer en commun dans le monde, le besoin de défendre un patrimoine commun d'idées, de richesses morales ou matérielles, tout cela maintient et accroît chaque jour la cohésion nationale. Les événements de la grande guerre en ont été une éclatante démonstration.

D'autre part, les membres d'une même nation sont particulièrement unis entre eux par les liens de la solidarité par division du travail. Étant plus près les uns des autres, ils échangent naturellement plus fréquemment et plus facilement les services qu'ils peuvent se rendre à cause de leurs aptitudes différentes.

La nation, forme générale actuelle des collectivités politiques, n'exclut pas cependant le maintien des formes sociales antérieures, la famille et la cité. Le membre de la nation peut être aussi encadré dans une famille et une cité. Mais qu'on le regrette ou non, on est obligé de reconnaître que dans la nation moderne, la famille, en tant que groupe social, est en train de se désagréger, et que la commune moderne, pour des raisons qu'il n'y a pas lieu de rechercher, est impuissante à fonder des groupements cohérents et forts au sein de la nation.

En même temps se forment d'autres groupements. Les corporations professionnelles encadrent les hommes dans une nouvelle hiérarchie sociale. La formation, au sein de la nation moderne et particulièrement au sein de la nation française, de groupements fondés sur la communauté des intérêts professionnels, industriels, commerciaux, des travaux scientifiques, des œuvres artistiques, littéraires ou autres et aussi sur des promesses d'assistance mutuelle,

est incontestablement le fait social le plus saillant de
ces trente dernières années. Le législateur n'a pu le
négliger, et ses lois, comme les lois de 1884 sur les
syndicats professionnels, de 1898 sur les sociétés de
secours mutuels, de 1901 sur les associations en général, la nouvelle loi sur les syndicats professionnels
(12 mars 1920), provoquées par le mouvement *associationniste*, le favorisent par un effet en retour, le dirigent et lui donnent un relief particulièrement frappant.

La nation est une réalité; jamais nous n'avons eu
la pensée de le contester. Cette réalité consiste dans
le lien de solidarité, d'interdépendance qui unit entre
eux, d'une manière particulièrement étroite, les
hommes qui sont membres d'une même nation. Mais
on ne saurait aller plus loin sans sortir du domaine
de l'observation positive et tomber dans l'hypothèse
et l'affirmation métaphysiques. C'est ainsi que nous
repoussons sans hésiter toutes les doctrines qui affirment qu'il existe une conscience et une volonté de la
nation, que, par conséquent, la nation possède une
personnalité distincte des individus qui la composent,
la volonté de cette personne étant la souveraineté
nationale, la puissance politique elle-même, le pouvoir
de commander aux individus

. De ce que, au même moment, dans la nation, la
majorité des individus pensent la même chose, on ne
saurait conclure que le support de ces pensées est
une substance propre, qui serait la conscience nationale, l'âme nationale. Si la psychologie positive a
définitivement rejeté le concept d'âme individuelle en
le laissant au domaine des croyances religieuses, nous
ne voyons pas comment la politique peut maintenir
le concept d'âme collective.

La nation est donc tout simplement le milieu dans
lequel se produit le phénomène qu'est l'Etat, c'est-à-
dire la différenciation entre gouvernants et gouvernés.
En ce sens seulement on peut dire qu'elle est un
élément de l'Etat moderne. Les peuples civilisés

modernes sont en général groupés par nation, et c'est
dans ces groupements nationaux que s'accomplit la
distinction toute de fait entre gouvernants et gouvernés. C'est pourquoi, en général, l'action des gouvernants s'étend à tous les membres de la nation : de la
différenciation naturelle qui s'accomplit à l'intérieur
de la nation il résulte que tous les nationaux sont
gouvernants ou gouvernés, et ainsi, le plus souvent,
l'action des gouvernants est déterminée quant aux
personnes auxquelles elle s'applique par la nationalité
de celles-ci. La nation, pour nous servir de termes
parfois employés, n'est ni un élément *subjectif*, ni un
élément *objectif* de l'Etat, c'est-à-dire qu'elle n'est ni
le sujet ni l'objet de la puissance politique, mais seulement la limite, au point de vue des personnes, de
l'exercice de cette puissance politique. C'est pourquoi
dans les rapports internationaux les questions de
nationalité occupent une place si importante; elles
sont résolues d'après les règles du droit international
public.

Cependant, il ne faut pas croire qu'il y ait toujours
coïncidence entre la sphère d'action personnelle des
gouvernants et la nation, et c'est précisément une
nouvelle preuve du caractère tout à fait artificiel de
la doctrine d'après laquelle la nation est le *substratum*
personnel de l'Etat. Parfois les mêmes gouvernants
exercent une puissance sur deux ou plusieurs collectivités, qui ont conservé d'une manière certaine leur
caractère de nation, nations qui peuvent être rivales
et que seule maintient unies la force gouvernante qui
s'impose à elles. L'empire d'Autriche d'avant 1918
offrait un exemple frappant de cet état de choses. La
monarchie autrichienne régnait sur des nations distinctes et rivales, par exemple les Tchèques de la
Bohème, les Allemands de l'Autriche proprement
dite, les Magyars de la Hongrie, les Slaves de la Croa-
tie et de la Bosnie. Pendant trois siècles, le gouvernement anglais a imposé son autorité à la nation irlan-

daise, dont l'autonomie nationale ne pouvait être contestée.

D'autre part, bien souvent, la puissance des gouvernants s'exerce sur beaucoup d'individus qui ne font pas véritablement partie de la nation considérée. Chacun sait notamment que tout gouvernement exerce une autorité qui peut varier suivant les pays, mais qui est partout reconnue, sur tous les individus, même n'étant pas ses nationaux, qui se trouvent sur son territoire. De plus, beaucoup d'individus peuvent être et sont en fait sujets d'un pays sans être nationaux de ce pays. En considérant particulièrement la France, tous les indigènes des colonies sont sujets, mais non citoyens français, tant que le caractère de citoyens ne leur a pas été expressément reconnu, suivant certaines règles spéciales déterminées par notre législation coloniale. Il y a donc là une quantité considérable d'individus qui sont subordonnés à la puissance publique française, mais qui ne font point partie de la nation française. Quant aux habitants des pays de protectorat, ils ne sont certainement pas même Français, et cependant ils sont subordonnés, en une mesure variable d'ailleurs, à la puissance française.

Sur ce qu'est une nation et quels groupements sont aujourd'hui des nations, cf. Duguit, *Souveraineté et liberté*, 1922, p. 15 et s.

22. De la différenciation des gouvernants et des gouvernés. — Dans la nation se produit une différenciation entre les forts et les faibles et c'est le fait même qui constitue l'État. On a montré au paragraphe 13 la direction générale qu'a suivie cette évolution. Il est inutile d'y revenir, sinon pour insister sur le caractère complexe que revêt cette différenciation dans les pays modernes. Sans doute, le phénomène est de nature identique à celui qui se produit dans une société primitive; mais il est évidemment beaucoup plus complexe. Les éléments historiques y jouent un rôle important. La plus grande force appartient souvent, dans ces mêmes pays, à des éléments divers qui paraissent parfois contradictoires et qui arrivent souvent à se pondérer réciproquement. Ainsi, en parlant des plus forts, nous entendons dire ceux qui détiennent, d'une manière ou d'une autre, telles ou telles forces sociales, qui sont aussi des forces gouvernantes.

On peut ramener à quelques types généraux les formes sous lesquelles se présente dans les pays modernes civilisés la différenciation entre gouvernants et gouvernés.

Jusqu'en 1905, la Russie nous présentait un type très simple de différenciation politique. D'une part, un chef à la fois civil, militaire et religieux, qui impose sa puissance à tous, surtout en raison du prestige religieux qu'il s'attribue et que la grande masse du peuple lui reconnaît. Lui seul est gouvernant ; à lui seul il monopolise toute la force. Tous les autres sont gouvernés. En 1905, une force populaire s'est manifestée, à la suite des défaites de Mandchourie, avec une intensité singulière. Une part lui avait été faite dans le gouvernement par la création d'une assemblée élue ou *Douma*, qui, dans une certaine mesure, était venue contrebalancer la toute-puissance de l'empereur.

Le 15 mars 1917, l'empereur Nicolas II a été obligé d'abdiquer. On put croire un moment qu'une république parlementaire remplacerait le gouvernement tzariste. Mais dès le mois de novembre 1917 une bande d'énergumènes se disant bolchevistes se sont emparés du pouvoir. Sous prétexte d'instaurer le régime communiste, ils ont ruiné et affamé la Russie et font peser sur elle depuis six ans la plus sanglante des tyrannies.

Quoi qu'il en soit, la Russie a présenté jusqu'en 1905 le type de la différenciation politique à monarchie absolue. Ainsi se trouve définie de fait la monarchie simple : forme de gouvernement dans laquelle la différenciation s'est produite entre un seul qui détient toute la puissance et tous les autres qui sont tous des gouvernés.

Dans les pays allemands, la différenciation entre gouvernants et gouvernés a suivi, plus tôt il est vrai, une évolution analogue à celle qui vient d'être décrite. Pendant longtemps, c'étaient des monarchies absolues. Sous l'empire de causes diverses, ont apparu des éléments nouveaux auxquels il a fallu faire une place. Ces éléments ont été parfois des éléments aristocratiques, comme en Prusse, c'est-à-dire une noblesse terrienne qui détenait une force gouvernante. Mais les éléments de force ont été surtout des éléments démocratiques, c'est-à-dire la poussée des gouvernés eux-mêmes aspirant à participer à la puissance politique et s'imposant par leur nombre même.

Cependant la guerre fit apparaître chez le peuple allemand une foi tellement aveugle dans son empereur et les hommes qui l'entouraient que l'on put justement soutenir que l'élément démocratique ne constituait pas encore en Allemagne une force gouvernante. Aujourd'hui, rien n'est changé. Le 9 novembre 1918, l'empereur Guillaume II a dû abdiquer; toutes les dynasties princières ont été renversées; la république a remplacé le gouvernement impérial; la constitution de Weimar (11 août 1919) a organisé cette république; mais au fond l'Allemagne est restée monarchiste. Toutes les grandes fonctions sont exercées par les mêmes hommes que sous l'empire. Tout fait prévoir une restauration monarchiste quand les magnats de la grande industrie, qui sont aujourd'hui maîtres du gouvernement, croiront avoir intérêt à l'autoriser.

En Angleterre, la différenciation entre gouvernants et gouvernés s'est faite d'une manière particulièrement complexe. Depuis le xiii° siècle, trois éléments distincts se sont partagé la force gouvernante : la couronne, l'aristocratie et les communes, fondus dans cet organe par excellence de gouvernement qu'est le Parlement, lequel, dans le droit traditionnel anglais, comprend les trois éléments. La couronne anglaise possède encore une force considérable qu'elle doit à de nombreuses causes, à son passé historique et à ce qu'elle est aujourd'hui le facteur le plus puissant de l'unité du vaste empire britannique. Pendant la guerre, cette unité s'est affirmée avec une force admirable. La chambre des communes, élue depuis 1918 au suffrage universel, est certainement la force prépondérante. Mais elle est incontestablement balancée par la couronne et rencontre dans la chambre des lords représentant l'élément aristocratique un contrepoids qu'on ne saurait contester, bien que les pouvoirs de la chambre des Lords aient été considérablement amoindris par le *Parliament Act* du 18 août 1911.

En Suède, en Norvège, en Danemark, en Belgique, en Espagne, en Italie, l'organisme gouvernemental apparaît avec la même complication : un chef d'Etat héréditaire qui détient par lui-même une force, un parlement issu d'une élection plus ou moins large et dont l'autorité découle de la force gouvernante qu'il représente.

La France a pratiqué le même régime politique de 1814 à 1848. On peut lui donner le nom de monarchie limitée, préférable aux expressions de monarchie constitutionnelle et de monarchie parlementaire, la première prêtant à confusion, et la seconde expression désignant une forme particulière de gouvernement qui sera expliquée plus tard. On a appelé aussi ces gouvernements composés d'un monarque et d'un parlement, gouvernements *mixtes,* nom qui s'explique aisément, puisque les forces gouvernantes sont, en effet, un composé d'éléments monarchiques, aristocratiques et démocratiques.

Comment apparaît, particulièrement en France, aujourd'hui, la distinction des gouvernants et des gouvernés ? On a déjà, au paragraphe 13, indiqué à grands traits la forme de la différenciation politique au xixe siècle. Jusqu'en 1848 l'élément monarchique paraît avoir conservé une force réelle à côté de la force politique prépondérante détenue par la classe bourgeoise, et cela rend raison de la monarchie limitée qui a été le gouvernement de la France de 1814 à 1848. Avec l'ébranlement de 1848, la monarchie en tant que force sociale paraît avoir disparu sans retour. Non seulement la masse ne croit plus à la puissance politique du représentant de la monarchie traditionnelle, mais encore avant la guerre elle paraissait même la redouter.

C'est la France républicaine qui a sauvé le monde de l'hégémonie de l'Allemagne; c'est elle qui a occupé la place prépondérante dans l'alliance qui a vaincu la puissance germanique; aussi la forme républicaine est-elle la forme définitive du gouvernement français, autant du moins qu'il peut y avoir quelque chose de définitif dans ce monde.

En quels éléments résident donc aujourd'hui dans notre pays les forces gouvernantes? La réponse courante est : dans le suffrage universel. La réponse est vraie; elle demande cependant à être précisée. Assurément, il semble que toute la force gouvernante se trouve concentrée en France, depuis 1848, dans la majorité numérique du corps électoral, c'est-à-dire dans la majorité numérique des individus mâles et majeurs, membres de la nation. Théoriquement, cela est exact; pratiquement, cela ne l'est pas.

D'une part, pour des raisons que nous n'avons pas actuellement à rechercher, beaucoup de membres du corps électoral se désintéressent des affaires politiques et ne prennent pas part aux élections, de sorte qu'en fait, la majorité des électeurs représentés n'est point la majorité du corps électoral. Le corps électoral français comprend en chiffres ronds 11 millions d'électeurs. Après les élections de mai 1902, le nombre total des voix accordées aux députés siégeant à la chambre s'élevait à 5.159.000. Donc, la chambre des députés, organe prépondérant du gouvernement français, était issue en réalité de la minorité du corps électoral. Aux élections

de mai 1906, les chiffres étaient encore plus signifi-
catifs. Il y a eu 5.209.000 voix représentées et
6.383.000 voix qui ne l'étaient pas. A la chambre élue
aux mois d'avril-mai 1910, il y a seulement 5.300.000 suffrages représentés, et ainsi 55 p. 100 des électeurs
français n'ont pas de représentants. A la chambre élue
les 26 avril et 9 mai 1914, les députés représentaient
4.844.206 voix; le nombre des électeurs inscrits étant
de 11.266.098, il y avait 6.421.892 électeurs qui n'étaient
pas représentés, et par suite les députés représentaient
seulement 42,25 p. 100 du corps électoral.

Aux élections du 16 novembre 1919, le nombre des
abstentions a atteint 30 p. 100; ainsi, malgré la part
faite à la représentation proportionnelle par la loi du
12 juillet 1919, il n'a pas été moindre qu'aux élections
précédentes. Cependant, d'après les chiffres donnés
par M. Bonnet à la séance de la chambre du 28 mars
1923, les 586 députés élus en 1919 dans la France
métropolitaine, non compris l'Alsace et la Lorraine,
représenteraient 70 p. 100 des votants et 52 p. 100 des
électeurs inscrits.

On peut ajouter qu'en fait la puissance gouvernante
appartenant pendant quatre ans à la majorité de la
chambre, c'est-à-dire à la majorité des représentants
de la minorité du corps électoral, elle appartient à un
groupe d'individus qui sont une toute petite minorité
dans le pays. Mais il est vrai que cette minorité ne peut
imposer sa volonté au pays que parce qu'on croit
communément qu'elle représente la majorité du corps
électoral. De sorte que, finalement, la puissance politique repose certainement en France sur la croyance
à la prépondérance de la majorité du corps électoral,
ce qui, nous le reconnaissons volontiers, revient, au
moins théoriquement, à dire que la force politique
appartient à la majorité numérique du corps électoral.

Beaucoup d'éléments interviennent qui empêchent
cette majorité numérique de se manifester pleinement.

L'on ne saurait méconnaître que la puissance éco-

nomique des classes possédantes est un contrepoids
aux manifestations libres et spontanées de la majorité
numérique, et qu'il se forme une sorte d'équilibre
entre le nombre et la fortune, qui finalement assure la
prépondérance à ce qu'on peut appeler l'élément petit
bourgeois qui apparaît d'une manière très nette dans
la composition de nos deux chambres. Nous ne sommes
pas sûr, d'ailleurs, que cet élément petit bourgeois ne
représente pas en même temps la majorité numérique
du corps électoral, si l'on fait rentrer dans cet élément
tous ceux qui, à la fois, travaillent et possèdent une
part plus ou moins grande de capital. C'est cet élément
qui semble bien s'être manifesté dans les circonstances de notre histoire contemporaine où le suffrage
universel paraît s'être exprimé le plus librement : en
1848, pour l'élection de la Constituante; en 1871, pour
l'élection de l'Assemblée nationale; dans plusieurs
départements, notamment à Paris, en 1888-1889, au
moment du mouvement boulangiste, et en 1919 après
la grande guerre.

Quoi qu'il en soit de ces considérations, l'on peut
dire en bref que l'élément de force gouvernante est
aujourd'hui en France la majorité numérique du corps
électoral. Mais est-ce le seul? Non point. A côté de
lui est en train de s'élaborer un autre élément qui
chaque jour prend une place plus grande et qui, dans
un avenir très prochain, acquerra forcément un organe
propre de représentation. Ce sont les groupements
professionnels, dont la constitution est le produit du
mouvement syndicaliste. Il en a été déjà parlé au
paragraphe 21 et nous l'avons défini le mouvement
par lequel les différentes classes sociales tendent
à s'organiser et à se donner une structure juridique
définie pour la défense de leurs intérêts de classe et
pour la conciliation des intérêts divergents par des
contrats collectifs librement consentis.

Ainsi deux forces gouvernantes apparaissent actuellement en France : la majorité numérique des individus

mâles et majeurs, et les syndicats professionnels. Il
semble bien que nos lois politiques n'ont pas su donner
une représentation adéquate à ces deux forces gouvernantes. Mais les faits seront plus forts que les
hommes, et, dans un avenir qui ne saurait être
éloigné, s'organisera certainement une meilleure
représentation des individus et une représentation des
intérêts professionnels ou représentation syndicale.

En résumé, sans qu'on puisse s'étendre davantage
sur ces diverses considérations, la différenciation politique entre gouvernants et gouvernés s'est présentée
de nos jours sous trois formes générales. La première
et la plus simple, la monarchie absolue, où la force
gouvernante se trouve tout entière concentrée entre
les mains d'un homme. La Russie en offrait le type
moderne jusqu'en 1905. La forme diamétralement
opposée, la république, où la force gouvernante réside
dans des groupes plus ou moins étendus et, si l'on
prend la France pour exemple, le type dans lequel la
force gouvernante réside dans la majorité numérique
des hommes majeurs et dans les groupements professionnels. Enfin, la forme mixte, où la puissance
gouvernante est partagée entre un individu et des
groupes plus ou moins étendus, démocratiques ou
aristocratiques ; l'Angleterre nous donne un exemplaire parfait de cette combinaison.

23. La volonté des gouvernants. — Quelle que
soit la forme que revêt la différenciation politique, il
reste ce fait qu'un individu ou plusieurs individus
possèdent dans une nation donnée la force gouvernante. Nous appelons ces individus les gouvernants.
Qu'ils soient un ou plusieurs, peu importe. Les anciens
auteurs employaient l'expression : le prince, pour les
désigner. L'expression était commode ; elle pourrait
aujourd'hui prêter à confusion. Il importe de considérer cette volonté des gouvernants en elle-même,
abstraction faite de la manière dont elle se répartit
entre eux s'ils sont plusieurs et aussi abstraction faite
de la manière dont elle s'exprime.

Le point essentiel à noter, c'est que cette volonté est
la volonté d'individus humains, tout comme la volonté
des gouvernés, et que, par conséquent, la volonté des
gouvernants n'est pas une volonté d'une nature différente de la volonté des gouvernés. Dans la doctrine
de la souveraineté nationale, les gouvernants sont les
représentants ou les organes de la volonté de la
nation ; cette volonté étant une volonté collective est,
parce qu'elle est une volonté collective, déclarée supérieure aux volontés individuelles. Et alors les gouvernants agissant au nom de la souveraineté nationale
exercent la puissance publique. L'État-personne est
titulaire de la souveraineté comme droit subjectif et
les gouvernants exercent cette souveraineté. La volonté
des gouvernants est la puissance publique.

Mais on a vu aux paragraphes précédents que cette
volonté de la collectivité est une hypothèse gratuite,
et de plus une hypothèse insoutenable parce qu'elle
implique cette affirmation scientifiquement indéfen-
dable que la somme des volontés individuelles devient
une volonté collective, une, distincte des volontés
individuelles composantes. Si donc il n'y a pas, il ne
peut pas y avoir de personne collective, dont les gouvernants seraient les représentants ou les organes, il
reste seulement la volonté individuelle des gouvernants. Il n'y a pas autre chose que cela. Quand dans
un pays, un parlement, un chef d'État expriment leur
volonté, on ne doit pas dire, on ne peut pas dire,
qu'ils expriment la volonté de l'État, qui n'est qu'une
abstraction, pas davantage qu'ils expriment la volonté
de la nation, qui est une fiction : ils expriment leur
propre volonté. Voilà le fait, voilà la réalité. Les lois,
les décrets sont l'expression de la volonté des députés
qui les ont votés, du président de la République qui
les a promulgués. Les actes administratifs ou judiciaires sont l'expression de la volonté individuelle des
administrateurs ou des juges qui les ont faits.

Cela bien compris, on voit que la notion de puis-

sance publique disparaît. On verra les distinctions
que font certains auteurs entre la souveraineté et la
puissance publique. Mais en réalité ces distinctions
n'ont qu'une importance secondaire, et les deux
expressions peuvent être prises comme synonymes.
L'une et l'autre ne peuvent désiguer que le droit
appartenant à une personne de donner des ordres
à une autre personne. Le mot *imperium*, qui dans la
terminologie romaine avait un sens précis, dans son
acception traditionnelle exprime bien ce pouvoir de
commandement. L'ordre implique l'existence d'une
volonté qui s'impose comme telle à une autre volonté,
une volonté qui est de qualité supérieure à une autre
volonté. Par conséquent dire d'une personne qu'elle a
la puissance publique, c'est dire qu'elle peut formuler
des ordres s'imposant à d'autres personnes, et que par
conséquent elle a une volonté qui en soi est d'une
qualité supérieure à celle de ces autres personnes.

Puisque les gouvernants ne sont que des individus
comme les autres, puisqu'ils ne sont ni les représentants ni les organes d'une personne collective qui
n'existe pas, ils ne peuvent pas formuler des ordres ;
ils n'ont pas la puissance publique. La puissance
publique est une fiction. C'est une notion sans valeur
et qu'il faut bannir de toute construction positive du
droit public. Cette négation, on vient de le voir, est la
conséquence de la négation même de la personnalité
de la nation et de la volonté nationale. Il ne faut pas
avoir peur des mots et il faut affirmer bien nettement
que la puissance publique est une chose sans réalité,
que ce mot n'est employé par les gens qui détiennent
le pouvoir que comme un moyen commode d'imposer
ce pouvoir en faisant croire qu'il est un pouvoir de
droit quand il n'est qu'un pouvoir de fait.

Au reste, en niant la puissance publique, nous ne
professons point une doctrine anarchiste. Il importe
de le bien comprendre et d'écarter les critiques qui
nous ont été faites et pourront nous être faites à cet

égard. Hauriou (*Principes de droit public*, 1re édit.,
1910, p. 79) nous appelle « anarchiste de la chaire ».
Une doctrine anarchiste est toute doctrine qui dit que
dans la société il ne doit pas y avoir de gouvernement,
qu'il ne doit pas y avoir de distinction entre gouvernants et gouvernés, mais seulement des individus ou
des groupes égaux et développant librement leur
activité individuelle. Telles sont par exemple les théories de Max Stirner, de Bakounine et de Proudhon.
Or, une pareille doctrine repose sur une conception
a priori; elle est aussi extrascientifique que la doctrine de la souveraineté nationale et de la puissance
publique. Nous revenons toujours à cette affirmation
qui est la constatation d'un simple fait, c'est que
l'existence des gouvernements est la conséquence de
la différenciation qui se produit naturellement dans
toute société entre les forts et les faibles. Nier ce fait,
c'est nier l'évidence, et toute doctrine anarchiste proprement dite va contre l'évidence des faits.

Notre doctrine est tout opposée. Nous disons : la
puissance gouvernante existe et ne peut pas ne pas
exister. Seulement nous nions qu'elle soit un droit.
Nous affirmons que ceux qui détiennent cette puissance gouvernante détiennent une puissance de fait et
non pas une puissance de droit. En disant qu'ils n'ont
pas la puissance publique, nous voulons dire qu'ils
n'ont pas le droit de formuler des ordres et que les
manifestations de leur volonté ne s'imposent pas
comme telles aux gouvernés.

Ce qui résulte de là, c'est que les déclarations de
volonté des gouvernants n'ont de valeur que dans la
mesure où elles sont conformes à la règle de droit,
dont nous avons, au paragraphe 7, déterminé le fondement et qui s'impose à tous les membres d'une
même société, parce qu'elle est comme l'armature de
cette société; cette idée sera développée au chapitre
suivant. Dès à présent, disons que dans notre conception la loi n'a point le caractère d'un ordre donné par

le parlement et s'imposant parce que c'est le parlement qui la formule. Les 900 individus qui composent le parlement ne peuvent point me donner d'ordre; la loi ne s'impose à l'obéissance des citoyens que si elle est l'expression ou la mise en œuvre d'une règle de droit; et le devoir des gouvernants est d'organiser le corps législatif de manière que soient réunies toutes les garanties possibles qu'il ne sorte pas de cette mission. La décision juridictionnelle n'a de valeur que dans la mesure où elle sera conforme au droit, soit qu'elle fasse application d'une règle de droit, soit qu'elle constate l'existence d'une situation juridique subjective. L'acte administratif enfin ne sera point revêtu d'un caractère propre parce qu'il émane des gouvernants et de leurs agents; l'acte administratif n'aura d'effet que si les conditions normales et générales de tout acte juridique sont réunies, et ainsi disparaît le caractère régalien de l'administration.

Et cela est une conception purement objective du droit public, ou si l'on veut, le droit public cesse d'être un droit *subjectif* pour devenir un droit à peu près exclusivement *objectif*. Les déclarations de volonté des gouvernants ne sont plus l'exercice d'un droit dont une personne souveraine serait titulaire : ni cette personne, ni ce droit n'existent. Les déclarations de volonté des gouvernants ont une valeur sociale, en effet, dans la mesure où elles sont conformes à la règle sociale, au *droit objectif*, et seulement dans cette mesure.

Au reste, tous les développements qui vont suivre se rattacheront à la disparition de la notion de puissance publique. On parle, à l'heure actuelle, de la transformation du droit public, on a raison; cette transformation est rapide et profonde; il faudrait être aveugle pour ne pas l'apercevoir; et cette transformation se rattache tout entière à la disparition de la notion de puissance publique. Cette transformation, elle apparaît d'une manière particulièrement caractéristique dans l'organisation des services publics, dans les rapports des gouvernants et des agents préposés à la gestion des services publics, et surtout dans la responsabilité de plus en plus grande de l'Etat, reconnue par une jurisprudence constante à propos du fonctionnement de tous les services publics et par les lois des 26 décembre 1914 et 31 mars 1919 pour les dommages de guerre. Cf. § 89.

Quelques auteurs ont prétendu que notre doctrine était inspirée des doctrines allemandes. Notamment M. Esmein dans la critique qu'il nous adresse écrit : « Quant à la règle de droit et surtout à la situation juridique subjective, ce sont des abstractions germaniques qui pénétreront difficilement dans les cerveaux français » (*Droit constitutionnel*, 7e édit., 1921, I, p. 48).

Nous protestons énergiquement. Notre doctrine de droit public est le contrepied de la doctrine allemande et notre livre *L'Etat, le droit objectif et la loi positive*, 1901, a été écrit en opposition au livre de Jellinek, *System der subjektiven öffentlichen Rechte*, 1892. La théorie allemande du droit public est essentiellement *subjectiviste;* elle fait de la puissance publique un droit subjectif dont l'Etat personne est le sujet. Notre théorie est essentiellement *objectiviste;* nous nions la personnalité de l'Etat conçu comme sujet de droit; nous nions la puissance publique conçue comme droit subjectif; nous ne reconnaissons à l'Etat qu'un pouvoir de fait dont l'objet et l'étendue sont déterminés par le droit objectif ou règle de droit. Les auteurs avertis ne s'y sont point trompés. Notamment Hauriou écrit : « A l'affirmation violente de la doctrine allemande : tout le droit public est subjectif, Duguit répondait par cette autre affirmation violente : tout le droit public est objectif. Il puisait sa force dans les sentiments libéraux et constitutionnels, car la doctrine allemande de la *Herrschaft* est essentiellement administrative et antilibérale » (*Revue générale de droit*, numéro juillet-août 1914, p. 336).

Dans l'article que M. Davy a bien voulu consacrer à l'exposé critique de ma doctrine, dans la *Revue philosophique* de mars-avril 1920, il écrit : « Nous comprenons donc mal que parmi d'autres critiques... Esmein ait adressé à Duguit cette critique qu'il considère comme la plus grave : la négation de la souveraineté même au règne de la force. » Je crois, en effet, avoir montré (on le verra dans la suite de ce livre) que ma doctrine est la seule qui puisse donner un fondement solide à la limitation de l'Etat par le droit.

24. De la force matérielle des gouvernants. —
Les gouvernants par définition monopolisent la plus grande force dans une nation. Cette plus grande force peut être morale ou simplement matérielle. Elle est

morale quand les gouvernants sont les plus forts, parce qu'on leur attribue certaines qualités d'ordre moral, parce qu'ils rendent certains services, parce qu'un prestige particulier s'attache à leur personne, parce qu'on fonde leur force gouvernante sur une croyance vraie ou fausse, mais générale et sincère, comme pendant longtemps la croyance à une mission surnaturelle donnée d'en haut aux rois de la terre, ou comme naguère encore la croyance au mythe de la souveraineté nationale.

Mais les gouvernants ne sont vraiment gouvernants que lorsqu'ils peuvent en fait mettre en mouvement une force matérielle, une puissance de contrainte. Nous l'avons déjà dit et nous le répétons : la différenciation entre gouvernants et gouvernés n'est pas seulement une division entre les faibles et les forts matériellement ; elle est beaucoup plus complexe et peut affecter des formes très diverses. Mais il n'y a vraiment de gouvernants que lorsqu'en fait un individu ou un groupe d'individus peut mettre en mouvement une puissance de contrainte. La possibilité de cette mise en mouvement peut avoir pour cause le caractère moral attribué aux gouvernants. Peu importe ; il n'y a pas d'État, il n'y a pas de gouvernants, si cette puissance de contrainte ne leur appartient pas en fait.

C'est là une différence de fait existant entre la volonté des gouvernés et la volonté des gouvernants. La volonté des gouvernants est de même nature et de même qualité que la volonté des gouvernés ; elle n'a pas une force intrinsèque supérieure. Mais elle dispose d'une force matérielle, d'une puissance de contrainte qu'elle peut mettre directement en mouvement pour assurer la réalisation de ses manifestations.

L'élément essentiel de l'État est la force. L'État est avant tout une force qui s'impose par la contrainte matérielle. Il n'y a véritablement un État dans un pays donné que lorsqu'un homme ou un certain groupe d'hommes dispose dans ce pays d'une force matérielle prépondérante.

Quand Ihering écrivait : « L'absence de puissance matérielle (*Macht*) est le péché mortel de l'État...; un État sans puissance matérielle de contrainte est une contradiction en soi » (*Der Zweck im Recht*, p. 311); quand Treitschke formulait l'adage devenu célèbre : *Der Staat ist Macht*, ils avaient raison. Mais leur doctrine contenait un vice irrémissible et de ce fait était abominable. Cette force de contrainte était pour eux sans limite ou du moins elle n'était limitée par la règle de droit que dans la mesure où les gouvernants voulaient bien s'y soumettre. La force crée le droit, disait Treitschke; le droit est la politique de la force, disait Ihering, voulant dire par là que si les gouvernants acceptent que leur force soit réglée par le droit, c'est par pure politique, pour être mieux obéis. Doctrine ignoble qui a conduit l'Allemagne à commettre les crimes les plus monstrueux de l'histoire, doctrine contre laquelle s'est élevé tout l'univers civilisé. Oui, l'État est force, mais force subordonnée à une règle de droit supérieure à lui, force qui ne s'impose légitimement que si elle agit conformément à cette règle de droit. Si le droit sans la force risque d'être impuissant, la force sans le droit n'est que barbarie.

25. Le territoire. — La différenciation entre les gouvernants et les gouvernés a pour milieu de formation la nation. Elle a pour limite un certain territoire. Et ainsi, tout de suite apparaît le rôle du territoire dans la constitution des États modernes : il est la limite matérielle de l'action effective des gouvernants. Il est cela, il est tout cela et il n'est que cela.

Le territoire n'est pas un élément indispensable à la formation de l'État. Nous voulons dire qu'on peut très bien concevoir qu'une différenciation politique se produise dans une société qui n'est pas fixée sur un territoire déterminé. Au sens général du mot, il y aura là cependant un État. Mais les sociétés civilisées

modernes sont fixées sur des territoires et l'action
des gouvernants s'étend à un territoire déterminé.
Sous l'empire des besoins pratiques, le droit international public a formulé des règles sur la séparation
des territoires sur lesquels s'exerce l'action des divers
gouvernements.

Le territoire est ainsi la partie du globe sur laquelle
tel gouvernement peut exercer sa puissance de contrainte, organiser et faire fonctionner les différents
services publics. Aucun gouvernement étranger ne
peut s'opposer au libre exercice de l'activité gouvernante sur ce territoire, et s'il le faisait, il violerait les
règles du droit international ; c'est le principe de *non-
intervention*. Avec cette notion très simple du territoire, tous les faits relatifs aux rapports internationaux
s'expliquent facilement.

Nous repoussons, par conséquent, la théorie dite
théorie du territoire *élément subjectif* de l'Etat, c'est-
à-dire la théorie d'après laquelle le territoire serait
un élément de la personnalité même de l'Etat. La
personnalité de l'Etat n'existant pas, le territoire ne
peut être un élément de cette personnalité. D'autre
part, la théorie qui considère le territoire comme un
élément de la personne Etat aboutit à des conséquences
qui sont complètement inacceptables et qui sont contraires aux rapports internationaux tels qu'ils existent
en fait. Malgré des prodiges de subtilité, on n'arrive
pas à les concilier.

26. Les services publics. — Dans l'intérieur de
la nation, dans la limite du territoire occupé par cette
nation, les gouvernants, différenciés des gouvernés et
monopolisant la force, doivent employer cette force
pour organiser et contrôler le fonctionnement des services publics. Les services publics sont un des éléments de l'Etat, et nous touchons en quelque sorte au
point culminant de la conception de l'Etat que nous
exposons et que nous pouvons résumer en disant :
L'Etat n'est pas, comme on a voulu le faire et comme

on a cru quelque temps qu'il l'était, une puissance
qui commande, une souveraineté; il est une coopération de services publics organisés et contrôlés par
les gouvernants. Il importe donc de préciser cette
notion de service public qui est capitale et autour de
laquelle gravite tout le droit public moderne.

Les gouvernants, étant des individus comme les
autres, sont pris comme les autres dans les liens de
l'interdépendance ou solidarité sociale et sont obligés
de remplir les obligations que leur impose la règle
fondée sur cette solidarité ou interdépendance sociale,
fondement de ce que nous avons appelé ailleurs la
discipline sociale. Cette discipline oblige d'abord les
gouvernants à ne rien faire qui porte atteinte à la
solidarité sociale sous ses deux formes. Ils ne peuvent
agir contrairement à la solidarité par similitudes,
c'est-à-dire ils ne peuvent en aucune façon faire une
chose qui, pour une classe, une minorité ou même
un seul individu, serait une entrave quelconque à la
satisfaction des besoins communs à tous les hommes.
Les gouvernants ne peuvent, en outre, rien faire qui
soit contraire à la solidarité par division du travail.
Ce mode de solidarité a pour facteur essentiel le libre
développement de l'activité individuelle. Les gouvernants ne peuvent donc faire quoi que ce soit qui puisse
gêner dans une mesure quelconque le libre et plein
développement des activités individuelles.

Mais comme les particuliers, les gouvernants ont
eux aussi des devoirs objectifs positifs, reposant sur
le même principe et ayant au fond les mêmes limites.
Tout particulier est astreint à employer ses aptitudes
propres à la réalisation de la solidarité sociale sous
ses deux formes, et en retour il peut vouloir juridiquement tout résultat conforme à ce but; ou, en
d'autres termes, tout acte de volonté individuelle déterminé par un pareil but est juridiquement protégé.
Les gouvernants sont eux aussi obligés de mettre
leurs aptitudes propres au service de la solidarité

nationale; et leurs déclarations de volonté s'imposent au respect de tous lorsqu'elles sont déterminées par un but de solidarité. On verra plus loin les différents modes que peuvent affecter ces déclarations de volonté. Pour le moment, on retiendra que les pouvoirs des gouvernants ont pour unique fondement leurs devoirs; et que l'activité des gouvernants se rattache ainsi aux devoirs que leur impose la discipline sociale. Elle oblige les gouvernants, quels qu'ils soient, à employer la plus grande force qu'ils monopolisent à la réalisation de la solidarité sociale sous ses deux formes.

On aperçoit dès lors la notion de service public : c'est toute activité dont l'accomplissement doit être réglé, assuré et contrôlé par les gouvernants, parce que l'accomplissement de cette activité est indispensable à la réalisation et au développement de l'interdépendance sociale et qu'elle est de telle nature qu'elle ne peut être assurée complètement que par l'intervention de la force gouvernante.

Cette notion de service public est bien vague, dira-t-on, et elle ne permet point d'indiquer quels sont les services publics. Nous ne méconnaissons point que toutes les difficultés sont loin d'être écartées. Mais néanmoins nous estimons que l'idée que nous exprimons est fondamentale. Elle est tout entière dans la notion d'une obligation s'imposant aux gouvernants parce qu'ils sont gouvernants. Cette idée, si l'on admet notre point de départ, l'interdépendance sociale, ne saurait être contestée. Et si elle est admise, on est conduit nécessairement à notre conception du service public, c'est-à-dire à la conception d'une certaine activité telle que les gouvernants sont obligés d'intervenir, avec le monopole de la force qu'ils détiennent, pour en assurer l'accomplissement. Ils interviendront pour la réglementer, pour l'organiser, pour la contrôler, pour réprimer tous les actes contraires à sa réalisation, pour sanctionner tous les actes conformes à son but. En même temps les pouvoirs des gouvernants

sont limités à cette activité de service public, et tout
acte des gouvernants est sans valeur quand il poursuit
un but autre qu'un but de service public. Le service
public est le fondement et la limite du pouvoir gouvernemental. Et par là notre théorie se trouve achevée.

De personnalité collective, nous n'en avons trouvé
nulle part; de puissance publique, de souveraineté,
nous n'en avons pas trouvé davantage; mais seulement des individus en possession d'une force dans un
milieu social donné, dans une collectivité humaine
fixée sur un certain territoire, des fonctions à exercer
et dont l'accomplissement s'impose à eux parce que
seuls ils peuvent, par leur plus grande force, assurer
cet accomplissement. Ainsi, s'il y a une puissance
publique, elle est un devoir, une fonction et non point
un droit.

Mais quelles sont les activités dont l'accomplissement constitue pour les gouvernants une obligation?
A cette question on ne peut point faire de réponse
fixe. Il y a là quelque chose d'essentiellement variable,
d'évolutif au premier chef. Il est même difficile de
fixer le sens général de cette évolution. Tout ce qu'on
peut dire, c'est qu'à mesure que la civilisation se
développe le nombre des activités, susceptibles de
servir de support à des services publics, augmente et
le nombre des services publics s'accroit par là même.
C'est logique. En effet, de la civilisation, on peut dire
qu'elle consiste uniquement dans l'accroissement du
nombre des besoins de tous ordres pouvant être satis-
faits dans un moindre temps. Par suite, à mesure que
la civilisation progresse, l'intervention des gouvernants devient normalement plus fréquente parce
qu'elle seule peut réaliser ce qu'est la civilisation.

En considérant les sociétés civilisées actuelles, il
est relativement facile d'énumérer les diverses activités servant de support aux services publics. Il n'est
pas inutile de faire observer, dès à présent, que le
caractère de service public n'implique pas le mono-

pole au profit des gouvernants et de leurs agents, et
que certaines activités, tout en pouvant être librement
exercées par les particuliers, sont l'objet de services
publics dans la mesure où elles sont exercées par les
gouvernants ou leurs agents. L'enseignement et l'assistance sont deux exemples très nets de ce que nous
avançons. Les particuliers peuvent donner l'enseignement ; une bonne partie de l'assistance, particulièrement en France, est due à l'initiative privée. Il n'en
est pas moins certain que le service d'enseignement
et le service d'assistance, dans la mesure où ils sont
assurés par les gouvernants, sont des services publics.
Il n'y a pas d'ailleurs d'activité sociale qui ne puisse
être exercée par des particuliers. Nous ne saurions
admettre la distinction proposée par certains auteurs,
notamment par Berthélemy, et qui consiste à opposer les services qu'on ne peut concevoir accomplis par
les particuliers et ceux qui, tout en étant remplis
totalement ou partiellement par l'Etat, pourraient
l'être par les particuliers. Cette distinction ne repose
sur rien de solide.

Mais il est vrai qu'il y a certaines activités dont
l'accomplissement, de très bonne heure, a été demandé
aux gouvernants. Il en est même une dont l'accomplissement a été un des facteurs essentiels de la différenciation entre gouvernants et gouvernés. C'est la
défense de la collectivité entière contre l'ennemi de
l'extérieur. Le plus souvent, ce sont les services rendus dans cette défense par un ou plusieurs membres
du groupe qui leur ont assuré la prépondérance gouvernante. Et ainsi, depuis l'origine même de l'Etat, le
service de la guerre a été constitué en service public.
Aujourd'hui, il est un des services les plus compliqués
et les plus coûteux qui incombent aux Etats modernes.
Chacun sait que pendant la guerre de 1914-1918 il est
devenu quelque chose de véritablement prodigieux.

Le service de police a été aussi de très bonne heure
érigé en service public. Nous entendons l'expression

en un sens général, comme désignant le service qui a
pour but de faire régner l'ordre, la tranquillité et la
sécurité à l'intérieur du groupe social et sur le territoire occupé par lui. Enfin, un troisième service en est
comme le complément et la condition ; c'est le service
de justice, lequel, de très bonne heure aussi, a été un
service public. Nous entendons par là le service qui a
pour but de réprimer toutes les violations de la règle
de droit, de prononcer des condamnations, des annu-
lations, de constater les situations juridiques subjec-
tives quand il y a contestation sur l'étendue ou l'existence de ces situations, et enfin d'assurer l'exécution
par la force des décisions rendues sur ces différents
points.

Pendant longtemps on a cru et quelques esprits
croient encore que l'activité gouvernante doit se restreindre à ces trois services. Quand en fait l'activité
de l'Etat se réduisait, à peu de chose près, à l'accomplissement de ces trois services, l'Etat a pu apparaître
comme étant le détenteur de la puissance et comme
étant seulement cela. Il semble, en effet, que les buts
correspondant à ces services ne sont atteints et ne
peuvent être atteints que par des injonctions ou des
défenses. Et les auteurs qui admettent la distinction
des services d'autorité et des services de gestion
voient essentiellement des services d'autorité dans la
police, la guerre et la justice et qualifient d'actes
d'autorité tous les actes qui sont faits en vue de ces
services. En réalité, il n'en est rien ; car, si l'Etat
dans les autres services n'est pas l'Etat-puissance, on
ne voit pas pourquoi il le serait dans ces services-là.
L'Etat, on l'a dit, ne peut pas être une puissance
commandante ; il ne l'est jamais, pas plus dans les
services de la guerre, de la justice et de la police
que dans les autres.

Ces autres services sont aujourd'hui très nombreux ;
ce sont des services d'ordre technique qui se réalisent
le plus souvent par de simples opérations matérielles,

et où il faut bien reconnaître, malgré qu'on en ait, que la notion de puissance publique, d'*imperium*, n'a rien à faire. Ainsi, l'accroissement du nombre des services exploités par l'État contribue pour une large part à effacer l'ancienne conception de l'État-puissance. Les gouvernants ne sont plus les organes d'une personne collective qui commande ; ils sont les gérants d'affaires de la collectivité ; et toute une série de conséquences résultent de cette conception.

Tout d'abord de l'accroissement du nombre des services publics ne résulte pas forcément l'accroissement de la puissance de l'État, précisément parce que l'État n'est pas une puissance. Dire qu'un service devient ou doit devenir un service public, cela veut dire que ce service sera organisé par les gouvernants et qu'il fonctionnera sous leur contrôle. Mais cela ne veut pas dire nécessairement que les agents qui en seront chargés et les richesses qui y seront affectées seront placés sous la dépendance immédiate et directe des gouvernants. Au contraire, l'augmentation du nombre des services publics implique une décentralisation de plus en plus grande de ces services.

Cette décentralisation peut se produire sous divers modes qu'on ne peut étudier ici en détail et qu'il suffit d'indiquer. Ce sont la décentralisation *régionale*, la décentralisation *patrimoniale* qui implique l'affectation d'un patrimoine autonome à la gestion d'un service public déterminé, la décentralisation *fonctionnariste* qui suppose un rôle de direction donné aux fonctionnaires techniques du service, et enfin la *concession* qui implique l'exploitation du service par un simple particulier sous le contrôle des gouvernants. Il importe de noter que les services publics concédés restent bien des services publics.

La tendance du droit moderne est incontestablement dans le sens décentralisateur ; cela est une conséquence du double mouvement signalé plus haut : l'accroissement des services techniques et la disparition de la croyance à la puissance souveraine de l'Etat. Beaucoup de services publics ont été heureusement régionalisés comme les services d'assistance. Beaucoup seront patrimonialisés et fonctionnarisés. Les articles 41-69 de la loi de finances du 13 juillet 1911 ont réalisé en ce sens d'heureuses réformes pour le service des chemins de fer de l'Etat. La loi de finances du 30 juin 1923 (art. 69-83) a donné au service des postes, télégraphes et téléphones une très large autonomie.

La forme la plus nouvelle et en même temps la plus progressive de décentralisation est évidemment celle que nous appelons la décentralisation *fonctionnariste*. Elle a reçu un commencement d'application dans le service public d'enseignement supérieur par la création des universités administrées sous le contrôle de l'autorité supérieure par les professeurs eux-mêmes. Ce système sera certainement étendu, dans un avenir prochain, à divers services publics d'ordre technique. Une part lui a été faite par les lois précitées dans les services des chemins de fer de l'Etat et des postes, télégraphes et téléphones.

D'ailleurs, les gouvernants n'étant point titulaires d'un droit de puissance publique n'ont point sur le personnel des agents préposés à la gestion des services publics cette autorité sans contrôle que l'ancien droit public tendait à leur attribuer. Les agents doivent avoir et ont de plus en plus une situation stable, indépendante de l'arbitraire des gouvernants. Ils doivent avoir ce qu'on appelle un *statut*, à la fois dans leur intérêt et dans l'intérêt du service.

Quant aux richesses dont les gouvernants ont besoin pour assurer le fonctionnement des services, leur protection juridique se conçoit aisément sans qu'on ait besoin d'admettre la fiction de la personnalité patrimoniale de l'Etat. Certains auteurs, notamment Berthélemy, qui repoussent la personnalité de l'Etat-puissance, admettent au contraire la personnalité patri-

moniale de l'Etat et croient ne pouvoir expliquer la
protection des biens affectés aux services publics sans
imaginer un droit de propriété dont serait titulaire la
personne Etat.

Droit administratif, 10e édit., 1923, p. 41 et s.

Si la personne Etat n'est qu'une fiction sans valeur
lorsqu'il s'agit de l'activité non patrimoniale de l'Etat,
nous ne voyons pas comment elle pourrait être une
réalité lorsqu'il s'agit de l'activité patrimoniale de
l'Etat. Les juristes français sont toujours dominés par
cette idée que l'affectation d'une richesse à un but ne
peut être protégée que par la reconnaissance d'un
droit subjectif de propriété. Ils ne voient pas que la
propriété droit subjectif a été une construction juridique imaginée par les Romains pour protéger socialement l'affectation d'une richesse à une utilité individuelle, que ce n'était rien de plus et que l'on se heurte
à des difficultés insurmontables et à d'inutiles subtili-
tés quand on veut appliquer ce procédé de construction
juridique aux richesses qui sont affectées à un but
d'utilité collective. Ce qu'on appelle le patrimoine de
l'Etat est protégé juridiquement et socialement parce
qu'il est affecté à l'ensemble des services publics. En
disant qu'il est protégé, on veut dire que tous les actes
faits par les gouvernants ou leurs agents touchant ces
biens et ayant un but de service public produisent un
effet de droit, que tous les actes qui ne sont pas conformes à ce but sont sans valeur, que tous les actes
des tiers qui viennent contrarier ce but doivent être
réprimés.

Certains biens, au lieu d'être affectés à l'ensemble
des services publics, sont, comme on l'indiquait plus
haut, affectés à un service public déterminé. Inutile
d'imaginer que le service public devient une personne
et possède un droit de propriété sur ces biens. Ils sont
affectés à un service public déterminé, et le droit protège encore cette affectation en sanctionnant tous les
actes faits conformément à ce but et en annulant ou
en réprimant tous les actes contraires.

Enfin, le service public étant établi et devant fonctionner dans l'intérêt de tous, si, par suite du fonctionnement irrégulier de ce service public, un préjudice spécial est occasionné à un particulier, il est légitime que la réparation de ce préjudice soit supportée par les biens qui sont affectés à ce service, par l'ensemble des biens affectés aux services publics, si c'est un service public non patrimonialisé, et dans le cas contraire par le patrimoine autonome affecté au service considéré.

Voilà d'un mot le principe même de la responsabilité de l'Etat. Cette responsabilité est engagée pour tous les services, et il n'y a point à faire une prétendue distinction entre les services de puissance publique et les services de gestion. La jurisprudence très ferme du conseil d'Etat condamne cette distinction et affirme le principe général de la responsabilité de l'Etat. Nous nous étonnons que Berthélemy puisse encore poser en principe « l'irresponsabilité de l'administration à raison des actes d'autorité » (loc. cit., p. 86). Sans doute le droit français n'est pas encore arrivé à consacrer pleinement la responsabilité en matière judiciaire. Mais cela est la conséquence de la survivance de certains préjugés qui disparaîtront probablement dans peu de temps. D'autre part, en rattachant la responsabilité de l'Etat à l'idée du service public fonctionnant dans l'intérêt de la collectivité, on évite toutes les controverses, qui n'ont pas de sens, sur le point de savoir si les personnes collectives en général et si l'Etat en particulier peuvent commettre une faute.

La faute ne peut être commise que par des individus conscients. Lorsque le service public a mal fonctionné, ou bien il y a eu un cas de force majeure ou bien il y a eu une faute d'un agent du service public. On peut alors parler de la faute de l'Etat, de la faute du service public. Mais ce sont des expressions figurées; il est puéril de les prendre au sens propre. La réalité, c'est la faute d'un agent, et la seule question

qui se pose est celle de savoir si les conséquences de
cette faute seront supportées par le patrimoine public
ou par le patrimoine de l'agent. On a dit déjà qu'en
principe elles sont supportées par le patrimoine public.
Parfois elles le sont par le patrimoine de l'agent.

Pour l'étude détaillée de la responsabilité de l'État, on peut se
reporter à mon *Traité de droit constitutionnel*. 2ᵉ édit., 1923, III,
p. 426 et s.

27. La théorie ordinaire de la souveraineté. —
Pour achever d'édifier et de défendre notre doctrine,
le mieux est d'exposer la théorie ordinaire de la souveraineté et de montrer tout ce qu'elle a d'artificiel, de
contradictoire et les controverses sans fin qu'elle
traîne à sa suite.

Dans la doctrine encore dominante en France, la
souveraineté est la puissance commandante de l'Etat.
Elle est la volonté de la nation ; et la nation étant
organisée en Etat, elle devient la puissance commandante de l'Etat, ou le droit de donner des ordres
inconditionnés à tous les individus se trouvant sur son
territoire.

Esmein, qui exprime bien la doctrine ordinaire, écrit : « L'Etat
est la personnification juridique d'une nation ; c'est le sujet et le
support de l'autorité publique. Ce qui constitue en droit une nation,
c'est l'existence, dans une société d'hommes, d'une autorité supérieure aux volontés individuelles. Cette autorité, qui naturellement
ne reconnaît point de puissance supérieure ou concurrente quant aux
rapports qu'elle régit, s'appelle la *souveraineté*. Elle a deux faces :
la *souveraineté intérieure*, ou le droit de commander à tous les
citoyens composant la nation et même à tous ceux qui résident sur
le territoire national ; la *souveraineté extérieure*, ou le droit de
représenter la nation et de l'engager dans ses rapports avec les
autres nations » (*Droit constitutionnel*, 7ᵉ édit., publiée par Nézard,
1921, I, p. 1).

C'est de la souveraineté ainsi comprise que parlent nos constitutions et nos déclarations des droits dans des articles souvent cités :
Déclaration des droits de 1789, art. 3 ; Constitution de 1791, tit. III,
préamb., art. 1ᵉʳ ; Déclaration des droits de 1793, art. 23 et 25 ;
Constitution de 1793, art. 7 ; Déclaration des droits an III, art. 17
et 18 ; Constitution de l'an III, art. 2 ; Constitution de 1848, art. 1ᵉʳ
et 18.

Dans cette souveraineté ainsi conçue, on distingue
trois éléments. La souveraineté est : 1° un pouvoir de

vouloir ; 2° un pouvoir de commander ; 3° un pouvoir de commander indépendant.

1° *La souveraineté est un pouvoir de vouloir.* — Dans la conception française, la souveraineté originaire appartient à la collectivité, à la nation, c'est-à-dire qu'avant que la nation soit organisée en État, elle est une personne, possédant une volonté, et cette volonté est souveraine. Par un phénomène du reste inexpliqué, lorsque la nation s'organise en État, cette volonté de la nation se communique à l'État, bien que dans sa substance elle reste à la nation. Ou si l'on veut plus simplement, la nation ne se distingue pas de l'État, qui est la nation organisée fixée sur un territoire, et la souveraineté, c'est la volonté de l'État-nation. La souveraineté est pour l'État-personne ce qu'est la volonté pour l'individu-personne.

La souveraineté étant conçue comme un pouvoir de volonté de l'État, il en résulte qu'elle est par là même conçue comme un droit subjectif, dont l'État est titulaire. Quoi qu'on fasse, on est toujours obligé de ramener la notion du droit subjectif à celle d'un pouvoir de volonté (cf. *supra*, § 1). Quelque fondement que l'on donne au droit subjectif, on ne peut dire d'une personne qu'elle a un droit subjectif que lorsqu'elle peut vouloir effectivement une certaine chose, et que la volonté exprimée en vertu de ce pouvoir s'impose comme telle à d'autres volontés. Or, c'est précisément avec ce caractère que nous apparaît la souveraineté ; elle est donc un droit subjectif dont le titulaire est l'État.

2° *La souveraineté est un pouvoir de commander.* — L'État a le pouvoir de vouloir et d'imposer sa volonté. Ce pouvoir appartient à tout sujet de droit voulant dans les limites de sa sphère juridique. Toute personne individuelle ou collective peut imposer sa volonté à d'autres volontés, quand elle veut ce qu'elle a le pouvoir juridique de vouloir. L'État a ce pouvoir, mais il a plus que ce pouvoir : il a le pouvoir d'impo-

ser sa volonté comme volonté commandante. Les
manifestations de sa volonté ont le caractère impératif; elles sont des ordres.

La volonté de l'Etat est supérieure aux autres
volontés se trouvant sur son territoire; elle est une
volonté commandante; elle n'est pas seulement une
volonté juridique, elle est une *puissance* juridique. La
volonté de l'Etat est par sa nature même supérieure
à toute autre volonté individuelle ou collective se
trouvant sur son territoire.

Cette conception de la souveraineté, puissance
commandante de l'Etat, soulève dans l'application des
difficultés insolubles. Si, comme on le dit, par sa
nature même, la volonté de l'Etat est une puissance,
une souveraineté, elle ne peut jamais perdre ce caractère; l'Etat, au moins sur son territoire, ne peut
jamais intervenir que comme puissance publique, et
tous ses actes seront des actes de puissance publique,
c'est-à-dire des actes unilatéraux et contenant un
commandement s'imposant comme tel. Or, cela est
absolument contraire aux faits. Il arrive constamment
que l'Etat n'agit pas comme puissance publique,
qu'il fait des actes qui n'ont pas le caractère de commandement. Il suffit d'indiquer à titre d'exemple les
nombreux contrats de droit interne que fait l'Etat.
Comment l'Etat, qui est par définition même la puissance, peut-il être lié par un contrat, et par là ne
cesse-t-il pas d'être puissance publique?

Le problème n'a point échappé aux publicistes. Mais
ils se sont efforcés en vain de lui donner une solution.

3° *La souveraineté est un pouvoir de commander
indépendant*. — Il importe tout d'abord d'éviter une
confusion. Quelques auteurs estiment que la souveraineté est le droit qui appartient à l'Etat et seulement à l'Etat de formuler un ordre général ou individuel sans aucune restriction, sans aucune limite,
et que tout commandement émanant de l'Etat a une

valeur juridique, quel que soit le domaine dans lequel
il intervient, quel que soit son contenu.

En Allemagne, Seydel (*Grundzüge einer allgemeinen Staatslehre,*
1873) a écrit à plusieurs reprises (notamment p. 14) qu'il n'y a pas
de droit au-dessus ou à côté du souverain, qu'il n'y a de droit que
par le souverain (*Herrscher*). A la puissance publique, a-t-on dit,
il y a des limites de fait, des limites politiques, des limites morales,
mais des limites juridiques, il n'y en a point, et cela est précisément ce qui fait que la puissance étatique est souveraine. Cf. notamment Saripolos, *L'élection proportionnelle*, I, p. 276, et surtout Carré de Malberg, *Contribution à la théorie générale de
l'État*, I, 1921, p. 57.

On a fait à bon droit observer que c'était là confondre la souveraineté et l'arbitraire. Même dans la doctrine de la souveraineté, il y a des rapports qui
échappent à la puissance de l'Etat; il y a un domaine
dans lequel la puissance de l'Etat ne peut pas juridiquement intervenir; et l'existence de ce domaine ne
fait point que sa puissance ne soit pas une puissance
souveraine. Comment se détermine ce domaine? Là
n'est pas la question pour le moment. Qu'on admette
que ce domaine est celui des droits individuels naturels, que l'Etat ne peut violer et ne peut restreindre
que dans une certaine mesure; qu'on admette comme
nous que ce domaine, qui échappe à l'action de l'Etat,
est déterminé par le principe de la solidarité sociale;
peu importe. L'essentiel est de bien comprendre que,
même si l'on admet la souveraineté de l'Etat, il y a un
domaine qui échappe toujours à l'action de l'Etat,
que dire que la souveraineté est un pouvoir-vouloir
indépendant, ce n'est pas dire qu'elle est un pouvoir-
vouloir *illimité*. La souveraineté de l'Etat est un
droit; comme tout droit, elle ne peut s'exercer que
dans certaines limites juridiques. Il faut donc supposer qu'on est dans le domaine de l'action de l'Etat, et,
cela supposé, déterminer en quoi consiste cette *indépendance*, qui fait que le pouvoir de commander appartenant à l'Etat est un pouvoir souverain.

Une collectivité qui, comme la commune française
par exemple, dans la doctrine généralement admise,

possède sans doute le pouvoir de commander et même en fait la force d'imposer l'obéissance à ses commandements, mais qui en formulant ses ordres ne se détermine pas toujours par sa propre volonté, n'est pas une collectivité souveraine, un Etat. Une collectivité n'est souveraine, n'est un Etat que lorsqu'elle se détermine toujours exclusivement par sa propre volonté, c'est-à-dire lorsque, dans les limites du domaine dans lequel elle peut commander, l'ordre qu'elle donne n'est jamais provoqué par une volonté supérieure à elle-même, mais donné uniquement parce qu'elle veut le donner. C'est ainsi qu'on a pu dire que la souveraineté a un caractère positif et un caractère négatif. Caractère *positif :* la souveraineté est une volonté qui, comme telle, a le pouvoir de commander; caractère *négatif :* la souveraineté est une volonté qui n'est jamais commandée par une autre volonté.

A cette notion de la souveraineté, on rattache en général quatre conséquences. On dit : 1° la souveraineté est *une,* c'est-à-dire que sur un même territoire il ne peut exister qu'une seule souveraineté et qu'une même personne ne peut être soumise qu'à une seule souveraineté ; 2° la souveraineté est *indivisible,* c'est-à-dire que dans un Etat, un homme, un corps, une section du peuple, une circonscription ne peuvent prétendre avoir une portion quelconque de la souveraineté ; 3° la souveraineté est *inaliénable,* parce qu'elle est la personnalité de la nation en tant qu'elle est douée d'une volonté commandante et qu'une personnalité ne peut pas s'aliéner ; 4° elle est *imprescriptible,* pour la même raison qu'elle est inaliénable. Cf. constitution de 1791, tit. III, pr., art. 1er.

Chacune de ces conséquences est en contradiction avec des faits certains.

CHAPITRE II

LES FONCTIONS DE L'ÉTAT

28. Les fonctions de l'Etat au sens juridique.
— Nous employons cette expression parce qu'elle est
commode et conforme à l'usage. Il est évident que
dans notre théorie de l'Etat, elle n'est pas exacte.
Nous devrions dire : *l'activité juridique des gouvernants*. Mais peu importe l'expression pourvu qu'on
s'entende.

Bien souvent en parlant des fonctions de l'Etat on
a en vue l'intervention de celui-ci dans la vie sociale,
économique, intellectuelle de la nation. Les uns
veulent réduire au minimum cette intervention; ils
prétendent que l'Etat doit se borner à assurer la sécurité extérieure de la nation et du territoire, la sécurité
des individus à l'intérieur, et ne doit intervenir d'aucune manière dans les relations économiques, dans
la vie intellectuelle et morale du pays; que l'activité
des gouvernants doit se réduire aux trois services de
guerre, de police et de justice. Ce sont les partisans,
d'ailleurs chaque jour moins nombreux, de la maxime
célèbre : « Laissez faire, laissez passer. » D'autres,
au contraire, estiment que l'Etat a une mission très
étendue qu'on ne peut point déterminer par des règles
fixes, qui est très variable et qui de nos jours tend
naturellement à s'accroître. Ils estiment que l'Etat
doit assurer le progrès sous toutes ses formes, et qu'il
ne peut remplir cette mission qu'en intervenant activement dans les relations économiques des individus,
dans les rapports du capital et du travail, qu'en prenant en main la gestion des intérêts matériels, moraux,
intellectuels de la nation.

Nous ne voulons point discuter cette question ; mais nous devons constater que la tendance générale est dans tous les pays modernes l'augmentation considérable de l'activité étatique. On peut le regretter ; on peut au contraire s'en réjouir ; on n'y changera rien ; il y a là un fait inévitable et indéniable que nous avons déjà mis en relief, au paragraphe 26, en montrant l'extension chaque jour plus grande des services publics.

En parlant des fonctions de l'Etat, nous avons seulement en vue les fonctions juridiques de l'Etat. Ce sont évidemment les fonctions qui se manifestent dans le domaine du droit. Mais cette définition est trop vague et doit être précisée. Pour cela, on rappelle que le droit, soit le droit objectif, soit le droit subjectif, touche essentiellement aux volontés, que le droit objectif est une règle qui s'impose aux volontés et que le droit subjectif est un pouvoir des volontés. De cela il résulte que les fonctions juridiques de l'Etat impliquent une manifestation de volonté des gouvernants, considérée au point de vue de son action sur les autres volontés. Etudier les fonctions juridiques de l'Etat, ce n'est point étudier le résultat que poursuivent les gouvernants au point de vue social, intellectuel, moral, économique ; c'est étudier les effets que produit sur les volontés une manifestation de volonté, par laquelle les gouvernants poursuivent un but quelconque.

Il importe de bien saisir cela et de comprendre que pour classer les différentes fonctions juridiques de l'Etat, on ne doit point considérer le but poursuivi. Pour atteindre un certain but, les gouvernants veulent : cet acte de volonté produit un effet dans le monde du droit, c'est-à-dire un effet sur les volontés : il crée, constate, conditionne ou modifie le droit objectif, crée, modifie, supprime ou constate une situation subjective. Voilà la fonction juridique. C'est uniquement d'après l'action que les actes des gouvernants produisent sur les volontés, d'après leurs effets dans le domaine du droit objectif ou du droit subjectif, que nous devons déterminer les différents modes de la fonction juridique de l'Etat.

Dans la doctrine dominante, on distingue aujourd'hui trois grandes fonctions de l'Etat : A. La fonction *législative;* — B. La fonction *administrative;* — C. La fonction *juridictionnelle.* Mais des divergences existent sur la notion que l'on doit se former de chacune de ces fonctions. Voici, sauf à discuter et à justifier ces définitions, comment nous les entendons. Par la fonction *législative* l'Etat formule le droit objectif ou le met en œuvre ; par la fonction *administrative* l'Etat crée une situation de droit subjectif ou conditionne par un acte individuel la naissance d'une situation légale ; par la fonction *juridictionnelle* l'Etat constate l'existence et l'étendue d'une règle de droit ou d'une situation de droit, au cas de violation ou de contestation, et ordonne les mesures nécessaires pour en assurer le respect.

Ces très brèves définitions suffisent à montrer que nous considérons les fonctions de l'Etat en elles-mêmes, abstraction faite complètement des corps ou des individus, ou, comme on dit, des organes ou des agents qui en fait sont chargés de les remplir. D'après une terminologie aujourd'hui communément admise, nous étudions ces fonctions au point de vue purement *matériel*, c'est-à-dire nous cherchons à déterminer leur nature intrinsèque, sans tenir compte du caractère de l'organe ou de l'agent qui les remplit. Au contraire, on définit les fonctions au point de vue *formel*, quand on les définit d'après le caractère de l'organe ou de l'agent qui les remplit.

Cela ne veut pas dire cependant que le point de vue *formel* soit sans importance. Le plus souvent, pour déterminer les recours dont un acte est susceptible, il faut se placer au point de vue *formel*, et non au point de vue *matériel*.

On a souvent confondu le point de vue matériel et le point de vue formel ; le législateur lui-même a fait parfois cette confusion. Ainsi on confond souvent la fonction juridictionnelle et la fonction judiciaire. La fonction judiciaire est la fonction que remplissent les fonctionnaires existant dans la plupart des pays et formant l'ordre dit judiciaire ; c'est le point de vue formel. L'ordre judiciaire fait sans doute beaucoup d'actes juridictionnels, mais il fait aussi beaucoup d'actes qui n'ont pas ce caractère. D'autre part, de nombreux actes juridictionnels sont faits par des organes ou des agents qui n'appartiennent pas à l'ordre judiciaire. C'est pourquoi, si l'on veut être précis et éviter des confusions, il faut dire fonction *juridictionnelle* et non fonction *judiciaire*.

Les auteurs français indiquent souvent deux fonctions essentielles de l'État : la fonction législative et la fonction exécutive. Quelques-uns font rentrer dans la fonction exécutive la fonction administrative et la fonction juridictionnelle (qu'ils appellent fonction judiciaire) ; d'autres font de la fonction juridictionnelle une troisième fonction, distincte de la fonction exécutive. Peut-être le législateur français, à certaines époques, a-t-il admis l'existence d'une fonction exécutive. Mais ses dispositions sur ce point n'ont jamais été très précises.

L'expression qu'on trouve dans nos constitutions est *pouvoir exécutif* ; nous croyons bien qu'on n'y trouve pas une fois l'expression *fonction exécutive*. Par l'expression *pouvoir*, le législateur constituant désignait un fragment de la souveraineté, incorporé dans un certain organe. De ce que les constitutions créaient un organe incorporant le pouvoir exécutif, ou plus brièvement créaient un pouvoir exécutif, on a conclu qu'il y avait réellement une fonction exécutive ; mais c'était confondre encore le point de vue matériel et le point de vue formel.

Même observation relativement à la fonction *gouvernementale* et à la fonction *réglementaire*, qui sont parfois indiquées comme des fonctions ayant un caractère propre. Il sera facile de montrer que les actes qu'on rattache à ces prétendues fonctions sont des actes législatifs ou administratifs, ou des actes sans caractère juridique et que la confusion des deux points de vue matériel et formel a été la vraie cause de l'erreur, que si par exemple on a voulu trouver entre la loi et le règlement une différence qui n'existe pas, c'est que ces deux actes sont faits par des organes différents, et que si l'on a parlé de fonction *gouvernementale*, c'est qu'un des principaux organes de l'État porte le nom de *gouvernement*.

Pour l'étude détaillée des fonctions juridiques de l'État, cons. le tome II de mon *Traité de droit constitutionnel*, 2ᵉ édit., 1923, p. 132 et s.; Hauriou, *Précis de droit constitutionnel*, 1923, p. 396 et s. Carré de Malberg a consacré de très longs développements à l'étude des fonctions de l'État, mais il confond tout le temps le point de vue matériel et le point de vue formel (*Contribution à la théorie générale de l'État*, I, 1921, p. 294 et s.).

Les auteurs allemands ont procédé à une analyse approfondie des fonctions juridiques de l'État. Cf. notamment L. Stein, *Die Verwaltungslehre*, I, 1869, p. 3-34; Jellinek, *Allgemeine Staatslehre*, 2ᵉ édit., 1905, p. 591; Laband, *Droit public*, édition française, II, p. 501 et s.

29. La loi au sens matériel. — Il faut appliquer à la notion de loi la distinction déjà indiquée du point de vue *formel* et du point de vue *matériel*.

Au point de vue formel, est *loi* toute décision émanée de l'organe qui, d'après la constitution du pays considéré, a le caractère d'organe législatif. En France, d'après la constitution de 1875, cet organe est le parlement agissant avec un certain concours du président de la République, qui parfois propose et promulgue la loi, mais qui doit toujours intervenir au moins par la promulgation. Dès lors, est loi *formelle* toute disposition et *seulement* la disposition qui est votée par le parlement et promulguée par le président de la République (LL. const. 25 février 1875, art. 1ᵉʳ, § 1, et 16 juillet 1875, art. 7).

Au point de vue *matériel*, est loi tout acte qui possède en soi le caractère intrinsèque de loi, et cela indépendamment de l'agent ou du corps qui fait l'acte. C'est l'acte législatif d'après sa nature propre, qui peut être en même temps une loi formelle, mais qui aussi peut ne pas l'être, qui très souvent ne l'est pas. Quand on veut déterminer ce qu'est la fonction législative, ce que l'on doit déterminer, c'est seulement, mais complètement, le caractère de l'acte législatif matériel.

Cette distinction entre la loi matérielle et la loi formelle est rationnelle, et elle est aujourd'hui généralement admise. Mais cadre-t-elle avec les textes de notre droit constitutionnel positif?

Il semble bien que les auteurs de la Déclaration des droits de

1789, en définissant la loi « l'expression de la volonté générale (art. 6), n'ont compris la notion de loi qu'au sens formel. L'article de la section iii du chapitre iii du titre III de la constitution de 17 ne donne aussi qu'une définition de la loi au sens formel : « Le décrets sanctionnés par le roi... ont force de loi et portent le nom et l'intitulé de *Lois*. » Il est vrai qu'aux termes de l'article 1er de la section i du chapitre iii du titre III le corps législatif reçoit le pouvoir « de proposer et de décréter les lois » et une série d'attributions spécialement indiquées et qui sont ainsi bien distinguées de la loi. D'après ce texte, la loi ne serait donc pas toute décision du corps législatif, et le législateur constituant de 1791 aurait eu la notion de la loi matérielle. Ainsi l'Assemblée de 1789 paraît n'avoir eu que des idées flottantes sur la vraie notion de loi.

La Déclaration des droits de 1793 définit aussi la loi « l'expression de la volonté générale », mais elle ajoute : « Elle ne peut ordonner que ce qui est juste et utile à la société ; elle ne peut défendre que ce qui lui est nuisible » (art. 4). C'était définir la loi par son contenu et donner ainsi une définition de la loi au sens matériel. Mais la constitution de 1793 a au contraire donné au mot loi un sens purement *formel*. Elle distingue les *lois* et les *décrets* : les *décrets* sont *rendus* par le corps législatif, et les *lois* simplement *proposées* par le corps législatif ; la loi *proposée* devient loi, si dans les quarante jours de l'envoi, dans la moitié des départements plus un, le dixième des assemblées primaires de chacun d'eux n'a pas réclamé ; s'il y a réclamation, le corps législatif convoque les assemblées primaires, qui acceptent ou rejettent la loi par *oui* ou par *non* (Constitution de 1793, art. 53-60 combinés avec les art. 10 et 19). L'article 54 énumère les matières qui font l'objet d'une loi ; et parmi ces matières, il en est qui sont qualifiées d'administratives par le texte lui-même. C'est la conception purement *formelle* de la loi. La constitution de l'an III ne contient aussi qu'une définition formelle : « La loi est la volonté générale exprimée par la majorité ou des citoyens ou de leurs représentants. Les résolutions du conseil des cinq cents, adoptées par le conseil des anciens, s'appellent *lois* » (Déclaration des droits de l'an III, art. 6, et Constitution, art. 92).

Quant aux lois constitutionnelles de 1875 actuellement en vigueur, elles ne contiennent qu'un texte obscur et ambigu. C'est l'article 1er, § 1, de la loi du 25 février 1875 : « Le pouvoir législatif s'exerce par deux assemblées, la chambre des députés et le sénat. » La pensée du législateur de 1875 était surtout d'affirmer dans ce texte le principe de la dualité du parlement. Quant à la conception de la loi, s'il en avait une, elle n'y apparaît que très imparfaitement. Ce texte veut-il dire que toute décision des deux chambres est une loi, quel que soit son contenu ? Ou signifie-t-il que la loi au sens matériel ne peut résulter que du vote des deux chambres ? Il est difficile de se prononcer.

De tout cela il résulte que le juriste n'est lié par aucun texte de notre droit positif et qu'il peut ainsi en toute liberté faire la théorie rationnelle de la fonction législative.

Au point de vue matériel, la loi est l'acte par lequel l'Etat formule une règle de droit objectif ou crée des règles, organise des institutions destinées à assurer la mise en œuvre d'une règle de droit objectif. La fonction législative est naturellement la fonction de l'Etat, qui consiste à faire des lois ainsi comprises. Que la loi positive considérée soit simplement la formule d'une règle de droit admise à une époque donnée, ou qu'elle contienne une série de dispositions destinées à assurer l'application de cette règle de droit, la loi positive a toujours pour fondement une règle de droit objectif. Ces règles que formule l'Etat, soit pour constater le droit objectif, soit pour le mettre en œuvre, sont elles-mêmes des règles de droit objectif; de telle sorte que *lato sensu* on peut définir la loi matérielle en disant que c'est tout acte émané de l'Etat contenant une règle de droit objectif.

Il est évident que nous aurons établi cette proposition si nous démontrons que les caractères essentiels de la règle de droit objectif se retrouvent et doivent se trouver dans la loi matérielle. Or, les deux caractères essentiels de la règle de droit sont la généralité et le caractère impératif. Il reste donc à montrer que toute loi matérielle a ces deux caractères, ne peut pas ne pas les avoir, qu'elle ne peut pas ne pas être une règle impérative.

30. La loi est une disposition par voie générale. — Nous voulons dire que la loi contient une disposition qui ne disparaît pas après son application à un cas prévu et déterminé d'avance, mais qui survit à cette application, et qui s'appliquera, tant qu'elle ne sera pas abrogée, à tous les cas identiques à celui qu'elle prévoit. Elle est alors générale même si en fait elle ne s'applique qu'une fois. La disposition par voie individuelle, au contraire, est établie en vue d'une espèce déterminée; appliquée à cette espèce elle disparaît, parce que le but spécial, concret, qu'on avait en l'établissant, est réalisé. La disposition de la loi étant générale survit à son application à une ou plusieurs espèces déterminées. De ce qu'elle est générale il résulte qu'elle est aussi abstraite, ce qui veut dire qu'elle est portée sans considération d'espèce ou de personne.

Deux exemples très simples feront comprendre les différences entre une disposition individuelle et concrète, d'une part, et une disposition générale et abstraite, d'autre part. L'Etat décide qu'une récompense sera donnée à tel citoyen qui a rendu des services éminents à la patrie : disposition individuelle et concrète qui vise un cas et une personne déterminés et qui disparaît, comme épuisée, quand elle a été appliquée, parce que le but poursuivi est réalisé. Au contraire, l'Etat décide que toute personne qui a commis tel fait sera punie de telle peine : disposition par voie générale et abstraite. En établissant cette règle, l'Etat n'a pas eu en vue telle ou telle personne se trouvant à un moment donné dans une situation concrète déterminée, mais l'intérêt social, pris en soi et d'une manière abstraite ; cette disposition, ayant été appliquée une première fois, restera intacte dans sa force et s'appliquera, tant qu'elle ne sera pas abrogée, toutes les fois que se produira un fait réunissant les conditions qu'elle prévoit.

La disposition par voie générale et abstraite est une loi au sens matériel. La disposition par voie individuelle et concrète n'est pas une loi au sens *matériel ;* elle est une loi au sens *formel* si elle émane de l'organe législatif. Au point de vue *matériel*, elle sera, suivant les circonstances, un acte administratif ou un acte juridictionnel.

On peut citer trois exemples notables de lois formelles, c'est-à-dire d'actes faits en forme de loi, mais n'ayant point le caractère matériel de loi, parce qu'ils sont des actes individuels. Ce sont les deux lois du 13 juillet 1906, dont la première décide que le lieutenant-colonel en réforme Picquart est réintégré dans les cadres de l'armée et promu général de brigade, et l'autre que le capitaine d'artillerie Dreyfus est, par dérogation à l'article 3 de la loi du 10 mars 1880, promu chef d'escadron, et la loi du 9 juillet 1907 qui

ordonne le renvoi anticipé des militaires appartenant à la classe 1903
et dont l'article 3 porte : « Seront exclus du bénéfice des dispositions de l'article 1er les militaires du 17e régiment d'infanterie qui
ont manqué le 21 juin 1907 à tous les appels effectués depuis le réveil
jusqu'à midi. » C'étaient des dispositions individuelles, constituant
des dérogations à des règles générales ; elles n'étaient point des lois
au sens matériel ; et en les votant, le parlement commettait assurément un excès de pouvoir contre lequel d'ailleurs il n'y avait
aucune voie de recours.

Cf. sur les lois Picquart et Dreyfus, Delpech, *Revue du droit
public*, 1906, p. 507, et sur la loi du 9 juillet 1907, J. Barthélemy,
Revue du droit public, 1907, p. 472.

Le caractère de généralité, qui est le caractère essentiel de la loi, nous paraît avoir un double fondement
rationnel et historique.

Fondement rationnel. — Le caractère de généralité
est la conséquence logique de l'idée que l'on se forme
universellement de la loi. Les gouvernants formulent
les règles de droit parce que leur première mission
est d'assurer la réalisation du droit. Cette règle de
droit est la discipline sociale fondée sur l'interdépendance des hommes vivant en société et la loi positive
est l'expression même de cette règle ; elle doit donc
avoir les mêmes caractères et la même portée. Cette
règle de droit est individuelle parce qu'elle s'applique
aux individus ; mais elle est sociale parce qu'elle
dérive de la société elle-même. Étant sociale elle est
générale. Elle ne vise pas une espèce particulière,
devant devenir sans valeur quand elle a été appliquée
à cette espèce. Elle est un élément de la vie sociale et
doit avoir la même étendue que la vie sociale elle-
même. En d'autres termes, la règle de droit est la
règle de conduite des hommes vivant en société ; elle
est générale parce qu'elle s'applique à tous les hommes
et à toutes les circonstances de la vie sociale. La loi
est la règle de droit formulée par l'État ; ce n'est pas
parce que la règle de droit est formulée qu'elle peut
changer de caractère ; elle reste formulée en loi ce
qu'elle est dans la réalité, c'est-à-dire une règle générale.

Fondement historique. — D'autre part, la généralité

est la raison d'être même de la loi, et c'est parce que
la loi a été conçue comme une règle générale que s'est
constituée historiquement la fonction législative. Cette
fonction est venue répondre à un certain besoin social,
précisément et uniquement parce que la loi est une
règle générale.

Il semble bien établi aujourd'hui en sociologie que
la fonction législative est celle des fonctions juridiques
de l'Etat qui a apparu chronologiquement la dernière.
Pendant longtemps la puissance politique, même chez
des peuples parvenus à un certain degré de civilisation,
n'est intervenue que par voie d'actes individuels, en
faisant ce que nous appelons aujourd'hui des actes
administratifs et des actes juridictionnels. Les chefs
veulent telle ou telle chose, soit spontanément, soit
sur la demande des sujets qui ont un différend, et ils
emploient leur force matérielle pour assurer l'obéissance à leur volonté. Le procédé de la loi positive n'a
pu évidemment être employé que lorsqu'on a connu
l'écriture et les moyens matériels de conserver une
règle écrite. Mais cela ne suffisait pas, car il fallait en
outre que la conscience d'une règle sociale de droit eût
fortement pénétré l'esprit des hommes. La loi écrite
a été l'extériorisation naturelle de la conscience juridique de la collectivité. Le phénomène a été précédé
d'une période exclusivement coutumière, la coutume
étant un moyen, imparfait sans doute, mais réel,
de formuler le droit. L'expression par la coutume
s'est maintenue à côté de l'expression par la loi écrite;
mais du jour où la fonction législative de l'Etat a été
bien comprise, elle a occupé la place de beaucoup
prépondérante.

En effet, il est arrivé un moment où l'on a compris
que la fixité, la généralité, le caractère abstrait de la
loi écrite constituaient la protection la plus efficace
de l'individu contre l'arbitraire de l'Etat, un moment
où l'on a eu la conception de la *légalité*. On a compris
que les détenteurs du pouvoir politique ne devaient

BIBLIOTHÈQUE DE FRANCE

pas pouvoir prendre arbitrairement telle ou telle décision individuelle, en vue de telle ou telle situation
déterminée; qu'ils étaient liés par la règle générale
formulée d'une manière abstraite sans considération
ni d'espèce ni de personne, et ne pouvaient prendre
de décision individuelle que conformément à la règle
générale contenue dans la loi. Du moment où ce
régime a été compris et appliqué, l'individu s'est senti
fortement protégé contre la toute-puissance des gouvernants ; car il est évident que cette règle générale et
abstraite, qui limite leur action, présente beaucoup
moins de danger d'arbitraire qu'une décision individuelle, qui peut toujours être provoquée par la haine,
l'ambition ou la vengeance.

Cette conception de la *légalité* a été surtout élaborée par la Grèce
antique. On parle souvent de la liberté ancienne. Parfois, au contraire, on dit que dans la cité antique l'homme était absorbé par
la cité. Qu'y a-t-il de vrai dans ces affirmations contradictoires?
La liberté au sens moderne est une certaine situation faite à l'individu et qui est le résultat d'une certaine limitation apportée au pouvoir de l'État. Jamais les anciens n'ont connu cette liberté, et
jamais ils n'ont conçu la possibilité d'une limitation du pouvoir de
l'État, de la cité, dans l'intérêt de l'individu. Mais ils ont eu cette
idée très nette (et c'est en cela que consistait leur notion de liberté)
que l'État ne peut tout faire qu'à la condition qu'il statue, non par
voie individuelle, mais par voie générale, c'est-à-dire par la loi, et
que la décision individuelle du gouvernement est tyrannique si
elle n'est pas l'application de la loi, c'est-à-dire d'une règle générale
formulée pour tous. Le tyran est celui qui prend les décisions individuelles en dehors des lois. La cité, au contraire, est libre quand
l'autorité n'intervient qu'en vertu de la loi, conçue comme règle
générale formulée d'avance pour tous, gouvernants et gouvernés.
Hermann (*Lehrbuch des juristischen Rechtsalterthümer*, p. 28,
édition Thalein, 1884) a mis très nettement en relief cette idée :
« Vis-à-vis de l'État, dit il, la liberté de l'homme grec consiste
proprement et simplement en ce qu'il a conscience de ne dépendre
d'aucun pouvoir lorsque chacun de ses concitoyens est égal à lui
par la puissance de la loi. » Cf. Fustel de Coulange, *La cité antique*,
nouvelle édition, p 267; Jellinek, *Allgemeine Staatslehre*, 2e édit.,
1905, p. 285-305; Geny, *Méthode d'interprétation*, 1900, p. 209 et
s., et 2e édit, 1919, I, p. 240 et s.

Cette idée n'est pas venue jusqu'à nous sans subir
de nombreuses éclipses et de singulières régressions.
Mais elle est aujourd'hui bien vivante. Sans doute, la

conscience moderne est allée plus loin ; elle affirme la limitation des pouvoirs de l'État, même statuant par voie générale. L'État ne peut pas tout faire même par la loi ; et de plus, la loi étant faite, aucun organe, aucun agent de l'État ne peut prendre une décision en violation de cette loi. La loi peut être mauvaise, injuste ; mais étant formulée par voie générale et abstraite, ce danger se trouve réduit au minimum. Ainsi encore le caractère protecteur de la loi, sa raison d'être elle-même se trouvent dans sa généralité.

Rationnellement, historiquement, socialement, la loi nous apparaît avec le caractère essentiel de généralité.

31. La loi est une disposition impérative. — On a vu par les définitions rapportées précédemment qu'on qualifie habituellement la loi de règle impérative ou prohibitive. On veut dire par là que la loi contient le commandement ou l'interdiction de faire une certaine chose, en un mot un ordre positif ou négatif.

Il est incontestable que, dans beaucoup de lois, le caractère impératif apparaît très clairement. Ce sont d'abord les lois pénales. Elles sont essentiellement des lois prohibitives. D'autre part, il est incontestable que, dans les sociétés modernes, le nombre des lois, imposant aux individus ou aux collectivités des charges, des prestations de tous genres, va chaque jour en augmentant. C'est une conséquence de la conscience, toujours plus nette dans les sociétés modernes, des liens d'étroite solidarité qui unissent entre eux les membres d'une même nation. Toutes les lois qui établissent des impôts sous une forme quelconque sont des lois impératives. Nous en dirons autant de toutes les lois de plus en plus nombreuses qui imposent des obligations particulières à certaines personnes, comme les lois ouvrières, lois sur les accidents de travail, lois sur les retraites ouvrières, et enfin toutes les lois d'assistance qui imposent aux individus et surtout à des collectivités des charges, par exemple pour l'entretien des enfants assistés (L. 27 juin 1904), pour l'assistance médicale gratuite (L. 15 juillet 1893), pour l'assistance obligatoire aux vieillards ou aux infirmes (L. 14 juillet 1905), pour les retraites ouvrières (L. 5 avril 1910), pour l'assistance aux femmes en couches et aux familles nombreuses (LL. 17 juin, 14 et 30 juillet 1913). Ce ne sont évidemment que des exemples.

A côté de ces lois certainement impératives, il y a beaucoup de lois où l'ordre à première vue n'apparaît pas. Ce sont d'abord les lois qui ne s'adressent pas aux sujets, mais aux gouvernants eux-mêmes, ou à l'Etat si l'on admet la personnalité de l'Etat. Comment ces lois pourraient-elles contenir un ordre, puisque les gouvernants ou l'Etat ne peuvent pas se donner un ordre à eux-mêmes? En France, il existe beaucoup de lois de ce genre. Ce sont les Déclarations des droits et les textes des constitutions qui ont reproduit ou rappelé les principes des Déclarations. La même question se pose pour les lois organiques et les lois de compétence, qui ne paraissent point s'adresser aux sujets, mais à l'Etat et à ses agents. Elle se pose enfin pour toutes les lois qui ne font que suppléer à la volonté des parties, que pour cette raison on appelle parfois lois *supplétives*. Ce sont, en principe, toutes les lois civiles auxquelles, aux termes mêmes de l'article 6 du Code civil, on peut déroger par des conventions particulières, à moins qu'elles n'intéressent l'ordre public et les bonnes mœurs.

Pour nous la loi ne contient point, à vrai dire, un ordre formulé par une volonté supérieure à une volonté inférieure ; la loi n'est pas la décision d'un législateur souverain s'imposant à des sujets lui devant obéissance. La loi est impérative parce qu'elle contient la formule d'une règle qui est impérative par elle-même, ou parce qu'elle a pour but d'assurer la mise en œuvre de cette règle, et que pour cela elle organise une institution, détermine des compétences, formule des prohibitions, impose des obligations.

Nous ne pouvons pas donner un autre fondement au caractère impératif de la loi. Personne ne croit plus aujourd'hui que le gouvernant qui l'édicte agisse en vertu d'un pouvoir que lui conférerait une puissance surnaturelle. On ne croit pas beaucoup plus à la volonté nationale dont l'assemblée législative, parlement ou assemblée populaire, serait l'organe. Cette prétendue volonté nationale n'est qu'une fiction. Cf. §22. La loi est donc faite en réalité par les gouvernants, en France par la majorité parlementaire qui la vote, et le chef de l'Etat qui la promulgue. Ces individus sont des individus comme les autres, et ils n'ont en aucune façon le pouvoir de formuler des ordres. La loi qu'ils font ne peut donc avoir de force obligatoire que dans la mesure où elle est conforme à la règle de droit et où elle a pour but d'en assurer l'application.

En admettant la personnalité de l'Etat et l'idée que la loi est un ordre formulé par l'Etat, on se trouverait dans l'impossibilité de reconnaître le caractère de lois aux déclarations des droits, aux constitutions, aux lois organiques et aux lois de compétence, parce qu'on ne peut pas concevoir que l'Etat se donne des ordres à lui-même.

La conséquence du fondement que nous donnons à la loi, c'est évidemment que nul n'est obligé d'obéir à une loi quand elle est contraire au droit. Nous ne reculons point devant cette conséquence. Et vraiment c'est là une garantie précieuse contre l'arbitraire du législateur. S'il était persuadé qu'il n'est point un souverain qui commande, mais simplement un membre du corps social investi, en vertu de sa situation de fait, de la mission de formuler la règle de droit, s'il comprenait que la règle qu'il édicte n'a de force obligatoire que dans la mesure de sa conformité à une règle supérieure, peut-être ferait-il les lois avec plus de prudence et de sagesse.

On nous a accusé parfois d'aller par là directement à l'anarchisme. Dans sa quatrième édition, 1906, page 40, Esmein écrivait:

« Si l'on nie la souveraineté, ou pas de lois ni de gouvernement, et c'est la chimère anarchiste, ou bien les lois ne peuvent être que des transactions entre les différentes forces des classes qui existent en fait dans la nation. » Nous n'avons pas retrouvé cette proposition dans les éditions postérieures. Mais nous croyons qu'elle exprime une opinion qui a été, jusqu'à la fin de sa vie, celle de notre savant collègue. L'objection ne nous touche pas; notre conception de la loi n'a rien d'anarchiste. L'anarchisme est, en effet, essentiellement individualiste; notre doctrine est essentiellement socialiste, puisqu'elle repose tout entière sur l'interdépendance des hommes vivant en société et sur ce que nous appelons la discipline sociale. Notre théorie de la loi est elle-même essentiellement sociale, parce qu'elle astreint les gouvernants à n'édicter que des lois sur le caractère juridique desquelles il ne puisse pas y avoir de doute. Assurément, la vérité juridique ne s'impose pas avec l'évidence d'une formule mathématique. Mais il n'en est pas moins vrai que certaines règles de droit ont, à un moment donné, pénétré si profondément et si généralement la conscience des membres d'une société, que toute loi, qui n'aura d'autre but que d'assurer l'application d'une semblable norme, rencontrera certainement une adhésion quasi unanime.

D'autre part, quand on parle de résistance à l'application de la loi, on a presque toujours en vue la résistance violente. Il y a longtemps cependant que les théologiens ont distingué la résistance passive, la résistance défensive et la résistance agressive et montré que celle-ci n'est légitime que comme dernier recours. D'autre part, si, comme nous le croyons, les groupes sociaux sont en train de s'intégrer dans l'intérieur de chaque société nationale et particulièrement en France au moyen de formations syndicalistes, ils pourront organiser une forte et pacifique résistance à l'application des lois oppressives. Esmein estime (7e édit., publiée par Nézard, 1921, p. 49) « que si ces associations, ces corporations ou ces classes n'ont au-dessus d'elles aucune puissance, on retombe dans un système semblable à l'anarchie féodale; que ce qui triomphe, ce n'est plus le droit inspiré par la raison humaine, c'est la force; que la sauvegarde suprême du droit individuel, le règne de la loi ne peuvent être assurés que par la reconnaissance d'une puissance supérieure, non seulement aux individus, mais aux groupes et aux classes ».

C'est bientôt fait de parler d'anarchie féodale; il n'y eut pas de société plus fortement intégrée que la société féodale au xiiie siècle et nous ne serions point effrayé d'un retour à un régime social fondé comme le régime féodal sur la coordination et la hiérarchie des classes. Nous croyons volontiers que les individus y seraient bien plus solidement protégés contre les détenteurs de la force que dans le système social issu de la Révolution, où ils se trouvaient isolés et impuissants devant les quelques hommes qui fondaient leur omnipotence sur la croyance aveugle des masses à la fiction de la souveraineté nationale. Ce droit inspiré par la raison humaine dont parle Esmein, c'est celui au nom duquel ont été portées les lois sanguinaires de la Convention, les lois despotiques des Napoléons et les lois spoliatrices de la troisième République.

32. La fonction administrative et l'acte administratif. — Il faut déterminer le caractère de la fonction administrative, comme nous l'avons fait pour la fonction législative, au point de vue purement *matériel*, c'est-à-dire au point de vue de la nature juridique interne de l'acte administratif, sans considérer le caractère de l'organe ou de l'agent qui fait l'acte.

Au point de vue *formel*, la fonction administrative comprend tous les actes qui émanent d'organes ou d'agents auxquels la loi du pays considéré attribue le caractère administratif. Assurément cette conception formelle est commode, parce qu'elle dispense dans la pratique de faire une analyse juridique qui souvent est délicate. Mais cette conception, par cela même qu'elle est formelle, est artificielle; elle n'est pas adéquate à la réalité des faits. On a déjà dit que souvent des organes ou des agents, ayant certainement le caractère administratif, font des actes certainement juridictionnels ou législatifs. A l'inverse, des organes qui n'ont pas le caractère administratif font parfois des actes qui sont intrinsèquement des actes administratifs, par exemple le parlement et les tribunaux judiciaires. Une théorie, qui ne déterminerait pas le caractère interne de l'acte indépendamment du caractère attribué à l'organe ou à l'agent qui l'a fait, serait incontestablement incomplète et artificielle.

Cependant, il faut faire observer que le point de vue formel n'est pas sans intérêt pratique. La question de la recevabilité des recours contre un acte ne peut, en général, être résolue que par la détermination du caractère appartenant à l'organe ou à l'agent qui l'a fait. Parfois tel acte, qui est certainement administratif, est insusceptible de recours parce qu'il émane d'un organe, le parlement par exemple, contre les décisions duquel les lois du pays considéré n'admettent pas de recours. A l'inverse, certains actes, qui ne sont pas administratifs de leur nature, sont cependant susceptibles d'un recours administratif, parce qu'ils émanent d'une autorité administrative. Mais ces questions ne se rattachent point à la théorie des fonctions.

De même que nous avons déterminé la nature de la fonction législative par le caractère interne de l'acte législatif et sa répercussion dans le monde du droit, de même nous déterminerons à l'aide de ces éléments la nature de la fonction administrative. Si par la fonction législative l'Etat intervient dans le domaine du droit objectif, il est à présumer que par la fonction administrative il intervient dans un autre domaine juridique. En faisant la loi, l'Etat formule une règle abstraite, sans considération d'espèce ni de personne. Il est à présumer qu'il n'en est pas ainsi quand l'Etat fait un acte administratif et qu'alors l'Etat, en vue d'une situation particulière, entre en relation avec une personne déterminée. Enfin la loi est une règle générale, qui s'applique à une série indéterminée de cas. On doit penser qu'au contraire l'acte administratif sera un acte individuel.

Ces conséquences présumées, auxquelles nous arrivons en opposant l'acte administratif à l'acte législatif, s'expliquent toutes très aisément, si nous concevons l'acte administratif comme un acte juridique proprement dit fait par les gouvernants ou leurs agents. L'acte juridique *stricto sensu* est toute manifestation de volonté conforme au droit objectif, donnant naissance à une situation de droit subjectif ou conditionnant la naissance d'une situation de droit objectif. Par suite, notre conception de la fonction administrative se résume en ceci : c'est la fonction par laquelle l'Etat fait des actes juridiques, c'est-à-dire exprime une volonté à l'effet de faire naître une situation de droit subjectif ou de conditionner une situation de droit objectif. Ainsi l'acte administratif est toujours un

acte individuel et concret ; au contraire l'acte législatif
est une disposition générale et abstraite. L'acte législatif est la formule d'une règle de droit ; l'acte administratif est la création ou la condition d'une situation
de droit.

Cette définition de l'acte administratif demanderait de longs
développements qui ne peuvent être donnés ici et pour lesquels je
renvoie à la deuxième édition de mon *Traité de droit constitutionnel*, I, 1921, p. 211 et s. ; II, 1923, p. 228 et s. Il suffira de dire
que lorsque la situation juridique, qui naît après une déclaration de
volonté, est une situation objective ou légale, il est impossible de
voir dans la déclaration de volonté la cause efficiente de cette
situation, que cette situation est créée par la loi et que la déclaration de volonté n'est alors que la condition à laquelle est subordonnée l'application de la loi à une personne déterminée. Par
exemple, on ne peut pas dire que la nomination donne au fonctionnaire la compétence dont il se trouve investi ; cette compétence lui
est donnée par la loi et la nomination est seulement la condition
de l'application à la personne nommée de la loi sur la fonction
publique. C'est pourquoi les actes de cette espèce ont été justement
appelés *actes-conditions*. Cf. Jèze, *Les principes généraux du
droit administratif*, 2ᵉ édit., 1914, p. 23-31.

L'acte administratif étant un acte juridique, toute
la théorie de l'acte juridique doit recevoir son application. Dès à présent, il importe de bien comprendre
que, l'acte juridique étant par définition une manifestation de volonté à la suite de laquelle se produit un
effet de droit à la condition qu'elle soit conforme au
droit objectif, et que, dans un régime d'*État de droit*
et une période législative comme ceux des nations
modernes le droit objectif se confondant approximativement avec la loi, l'acte administratif ne peut être
utilement fait que dans les limites fixées par la loi.
La fonction administrative a ainsi son domaine déterminé par la législation, et l'État administrateur ne
peut agir que dans les cas et sous les conditions
déterminés par l'État législateur. Comment l'État
administrateur est-il lié par la loi que lui-même État
il a édictée ? La question se rattache au problème
général de la subordination de l'État au droit, et en
même temps à celui du fondement du droit public,
problèmes dont il a été déjà parlé au paragraphe 16,

et sur lesquels nous reviendrons dans la deuxième
partie.

Il importe aussi de noter que l'on doit faire rentrer dans la fonction administrative toutes les opérations d'ordre matériel, extrêmement nombreuses,
qui sont faites pour assurer le fonctionnement des
services publics. Quoiqu'elles n'aient pas le caractère
juridique, ces opérations n'échappent point à la prise
du droit administratif et se rattachent à la fonction
administrative. Cela n'infirme point la définition que
j'ai donnée de celle-ci. En effet, très souvent, ces opérations matérielles se rattachent à un acte administratif juridique qu'elles préparent ou qu'elles exécutent; en tout cas, les opérations matérielles peuvent
entraîner la responsabilité de l'administration ou
de l'agent et ainsi sont saisies par le droit.

**33. Les règlements ne sont pas des actes
administratifs.** — Pour établir que la fonction administrative a bien le caractère qui vient d'être indiqué,
il reste à montrer qu'un certain nombre d'actes, rangés
parfois au nombre des actes administratifs, n'ont
point ce caractère. Il faut faire cette démonstration
en la tirant, non point du caractère de l'organe ou de
l'agent qui fait ces actes, de la recevabilité ou de la
non-recevabilité de tel ou tel recours (ce serait se
placer au point de vue formel), mais seulement du
caractère interne même des actes.

L'opinion qui voit dans les actes réglementaires
des actes administratifs est si généralement répandue
qu'il n'est point inutile d'insister pour établir que
rationnellement on ne peut y voir, au point de vue
matériel, que des actes législatifs. Pour faire cette
démonstration, le mieux est d'examiner les principaux
cas où, dans le droit français actuel, sont faits des
règlements. On est d'accord pour définir le règlement
toute disposition par voie générale émanant d'un
organe autre que le parlement, ou, si l'on veut, toute
disposition par voie générale édictée en une forme

autre que la forme législative (c'est-à-dire vote par le
parlement et promulgation par le président de la
République). Comment se fait-il que des organes
autres que le parlement puissent édicter des dispositions par voie générale? Là n'est pas la question pour
le moment. Ce serait une question se rattachant au
point de vue formel. La seule question est celle-ci : le
caractère interne de ces divers règlements doit-il les
faire classer parmi les actes législatifs ou les actes
administratifs au sens matériel?

On rencontre d'abord les règlements que fait le président de la République pour compléter une loi, pour
en régler les détails d'application, soit sur l'invitation
qui lui en est adressée par le parlement (comme cela
est très fréquent dans les lois actuelles), soit que le président de la République agisse spontanément, comme
on lui en reconnaît aujourd'hui communément le pouvoir. La question de savoir en quelle qualité le chef de
l'État fait ces actes nous est pour le moment absolument indifférente; il faut seulement examiner leur
contenu. Or il ne nous paraît pas douteux qu'il est
essentiellement législatif, que les dispositions que ren-
ferment ces actes auraient pu tout aussi bien trouver
place dans la loi elle-même, que dans ce cas on leur
aurait certainement attribué le caractère législatif
matériel et qu'elles ne peuvent pas perdre ce caractère parce qu'elles sont insérées dans un règlement.

Comment peut-on expliquer que le président de la
République puisse ainsi édicter des dispositions législatives? La question est très discutée; les uns voient
là une délégation donnée par le parlement; les autres
disent que le règlement intervenu dans ces conditions
fait *bloc* avec la loi. Peu importe; le lieu n'est pas ici
de discuter la question. Il suffit d'affirmer que ce sont
là des règlements que certainement on ne peut considérer comme étant des actes administratifs.

On ne peut *a fortiori* considérer comme étant des
actes administratifs les règlements faits par le chef

de l'Etat sur des matières où il a reçu expressément
de la loi compétence pour faire des règlements. Cette
compétence est-elle constitutionnelle? Là n'est pas la
question. Le point à constater est seulement que les
règlements, qui interviennent alors, portent incontestablement sur des matières législatives et n'ont aucunement le caractère d'actes administratifs. Cf. §§ 121
et 122.

Règlements de police. — Le président de la République, en fait, édicte des règlements en matière de police
générale? A-t-il constitutionnellement ce pouvoir?
Nous n'avons pas à le rechercher ici. Ce qui est certain, c'est que de pareils règlements existent, par
exemple le décret du 24 mars 1914 sur la police et
l'usage des voies de navigation intérieure, et le grand
décret du 31 décembre 1922 sur la police de la circulation, dit code de la route.

La notion de la police est une notion assez vague.
Cependant, malgré les diverses définitions qui en sont
données, on paraît d'accord sur ceci : la police implique de la part de l'autorité un acte qui limite d'une
manière préventive le libre développement des activités individuelles.

Lorsque, en vue de la police, une restriction est
apportée par voie individuelle à la liberté d'une personne déterminée, il est incontestable que la décision
ainsi intervenue est un acte administratif proprement
dit, par exemple la décision du préfet de police à Paris
ou du maire dans les départements qui interdit une
pièce de théâtre, la décision de l'autorité compétente
qui ordonne à une personne déterminée certaines
opérations en vue de la salubrité ou de la sécurité,
par exemple l'abatage d'animaux atteints de maladies
contagieuses, la démolition d'un mur menaçant ruine
et en bordure de la voie publique, l'évacuation, la
réparation d'un logement insalubre, etc... (LL. 21 juin
1898 et 15 février 1902). Il est certain aussi que, dans
un régime de légalité comme celui de l'Etat moderne,

de pareilles décisions de police ne peuvent intervenir que dans les cas prévus par une règle générale qui est la loi et qui détermine la compétence des agents chargés de prendre ces décisions individuelles.

Mais qu'on suppose maintenant que les restrictions, apportées à la liberté individuelle en vue de la police, soient le résultat de dispositions prises par voie générale et abstraite, constituant des règles permanentes, comme par exemple les dispositions des décrets précités du 24 mars 1914 sur la police de la navigation intérieure et du 31 décembre 1922 sur la police générale de la circulation, nous prétendons que, quelle que soit la définition qu'on donne de la loi, il est impossible de ne pas voir dans de pareilles dispositions des lois matérielles. Que ces dispositions soient établies en vue d'assurer l'ordre public, la sécurité, la tranquillité, la salubrité publiques, cela ne peut rien changer au caractère intrinsèque de l'acte. A dire le vrai, toutes les lois sont faites en vue de l'ordre public, de la sécurité, de la tranquillité publiques. Si l'on voit dans de pareils règlements des actes administratifs, · il n'y a pas de raison de ne pas voir dans toutes les lois des actes administratifs.

Règlements d'organisation. — Dans tous les pays et particulièrement en France, on rencontre un grand nombre de règlements du chef de l'Etat, qui ont pour objet d'organiser le fonctionnement des services publics et particulièrement les règlements très nombreux depuis la loi de finances du 29 décembre 1882, article 16, sur l'organisation intérieure des ministères. On triomphe et on dit: voilà bien des dispositions par voie générale, desquelles on ne peut point prétendre qu'elles ont le caractère de lois au sens matériel. Ces règlements organisant des services publics sont, dit-on, incontestablement des actes administratifs, puisqu'ils ne s'adressent pas aux particuliers, mais seulement aux fonctionnaires, et que leur effet se restreint à l'organisation interne de l'Etat.

Ce raisonnement ne nous touche point. Si l'on refusait le caractère de loi matérielle aux dispositions dont l'effet se restreint à l'organisation interne de l'Etat, il faudrait logiquement refuser le caractère de loi matérielle à toutes les lois organiques d'un pays. Secondement, lorsque des dispositions, paraissant se borner à organiser un service public et contenues dans un règlement, se trouvent, comme cela arrive souvent, transférées dans une loi formelle, personne n'hésite à y voir désormais des dispositions ayant le caractère législatif matériel; cependant si elles n'avaient pas ce caractère avant, elles ne peuvent pas l'avoir après.

D'autre part enfin, il est impossible de dire, avec Laband, que ces règlements d'organisation « ne sortent pas de l'appareil administratif, ne réagissent pas sur les particuliers ». Sans doute ils ont pour but essentiel l'organisation intérieure des services publics, mais ils réagissent toujours plus ou moins sur les particuliers. On s'en convaincra aisément en parcourant les principaux règlements d'organisation. Est-ce que par exemple les nombreux règlements sur l'instruction publique n'atteignent pas tous les particuliers qui, sous une forme ou sous une autre, veulent profiter de l'enseignement public? Est-ce que les innombrables règlements sur l'armée ne touchent pas tous les Français qui, avec le service militaire obligatoire, appartiennent, sauf quelques rares exceptions, à l'armée depuis l'âge de 20 ans jusqu'à celui de 45 ans? Est-ce que même les règlements qui répartissent les affaires dans chaque département ministériel entre les directions, les divisions, les bureaux ne s'adressent pas aussi bien aux administrés intéressés qui doivent aller à tel ou tel bureau qu'aux employés du ministère qui doivent s'occuper de telle ou telle affaire? Ce qui montre bien que nous sommes dans le vrai, c'est l'embarras des auteurs que nous combattons, quand ils se trouvent en face d'une organisa-

tion, l'organisation d'un ministère, par exemple, qui
est régie en même temps par une loi et par un règlement. Le contenu de la loi et du règlement est alors
exactement le même ; si l'on veut être logique, il faut
dire que la loi et le règlement sont des actes administratifs. Or, on n'ose pas dire que cette loi n'est pas
une loi matérielle ; donc ce règlement, qui a le même
contenu, est aussi au point de vue matériel un acte
législatif.

Mais il importe de noter que si les règlements du
chef de l'Etat sont, au point de vue matériel, des actes
législatifs, cela ne veut pas dire que comme les lois
formelles ils ne sont susceptibles d'aucun recours.
Il est admis aujourd'hui communément qu'en les
faisant le chef de l'Etat agit comme autorité administrative et que tous les règlements, même les règlements d'administration publique, sont susceptibles de
l'exception d'illégalité et du recours pour excès de
pouvoir. Cf. §§ 121 et 122.

Règlements des organes ou agents administratifs. —
Non seulement le chef de l'Etat, mais encore beaucoup
d'organes et d'agents, qui ont certainement le caractère d'organes ou d'agents administratifs, peuvent
faire et font de nombreux règlements.

Les ministres exercent un pouvoir réglementaire
très étendu. D'après une coutume constante, ils sont
compétents pour fixer, par des arrêtés réglementaires,
les détails d'application des décrets réglementaires
du chef de l'Etat et pour organiser les services dépendant de leur ministère, sans pouvoir, bien entendu,
outrepasser les limites fixées par les lois ou modifier
une organisation établie par un décret du chef de
l'Etat. En outre, certains ministres ont reçu de lois
spéciales un pouvoir réglementaire déterminé, par
exemple le ministre de l'agriculture de la loi du 15 juin
1878 (sur le phylloxera), de la loi du 21 juin 1898 (sur
la police rurale), le ministre de l'intérieur de la loi du
15 février 1902 (sur la santé publique).

Le préfet et le maire ont en matière de police une compétence réglementaire très étendue (LL. 5 avril 1884, art. 91, 95 et 99, 21 juin 1898 et 15 février 1902); le conseil général réglemente certains services départementaux (L. 10 août 1871, L. 14 juillet 1905, relative à l'assistance des vieillards et des infirmes); le conseil municipal fait des règlements, notamment sur l'organisation de la police et des octrois (L. 5 avril 1884, art. 102, 103, 137, 140). De pareils règlements ont le caractère d'actes législatifs au point de vue matériel. Il faut faire complètement abstraction de l'organe qui fait l'acte et ne considérer que le contenu de l'acte. Les raisons sont les mêmes que précédemment, car elles ont été déduites non pas du caractère appartenant au chef de l'État, mais seulement de l'objet des règlements. Le règlement de police d'un préfet ou d'un maire est une disposition par voie générale, une disposition qui restreint le libre développement des activités individuelles; il a donc tous les caractères internes de la loi. Les règlements d'organisation émanés des ministres ou des conseils généraux et des conseils municipaux sont des dispositions par voie générale qui réagissent sur les particuliers, et par conséquent ce sont des actes législatifs matériels.

Mais en même temps, les règlements faits par des organes ou des agents administratifs sont incontestablement des actes administratifs au point de vue formel, et tous les recours administratifs, contentieux ou non, que la législation autorise contre les actes individuels, proprement administratifs, émanés de ces organes ou de ces agents, seront recevables contre leurs actes réglementaires.

Mais, dira-t-on, toute la discussion qui précède est dès lors sans intérêt. Point du tout. Il est très important, pratiquement, d'affirmer que les actes réglementaires sont, au point de vue matériel, des actes législatifs. En effet, si l'acte réglementaire est par nature un acte administratif, il rentre dans la compétence normale du fonctionnaire administratif qui, dès lors, ayant compétence sur une matière déterminée, aura par là même, et sans que cela soit spécifié par la loi, compétence pour faire et des actes individuels et des actes réglementaires. Par exemple, le fonctionnaire investi d'un pouvoir de police en général aura le pouvoir de faire des actes individuels de police et des actes réglementaires. Si, au contraire, on admet avec nous que les règlements n'ont pas la nature d'actes administratifs, ils ne rentrent pas dans la compétence normale de l'administrateur, qui ne peut faire, même sur une matière où il a compétence légale, des actes réglementaires que lorsque la loi lui en a donné expressément le pouvoir. Le fonctionnaire de police ne pourra faire des règlements de police que dans les cas où il a reçu spécialement compétence à cet effet. Le fonctionnaire chef de service ne peut faire un règlement d'organisation que si la loi lui a donné spécialement compétence sur ce point.

34. Les actes politiques ne sont pas des actes administratifs. — Il importe d'éviter ici une confusion souvent faite. On entend quelquefois par acte politique tout acte fait par l'autorité publique en vue d'un but politique, et on dit même qu'un acte, qui de sa nature interne est un acte administratif, devient un acte politique quand il est fait en vue d'un but politique. On a dit aussi qu'un acte administratif, fait en vue d'un but politique, devenant un acte politique, échappe aux recours juridictionnels de droit commun, alors même qu'il émane d'une autorité dont les actes sont en principe susceptibles d'être attaqués par ces recours.

Dans cette opinion, qu'entend-on par but politique? En un sens propre et élevé, la politique est l'art de gouverner les peuples. Un acte serait donc déterminé par un but politique lorsqu'il aurait pour but le gouvernement du peuple suivant les règles de l'art poli-

tique. Assurément, quand on parle de but politique,
on ne l'entend pas en ce sens-là. En effet, dans le langage courant, la politique est l'art d'arriver au pouvoir
et aux places et de s'y maintenir. Dès lors, l'acte politique ou l'acte fait en vue d'un but politique, c'est
l'acte fait ou ordonné par les hommes qui sont au
pouvoir en vue de s'y maintenir, d'écarter les hommes
ou les faits qui pourraient compromettre leur situation. En d'autres termes, l'acte politique serait l'acte
fait ou ordonné par un gouvernement pour assurer sa
propre sécurité. D'où le nom d'actes de gouvernement
donné souvent à ces sortes d'actes.

L'opinion, qui à un moment a compté de nombreux
partisans et d'après laquelle l'acte de sa nature interne
acte administratif, fait en vue d'un but politique ainsi
compris, cesse d'être un acte administratif pour devenir
un acte politique, un acte de gouvernement, et échappe
à tous les recours, habituellement recevables contre
les actes administratifs, est aujourd'hui à peu près
unanimement rejetée. L'acte administratif ne peut
changer de nature suivant qu'il est inspiré à l'autorité
par telle ou telle considération. Il a une certaine nature
indépendante de son but, et cette nature ne peut
changer suivant le but particulier en vue duquel il est
fait. D'une manière générale, on l'a déjà dit, l'idée de
but doit rester complètement étrangère à la détermination juridique des fonctions de l'État et des actes
qu'elles comportent.

Cf. Trib. des confl., 4, 5, 13, 17 et 20 novembre 1880, S., 1881,
III, p. 85 et s.; conseil d'État (princes d'Orléans et prince Murat),
20 mars 1887, S., 1889, III, p. 19; Trib. des confl., 25 mars 1889,
S., 1891, III, p. 32. Cependant depuis la guerre le conseil d'État
paraît revenir à la théorie néfaste des actes de gouvernement. Par
son arrêt Graly du 4 janvier 1918, il a décidé qu'aucun recours
contentieux n'est recevable contre l'arrêté ministériel qui a ordonné
l'internement d'un sujet belge dans un dépôt spécial pendant la
durée des hostilités (Recueil, 1918, p. 1, Revue du droit public,
1918, p. 212). Dans une note critique, Jèze dit justement que « les
principes juridiques sont sacrifiés et que l'esprit de légalité dans
notre pays n'en sort pas renforcé ».

En parlant des *actes politiques* et en disant qu'ils ne sont pas des actes administratifs, nous avons en vue les actes qui sont relatifs au fonctionnement et aux rapports des organes politiques et à l'action qu'ils exercent les uns sur les autres.

On sait que dans l'organisation politique des Etats modernes et particulièrement de la France, le gouvernement, compris comme l'ensemble des organes politiques, a une structure complexe et se compose essentiellement de deux organes : le parlement et le gouvernement proprement dit. Ces deux organes doivent se limiter et se pondérer réciproquement; pour cela ils exercent une action réciproque l'un sur l'autre ; et c'est même sur cette limitation mutuelle de ces deux organes que repose toute la protection des libertés publiques. Cette limitation mutuelle implique naturellement des rapports entre ces deux organes et aussi des actes faits à cette fin par l'un et l'autre. Ce sont vraiment des actes de la vie intérieure de l'Etat. Ils sont le résultat direct du fonctionnement de la constitution, et l'on conçoit dès lors aisément qu'ils ne puissent pas être critiqués devant un tribunal par la voie contentieuse. Ils n'émanent à aucun titre d'une autorité administrative. Ils ne sont point placés hors de la légalité. Mais comme ils ne viennent pas d'une autorité administrative, la sanction de la légalité ne peut se trouver dans les voies de droit organisées pour les actes faits par des autorités administratives. Voilà la vraie raison pourquoi ils échappent au recours contentieux pour excès de pouvoir; et il n'y a point à faire intervenir l'idée indiquée précédemment pour justifier l'ancienne théorie des actes de gouvernement.

Comme exemple d'actes politiques, n'ayant pas comme tels le caractère d'actes administratifs, on peut citer les suivants. Ce sont d'abord tous les actes par lesquels le parlement exerce son contrôle sur le gouvernement : vote d'ordres du jour de confiance ou de blâme, nomination de commissions d'enquête, invitation à communiquer tel ou tel document ou à prendre telle mesure, etc. ; l'élection du président de la République par les deux chambres réunies en assemblée nationale conformément à l'article 2 de la loi constitutionnelle du 25 février 1875.

Ce sont, d'autre part, les nombreux actes faits par le président de la République agissant comme organe politique et par lesquels il exerce l'action que la constitution lui reconnaît sur le parlement : décret de convocation des collèges électoraux pour l'élection des sénateurs et des députés, décret de convocation, d'ajournement, de clôture du parlement (L. const. 16 juillet 1875, art. 1er et 2), décret par lequel le président de la République, avec l'assentiment du sénat, dissout la chambre des députés (L. const. 25 février 1875, art. 5). Aucun de ces actes n'a le caractère d'acte administratif et n'émane d'une autorité agissant comme autorité administrative.

Il est facile de montrer qu'on doit en dire autant des décrets conférant des grâces, déclarant l'état de siège et des actes diplomatiques.

Acte conférant une grâce — De nombreuses controverses se sont élevées sur le point de savoir quelle est la nature juridique de l'acte conférant une grâce. On a souvent confondu deux questions qu'il faut soigneusement distinguer.

Une première question est celle de savoir quel est le caractère juridique interne de l'acte conférant une grâce. La seconde question, toute différente, est celle de savoir en quelle qualité agit le président de la République quand il accorde une grâce.

L'acte conférant une grâce est, au point de vue matériel, un acte juridique condition, puisqu'il conditionne une modification à la situation légale de condamné. C'est en ce sens que l'on peut dire très exactement que le décret accordant une grâce est, au point de vue matériel, un acte administratif.

La seconde question est toute différente. En quelle qualité le président de la République agit-il lorsqu'il accorde une grâce? Il est incontestable qu'il n'agit pas alors comme organe administratif. Il est certain qu'il intervient dans le domaine judiciaire. Le décret qui confère une grâce conditionne la naissance d'une situation touchant directement la liberté du condamné, qui, d'après les principes les plus certains du droit moderne, relève exclusivement de l'autorité judiciaire. D'autre part, il est difficile d'admettre que le président de la République, en exerçant son droit de grâce, agisse comme organe politique. Il est incontestable, en effet, que dans le droit moderne, les organes politiques sont incompétents pour prendre des décisions conditionnant la naissance d'une situation touchant directement les droits individuels. Les organes politiques n'ont pas plus de pouvoir à cet égard que les organes administratifs. Seuls sont compétents dans ce domaine les organes judiciaires.

Il faut bien cependant admettre que c'est en qualité d'organe politique que le chef de l'État exerce le droit de grâce. C'est une loi constitutionnelle (L. 25 février 1875, art. 3, § 2) qui lui donne expressément ce pouvoir. Il reste à expliquer pourquoi la constitution lui confère ce pouvoir tout à fait exceptionnel et comment, contrairement au principe de la séparation des pouvoirs qui domine tout le droit moderne, le chef de l'État reçoit compétence pour modifier une situation légale née à la suite d'une décision de justice.

Tout ce que l'on peut dire, c'est que pour des raisons de haut intérêt moral et social, pour des raisons d'humanité, souvent développées et sur lesquelles il est inutile d'insister ici, cette grave dérogation a été apportée aux principes généraux de notre droit et que le droit moderne a maintenu au chef de l'État, en matière de grâce, la prérogative que nos anciens rois puisaient dans le principe bien connu : « Toute justice émane du roi. »

Le président de la République agissant comme organe politique, lorsqu'il accorde une grâce, le décret de grâce n'est certainement pas susceptible d'être attaqué par le recours pour excès de pouvoir. Cf. en ce sens, conseil d'État (Gugel), 30 juin 1893, *Recueil*, 1893, p. 544 ; S., 1895, III, p. 41, avec une note d'Hauriou.

Sur le droit de grâce, cons. Jèze, *Revue du droit public*, 1909, p. 37 et s. ; 1913, p. 287 ; J. Barthélemy, *Revue du droit public*, 1909, p. 548 ; Duguit, *Traité de droit constitutionnel*, 2ᵉ édit., II, 1923, p. 250 et s.

Amnistie. — Aux termes de l'article 3, § 2, de la loi constitutionnelle du 25 février 1875, le président de la République a le droit de faire grâce, mais les amnisties ne peuvent être accordées que par une loi. Quel est exactement le caractère de l'amnistie ? La loi d'amnistie est-elle simplement une loi formelle ou est-elle une loi matérielle ?

On sait que l'amnistie a pour effet de faire considérer rétroactivement comme non punissable un fait prévu et puni par la loi pénale et, par conséquent, si l'auteur de ce fait a déjà été condamné, d'effacer complètement la condamnation. Si l'amnistie est accordée, comme elle l'est presque toujours, par voie générale, il n'y a pas de doute possible, elle est un acte législatif au point de vue matériel. Si l'amnistie est accordée à une personne déterminée, elle est alors une dérogation individuelle à une loi et nous croyons que le parlement lui-même ne peut pas apporter une dérogation individuelle à une loi ; l'amnistie individuelle est alors un acte arbitraire et ne pourra rentrer dans aucune des fonctions juridiques normales de l'Etat.

Cf. Esmein, *Droit constitutionnel*, 7ᵉ édit., 1921, p. 134 et s. ; Ebren, *L'amnistie, Revue du droit public*, 1905, p. 501.

Déclaration de l'état de siège. — Depuis la loi du 3 avril 1878, ce n'est que tout à fait exceptionnellement que l'état de siège peut être déclaré par un décret du président de la République. En principe, le gouvernement n'a pouvoir pour déclarer l'état de siège qu'au cas d'ajournement des chambres ; alors les chambres se réunissent de plein droit deux jours après et maintiennent ou lèvent l'état de siège. Au cas de dissolution de la chambre des députés, le président de la République ne peut déclarer l'état de siège que s'il y a guerre étrangère et seulement dans les territoires menacés par l'ennemi ; il doit alors convoquer les collèges électoraux et réunir les chambres dans le plus bref délai possible.

On voit par là que le président de la République ne peut en réalité déclarer l'état de siège qu'à titre provisoire et sous la condition de la ratification par les chambres. Ainsi on peut dire que le président de la République, quand il déclare l'état de siège, est placé par la loi sous le contrôle direct et immédiat du parlement, et que cela rend à la fois inutiles et impossibles les recours contentieux : inutiles, parce que le contrôle direct et immédiat des chambres est présumé donner aux citoyens une garantie largement suffisante, et impossibles, parce que l'ouverture d'un recours impliquerait forcément le droit pour le tribunal de critiquer la décision du parlement, ce que dans le système français aucun tribunal ne peut faire.

Mais, dira-t-on, si le gouvernement maintenait l'état de siège malgré la décision du parlement, que se passerait-il ? Ce qui se passe toutes les fois que le gouvernement viole la loi ; le jugement d'un tribunal, annulant la décision du gouvernement, n'y changerait rien ; le gouvernement serait factieux, et comme il est maître de la force armée, il pourrait imposer sa volonté ; mais c'est alors le coup d'Etat ; et l'on sort du domaine du droit.

Il est bien entendu que, si la déclaration d'état de siège n'est susceptible d'aucun recours contentieux, les actes de l'autorité militaire faits sous le régime de l'état de siège sont susceptibles de tous les recours du droit commun que comporte leur caractère administratif ou juridictionnel, et qu'ils peuvent aussi, suivant les cas, entraîner la responsabilité personnelle des fonctionnaires militaires.

Cf. sur ce point la fameuse décision *Pelletier*, trib. des confl., 28 juillet 1873, et S., 1874, II, p. 28, et conseil d'Etat, 24 décembre 1875 (*Mémorial des Vosges*). Pendant la guerre, le conseil d'Etat a reconnu à plusieurs reprises la recevabilité des recours formés sous le régime de l'état de siège contre des décisions de l'autorité militaire. Cf. notamment, conseil d'Etat, 6 août 1915, *Recueil*, 1915, p. 275, et *Revue du droit public*, 1915, p. 700.

Au moment où a éclaté la guerre de 1914, les chambres n'étant pas en session, un décret du 2 août 1914 déclara en état de siège les 86 départements français, le territoire de Belfort et les 3 départements de l'Algérie. Une loi du 5 août 1914 porte : « L'état de siège déclaré par le décret du 2 août 1914... est maintenu pendant toute la durée de la guerre. Un décret... rendu sur avis du conseil des ministres pourra lever l'état de siège et après qu'il aura été levé le rétablir sur tout ou partie du territoire. » L'état de siège n'a été levé que par le décret du 12 octobre 1919. Mais certaines atténuations avaient été en fait apportées à la rigueur du régime.

Actes diplomatiques. — On s'est aussi demandé quelle était la nature des actes diplomatiques et si on les pouvait ranger au nombre des actes administratifs. On appelle ainsi tous les actes qui se rapportent aux relations internationales d'un Etat.

L'activité diplomatique de l'Etat se manifeste par des négociations, correspondances, instructions données aux agents diplomatiques, etc. Toutes ces opérations sont évidemment des actes diplomatiques, mais des actes qui ne produisent aucun effet de droit.

Beaucoup d'actes diplomatiques ont un caractère juridique incontestable; ce sont les déclarations diplomatiques, comme les déclarations de guerre, de neutralité, etc., et les conventions diplomatiques.

Quel est exactement le caractère juridique de pareils actes ? On peut dire certainement qu'ils sont des actes administratifs; car ils rentrent dans notre définition générale de l'acte administratif; ils sont des manifestations de volonté en vue de créer une situation concrète de droit. Mais cependant, comme ces actes interviennent dans des conditions tout à fait particulières, comme peut-être la situation de droit qui en résulte ne présente pas tous les caractères d'une véritable situation juridique, nous croyons qu'il vaut mieux mettre les actes diplomatiques dans une classe à part et ne pas les ranger dans la catégorie des actes administratifs.

35. La fonction juridictionnelle. — Nous disons fonction *juridictionnelle* et non pas fonction *judiciaire*, bien que cette dernière expression soit encore commu-

nément employée. Mais à notre avis elle est très mauvaise et donne lieu à de graves confusions. Il faut
réserver le mot *judiciaire* pour désigner une certaine
autorité, qui, en France et dans beaucoup de pays
modernes, est distincte de l'autorité administrative, et
la fonction judiciaire est la fonction exercée par l'autorité judiciaire, c'est-à-dire une fonction définie au
point de vue formel.

Sans doute l'autorité judiciaire exerce surtout la
fonction juridictionnelle, mais elle n'exerce pas toute
la fonction juridictionnelle. En France, l'autorité
administrative fait beaucoup d'actes juridictionnels.
D'autre part, l'autorité judiciaire fait beaucoup d'actes
qui de leur nature sont des actes administratifs. C'est
donc la fonction juridictionnelle et non la fonction
judiciaire, dont il faut déterminer le caractère, en se
plaçant exclusivement au point de vue matériel, c'est-
à-dire en faisant complètement abstraction du caractère
des organes, des agents, des autorités qui exercent
cette fonction.

Les difficultés viennent de ce qu'on a encore ici souvent confondu le point de vue formel et le point de
vue matériel. Ajoutons que la fonction juridictionnelle présente un caractère de complexité qui n'existe
pas au même degré dans les deux autres fonctions de
l'Etat. C'est ce caractère de complexité qui explique
d'ailleurs pourquoi la fonction juridictionnelle ne
s'est dégagée qu'assez tard de la fonction administrative et comment encore sur beaucoup de points la
ligne séparative des deux fonctions est assez indécise.

C'est aussi dans l'exercice de la fonction juridictionnelle qu'apparaissent surtout les conséquences de la
conception moderne de l'Etat de droit; car c'est en
vertu de cette conception que, d'une part, nous affirmons que, lorsqu'un particulier s'adresse à lui, l'Etat
est obligé d'intervenir; que, d'autre part, l'Etat juge
est rigoureusement lié par la loi qu'il a faite, et enfin
que l'Etat est lié par la décision juridictionnelle qu'il
rend comme juge.

Tout acte juridictionnel implique d'abord l'existence d'une prétention. Pour qu'il y ait lieu à une décision juridictionnelle, il faut qu'une certaine volonté prétende qu'il y a quelque chose, soit un acte, soit une attitude, soit une situation qui est contraire au droit et pose ainsi une question de droit. Il faut que l'agent public intervienne pour donner une solution à la question de droit qui est posée. Il n'y a d'acte juridictionnel que lorsque l'agent public intervient pour résoudre une question de droit. Si, en intervenant, l'agent public poursuit un autre but, si la solution qu'il donne à une question de droit est un moyen et non un but, il n'y a pas d'acte juridictionnel.

Quand le juge a donné ainsi la solution à la question de droit soulevée devant lui, son rôle n'est pas terminé. Il lui reste à faire un acte juridique qui a pour objet d'assurer la réalisation de la solution qu'il a donnée Mais il y a cela de particulier que cet acte est déterminé logiquement par la solution donnée à la question de droit, c'est-à-dire que telle solution étant admise par le juge, il ne peut pas ne pas faire un certain acte juridique et ne pas le faire avec un certain objet et dans une certaine direction. La décision que prend le juge est à la fois un acte d'intelligence et un acte de volonté, et elle est logiquement déterminée par la solution donnée à la question de droit.

En résumé, trois éléments apparaissent dans l'acte juridictionnel : 1° on pose au juge une question de droit qu'il doit résoudre ; 2° le juge donne à la question de droit une solution qui a force de vérité légale ; 3° le juge tirant la conséquence logiquement nécessaire de cette solution fait un acte juridique pour en assurer la situation.

Cela compris, on aperçoit aisément que la fonction de juger, tout en conservant les caractères généraux que je viens de définir, peut s'exercer dans deux hypothèses différentes.

D'abord elle intervient au cas où une question se pose sur l'existence ou l'étendue d'une situation de droit subjectif; le juge constate, d'après les éléments de droit et de fait, l'existence ou la non-existence de cette situation; s'il en reconnaît l'existence, il en détermine l'étendue et prend une décision, conséquence logique de sa constatation, et ordonnant de réaliser la situation sous la sanction directe ou indirecte de la contrainte. Nous disons, dans cette première hypothèse, qu'il y a *juridiction subjective*.

La fonction juridictionnelle intervient en second lieu lorsque la question se pose de savoir si le droit objectif, la loi, a été ou non violé, soit par un acte public ou privé fait avec l'intention de créer une situation de droit, soit par un fait non juridique. Si l'autorité constate qu'il y a eu violation, elle en tire logiquement la conséquence; elle prend une décision qui, suivant les cas, est une annulation, une réparation ou une répression et dont l'exécution sera encore garantie par l'emploi de la contrainte s'il y a lieu. Nous disons dans cette seconde hypothèse qu'il y a *juridiction objective*.

Il y a encore *juridiction objective* quand la question posée au juge est celle de savoir si ont été accomplis les faits ou les actes qui sont les conditions de la naissance d'une situation *légale* ou *objective* au profit d'une personne déterminée et que le rôle du juge consiste à reconnaître ou à refuser de reconnaître à celle-ci cette situation légale. D'un mot il y a juridiction *objective* pour toutes les questions d'état.

36. La prétendue fonction exécutive. — Beaucoup d'auteurs enseignent encore que l'une des fonctions juridiques de l'État est la fonction dite fonction exécutive, qu'on oppose à la fonction législative, soit qu'on la subdivise en fonction exécutive générale, fonction administrative et fonction judiciaire, soit qu'on admette l'existence de trois fonctions distinctes, la fonction législative, la fonction exécutive et la fonction judiciaire.

Le droit positif français reconnaît-il l'existence
d'une fonction exécutive? A cette question on répond
presque toujours affirmativement. Les traités élémen-
taires de droit public et de droit privé français distinguent toujours la fonction législative et la fonction
exécutive. Cependant l'expression *fonction exécutive*
ne se trouve pas une seule fois dans nos lois constitutionnelles, politiques, administratives. L'expression
qu'on y trouve à chaque instant est *pouvoir exécutif.*
Or, c'est une erreur de croire que *fonction* et *pouvoir*
soient synonymes.

Dans la pensée des rédacteurs de la constitution de
1791, les *pouvoirs* n'étaient ni les fonctions ni les
organes, mais les divers éléments constitutifs de la
souveraineté; et notamment le pouvoir exécutif était
la souveraineté elle-même en tant qu'elle se manifestait dans l'ordre exécutif (cf. *infra,* § 43), les fonctions
étant les manifestations de la volonté de l'État en tant
qu'elles produisent un certain effet dans le domaine
du droit. Cela montre qu'on ne peut tirer aucun argument de nos constitutions et de nos lois politiques
pour soutenir que le droit positif français admet
l'existence d'une fonction exécutive; ces constitutions
et ces lois parlent de pouvoir exécutif et non de fonction exécutive, et dans la terminologie de 1791, qu'elles
n'ont fait que reproduire, il y avait une différence
capitale entre les pouvoirs et les fonctions.

Mais comme il y avait un pouvoir exécutif, on a été
amené à en conclure qu'il y avait une fonction exécutive. On a tâché de déterminer le domaine de cette
fonction exécutive. On a soutenu qu'il y avait une
fonction exécutive proprement dite, qui n'était ni la
fonction administrative, ni la fonction juridictionnelle, mais qui contenait la fonction administrative,
et peut-être aussi la fonction juridictionnelle (on disait
surtout la fonction judiciaire).

Encore ici il y a eu confusion du point de vue
formel et du point de vue matériel, et le point de vue

formel l'a emporté à tort. Parce qu'on affirmait que la souveraineté se divisait en pouvoir législatif, en pouvoir exécutif, on créait un organe législatif et un organe exécutif, qu'on appelait par extension le pouvoir législatif et le pouvoir exécutif, et comme on avait une fonction législative répondant au pouvoir législatif, on voulut avoir aussi une fonction exécutive répondant au pouvoir exécutif, et finalement on ne donna pas d'autre définition de la fonction exécutive que celle-ci : est fonction exécutive tout ce que fait le pouvoir exécutif. C'était évidemment une définition purement formelle.

Mais cette fonction exécutive n'est-elle pas reconnue par l'article 3, § 1, de la loi constitutionnelle du 25 février 1875 : « Le président de la République assure et surveille l'exécution des lois »? Quelle a été exactement la pensée des rédacteurs de la loi de 1875, il est difficile de le dire. Mais nous sommes convaincu que le texte n'implique pas la reconnaissance d'une fonction particulière, la fonction exécutive. Ce texte vise dans une formule générale de style une série d'attributions qui appartiennent au président de la République et qui s'exercent au moyen d'actes qui, au point de vue matériel, ont le caractère d'actes législatifs ou d'actes administratifs.

Par exemple, c'est en vertu du pouvoir qui lui est conféré par ce texte que le président de la République fait les règlements complémentaires des lois et les règlements organisant les services publics. Or, nous avons démontré au paragraphe 33 que de tels règlements sont au point de vue matériel des actes législatifs.

C'est en vertu de ce même texte que le gouvernement accomplit tous les actes destinés à diriger les organes administratifs et judiciaires pour assurer l'application des lois et le fonctionnement des services publics. Or, ces actes sont ou bien des ordres et des instructions qui n'ont pas de caractère juridique, ou bien des règlements qui sont, comme on vient de le dire, des actes législatifs au point de vue matériel, ou encore des décisions individuelles qui sont des actes administratifs.

Le législateur constituant, dans ce même article 3 de la loi constitutionnelle du 25 février 1875, dit que le président de la République nomme à tous les emplois civils ou militaires. Or, la nomination de fonctionnaire est très nettement un acte administratif.

Quant au pouvoir de disposer de la force armée que l'article de la loi constitutionnelle reconnaît au président de la République, il comprend le pouvoir d'adresser aux chefs militaires des ordres et des instructions, lesquels ne sont pas des actes juridiques, et aussi le pouvoir de prendre des décisions individuelles qui sont des actes administratifs.

Enfin, nous avons montré au paragraphe 34 qu'au point de vue matériel l'exercice du droit de grâce, que la constitution reconnaît au président de la République, constitue un acte administratif.

Qu'on prenne une à une toutes les attributions qui, d'après la constitution, appartiennent au gouvernement, que suivant une mauvaise habitude de langage on appelle le pouvoir exécutif, on n'en trouvera pas une qui ne s'exerce par le moyen d'actes matériels ou d'actes ayant, au point de vue juridique interne, le caractère d'acte législatif ou d'acte administratif. Nous avons donc le droit de dire qu'il n'y a pas de fonction exécutive ayant un caractère spécifique.

CHAPITRE III

LES ORGANES DE L'ÉTAT

———

37. Les gouvernants et les agents. — Nous employons cette expression, *les organes de l'État*, parce qu'elle est passée dans l'usage et parce qu'elle est commode. Mais il va de soi que, dans notre conception réaliste de l'État, elle n'est point adéquate à la réalité. Puisque l'État n'est pas une personne naturelle, puisqu'il n'est même pas une personne juridique, il n'y a, il ne peut pas y avoir d'*organes* de l'État, ni au sens biologique, ni au sens juridique. Il y a seulement des individus ou des groupes d'individus qui exercent les différentes fonctions étatiques. Ils expriment une volonté qui est la leur, et non point celle d'une prétendue personne collective, dont ils seraient les organes. Par conséquent, il n'y a point à édifier une théorie juridique sur les rapports qui existeraient entre la prétendue personne collective que serait l'État, et les individus humains, qui veulent et qui agissent dans le domaine du droit public.

Mais cependant, s'il n'y a point à édifier une théorie juridique de rapports qui ne peuvent exister puisque l'un des termes manque, la personnalité de la collectivité n'existant pas, néanmoins dans les grands États modernes les groupes d'individus qui détiennent la puissance ont acquis peu à peu une structure soumise à des règles de droit, dont il importe de déterminer le principe. Il est d'ailleurs sensiblement le même dans presque tous les pays modernes parvenus à un degré analogue de civilisation et il se rattache à trois idées fondamentales : la collaboration, la représentation et la distinction des gouvernants et des agents.

a) *La collaboration.* — Nous avons essayé de montrer au paragraphe 22 que, dans presque tous les pays modernes, la différenciation des gouvernants et des gouvernés s'est opérée en ce sens que la puissance gouvernante appartient à la majorité des individus mâles et majeurs composant la collectivité étatique, soit que cette majorité monopolise à elle seule la puissance gouvernante, soit qu'elle la partage avec un élément aristocratique ou monarchique. Nécessairement a dû s'instituer un équilibre entre ces différents éléments. Des règles d'organisation se sont peu à peu établies pour assurer la participation en commun de ces différents éléments à l'exercice de la puissance politique. Les efforts qui ont été tentés par certaines constitutions positives tendaient à ce but. Seulement on s'y est d'abord mal pris, car on voulait réaliser cet équilibre en séparant les prétendus pouvoirs et en enfermant chacun d'eux dans un domaine distinct. C'était impossible ; on aboutissait fatalement à des conflits et à la prépondérance momentanée de l'un de ces pouvoirs.

Il fallait non pas séparer les pouvoirs, mais les associer dans une intime collaboration, à laquelle ils participeraient d'une manière différente, à cause de leur structure différente. C'était le seul moyen d'assurer l'équilibre des forces gouvernantes.

Le régime juridique, le plus propre à assurer l'équilibre par la collaboration de tous les éléments de puissance politique existant dans un pays donné, est celui communément appelé régime parlementaire. Il s'est élaboré spontanément en Angleterre pour assurer la collaboration et l'équilibre des trois éléments de puissance politique, monarchie, aristocratie, démocratie, existant dans ce pays. On a voulu le transporter sur le continent ; et souvent, notamment dans notre pays, il a été déformé, parce que chez nous n'existe point la situation en vue de laquelle il s'est constitué en Angleterre.

Tout élément social qui se crée dans le milieu national tend à acquérir une puissance politique et à s'organiser en représentation. A l'inverse, tout organe politique qui ne représente pas un élément social ayant une force réelle est un organe inutile et sans action. On montrera plus loin que tel est le caractère actuellement en France de la présidence de la République, et que nous nous acheminons forcément à la représentation politique d'un élément social dont l'importance va grandissant, l'élément syndical.

Au reste, les forces sociales et politiques tendent elles-mêmes à s'équilibrer spontanément, comme les forces de la nature; et nous nous demandons parfois s'il ne vaudrait pas mieux que l'art politique intervienne le moins possible, car en intervenant à faux, il rompt ou retarde l'équilibre, au grand dommage de tous. Cela ne veut pas dire qu'aucune constitution ne doit être faite, mais que la constitution doit être réduite au minimum, en laissant au libre jeu des forces sociales l'établissement de l'équilibre. Il est vrai qu'il y a toujours des causes perturbatrices qu'une constitution sagement faite peut contribuer à écarter ou à amoindrir.

b) *La représentation.* — Réduite à ses éléments simples, la représentation est cette situation dans laquelle un ou plusieurs individus exercent les fonctions étatiques au nom d'un ou plusieurs individus qui détiennent en fait la plus grande force, la force gouvernante. On appellera gouvernants *primaires* ceux qui, dans une société donnée, détiennent, en fait, tout ou partie de la force gouvernante. Quand la force gouvernante est monopolisée par un seul, il est évident que le phénomène de représentation ne se produit pas, parce qu'il peut lui-même exercer toutes les fonctions étatiques. Mais il n'en est pas ainsi quand

la, force gouvernante appartient à des collectivités.
Par exemple, dans les pays où existe une aristocratie
puissante et nombreuse et surtout dans les pays
démocratiques où la majorité numérique des individus impose sa puissance, la plupart des fonctions
étatiques ne peuvent pas être remplies par ces grandes
collectivités et l'on peut soutenir que celles mêmes
qui pourraient l'être, comme la fonction législative,
le seraient très mal. C'est dans ces conditions que
s'est formée cette situation, qu'on appelle inexacte-
ment d'ailleurs la représentation politique, dans
laquelle un ou plusieurs individus exercent, au nom
des gouvernants primaires, les fonctions de l'Etat.

Le tort de la doctrine française de la représentation,
c'est de créer deux personnalités collectives qui ne
sont que des fictions, personnalité de l'élément représenté, personnalité de l'élément représentant, de voir
entre les deux un rapport de mandant à mandataire,
et dans la représentation politique une situation juridique subjective, qu'on tente vainement de faire rentrer dans le vieux cadre du mandat. Les juristes partisans de la doctrine juridique de l'organe échappent à
cette critique ; mais ils ont édifié une théorie artificielle tout à fait en dehors des faits.

Ce sont les faits uniquement qu'il faut considérer si
l'on veut édifier une théorie juridique solide de la
représentation. Elle ne peut être qu'une théorie de
droit objectif ; nous voulons dire qu'elle doit aboutir
à l'établissement d'une règle qui détermine les limites
de l'activité des représentants et des représentés. Ce
ne peut pas être une théorie de droit subjectif, c'est-
à-dire une théorie conduisant à la reconnaissance d'un
lien de droit entre les deux éléments, puisqu'il faudrait
pour cela leur reconnaître une personnalité qu'ils
n'ont pas, ne peuvent pas avoir. Le fait, qui est à la
base de cette construction juridique, est un fait de
solidarité, d'interdépendance entre représentés et
représentants, une solidarité qui possède les mêmes

caractères que la solidarité sociale en général. Solidarité par similitudes : représentants et représentés ont des besoins communs et des aspirations identiques, car ils tendent les uns et les autres au maintien et à l'accroissement de la force politique qui leur appartient. Solidarité par division du travail : représentés et représentants sont liés par la réciprocité des fonctions et des services ; les représentés fournissent l'élément qui produit et maintient la force gouvernante ; c'est seulement en s'appuyant sur eux que les représentants peuvent imposer leur volonté aux gouvernés ; et d'autre part, les représentants peuvent seuls exercer les fonctions étatiques au nom des représentés, qui ne le pourraient pas ou ne le pourraient que tout à fait imparfaitement. En un mot l'échange des services consiste en ce que les représentés fournissent la plus grande force et les représentants l'exercice des fonctions étatiques.

Partout où il y a solidarité, état d'association, se forme immédiatement un droit objectif, qui a pour fondement et pour mesure cette solidarité. Dans ce qu'on appelle la représentation politique il n'y a point un contrat, une situation juridique subjective ; il y a un groupement social particulier, impliquant comme tout groupement social un droit objectif. Il y a pour tous ceux qui participent à cette association une série de devoirs et de pouvoirs objectifs, impliqués par la règle de droit dont elle est le fondement et tendant à réaliser le maintien et le développement de cette association. Représentants et représentés sont dans une situation juridique objective du fait de la représentation. Ainsi la représentation est vraiment une institution juridique.

De cette conception résultent une série de conséquences :

1° L'organisation positive de la représentation doit reposer sur une participation directe des représentés à l'institution du ou des représentants. Cette partici-

pation directe ne peut guère se réaliser que par une
élection, et une élection qui doit être organisée de
telle façon qu'elle assure autant que possible la représentation de tous les individus composant l'élément
représenté. Sans doute on peut concevoir à la rigueur
une représentation sans élection ; par exemple la
représentation de l'élément aristocratique d'un pays
peut être assurée par le choix fait par le souverain
dans cette aristocratie d'un certain nombre de personnes. Mais une semblable organisation de la représentation sera toujours imparfaite.

On n'aura une organisation de la représentation
adéquate à sa nature que par l'élection ; et encore
faut-il que le système électoral assure une représentation de tous les individus composant la collectivité
représentée. C'est à cette idée que se rattache le système de la représentation proportionnelle dont il sera
parlé au paragraphe 47.

2° La situation des représentés et celle des représentants, ou si l'on veut la situation des électeurs et
celle des députés sont exclusivement des situations
objectives ou légales. Ni les uns ni les autres n'ont
de droit subjectif. Membres d'une association, ils ont
le devoir d'accomplir le rôle que leur impose la solidarité propre à cette association : l'électeur a le devoir
de nommer les députés ; le député a le devoir de remplir la fonction incombant à l'organe de représentation
dont il est membre. Ce devoir objectif implique évidemment pour l'un et pour l'autre le pouvoir de
l'accomplir. Pour le représenté, l'idée que nous exprimons là est souvent formulée en ces termes : l'électorat est une fonction. Formule exacte, mais trop étroite.
La situation de l'électeur comme celle du député est
une situation de droit objectif. On en indiquera plus
loin les conséquences.

3° Les représentants dans l'exercice de leurs fonctions doivent se conformer autant que possible aux
tendances de l'élément qu'ils représentent. Ce n'est

pas parce que le représentant est le mandataire du
représenté; mais c'est parce que la représentation
repose sur la solidarité par similitudes qui unit les
deux groupes et que cette solidarité serait rompue,
s'il n'y avait plus correspondance entre le groupe des
représentants et le groupe des représentés. Ainsi
apparaît la fausseté de toutes les doctrines, comme
celles d'Esmein, de Laband, qui prétendent qu'il ne
doit exister aucune dépendance du député à l'égard
de ses électeurs.

Cette dépendance existe en fait et très étroite. Toute
théorie juridique qui la méconnaît est fausse. Il appartient à l'art politique d'organiser les procédés pour la
garantir d'une manière stable et régulière. Les
meilleurs qu'on ait trouvés jusqu'à présent sont le
renouvellement fréquent des assemblées représenta-
tives, le *referendum* direct ou par le moyen de la dissolution du parlement, qui permet au corps électoral,
en nommant les mêmes députés ou de nouveaux
députés, d'exprimer son opinion sur l'attitude de ses
représentants. Esmein estime que le *referendum* n'est
pas conforme à la vraie nature du gouvernement
représentatif. Nous ne saurions admettre une pareille
opinion; nous estimons que répond à la nature du gouvernement représentatif toute institution qui, comme
le *referendum*, a pour but de garantir la solidarité qui
existe entre représentants et représentés.

c) *La distinction des gouvernants et des agents.* —
Dans les sociétés politiques modernes, où les services
demandés légitimement aux plus forts sont extrêmement nombreux et augmentent chaque jour par suite
de la complexité et du nombre toujours croissant des
besoins, il est matériellement impossible que les gouvernants primaires et même les gouvernants représentants puissent remplir eux-mêmes toutes les charges
qui leur incombent. On a été ainsi amené à instituer
des individus qui, sous l'autorité ou le simple contrôle des gouvernants, remplissent certaines des fonc-

tions qui s'imposent à ces derniers. Ces individus, nous les appelons d'un nom générique, les agents des gouvernants.

Cela suffit à montrer la différence essentielle qui sépare les agents et les gouvernants. Ceux-ci détiennent en fait la plus grande force. Nous ne disons pas qu'ils sont titulaires du droit de puissance publique, puisque nous nions l'existence de ce prétendu droit. Mais les gouvernants détiennent en fait personnellement la force gouvernante. Leur volonté est elle-même une volonté individuelle; elle n'est ni la volonté de l'Etat (qui n'a pas de volonté) ni la volonté de la nation (qui n'en a pas davantage), mais elle s'appuie directement sur la plus grande force qu'ils détiennent.

Au contraire les agents ne possèdent pas par eux-mêmes une force propre. Leur nom l'indique; ils sont institués pour accomplir une certaine fonction déterminée par les gouvernants eux-mêmes, et, dans un régime de légalité, déterminée par la règle générale ou loi édictée par les gouvernants. Ils ont une compétence, c'est-à-dire le pouvoir de vouloir exclusivement dans les limites fixées par la loi. Les diverses fonctions se répartissent entre eux suivant cette règle. Toute violation par eux de cette règle de compétence peut être réprimée par l'intervention des gouvernants. Une hiérarchie est établie entre les agents sous l'autorité supérieure des gouvernants. La limitation de compétence et les règles de cette hiérarchie constituent des garanties précieuses au profit des particuliers contre l'arbitraire. Il convient d'ajouter qu'un recours juridictionnel peut toujours être organisé pour annuler tout acte fait par un agent contrairement à la loi ou pour mettre en jeu sa responsabilité personnelle.

Les gouvernants eux aussi sont soumis à une règle supérieure de droit. Eux aussi, ils ne peuvent pas théoriquement violer cette règle. Mais, à leur égard, cette règle manque de sanction efficace. Il ne peut exister ni une sanction hiérarchique, ni une sanction

juridictionnelle. On ne conçoit pas qu'une hiérarchie
puisse exister entre les divers organes gouvernementaux. Sans doute, si dans un pays donné, il y a plusieurs forces gouvernantes organisées, les divers
organes gouvernementaux se limiteront réciproquement par une collaboration commune, mais ils ne
pourront pas se hiérarchiser, puisque, par définition,
ils possèdent en commun la plus grande force. D'autre
part, on conçoit bien l'organisation d'un tribunal
investi du pouvoir d'annuler tous actes des gouvernants contraires au droit. Mais les décisions de ce tribunal ne pourront être ramenées à exécution que si
les gouvernants le veulent bien, puisqu'ils monopolisent la force matérielle nécessaire pour cette exécution.

Cette différence de fait entre la situation des gouvernants et des agents oriente le droit moderne vers
une répartition entre eux des fonctions juridiques de
l'Etat, qui peut seule assurer aux particuliers des
garanties sérieuses contre l'arbitraire. Le droit public
moderne tend de plus en plus à ne reconnaître aux
gouvernants directs ou représentants que l'exercice
de la fonction législative et le contrôle des services
publics. La loi étant, par définition, une règle générale, soit qu'elle formule un principe de droit, soit
qu'elle le mette en œuvre, en faisant la loi les gouvernants n'entrent pas en relation directe avec les
gouvernés, ils se bornent à marquer les limites dans
lesquelles les particuliers et les agents publics peuvent se mouvoir; et le caractère de généralité même
de la loi protège les particuliers contre l'arbitraire
gouvernemental.

Au contraire, l'exercice des fonctions administrative
et juridictionnelle, qui implique en quelque sorte une
emprise sur une personne déterminée, qui fait naître
une situation juridique subjective ou qui rend possible
une exécution directe sur une personne ou sur un
patrimoine, est réservé aux agents. La garantie du

gouverné se trouve alors dans la loi qui détermine la compétence de chaque agent. Comme le disait la Déclaration des droits de 1793 (art. 24), « la garantie sociale ne peut exister si les limites des fonctions publiques ne sont pas clairement déterminées par la loi ». La protection des particuliers se trouve en outre dans la hiérarchie, qui comprend tous les agents, et aussi dans les recours juridictionnels en annulation ou en responsabilité, avec une sanction effective, recours recevables contre tout acte fait par un agent en violation de la loi. Enfin, la garantie des gouvernés se trouve encore dans le contrôle supérieur que les gouvernants peuvent et doivent exercer sur les agents.

Le droit français évolue très nettement dans le sens que nous indiquons. Le parlement, organe de représentation de la force gouvernementale par excellence, n'exerce plus guère que la fonction législative et des fonctions de contrôle supérieur. Ce n'est que tout à fait exceptionnellement que le droit public donne au parlement compétence pour faire un acte administratif ou juridictionnel ; et si le parlement fait en dehors de la loi un acte individuel, il n'y a peut-être pas de recours effectif organisé, mais l'acte n'en est pas moins contraire au droit. Quant au président de la République, il fait beaucoup d'actes administratifs ; il perd de plus en plus son caractère de gouvernant pour n'avoir plus que le caractère d'agent ; et un recours juridictionnel est recevable contre la plupart des actes faits par lui.

38. Théorie française des organes de l'Etat. — Les théoriciens, législateurs ou juristes, qui admettent que l'Etat est la nation souveraine personnifiée et organisée, se sont trouvés en présence d'un grave problème. Pour eux, les organes de l'Etat sont les individus ou les groupes d'individus qui veulent pour l'Etat et exercent son activité consciente. Dès lors s'est posée cette question : quel rapport de droit existe entre la personne État et la personne collective ou

individuelle qui veut pour l'État et exerce son activité ?
Les constitutions françaises contiennent sur ce point
toute une théorie, qui repose sur les deux idées connexes de *mandat* et de *représentation*. Empruntées
aux cadres du droit privé, on a voulu les appliquer
aux rapports politiques. On va voir au prix de quels
artifices et de quelles contradictions.

Le point de départ de toute la théorie est la reconnaissance d'un élément qui est le support de la souveraineté de l'État, d'un élément qui concourt à former
l'État, mais qui est cependant distinct de l'État, et qui
est titulaire de la souveraineté. Cet élément est la
nation. La souveraineté, c'est la volonté même de la
nation. Mais il faut que la nation puisse exprimer sa
volonté. Cette fonction appartiendra à un certain
nombre d'individus membres de la nation, que déterminera la loi, et qui formeront le corps des citoyens,
appelé souvent corps électoral, parce que le plus
habituellement dans les États modernes le rôle de ces
individus consiste à élire les représentants de la nation ;
mais le corps des citoyens peut avoir aussi un rôle de
décision.

Ce corps peut être plus ou moins étendu, comprendre tous les individus capables d'exprimer consciemment leur volonté, ou ne comprendre qu'un
certain nombre d'individus considérés comme spécialement compétents ; il a toujours le même caractère.
Il n'est point à vrai dire un organe de l'État ; il n'est
pas même un organe de la nation ; il est la nation
elle-même en tant qu'elle exprime sa volonté ; il est
l'interprète direct de la volonté souveraine de la
nation. Cependant, comme le mot *organe* est commode
et que nous ne lui attachons aucun sens particulier ni
au point de vue sociologique, ni au point de vue juridique, comme le corps des citoyens exprime directement la volonté souveraine de la nation, nous l'appellerons l'*organe direct suprême*. Dans les pays qui
pratiquent le régime représentatif complet comme la

France actuelle et la France de 1791, l'organe direct
suprême se borne à désigner les individus ou les corps
qui exprimeront en son nom la volonté souveraine de
la nation. On fait observer que, dans ce système, il est
encore l'organe direct suprême, parce que, en réalité,
tous les organes de l'Etat dérivent de lui.

La souveraineté peut être exercée directement par
la nation elle-même : alors il y a ce qu'on appelle, au
sens général du mot, *gouvernement direct*. En pareil
cas il n'y a point d'organes de représentation, mais seulement des *commis*, suivant l'expression de J.-J. Rousseau, des commis de la nation, des agents qui sont
chargés d'assurer l'exécution de la volonté de la nation
directement exprimée par elle. Ces agents n'exprimeront pas la volonté de la nation; ils ne seront pas ses
représentants; ils seront tout simplement ses *préposés*
(*Contrat social*, liv. III, ch. i).

Mais en 1791, on déclarait que la constitution française était représentative (tit. III, pr., art. 2); et
encore aujourd'hui le régime politique de la France
est un régime représentatif. Dès lors, il faut distinguer les *représentants* et les *agents*, distinction fondamentale, théoriquement et pratiquement; théoriquement parce qu'elle répond incontestablement à une
réalité et qu'il suffit d'y faire une certaine modification pour qu'elle soit l'expression vraie des faits (cf.
§ 37), et pratiquement, parce qu'elle est la clef de tout
le droit public français.

Les *représentants* ou organes de représentation sont
ceux qui veulent aux lieu et place de la nation et dont
la volonté est comme si elle émanait directement de
la nation. La notion de représentant repose bien sur
l'idée de mandat; la nation exprime sa volonté par
son corps électoral; mais son corps électoral n'exerce
pas lui-même la souveraineté dont il est l'organe
direct et suprême; il a un ou plusieurs mandataires;
ces mandataires exprimeront une volonté qui est la
leur en fait, mais qui en droit, par suite du phéno-

mène de la représentation, sera comme si elle émanait
directement de la nation ; elle aura les mêmes caractères, la même force. En tant qu'organe de représentation, les représentants n'ont pas une volonté distincte de la volonté de la nation ; ce qu'ils disent, ce
qu'ils commandent, c'est la nation qui le dit, qui le
commande. D'après la constitution de 1791 (tit. III,
pr., art. 2), les représentants étaient le corps législatif et le roi. On verra plus loin que l'ordre judiciaire
avait aussi le caractère de représentant.

La conséquence logique de l'idée de représentation,
c'est que la volonté des représentants, étant la volonté
de la nation elle-même, ne peut être contrôlée par une
volonté supérieure à elle-même.

Les *agents* sont placés sous l'autorité et le contrôle
des organes de représentation ; ils n'ont aucun caractère de représentation, c'est-à-dire qu'ils n'expriment
point la volonté de la nation. Ce n'est pas à dire cependant que les agents ne fassent que des actes matériels
d'exécution ; ils peuvent aussi faire des actes juridiques, mais ils ne le peuvent que dans les limites fixées
par la volonté nationale, exprimée par les organes de
représentation. La volonté de l'agent n'est pas la volonté
de la nation ; elle est en fait et reste juridiquement la
volonté de l'agent, à laquelle la loi a conféré le pouvoir de créer un certain effet de droit quand elle se
meut dans un certain domaine.

Comme cette volonté de l'agent n'est pas la volonté
de la nation, elle est une volonté contrôlée et sur-
veillée par les organes de représentation ; les agents
peuvent aussi être contrôlés et surveillés par d'autres
agents. D'où le système de hiérarchie des agents, de
contrôle juridictionnel et de répartition des compétences.

Cette distinction des *représentants* et des *agents* est exprimée
très nettement dans nos constitutions, notamment par l'article 2 du
préambule du titre III de la constitution de 1791 : « La nation, de
qui seule émanent tous les pouvoirs, ne peut les exercer que par
délégation. La constitution française est représentative : les repré-

sentants sont le corps législatif et le roi », et par l'article 2 de la
section III du chapitre IV du titre III de la même constitution : « Les
administrateurs n'ont *aucun caractère de représentation*. Ils sont
agents élus à temps par le peuple, pour exercer, sous la surveillance
et l'autorité du roi, les fonctions administratives. »

La théorie française des organes de l'Etat se résume
dans les trois points suivants :

a) Il existe un organe direct suprême qui exprime
la volonté même de la nation, support de la souveraineté originaire ;

b) Il existe, suivant les époques, un ou plusieurs
organes de représentation qui sont les mandataires
de la nation et dont la volonté est comme la volonté
même de la nation ;

c) Il existe des agents de l'Etat qui n'ont point le
caractère représentatif, qui expriment une volonté
qui est la leur en fait et en droit et qui peuvent
faire au nom de l'Etat valablement des actes juridiques ou régulièrement des actes d'exécution matérielle, à la condition qu'ils interviennent dans les
limites de la compétence qui leur est impartie par la
loi et en vue du but que la loi a prévu en leur donnant cette compétence.

Cette théorie, que, suivant une terminologie souvent
employée, on appelle théorie du *mandat représentatif*,
n'est pas sans doute inscrite dans nos lois constitutionnelles de 1875. Mais l'on ne saurait douter cependant qu'elle ne soit encore à la base de notre droit
public. On sait que l'Assemblée de Versailles, pressée
d'achever une œuvre transactionnelle, n'a point
voulu formuler de théories générales, mais seulement édicter quelques dispositions organiques indispensables. On a cité plus haut les textes sur lesquels
s'appuie cette théorie et l'on peut dire qu'elle fait
partie de notre droit coutumier constitutionnel. D'ailleurs l'Assemblée de Versailles a voté deux textes
qui cadrent parfaitement avec ces principes. C'est,
d'une part, la loi dite du *septennat*, du 20 novembre
1873, qui porte que « *le pouvoir exécutif est confié...* » ;

et, d'autre part, l'article 13 de la loi du 30 novembre 1875, qui prohibe le mandat impératif, reproduction de dispositions similaires inscrites dans les constitutions de 1791 et de 1848 et considérées comme la conséquence du mandat représentatif donné par la nation personne à l'assemblée qu'elle nomme.

A. *Le corps des citoyens.*

39. La composition du corps des citoyens. — Par cette expression nous désignons la collectivité plus ou moins étendue comprenant les membres de la nation associés, directement ou par représentation, à la puissance politique. Chaque pays, sous l'empire des faits et en conséquence de son évolution historique, détermine quels sont les individus membres de la nation qui forment le corps des citoyens. Il peut se faire même que toute la puissance politique soit concentrée dans un homme et qu'il n'y ait point de corps des citoyens quelque limité qu'il soit. Il en était ainsi encore en Russie avant 1905. Depuis quelques années, tous les pays, qu'on peut considérer comme civilisés, ont admis d'une manière plus ou moins étendue la capacité politique des membres de la nation. A peu près partout s'institue le suffrage universel, c'est-à-dire un régime où le corps des citoyens se compose de tous les individus mâles ou des deux sexes, majeurs et non frappés de déchéance juridictionnellement constatée. La France a le suffrage universel ainsi entendu depuis 1848; et presque tous les pays le pratiquent actuellement. Cf. § 83.

Dans quelques pays, le corps des citoyens est associé directement aux fonctions politiques ou du moins à certaines fonctions politiques, la fonction législative et la fonction juridictionnelle. Dans d'autres, et ce sont de beaucoup les plus nombreux, le corps des citoyens exerce seulement des fonctions électorales. Il élit un corps représentatif, parfois un chef d'État et des corps administratifs. Aussi le corps des citoyens est-il le plus habituellement appelé le corps électoral.

Quand, comme nous, on nie l'existence de la personnalité et de la souveraineté de la nation, on a vu qu'aucune difficulté ne peut se présenter sur la situation des membres de la nation. Ceux-ci ne peuvent évidemment avoir un droit à faire partie du corps des citoyens. Chaque législation positive organise la composition du corps électoral sous l'action du milieu dans lequel elle évolue, et les membres du corps électoral sont placés dans une situation légale ou objective. Assurément, il est à souhaiter que le progrès des lumières, que le sentiment toujours plus profond et plus net de la solidarité sociale, permettent à tous les pays d'arriver à une large extension du droit de suffrage. Cela n'est pas une question de droit, mais seulement une question de fait.

Au contraire, dans les pays comme la France. qui ont mis à la base même de leur droit public le principe de la souveraineté nationale (Déclaration des droits de 1789, art. 3), se pose la question de savoir si ce principe implique pour tous les membres de la nation le droit de faire partie du corps des citoyens, à l'exception, bien entendu, des individus incapables ou indignes. Le législateur qui exclut pour d'autres raisons certains individus du corps des citoyens ne viole-t-il pas le principe de la souveraineté nationale?

Du principe de la souveraineté nationale, il ne résulte point nécessairement et logiquement que les membres de la nation, pris individuellement, aient un droit quelconque de participer à la puissance publique. En effet, dans la vraie doctrine de la souveraineté nationale, la nation en corps est une personne distincte des individus qui la composent; c'est elle qui est titulaire de la souveraineté et point les individus; par conséquent les individus n'ont comme tels aucune part de la souveraineté; et ils n'ont aucun droit comme tels de participer à la puissance politique. Le législateur doit déterminer les conditions les plus favorables pour dégager la volonté nationale et désigner les personnes présumées les plus aptes à exprimer cette volonté. On peut leur donner le nom d'*électeurs;* et ainsi l'électorat est une *fonction,* la fonction créée par la constitution et qui consiste à dégager la volonté nationale. Telle est en réalité la conséquence qui dérive logiquement du principe de la souveraineté nationale.

Mais une pareille conséquence ne pouvait donner satisfaction aux tendances démocratiques qui ont rempli tout le xixe siècle et qui ont abouti, dès 1848, à l'établissement en France et dans les pays étrangers du suffrage universel direct et égalitaire. De là l'incertitude, les tâtonnements de notre législation positive et de la doctrine française et étrangère relativement à la nature de l'électorat.

L'Assemblée nationale de 1789, tout en proclamant à la suite de Rousseau le dogme de la souveraineté nationale, plus logique que lui, ne crut point que cela impliquât nécessairement la participation *active* de tous les membres de la nation à la puissance publique. On ne doit considérer que la volonté de la nation *une*, comme personne, et non point la volonté de l'électeur; celui-ci n'est qu'un fonctionnaire chargé de dégager cette volonté de la nation. Tous les membres de la nation n'ont donc point comme tels le droit électoral, et c'est au législateur constituant qu'il appartient de déterminer les conditions que l'individu doit réunir pour pouvoir exercer la fonction électorale.

A la Convention, les idées de J.-J. Rousseau triomphent et le droit électoral de tout citoyen est affirmé comme conséquence nécessaire du principe de la souveraineté nationale. L'article 27 de la Déclaration des droits girondine, votée par la Convention, porte : « Elle (la souveraineté) réside essentiellement dans le peuple entier et chaque citoyen a un *droit égal* de concourir à son exercice. » Même solution dans la constitution montagnarde de 1793. L'électorat est un droit, n'est qu'un droit et se confond avec le droit de citoyen ; tout homme né et domicilié en France, âgé de 21 ans, est citoyen ; tout citoyen est électeur et a le droit de prendre part au *referendum* législatif (Const. de 1793, art. 4, 7, 8 et 11). Cependant, la Convention n'établit point le suffrage des femmes ; elle n'était pas logique avec elle-même.

On sait que la constitution de 1793, quoique votée par la Convention et approuvée par le peuple, ne fut jamais appliquée. Avec la constitution de l'an III, la Convention revient au système de 1791. Sa pensée reste cependant un peu flottante. A prendre la lettre des articles 8 et 17 de la constitution, il semble que tout citoyen est électeur et que quiconque n'est pas électeur n'est pas citoyen. Mais, en réalité, on reproduit le système de 1791 : tout Français est citoyen ; mais l'électorat est une fonction dont le citoyen n'est investi que sous certaines conditions spéciales.

Le décret du gouvernement provisoire du 5 mars 1848 établit le suffrage direct, universel et égalitaire. La constitution de 1848 (art. 1, 18, 23, 24 et 25) en fait un principe constitutionnel ; et la loi du 15 mars 1849 l'organise et le réglemente. Ces lois forment le point de départ de toute la législation électorale encore en vigueur. Quel est, dans cette législation, le caractère de l'électorat ? Nous croyons qu'il est resté ce qu'il était en 1791, à la fois un droit et une fonction. Quand on lit les discussions de 1848, on est frappé par la similitude des pensées, des principes, des raisonnements, des formules en 1789-1791 et en 1848. Comme au début de la Révolution, on reconnaît le droit de cité à tous les Français ; mais à la différence de ce qu'on avait fait en 1789-1791, on accorde l'électorat dans des conditions très larges. Cependant l'électorat n'est point considéré comme un droit inhérent à la qualité de Français et accordé à tous sans distinction. Il n'est point donné aux femmes ; et l'article 28 de la constitution de 1848 porte que la loi électorale déterminera les causes qui peuvent priver un Français du droit d'élire et d'être élu. L'électorat n'est donc point un droit inhérent à la qualité de Français; il reste une commission accordée par la loi au citoyen français. Rien dans les lois postérieures (décret-loi du 2 février 1852, lois du 30 novembre 1875 et du 12 juillet 1919) ne vient contredire cette conception.

Notre conclusion sera donc celle-ci. Dans la conception française, cadrant au reste parfaitement avec la théorie de la nation personne, l'électeur est à la fois titulaire d'un droit et investi d'une fonction; l'électorat est en même temps un droit et une fonction. Le droit est le droit à la reconnaissance de la qualité de citoyen, droit qui entraîne le pouvoir de voter si la qualité de citoyen est accompagnée des autres qualités exigées par la loi positive pour pouvoir voter. La fonction est le pouvoir conféré à un certain individu, investi de la qualité de citoyen, de remplir une charge publique, qui s'appelle le vote.

La conséquence principale qui résulte de ce que l'électorat est une fonction, c'est que l'électeur est *obligé* de voter, comme tout fonctionnaire est obligé de remplir la fonction dont il est investi. Cependant en France l'obligation du vote n'a pas été encore sanctionnée par la loi positive. Mais on peut dire que cette obligation existe déjà dans la conscience des hommes; et certainement elle sera consacrée par la loi positive dans un avenir très prochain.

La loi du 2 août 1875 (art. 18) a établi le vote obligatoire pour l'élection des sénateurs.

L'obligation du vote est consacrée par la constitution belge revisée en 1893, art. 86, § 2, et par la constitution revisée en 1921, art. 48, § 3. Il est réglementé par les articles 220 à 223 de la loi électorale.

La loi argentine du 10 février 1912 (art. 6) décide qu'en principe le vote est obligatoire, sauf pour les électeurs âgés de 70 ans.

Le sénat français a été saisi de diverses propositions relatives au vote obligatoire. Ces propositions, notamment l'une de M. Paulat (séance du 11 novembre 1913), après prise en considération, ont été

rnnvoyées à une commission spéciale. La chambre élue en 1919 a
été saisie par MM. Joseph Barthélemy et Baréty d'une proposition
tendant à instituer le vote obligatoire dans toutes, les élections. La
commission du suffrage universel a adopté la proposition ; et le rapport de M. Joseph Barthélemy a été déposé le 7 juillet 1922 (*J. off.*,
Doc. parl., chambre, 1922, p. 2317; *Revue du droit public*, 1923,
p. 101).

40. Le suffrage des femmes. — À l'heure actuelle,
parmi les pays qui pratiquent le suffrage universel,
seuls les pays latins, la France, l'Espagne, l'Italie et
les États de l'Amérique latine refusent aux femmes le
droit de suffrage. L'Angleterre, l'Allemagne, l'Autriche, les États-Unis de l'Amérique du Nord, l'Australie,
la Nouvelle-Zélande, accordent aux femmes l'exercice
des droits politiques dans les mêmes conditions qu'aux
hommes.

Il n'y a pas de raison logique qui puisse justifier
l'exclusion dont les pays latins frappent encore la
femme au point de vue politique. Elle ne peut s'expliquer que par la persistance d'un état social antérieur
où les femmes, réservées aux fonctions de l'économie
domestique, étaient considérées comme devant être
tenues étrangères aux choses de la vie publique.
C'était la conception romaine qu'adopta le christia-
nisme.

Elle ne répond plus à l'état moral et économique de
nos sociétés. Sans doute Esmein écrit : « L'exclusion
des femmes n'est point arbitraire. Elle dérive d'une
loi naturelle, de la fondamentale division du travail
entre les deux sexes, qui est aussi ancienne, sinon
que l'humanité, du moins que la civilisation. Il est
aussi peu raisonnable de réclamer pour elles le suffrage politique qu'il le serait de vouloir les assujettir
au service militaire » (*Droit constitutionnel*, 7e édit.,
1921, p. 364).

Nous ne méconnaissons pas la division du travail
entre les sexes; elle est fatale, et Esmein aurait pu
dire qu'elle est aussi ancienne que l'humanité. Mais
elle conduit seulement à ceci qu'on ne peut confier ni
aux hommes, ni aux femmes, des fonctions que leur

nature sexuelle les empêche d'accomplir. Il faudrai.
donc prouver que sa constitution physique et intelle:-
tuelle rend la femme incapable d'exercer les fonctions
politiques. Or, il est bien certain que nul ne rapporte
cette preuve. A l'époque où la femme restait confinée
au foyer domestique et n'était en rien associée à l'économie publique, on pouvait comprendre sou incapacité politique. Aujourd'hui, il n'en est plus ainsi. Qu'on
le veuille ou non, chaque jour davantage, surtout
depuis la guerre, la femme est intimement mêlée à
l'économie et à la vie publiques ; elle travaille à l'ate-
lier, à l'usine, dans les grands magasins, dans les
comptoirs, dans tous les services publics. On peut
dire qu'il n'y a pas un des rouages de la vie économique du pays à la marche duquel les femmes ne collaborent. Pendant la guerre ce sont les femmes qui
ont assuré le fonctionnement des services publics et
la continuation de la vie économique. D'autre part,
les femmes paient les impôts ; si elles ne portent pas
les armes, elles donnent des enfants au pays. Il n'y a
donc de ce chef aucune raison de les exclure de la vie
publique.

Ajoutons qu'une transformation s'accomplit, dans
notre pays particulièrement, qui amènera fatalement
la participation des femmes aux fonctions politiques.
Les progrès du mouvement syndicaliste préparent,
dans un avenir très prochain, une représentation politique des syndicats professionnels, une représentation
syndicale. Elle viendra se juxtaposer à la représentation des individus. Les femmes, comme les hommes,
seront elles-mêmes groupées en syndicats professionnels. Si le législateur est amené par la force des
choses à organiser la représentation syndicale, il ne
pourra pas évidemment ne pas faire une part à la
représentation des syndicats féminins.

Ainsi la cause de l'incapacité politique des femmes
tend à disparaître, et nous considérons comme générale, profonde et irrésistible, l'évolution des sociétés

modernes vers l'accession des femmes aux fonctions publiques.

En Europe, à l'exception de la France, de l'Italie et de l'Espagne, tous les Etats ont admis l'accession des femmes aux droits politiques.

En Finlande, les femmes ont l'électorat et l'éligibilité depuis la loi du 21 juillet 1906.

En Norvège, la loi du 14 juin 1907 a donné aux femmes le droit de suffrage politique, mais dans des conditions un peu différentes de celles dans lesquelles il est accordé aux hommes.

La constitution danoise du 4 juin 1915 établit le même régime pour les hommes et pour les femmes.

La constitution allemande du 11 août 1919 admet l'électorat et l'éligibilité des hommes et des femmes dans les mêmes conditions (art. 17, 22 et 109). De même, la constitution fédérale autrichienne du 1er octobre 1920 (art. 7 et 26, § 1).

La charte constitutionnelle polonaise du 17 mars 1921 accorde l'électorat à tous les citoyens âgés de 21 ans accomplis, sans distinction de sexe.

La loi tchéco-slovaque du 29 février 1920 (art. 8-15) déclare n'établir aucune distinction entre les sexes, ni pour l'électorat, ni pour l'éligibilité.

En Angleterre, le *Representation of the people Act* du 6 février 1918 a institué le suffrage universel pur et simple, supprimé le vote plural et admis l'électorat des femmes. Dès lors, il était évident qu'elles allaient bientôt obtenir l'éligibilité. En effet, un acte de 1920 est venu décider « qu'étaient supprimées toute disqualification à raison du sexe ». Aujourd'hui des femmes siègent à la chambre des communes.

En Belgique, les femmes ont l'électorat municipal ; et l'article 470 de la constitution revisée en 1921 porte : « Une loi pourra, dans les mêmes conditions que celles déterminées pour les hommes..., attribuer le droit de vote aux femmes. » Il est probable que dans un avenir très prochain, le parlement belge usera de cette faculté.

La constitution luxembourgeoise du 15 mai 1919 a proclamé l'égalité politique des sexes.

Depuis longtemps déjà, plusieurs Etats de l'Union américaine admettaient l'électorat et l'éligibilité des femmes. Aujourd'hui, c'est devenu une règle constitutionnelle. En effet, au mois de février 1919, le congrès de Washington votait la disposition suivante qui, par l'acceptation des trois quarts des Etats, est devenue le 19e amendement à la constitution fédérale : « Le droit de vote ne sera refusé à personne pour raison de sexe. »

Tous les Etats du Common Wealth australien, à l'exception de l'Etat de Victoria, admettent l'électorat et l'éligibilité des femmes. La Nouvelle Zélande a l'électorat, mais pas l'éligibilité des femmes.

Ce court exposé montre combien la France, qui a été cependant l'initiatrice du suffrage universel, est en retard en ce qui concerne la capacité politique de la femme. La raison réelle et profonde en est la persistance dans notre pays, plus que nulle part ailleurs, de la conception romaine et chrétienne du rôle de la femme. Des causes d'ordre secondaire sont venues s'y ajouter. Dans leur ensemble, les femmes françaises, vraiment sérieuses, ne désirent pas et ne demandent pas la capacité politique; celles qui la réclament bruyamment apparaissent au grand public comme des agitées, dépourvues d'autorité et quelquefois de moralité. Enfin, on ne saurait nier que, sans oser l'avouer, les partis avancés sont hostiles à la réforme, redoutant qu'elle n'apporte dans les assemblées politiques un élément de réaction politique et religieuse.

En France, les seules dispositions légales inspirées par l'idée d'accroître les droits civiques des femmes sont la loi du 7 décembre 1897 conférant aux femmes le droit d'être témoins dans les actes notariés et de l'état civil; les lois du 23 janvier 1898 et du 9 février 1908 qui ont donné aux femmes commerçantes l'électorat aux tribunaux et aux chambres de commerce, mais pas l'éligibilité; la loi du 1er décembre 1900 permettant aux femmes de prêter le serment et d'exercer la profession d'avocat; l'article 5 de la loi du 17 juillet 1908 qui accorde aux femmes l'électorat et l'éligibilité aux conseils consultatifs du travail; les articles 5 et 6 de la loi du 27 mars 1907, modifiés par la loi du 15 novembre 1908, qui donnent aux femmes l'électorat et l'éligibilité aux conseils de prud'hommes. Il faut dire que les femmes qui usent de ces diverses prérogatives sont encore très peu nombreuses. On doit citer aussi la loi du 20 mars 1917 modifiant certains articles du code civil relatifs à l'accession des femmes à la tutelle, et la loi du 25 juillet 1919 qui accorde aux syndicats féminins le droit de participer à l'élection des conseils départementaux et cantonaux de l'enseignement technique.

Depuis 1906, les chambres françaises ont été saisies de diverses propositions tendant à reconnaître aux femmes l'électorat, soit dans toutes les élections, soit seulement dans les élections administratives et municipales. Le 20 mai 1919, après une intervention de M. Viviani et de M. Briand, la chambre votait par 329 voix contre 95 un texte ainsi conçu : « Les lois et dispositions réglementaires sur l'électorat et l'éligibilité à toutes les assemblées élues sont applicables à tous les citoyens français sans distinction de sexe. »

Transmis au sénat, il a été repoussé, le 21 novembre 1922, par 22 voix de majorité sur un rapport de M. Alexandre Bérard. V. les rapports à la chambre de M. Flandin (*J. off.*, *Doc. parl.*, 1918, p. 1793, et 1919, p. 2930); de M. J. Barthélemy (*Ibid.*, 1920, p. 1393); au sénat de M. Alexandre Bérard (*Ibid.*, sénat, 1919, p. 813).

Le 12 juillet 1923, M. Louis Marin a déposé, d'accord avec ses collègues féministes, sur le bureau du sénat, une nouvelle proposition de loi tendant à accorder aux femmes le droit de vote et l'éligibilité.

41. Le gouvernement direct. — Si l'on se place au point de vue réaliste pur, le corps des citoyens est tout simplement un certain nombre de membres de la nation qui détiennent une force gouvernante, soit parce qu'ils sont les plus nombreux, soit parce qu'ils sont les plus riches, en un mot parce qu'ils sont les plus forts. Ce corps est plus ou moins étendu suivant les pays; et, d'après la terminologie reçue, le pays est d'autant plus démocratique que ce corps est plus étendu, que les conditions établies par la loi pour en faire partie sont plus larges. Mais quelque étendu que soit le corps des citoyens, on ne peut y voir, dans notre conception réaliste, la nation elle-même personnifiée et manifestant sa volonté. On ne peut y voir davantage l'organe de vouloir de la nation ou le corps représentatif de la nation. On sait que pour nous toutes ces conceptions sont sans valeur. Nous ne pouvons voir dans le corps des citoyens que ce qu'il est en fait : c'est-à-dire un groupe d'hommes appartenant à la même nation, et exerçant en fait une certaine puissance politique.

Dans la doctrine française, on l'a vu plus haut (§ 38), le corps des citoyens n'est point un corps représentatif de la nation; c'est la nation elle-même en tant qu'elle est organisée pour exprimer sa volonté; il exprime directement la volonté souveraine de la nation.

Cela rappelé, on conçoit deux systèmes de gouvernement. Le corps des citoyens exerce lui-même les diverses fonctions de l'État. Ce mode de gouvernement est, suivant une terminologie traditionnelle, appelé *gouvernement direct.* Au contraire, le corps des citoyens peut constituer un individu, ou plusieurs individus, ou un groupe d'individus, ou plusieurs groupes d'individus, qui seront ses représentants et exerceront en son nom les fonctions étatiques. Ce mode de gouvernement est appelé *gouvernement par représentation* ou *gouvernement représentatif.*

Le gouvernement direct dans sa plénitude implique que le corps des citoyens exerce lui-même toutes les fonctions de l'Etat, la fonction législative, la fonction administrative et la fonction juridictionnelle. Il est cependant une fonction qu'il est à peu près dans l'impossibilité absolue d'exercer, c'est la fonction administrative. Il est matériellement impossible que le corps des citoyens fasse lui-même tous les actes de cette fonction, et exerce l'action continuelle qu'implique sa mise en œuvre.

Rousseau lui-même, l'apôtre du gouvernement direct, déclare qu'un gouvernement démocratique absolu, c'est-à-dire un gouvernement où toutes les fonctions publiques seraient exercées par le corps des citoyens, est impossible. S'il y avait un peuple de dieux, il se gouvernerait démocratiquement » (*Contrat social*, liv. III, chap. iv).

Dans les cités antiques, qui ont poussé le plus loin le système du gouvernement direct, les fonctions administratives et la plupart des fonctions juridictionnelles étaient exercées par des magistrats institués par le peuple. La fonction juridictionnelle pénale fut à Rome exercée pendant longtemps par le peuple pour certaines infractions. La fonction qui a été surtout exercée directement par le corps des citoyens est la fonction législative. On sait que dans les cités grecques et romaines, le vote direct de la loi par l'assemblée du peuple a été le mode normal et général de la confection des lois. A Rome, on trouve encore sous Auguste et sous Tibère des lois votées par les comices.

Dans les Etats modernes le vote direct des lois par l'assemblée du peuple est en général matériellement impossible, à cause de la grandeur du territoire et du nombre de la population. C'est la raison qui a dû contribuer surtout à l'établissement du gouvernement représentatif.

Il y a cependant en Europe quelques petits Etats où se pratique encore aujourd'hui le vote direct des lois par l'assemblée du peuple. Ce sont les six petits cantons suisses : Uri, Oberwald, Niderwald, Glaris, Appenzwell Rhodes intérieures et Appenzwell Rhodes extérieures. L'assemblée du peuple (*Landgemeinde*) se réunit sur la place publique à certaines époques, vote les lois, statue sur toutes les questions d'intérêt général et nomme les magistrats. C'est le gouvernement direct véritable. Il paraît remonter par une tradition ininterrompue jusqu'à la constitution des *civitates* germaniques décrites par Tacite.

Mais à l'époque moderne, le gouvernement direct ainsi compris reste tout à fait une exception. Au contraire, une part très considérable a été faite en France à certaines époques et encore à l'étranger à une forme atténuée du gouvernement direct, qu'on a quelquefois même appelée le gouvernement *semi-représentatif*, et qui consiste essentiellement dans le système du *referendum*. Les lois sont discutées et votées par un parlement ; mais elles n'ont l'autorité de lois et ne peuvent s'imposer à l'obéissance des citoyens que lorsqu'elles ont été approuvées par le corps des citoyens directement consulté. Le *referendum* se distingue très nettemedt du *plébiscite*. Le *referendum* est une part faite au gouvernement direct ; le plébiscite tend au contraire à établir un gouvernement représentatif ; c'est l'acte par lequel le peuple délègue la souveraineté à un homme et le charge parfois, en outre, de faire une constitution. Le vote du 20 décembre 1851, chargeant le prince Louis-Napoléon de faire une constitution sur les cinq bases de la proclamation du 2 décembre, était un plébiscite et non un *referendum*.

Du *referendum* doit aussi être distingué le *veto* populaire, qui s'en rapproche cependant. Au cas de *veto* populaire, la loi est votée par le parlement qui lui donne lui-même la force de loi ; mais dans un certain délai déterminé par la constitution, et sur une initiative dont l'exercice est aussi déterminé par la constitution, le peuple peut être directement consulté sur le point de savoir s'il ne s'oppose pas à l'application de la loi. Le *veto* populaire équivaut à ce qu'on appelle quelquefois le *referendum* facultatif.

Parfois, on a usé de ce qu'on appelle le *referendum* consultatif. Ce n'est plus une loi faite que l'on soumet à la ratification populaire ; c'est une loi à faire dont on soumet le principe au peuple, pour éclairer le parlement et, si le principe de la loi est adopté, pour donner plus d'autorité à la loi qui sera faite.

Enfin certains pays, notamment la Suisse, ont fait une part à l'initiative populaire : lorsqu'une proposition de loi réunit un certain nombre de signatures, le corps législatif est régulièrement saisi et doit délibérer sur la proposition due à l'initiative populaire.

La Convention ne se contenta pas de déclarer que toute loi constitutionnelle devait être approuvée par le peuple, elle voulut aussi, toujours sous l'influence de Rousseau, faire participer le peuple à la confection des lois ordinaires. Le comité qui prépara le projet de constitution connu sous le nom de *constitution girondine* comprit qu'il était impossible de soumettre toutes les lois à l'approbation populaire ; mais il proposa un système assez compliqué qui se résumait en un droit d'*initiative* et un droit de *veto* populaires. Cf. le titre VIII du projet de constitution girondine intitulé : *De la censure du peuple sur les actes de la représentation nationale et du droit de pétition*, Duguit et Monnier, *Les constitutions de la France*, p. 55, et le rapport de Condorcet, *Moniteur*, Réimpression, XV, p. 456 et s.

On sait que le projet de constitution girondine, entraîné dans la chute de ses auteurs, ne fut jamais voté. La constitution montagnarde de 1793 voulut aussi assurer la participation du peuple à la confection des lois. Elle distingue les *décrets* et les *lois* et déclare que le corps législatif rend des décrets et propose des lois (art. 53) ; elle énumère les matières qui doivent faire l'objet d'une loi et celles l'objet d'un décret (art. 54 et 55) La loi est proposée par le corps législatif et votée par le peuple : voilà le principe. Mais de plus la constitution de 1793 organise un *veto* populaire plutôt qu'un véritable *referendum*. Si quarante jours après l'envoi dans les communes de la loi proposée par le corps législatif, dans la moitié des départements plus un, le dixième des assemblées primaires de chacun d'eux n'a pas réclamé, le projet est présumé accepté et devient *loi*. S'il y a réclamation, le corps législatif convoque les assemblées primaires qui votent alors sur le texte de la loi (art. 58-60). La constitution de 1793 accordait aussi au peuple un certain droit d'initiative en matière de revision constitutionnelle : « Si dans la moitié des départements plus un, le dixième des assemblées primaires de chacun d'eux, régulièrement formées, demandent la revision de l'acte constitutionnel..., le corps législatif est tenu de convoquer toutes les assemblées primaires, pour savoir s'il y a lieu à une convention nationale » (art. 115). On sait que cette constitution de 1793 n'a point été appliquée.

Depuis, on n'a jamais pratiqué en France le système du *referendum* qu'en matière constitutionnelle.

L'article 6 de la constitution de 1852 et l'article 13 de la constitution de 1870 portaient que le président de la République d'abord, l'empereur ensuite, « est responsable devant le peuple auquel il a toujours le droit de faire appel ». Ni l'étendue de cette responsabilité ni la forme de cet appel au peuple n'étaient déterminées, et Napoléon III n'y eut point recours.

L'Assemblée de 1871, entièrement dominée par l'idée de gouvernement représentatif, ne songea pas un instant à soumettre à un *referendum* les lois constitutionnelles qu'elle votait. La proposition lui en fut faite cependant, conformément à la tradition révolutionnaire, par M. Naquet (séance du 28 janvier 1875, *Annales de l'Assemblée nationale*, XXXVI, p. 338).

Les *États-Unis* sont en quelque sorte la terre classique du *referendum* constituant. Cependant sur les treize États, qui formèrent l'Union originairement, deux seulement, le Massachussets (1778-1780) et le New-Hampsire (1779-1784) soumirent leur constitution à un vote populaire. Mais on peut dire que c'est aujourd'hui un principe reconnu dans tous les États de l'Union américaine qu'en matière constitutionnelle le peuple doit être directement consulté. On peut résumer ainsi la pratique en général suivie dans les États américains. Pour la revision totale d'une constitution, le peuple doit être consulté sur le principe même de la revision; et, s'il le vote, la revision est faite par une convention et son œuvre soumise à un *referendum*. La revision partielle (les *amendements* suivant l'expression américaine) est faite par la législature elle-même; mais elle doit être ratifiée par le peuple directement consulté.

Le droit constitutionnel de la Suisse et des cantons fait une large place au *referendum* et à l'initiative populaire. La constitution suisse du 20 mai 1802 a été proposée par une assemblée de notables et votée par le peuple. Aux termes de la constitution fédérale de 1848, toute constitution nouvelle, toute modification à la constitution doit être approuvée par le peuple. De plus le peuple reçoit un certain droit d'initiative en matière constitutionnelle. Le peuple sert d'arbitre lorsqu'un conflit s'élève entre les deux parties de la législature fédérale sur le principe de la revision. D'autre part, depuis 1891, la revision peut avoir lieu par la voie de l'initiative populaire, qui consiste en une demande présentée par 50.000 citoyens suisses, ayant droit de vote. La demande peut revêtir la forme d'une proposition conçue en termes généraux ou celle d'un projet rédigé. Si les chambres adoptent ce projet, elles le votent et le soumettent au *referendum*; si elle ne l'acceptent pas, la question de revision partielle est soumise à la votation populaire ; si la revision est votée, l'assemblée fédérale y procède en se conformant au vote populaire (art. 118, 119 et 129 de la constitution suisse revisée en 1891).

Pour les lois fédérales non constitutionnelles, le *referendum* est seulement facultatif; elles doivent être soumises au vote du peuple si la demande en est faite par 30.000 citoyens ou par 8 cantons (Constitution suisse de 1874, art. 89, et Loi fédérale du 17 juin 1874). Pour les cantons, le *referendum* est devenu le droit commun.

En France, actuellement sous l'application des lois constitutionnelles de 1875, le parlement pourrait-il constitutionnellement décider qu'une loi votée par lui sera soumise au *referendum ?*

Le 21 mars 1901, la chambre des députés a repoussé par la question préalable, comme étant inconstitutionnelle, une proposition de M. Cunéo d'Ornano « tendant à soumettre au peuple par voie de *referendum* la loi sur la liberté d'association » (L. du 1er juillet 1901).

Nous estimons que cette proposition était, en effet, inconstitutionnelle, et que le parlement violerait la constitution en ordonnant un *referendum* de ratification. Sans doute la constitution de 1875 ne prohibe pas expressément le *referendum* ; mais elle décide (L. const., 25 février 1875, art. 1, § 1) que « le pouvoir législatif s'exerce par deux assemblées, la chambre des députés et le sénat ». Or en décidant que le texte d'une loi sera soumis à la ratification populaire, le parlement décide que le pouvoir législatif sera exercé par le parlement et par le corps des citoyens; il viole donc directement l'article 1, § 1, de la loi constitutionnelle du 25 février 1875.

Mais, au contraire, nous estimons que l'une des chambres, et *a fortiori* le parlement, pourrait ordonner un *referendum* consultatif, c'est-à-dire décider que le corps électoral sera consulté sur le principe de tel projet de loi, la liberté de décision des chambres restant alors entière en droit. Le principe que le pouvoir législatif appartient aux chambres reste alors absolument intact.

Cependant, à plusieurs reprises, la chambre a repoussé par la question préalable, comme étant inconstitutionnelles, des propositions de referendum consultatif. La dernière fois, le 30 janvier 1914, elle a repoussé une proposition de M. Pugliesi Conti tendant à ce que les électeurs fussent appelés à émettre leur avis par *oui* ou par *non* sur le maintien du régime électoral majoritaire et l'établissement de la représentation proportionnelle.

42. Le gouvernement représentatif. — Dans la plupart des pays modernes, le corps des citoyens désigne des individus qui exercent les fonctions étatiques. Suivant l'expression aujourd'hui consacrée, le gouvernement est représentatif.

A un point de vue tout à fait général, il y a représentation toutes les fois que les manifestations d'une volonté sont considérées comme ayant la même valeur et produisant les mêmes effets que si elles émanaient d'une autre volonté. Dans les rapports privés s'est lentement élaborée une théorie juridique de la représentation sous l'influence des besoins pratiques. Un acte juridique fait par un représentant produit les mêmes effets de droit que s'il était fait par le représenté. Cette représentation a lieu soit qu'il y ait mandat, gestion d'affaire ou constitution d'organe juridique, soit que la représentation ait été créée par la loi. Habituellement le représentant a charge d'une certaine responsabilité envers le représenté; cette responsabilité n'a pas pour cause la représentation en soi, mais le rapport de droit contractuel ou légal existant entre le représentant et le représenté.

Dans les rapports politiques modernes, l'idée de représentation se résume en ceci : les manifestations de volonté émanant de certains individus ou de certains groupes d'individus ont la même force et produisent les mêmes effets que si elles émanaient directement du corps des citoyens. Mais, de même que dans les rapports privés on a cherché et trouvé derrière la représentation un rapport de droit légal ou conventionnel, mandat, gestion d'affaire, de même, dans les rapports publics, on a aussi cherché un rapport de droit, une situation juridique subjective. Nous avons déjà montré (§ 37) qu'on avait fait fausse route, qu'il fallait y voir seulement un fait de solidarité sociale donnant naissance à des situations objectives. Nous n'y reviendrons pas.

En France, en 1789 et 1791 s'est formée une théorie juridique de la représentation politique qui est encore celle de notre droit public et qui doit être exposée. La question de la représentation ne se pose pas seulement pour les assemblées politiques élues, mais aussi pour les assemblées non élues, pour les chefs d'État électifs ou héréditaires. Mais c'est spécialement et

principalement en vue des assemblées politiques élues
qu'a été élaborée, dans le droit positif français, une
théorie juridique de la représentation fondée sur l'idée
de mandat, et tirée directement de la conception de la
nation personne.

D'après cette théorie, la nation est une personne
titulaire de la souveraineté ; elle donne mandat à une
autre personne, le parlement, de l'exercer en son nom.
Il y a un véritable mandat ; les deux sujets du mandat
sont : la nation, d'une part, qui est le mandant ; le parlement, d'autre part, qui est le mandataire. L'effet de
ce mandat sera de produire une représentation, de
telle sorte que la manifestation de volonté émanée du
parlement sera comme si elle émanait de la nation et
produira les mêmes effets. La souveraineté n'est point
répartie entre les membres de la nation, ni entre les
diverses circonscriptions qui nomment les députés ;
elle n'est pas davantage répartie entre les membres
du parlement. C'est le parlement tout entier, formant
une personne juridique, qui reçoit mandat d'exercer
cette souveraineté au nom de la nation tout entière.

Cette théorie de la représentation est souvent appelée
théorie du *mandat représentatif*. Elle implique que le
député n'est pas le mandataire de la circonscription
qui l'a élu, laquelle n'est faite que parce qu'il est
impossible d'établir pour le pays entier un seul collège
électoral. Si le député était mandataire de sa circonscription et lié par les instructions qu'elle lui donne,
elle imposerait sa volonté à la collectivité tout entière
dont le député est chargé d'exprimer la volonté. Toutes
les instructions données par une circonscription à un
député sont donc nulles et non avenues ; et le député
ne serait point lié par une démission donnée d'avance
en blanc à ses électeurs. C'est la prohibition du *mandat impératif*.

Ces conséquences de la théorie du mandat représentatif sont formulées dans plusieurs textes de nos
constitutions et lois politiques. A l'article 7 de la sec-

tion III du chapitre I du titre III de la constitution de
1791, on lit : « Les représentants nommés par les
départements ne seront pas représentants d'un département particulier, mais de la nation entière, et il ne
pourra leur être donné aucun mandat. » La même
disposition se retrouve dans les articles 34 et 35 de la
constitution de 1848. Et l'article 13 de la loi du
30 novembre 1875, qui organisait la chambre des
députés, créée par la loi constitutionnelle du 25 février
1875 (art. 1), porte : « Tout *mandat impératif* est nul
et de nul effet. » Ce texte implique que le législateur
de 1875 a adopté la théorie de la représentation qu'on
vient d'exposer. Il n'a point été reproduit dans la loi
du 12 juillet 1919, qui a modifié le mode d'élection
des députés ; mais certainement il n'a pas cessé d'être
en vigueur.

B. *Les parlements et les chefs d'Etat.*

**43. La séparation des pouvoirs dans la cons-
titution de 1791.** — Dans la doctrine de la souveraineté nationale, plusieurs questions se sont naturellement posées qui pèsent encore d'un poids lourd
sur le droit public. La volonté nationale peut-elle être
rationnellement représentée par plusieurs organes de
représentation ou ne peut elle être représentée que
par un seul? Si elle peut être représentée par plusieurs
organes, vaut-il mieux qu'elle soit représentée par
plusieurs que par un seul ? S'il y a plusieurs organes
de représentation, la souveraineté peut-elle et doit-
elle être divisée en plusieurs éléments, de telle sorte
que chaque organe représente exclusivement un de
ces éléments? Ou, au contraire, la souveraineté ne
reste-t-elle pas indivise et ne doit-elle pas être exercée
en collaboration par les différents organes de représentation?En admettant que la souveraineté ne puisse
pas être divisée et doive être exercée en collaboration
par les organes de représentation, n'y a-t-il pas lieu

de donner à chacun un mode différent de participation à l'exercice de cette souveraineté et d'établir
entre eux·une séparation des fonctions? Enfin, la
souveraineté restant indivise et exercée en collaboration par les organes de représentation, ne peut-on pas
et ne doit-on pas confier la fonction administrative et
la fonction juridictionnelle à deux catégories d'agents
d'ordre différent?

Voilà autant de questions qui, assurément, se touchent, mais qui, cependant, sont tout à fait différentes,
et qu'on a eu le grand tort de confondre sous le nom
de question de la séparation des pouvoirs. On a eu le
tort aussi de vouloir donner à ces questions une solution unique, en affirmant ou en niant le principe de
la séparation des pouvoirs. Bref, on a confondu deux
questions tout à fait différentes : la question de la
séparation des pouvoirs et la question de la séparation
des fonctions.

Dans la constitution de 1791, les pouvoirs ne sont
ni des fonctions ni des organes. Ils ne sont pas des
fonctions parce que la conception de la fonction implique une manifestation de l'activité et que les différentes fonctions ne peuvent se distinguer les unes des
autres que par la forme extérieure de cette activité.
Or, il résulte de la constitution de 1791 que dans la
pensée de ses auteurs, les différents pouvoirs existent
et se distinguent les uns des autres dans l'intérieur
même de l'État, au repos, sans qu'il soit nécessaire,
pour saisir leur différence, de supposer une manifestation extérieure de l'activité de l'État. Les pouvoirs sont conçus comme les éléments mêmes de
la volonté de l'État prise en soi, et réunis ils forment la souveraineté. Les pouvoirs ne sont point des
organes. Les organes sont les individus et les groupes
d'individus investis de l'exercice d'un élément déterminé de la souveraineté, ou de toute la souveraineté. Les organes, c'est le parlement représentant la
volonté souveraine législative ; c'est le roi, chef de

l'Etat, représentant la volonté souveraine exécutive ;
c'est l'ordre judiciaire représentant la volonté souveraine *judiciaire*. Les pouvoirs, ce sont les éléments
constitutifs de la volonté nationale souveraine, en tant
qu'elle est fractionnée. La volonté nationale étant souveraine, chacun des éléments qui la composent est
souverain ; chacun de ces éléments de souveraineté est
délégué par représentation à un organe, et chaque
organe exerce une fonction différente. Finalement, un
pouvoir est un élément fractionné de la souveraineté,
incorporé en un organe, lequel exerce une fonction
correspondante. La souveraineté étant indivisible, chacun de ces pouvoirs est souverain, et la souveraineté
étant *une*, bien qu'il y ait plusieurs pouvoirs souve-
rains, il n'y a jamais qu'une souveraineté.

Cette notion de *pouvoir* apparaît très nettement dans
la constitution de 1791, notamment dans le préambule
du titre III, où il est dit : La nation, *de qui seule
émanent tous les pouvoirs*, ne peut les exercer que par
délégation » (art. 2). On ne peut pas dire que les fonctions émanent de la nation. Ce qui émane de la nation,
c'est la souveraineté, et le texte de l'article 2 ne peut
avoir que ce sens : la souveraineté émanant de la
nation, émanent aussi d'elles tous les éléments qui la
constituent. Dès lors, en parlant de délégation des
pouvoirs, les constituants n'ont pu vouloir dire que
ceci : le parlement, le roi et l'ordre judiciaire sont
investis chacun d'un des éléments de la souveraineté.

La séparation des pouvoirs consacrée par la Déclaration de 1789, article 16, et par la constitution de 1791,
résulte directement de cette conception des *pouvoirs*.
Ce n'était point la séparation de Montesquieu, ni celle
de la constitution anglaise. Les pouvoirs étant les éléments mêmes de la souveraineté indivisible, il en
résulte que chaque organe investi par représentation
d'un élément de la souveraineté est souverain dans
son domaine, que le parlement doit avoir tout le législatif et seulement le législatif, le roi tout l'exécutif et

seulement l'exécutif, l'ordre judiciaire tout le judiciaire
et seulement le judiciaire, enfin que chacun de ces
organes doit rester isolé et indépendant, enfermé dans
le domaine où il représente la volonté nationale, sans
pouvoir exercer une action quelconque sur les autres
organes. Ces conséquences nous ont toujours paru en
contradiction absolue avec le principe de la souveraineté une et indivisible proclamé par l'Assemblée de
1789.

Qu'il y ait dans le droit actuel une séparation des
pouvoirs, nous le voulons bien ; mais ce qu'on appelle
aujourd'hui séparation des pouvoirs n'a aucune analogie avec la séparation des pouvoirs de la constitu-
ion de 1791. Sous le nom de séparation des pouvoirs,
il y a aujourd'hui une collaboration des organes de
représentation et une répartition des fonctions. S'il
plaît aux auteurs de désigner, par la même expression
séparation des pouvoirs, deux choses absolument différentes, le système de 1791 et le système actuel, nous
n'y voyons pas de mal. Mais on reconnaîtra que cela
n'est pas propre à mettre de la clarté dans les théories
de droit politique.

On a vu par ce qui précède que l'Assemblée nationale de 1789 distinguait trois pouvoirs et faisait de
l'ordre judiciaire un troisième pouvoir indépendant et
égal des deux autres (Constitution de 1791, tit. III, pr.,
art. 5 ; tit. III, chap. IV, sect. III, art. 3 et chap. V, art. 1
et 3). Cependant l'ordre judiciaire n'exerçait point
toute la fonction juridictionnelle : on sait que l'Assemblée nationale (cf. surtout les lois du 7 septembre 1790
et du 15 mai 1791) donnait aux administrateurs eux-
mêmes le jugement de nombreuses affaires conten-
tieuses. Dès lors on s'est demandé comment l'Assemblée de 1789, après avoir énergiquement affirmé
l'existence et l'indépendance du pouvoir judiciaire,
après avoir déclaré que les administrateurs « ne peuvent rien entreprendre sur l'ordre judiciaire... »,
accordait une large compétence juridictionnelle aux

administrateurs eux-mêmes. Tout apparaît très simple
et très logique si l'on admet que l'Assemblée nationale
de 1789 a naturellement compris le pouvoir judiciaire
à la manière de Montesquieu, c'est-à-dire comme
« étant la puissance exécutrice des choses qui dépendent du droit civil... », celle par laquelle « le prince
*punit les crimes ou juge les différends entre les parti-
culiers* » (*Esprit des lois*, liv. XI, chap. VI). Le pouvoir
judiciaire étant ainsi compris, il n'y a rien d'illogique,
bien au contraire, à lui refuser la connaissance de
tous les différends qui ne sont pas nés entre particuliers et à les remettre à la connaissance des administrateurs eux-mêmes.

**44. La séparation des pouvoirs dans le droit
actuel.** — Les lois constitutionnelles de 1875 ne contiennent aucun texte analogue aux dispositions des
constitutions de 1791, de l'an III et de 1848, formulant
le principe de la séparation des pouvoirs. Rien d'éton-
nant à cela. Chacun sait que l'Assemblée de 1875
s'abstint de formuler des principes généraux et que,
pressée par les événements, elle se borna à édicter
quelques règles indispensables au fonctionnement
d'une république, qui, dans la pensée de la majorité,
ne devait durer que peu d'années. Mais vit-elle dans
la séparation des pouvoirs, comprise à la manière de
1791, un principe toujours existant?

L'Assemblée de Versailles avait une trop profonde
expérience des choses politiques pour qu'elle ait un
moment songé à prendre, comme base de la législation politique qu'elle votait, la théorie métaphysique
du fractionnement de la souveraineté en pouvoirs
distincts, chacun souverain et formant par leur
réunion même la souveraineté une et indivisible. Pour
admettre que l'Assemblée ait eu cette conception, il
faudrait que cela eût été dit expressément, et cela ne
l'a été ni dans les lois ni dans les discussions. En parlant de la séparation des pouvoirs dans la loi du
25 mars 1871 (loi qui déclare nuls les décrets des

28 janvier et 3 février 1871 prononçant la déchéance
de 15 magistrats), en conférant à un président de la
République le pouvoir exécutif et à deux chambres le
pouvoir législatif par les lois du 20 novembre 1873 et
du 25 février 1875, l'Assemblée n'a édicté aucune disposition de laquelle on doive forcément conclure que
chacun des trois pouvoirs est un élément démembré
de la souveraineté.

Si la règle générale de la séparation des pouvoirs
est une règle de notre droit constitutionnel, on n'est
gêné par aucun texte de principe pour en déterminer
le sens et la portée. Il est facile de montrer que ce
qu'on appelle aujourd'hui séparation des pouvoirs,
c'est une règle d'après laquelle doivent exister plusieurs organes de représentation de la souveraineté
nationale, une collaboration intime et constante de
ces organes, une action réciproque de l'un sur l'autre,
et aussi une séparation entre le personnel administratif et le personnel judiciaire, une indépendance
aussi grande que possible attribuée au personnel
judiciaire. Tout notre droit public moderne, toute
notre vie politique protestent contre l'isolement complet des différents organes et impliquent au contraire
leur pénétration intime. Et cela est aux antipodes de
la conception de 1791.

Le parlement a, dit-on, le pouvoir législatif. Si l'on
prenait cette proposition au pied de la lettre, elle
signifierait qu'un fragment détaché de la souveraineté
entière est délégué par le peuple au parlement. Or ce
fractionnement, théoriquement, ne se conçoit pas, et
de fait il n'a point lieu; il n'est voulu ni du peuple
qui donne le mandat représentatif au parlement, ni
a fortiori du parlement qui reçoit ce mandat. Le parlement a le caractère représentatif : il veut pour le
peuple souverain. Cela est vrai dans tous les domaines
de l'activité de l'État, et pas seulement pour l'exercice
de la fonction législative. Seulement il participe à
l'exercice des fonctions de l'État d'une certaine

manière déterminée par la constitution. Il collabore avec le chef de l'Etat à toutes les fonctions de l'Etat, mais il ne peut y collaborer que d'une certaine manière. Quand il s'agit d'édicter une règle générale, en principe le parlement arrête la décision; il peut même prendre l'initiative et édicter une décision que le chef de l'Etat sera obligé d'accepter (L. const. 16 juillet 1875, art. 7). Pour certaines règles générales, la décision est prise par le chef de l'Etat, et le parlement n'y participe que par un contrôle ou un veto indirect, qu'il peut toujours exercer en invitant le chef de l'Etat à rapporter le règlement. A la direction générale des services publics, le parlement ne reste point étranger; mais il agit seulement par les invitations qu'il adresse au gouvernement et par le contrôle qu'il exerce sur lui.

Le chef de l'Etat a, dit-on, le pouvoir exécutif. Soit. En réalité, il participe à toute l'activité de l'Etat; mais il y participe d'une manière différente du parlement. Pour l'établissement de la règle générale, habituellement et en principe, il la propose, il la promulgue; il peut même demander une nouvelle délibération, qui ne peut lui être refusée, et si le parlement persiste dans son premier vote, le président de la République doit promulguer la loi; mais tant qu'elle n'est pas promulguée, la loi n'est point applicable (L. const. 16 juillet 1875, art. 7). Pour beaucoup de dispositions par voie générale appelées règlements, le chef de l'Etat prend la décision sous le contrôle du parlement et sauf le veto indirect toujours possible du parlement.

Ainsi deux organes, le parlement et le gouvernement personnifié par le chef de l'Etat, exercent l'un sur l'autre une action réciproque constante, collaborent d'une manière intime à la mise en œuvre de l'activité générale de l'Etat, mais y collaborent en des formes différentes à cause même de la diversité de leur structure. Si c'est cela qu'on appelle la séparation des pouvoirs législatif et exécutif, nous le voulons

bien ; il suffit de s'entendre. Mais on conviendra qu'on
est bien loin du système de 1791, où chacun des
organes incorporait un élément distinct de la souveraineté et devait être indépendant et souverain dans
sa sphère. Aussi croyons-nous que pour éviter une
confusion, au lieu de séparation des pouvoirs, il faut
dire collaboration des organes.

Mais par séparation des pouvoirs, on n'entend pas
seulement cela. Pour beaucoup d'auteurs, il y aurait
un troisième pouvoir, le pouvoir judiciaire. C'est une
question classique à l'école de savoir s'il y a actuellement un pouvoir judiciaire ou seulement une autorité
judiciaire et si le contentieux administratif est conforme ou contraire au principe de la séparation des
pouvoirs.

Cf. Jacquelin, *Les principes dominants du contentieux administratif*, 1899 ; Artur, *Séparation des pouvoirs et séparation des
fonctions*, 1905, principalement p. 59 et s. ; Ducrocq, *Droit administratif*, 7ᵉ édit., I, p. 22 et s.

De même que la question d'un pouvoir administratif, distinct du législatif et de l'exécutif, ne se pose
pas, de même, à notre avis, ne se pose pas non plus
la question d'un pouvoir judiciaire. Pour établir que
le pouvoir judiciaire est un troisième pouvoir distinct
du pouvoir exécutif, on doit démontrer, dit-on, qu'il
y a une fonction de juger distincte des autres fonctions
de l'État, et particulièrement de la fonction exécutive,
et une indépendance suffisante des dépositaires de la
fonction judiciaire (Artur, *loc. cit.*, p. 69).

Non ; quand on aura démontré cela, on n'aura
point démontré que la justice forme un troisième
pouvoir. Sans doute, la fonction de juger est une
fonction tout à fait distincte de la fonction législative,
de la fonction exécutive et de la fonction administrative. Nous admettons même que l'inamovibilité de la
magistrature assure une indépendance suffisante aux
magistrats. Tout cela ne prouve pas qu'il y ait un
pouvoir judiciaire autonome, qu'il puisse même y en
avoir un, car tout cela est vrai pour l'administration,

de laquelle on ne pense point à faire un pouvoir autonome.

Pour démontrer que la justice est un pouvoir autonome, il faudrait démontrer qu'elle est un élément
détaché de la souveraineté de l'État, incorporé en un
organe de représentation. Or, cette démonstration est
impossible, parce que ce fractionnement de la souveraineté est lui-même impossible. C'est une conception
métaphysique sans valeur réelle. Elle a été une règle
du droit positif français à un moment donné, parce
que les constitutions de 1791 et de l'an III et peut-être
de 1848 avaient expressément déclaré que la justice
était un fragment de souveraineté dont les juges se
trouvaient investis. Mais aujourd'hui, aucun texte
positif ne consacre cette conception; elle ne saurait
donc être admise, puisqu'elle est en soi arbitraire et
contradictoire avec la notion même de souveraineté
une et indivisible.

Nous n'en conclurons pas, comme la majorité des
auteurs qui repoussent l'idée d'un pouvoir judiciaire
autonome, que la justice se rattache au pouvoir exécutif. Pour nous, on l'a vu, il n'y a pas plus de pouvoir exécutif qu'il n'y a de pouvoir législatif. Il y a
des agents judiciaires et des agents administratifs,
des agents judiciaires qui sont placés sous le contrôle
du gouvernement, placé lui-même sous le contrôle du
parlement. C'est le gouvernement qui les nomme,
comme il nomme les agents administratifs; c'est le
gouvernement qui doit assurer la bonne administration de la justice. Le gouvernement a même, près des
corps judiciaires les plus importants, des agents spéciaux, les agents du ministère public, qui sont chargés
d'agir en son nom.

Mais, dit-on, la preuve que derrière l'acte du magistrat judiciaire se cache un véritable pouvoir souverain, autonome, distinct des autres pouvoirs, c'est
que la décision du magistrat s'impose à tous, s'impose
au gouvernement et même au parlement. Cela ne

prouve rien. Quand un administrateur fait un contrat
au nom de l'État, son acte s'impose à tous, gouvernement, parlement, et il n'y a pas un organe qui puisse
délier l'État des obligations nées à sa charge par
l'effet de ce contrat. Il est d'ailleurs facile de montrer
la raison pourquoi la décision du juge s'impose au
parlement, au gouvernement. Il suffit de rappeler le
vrai caractère de la fonction juridictionnelle : elle
consiste ou bien à constater la violation de la loi et à
en tirer logiquement les conséquences que la loi elle-
même y attache, ou bien à constater l'existence et
l'étendue d'un droit subjectif et à ordonner la réalisation de ce droit. Par conséquent, ce n'est pas à vrai
dire la décision juridictionnelle qui s'impose à l'État,
au gouvernement, au parlement, c'est la loi elle-
même, c'est le droit subjectif lui-même dont l'existence et l'étendue ont été reconnues. La force obligatoire des décisions juridictionnelles à l'égard de l'État
est donc une conséquence logique et simple de la conception de l'*État de droit :* l'État est lié par le droit
objectif et le droit subjectif, quand, au cas de violation
ou de contestation, ils sont constatés par les agents
auxquels la loi a donné expressément compétence à
cet effet.

Conclusion. — Après cet exposé, nous pouvons
répondre aux questions posées au début du paragraphe 43 et confondues à tort en cette question unique, complexe et partant singulièrement obscure, de
la séparation des pouvoirs. Nous dirons : Dans la doctrine de la souveraineté nationale, la volonté du
peuple peut être représentée par plusieurs organes.
Il vaut même infiniment mieux qu'elle soit représentée
par plusieurs organes que par un seul, parce que ces
organes se limiteront, se pondéreront réciproquement.
Mais s'il y a plusieurs organes de représentation, la
souveraineté ne peut pas être divisée en plusieurs
éléments et on ne peut pas attribuer, sous le nom de
pouvoir, à chacun de ces organes un élément partiel

de la souveraineté, celle-ci restant malgré cette division une et indivisible. La souveraineté est en effet la volonté de la nation personne; toute personne est indivisible; toute volonté qui en émane l'est aussi. Cette conception d'un pouvoir souverain, un en trois pouvoirs, est une conception métaphysique analogue au mystère chrétien de la trinité, qui a séduit les esprits parfois chimériques de l'Assemblée de 1789, mais qui est inadmissible dans une construction vraiment positive du droit public. Quand il y a plusieurs organes de représentation, ils collaborent forcément à toute l'activité générale de l'Etat; mais leur mode de participation est naturellement différent; il est réglé par la constitution de chaque pays et ce qu'on appelle improprement séparation des pouvoirs, c'est la diversité de participation des différents organes à l'activité générale de l'Etat.

Enfin, il existe dans tous les grands pays des agents qui entrent en relation avec les particuliers et qui agissent sous le contrôle et sous l'impulsion des organes de représentation. Presque partout ces agents sont divisés en deux grandes catégories : les agents administratifs et les agents judiciaires. Il paraîtrait logique que les uns eussent seulement la fonction administrative et toute la fonction administrative, les autres seulement la fonction juridictionnelle et toute la fonction juridictionnelle. En France, par suite d'influences historiques, de raisons pratiques, d'habitudes prises, la répartition des fonctions entre les deux catégories d'agents n'est pas ainsi faite, et notamment la fonction juridictionnelle appartient aux agents de l'ordre administratif quand son exercice implique l'appréciation d'un acte administratif. Cette séparation des agents judiciaires et des agents administratifs est aussi parfois appelée séparation des pouvoirs. Expression inexacte, qui est la cause de beaucoup de confusions et même d'erreurs; on devrait dire tout simplement, séparation des deux ordres judiciaire et administratif.

45. Les parlements. Leur composition. — Le
mot *parlement* est aujourd'hui passé définitivement
dans la langue politique pour désigner les assemblées
délibérantes, qui ont en général pour mission principale de voter les lois et le budget et aussi, souvent, de
contrôler les ministres. Ce mot, qui vient du bas latin
parliamentum, sert en Angleterre depuis le xvᵉ siècle
à désigner les deux assemblées qui exercent avec le
roi la puissance souveraine. En France, le mot était
employé très anciennement pour désigner toute
assemblée. Mais depuis le xvᵉ siècle il était réservé
pour désigner les cours de justice souveraines, dont
la plus ancienne, le Parlement de Paris, sorti de l'ancienne cour du roi, voulut, grâce à son droit d'enregistrement des édits du roi, jouer un rôle politique,
invoquant parfois la similitude de nom et l'exemple
du parlement anglais. Les parlements cours de justice
disparaissent en 1790, et au xixᵉ siècle, sur le continent comme en Angleterre, le mot *parlement* est
devenu le terme générique par lequel on désigne les
assemblées politiques.

Les parlements modernes ont, en général, une
structure assez complexe. Le plus habituellement, ils
sont élus, à un suffrage direct ou indirect, par un
corps électoral plus ou moins étendu; et l'on voit dans
les parlements élus les organes par excellence de la
représentation nationale. Cependant, on peut concevoir très bien qu'un parlement ne soit pas élu, qu'il
soit nommé tout entier ou en partie, par exemple, par
le chef de l'État, ou qu'il se compose tout entier ou
en partie de personnes y siégant par droit de naissance.

La question des deux chambres. — Aujourd'hui, dans
la plupart des pays, les parlements se composent de
deux chambres. Parfois une seule des deux chambres
est élective; le plus souvent les deux chambres sont
élues, mais élues avec un mode de suffrage différent.
Tantôt les deux chambres ont les mêmes pouvoirs,

tantôt elles ont des pouvoirs différents. Peu importe ;
le fait capital et général, c'est la coexistence de deux
chambres dans' le même parlement; c'est, suivant
l'expression consacrée, la dualité du parlement.

Une institution qui se présente avec un tel caractère
de généralité et de permanence répond incontestablement à un besoin réel. Il y a en effet, dans l'existence
de deux chambres se limitant réciproquement, une
garantie sérieuse et indispensable contre les empiéte-
ments du parlement. Montesquieu avait dit très justement, en parlant de la constitution d'Angleterre :
« Le corps législatif y étant composé de deux parties, l'une enchaînera l'autre par sa faculté mutuelle
d'empêcher » (*Esprit des lois*, liv. XI, chap. VI). La
tyrannie d'une assemblée élue est aussi redoutable
que celle d'un prince héréditaire. Les constitutions
ont d'abord été faites pour protéger l'individu contre
l'arbitraire royal, et pour cela on a donné la prépondérance dans l'Etat à un parlement élu. Mais l'élection n'est point une garantie suffisante que le parlement n'excédera pas ses pouvoirs. Le meilleur
procédé qu'on ait encore trouvé pour éviter dans la
mesure du possible la tyrannie parlementaire, c'est
de créer deux assemblées, dont le concours sera
nécessaire pour le vote des lois et du budget et qui se
limiteront ainsi réciproquement. L'exemple de la
Convention en France montre ce que peut être la
tyrannie d'une assemblée, et nous ne supposons pas
qu'on ose l'invoquer en faveur de l'unité du parlement.

Cependant le système de la dualité a rencontré de
tout temps des objections d'ordres divers et des adversaires très convaincus.

On a fait d'abord une objection tirée de la nature
même de la souveraineté : la souveraineté, a-t-on dit,
est la volonté nationale ; la volonté nationale est *une*
et *indivisible* dans son essence ; elle ne peut être divisée dans sa représentation ; il serait contradictoire de
lui donner deux organes de représentation.

L'existence de deux chambres n'est point incompatible avec l'unité et l'indivisibilité de la souveraineté. Si l'on admet que la souveraineté est la volonté même de la nation, certainement elle ne peut pas être fragmentée, et ses divers éléments ne peuvent pas être délégués séparément à des organes distincts ; la séparation des pouvoirs, au sens rigoureux de l'expression, telle qu'on l'entendait en 1789-1791 et peut-être encore en 1848, est logiquement impossible. Mais la création de deux chambres n'implique aucunement, à la différence de la séparation des pouvoirs, le morcellement de la souveraineté dans sa représentation. En effet, malgré la dualité des chambres, le parlement reste *un ;* il est complexe dans sa structure, mais il est *un* en son essence, et la délégation n'est donnée qu'a un seul organe. Le parlement est composé d'individus ; on ne dira pas que la représentation est divisée entre autant d'individus qu'il y a de membres du parlement ; on ne peut pas dire davantage que la représentation est coupée en deux, parce que les membres du parlement sont groupés en deux chambres. En créant deux chambres, on ne distingue point deux volontés dans le peuple ; on donne seulement à l'organe *un* de représentation une structure interne qui paraît devoir lui permettre de remplir plus utilement sa fonction.

Les partisans de l'unité du parlement, reconnaissant aujourd'hui que l'argument théorique n'a pas grande valeur, font valoir des raisons d'ordre pratique. Ils font d'abord observer que la division rend possibles des conflits entre les deux chambres, que ces conflits peuvent affaiblir le parlement, le rendre impuissant devant un pouvoir exécutif entreprenant, d'autre part, peuvent retarder des réformes heureuses, et même entraver le fonctionnement du gouvernement.

A ces arguments, les faits répondent d'eux-mêmes. L'unité du parlement, consacrée par la constitution de 1848, n'empêcha point le coup d'État du 2 décembre

1851, moins de trois ans après la mise en application de la constitution. Malgré la dualité du parlement, créée par les lois constitutionnelles de 1875, la lettre de la constitution n'a pas été violée une seule fois depuis quarante-deux ans ; et si, pendant cette durée, l'un des pouvoirs a grandi au détriment de l'autre, ce n'est pas assurément le pouvoir exécutif. Quant au danger d'un conflit entre les deux chambres, assez grave pour provoquer l'anarchie, il est purement chimérique. Le plus souvent, le conflit se termine par une transaction fondée sur des concessions réciproques, et ce régime de transaction est le propre des gouvernements modérés. Sans doute, dans ces transanctions, la logique pure n'est pas toujours satisfaite ; mais si la liberté est respectée et si les affaires du pays sont bien gérées, cela suffit. Au reste, à défaut de transaction, il est un moyen légal de résoudre les conflits parlementaires qu'aucun législateur prudent ne doit omettre d'inscrire dans la constitution (le législateur de 1848 avait commis la grande faute de l'oublier), c'est la dissolution d'une des chambres ou des deux chambres : le corps électoral, le souverain, est ainsi appelé à juger le conflit et tous les corps de l'Etat doivent se soumettre à son verdict sans appel.

Quant à la composition respective des deux chambres, le meilleur système apparaît si l'on comprend qu'une société, une nation, se compose non seulement d'individus, mais encore de groupes d'individus qui constituent autant d'éléments sociaux distincts des individus : les groupes communaux, familiaux, les associations ouvrières, agricoles, industrielles, commerciales, scientifiques et même religieuses. Si l'on veut que le parlement soit une exacte représentation du pays, il faut qu'il soit composé de deux chambres, dont l'une représentera plus particulièrement les individus (la chambre des députés) et dont l'autre (le sénat) représentera plus particulièrement les groupes

sociaux, suivant un système que l'art politique saura
déterminer pour chaque pays. Cf. § 48 la question de
la représentation professionnelle. Les deux chambres
ont alors un mode de recrutement démocratique, national ; le parlement contient alors tous les éléments
constitutifs du pays ; il est véritablement un organe
de représentation.

46. Les parlements. Leur nomination. — Si
dans quelques pays une des parties du parlement est
héréditaire ou nommée par le prince, dans tous les
pays l'une des chambres et, dans la plupart, les deux
chambres sont élues. Nous avons déjà dit (§§ 39 et 40)
que presque tous les pays modernes ont adopté le
suffrage universel. Nous voulons seulement montrer
ici comment le suffrage, restreint ou universel, intervient en général et doit intervenir pour la nomination
des membres du parlement, organe de représentation.

Suffrage direct ou indirect. — La première question
qui se pose est celle de savoir si le suffrage doit être
direct ou *indirect*, à deux ou à plusieurs degrés. La
plupart des pays pratiquent aujourd'hui, au moins
pour la chambre basse, le suffrage direct.

L'expérience du suffrage à deux degrés faite pendant le Directoire, en application de la constitution
de l'an III, n'est certainement pas favorable à ce mode
de votation. On peut dire, il est vrai, que pendant
cette période le fonctionnement de ce système a été
faussé par diverses circonstances extérieures et que
l'expérience ne s'est point faite dans des conditions
normales. Le système du vote à deux degrés n'est point
contraire au principe démocratique. Nous croyons que
la solution de la question ne peut être donnée d'une
manière absolue et dépend des circonstances, des
mœurs du pays et surtout de son degré de culture et
de sagesse politique. Il est hors de doute que le suffrage indirect assure une meilleure sélection, atténue
l'ardeur des luttes électorales, évite les entraînements
irréfléchis. Par conséquent, dans les pays où l'instruc-

tion est peu répandue, où l'éducation politique est
encore peu développée, il sera prudent d'établir le
suffrage à deux degrés.

Que décider pour la France? On ne saurait méconnaître que chez nous la question n'est pas entière.
Par un étrange abus de mots, suffrage universel et
suffrage direct, suffrage restreint et suffrage à deux
degrés sont devenus des expressions synonymes. Qui
parlerait d'établir le suffrage à deux degrés serait
accusé de vouloir supprimer le suffrage universel.
Nous croyons, d'ailleurs, que dans notre pays l'instruction est assez répandue et même l'éducation politique assez développée pour que les citoyens puissent
voter directement. De plus, l'application du suffrage à
deux degrés au sénat ne paraît pas avoir produit une
sélection très grande dans cette assemblée, dont le
niveau intellectuel est plutôt inférieur à celui de la
chambre. Il convient de dire que la loi électorale du
sénat a faussé le système du suffrage à deux degrés
en donnant l'électorat sénatorial, non pas à des électeurs spécialement élus à cet effet, mais aux membres d'assemblées administratives élues ou à leurs
délégués.

Scrutin de liste et scrutin uninominal. — Le corps
électoral, quel qu'il soit, ne peut évidemment former
un collège électoral unique. Dans les grands pays qui
comptent plus de dix millions d'électeurs, comme la
France, il y a une impossibilité matérielle à cela. On
est donc obligé de diviser le pays en circonscriptions
électorales, qui nommeront chacune un certain nombre de députés. Cette nécessité matérielle a fait naître
la question depuis longtemps très discutée du scrutin
de liste et du scrutin uninominal. Le pays sera-t-il
divisé en un certain nombre de petites circonscriptions ne nommant chacune qu'un seul député? Ou au
contraire en circonscriptions plus étendues, qui chacune nommeront un certain nombre de députés, chaque
électeur pouvant porter sur son bulletin de vote autant

de noms que de députés à élire par la circonscription
à laquelle il appartient ?

En France, la question s'est surtout posée et se
pose encore pour la chambre des députés; et comme
les lois qui ont établi le scrutin de liste ont pris pour
base des divisions électorales le département, et que
celles qui ont établi le scrutin uninominal ont fixé les
divisions électorales sur la base des arrondissements,
la question est souvent appelée question du scrutin de
département et du scrutin d'arrondissement.

Il est hors de doute que celui des deux modes de
scrutin qui s'harmonise le mieux avec la théorie française de la représentation politique, c'est le scrutin
de liste. La conception française repose tout entière
sur cette idée qu'il n'y a point de mandat donné par
la circonscription aux députés qu'elle nomme, mais
un mandat donné par la nation tout entière au parlement lui-même, que les députés ne sont point représentants de la circonscription « mais de la nation
tout entière » (Constitution de 1791, tit. III, chap. I,
sect. III, art. 7). Par conséquent, les circonscriptions
ne sont faites qu'à cause de l'impossibilité matérielle
où l'on se trouve de réunir les électeurs en un seul
collège électoral. On se rapprochera donc d'autant
plus de la vérité que l'on partagera le pays en circonscriptions électorales plus grandes. L'idéal ce serait
qu'il n'y en eût pas. Moins elles seront nombreuses et
plus elles seront grandes, plus on sera près de la
solution idéale.

L'examen des faits confirme les conclusions auxquelles conduit la théorie. Nous ne voulons pas dire
que le scrutin de liste ne présente aucun inconvénient; mais il nous semble évident qu'il en présente
beaucoup moins que le scrutin d'arrondissement. Les
défauts capitaux du scrutin d'arrondissement apparaissent à tous les yeux. Il favorise au premier chef
la corruption électorale; souvent, sinon toujours, le
candidat nommé est celui qui fait le plus de pro-

messes, qui fait obtenir ou que l'on croit en mesure
de faire obtenir le plus de faveurs, places, décorations,
chemins de fer, etc., et quelquefois tout simplement
celui qui dépense le plus d'argent pour son élection.
Avec le scrutin d'arrondissement les questions de personnes, les questions locales prennent le pas sur les
questions d'intérêt général. Nous ne pensons point
que le scrutin de liste fasse disparaître comme par
enchantement la corruption électorale; mais il n'est
pas douteux qu'avec ce mode de scrutin elle est plus
difficile et sera moindre forcément. D'autre part, avec
le scrutin de liste seulement, les élections peuvent se
faire sur un programme d'ensemble et permettre de
dégager nettement l'orientation politique du pays.

Enfin le scrutin d'arrondissement présente surtout
de graves inconvénients dans un pays centralisé
comme la France, où, quoi qu'on dise, l'action gouvernementale s'exerce toujours dans les élections. Elle
s'exerce surtout d'autant plus facilement et efficacement que les circonscriptions électorales sont plus
petites. Dans chaque arrondissement, le gouvernement
a son agent électoral, le sous-préfet, dont l'avance-
ment dépend de son habileté à faire passer le candidat
agréable.

On peut dire qu'en France la question du scrutin
de liste et du scrutin uninominal a été à l'ordre du jour
de 1875 à 1919. Le scrutin d'arrondissement, établi par
la loi du 30 novembre 1875, a été remplacé, en 1885,
par le scrutin de liste. En 1889, au moment du Bou-
langisme, on a rétabli d'urgence le scrutin uninominal d'arrondissement. Mais à la veille de la guerre,
des hommes éminents, appartenant à tous les partis,
demandaient énergiquement la suppression du scrutin uninominal et le retour au scrutin de liste, qui est
dans la tradition républicaine et démocratique. Naturellement, pendant la guerre, le parlement a eu
d'autres préoccupations; mais dès la signature de
l'armistice, la question s'est à nouveau posée devant
les chambres et devant le pays.

Après de vives discussions à la chambre et au sénat, a été enfin votée la loi du 12 juillet 1919, dont le titre dit suffisamment l'objet : *Loi portant modification aux lois organiques sur l'élection des députés et établissant le scrutin de liste, avec représentation proportionnelle*. Nous étudierons en détail les dispositions de cette loi au paragraphe 88.

Ce serait assurément une illusion de croire qu'en un jour, par le fait seul de cette loi établissant le scrutin de liste, les abus naissant du scrutin d'arrondissement disparaîtront. Malgré la guerre, malgré la réforme, les électeurs resteront dominés bien souvent encore par leurs intérêts personnels plutôt que dirigés par l'intérêt général du pays. C'est un mal qui est inhérent à la démocratie elle-même et qu'il sera bien difficile de faire disparaître. Mais c'est un progrès considérable et, nous l'espérons, définitivement acquis que le pays soit enfin débarrassé de cet instrument puissant de corruption réciproque qu'était le scrutin d'arrondissement.

Renouvellement intégral et renouvellement partiel. — Nous estimons que le système du renouvellement intégral est de beaucoup préférable. Lui seul permet d'assurer une correspondance d'idées entre l'élément représentant et l'élément représenté, et, dans le système de la souveraineté nationale, la manifestation complète de la volonté du pays.

47. La représentation proportionnelle. — On désigne par cette expression, d'ailleurs peu exacte, le système électoral qui tend à assurer dans chaque circonscription aux différents partis, comptant un certain nombre de membres, un nombre de députés variant suivant l'importance numérique de chacun.

L'expression de représentation proportionnelle n'est pas tout à fait exacte, parce qu'elle semble impliquer que, dans ce système, le député devient le représentant du parti qui le nomme. Or, l'adoption de ce système n'implique l'acceptation d'aucune théorie spéciale sur la représentation politique, ni la théorie du mandat impératif, ni celle du mandat représentatif, ni celle du député organe, et le système s'adapte sans difficulté à chacune de ces théories. Aussi devrait-on dire plus exactement l'élection proportionnelle.

Notons aussi qu'en parlant d'une élection proportionnelle, on n'entend point, ce qui est matériellement impossible, une proportion mathématiquement exacte entre le nombre des députés attribués à chaque parti et son importance numérique, mais seulement une proportion approximative.

Le système électoral qui a été pratiqué en France jusqu'en 1919 et encore dans beaucoup de pays a reçu le nom peu français, mais très exact, de système *majoritaire*. La population forme la seule base de la représentation, et la loi de la majorité est appliquée sans atténuation. Seuls sont élus les candidats qui ont la majorité numérique dans chaque circonscription, quelque forte que soit la minorité obtenue par leurs concurrents : de telle sorte que ce système, appliqué logiquement, peut conduire à ce résultat que dans un parlement il n'y ait que les élus de la moitié plus un du nombre total des électeurs et que la moitié moins un des électeurs n'y ait aucun député.

Certains auteurs estiment que c'est là un excellent système électoral, le seul conforme au principe de la souveraineté nationale et à la vraie conception de la représentation. Ainsi Esmein écrit : « La loi de la majorité est une de ces idées simples qui se font accepter d'emblée; elle présente ce caractère que d'avance elle ne favorise personne et met tous les votants sur le même rang » (*Droit constitutionnel*, 7ᵉ édit., 1921, I, p. 309). Le savant auteur écrit encore : « La population doit être la seule base de la représentation : toute autre répartition dénaturerait encore la souveraineté nationale qui suit la loi du nombre » (*ibid.*, p. 316).

C'est précisément parce qu'elle est « une idée simple »

que la loi de majorité doit être soumise à une sévère
critique. En bref elle aboutit à l'oppression d'une partie
de la nation par l'autre, sous ce prétexte que cette
dernière compte quelques voix de plus que l'autre.
C'est pour atténuer l'injustice d'un pareil résultat
qu'on a essayé d'organiser le suffrage sur le principe
de la représentation proportionnelle, de telle sorte que
chaque parti ait au parlement un nombre de représentants correspondant à peu près à ses forces numériques. Il semble que ce soit la justice même. Cependant, ce système a rencontré des objections d'ordre
théorique et pratique.

D'après Esmein (*ibid.*, p. 330), la thèse de la représentation proportionnelle ne serait soutenable que si
l'on admettait la division de la souveraineté entre
les individus et que si l'on considérait le droit de
représentation comme un droit personnel à chaque
individu.

Il nous paraît au contraire facile d'établir que le
système de représentation proportionnelle est parfaitement compatible avec le principe de la souveraineté
nationale une et indivisible et la conception française
du mandat représentatif. Puisqu'on admet l'existence
d'une volonté nationale souveraine, l'existence d'une
personne-nation donnant un mandat représentatif à
une personne-parlement qui voudra pour elle, le problème qui se pose à l'art politique, c'est d'organiser
un mode d'élection qui permette au parlement d'exprimer aussi exactement que possible la volonté de la
personne-nation. Or, c'est aller contre l'évidence que
de soutenir qu'un parlement élu avec le pur système
majoritaire exprime plus exactement la volonté de la
nation qu'un parlement dans lequel les divers partis
politiques, qui existent dans le pays, ont leurs représentants. Si la nation elle-même exprimait directement
sa volonté, ce serait la nation composée de ses différents partis. Ce n'est pas la nation qui veut, c'est son
représentant, son mandataire, le parlement qui veut

à sa place ; il faut donc que le parlement soit composé des mêmes éléments que la nation, et que les partis qui existent dans la nation se retrouvent dans le parlement.

Par la même raison, on défendra plus loin le système de la représentation professionnelle. C'est avec le morcellement de la souveraineté qu'il est impossible d'admettre théoriquement la représentation proportionnelle ; car si les volontés individuelles comptent seules, si elles sont toutes mathématiquement égales, on ne peut évidemment imposer une décision qu'en comptant ces volontés et en donnant la prépondérance à la majorité arithmétique. Mais si, moins réaliste, une doctrine affirme que derrière ces volontés individuelles il y a une volonté collective dont il faut déterminer le contenu, le système proportionnaliste seul permet d'obtenir ce résultat.

Ainsi, non seulement la représentation proportionnelle n'est pas en contradiction avec le principe de la souveraineté nationale et le mandat représentatif, mais elle est le seul système électoral qui y soit adéquat. Il faut ajouter qu'elle seule atténue l'injustice flagrante qui existe sous le régime majoritaire, avec lequel il peut se faire que la moitié plus un des citoyens vive seule de la vie politique, le reste étant en fait comme s'il n'était pas et frappé de mort civique. « La moitié plus un est libre et, si l'on veut, souveraine ; l'autre moitié est serve, attachée à l'urne comme jadis à la glèbe. »

Cf. Charles Benoist, *Rapport* fait au nom de la commission du suffrage universel chargée d'examiner les diverses propositions de loi tendant à établir la représentation proportionnelle, *J. off., Doc. parl.*, Chambre, 1915, session ordinaire, p. 472.

La Belgique a adopté le système de la représentation proportionnelle par la loi du 29 décembre 1899 et l'a pratiqué depuis cette date à la satisfaction de tous les partis, semble-t-il. Elle a été maintenue avec quelques modifications de détail au moment de la révision de la constitution en 1921.

La représentation proportionnelle a été adoptée par plusieurs cantons suisses, notamment Neuchâtel et le Tessin en 1891, Genève

en 1892, Zug, Soleure et Fribourg en 1894, Berne en 1895, Bâle en
1905, Schwytz en 1907, et le Valais en 1908. Le 11 août 1919, le
peuple suisse a ratifié une disposition constitutionnelle aux termes
de laquelle les prochaines élections du conseil national devront se
faire au système proportionnel.

Depuis 1908, le Danemark a la représentation proportionnelle
pour les élections municipales; et la constitution nouvelle du 5 juin
1915 a établi une application partielle de la représentation proportionnelle pour l'élection des chambres.

La loi électorale argentine du 10 février 1912 a établi le vote
limité et par là assuré dans une certaine mesure la représentation
des minorités.

La loi italienne du 10 septembre 1919 a institué la représentation proportionnelle par le système belge du diviseur électoral.
Mais au moment où nous écrivons, l'Italie se dispose à revenir au
système majoritaire. L'expérience de la proportionnelle paraît, en
effet, n'avoir pas été heureuse.

La constitution allemande du 11 août 1919 formulait le principe
de la représentation proportionnelle. Il a été mis en œuvre par la
loi du 27 avril 1920. Le système présente deux particularités : 1º le
nombre des députés, au lieu d'être fixé d'avance d'après le chiffre
de la population ou celui des électeurs, dépend du chiffre des
votants; l'assemblée sera d'autant plus nombreuse que le nombre
des votants aura été plus élevé; 2º il y a une superposition de listes;
les voix données aux listes du premier degré et qui sont inutili-
sées sont reportées sur une liste du deuxième degré.

La constitution fédérale autrichienne du 1er octobre 1920 a elle
aussi adopté le principe de la représentation proportionnelle.

Depuis l'établissement de la représentation proportionnelle en Belgique, un mouvement d'opinion très
actif s'est manifesté en France en faveur de cette
réforme qui, à la veille de la guerre, était énergiquement demandée par les représentants des partis les
plus opposés, et notamment MM. Jaurès, Charles
Benoist, Cochin.

A deux reprises, la chambre des députés a voté un
projet de loi établissant la représentation proportionnelle, — une première fois dans la troisième séance
du 10 juillet 1912, par 339 voix contre 217, sur l'intervention énergique de M. Poincaré, alors président du
conseil. Le principe de la représentation proportionnelle est repoussé par le sénat dans sa séance du
18 mars 1913 et, le 10 juin 1913, le sénat vote un
projet établissant le scrutin de liste sans représenta-

tion proportionnelle. Une seconde fois, le 18 novembre 1913, M. Barthou étant président du conseil, la chambre vote un projet de réforme électorale avec la représentation proportionnelle, par 333 voix contre 225. Une seconde fois, il est repoussé par le sénat dans sa séance du 10 mars 1914.

Aux élections générales d'avril-mai 1914, la question fut posée devant le corps électoral. Immédiatement après les élections, il fut assez difficile de savoir en quel sens s'était prononcé le corps électoral. Cependant, le 2 juillet 1914, sur la proposition de M. Charles Benoist, la chambre votait la résolution suivante : « La chambre, résolue à réaliser la réforme électorale par la représentation proportionnelle, compte sur sa commission du suffrage universel pour la mettre en état de statuer dans le plus bref délai possible. » Mais, le 10 juillet 1914, la commission du suffrage universel repoussait, par 20 voix contre 13, l'article 1er du projet de représentation proportionnelle que lui présentait le rapporteur, M. Groussier. La chambre se séparait le 13 juillet et le 3 août, à 6 h. 45 du soir, l'Allemagne déclarait la guerre à la France.

Après la guerre, tout le monde comprit que le scrutin de liste s'imposait, mais que son application pure et simple pouvait aboutir à l'exclusion totale des partis en minorité. Il parut donc équitable de combiner le scrutin de liste avec une certaine part faite au système proportionnel. D'un autre côté, il fallait aussi, pour se conformer aux traditions démocratiques et révolutionnaires, et pour constituer à la chambre une majorité de gouvernement, donner une prime à la majorité dans le pays. C'est ce double desideratum qu'a tenté de réaliser la loi du 12 juillet 1919. On ne saurait méconnaître que la tentative est assez heureuse et qu'avec quelques retouches de détail, la législation électorale qu'elle a créée peut être approuvée et maintenue.

Nous donnerons au paragraphe 88 le commentaire

de la loi du 12 juillet 1919. Mais, dès à présent, il faut
en indiquer les dispositions essentielles.

Les élections ont lieu au scrutin de liste par département et le nombre des députés varie en raison de la
population. Lorsque le nombre des députés à élire
par département est supérieur à six, celui-ci peut
être divisé en circonscriptions dont chacune aura à
élire trois députés au moins. Le sectionnement ne
peut être fait que par une loi.

Tout candidat ayant obtenu la majorité absolue est
élu dans les limites des sièges à pourvoir. Voilà la
part faite aux principes majoritaires.

S'il y a moins de candidats ayant obtenu la majorité absolue qu'il y a de députés à nommer dans la
circonscription, le système proportionnel joue avec
le quotient électoral, qui va être expliqué plus bas.
Il est attribué à chaque liste autant de sièges que sa
moyenne contient de fois le quotient électoral.

Il peut arriver, et en fait il arrive souvent, que tant
par l'attribution des sièges à la majorité absolue que
par l'application du quotient, il n'est pas pourvu à
tous les sièges auxquels la circonscription a droit. En
pareil cas, le siège ou les sièges restant à pourvoir
sont attribués à la liste ayant obtenu la plus forte
moyenne. C'est encore une prime donnée au principe
majoritaire.

Lorsque tous les sièges ont été ainsi répartis entre
les listes, soit par le procédé du quotient, soit par
celui de la plus forte moyenne, ils sont attribués dans
chaque liste aux candidats ayant obtenu le plus de
suffrages et au cas d'égalité de suffrage aux plus âgés.
Mais il faut, en outre, que le nombre des voix obtenues par chacun d'eux soit supérieur à la moitié du
nombre moyen de suffrages obtenu par la liste dont
il fait partie. Si le nombre des candidats ayant
obtenu ce minimum de voix est inférieur au nombre
des sièges à pourvoir, on procède à un second tour
de scrutin pour les sièges restant à pourvoir.

Lorsque le nombre des votants est inférieur à la moitié des inscrits ou si aucune liste n'a obtenu le quotient électoral, aucun candidat n'est proclamé élu, et l'on procède à un second tour de scrutin. Si à ce second tour aucune liste n'obtient le quotient électoral, sont élus les candidats qui obtiennent le plus de voix.

Pour l'histoire détaillée des débats parlementaires relatifs à la représentation proportionnelle, cons. Duguit et Monnier, *Les constitutions de la France*, 3e édit., 1915, *Notices historiques*, p. CLXXXVII et s.

Pour la réalisation pratique de la représentation proportionnelle, beaucoup de systèmes ont été proposés. Il suffit d'en indiquer deux qui sont assurément les meilleurs : le système du *quotient électoral* et le système du *diviseur commun*, ou système d'Hondt, ou système belge.

Système du quotient électoral. — C'est le système adopté par la chambre des députés française dans le projet voté par elle en 1912 et en 1913 et par la loi du 12 juillet 1919, mais qui ne joue que lorsqu'il y a moins de candidats ayant obtenu la majorité absolue qu'il n'y a de sièges à pourvoir (V. *supra* et § 88).

Qu'on suppose dans la circonscription électorale 6 députés à élire et 30.000 votants. On détermine d'abord le *quotient électoral*, en divisant le nombre des votants par le nombre des députés à élire, soit $\frac{30.000}{6} = 5.000$. Le quotient électoral est donc 5.000. Chaque liste aura autant de sièges que la moyenne des voix obtenues par ses candidats contiendra de fois le quotient électoral.

Supposons trois listes dont les moyennes de voix obtenues par chacune soient respectivement de 15.000, 10.000 et 5.000. La première liste aura $\frac{15.000}{5.000}$, c'est-à-dire 3 candidats élus; la seconde $\frac{10.000}{5.000}$, c'est-à-dire 2 candidats élus; la troisième $\frac{5.000}{5.000}$, c'est-à-dire un candidat élu. Ce sont évidemment les candidats de chaque liste qui ont obtenu le plus grand nombre de voix qui sont élus, dans les limites fixées pour chaque liste par l'application du quotient électoral.

Ce système très simple présente le grand avantage de ne changer aucunement les habitudes de l'électeur qui pourra voter après comme avant et faire à la liste pour laquelle il vote toutes les modifications qui lui conviendront. Mais il présente un grand inconvénient, celui résultant de la difficulté d'attribuer les restes, ou plus exactement les sièges à pourvoir quand (ce qui arrivera presque toujours) le nombre des voix obtenues par chaque liste n'est pas exactement divisible par le quotient électoral.

Supposons, par exemple, dans l'hypothèse qu'on vient d'indiquer, que la première liste ait obtenu 14.000 voix, la deuxième liste 9.000, la troisième 7.000. La première liste a $\frac{14.000}{5.000}$, soit deux sièges, plus un reste de 4.000 ; la deuxième liste $\frac{9.000}{5.000}$, soit un siège, plus un reste de 4.000 ; et la troisième $\frac{7.000}{5.000}$, soit un siège, plus un reste de 2.000. Il y a ainsi seulement quatre sièges pourvus sur six ; il reste donc deux sièges à pourvoir. A qui les donnera-t-on ?

Le système le plus simple est celui qui consiste à attribuer les sièges à pourvoir aux candidats, quelle que soit la liste à laquelle ils appartiennent, ayant obtenu le plus de voix après ceux proclamés élus par application du quotient électoral.

Ce n'est pas cependant ce système qui avait été accepté par la chambre des députés le 18 novembre 1913. C'est contre cette difficulté de l'attribution des restes que pendant longtemps est venue se heurter la chambre. On avait inventé un système dit d'*apparentement* départemental ou interdépartemental extrêmement compliqué, qui était tout simplement un piège tendu aux proportionnalistes par les adversaires de la réforme.

On a vu que la loi du 1er juillet 1919 attribue ces sièges aux candidats non encore proclamés élus, ayant obtenu le plus de voix et appartenant à la liste qui a la plus forte moyenne.

Système du diviseur commun ou système d'Hondt. — C'est le système pratiqué en Belgique depuis 1899. Il a le grand avantage d'écarter la question des restes. En voici le principe :

Supposons une circonscription dans laquelle il y a cinq députés à élire, 47.000 suffrages exprimés et quatre listes qui ont obtenu respectivement 24.000, 11.000, 9.000 et 3.000 voix. Puisqu'il y a quatre listes, on divisera successivement chacun de ces nombres par 1, 2, 3 et 4 ; on obtient :

Division par 1 : 24.000, 11.000, 9.000, 3.000.
Division par 2 : 12.000, 5.500, 4.500, 1.500.
Division par 3 : 8.000.....
Division par 4 : 6.000.....

On range les quotients ainsi obtenus dans l'ordre de leur importance numérique jusqu'à concurrence du nombre des députés à élire, dans l'espèce cinq. On obtient ainsi les cinq nombres suivants : 24.000, 12.000, 11.000, 9.000 et *8.000*. Le nombre 8.000 est le diviseur commun ou diviseur électoral.

Chaque liste aura autant de candidats élus que ce chiffre de 8.000 entre de fois dans le nombre de voix qu'elle a obtenues 8.000 entre trois fois dans 24.000, chiffre de voix obtenues par la première liste, elle aura trois députés. 8.000 entre une fois dans 11.000, nombre de voix obtenues par la deuxième liste, et une fois dans 9.000, nombre de voix obtenues par la troisième liste. La deuxième et la troisième liste auront chacune un député. 8.000 n'entre pas dans 4.000, nombre de voix obtenues par la quatrième liste ; par suite celle-ci n'aura aucun candidat élu.

Cf. Joseph Barthélemy, *L'organisation du suffrage et l'expérience belge,* 1912.

48. La représentation professionnelle ou syndicale. — L'établissement de la représentation proportionnelle ne serait point une réforme électorale suffisante. L'assemblée nommée suivant ce système ne représenterait que les individus et tout au plus les groupements d'individus en partis politiques et sociaux. Or il n'y a pas que les individus et les partis qui constituent une nation ; il y a d'autres éléments qui forment l'infrastructure résistante de l'édifice social : ce sont les groupements fondés sur la communauté des intérêts et des travaux, les groupements professionnels, en employant cette expression dans son sens le plus large. Si l'on veut se rapprocher de l'idéal que doit tendre à réaliser toute représentation politique, si l'on veut assurer dans le parlement la représentation de tous les éléments de la vie nationale, il faut placer, à côté de l'assemblée élue par les individus proportionnellement aux forces numériques des divers partis, une assemblée élue par les groupes professionnels.

Pas plus que la représentation proportionnelle, la représentation professionnelle n'est en opposition avec la théorie française de la représentation politique et de la souveraineté nationale. Esmein soutient le contraire : « Le principe de la souveraineté nationale exclut logiquement, dit-il, ce qu'on appelle la représentation des intérêts... Si ces groupes ont droit à une représentation propre, c'est que chacun d'eux doit être reconnu comme possédant une fraction de la souveraineté, sans qu'on ait à respecter aucune proportion entre le nombre de leurs membres et la population nationale dans son entier » (7ᵉ édit., 1921, I, p. 312).

Il y a là, nous semble-t-il, une erreur manifeste. Réduite à ses éléments simples, la théorie française de la représentation revient à ceci : il existe une volonté générale, une volonté de la nation distincte des volontés individuelles ; cette volonté est souveraine ; il faut autant que possible en assurer l'expression exacte. L'objet de cette volonté, si elle existe, est d'assurer le maintien de tous les éléments constitutifs de la nation. Or ces éléments sont non seulement les individus, mais aussi les groupes. On assurera donc la représentation de la volonté nationale à cette condition seule qu'on fasse figurer dans le corps représentatif tous les éléments constitutifs de la nation, les individus et les groupes. Bien loin d'être contradictoire avec le dogme de la souveraineté nationale, la représentation professionnelle en est, au contraire, la conséquence logique. Un parlement ne sera le représentant du pays qu'à la condition de comprendre les deux éléments qui le constituent : l'élément individuel et l'élément collectif.

Esmein (p. 314) pense que, pratiquement, la représentation professionnelle présenterait de graves dangers, parce qu'elle amènerait la prédominance des intérêts particuliers sur l'intérêt général. « Ce serait, dit-il, favoriser la lutte des intérêts et des forces, qui par eux-mêmes subissent déjà si difficilement le joug de la raison. »

On doit répondre que ce danger est beaucoup plus à craindre avec la représentation exclusive de la population, et que l'exemple de ce qui se passait en France avant la guerre sous le régime du scrutin uninominal d'arrondissement en est la preuve irrécusable. Au surplus, la représentation professionnelle, comme nous l'entendons, n'est point une représentation des intérêts de petits groupes, mais vraiment une représentation des différentes forces industrielles, professionnelles, qui agissent dans le pays et qui sont, on ne saurait le méconnaître, des éléments de premier ordre dans la vie nationale. C'est au législateur à organiser le système électoral qui assurera le mieux la représentation de ces grandes forces sociales. Nous ne saurions croire que cette représentation puisse faire prédominer les intérêts locaux et individuels sur les intérêts généraux. Ceux qui repoussent une pareille représentation sont dominés à leur insu par la pure doctrine individualiste, qui ne voit que l'individu et l'Etat et qui place l'individu isolé et impuissant vis-à-vis de l'Etat tout-puissant, ou plutôt vis-à-vis d'une majorité numérique omnipotente et tyrannique.

D'ailleurs le grand mouvement syndicaliste, qui se manifeste dans tous les pays et particulièrement en France, prépare pour un avenir prochain, qu'on le veuille ou non, la représentation professionnelle, qui sera essentiellement une représentation syndicale. Nous avons dit déjà (§ 22) comment ce mouvement tend à donner une structure juridique définie aux différentes classes sociales, c'est-à-dire aux groupes d'individus qui sont unis par l'égalité de besogne dans la division du travail social. Il y a là une force sociale considérable qui est en train de prendre conscience d'elle-même et de s'organiser.

Mais on a dit que c'était méconnaître le vrai caractère du mouvement syndicaliste, qui était un mouvement anti-étatiste et surtout anti-parlementaire, et que par conséquent le mouvement syndicaliste ne préparait nullement une représentation syndicale au parlement, que le mouvement syndicaliste était d'ordre économique et social et non d'ordre politique.

Nous répondons à cela qu'il n'y a pas, qu'il ne peut y avoir d'opposition entre la force économique et sociale d'une part et la force politique d'autre part ; que du moins, si cette opposition existe, elle ne peut être qu'anormale et transitoire. Nous avons déjà montré (§ 22) qu'il n'y a d'organe politique viable et actif que celui qui représente un élément social et que d'autre part tout élément social fort et cohérent devient par là même une force politique s'exerçant directement ou par représentation. Dès lors, du moment où le syndicalisme sera devenu un des éléments essentiels de la structure nationale, il sera par là même

une force politique, et sa représentation s'organisera
spontanément.

Cf. mon article, *La représentation syndicale au parlement,
Revue politique et parlementaire,* juillet 1911 (tirage à part); Marc
Sangnier, *Discours* à la Chambre des députés, 21 mai 1920. Deux
lois françaises ont fait l'application du principe de la représentation
professionnelle pour l'élection de corps qui, il est vrai, n'ont aucunement le caractère politique, la loi du 27 mars 1907 pour l'élection aux conseils de prud'hommes et la loi du 19 février 1908 pour
l'élection aux chambres de commerce.

49. Les gouvernements monarchiques. — Nous
employons ici le mot gouvernement pour désigner ce
que très souvent on appelle le *pouvoir exécutif.* Cette
dernière expression prête à beaucoup de confusions,
comme l'expression correspondante de pouvoir législatif. Le mot gouvernement est lui-même employé
dans deux sens différents. Nous avons déjà désigné
par le mot gouvernement l'ensemble des organes
directeurs de l'Etat. En parlant ici du *gouvernement,*
nous avons en vue cet organe que, dans la langue
politique moderne, on oppose au parlement, qui est
placé à côté de lui, au sommet de l'Etat, souvent sous
son contrôle, et qui joue particulièrement le rôle actif
dans la direction des affaires publiques. Le gouvernement n'est pas toujours un pouvoir au sens vrai du
mot; il ne l'a peut-être jamais été, et, en tout cas, il
l'est de moins en moins. De plus, l'expression pouvoir
exécutif semble impliquer que le gouvernement a
toutes les attributions qu'on qualifie communément
d'exécutives et a seulement celles-là; or, ce n'est point
exact, car le gouvernement n'a point toutes les fonctions qualifiées d'exécutives, et il a certaines fonctions
qui, certainement, ne sont pas exécutives. Bref, parler
du pouvoir exécutif et du pouvoir législatif, c'est
prendre parti sur l'existence, le sens et la portée de la
séparation des pouvoirs. Nous nous sommes expliqué
à cet égard (cf. §§ 43 et 44).

La structure, les caractères du gouvernement proprement dit sont assez variables. Cependant, sa forme
habituelle est celle-ci : un individu est titulaire de

toutes les attributions qui appartiennent au gouvernement; il a des collaborateurs, des subordonnés appelés ministres, dont le rôle politique est variable, et qui ont surtout un rôle important lorsque le gouvernement est *parlementaire*. Ainsi, le plus habituellement, le gouvernement a une structure unitaire; le haut personnage qui personnifie le gouvernement est le chef de l'État. Plus rarement, la structure du gouvernement est collective. Il en a été ainsi en France sous le Directoire, et il en est ainsi aujourd'hui en Suisse.

Les chefs d'État personnifiant le gouvernement sont, dans quelques pays européens, héréditaires; d'après l'expression consacrée, les gouvernements y sont monarchiques. Nous ne voyons pas, en effet, d'autre différence possible entre la monarchie et la république que celle-ci : la monarchie est la forme de gouvernement dans laquelle il y a un chef d'État héréditaire; la république celle où il n'y a pas de chef d'État, ou celle dans laquelle le chef de l'État n'est pas héréditaire.

La monarchie peut être despotique, absolue ou limitée.

La monarchie *despotique* et la monarchie *absolue* ont cela de commun que le monarque réunit tous les pouvoirs et que sa puissance n'est point limitée par la présence à côté de lui d'un autre organe, par la présence d'un parlement. Montesquieu a parfaitement indiqué la différence entre la monarchie despotique et la monarchie absolue. Seulement il appelle simplement *monarchie* ce que nous appelons monarchie absolue. « Le gouvernement monarchique, dit-il, est celui où un seul gouverne, mais *par des lois fixes et établies*, au lieu que dans le despotique, un seul sans loi et sans règle entraîne tout par sa volonté et ses caprices » (*Esprit des lois*, liv. II, chap. 1). Ainsi, en effet, dans la monarchie absolue, le monarque fait la loi; mais il est lié par la loi qu'il fait lui-même. Dans la *despotie*, le chef commande sans être lié par aucune règle générale.

Il importe de noter d'ailleurs que si l'on parle de l'absolutisme et du despotisme à propos de la monarchie, c'est parce que, dans l'histoire, ce sont les monarchies qui se sont présentées le plus souvent avec ces caractères. Mais tout gouvernement peut être despotique ou absolu, un gouvernement républicain comme un gouvernement monarchique. Il y a *despotisme* toutes les fois qu'un gouvernement, composé d'un seul ou de plusieurs, commande sans être limité par des lois préétablies; il y a *absolutisme* toutes les fois qu'il n'y a qu'un seul organe de gouvernement réunissant en lui tous les pouvoirs, mais se considérant comme limité par des règles générales, préétablies par lui-même.

La monarchie peut être despotique ou absolue, quelle que soit son origine. Souvent les monarques absolus se sont présentés comme investis de leur pouvoir par la divinité elle-même. L'empereur de Russie, empereur absolu jusqu'aux réformes de 1905-1906, était en même temps chef de la religion orthodoxe. Les rois de France du XVIIᵉ et du XVIIIᵉ siècles rattachaient leur pouvoir absolu à une délégation divine (cf. § 10). Mais le principe de la souveraineté originaire du peuple n'exclut point forcément l'absolutisme, même le despotisme monarchique. Le despotisme politique n'a pas eu de défenseur plus logique et plus énergique que l'anglais Hobbes, qui affirmait l'existence du contrat social et de la souveraineté originaire du peuple, mais qu'il n'y avait de société politique possible qu'à la condition que chacun fît abandon complet à un seul ou à quelques-uns de son indépendance naturelle. Et J.-J. Rousseau, tout en affirmant l'inaliénabilité de la souveraineté, aboutissait à l'absolutisme de la majorité, qui ne vaut pas mieux que celui d'un roi.

Les monarchies limitées. — Les monarchies modernes sont des monarchies limitées. A côté du monarque et partageant avec lui les pouvoirs directeurs de l'Etat existe un autre organe, un parlement en général, dont une partie au moins est élue à un suffrage plus ou moins étendu.

Nous avons montré au paragraphe 22 que la monarchie limitée est, comme tout gouvernement *mixte* ou composé, le résultat de la coexistence dans un pays donné de deux ou plusieurs forces sociales ou gouvernantes qui s'organisent politiquement, se partagent la puissance politique et se pondèrent réciproquement. C'est un fait naturel aux sociétés modernes à structure complexe, ayant un long passé historique. La monarchie limitée est la forme politique qui, dans certains pays modernes, groupe encore dans une collaboration continuelle et réglée les forces gouvernantes coexistant dans ces mêmes pays.

Si on laisse de côté les fictions et les hypothèses, si l'on n'admet, comme nous, que les faits, si l'on ne voit dans les gouvernants que des individus ou des groupes d'individus exprimant leur volonté propre, pouvant l'imposer par la force sociale dont ils disposent, quand elle est conforme au droit, la monarchie limitée ne soulève aucune difficulté. La loi, par exemple, y est le résultat du concours de volontés du monarque et du parlement. A cela nous n'apercevons aucune difficulté. Inutile d'ailleurs même de faire intervenir la notion de volontés concourantes, formant une volonté unique qui nous ramènerait à l'hypothèse et à la fiction. Il y a des volontés individuelles qui se conditionnent réciproquement et rien de plus.

Mais, au contraire, si comme la majorité des auteurs on admet le principe de la souveraineté une et indivisible appartenant à un sujet de droit, on se trouve en présence d'un problème insoluble, le problème des *gouvernements mixtes.*

Si le monarque prétend à un droit antérieur à celui du peuple, un droit qu'il tiendrait de son hérédité, soit par prescription, soit par concession divine, on ne voit pas comment son pouvoir pourrait être limité par des organes représentatifs de la volonté nationale. Le roi peut bien alors concéder quelques libertés et quelques garanties, autoriser même la réunion d'une assemblée élue. Mais ces concessions ne peuvent être que précaires et révocables à la volonté du monarque.

Avec le principe de la souveraineté inaliénable, une et indivisible de la nation, on ne peut faire la théorie juridique de la monarchie limitée qu'en faisant de la monarchie, suivant l'expression du XVIII° siècle, une simple *commission* toujours révocable à la volonté du peuple. Or, évidemment, une pareille conception juridique n'est pas conforme à la réalité des faits. Il est incontestable que dans toutes les monarchies modernes, même les plus libérales, le roi est considéré comme détenteur d'une part de la souveraineté, ou, plus exactement, comme collaborant à l'exercice de la souveraineté, et, en fait, il participe vraiment à l'exercice de cette souveraineté. Si l'on ne peut voir en lui un représentant de la volonté nationale, il faut y voir la personnification d'un autre élément de puissance publique, d'une force sociale qui fait sentir son action dans ces pays à côté de la force appelée souveraineté nationale.

Pour Esmein, *Droit constitutionnel*, 7° édit., 1921, p. 301 et s., toute conciliation est impossible entre la forme monarchique et le principe de la souveraineté nationale. Ainsi pour le savant auteur le régime politique de l'Angleterre, de l'Espagne, de l'Italie, de la Belgique est quelque chose d'anormal et de contradictoire.

50. Les gouvernements républicains. — Ce sont tous les gouvernements, dont le titulaire unique ou les titulaires en collectivité ne sont pas héréditaires, n'ont qu'un pouvoir viager ou temporaire. Peu importe donc que le gouvernement soit confié à un seul homme, ou qu'il soit exercé par une collectivité; il sera républicain, s'il n'y a pas hérédité. Le gouvernement qui appartiendrait à un collège de personnes héréditaires ne serait point, à notre avis, gouvernement républicain.

Un pareil gouvernement ne paraît pas impossible ; mais à notre connaissance l'histoire n'en offre pas d'exemple. Si tous les pouvoirs non héréditaires étaient concentrés entre les mains d'un seul ou entre les mains d'une collectivité, il y aurait un gouvernement républicain absolu ou despotique.

Sur le principe même de l'organisation du gouvernement républicain, deux tendances se partagent les Etats républicains modernes.

Suivant l'une, qui procède directement de Rousseau, le gouvernement républicain n'est qu'une *commission*, un *emploi*. L'individu ou les individus qui le forment n'ont point le caractère de représentants de la nation ; ils sont simplement des agents d'exécution, les commis du parlement, qui seul représente la volonté nationale ; ils doivent rendre compte de tous leurs actes au parlement, devant lequel ils sont responsables ; ils doivent lui obéir en tout et ne peuvent exercer sur lui aucune action. La constitution de 1793 avait voulu réaliser cette conception (art. 65).

Dans une autre conception, au contraire, l'individu ou les individus qui forment le gouvernement sont véritablement des représentants de la souveraineté nationale au même titre que le parlement ; ils constituent un organe, qui marche l'égal du parlement, soit que l'on admette que la souveraineté est partagée entre ces deux organes (théorie rigide de la séparation des pouvoirs), soit que l'on considère que les deux organes collaborent à l'exercice de la souveraineté, mais y participent d'une manière différente à cause de leur structure différente. Le gouvernement peut, doit peut-être même être soumis ici encore au contrôle du parlement, mais il pourra exercer à son tour une action sur le parlement ; et la garantie de la liberté résultera précisément de cette action réciproque des deux organes l'un sur l'autre.

Nous ne voyons pas que l'existence d'un organe de gouvernement, ayant le caractère représentatif, placé à côté du parlement élu et collaborant avec lui à l'activité de l'Etat, puisse être une atteinte aux principes démocratiques et républicains. Nous croyons au contraire qu'elle en sera l'application et la garantie. La tyrannie sanglante de la Convention, assemblée unique réunissant les pouvoirs de législation et de direction, est, ce nous semble, une expérience suffisante.

Mais nous reconnaissons volontiers que c'est un problème délicat de déterminer la composition et le mode de nomination de l'organe représentatif d'exécution. Si on le constitue par un seul individu, nommé au suffrage universel, il est à craindre que dans un pays comme la France, centralisé politiquement et administrativement, imprégné de monarchisme, voire même de césarisme, le chef du gouvernement n'aspire et peut-être n'arrive à la dictature. Le coup d'Etat du 2 décembre 1851, fait par le prince Louis-Napoléon, président de la République, élu au suffrage direct et universel, démontre que des craintes de ce genre ne sont pas chimériques. Si le chef de l'Etat est élu par un suffrage restreint, il est sans autorité et sans force sur le parlement élu au suffrage universel. Le mode d'élection de notre président de la République actuel est la cause principale de son rôle de plus en plus effacé. Si l'on confie le gouvernement à un collège, on court le risque de rompre son unité et de créer au sommet de l'Etat une véritable anarchie. La période du Directoire de l'an III à l'an VIII, pendant laquelle le pouvoir gouvernemental appartient à cinq directeurs, est marquée par une série de coups d'Etat et des conflits de tout genre, dont la cause principale est l'anarchie gouvernementale provenant assurément de la collégialité du gouvernement.

La constitution de 1875 a créé un président de la République qui personnifie le gouvernement et qui a véritablement caractère de chef d'Etat. Aujourd'hui, en fait, à beaucoup d'égards, le président de la République est traité comme un simple agent ; mais il est facile d'établir que, d'après le droit de 1875, le président de la République a véritablement le caractère représentatif et que le gouvernement qu'il personnifie est à côté du parlement un second organe de représentation.

Quand, le 24 mai 1873, sur l'interpellation du duc de Broglie et le vote de l'Assemblée nationale, M. Thiers fut obligé de se retirer, le maréchal de Mac-Mahon fut élu président de la République. Après les tentatives infructueuses d'une restauration monarchique au profit du comte de Chambord, est votée la loi du 20 novembre 1873, dite *loi du septennat*, dont l'article 1er porte : « Le pouvoir exécutif est confié pour sept ans au maréchal de Mac-Mahon... à partir de la promulgation de la présente loi ; ce pouvoir continuera à être exercé avec le titre de président de la République et dans les conditions actuelles jusqu'aux modifications qui pourraient y être apportées par les lois constitutionnelles. » Le nouveau président de la République n'est pas, comme M. Thiers, responsable politiquement devant l'assemblée, puisqu'une durée fixe de sept années lui est assurée. On crée en la personne du Maréchal une sorte de monarchie constitutionnelle. Ne pouvant faire une monarchie définitive, l'Assemblée fait une monarchie temporaire. On dit bien, dans l'article 1er de la loi, que « le président continuera à exercer le pouvoir exécutif dans les conditions actuelles ». Mais ces expressions ne peuvent viser la loi des Trente (L. 13 mars 1873) faite spécialement en vue de M. Thiers ; elles ne peuvent pas davantage impliquer une responsabilité du Maréchal devant l'Assemblée, puisqu'on donne à ses pouvoirs une durée fixe de sept années. Le président devenait vraiment roi constitutionnel pour sept ans, et de même qu'au roi constitutionnel on reconnaît le caractère représentatif, de même on l'attribuait au président de la République.

Votée après de longues péripéties, la loi du 25 février 1875 reconnaît implicitement au président de la République le caractère qui lui était donné par la loi du 20 novembre 1873. Le maréchal de Mac-Mahon n'était que le premier président de la série indéfinie des présidents futurs de la République. L'amendement Wallon, devenu l'article 2 de la loi constitutionnelle du 25 février 1875, règle le mode de nomination du président, mais ne détermine point son caractère juridique. Il reste fixé par la loi du 20 novembre 1873. La loi constitutionnelle nouvelle ne se borne pas, comme les *septennalistes* le demandaient, à organiser une république de sept ans; elle fait de la république le gouvernement définitif du pays; elle organise le gouvernement, mais elle ne change rien au caractère du président de la République tel qu'il avait été fixé par la loi du 20 novembre.

Ainsi, d'après la constitution de 1875, le président de la République est chef d'État personnifiant le gouvernement; il est investi du pouvoir exécutif; il n'est pas un simple agent du parlement; il est, comme le parlement, un organe de représentation. Mais, en fait, sous l'action de causes qui seront étudiées plus loin (§ 53), le président de la République tend à n'être plus qu'un simple agent, un simple commis du parlement, et le gouvernement à n'être plus un organe de représentation, mais seulement une autorité administrative.

51. Des rapports du parlement et du gouvernement. — Lorsque l'individu ou les individus, qui exercent les fonctions de gouvernement, ne sont rien autre chose que les agents ou les commis du parlement, la question de leurs rapports avec le parlement ne soulève aucune difficulté. Ils ne peuvent exercer aucune action sur le parlement; ils ne peuvent, par exemple, ni l'ajourner ni le dissoudre; ils sont responsables de tous leurs actes devant lui; il doit pouvoir à chaque instant les congédier; ils sont les simples exécuteurs de ses volontés. Ce système aboutit incontestablement à la concentration de toute la puissance entre les mains du parlement. C'était l'idéal des auteurs de la constitution montagnarde en 1793, et c'est celui de l'école radicale actuelle.

La question des rapports du gouvernement et du parlement devient très délicate, quand les hommes qui, en fait, sont investis des fonctions gouvernementales ne sont pas considérés comme les simples commis du parlement. La solution de cette question présente en même temps une importance de premier ordre. Si, en effet, un seul organe politique concentre tous les pouvoirs, c'est fatalement l'arbitraire, la tyrannie. Il faut donc deux organes politiques. Mais si les rapports de ces deux organes ne sont pas ingénieusement réglés, des conflits, des coups d'État, des révolutions sont à craindre ; l'expérience le prouve.

On peut concevoir que le chef du gouvernement, auquel on reconnaît un droit propre ou qui s'attribue en fait et en droit le caractère de représentant de la volonté nationale, concentre, en vertu de ce droit propre ou de ce caractère représentatif, tous les pouvoirs, mais néanmoins consente à l'élection du parlement venant limiter son pouvoir législatif, la loi ne pouvant être faite que du consentement du parlement et du chef de l'État. Un pareil système aboutit incontestablement à la subordination complète du parlement au chef de l'État et peut, suivant le tempérament de celui-ci et les circonstances, équivaloir, à peu de chose près, à un régime de monarchie absolue. La présence d'un parlement élu, quelque limités que soient ses pouvoirs, constitue cependant au profit des gouvernés une garantie dont il ne faut pas méconnaître l'importance, et parfois un pareil régime a conduit, par la force des choses, à l'établissement d'un véritable système parlementaire.

Si au contraire les deux organes, parlement et gouvernement, sont considérés comme ayant une puissance égale, soit parce qu'ils émanent de deux élé-

BIBLIOTHÈQUE NATIONALE

ments différents auxquels cependant appartient en fait une force égale, soit parce qu'on voit dans l'un et l'autre des organes de représentation de la volonté nationale, comment doivent se régler leurs rapports?

La solution du problème a d'abord apparu dans le système de la séparation des pouvoirs : le parlement, a-t-on dit, est organe de représentation pour le législatif et le gouvernement organe de représentation pour l'exécutif. C'est le système que les auteurs de la constitution de 1791 croyaient trouver en Angleterre et dans l'*Esprit des lois*. Ils voulurent l'instituer en France; on sait au prix de quelles contradictions et quel en fut le résultat (cf. *supra*, § 43). En l'an III et en 1848, on voulut revenir à ce système sans plus de succès.

52. Le régime parlementaire. — La solution la plus élégante et la plus pratique du problème posé, et en même temps celle qui assure les meilleures garanties à la liberté, est assurément l'institution du régime *parlementaire*. Sans doute, il n'y a pas là un mécanisme créé de toutes pièces par les théoriciens politiques à la manière de Siéyès. Elaboré surtout par la pratique du peuple anglais, le régime *parlementaire* ou *gouvernement de cabinet* a été transporté sur le continent, particulièrement en France, où de 1814 à 1848 il s'est développé et précisé. Aujourd'hui, quoique produit spontané de l'histoire politique, le régime parlementaire, tel qu'il est sorti de l'évolution naturelle, nous apparaît avec des caractères parfaitement définis, qu'il n'est point inutile de mettre en relief.

Il repose essentiellement sur l'égalité des deux organes de l'État, le parlement et le gouvernement, sur leur intime collaboration à toute l'activité de l'État et sur l'action qu'ils exercent l'un sur l'autre afin de se limiter réciproquement. Cette collaboration des deux organes et cette action réciproque qu'ils doivent exercer l'un sur l'autre sont assurées par un élément qui est la pièce essentielle de la machine politique, le conseil des ministres ou ministère ou cabinet.

La première condition pour qu'un régime parlementaire puisse fonctionner normalement, c'est que le parlement et le gouvernement soient égaux en prestige et en influence, quelle que soit d'ailleurs l'origine de ces deux organes. Si le parlement se trouve, pour une raison ou une autre, dans une situation d'infériorité à l'égard du chef de l'Etat personnifiant le gouvernement, l'équilibre est rompu et le régime parlementaire fait bientôt place à la dictature personnelle.

La constitution de 1875 a placé à côté d'un parlement, dont les deux chambres sont issues du suffrage universel, l'une, du suffrage universel direct, l'autre, du suffrage universel à deux ou plusieurs degrés, un chef d'Etat, personnifiant le gouvernement, qui se trouve forcément, à côté des chambres, dans une situation inférieure, surtout parce qu'il est l'élu des chambres et que de ce fait même il est sans action effective sur elles. Les circonstances peuvent faire que tel président soit dans une situation particulière où son autorité forme un véritable contrepoids à celle du parlement; mais ce sera une situation tout exceptionnelle; normalement, le chef de l'Etat ne peut pas être, dans le système de 1875, l'égal du parlement. Aussi, nous ne pratiquons plus aujourd'hui, en réalité, le régime parlementaire tel que l'avaient compris les constituants de 1875 (cf. § 53).

Le second caractère du régime parlementaire dérive directement du premier. Les deux organes politiques étant égaux devront collaborer à toutes les fonctions de l'Etat. On ne doit point parler alors de séparation des pouvoirs, parce que les pouvoirs sont les différents éléments de la souveraineté démembrée entre différents organes de représentation, et qu'ici la souveraineté, si elle existe, n'est point démembrée. Elle reste intacte dans son unité et son indivisibilité, et elle est exercée en représentation par les deux organes

de l'Etat agissant de concert. La vieille règle du
droit anglais, que le parlement est *un* et comprend
dans son unité la couronne, la chambre des lords et
la chambre des communes, correspond très exactement à cet élément essentiel du régime parlementaire.

Mais ce n'est pas à dire que le gouvernement et le
parlement participent au même degré et de la même
manière à toutes les fonctions de l'Etat. Ayant une
structure différente, le parlement et le gouvernement
participent nécessairement aux fonctions de l'Etat
sous une forme différente. Et d'autre part, les fonctions de l'Etat étant diverses, leur mode d'accomplissement se présentant dans des conditions profondément différentes, le mode et le degré d'intervention et
du gouvernement et du parlement devront être différents. Si donc on ne doit pas parler de séparation
des pouvoirs entre le parlement et le gouvernement,
on peut parler de répartition des fonctions, ou mieux
de diversité de participation à l'accomplissement des
fonctions de l'Etat. Quelques exemples vont éclairer
cette proposition.

La vieille formule : au parlement le législatif, au
gouvernement l'exécutif, n'est point exacte sous le
régime parlementaire. Il faut dire : au parlement un
certain mode de participation au législatif et à ce
qu'on est convenu d'appeler l'exécutif; au gouvernement un certain mode de participation aussi au législatif et à ce qu'on est convenu d'appeler l'exécutif.

Au législatif le parlement participe parfois en proposant la loi, toujours en la discutant et en la votant;
au législatif le gouvernement participe en proposant
la loi, en prenant part à sa discussion, en la promul-
gant, parfois en la sanctionnant. Le gouvernement
souvent participe encore à la fonction législative en
formulant sous le contrôle direct du parlement des
règles générales appelées ordonnances ou règlements,
et cela dans une mesure qui varie beaucoup suivant

les pays et qui sera expliquée plus loin pour la France (cf. §§ 121 et 122).

Le parlement participe à l'exécutif en votant toute une série de mesures qui certainement n'ont pas le caractère législatif, et au premier chef en votant le budget annuel. Sans doute la partie du budget qui contient l'établissement de nouveaux impôts ou même seulement le maintien pour l'année d'impôts précédemment établis, en un mot le vote annuel de l'impôt, a le caractère législatif (cf. *supra*, § 30) ; mais toutes les dispositions du budget, qui fixent le montant des dépenses publiques et déterminent les crédits affectés aux différents services publics, n'ont point le caractère législatif ; et cependant leur vote rentre dans la fonction normale du parlement, agissant sur la proposition du gouvernement ; il en est de même de la décision portant règlement du budget. En outre, beaucoup de décisions purement administratives, dont le nombre et le caractère varient suivant les pays, ne peuvent être prises que par les chambres, en général sur la proposition du gouvernement, comme, par exemple, les autorisations d'emprunts. Enfin, indirectement, le parlement est associé à toute l'activité gouvernante, parce que cette activité s'exerce sous son contrôle continuel, avec la sanction de la responsabilité ministérielle.

Le dernier caractère du régime parlementaire est l'action réciproque que le parlement et le gouvernement exercent l'un sur l'autre.

L'action du gouvernement sur le parlement s'exerce d'abord par les communications, les conseils que le gouvernement non seulement peut, mais doit même adresser au parlement, les représentants du gouvernement devant assister à toutes les délibérations du parlement, non seulement pour répondre aux questions, mais encore pour y exercer un rôle actif et même y faire sentir une influence directrice. L'action du gouvernement se traduit encore dans le droit qui

doit lui être reconnu et qui lui est, en effet, reconnu
dans tous les pays parlementaires, sauf quelques
variétés de détail dans l'étendue et le mode d'exercice,
le droit de convoquer les électeurs pour procéder à
l'élection de la partie élective du parlement, le droit de
convoquer, d'ajourner, de proroger et de clôturer le
parlement, et enfin le plus important de tous et le
plus nécessaire, le *droit de dissoudre* la partie élective
du parlement et d'appeler les électeurs, dans un certain délai déterminé par la constitution, à de nouvelles
élections.

Le *droit de dissolution* du gouvernement, considéré
par un certain parti comme une survivance de l'absolutisme royal, est au contraire la condition indispensable de tout régime parlementaire et la garantie la
plus efficace du corps électoral, de la souveraineté
nationale contre les excès de pouvoir, les visées tyranniques, toujours à craindre, d'un parlement. Le gouvernement peut et doit dissoudre le parlement, quand
il estime que la politique suivie par lui ne répond pas
à la volonté du pays; il provoque ainsi un véritable
referendum; il doit convoquer les électeurs dans un
délai en général très court et se soumettre au verdict
prononcé par eux.

Mais ce droit de dissolution du parlement par le
gouvernement doit avoir et a sa contre-partie : elle
consiste dans le contrôle général et incessant que le
parlement a le droit d'exercer sur les actes du gouvernement et dans la responsabilité solidaire et politique
des ministres devant le parlement. Il faut que le gouvernement soit obligé de se retirer toutes les fois que
le parlement, ou même une des chambres, désapprouve la politique suivie par lui. Mais un pareil système, indispensable pour associer le parlement à
l'activité gouvernementale, ne saurait se concilier
avec les conditions de stabilité que doit présenter tout
gouvernement. Il fallait donc trouver le moyen de
concilier la stabilité gouvernementale avec la respon-

sabilité politique du gouvernement. La pratique constitutionnelle anglaise a donné la solution du problème.

Elle a mis à profit un vieux principe du droit
monarchique anglais. La maxime *The king can do
no wrong*, « Le roi ne peut mal faire », est une
ancienne règle du droit public anglais, qui se rattache
certainement au caractère de roi absolu appartenant
anciennement au monarque anglais. Le roi ne peut
mal faire, donc il est toujours irresponsable ; non
seulement il échappe à toute poursuite criminelle,
mais encore il ne saurait être atteint par une décision
quelconque du parlement critiquant la politique qu'il
a suivie. Sa personne est ainsi inviolable, et il est
irresponsable. Mais si le roi ne peut mal faire, il peut
être entouré de mauvais conseillers ; ceux-ci, parce
que le roi ne peut mal faire, ne peuvent invoquer,
pour écarter la responsabilité qui pèse sur eux, les
ordres du roi, et ils sont eux toujours responsables
devant le parlement. D'abord, ils ne furent responsables qu'individuellement, par la procédure spéciale
de l'*impeachment*, accusation mise en mouvement par
la chambre des communes, jugée par la chambre des
lords ; puis à la fin du xviiie siècle, ils deviennent responsables *solidairement* et *politiquement* devant la
chambre des communes. Dès lors, tout acte du roi doit
être fait avec le concours d'un ministre et contresigné
de lui, puisque celui-ci seul est responsable.

Ainsi la solution cherchée est trouvée. Le chef du
gouvernement est inviolable et irresponsable ; il est
placé au-dessus des partis ; il constitue l'élément
stable et permanent du gouvernement. Certains des
ministres qu'il choisit forment un conseil, un cabinet
suivant l'expression anglaise, se réunissant et délibérant sous la présidence d'un *premier ministre*, et dirigeant la politique du pays, sous leur responsabilité
politique et solidaire devant le parlement. Le cabinet
est ainsi l'élément changeant et responsable du gou-

vernement, et partant l'élément véritablement actif.

La dissolution et la responsabilité politique du cabinet sont les deux moyens essentiels par lesquels s'exerce l'action réciproque des deux organes l'un sur l'autre. Le cabinet est la pièce maîtresse du mécanisme. Il est le représentant du chef de l'État au parlement, le représentant du parlement auprès du chef de l'État. Désapprouvé par le parlement, il doit se retirer, à moins qu'approuvé par le chef de l'État, il ne fasse la dissolution. En ce cas, le corps électoral prononce son verdict devant lequel tout le monde doit s'incliner.

Finalement, le caractère le plus saillant du régime parlementaire est la responsabilité politique et solidaire du cabinet devant le parlement, et quand on le définit un régime politique où un chef d'État nomme des ministres, lesquels forment un conseil ou cabinet, solidairement et politiquement responsable devant un parlement, on en donne à tout prendre une définition qui n'est point critiquable.

53. Le régime parlementaire et la constitution de 1875. — La majorité de l'Assemblée nationale, en 1875, ne pouvant faire la monarchie parlementaire, a voulu faire une république sur ce modèle. Dans aucune de nos constitutions les règles du régime parlementaire n'ont été aussi nettement formulées, quoique d'une manière très concise, que dans nos lois de 1875. L'idée maîtresse du régime parlementaire les a inspirées : égalité et équilibre des organes supérieurs de l'État, le parlement et le gouvernement, action réciproque de ces organes l'un sur l'autre.

Éclairés par l'exemple de 1848, les auteurs de la constitution de 1875 n'ont pas voulu que le président fût trop fort et l'ont fait élire, non plus par le suffrage direct universel, mais par un congrès formé des deux chambres (L. 25 février 1875, art. 2). Le président de 1875 est néanmoins véritablement un représentant ; il a le droit d'initiative et le droit de *veto* suspensif en matière législative (L. 25 février 1875, art. 3, § 1, et

L. 16 juillet 1875, art. 7, § 2); il a le droit de dissoudre la chambre des députés avec le concours du sénat (L. 25 février 1875, art. 5). Le parlement n'est point permanent et sauf son droit de se réunir chaque année en une session ordinaire de cinq mois, le président de la République convoque, ajourne les chambres et prononce la clôture de leur session. Enfin le principe de la responsabilité politique et solidaire des ministres devant les chambres et le principe de l'irresponsabilité politique du chef de l'Etat sont expressément consacrés par l'article 6 de la loi du 25 février 1875. C'est même le seul texte constitutionnel français qui parle expressément de la responsabilité *politique* et *solidaire* des ministres.

Et cependant, malgré ces dispositions si précises, la France ne pratique certainement pas le système parlementaire tel qu'il s'était constitué en Angleterre à la fin du xviii° siècle. La prépondérance politique appartient assurément au parlement. Le président de la République n'est plus, en fait, considéré comme un organe représentatif de la volonté nationale, l'égal du parlement. Le droit de dissolution, le droit de *veto* sont devenus lettre morte, et depuis 1877 pas un président de la République n'a osé parler d'exercer ces droits. Enfin, la règle de l'irresponsabilité politique du chef de l'Etat a été souvent violée, puisque, des huit présidents qui se sont succédé au pouvoir depuis 1875, trois, le maréchal de Mac-Mahon, M. Grévy et M. Casimir-Périer, ont été obligés de se retirer avant l'expiration légale de leur mandat. Ainsi, sans être expressément violée, la constitution de 1875 a été déformée : elle établissait un régime parlementaire traditionnel fondé sur l'équilibre des deux grands pouvoirs de l'Etat, le gouvernement et le parlement; nous vivons sous un régime dans lequel la prépondérance appartient sans conteste au parlement.

Quelles sont les causes de cet état de choses? Elles sont multiples et diverses. Pour beaucoup de bons

esprits, le régime parlementaire est en soi et par
nature incompatible avec la démocratie. Né dans
l'Angleterre aristocratique, ce système si ingénieux
et si savant suppose un corps électoral très restreint,
avec des partis fortement organisés, agissant dans le
pays, préparant les élections, se retrouvant dans le
parlement et se succédant alternativement au pouvoir,
suivant que l'un ou l'autre obtient la majorité aux
élections générales. En France, pendant la Restauration et le Gouvernement de Juillet, avec un chef d'État
héréditaire et un corps électoral restreint, le régime
parlementaire a pu fonctionner dans des conditions
relativement normales. Mais cela, dit-on, est impossible avec le suffrage universel; l'organisation des
partis dans une démocratie est un rêve; d'autre part,
une assemblée élue au suffrage universel se considérera toujours comme omnipotente et tendra fatalement à annihiler les autres pouvoirs.

Il y a certainement dans cette observation une
grande part de vérité; cependant elle ne nous parait
pas concluante. Le suffrage universel, tel qu'il se
pratiquait en France avant la guerre, n'était ni édu-
qué, ni organisé; mais il n'est point établi qu'il ne
puisse pas l'être. On a montré aux paragraphes 47 et
48 que les idées de représentation proportionnelle et
de représentation professionnelle ont fait beaucoup
de chemin ces derniers temps; et rien ne prouve que
si l'on arrivait à substituer à une représentation dif-
fuse des individus une représentation organique des
individus et des groupes, le parlement ne pût être
l'organe d'un régime parlementaire fonctionnant
normalement.

Nous devons ajouter que le gouvernement parlementaire peut exister et rendre les services qu'on
attend de lui sans que cependant il réunisse exactement les mêmes caractères que ceux qu'il avait sous
le régime monarchique, avec le suffrage restreint. Au
fond, le régime parlementaire a pour but essentiel

d'assurer le contrôle des élus du peuple sur l'action du gouvernement, tout en maintenant la stabilité et la continuité gouvernementale. Ce double desideratum, la forme de gouvernement parlementaire que pratique la France a pu certainement le réaliser. Un système politique, qui a permis à notre pays de traverser sans commotion intérieure les événements tragiques et grandioses qui se sont accomplis de 1914 à 1919, qui lui a permis de nouer et de diriger les alliances qui se sont opposées aux prétentions démesurées et criminelles de l'Allemagne, qui lui permet maintenant de se diriger sûrement dans la route difficile et semée d'obstacles de tous genres qui doit conduire à l'établissement définitif de la paix et aux réparations auxquelles la France a un droit intangible, un pareil régime ne mérite point les critiques violentes qu'on lui a parfois adressées et qu'on lui adresse encore.

Le reproche principal fait au régime parlementaire tel qu'il est pratiqué en France, c'est l'impuissance dans laquelle se trouve personnellement le président de la République, qui, quoique ayant légalement le caractère de chef d'Etat, se trouve, dit-on, dépourvu d'action sur la direction des affaires publiques et doit contresigner les volontés changeantes et successives de ses ministres, ne pouvant dans le fait exercer aucune des prérogatives que lui accorde la constitution. On a souvent attribué cette impuissance du président de la République à son mode d'élection. Nous-même avons exprimé cette opinion. Etant l'élu des chambres, a-t-on dit, le président de la République ne peut pas exercer les pouvoirs que la constitution lui confère et qui devraient se traduire en une action effective sur le parlement; élu des chambres, par la force des choses il reste dans leur dépendance.

Assurément, il y a dans cette affirmation une part de vérité. Mais, après mûre réflexion, nous estimons finalement que, changerait-on le mode d'élection du président de la République, cela ne changerait rien

au rôle effacé qu'il joue, qu'il doit jouer dans la vie
politique du pays, et cela ferait perdre les avantages
de stabilité, de simplicité et de rapidité qu'assure
l'élection par les chambres. Qu'on imagine la vacance
présidentielle survenue pendant la guerre, comment
aurait-on pu procéder à l'élection du président au
suffrage universel ou même simplement au suffrage
des conseillers généraux ou des délégués des conseils
municipaux, comme on l'avait proposé. Il apparaît,
nous semble-t-il, que, dans un pays républicain, avec
un chef d'État, il n'y a que deux formes de gouvernement possible : ou le gouvernement présidentiel, sur
le modèle américain, ou le gouvernement républicain
parlementaire, tel que nous le pratiquons en France.
Ou bien le chef de l'État exerce lui-même les fonctions
gouvernementales, ses ministres sont ses secrétaires
et ne dépendent que de lui; ils n'ont pas entrée au
parlement devant lequel ils ne sont point politiquement responsables ; le président lui-même n'est point
politiquement responsable devant les chambres; ou
bien la république parlementaire, telle que nous la
pratiquons depuis quarante-huit ans sans qu'une seule
fois la lettre de la constitution ait été violée, sans
qu'une seule fois le fonctionnement de la machine
parlementaire ait été arrêté.

On ne veut point, on ne peut point faire disparaître
la responsabilité politique des ministres, et l'on veut,
en même temps, donner la décision au président de
la République que l'on veut cependant irresponsable.
C'est purement contradictoire et irréalisable. Un pareil
système créerait une dualité et rendrait bientôt tout
gouvernement impossible. Peut-on vraiment parler
du pouvoir personnel exercé par un premier ministre
qui est placé sous le contrôle permanent et singulièrement actif des deux chambres, lesquelles peuvent à
tout instant le renverser?

Malgré tout, malgré les déclarations troublantes de
M. Casimir-Périer et de M. Deschanel, qui l'un et

l'autre ont occupé la magistrature suprême, nous
pensons que, tout compte fait, notre système politique
est encore le meilleur que puisse pratiquer un grand
pays républicain et que la manière dont il s'est com-
porté pendant la période la plus tragique de notre
histoire en est une éclatante démonstration. Qu'il soit
sans défaut, personne ne le prétend. Qu'il soit le système qui en a le moins, c'est ce que nous ne pouvons
nous tenir de croire.

Le mieux est, pour clore ce paragraphe, de citer
un passage de la lettre libre publiée par M. Raymond
Poincaré dans le journal *Le Temps* du 27 septembre
1920 : « Que seraient d'ailleurs des ministres
qui accepteraient d'être responsables d'actes qui ne
seraient pas les leurs et de quel cœur croit-on qu'ils
les défendraient? Le président en serait réduit à ne
prendre jamais que des subalternes. Mais les chambres se lasseraient bien vite de n'avoir devant elles
que les prête-noms de l'irresponsabilité et elles ne
tarderaient pas à ouvrir le conflit. Pour éviter les
crises ministérielles, on se serait exposé aux crises
présidentielles... L'éternelle chimère des hommes est
de chercher à mettre dans les constitutions la perfec-
tion qu'ils n'ont pas en eux-mêmes... Il faut, pour
éviter les heurts et les cassures, que les cabinets gou-
vernent, que les chambres légifèrent et que le président conseille. »

Cons. Paul Lafitte, *Le suffrage universel et le régime parlementaire*, 1888; Moreau, *Pour le régime parlementaire*, 1903;
Micelli, *Revue du droit public*, 1895, II, p. 41; Bloch, *Le régime
parlementaire en France sous la troisième République*, thèse
Paris, 1905; J. Barthélemy, *Le rôle du pouvoir exécutif dans les
républiques modernes*, 1907, p. 622 et s., montre bien la déforma-
tion du rôle et du caractère que la constitution de 1875 attribuait
au président de la République. Cf. Duguit, *Traité de droit constitutionnel*, 2e édit., II, 1923, p. 639 et s.

DEUXIÈME PARTIE

LE DROIT ET L'ÉTAT
LES LIBERTÉS PUBLIQUES

———

54. Notions générales. — Il n'y a pas de droit sans société; il n'y a pas de société sans droit. L'État n'étant pas autre chose que le gouvernement d'une société humaine, il ne peut pas y avoir d'État sans droit. L'État moderne vit en quelque sorte dans un milieu juridique; il ne peut vivre que dans un pareil milieu. Il est, suivant l'expression allemande, un *État de droit*, un *Rechtsstaat*, un État dont le but, la raison d'être unique, est la réalisation du droit; il est obligé par le droit antérieur à lui de réaliser le droit, sans quoi il ne serait plus l'État (cf. §§ 14-16).

On a montré (§ 14) que, pour réaliser le droit, l'État intervient de trois manières : 1° en faisant la loi, c'est-à-dire en constatant les règles de droit et en formulant des règles générales destinées à en assurer la réalisation (législation normative et législation constructive); 2° en faisant des actes juridiques proprement dits qui prennent le nom d'actes administratifs; 3° enfin en faisant des actes juridictionnels.

Dans l'évolution générale des sociétés politiques, nous sommes arrivés aujourd'hui à ce qu'on peut appeler la *période législative;* ce qui veut dire que dans les pays civilisés la plus grande partie des règles de droit sont constatées par des lois positives, et que de nombreuses lois constructives existent pour assurer la réalisation des normes juridiques. On peut dire que le droit des sociétés modernes civilisées coïncide approximativement avec le droit législatif de ces sociétés. Sans doute la coutume joue encore un rôle ; mais ce rôle, quoique notable, n'est pas assez important cependant pour qu'on ne puisse le négliger dans une théorie générale de l'État de droit. Aussi dirons-nous que l'État moderne, en tant qu'il administre et qu'il juge, ne peut agir que conformément à la loi ; il est lié par la loi en ce sens que ses agents administratifs et juridictionnels ne peuvent faire aucun acte qui ne soit permis ou ordonné par la loi, en ce sens que tout acte fait en violation de la loi est nul, que tout acte fait en vue de créer une obligation à la charge de l'État s'impose à lui, en ce sens enfin que l'État peut être partie devant ses propres juridictions et se trouve lié comme tout simple citoyen par leurs décisions.

Mais si l'État administrateur et juge est lié par la loi qu'il a faite, est-il libre de faire la loi qu'il veut ? L'État législateur est-il aussi lié par le droit ? Y a-t-il certaines lois qu'il ne peut pas faire juridiquement ? Y en a-t-il certaines autres qu'il est obligé juridiquement de faire ? Nous avons déjà dit qu'il fallait que l'État législateur fût lié par le droit, que le droit était antérieur et supérieur à l'État et qu'il s'imposait par conséquent à lui (cf. § 16). Le moment est venu de montrer particulièrement quelle place occupe dans le droit moderne cette conception et de déterminer dans quelle mesure l'État législateur est lié *négativement* et *positivement* par le droit.

55. Le droit et la loi. — Nous avons essayé de montrer aux paragraphes 5-7 et 16 que le fondement du droit est la solidarité ou interdépendance sociale, que tous les membres de la société sont obligés par la règle de droit de ne rien faire qui soit contraire à la solidarité sociale et de faire tout ce qui est en leur pouvoir pour en assurer la réalisation, que s'il y a des droits, ils dérivent de cette règle de conduite,

que tout homme a le devoir de collaborer, dans la
mesure où il le peut, à la réalisation de la solidarité
sociale et de ne rien faire qui puisse empêcher les
autres d'y collaborer. Nous avons essayé de montrer
que le droit étant ainsi fondé sur la solidarité sociale
s'impose aux détenteurs de la puissance politique, à
l'État, qu'il en résulte pour lui l'obligation de ne faire
aucune loi susceptible de porter atteinte au libre
développement de l'activité individuelle, parce que le
libre développement de l'activité individuelle est nécessaire pour que la solidarité sociale puisse se réaliser
et se développer. L'État peut toutefois limiter le libre
développement des activités individuelles, mais seulement dans la mesure où cela est nécessaire pour que
ces activités individuelles ne se gênent pas réciproquement ; il peut limiter la liberté de chacun dans la
mesure où cela est nécessaire pour protéger la liberté
de tous.

La doctrine de la solidarité conduit encore à cette
conséquence que l'État est obligé de faire certaines
lois. Il est obligé de mettre la puissance dont il dispose
au service de la solidarité sociale ; par conséquent il
est obligé par le droit de faire toutes les lois qui
assureront à chacun la possibilité matérielle et morale
de collaborer à la solidarité sociale, par exemple de
faire des lois assurant à chacun gratuitement un
minimum d'enseignement, assurant les ressources
suffisantes pour vivre à tout individu incapable de se
les procurer par son travail et enfin des lois permettant à tout individu qui peut et veut travailler de se
procurer du travail. Nous croyons même qu'en vertu
du droit fondé sur la solidarité sociale, l'État a le
devoir de faire des lois imposant à tous le travail,
non pas une forme déterminée de travail, mais le
travail en soi. Il n'est pas permis à un membre du
corps social de ne rien faire, et il n'est pas permis à
l'État de ne pas l'obliger à faire quelque chose.

Nous croyons fermement que les sociétés moder-

nes et au premier rang la société française sont en
train d'évoluer vers cette conception *socialiste* ou plutôt *solidariste*. Notre droit public et notre droit privé
s'en pénètrent chaque jour davantage. Les lois du
15 juillet 1893 sur l'assistance médicale gratuite, du
27 juin 1904 sur les enfants assistés, du 14 juillet 1905
sur l'assistance aux vieillards et aux incurables, des
17 juin et 30 juillet 1913 sur l'assistance aux femmes
en couches et du 14 juillet 1913 sur l'assistance aux
familles nombreuses se rattachent directement à cette
évolution.

Les fondateurs du droit public français moderne,
qui ont compris très nettement que l'État législateur
est et doit être limité par le droit, ont fondé cette
limitation de l'État sur la doctrine individualiste
(cf. §§ 3, 4, 16). De même que le législateur de la
Révolution a élaboré toute une théorie de l'État, de
même il a édifié toute une doctrine relative au fondement du droit et à la limitation de l'État législateur.
Elle est contenue dans les Déclarations des droits de
1789, de 1793 et de l'an III, particulièrement dans
celle de 1789, et aussi dans les dispositions constitutionnelles placées en général sous la rubrique : *De la
garantie des droits*, et appelées pour cela les *garanties
des droits*. Toute cette doctrine est rigoureusement
individualiste et la Déclaration des droits de 1789 en
est l'expression tout à la fois la plus exacte et la plus
complète.

Elle occupe une place de premier ordre dans l'histoire des idées ; elle est encore à la base de nos codes,
bien que notre droit se pénètre chaque jour davantage
de socialisme, à l'insu même de ceux qui l'élaborent
ou qui l'appliquent. Le tort des auteurs des constitutions et des Déclarations des droits de l'époque révolutionnaire et encore de certains publicistes, c'est d'avoir
vu et de voir dans la doctrine individualiste un dogme
intangible et définitif, vrai dans tous les temps et dans
tous les pays, quand ce n'était qu'un moment dans

l'histoire éternellement changeante des institutions
et des idées. Nous sommes à l'heure actuelle à une
époque de transition : le fondement *individualiste* de
la limitation des pouvoirs de l'Etat législateur fait
rapidement place au fondement *socialiste* ou *solidariste*. Mais nos Déclarations des droits occupent encore
une place trop considérable dans le droit français
pour que nous ne les prenions pas pour point de
départ dans notre étude de la limitation de l'Etat
législateur par le droit.

Aussi bien, nous reconnaissons volontiers qu'à
beaucoup d'égards, surtout au point de vue des obligations négatives de l'Etat, on arrive à peu près aux
mêmes conséquences pratiques avec la doctrine individualiste des Déclarations des droits et avec la doctrine de la solidarité. Mais sur beaucoup de points les
solutions théoriques et pratiques sont évidemment
bien différentes.

Dans la doctrine individualiste, si l'Etat ne peut
pas faire certaines lois, c'est parce que l'individu a
des droits subjectifs contre lui, et quand des lois
interviennent limitant les droits de chacun pour protéger les droits de tous, chacun conserve ses droits
subjectifs contre l'Etat qui les reconnaît. C'est ainsi
que la liberté, la propriété, reconnues et réglementées par la loi positive, sont et restent des droits subjectifs de l'individu opposables à tous, à l'Etat lui-
même.

Au contraire, d'après la doctrine de la solidarité,
l'individu n'a aucun droit, il n'a que des devoirs
sociaux ; l'Etat a le devoir de ne rien faire qui empêche l'individu d'accomplir ses devoirs sociaux et
notamment de développer librement son activité ; l'Etat
fait des lois pour réglementer les manifestations de
cette activité, en limitant l'activité de chacun pour
assurer le libre développement de l'activité de tous.
De cette intervention de l'Etat ne naît point un droit
subjectif pour l'individu contre l'Etat. La liberté, la

propriété, dans la doctrine de la solidarité, ne sont
point des droits subjectifs de l'individu contre l'Etat.
Peut-être peuvent-elles être le fondement de droits
subjectifs de l'individu contre d'autres individus et
encore soutiendrions-nous volontiers que non. Mais
assurément, vis-à-vis de l'Etat, la liberté et la propriété ne constituent pas des droits subjectifs.

De cette différence théorique très importante résultent certainement des conséquences pratiques que le
moment n'est pas venu de rechercher et qui appa-
raîtront d'elles-mêmes dans la suite de cet exposé.
Cependant on peut faire observer ici que d'après la
doctrine individualiste l'individu est libre de ne pas
travailler, de ne pas s'instruire, que dans la doctrine
solidariste, au contraire, il ne l'est pas et qu'une loi
imposant à tous l'obligation du travail et de l'instruction n'est point, dans cette doctrine, attentatoire à la
liberté.

Si en un sens, au point de vue des obligations négatives de l'Etat, on arrive à des solutions sensiblement
analogues avec la doctrine individualiste et avec la
théorie de la solidarité, il n'en est point ainsi en ce
qui concerne les obligations positives de l'Etat. Nous
sommes profondément convaincu que l'Etat est obligé
juridiquement de faire certaines lois, et notamment
d'organiser et d'assurer par ses lois l'enseignement,
l'assistance et le travail. On l'a montré plus haut :
cette obligation découle logiquement et naturellement
de la conception de la solidarité sociale. Au contraire,
il est absolument impossible de fonder ces obligations
positives de l'Etat sur les principes individualistes.
L'individualisme cependant a essayé de le faire ; il y
a complètement échoué ; cela est un puissant argument contre les doctrines individualistes et montre
l'insuffisance des Déclarations des droits qui les consacrent.

Sur les droits individuels en général, cf. notamment Hauriou,
Principes de droit public, 2ᵉ édit., 1916, p. 491 et s.; Esmein,

Droit constitutionnel, 7ᵉ édit., 1921, I, p. 539 et s., II, p. 512 et s. ;
Duguit, *Traité de droit constitutionnel*, 2ᵉ édit., III, 1923, p. 547
et s. ; Beudant, *Le droit individuel et l'État*, 1891.

56. Les Déclarations des droits. — Les Déclarations des droits de 1789, de 1793 et de l'an III, et
particulièrement celle de 1789, qui a servi de modèle
aux deux autres, sont l'expression très nette, très
exacte, de la doctrine individualiste. L'homme, en
venant au monde, apporte avec lui certaines prérogatives qui tiennent à sa nature, à sa qualité d'homme.
Suivant la conception cartésienne, le tout de l'homme
est la pensée, et ainsi tout homme a le droit naturel
et intangible de penser et d'extérioriser sa pensée,
c'est-à-dire de développer son activité physique, intellectuelle et morale. Le « *je pense donc je suis* » de Des-
cartes est à la fois le principe et la synthèse de toute
la doctrine individualiste. D'autre part, comme tous
les hommes ont une pensée, une activité, ils ont tous
un droit égal à développer leur activité. Tous les
hommes sont non seulement libres, mais ils sont tous
également libres ; et ainsi le principe d'égalité et le
droit de liberté forment les fondements de tout le
droit.

Dans la Déclaration des droits de 1789, on lit : « Les hommes naissent et demeurent libres et égaux en droits. Les distinctions sociales
ne peuvent être fondées que sur l'utilité commune. — Le but de
toute association politique est la conservation des droits naturels
et imprescriptibles de l'homme. Ces droits sont : la liberté, la propriété, la sûreté et la résistance à l'oppression. — La liberté consiste à pouvoir faire tout ce qui ne nuit pas à autrui : ainsi l'exercice
des droits naturels de chaque homme n'a de bornes que celles qui
assurent aux autres membres de la société la jouissance de ces
mêmes droits. Ces bornes ne peuvent être déterminées que par la
loi » (art. 1, 2 et 4).

Au titre I de la constitution de 1791, sous la rubrique : *Dispositions fondamentales garanties par la constitution*, on rappelle en
les précisant les droits individuels dont le principe est formulé dans
la Déclaration des droits et on dit au § 3 : « *Le pouvoir législatif
ne pourra faire aucunes lois qui portent atteinte et mettent obstacle aux droits naturels et civils consignés dans le présent titre
et garantis par la constitution* ; mais comme la liberté ne consiste
qu'à pouvoir faire tout ce qui ne nuit ni aux droits d'autrui ni à la

sûreté publique, la loi peut établir des peines contre les actes qui, attaquant ou la sûreté publique ou les droits d'autrui, seraient nuisibles à la société. » Nulle part n'est formulée plus nettement la règle qui, fondée sur la reconnaissance des droits individuels, vient limiter juridiquement les pouvoirs de l'Etat législateur.

Les Déclarations de 1793 et de l'an III ont été calquées sur celle de 1789. Cependant, il y aura quelques différences à signaler.

Toutes nos constitutions postérieures, à l'exception des lois constitutionnelles de 1875, ont rappelé expressément ou visé les droits individuels et naturels de l'homme qui avaient été affirmés dans la Déclaration de 1789.

57. Contenu et caractère des Déclarations des droits. — Quand l'Assemblée nationale se réunit en 1789, la grande majorité, sinon l'unanimité de ses membres considéraient les principes individualistes comme des dogmes indiscutables et estimaient que la constitution politique qu'on allait faire devait être fondée sur eux. A peine quelques doutes s'élevèrent-ils sur le point de savoir si l'on ferait précéder la constitution d'une déclaration solennelle de ces principes. Plusieurs cahiers le demandaient et, le 4 août, l'Assemblée décide qu'une Déclaration des droits précédera la constitution. Le texte même de la Déclaration est voté du 18 au 26 août 1789 définitivement, sauf une légère modification à l'article 4, qui n'est votée que le 2 octobre.

Le titre sous lequel on la cite habituellement « *Déclaration des droits de l'homme* » n'est pas exact. Son titre officiel et complet est *Déclaration des droits de l'homme et du citoyen*. Quels sont le sens et la portée de ce titre? Les droits de l'homme sont évidemment les droits qui lui appartiennent en tant qu'homme, avant même qu'il fasse partie d'une société politique, et qui continueraient de lui appartenir s'il cessait de faire partie de cette société politique. Les droits du citoyen, au contraire, sont les droits qui appartiennent à l'individu en tant qu'il fait partie d'une société politique, qui cesseraient de lui appartenir s'il cessait de faire partie de cette société politique.

Mais on peut se demander comment les droits du citoyen figurent dans une Déclaration qui a pour but de limiter les pouvoirs du législateur. En effet, puisque l'individu ne possède les droits de citoyen qu'en tant qu'il fait partie d'une société politique, il semble bien que ces droits sont une concession de la société politique et que celle-ci, les ayant concédés, peut à son gré les retirer ou les restreindre. Telle n'était point la conception de 1789. On considérait que les droits du citoyen n'étaient pas, en réalité, des droits différents des droits de l'homme, mais étaient les droits naturels eux-mêmes en tant qu'ils étaient reconnus et garantis par la société politique. Dans la Déclaration, on énumère et on détermine les droits de l'individu, en tant qu'homme et en tant que citoyen, c'est-à-dire non seulement les droits qui appartiennent à l'homme théoriquement, mais encore ces droits reconnus et efficacement garantis par la société. Les droits du citoyen ne sont pas distincts des droits de l'homme; ce sont ceux-ci protégés et garantis.

Ainsi, par exemple, dans l'article 2 de la Déclaration de 1789 sont indiquées, comme droits de l'homme, la liberté, la propriété et la sûreté. La liberté et la propriété sont des droits de l'homme; la sûreté est un droit du citoyen. Mais la sûreté n'est pas, en réalité, un droit particulier, différent de la liberté et de la propriété; la sûreté n'est pas autre chose que la liberté et la propriété socialement reconnues et garanties. L'homme entre dans la société avec ses droits de liberté et de propriété; il devient un citoyen; les droits qu'il possède en tant qu'homme deviennent droits du citoyen; ils contiennent en eux-mêmes le droit d'exiger du corps social qu'il les reconnaisse, les respecte et les protège; ce droit, c'est la sûreté, qui n'est, dès lors, pas autre chose que les droits de liberté et de propriété protégés par le corps social, à l'aide de l'organisation politique, administrative et judiciaire qu'il établit, qu'il doit établir. La définition de la sûreté a été très nettement donnée par les Déclarations de 1793 et de l'an III : « La sûreté consiste dans la protection accordée par la société à chacun de ses membres pour la conservation de sa personne, de ses droits et de sa propriété » (Déclaration de 1793, art. 8). « La sûreté résulte du concours de tous pour assurer les droits de chacun » (Déclaration de l'an III, art. 4).

La Déclaration de 1789 ne parle point des droits politiques, c'est-à-dire des droits reconnus aux individus de participer à l'exercice de la puissance publique. D'abord (cf. § 39), il est bien probable que dans la pensée de la grande majorité des membres de l'Assemblée, ce n'étaient pas là des droits, mais l'exercice d'une fonction. Dans tous les cas, si les droits politiques étaient véritablement des droits, c'étaient des droits concédés et non pas des droits inhérents à la qualité d'homme, des droits que la puissance publique pouvait accorder comme elle l'entendait, avec les conditions et les réserves qu'il lui semblait bon d'établir. Ces droits ne devaient donc pas être énoncés dans un acte fixant les limites des pouvoirs de l'État. Les droits du citoyen ne sont pas ce que nous appelons aujourd'hui les droits politiques, mais plutôt ce qu'on appelle parfois les droits civiques. La constitution de 1791 les appelait *droits civils* (tit. I). Ce sont les droits naturels de l'individu en tant qu'ils sont reconnus et garantis par l'État.

La constitution de 1875 est la seule où l'on ne trouve aucune mention, aucun rappel des droits inscrits dans la Déclaration de 1789. Dans ces conditions, on peut se demander si les règles de la Déclaration des droits de 1789 ont cessé d'avoir force légale positive, et si le parlement pourrait, à l'heure actuelle, faire des lois portant atteinte aux droits naturels individuels de l'homme sans violer les dispositions fondamentales de notre droit public. Nous répondons non, sans hésiter ; et nous croyons fermement que toute loi contraire aux termes de la Déclaration des droits de 1789 serait une loi inconstitutionnelle.

Cf. pour le développement et la démonstration de cette proposition notre *Traité de droit constitutionnel*, 2ᵉ édit., III, 1923, p. 560 et s.

58. Le principe d'égalité. — Le législateur ne peut faire aucune loi qui porte atteinte à l'égalité des individus.

En 1789, on se borne à déclarer (Déclaration des droits, art. 1ᵉʳ) que les hommes naissent et demeurent libres et égaux en droit ; on ne met point l'égalité au nombre des droits individuels naturels.

En 1793, dans l'énumération des droits naturels individuels, on place au premier rang le droit à l'égalité et on ajoute : « Tous les hommes sont égaux par la nature et devant la loi » (Déclaration de 1793, art. 2 et 3). En l'an III encore, on place l'égalité au nombre des droits de l'homme, mais au second rang après la liberté (Déclaration de l'an III, art. 1ᵉʳ).

La formule de la Convention est certainement moins exacte que celle de l'Assemblée nationale. Il est en effet difficile de concevoir l'égalité comme un droit, ou du moins comme un droit distinct des autres droits ; elle est la conséquence de ce que les hommes ont des droits dérivant de leur qualité d'hommes et qui, par conséquent, doivent être égaux. Le législateur ne peut pas faire de loi portant atteinte à l'égalité des hommes, parce que par là il porterait atteinte certainement aux droits naturels de quelques-uns. Mais qu'importent ces distinctions un peu subtiles ? Ce qu'il faut seulement signaler et retenir, c'est qu'en faisant de l'égalité un droit et en le plaçant au premier rang des droits de l'homme, la Convention de 1793 marquait nettement son intention de donner à l'égalité la prédominance sur la liberté. Le principe d'égalité était en harmonie parfaite avec les tendances dictatoriales de la Convention ; il n'y a pas de gouvernement tyrannique qui n'ait eu pour but d'étendre un niveau égalitaire sur tous les individus. En invoquant le faux principe de l'égalité naturelle et absolue des hommes, on colorait d'une justification apparente la lourde tyrannie qu'on faisait peser sur le pays. Au contraire, le libre développement des activités individuelles, la tolérance libérale du gouvernement favorisent les inégalités, les différences intellectuelles et physiques entre les hommes, et c'est le devoir de l'Etat de faire des lois en harmonie avec ces différences naturelles ou acquises.

D'autre part, en faisant de l'égalité un droit, on devait en conclure que les individus avaient droit à ce que l'Etat fît, dans la mesure du possible, disparaître les inégalités existant en fait. C'est évidemment à cette idée que se rattache la disposition de l'article 21 de la Déclaration des droits de 1793 : « Les secours publics sont une dette sacrée. La société doit la subsistance aux citoyens malheureux, soit en leur procurant du travail, soit en assurant les moyens de subsister à ceux qui sont hors d'état de travailler. » Assurément, la Convention n'eut pas la conception actuelle d'une obligation directe s'imposant à l'Etat de donner l'assistance aux indigents et d'assurer du travail aux ouvriers sans travail; mais elle pensait que, l'égalité étant un droit, tous avaient un droit à ce que l'Etat, en distribuant des secours, en assurant du travail à tous, fît disparaître autant que possible les inégalités existant en fait.

Aucune conception de ce genre n'apparaît dans la Déclaration des droits de 1789 : des inégalités de fait existent, il n'y a point obligation pour l'Etat de les faire disparaître, mais seulement d'assurer à tous une égale protection. Cela n'exclut point au reste, bien au contraire, l'égalité véritable, celle qui consiste, suivant une vieille formule, à traiter également les choses égales et inégalement les choses inégales. L'égalité absolue, mathématique des hommes, comprise à la manière de 1793, est, on l'a dit très justement, le paradoxe de l'égalité; elle aboutit en réalité à l'inégalité. Ce n'est point celle d'ailleurs qu'avait en vue l'Assemblée de 1789.

D'abord, en déclarant que les hommes naissent et demeurent libres et égaux en droits, jamais en 1789 on n'eut la pensée d'affirmer le principe de l'égalité politique, c'est-à-dire l'égale participation de tous à la puissance publique (cf. *supra*, § 39). La Convention au contraire, en 1793, mettant au premier rang l'égalité naturelle et sociale des hommes, établit le suffrage universel égalitaire (Déclaration des droits de 1793, art. 3).

C'est aussi au nom du principe d'égalité qu'en 1848 on proclame le suffrage universel direct et égalitaire. Aujourd'hui encore tout un parti voit dans le suffrage universel, tel que nous le pratiquons, l'application nécessaire du principe d'égalité. Cependant, dans la réalité des choses, le système du suffrage universel dit égalitaire est la violation du vrai principe d'égalité. Qu'on accorde à tous une participation à la puissance publique, cela est juste, puisque tous ont intérêt à ce que les affaires publiques soient bien gérées et que tous supportent les charges publiques. Mais qu'on accorde à tous une égale participation à la puissance publique, sous prétexte que tous sont membres du corps social, c'est un pur sophisme, car si tous les individus sont membres du corps social, ils rendent à la société des services différents et ont une capacité différente. Par conséquent, pour respecter le principe d'égalité, on devrait accorder à chacun une participation à la puissance politique variant suivant sa capacité et les services qu'il est susceptible de rendre et qu'il rend en effet à la société. Ce serait moins simple que de dire : tout citoyen a une voix et n'a qu'une voix, mais ce serait plus équitable et plus conforme à la réalité des choses.

En 1789, quand on proclamait le principe de l'égalité, on voulait affirmer que tous les citoyens doivent être protégés par la loi de la même manière, avec la même force, dans leur personne et leur propriété, et non pas qu'ils ont tous exactement les mêmes prérogatives sociales. On voulait dire que les prérogatives dont ils disposent doivent recevoir de la loi exactement la même protection sans distinction de personne ou de classe. « La loi doit être la même pour tous, soit qu'elle protège... » (Déclaration des droits de 1789, art. 6). Ainsi tout homme a le droit de devenir propriétaire ; mais tous les hommes n'ont point le droit d'avoir la même quantité de richesse, car si l'appropriation des richesses est le résultat du travail, tous les hommes n'ont pas la même habileté et ne produisent pas la même quantité de richesse. Mais tous les propriétaires, petits ou grands, devront être protégés par la loi exactement de la même manière et avec la même énergie.

De même que la loi doit assurer à tous une égale protection, de même elle doit, pour les mêmes infractions, infliger les mêmes peines. « Elle doit être la même pour tous, soit qu'elle protège, soit qu'elle punisse » (Déclaration des droits de 1789, art. 6). La loi devra établir les mêmes peines sans distinction de classes sociales. Mais toutefois le législateur porterait l'égalité à un point où elle serait de l'inégalité s'il ne laissait au juge aucune liberté d'appréciation. L'application de la peine doit varier suivant la situation personnelle du délinquant. L'individualisation de la peine est la condition même de l'égalité dans l'application de la loi pénale.

Le principe de l'égalité interdit au législateur d'établir des exclusions au point de vue de l'accession de tous aux dignités, places et emplois. La règle a été formulée en termes parfaits à l'article 6 : « Tous les citoyens étant égaux à ses yeux (de la loi) sont également admissibles à toutes dignités, places et emplois selon leur capacité, et sans autre distinction que celle de leurs vertus et de leurs talents. » Rapp. Déclaration de 1793, art. 5. Nul ne peut donc, à cause de son origine, de ses croyances philosophiques, religieuses, de ses convictions politiques, être exclu de tel ou tel emploi, être privé de telle ou telle prérogative. Toute loi qui prononcerait une pareille exclusion violerait les principes de la Déclaration des droits.

Pour la question de l'égalité devant l'impôt, cf. notre *Traité de droit constitutionnel*, 2ᵉ édit., III, 1923, p. 582 et s.

59. La liberté en général. — C'est le pouvoir qui appartient à tout individu d'exercer et de développer son activité physique, intellectuelle et morale, sans que le législateur y puisse apporter d'autres restrictions que celles qui sont nécessaires pour protéger la liberté de tous.

La Déclaration des droits de 1789 contient de la liberté une définition à laquelle il n'y a rien à reprendre : « La liberté consiste à pouvoir faire tout ce qui ne nuit pas à autrui ; ainsi l'exercice des droits naturels de chaque homme n'a de bornes que celles qui assurent aux autres membres de la société la jouissance de ces mêmes droits. Ces bornes ne peuvent être déterminées que par la loi. » Rapprochez l'article 6 de la Déclaration de 1793, qui dans un langage emphatique et moins clair exprime la même idée : « La liberté est le pouvoir qui appartient à l'homme de faire tout ce qui ne nuit pas aux droits d'autrui : elle a pour principe la nature ; pour règle la justice ; pour sauvegarde la loi ; sa limite morale est dans cette maxime : Ne fais pas à un autre ce que tu ne veux pas qu'il te soit fait. » Rapp. Déclaration de l'an III, art. 2 ; Constitution de 1848, préamb., IV, et art. 8.

Ces bornes, qui, pour que la vie sociale soit possible, doivent être apportées à la liberté individuelle, ne peuvent être déterminées que par la loi (Déclaration de 1789, art. 4). Cela veut dire d'abord qu'elles ne peuvent être déterminées que par l'organe spécialement chargé de faire la loi, et ensuite que ces bornes ne peuvent être établies qu'au moyen d'une décision prise par voie générale et abstraite, sans considération d'espèce et de personne, et non point par une décision individuelle et concrète prise en vue d'une

personne ou d'une espèce déterminées. Enfin ces restrictions apportées dans l'intérêt de tous à la liberté
individuelle de chacun doivent être les mêmes pour
tous. C'est la conséquence directe du principe d'égalité.

La loi seule peut apporter des restrictions aux libertés individuelles, sous la condition expresse qu'elles
soient les mêmes pour tous, et qu'elles soient nécessaires pour assurer le libre développement de l'activité
de chacun. Toute loi qui apporterait à la liberté individuelle des restrictions dépassant cette limite violerait le droit, comme aussi toute loi qui limiterait la
liberté de quelques-uns dans des conditions plus rigoureuses que la liberté des autres.

Mais ce régime légal de la liberté peut être un
régime de droit ou un régime de police. Ou plutôt,
il doit être en principe un régime de droit ; il peut
être exceptionnellement un régime de police.

Régime de droit. — C'est celui dans lequel, en principe, l'activité individuelle, physique, intellectuelle,
morale, religieuse, peut se manifester librement, sans
aucune restriction préventive, sans aucune autorisation préalable. Sous ce régime, c'est seulement lorsque l'activité individuelle s'est manifestée contrairement au droit que le législateur autorise l'autorité
publique à intervenir pour punir, pour forcer à réparer
ou pour annuler.

Par exemple, je peux manifester mon activité physique comme je l'entends ; mais si je tue ou si je vole,
je serai arrêté, jugé et condamné. Je peux circuler
librement sur la voie publique à pied, en voiture, à
bicyclette ou en automobile ; mais si je cause à quelqu'un un préjudice par mon imprudence ou ma négligence, je devrai le réparer. Je peux publier par la
parole ou par l'écrit une opinion quelconque ; mais si
l'expression de cette opinion s'accompagne d'injure, de
diffamation, d'excitation à des faits qualifiés crimes,
l'autorité sera compétente en vertu de la loi pour pro-

noncer contre moi une répression, une réparation, ou l'une et l'autre en même temps. Je puis faire tel contrat que je crois devoir faire, telle association qui me conviendra, mais si les faisant j'ai poursuivi un but contraire au droit, l'autorité compétente, en vertu de la loi, prononcera l'annulation de ce contrat ou la dissolution de cette association.

Ces exemples font bien comprendre ce qu'est le *régime de droit*, lequel est le droit commun, dans le monde moderne, et constitue la condition essentielle de toute liberté. Mais si le régime de droit est le principe, il n'est pas exclusif, et une part peut et doit être faite à ce que nous appelons le régime de police.

Régime de police. — La loi, qui limite la liberté de chacun dans l'intérêt de la liberté de tous, permet à l'autorité publique d'intervenir par voie préventive avant qu'aucune atteinte au droit ne soit faite, et cela en vue de prévenir, dans la mesure du possible, le fait ou l'acte contraire au droit. C'est toujours la loi qui limite la liberté individuelle, qui la limite dans la mesure où cela est nécessaire pour protéger la liberté de tous. Mais la loi donne à l'autorité des pouvoirs particuliers, qui s'appellent des pouvoirs de police, et en vertu desquels elle peut d'avance prendre certaines mesures pour empêcher que tel acte ou que tel fait, contraires au droit, ne se produisent.

Par exemple, il est défendu de tuer et de voler ; la loi qui permet d'arrêter et de condamner le meurtrier ou le voleur n'est point une loi de police. Mais est au contraire une loi de police la loi qui permet aux autorités compétentes de prendre toutes mesures préventives (rondes d'agents, patrouilles, tournées de gendarmerie) pour éviter autant que possible qu'il ne soit commis des vols et des meurtres. Je puis circuler librement à pied ou par un moyen de locomotion quelconque, sauf à réparer le préjudice que je cause par ma faute ou ma négligence. Mais cette circulation est en même temps soumise à un régime de police,

puisque des lois ont établi ou permis aux autorités
compétentes d'établir des dispositions portant interdiction d'employer tel moyen de locomotion, de mar-
cher au delà d'une vitesse déterminée, etc... Je peux
habiter telle maison que bon me semble et y mener la
vie qu'il me platt. Mais si une loi permet à l'autorité
publique de m'ordonner de faire à ma maison, considérée comme dangereuse pour la santé publique,
telles réparations qu'elle juge convenables, je suis
soumis à un régime de police. Il y a encore régime de
police si je ne puis entreprendre certain travail, exercer certaine industrie ou certain commerce, signer
certain contrat ou former certaine association sans
l'autorisation de l'autorité.

Ces exemples sont suffisants pour montrer la différence du régime de police et du régime de droit, et
qu'il n'y a véritablement de liberté que là où existe le
régime de droit. En France, en vertu même de la
Déclaration des droits, le régime de droit est et doit
être la règle. Cependant, on n'a pas pu ne pas faire
une certaine place au régime de police. Voici, à notre
sens, les idées générales qui doivent guider le législateur. Lorsque la liberté veut s'exercer sur la voie
publique ou, d'une manière générale, dans des endroits
accessibles au public et particulièrement dans les
endroits où (suivant l'expression de la loi du 5 avril
1884, art. 97, nº 3) il se fait de grands rassemblements
d'hommes, il est juste et nécessaire qu'elle soit soumise à un fort régime de police, et l'on ne saurait
dire que le législateur qui l'établit porte atteinte à la
liberté individuelle. Ainsi se justifient toutes les lois
de police destinées à assurer l'ordre, la tranquillité
et la sécurité sur la voie publique et dans les lieux
publics.

D'autre part, le législateur doit établir un régime
de police toutes les fois que le régime de droit, fondé
sur le système répressif ou réparateur, serait évidemment impuissant à effacer le dommage social ou

individuel. En pareil cas, il est légitime que le législateur établisse un régime de police tendant à prévenir, s'il est possible, le mal social, le préjudice individuel, qu'on ne pourrait réparer si l'on avait maintenu le pur régime de droit. La liberté est restreinte ; nul ne peut se plaindre, puisqu'elle est restreinte dans l'intérêt de tous. Elle est restreinte préventivement ; nul ne peut non plus se plaindre, parce que si elle ne l'était pas préventivement, la répression, la réparation seraient impuissantes à effacer le mal. Nulle part mieux qu'en matière d'hygiène publique n'apparaît la nécessité de lois soumettant la liberté à un régime de police. Mais le régime de police doit toujours être l'exception ; et il est en effet l'exception.

Aujourd'hui, le régime de police est surtout employé pour assurer la sécurité et la tranquillité dans les endroits publics et au point de vue de l'hygiène publique. La grande loi du 15 février 1902 sur la protection de la santé publique a apporté de nombreuses restrictions préventives à l'exercice de la liberté en vue de l'hygiène et a donné dans le même but des pouvoirs très étendus aux autorités administratives. Au contraire, la liberté d'opinion, la liberté de réunion, la liberté de la presse, la liberté religieuse, la liberté d'association sont placées sous un véritable régime de droit, sauf quelques très rares exceptions, comme cela sera expliqué plus loin.

La circulation sur la voie publique doit aussi être soumise à un régime sévère de police. Elle est aujourd'hui réglementée par le grand décret du 31 décembre 1922 (Code de la route), et, dans l'intérieur des agglomérations, par de nombreux arrêtés municipaux.

D'autre part, si l'existence d'un régime de police à côté du régime de droit est une chose très légitime, il faut, pour qu'il ne présente pas de graves inconvénients, que le législateur prenne des précautions sérieuses contre l'arbitraire, et il ne faut pas oublier que le régime de police doit être en même temps un régime légal. L'autorité administrative ne doit jamais pouvoir intervenir en matière de police, pas plus que dans les autres matières, que dans les cas et sous les conditions déterminés par la loi.

60. La liberté individuelle. — On appelle généralement ainsi la liberté qu'il serait peut-être plus exact d'appeler la liberté *physique* et que le législateur de 1791 a définie en disant : « La constitution garantit... la liberté à tout homme d'aller, de rester, de partir sans pouvoir être arrêté ni détenu que selon les formes déterminées par la constitution » (Constitution de 1791, tit. I, § 2). Il faut rapprocher l'article 7 de la Déclaration des droits : « Nul homme ne peut être accusé, arrêté ni détenu que dans les cas déterminés par la loi et selon les formes qu'elle a prescrites. Ceux qui sollicitent, expédient, exécutent ou font exécuter des ordres arbitraires doivent être punis ; mais tout citoyen appelé ou saisi en vertu de la loi doit obéir à l'instant ; il se rend coupable par la résistance. »

Rapp. Constitution de 1791, tit. III, chap. v, art. 10-16 ; Déclaration des droits de 1793, art. 10 ; Déclaration des droits de l'an III, art. 8, et Constitution de l'an III, art. 222-232 ; Constitution de l'an VIII, art. 77-82 ; Sénatus-consulte du 28 floréal an XII, art. 60-63, 101, 112, 119 ; Charte de 1814, art. 4 ; Constitution de 1848, art. 2 ; Constitution de 1852, art. 26. On voit par ces citations qu'il est peu de principes de notre droit public qui aient été plus souvent et plus solennellement affirmés.

Il résulte de ces textes que pour que la liberté individuelle soit véritablement reconnue et protégée par la loi, il faut que trois conditions soient réunies : 1° il faut que nul individu ne puisse être arrêté et détenu que dans les cas qui sont expressément déterminés par la loi ; 2° il faut que l'arrestation et la détention d'un individu ne puissent être ordonnées que par des fonctionnaires qui présentent des garanties particulières d'indépendance, garanties que, dans l'organisation française et dans les organisations similaires, ne paraissent devoir présenter que les fonctionnaires dits judiciaires; 3° il faut qu'une responsabilité effective puisse atteindre les fonctionnaires qui permettent, ordonnent ou maintiennent des arrestations illégales. Ainsi la liberté individuelle a été conçue, par les auteurs de nos déclarations et de nos constitutions, comme intimement liée aux institutions sociales qui la protègent.

Par là, l'Etat moderne est obligé, non seulement de ne faire aucune loi qui porte atteinte à la liberté individuelle en elle-même, mais encore d'établir et de maintenir dans ses lois les trois éléments qui viennent d'être indiqués et qui constituent la protection de la liberté individuelle. La liberté individuelle ainsi protégée, c'est la *sûreté*. Or, comme aux termes mêmes de l'article 2 de la Déclaration de 1789 la sûreté est un droit individuel, le législateur ne peut porter aucune atteinte à la sûreté, c'est-à-dire à aucun des trois éléments qui constituent la protection de la liberté individuelle.

61. Des cas où la liberté individuelle est soumise à un régime de police. — Quoi qu'on pense de l'insuffisance des dispositions légales qui protègent en France la liberté individuelle, il n'est pas douteux cependant qu'elle y est en principe soumise à un régime de droit. Mais il y a des cas, et des cas trop nombreux, où la liberté individuelle est encore en France soumise à un régime de police. Il n'est pas inutile d'indiquer les deux cas principaux.

L'état de siège. — Il ne faut pas confondre l'état de siège fictif s'appliquant à une ville ouverte ou à l'ensemble ou à une partie du territoire, et l'état de siège réel, situation faite à une place de guerre ou à un poste militaire. Dans les places de guerre et postes militaires, la déclaration de l'état de siège peut être faite par le commandant militaire au cas d'investissement, d'attaque de vive force ou par surprise, de sédition intérieure et lorsque des rassemblements armés se sont formés dans un rayon de 10 kilomètres

(L. 10 juillet 1791, D. 24 décembre 1811, art. 53, L. 9 août 1849, art. 5, et D. 7 octobre 1909 sur le service de place, art. 155).

Au cas d'état de siège réel, les pouvoirs dont l'autorité civile était revêtue pour le maintien de l'ordre et de la police passent tout entiers à l'autorité militaire. L'autorité civile continue néanmoins d'exercer ceux de ces pouvoirs dont l'autorité militaire ne l'a pas dessaisie et le gouverneur de la place délègue en conséquence aux magistrats telle partie de ses pouvoirs qu'il juge convenable (D. 7 octobre 1909, art. 156 et 157).

L'état de siège peut être déclaré dans des villes ouvertes et des territoires. C'est alors un état de siège fictif, procédé auquel on a recours dans des circonstances exceptionnelles (L. 3 avril 1878).

A la suite des événements de 1870-1871, on eut recours à l'état de siège fictif dans des proportions inconnues jusque-là. A un moment donné, plus de 42 départements étaient en état de siège. Pendant la période dite du 16 mai 1877, le gouvernement abusa de la déclaration d'état de siège. C'est pour éviter le retour d'un pareil abus que fut votée la loi du 3 avril 1878, en vertu de laquelle, en principe, l'état de siège ne peut être déclaré que par les chambres et pour une durée déterminée; il cesse de plein droit à l'expiration de ce temps (L. 3 avril 1878, art. 1er).

Un décret du 2 août 1914, c'est-à-dire de la veille du jour où l'Allemagne a déclaré la guerre à la France, a prononcé la déclaration de l'état de siège sur tout le territoire de la France et de l'Algérie. Une loi du 5 août 1914 l'a maintenu pour toute la durée des hostilités, permettant cependant au gouvernement de le lever et de le rétablir sur tout ou partie du territoire.

En fait, la France et l'Algérie sont restées sous le régime de l'état de siège jusqu'au décret du 12 octobre 1919. Il est vrai que des restrictions ont été apportées à la rigueur du régime par une décision du gouvernement du 5 septembre 1915.

Quant aux effets de l'état de siège, ils restent déterminés par la loi du 9 août 1849 (L. 3 avril 1878, art. 6). L'effet essentiel est la substitution de l'autorité militaire à l'autorité civile : « Aussitôt l'état de siège déclaré, les pouvoirs dont l'autorité civile était revêtue pour le maintien de l'ordre et de la police passent tout entiers à l'autorité militaire. L'autorité civile continue néanmoins à exercer ceux de ces pouvoirs dont l'autorité militaire ne l'a pas dessaisie » (L. 9 août 1849, art. 7). Les garanties normales de la liberté individuelle sont par là même supprimées, et en quelque sorte se trouve renversé le principe protecteur, d'après lequel l'autorité militaire est essentiellement subordonnée à l'autorité civile (Constitution de 1791, tit. IV, art. 12).

D'autre part, l'article 8 de la loi de 1849 donne compétence aux tribunaux militaires pour connaître des crimes et délits contre la sûreté de la République, contre la constitution, contre l'ordre et la paix publique, quelle que soit la qualité des auteurs principaux et des complices.

Enfin l'article 9 donne à l'autorité militaire le droit : 1° de faire des perquisitions de jour et de nuit au domicile des citoyens ; 2° d'éloigner les repris de justice et les individus qui n'ont pas leur domicile dans le lieu soumis à l'état de siège ; 3° d'ordonner la remise des armes et munitions et de procéder à leur recherche et à leur enlèvement ; 4° d'interdire les publications et les réunions qu'elle juge de nature à exciter ou à entretenir le désordre. Ainsi la liberté individuelle se trouve restreinte et l'inviolabilité du domicile, la liberté de la presse et la liberté de réunion supprimées.

L'article 11 spécifie que les citoyens continuent, nonobstant l'état de siège, à exercer tous ceux des droits garantis par la constitution dont la jouissance n'est pas suspendue par la loi.

Il importe aussi de noter que bien que l'autorité militaire, pendant la durée de l'état de siège, ait des pouvoirs exorbitants, ils restent toujours limités par la loi, et que si l'autorité militaire faisait un acte que la loi ne lui donne pas le droit de faire, il y aurait excès ou abus de pouvoir avec toutes leurs conséquences, notamment recours pour excès de pouvoir et aussi responsabilité du fonctionnaire, suivant le droit commun.

Situation des étrangers résidant sur le territoire français. — Les étrangers, comme les Français, ont droit de la part de l'Etat au respect et à la protection de leur liberté individuelle. On considère que c'est un droit naturel de l'homme, et que, par conséquent, tous ceux, Français ou étrangers, qui se trouvent sur le territoire français en sont également investis. Toutes les lois précédemment indiquées, qui garantissent le respect de la liberté individuelle, s'appliquent également aux étrangers et aux Français. D'ailleurs, les étrangers étant soumis aux « lois de police et de sûreté qui obligent tous ceux qui habitent le territoire » (C. civ., art. 3, § 1), il est juste qu'en retour ils profitent des garanties que les lois assurent à la liberté individuelle.

A un certain point de vue cependant la situation des étrangers en France est soumise à un régime de police. C'est une règle, admise d'ailleurs dans tous les pays, que le gouvernement peut, par mesure de police, et en dehors de toute condamnation, expulser du territoire les étrangers y résidant. Ce droit d'expulsion est consacré par les articles 7 et 8 de la loi du 3 décembre 1849. Le ministre de l'intérieur peut, par mesure de police, et par un simple arrêté, qui n'a pas besoin d'être motivé, enjoindre à tout étranger voyageant ou résidant en France de sortir immédiatement du territoire, et peut même le faire reconduire à la frontière par les agents de l'autorité. Ce droit appartient au ministre même pour les étrangers qui ont

obtenu du gouvernement l'autorisation de fixer leur
domicile en France ; mais l'arrêté d'expulsion cesse
d'avoir effet dans un délai de deux mois, si l'autorisation de fixer le domicile en France n'est pas révoquée.
Dans les départements frontières le préfet peut ordonner l'expulsion des étrangers, mais seulement des
étrangers non résidants, et il doit en référer immédiatement au ministre de l'intérieur. Rapp. C. pén.,
art. 272. L'article 8 de la loi du 3 décembre 1849
établit une sanction pénale au cas de violation des
arrêtés d'expulsion.

62. L'inviolabilité du domicile. — Elle est une
conséquence et comme le prolongement de la liberté
individuelle. En parlant ici du domicile, on n'entend
pas le mot dans son sens juridique tel qu'il est défini
aux articles 102 et suivants du code civil, et désignant
le lien juridique qui rattache une personne à un
certain lieu. Quand on parle d'inviolabilité du domicile, on entend la maison ou l'appartement qu'un
individu occupe régulièrement en fait, à un moment
donné, pour y loger seul ou avec les membres de sa
famille.

Le principe de l'inviolabilité du domicile doit être
formulé dans des termes correspondant à ceux dans
lesquels nous avons formulé le principe de la liberté
individuelle. Nul ne peut pénétrer dans le domicile
d'un individu sans le consentement de celui-ci ; même
les agents de l'autorité ne peuvent en principe y pénétrer qu'en vertu d'une décision de l'autorité judiciaire,
sous les conditions et dans les formes déterminées
par la loi.

La règle pratique de l'inviolabilité du domicile est
formulée à l'article 76 de la constitution de l'an VIII,
encore en vigueur aujourd'hui. Le texte distingue suivant qu'il y a lieu de pénétrer dans un domicile privé
pendant la nuit ou pendant le jour.

Pendant la nuit personne, même les agents de l'autorité porteurs d'un mandat de justice, n'a le droit de

pénétrer dans l'intérieur d'une maison, à moins qu'il n'y ait réclamation venant de l'intérieur ou qu'il n'y ait un cas de force majeure. La loi prévoit les cas d'inondation ou d'incendie. Le temps de nuit se détermine par les dispositions de l'article 1037 du code de procédure. Il s'étend de six heures du soir à six heures du matin, depuis le 1er octobre jusqu'au 31 mars, et de neuf heures du soir à quatre heures du matin, depuis le 1er avril jusqu'au 30 septembre. Il est bien entendu que cette inviolabilité du domicile pendant la nuit ne s'applique qu'au domicile privé, et non pas aux maisons ouvertes au public (L. 19-22 juillet 1791, tit. I, art. 9 et 10).

Pendant le jour les agents de l'autorité publique peuvent entrer dans le domicile d'un citoyen contre son gré; mais ils ne le peuvent en principe qu'en vertu de la décision d'une autorité judiciaire. De même que, d'après la Déclaration de 1789, la liberté individuelle ne se sépare pas de sa garantie judiciaire, de même aussi ne saurait s'en séparer l'inviolabilité du domicile, laquelle n'est que le prolongement de la liberté individuelle. Cf. C. instr. crim., art. 36, 37, 50, 59, 61, 62, 87, 89; C. proc., art. 587.

63. La liberté du travail, du commerce et de l'industrie. — Elle est encore la conséquence du principe de la liberté individuelle. Si l'homme doit être laissé libre par la loi de développer et d'employer son activité physique, il doit être libre de travailler comme il l'entend, de louer ses services à d'autres, de créer tel produit que bon lui semble, de faire tel trafic qu'il juge avantageux. Tout cela n'est que le prolongement naturel de la liberté physique.

Ni la Déclaration des droits de 1789, ni la constitution de 1791 ne formulent expressément le principe de la liberté du travail. On crut cela inutile. C'était une conséquence nécessaire de la liberté individuelle. Cependant il était formulé dans les termes suivants par la loi des 2-17 mars 1791, article 7 : « A compter du 1er avril prochain, il sera libre à toute personne de faire tel négoce, ou d'exercer telle profession, art ou métier qu'elle trouvera bon. » A l'article 19 de la Déclaration des droits girondine, on lit : « Nul genre de travail, de commerce et de culture ne peut lui (à l'homme) être interdit », et à l'article 17 de la Déclaration de 1793 : « Nul genre de travail, de culture, de commerce ne peut être interdit à l'industrie du citoyen », et enfin à l'article 13 de la constitution de 1848 : « La constitution garantit aux citoyens la liberté du travail et de l'industrie. »

Prohibition de l'esclavage. — La première conséquence du principe de liberté individuelle, en tant qu'elle se traduit dans la liberté du travail, c'est l'impossibilité de l'esclavage, c'est l'interdiction à l'Etat législateur de reconnaître et de sanctionner l'esclavage sous une quelconque de ses formes, aussi bien l'esclavage forcé que l'esclavage volontaire. Nul ne peut avoir et ne peut acquérir le droit de disposer arbitrairement et pour une période indéterminée de l'activité d'une personne, alors même que celle-ci y consent. Il ne peut être permis à l'individu d'aliéner totalement et partiellement sa propre personne; et toute loi qui permet une pareille aliénation est contraire au droit.

L'article 6 de la constitution de 1848 porte : « L'esclavage ne peut exister sur aucune terre française. » Les lois du 30 avril 1849 et du 11 février 1851 en ont réalisé la suppression dans les colonies où il existait encore.

64. La liberté du travail. Les syndicats professionnels. — Pour les assemblées de la Révolution et spécialement pour l'Assemblée de 1789, les entraves à la liberté du travail, qu'il fallait définitivement briser, apparaissaient surtout dans les anciennes corporations professionnelles, et la conséquence première et immédiate de la liberté du travail, c'était non seulement la suppression des corporations de métiers, mais encore leur rigoureuse prohibition.

Dans la nuit du 4 août, au moment où elle vote la suppression de tous les privilèges, l'Assemblée nationale adopte le principe de la « réformation des jurandes » (*Archives parlementaires*, 1re série, VIII, p. 350). Pratiquement, elles ne furent supprimées que par la loi des 2-17 mars 1791, dont l'article 7 précité est ainsi conçu : « A compter du 1er avril prochain, il sera libre à toute personne de faire tel négoce ou d'exercer telle profession, art ou métier qu'elle trouvera bon ; mais elle sera tenue de se pourvoir auparavant d'une patente... et de se conformer aux règlements de police qui sont ou pourront être faits. » C'était bien le principe de liberté ; on imposait un impôt, la patente, rien de plus juste ; on réservait les restrictions générales qui pourraient être apportées par les lois de police, rien de plus logique.

Mais l'Assemblée nationale ne devait pas s'en tenir là. Poussant jusqu'à l'extrême la logique de son principe, elle ne se contenta pas de supprimer les corporations forcées, de déclarer le travail et l'industrie libres et accessibles à tous ; elle prononça l'interdiction absolue des associations corporatives de métiers et de professions. Elle violait ainsi, inconsciemment du reste, le principe de la liberté individuelle. Elle voyait dans toute forme d'association une atteinte au principe individualiste. C'était une erreur fondamentale. Le principe de la liberté individuelle implique en effet le droit pour l'individu d'associer son activité à celle des autres, à l'effet de poursuivre en commun tout but licite (cf. *infra*, § 74). La loi Le Chapelier des 14-17 juin 1971 interdit toute association de métier comme contraire au principe de la constitution elle-même. « L'anéantissement de toutes les espèces de corporations de citoyens du même état et profession étant une des bases fondamentales de la constitution française, il est défendu de les rétablir de fait sous quelque prétexte et quelque forme que ce soit » (art. 1er).

En interdisant les associations professionnelles, la Révolution avait porté atteinte à la liberté du travail. Le législateur moderne, sous la pression des faits, a très justement reconnu la légitimité des syndicats professionnels. Mais si la loi doit reconnaître et garantir la liberté de se syndiquer, elle doit reconnaître et garantir aussi la liberté de ne pas se syndiquer. Le travailleur, qui veut rester indépendant et n'appartenir à aucun syndicat, doit voir sa liberté et son indépendance aussi énergiquement protégées que celles des groupements professionnels. Le syndicat est une liberté, il ne doit pas devenir une servitude. C'est le devoir du législateur de l'éviter et de traiter également les travailleurs libres et les travailleurs syndiqués.

La loi du 21 mars 1884 est encore, suivant l'expression de M. Pic, « la charte fondamentale des associations professionnelles françaises ». Elle est essentiellement une loi de liberté ; elle est vraiment conforme à la doctrine de la Déclaration des droits. Elle est également respectueuse des droits des patrons et de ceux des ouvriers, des droits des syndiqués et de ceux des non-syndiqués. Le syndicat n'est obligatoire pour personne, mais il est permis à tous, aux patrons comme aux ouvriers, dans les mêmes conditions et avec les mêmes effets, aux patrons et aux ouvriers syndiqués séparément ou syndiqués en commun. La loi des 14-17 juin 1791 et l'article 416 du Code pénal sont déclarés abrogés. En accordant la liberté la plus lage aux syndicats professionnels, la loi exige une simple déclaration à la mairie et le dépôt des statuts (art. 1er, 2 et 4).

La loi du 12 mars 1920 (art. 4) a permis les syndicats entre personnes exerçant des professions libérales. De plus, elle a très justement élargi la capacité juridique des syndicats. Elle déclare que par le fait même de leur constitution, ils jouissent de la personnalité civile. Ils ont le droit d'ester en justice et d'acquérir sans autorisation à titre gratuit ou à titre onéreux des biens meubles et immeubles. Ils peuvent devant toutes les juridictions exercer tous les droits réservés à la partie civile relativement aux faits portant un préjudice direct ou indirect à l'intérêt collectif de la profession qu'ils représentent (L. 12 mars 1920, art. 1er).

Nous approuvons entièrement ces dispositions. Mais il n'y a pas de raison de ne pas accorder la même capacité à toutes les associations légalement constituées. La logique des choses y amènera certainement le législateur dans un avenir prochain.

Pendant la guerre, plusieurs lois ont apporté à la liberté commerciale de profondes restrictions, qui se justifiaient entièrement par les graves circonstances que nous traversions. Je me bornerai à citer les textes suivants :

Le décret du 17 décembre 1914 a déclaré interdit à raison de l'état de guerre et dans l'intérêt de la défense nationale tout commerce avec les sujets des empires d'Allemagne et d'Autriche-Hongrie, et la loi du 4 avril 1915 punit d'une peine sévère (emprisonnement d'un an à cinq ans et amende de 500 à 20.000 fr.) quiconque conclura ou tentera de conclure, exécutera ou tentera

d'exécuter, soit directement ou par personne interposée, un acte
de commerce ou une convention quelconque avec un sujet d'une
puissance ennemie, ou avec une personne résidant sur son territoire.

La loi du 20 avril 1916 a décidé que pendant la durée des hostilités pourraient être soumises à taxation un certain nombre de
matières servant à l'alimentation et à l'éclairage. Rapp. L. 22 avril
1916 sur la taxation des charbons, L. 29 juillet 1916 relative à la
taxation des céréales et L. 30 octobre 1916 sur la taxation des
beurres, fromages et tourteaux alimentaires.

65. La liberté d'opinion. — Les auteurs, qui ont
écrit que la doctrine individualiste et libérale de la
Déclaration des droits de 1789 avait sa source dans le
Contrat social de J.-J. Rousseau, n'avaient certainement pas lu le passage suivant : « Il y a une profession
de foi purement civile dont il appartient au souverain
de fixer les articles, non pas précisément comme dogmes de religion, mais comme sentiments de sociabilité, sans lesquels il est impossible d'être bon citoyen
ni sujet fidèle. Sans pouvoir obliger personne à les
croire, il peut bannir de l'Etat quiconque ne les croit
pas ; il peut le bannir non pas comme impie, mais
comme insociable, comme incapable d'aimer sincère-
ment les lois, la justice, d'immoler au besoin sa vie
à son devoir. Que si quelqu'un, après avoir reconnu
publiquement ces mêmes dogmes, se conduit comme
ne les croyant pas, qu'il soit puni de mort ; il a commis le plus grand des crimes ; il a menti devant les
lois » (liv. IV, chap. VIII).

C'est l'affirmation que l'Etat peut imposer une
certaine doctrine à l'acceptation des citoyens sous
peine de bannissement ou de mort ; c'est l'idéal du
jacobinisme ; c'est l'antipode même du principe de la
liberté d'opinion, formulé dans la Déclaration des
droits de 1789 en termes parfaits : « Nul ne doit être
inquiété pour ses opinions, même religieuses, pourvu
que leur manifestation ne trouble pas l'ordre public
établi par la loi » (art. 10). Bien qu'aucun gouvernement n'ait porté à la liberté d'opinion des atteintes
plus graves que la Convention, elle en affirme le

principe en des termes énergiques : « Le droit de manifester sa pensée et ses opinions... ne peut être interdit. La nécessité d'énoncer ces droits suppose ou la
présence ou le souvenir récent du despotisme » (Déclaration de 1793, art. 7; rapp. Constitution de l'an III,
art. 353).

En affirmant la liberté d'opinion, on n'entend pas
d'ailleurs affirmer seulement le droit intangible qu'a
chacun de penser et de croire intérieurement ce qu'il
veut, mais encore le droit d'exprimer extérieurement
et publiquement par la parole ou par l'écrit ce qu'il
pense ou ce qu'il croit. Le législateur ne peut établir
un *credo* laïque, comme le voulait Rousseau, et subordonner la possibilité de manifester une opinion à la
conformité de cette opinion à ce *credo*. La pensée doit
être indépendante de toute règle établie par l'Etat;
chacun peut penser et croire ce qu'il veut; la liberté
de croire doit être aussi complète que la liberté de ne
pas croire; et chacun doit pouvoir exprimer librement,
sans autorisation préalable, tout ce qu'il pense, tout
ce qu'il croit. Cette liberté n'a qu'une limite, toujours
la même : le respect de la liberté d'autrui. La manifestation des opinions doit être réprimée « si elle trouble l'ordre public établi par la loi » (Déclaration de
1789, art. 10). Troublant l'ordre public établi par la
loi, elle porte atteinte par là même à la liberté et à la
sécurité de tous.

Quoique la chose paraisse invraisemblable, le législateur, à certaines époques, n'a pas hésité à pénétrer dans le domaine intangible
de la conscience intime, et à sévir non pas seulement contre les
manifestations d'opinion contraires à l'ordre public, mais même
contre les opinions politiques, philosophiques ou religieuses attribuées par suspicion à telle ou telle personne. Les lois des *suspects*
de la période révolutionnaire procèdent de cette idée. C'est le passage précité du *Contrat social* qui inspire directement la loi du
17 septembre 1793, décidant qu'immédiatement « tous les gens suspects qui se trouvent sur le territoire de la République et qui sont
encore en liberté seront mis en état d'arrestation »; que « sont
réputés gens suspects : 1º ceux qui, soit par leur conduite, soit par
leurs propos ou écrits, se sont montrés partisans de la tyrannie ou
du fédéralisme et ennemis de la liberté... »

La liberté d'opinion, conséquence immédiate de l'autonomie de la personne humaine, implique le droit d'exprimer librement et sans autorisation, dans la mesure où cette manifestation ne porte pas atteinte à l'ordre public établi par la loi et à la liberté des autres, des opinions politiques, philosophiques, scientifiques ou religieuses, soit par la parole, soit par l'écrit. Par suite, elle comprend la liberté de réunion, la liberté de l'enseignement, la liberté de la presse et la liberté de pétition. Quoique conséquences rationnelles de la liberté d'opinion affirmée en 1789, quoique consacrées expressément par la Déclaration de 1789 et la constitution de 1791, ce n'est cependant qu'à la suite de longs efforts que ces quatre libertés ont été organisées par la loi positive, et l'une d'elles, la liberté de l'enseignement, rencontrait encore, à la veille de la guerre, des adversaires bruyants. Quoi qu'il en soit, actuellement, nos lois françaises reconnaissent et garantissent la liberté d'opinion dans ses diverses manifestations.

66. La liberté de réunion. — La liberté d'opinion implique la liberté de manifester sa pensée par la parole et, par conséquent, la liberté de provoquer des réunions d'hommes où cette pensée sera exposée publiquement. La liberté d'opinion implique le droit de réunion.

Il n'est pas inutile de prévenir tout de suite la confusion qui a été parfois faite, par le législateur lui-même, entre la réunion et l'association. La réunion est le fait de plusieurs personnes qui s'assemblent momentanément en un même lieu pour entendre l'exposé des opinions de l'une d'elles avec ou sans débats contradictoires. La réunion est momentanée et n'a d'autre but que l'exposé d'une opinion ou d'un récit. L'association est, d'après la définition même qu'en a donnée la loi du 1er juillet 1901, « la convention par laquelle deux ou plusieurs personnes mettent en commun, d'une façon permanente, leurs connaissances ou leur activité dans un but autre que de partager des bénéfices » (art. 1er). L'association implique un rapport de droit entre tous les associés, un but poursuivi en commun et un certain caractère de permanence, toutes choses qui n'existent pas dans la réunion.

A certaines époques et particulièrement pendant la Révolution se sont formés des groupements qui étaient une combinaison de l'association et de la réunion : les *clubs*. En droit, ce sont des associations formées à l'effet de provoquer et de tenir périodiquement des réunions politiques.

Le législateur, d'après les principes mêmes de la Déclaration des droits, ne peut faire aucune loi qui empêche les citoyens de se réunir pour entendre l'exposé d'une opinion, d'un récit ou pour discuter des questions d'un ordre quelconque. Non seulement le législateur ne peut faire aucune loi empêchant un citoyen de recevoir chez lui, sur invitation nominative, un nombre quelconque de personnes ; cela est le droit de réunion privée et la conséquence même de la liberté individuelle et de l'inviolabilité du domicile.

Mais encore le législateur ne peut faire aucune loi prohibant ou restreignant le droit, qui doit appartenir à quiconque, d'appeler le public à des réunions ouvertes à tous gratuitement ou moyennant finance. Le législateur peut seulement établir des mesures pour que ces réunions ne portent pas atteinte à la liberté des autres, à la tranquillité et à la sécurité publiques. Par exemple, il peut exiger une déclaration préalable ; mais il ne peut point subordonner la réunion publique à une autorisation préalable. Il peut, il doit même interdire les réunions sur la voie publique, parce qu'elles entraveraient la circulation publique et qu'il peut et doit limiter la liberté de chacun pour protéger la liberté de tous. Enfin il peut organiser la constatation et la répression des délits pouvant être commis dans les réunions publiques. S'il va au delà, il excède ses pouvoirs, il porte atteinte à la liberté de réunion.

La loi du 30 juin 1881 sur la liberté de réunion, modifiée par la loi du 28 mars 1907, actuellement en vigueur, s'est conformée à ces principes. Elle a été le produit d'un long effort.

Il est dit à l'article 1er : « Les réunions publiques sont libres. Elles peuvent avoir lieu sans autorisation préalable. » *A fortiori* elles ne peuvent pas être interdites d'avance par une décision administrative. Voilà le principe. Mais cependant les réunions publiques sont soumises à une certaine réglementation qui constitue des garanties aussi bien pour les citoyens que pour le gouvernement. Les réunions ne peuvent avoir lieu sur la voie publique; elles ne peuvent se prolonger au delà de l'heure fixée pour la fermeture des établissements publics.

De plus, d'après la loi de 1881, toute réunion publique devait être précédée d'une déclaration indiquant le lieu, le jour et l'heure de la réunion, déclaration faite à Paris au préfet de police, dans les chefs-lieux de département au préfet, dans les chefs-lieux d'arrondissement au sous-préfet et dans les autres communes au maire; la déclaration devait être signée de deux personnes dont l'une au moins domiciliée dans la commune. Des dispositions encore plus larges étaient édictées pour les réunions électorales : la réunion pouvait avoir lieu deux heures après la déclaration (art. 3 et 5). Cette obligation de la déclaration a été supprimée pour toutes les réunions par la loi du 28 mars 1907.

A toute réunion peut assister un magistrat de l'ordre judiciaire ou administratif, en général le maire ou un commissaire de police; il y choisit sa place; il peut dissoudre la réunion; mais la loi, voulant éviter une dissolution arbitraire, décide (art. 9) qu'il ne peut dissoudre la réunion que s'il en est requis par le bureau, ou s'il se produit des collisions ou des voies de fait.

L'article 7 de la loi du 30 juin 1881, voté après une

très longue et très vive discussion, portait : « Les clubs demeurent interdits. » Cf. LL. 28 juillet 1848, 19 juin 1849, 6 juin 1850, 21 juin 1851 et 25 mars 1852. La disposition de l'article 7 a été abrogée par la loi du 1er juillet 1901 sur les associations (art. 21, § 1).

67. La liberté d'enseignement. — La question de la liberté d'enseignement, qui à la veille de la guerre était encore très vivement discutée, se présente dans des conditions particulièrement complexes. Il importe tout d'abord d'en distinguer certaines questions voisines, mais cependant bien distinctes.

L'État doit-il intervenir lui-même pour donner l'enseignement ou doit-il laisser ce soin uniquement à l'initiative des particuliers, individus ou associations, sauf à exercer un droit de contrôle et de surveillance sur cet enseignement privé? L'État doit-il assurer à tous les moyens d'acquérir gratuitement un minimum d'instruction? Ou, suivant la formule habituelle, l'État doit-il organiser un enseignement primaire gratuit? On sait qu'en France l'État donne l'enseignement à tous les degrés, et que depuis la loi du 16 juin 1881 l'enseignement primaire public est entièrement gratuit.

Une autre question a été pendant longtemps très vivement discutée : l'État a-t-il le droit d'imposer à tous un minimum d'instruction? L'État peut-il, sans violer le principe de la liberté individuelle, déclarer l'enseignement primaire obligatoire pour tous? Le principe de l'enseignement primaire obligatoire pour tous les enfants âgés de 6 ans révolus jusqu'à l'âge de 13 ans révolus a été formulé et organisé par les lois du 28 mars 1882 (spécialement l'article 4) et du 30 octobre 1886, qui établissaient en même temps, comme conséquence logique, la laïcité de l'enseignement primaire public.

A notre sens, il n'est pas douteux que l'État puisse imposer à tous un minimum d'instruction. L'État ne peut faire aucune loi de nature à entraver le libre

développement physique, intellectuel et moral de
l'individu. Or, il est évident que l'Etat ne viole pas ce
principe en imposant à tous un minimum d'instruction, puisque cette instruction est la condition même
du développement de l'activité individuelle. D'autre
part, on verra plus loin que si le père de famille a le
droit de choisir les maîtres qu'il donne à son enfant,
c'est parce qu'il a le devoir de lui assurer l'instruction. Par conséquent, en établissant l'enseignement
obligatoire, l'Etat ne fait que donner une sanction
positive à une obligation que le droit impose au père
de famille.

La seule question qui puisse se poser sérieusement
est celle de savoir si l'Etat est obligé juridiquement
de faire une loi établissant l'obligation de l'enseignement, question qui rentre dans celle plus générale de
savoir si l'Etat a envers ses sujets des obligations
positives et quelles sont ces obligations (cf. § 77).
L'Etat peut donc incontestablement établir l'enseignement obligatoire. Il n'excéderait ses pouvoirs que s'il
imposait à tous certains maîtres choisis par lui, et
cela nous amène à la question proprement dite de la
liberté de l'enseignement.

La question elle-même de la liberté d'enseignement
est complexe. Elle comprend au moins deux questions
qui, sans doute, sont corrélatives, mais qu'il faut
cependant distinguer. Il y a la question du droit d'enseigner et la question du droit d'apprendre.

La question du droit d'enseigner : tout individu
a-t-il, en sa qualité d'individu, le droit d'enseigner
aux autres, et publiquement, gratuitement ou non, ce
qu'il sait ou croit savoir lui-même? L'Etat est-il obligé
de ne faire aucune loi qui apporte des restrictions à
ce droit des individus?

La question du droit d'apprendre n'est point celle
de savoir si tout individu a le droit d'apprendre ce
qu'il veut; il est incontestable que ce droit existe. La
question est de savoir si tout individu a le droit de

choisir librement les maîtres qu'il lui plaît de choisir, sans que le législateur puisse apporter aucune restriction à cet égard. La solution affirmative ne pourrait point faire de doute si elle ne se posait que pour des individus adultes qui, conscients et libres de leurs actes, peuvent certainement apprendre ce qu'ils veulent des maîtres de leur choix. Mais la question présente en fait des difficultés particulières, parce que celui qui veut apprendre est le plus souvent l'enfant, qui est dans l'impossibilité matérielle et morale de choisir lui-même ses maîtres. L'enfant est dans la famille ; la puissance paternelle, quoique bien réduite, existe encore et existera tant que la famille subsistera et qu'on reconnaîtra au père l'obligation de nourrir et d'élever ses enfants. La vraie question est donc celle-ci : le père de famille a-t-il le droit de confier l'instruction de ses enfants aux maîtres qu'il lui plaît de choisir ? L'État peut-il faire des lois qui viennent limiter cette liberté de choix ?

Telles sont les deux questions assurément distinctes, mais étroitement dépendantes l'une de l'autre. Si l'on disait : tout individu a le droit d'enseigner, mais l'enfant ou ses parents ne peuvent choisir les maîtres qu'il leur plaît de choisir, on formulerait une règle qui n'aurait pas d'application, on énoncerait un droit illusoire. C'est donc justement qu'on les réunit dans la question complexe de la liberté de l'enseignement.

Dans tous les pays et particulièrement en France, cette question s'est trouvée compliquée encore de ce fait qu'elle a été intimement mêlée à des questions confessionnelles. Le plus souvent, en effet, c'est pour des groupes confessionnels, congrégations ou autres, que l'on a revendiqué la liberté d'enseignement. Et de fait, par la force des choses, on a apporté à la discussion du problème de l'enseignement les passions inséparables de toute lutte religieuse. Il va sans dire que ces passions ne trouveront point de place ici.

La liberté d'enseignement, qu'on la considère au

point de vue du droit d'enseigner ou au point de vue du droit d'apprendre, n'est en réalité que la liberté d'opinion, la liberté de croyance, la liberté de communiquer librement aux autres ce que l'on sait, ce que l'on pense et ce que l'on croit. Cela nous paraît évident pour la liberté d'enseigner. Cela ne l'est pas moins, nous semble-t-il, pour la liberté d'apprendre. Je veux apprendre ; je peux donc choisir les maîtres qui me plaisent, ceux qui me paraissent les plus instruits, ceux qui ont des opinions et des croyances qui cadrent le mieux avec les miennes. Ce droit de choisir est au-dessus de toute discussion possible pour l'adulte.

Mais, dit-on, l'enfant ne peut pas faire ce choix, et l'on ne prouve point que le père de famille ait le droit de choisir pour lui ; dès lors, c'est logiquement l'État qui a le droit de choisir pour l'enfant ou plutôt d'obliger les enfants à demander l'enseignement aux seuls maîtres qu'il institue. L'enfant deviendra citoyen ; il ne sera bon citoyen qu'à la condition de recevoir un bon enseignement. L'enfant ne pouvant pas choisir ses maîtres, c'est à l'État de les désigner. Donc, si l'enseignement des adultes doit être libre, l'enseignement des enfants ne doit pas l'être.

L'objection est sans force et le droit du père nous paraît incontestable. Les adversaires de la liberté de l'enseignement reconnaissent au père de famille le droit d'instruire lui-même ses enfants ; ils doivent alors logiquement lui reconnaître le droit de choisir librement les maîtres auxquels il les confie.

D'un autre côté, personne ne conteste l'obligation s'imposant au père de famille de nourrir, d'élever et d'instruire ses enfants. De cette obligation dérive nécessairement pour lui le droit de diriger l'instruction de ses enfants et par conséquent de les confier aux maîtres qui lui conviennent. C'est là le véritable fondement du droit du père de famille. Il dérive essentiellement des obligations qui s'imposent à lui. Tant que le lien familial sera reconnu, cette obligation existera, et elle aura pour corollaire le droit du chef de famille. Assurément, on pourrait concevoir une autre organisation sociale où le lien familial ne serait reconnu ni par les mœurs ni par les lois. On dit qu'il en était ainsi à Sparte. Nous doutons fort qu'une pareille forme reparaisse dans un pays civilisé. Mais enfin c'est possible, et si un jour tout lien social disparaissait entre l'enfant et ses parents, si l'obligation de nourrir, d'élever, d'instruire les enfants incombait à la collectivité seule, celle-ci aurait alors certainement le droit de choisir les maîtres de l'enfant. Nous n'en sommes point encore là.

Il faut ajouter que si le droit du père n'existait pas, l'État aurait le droit d'imposer aux enfants certains maîtres et par conséquent d'enlever à certains individus le droit d'enseigner. Or, le droit d'enseigner proprement dit doit certainement échapper aux atteintes de l'État. Les deux libertés, la liberté d'apprendre et la liberté d'enseigner, sont solidaires l'une de l'autre; porter atteinte à l'une d'elles, c'est sacrifier l'autre.

Si la liberté d'enseignement doit être certainement reconnue avec toutes ses conséquences, il n'est pas douteux que, comme toutes les libertés, elle doit être réglementée par l'État, qui peut et doit y apporter certaines restrictions, lesquelles auront d'ailleurs les mêmes fondements et les mêmes limites que celles apportées aux autres libertés : l'État peut et doit restreindre la liberté d'enseignement dans la mesure où cela est nécessaire pour protéger les droits individuels de tous. Mais la formule ne laisse pas de soulever ici quelques difficultés d'application.

Il est incontestable que l'État a le droit de prendre des mesures pour que toute maison d'enseignement présente des conditions sérieuses de salubrité, et aussi d'exiger, de tous ceux qui veulent diriger une école ou enseigner, de sérieuses garanties de moralité. Il a certainement le droit, et même le devoir, d'exercer à cet égard un contrôle sur tous les établissements d'instruction. Il est également certain que l'Etat peut et doit exercer une surveillance pour empêcher que les maîtres ne portent atteinte à la liberté physique, intellectuelle et morale de leurs élèves, et qu'il peut à cet effet exercer une inspection dans tous les établissements d'instruction.

A l'inverse, il n'est pas moins certain que l'Etat ne peut ni interdire ni imposer dans une école l'enseignement d'une doctrine quelconque. L'Etat ne doit pas avoir de doctrine ; il doit les respecter et les protéger toutes. Il n'y a que les jacobins, disciples de Rousseau, et les sectaires cléricaux, qui procèdent du même esprit, pour prétendre que l'Etat a le droit d'imposer ou d'interdire l'enseignement d'une certaine doctrine. L'Etat ne peut donc point organiser une inspection pour surveiller les doctrines, les tendances, l'esprit qui inspirent l'enseignement de telle école.

Un dernier point reste à examiner. L'Etat peut-il exiger, de ceux qui veulent ouvrir une école ou enseigner, certaines conditions de capacité professionnelle qu'il se réserve de déterminer et de constater lui-même ? Il semble tout d'abord que ce droit de l'Etat ne puisse être contesté. De même que pour certaines professions (avocats, médecins, pharmaciens), il exige des conditions de capacité constatée par des diplômes qu'il délivre lui-même, de même il paraît qu'il peut et qu'il doit exiger de ceux qui dirigent une école ou y enseignent, outre certaines garanties de moralité, des conditions de capacité professionnelle, pédagogique et scientifique. Mais on aperçoit le danger. Si l'Etat détermine ces conditions et délivre seul les certificats et les diplômes constatant ces conditions de capacité, n'est-il pas à craindre qu'il y ait là un moyen détourné de subordonner l'exercice du droit d'enseigner à l'agrément de l'autorité administrative ? Le danger est incontestable. Cependant il paraît impossible de ne pas exiger du directeur et des professeurs d'une école, qui fait appel au public, de sérieuses conditions de capacité professionnelle. La solution de la difficulté se trouve, à notre avis, dans la délivrance des diplômes, constatant cette capacité, par des juges qui soient autant que possible indépendants de la pression gouvernementale, et qui présentent des garanties absolues d'impartialité. Ces conditions seront remplies, par exemple si les diplômes exigés sont ceux délivrés par des jurys composés *exclusivement* de professeurs d'universités.

Pour conclure, il suffit de reproduire le texte de l'article 9 de la constitution de 1848 : « L'enseignement est libre. La liberté d'enseignement s'exerce selon les conditions de capacité et de moralité déterminées par les lois et sous la surveillance de l'Etat. Cette surveillance s'étend à tous les établissements d'éducation et d'enseignement sans aucune exception. »

Cf. G. Monod, *Contre le monopole de l'enseignement, Revue politique et parlementaire*, mars 1910, p. 407 ; Esmein, *Droit constitutionnel*, 7e édit., 1921, II, p. 590 et s.

Dans le courant de l'année 1903, le sénat avait été saisi d'une proposition de loi présentée par M. Béraud, tendant à la suppression de la liberté de l'enseignement secondaire, et d'un projet déposé au nom du gouvernement par M. Chaumié, ministre de l'instruction publique, maintenant le principe de la liberté (ouverture de l'établissement sur simple déclaration), mais exigeant pour cette déclaration des conditions nouvelles, notamment le certificat d'aptitude pédagogique, et organisant l'inspection de l'Etat dans les établissements d'enseignement secondaire libres. La commission du sénat proposa la suppression même de la liberté de l'enseignement secondaire : « Aucun établissement privé d'enseignement secondaire ne pourra être ouvert qu'en vertu d'une autorisation spéciale, qui sera donnée par décret après avis du conseil supérieur de l'instruction publique » (art. 2 du projet). Cf. le *rapport* de M. Thézard, qui invoquait surtout la nécessité d'assurer l'*unité morale du pays, J. off., Doc. parl.*, Sénat, session ordinaire, 1903, p. 335.

Le sénat repoussa la proposition de la commission, maintint le principe de la liberté d'enseignement et vota le projet du gouvernement (séance du 19 novembre 1903). V. les discours de M. Charles Dupuy (5 novembre 1903) et de M. Clemenceau (15 novembre 1903) en faveur de la liberté de l'enseignement. Mais le 20 novembre 1903, le sénat votait un amendement de M. Delpech, d'après lequel tout individu voulant ouvrir un établissement d'enseignement secondaire devait fournir la déclaration qu'il n'appartient pas à une congrégation (non autorisée ou autorisée). C'est à la suite de ce vote du sénat que M. Combes, président du conseil, déposa à la chambre le projet qui devait devenir la loi du 7 juillet 1904.

Le projet de loi sur l'enseignement secondaire, voté par le sénat, a été rapporté à la chambre par M. Barthou, qui a dressé un long réquisitoire contre la loi de 1850 (*J. off., Doc. parl.*, Chambre, session extraordinaire, 1904, p. 1 et s.). Il demandait à la chambre de voter, sauf quelques modifications de détail, le projet du sénat. Devenu ministre, M. Barthou a été remplacé comme rapporteur par M. Massé. V. le *rapport* Massé, *J. off., Doc. parl.*, Chambre, session ordinaire, 1907, p. 2144. Mais les législatures 1906-1910, 1910-1914 se sont achevées et la guerre a éclaté sans que la chambre ait abordé cette discussion. Depuis il n'en est plus question.

Il est évident qu'une loi de ce genre sera ou non attentatoire à la liberté d'enseignement, suivant ce que sera le certificat d'aptitude pédagogique qu'elle paraît devoir exiger. S'il y a là un moyen détourné mis à la disposition du gouvernement *pour écarter de la direction des établissements secondaires libres les citoyens dont les opinions et les croyances lui déplaisent, la loi votée dans les termes proposés sera une confiscation véritable de la liberté d'enseignement.*

68. La liberté de la presse. — C'est, d'une manière générale, le droit d'exprimer ses opinions et ses croyances par écrits imprimés, en quelque forme que ce soit, le livre, la brochure, la revue, le journal ou l'affiche, sans que ces publications soient soumises à aucune autorisation ou censure préalables, et sauf, bien entendu, la responsabilité pénale et civile des auteurs de ces écrits. Le principe a été formulé d'une manière très nette à l'article 11 de la Déclaration des droits de 1789 : « La libre communication des pensées et des opinions est un des droits les plus précieux de l'homme; tout citoyen peut donc parler, écrire, imprimer librement, sauf à répondre de l'abus de cette liberté dans les cas déterminés par la loi. » La constitution de 1791 garantit expressément la liberté de la presse (tit. I, § 2).

Le principe en est encore reconnu par la Déclaration de 1793, article 7, la constitution de l'an III, articles 353 et 355, le sénatus-consulte du 28 floréal an XII, articles 64-67, la charte de 1814, article 8, la charte de 1830, articles 7 et 69, et la constitution de 1848, articles 8, 84 et 85.

Cette liberté, comme toutes les libertés, a pour limite la liberté d'autrui. La loi peut et doit donc intervenir pour prévoir et réprimer toute atteinte à la liberté d'autrui par la voie de la presse, tout préjudice moral ou matériel occasionné à un individu, et aussi, dans une mesure que le législateur doit déterminer avec prudence, toute publication dangereuse pour la sécurité du pays, pour la morale publique, ou contenant provocation à des faits qualifiés crimes ou délits par la loi. Mais l'Etat ne peut intervenir que par voie de répression ou de réparation, non par voie préventive. Cette répression et cette réparation doivent être confiées à l'autorité judiciaire, chargée en France d'intervenir lorsque la liberté des citoyens est principalement et directement en jeu.

La liberté de la presse implique une autre garantie, indiquée déjà par la constitution de 1791 (tit. III, chap. v, art. 18) et très nettement déterminée par l'article 83 de la constitution de 1848 : « La connaissance de tous les délits commis par la voie de la presse appartient exclusivement au jury. » Une restriction est faite cependant pour les délits d'injures et de diffamation envers les particuliers (Constitution de 1848, art. 83, § 2). C'est devenu aujourd'hui une sorte d'axiome qu'un pays ne possède la liberté de la presse que lorsque ses lois donnent compétence au jury pour juger tous les délits de presse, à l'exception toutefois des délits d'injure et de diffamation envers les particuliers.

La loi du 29 juillet 1881, qui règle aujourd'hui la liberté de la presse, a consacré le principe de cette compétence (art. 47 et s.). Les lois des 16 mars 1893 et 28 juillet 1894 y ont apporté cependant quelques importantes restrictions. Voici l'idée sur laquelle repose cette compétence du jury. Les délits de presse sont des délits d'opinion, en ce sens que la presse, tout au moins la presse périodique, constitue l'organe par excellence de l'opinion publique. Dès lors, c'est à l'opinion publique elle-même qu'il faut confier le soin de juger si tel publiciste a dépassé ses droits. Or le seul tribunal qui soit une émanation directe de l'opinion publique, c'est le jury, puisqu'il se compose de simples citoyens tirés au sort.

La liberté de la presse implique deux autres libertés, qui en sont en même temps les conséquences et les conditions : la liberté du colportage et la liberté de l'affichage, l'une et l'autre consacrées et réglementées aujourd'hui par la loi du 29 juillet 1881, articles 15-22.

La liberté de la presse, sous aucune de ses formes, n'a jamais été théoriquement contestée depuis 1789. Mais en même temps il n'en est pas qui, dans tous les pays et particulièrement en France, ait été plus souvent et plus profondément violée. Sans doute, depuis 1789, la liberté du livre a été en fait, sauf sous le premier empire, en général respectée. Mais la plupart des gouvernements ont vu dans la presse périodique un véritable danger et ont essayé de l'entraver par tous les moyens possibles. C'est l'honneur de la troisième République d'avoir donné au pays définitivement la liberté de la presse périodique, avec la liberté du colportage qui en est à la fois le corollaire et la condition.

La loi du 29 juillet 1881, aujourd'hui en vigueur sur la liberté de la presse, a vraiment établi un régime de liberté pour l'imprimerie, la librairie, le colportage et la presse proprement dite. Elle est toujours la loi fondamentale sur cette matière, et n'a reçu depuis que des modifications et des additions de détail.

L'imprimerie et la librairie sont libres ; mais tout imprimé rendu public, sauf quelques exceptions (ouvrages dits de ville ou bilboquets), doit porter l'indication des nom et domicile de l'imprimeur. Au moment de la publication, l'imprimeur doit faire un dépôt de deux exemplaires, de trois pour les estampes et la musique, à Paris au ministère de l'intérieur, ailleurs à la préfecture, à la sous-préfecture ou à la mairie (art. 1-3).

La profession de colporteur et de distributeur sur la voie publique est libre, sauf l'obligation pour celui qui veut s'y livrer de faire une déclaration à la préfecture du département où il a son domicile, pour les journaux à la mairie ou à la sous-préfecture pour tout l'arrondissement. Cf. L. 19 mars 1889 qui interdit d'annoncer les journaux autrement que par leur titre, et de crier des titres obscènes ou contenant des injures ou diffamations.

: La loi de 1881 consacre aussi la liberté de l'affichage et protège les affiches officielles et privées. L'article 16 est spécialement relatif aux affiches électorales. Il a été modifié et complété par les lois des 27 janvier 1902, 30 mars 1902, article 44 (interdiction des affiches tricolores), et 20 avril 1910, interdisant l'affichage sur certains monuments.

On doit citer aussi la loi du 20 mars 1914 qui, pour mettre un terme aux abus de l'affichage électoral, décide que tout affichage relatif à une élection quelconque est interdit en dehors des emplacements réservés dans chaque commune par l'autorité municipale pour l'apposition des affiches électorales. Cf. § 86.

Quant à la presse périodique, elle est libre. Aux termes de l'article 5, tout journal ou écrit périodique peut être publié sans autorisation, sans dépôt de cautionnement; il suffit qu'avant la publication il soit fait au parquet du procureur de la République une déclaration contenant le titre du journal ou écrit périodique, le nom et la demeure du gérant, l'indication de l'imprimerie où il doit être imprimé (art. 7). Tout journal ou écrit périodique doit avoir un gérant, Français, majeur, et jouissant de ses droits civils et civiques (art. 6). Il n'est point nécessaire que les articles soient signés. Au moment de la publication de chaque feuille, il doit être remis au parquet du tribunal de première instance deux exemplaires signés du gérant, ou à la mairie s'il n'y a pas de tribunal dans la ville où paraît le journal. Pareil dépôt doit être fait au ministère de l'intérieur pour Paris et le département de la Seine, et ailleurs à la préfecture, à la sous-préfecture ou à la mairie. Ainsi le dépôt est double, administratif et judiciaire (art. 10).

La liberté étant ainsi consacrée, il suivait que la responsabilité du journal devait être énergiquement sanctionnée : responsabilité civile envers les particuliers atteints par le journal, et responsabilité pénale dans les cas où la loi déclare qu'il y a une infraction pénale.

La responsabilité envers les particuliers est sanctionnée, d'abord par le droit de réponse de toute personne nommée ou désignée dans un journal, par l'obligation pour le gérant d'insérer la réponse faite. Les articles 13 et 34 de la loi du 29 juillet 1881, qui consacrent le droit de réponse, ont été modifiés sur certains points de détail par la loi du 29 septembre 1919. Le particulier est aussi protégé par le droit de citation directe, devant le tribunal correctionnel, du gérant et de l'auteur de l'article, la preuve du fait diffamatoire ne pouvant être faite (L. de 1881, art. 29, 45, 46, 60, et L. 16 mars 1893).

Les fonctionnaires sont protégés par l'obligation où est le gérant d'insérer en tête de sa feuille les rectifications relatives à des actes de leur fonction (art. 12), et par les poursuites pour injure ou diffamation. La preuve du fait diffamatoire est admise lorsque la diffamation a été dirigée contre un fonctionnaire ou certaines personnes énumérées aux articles 31 et 35. La juridiction compétente est alors la cour d'assises.

D'ailleurs, suivant le principe rappelé en tête de ce paragraphe, la cour d'assises est, en règle générale, compétente pour juger tous les délits de presse (art. 45).

Cependant certaines lois postérieures ont créé quelques nouveaux délits et ont donné compétence au tribunal correctionnel pour connaître de ces délits et de quelques-uns de ceux prévus par la loi du 29 juillet 1881. Telles sont la loi du 16 mars 1893, portant modification des articles 45, 47 et 60 de la loi de 1881, et la loi du 18 juillet 1894, ayant pour objet de réprimer les menées anarchistes, lois votées après l'assassinat à Lyon du président Carnot par l'anarchiste Caserio. Elles défèrent notamment aux tribunaux correctionnels tout individu qui est convaincu d'avoir dans un but de propagande anarchiste, par provocation ou par apologie de faits spécifiés aux articles 24, §§ 1 et 2, et 25 de la loi de 1881, incité une ou plusieurs personnes à commettre soit un vol, soit les crimes de meurtre, de pillage, etc., ou adressé une provocation à des militaires..., dans le but de les détourner de leur devoir. Ces lois ont été qualifiées de lois scélérates par des socialistes et des radicaux socialistes, qui se sont bien gardés de demander leur abrogation quand ils sont arrivés au pouvoir.

On doit signaler aussi la loi du 2 août 1882, ayant pour objet la répression des outrages aux bonnes mœurs, modifiée et complétée par la loi du 16 mars 1898 et par la loi du 7 avril 1908 ; la loi du 31 juillet 1920, qui a pour objet de réprimer les provocations à l'avortement et la propagande anticonceptionnelle et qui défère ces délits aux tribunaux correctionnels.

La loi du 29 juillet 1881 (art. 14), complétée par la loi du 22 juillet 1895, soumettait au régime de police les journaux et écrits périodiques publiés à l'étranger et les journaux publiés en France en langue étrangère. Leur circulation en France pouvait être interdite par une décision du conseil des ministres.

Sur la liberté de la presse et les délits de presse, cons. Fabreguelles, *Traité des infractions de la parole et de la presse*, 2 vol. ; Barbier, *Code expliqué de la presse*, 2 vol., 2ᵉ édit., refondue et mise au courant par Matter et Boudelet, 1912 ; Ducrocq, *Droit administratif*, 7ᵉ édit., 1898, III, p. 539 et s. ; Garraud, *Droit pénal*, 2ᵉ édit., IV, p. 420 et s. ; Esmein, *Droit constitutionnel*, 7ᵉ édit., 1921, II, p. 566 et s.

69. La liberté de la presse pendant la guerre.

— Dès le 5 août 1914 était portée une loi « réprimant les indiscrétions de la presse en temps de guerre ». Elle interdisait sous des peines sévères de publier par un des moyens énoncés à l'article 23 de la loi sur la presse du 29 juillet 1881 des informations et des renseignements autres que ceux qui seraient communiqués par le gouvernement ou le commandement sur tous les points intéressant directement la défense nationale ; et la loi indiquait notamment les opérations de mobilisation, de transport des troupes et du matériel, les effectifs, les nominations et mutations dans le haut commandement, les dispositions, emplacements et mouvements des armées et des flottes. La loi ajoutait : « En général, toute information ou article concernant les opérations militaires ou diplomatiques de nature à favoriser l'ennemi et à exercer une influence fâcheuse sur l'esprit de l'armée et de la population. » La loi devait cesser d'être en vigueur à l'époque qui serait fixée par décret et au plus tard à la cessation des hostilités (art. 5).

En effet, le décret du 12 octobre 1919 porte : « La loi du 5 août 1914, réprimant les indiscrétions de la presse en temps de guerre, cessera d'être en vigueur à la date de la promulgation du présent décret au *Journal officiel.* »

La formule de la loi était très générale et donnait aux juges une très large liberté d'appréciation. Malgré cela, la loi du 5 août laissait subsister pour la presse le régime de droit ; elle n'établissait point de censure préalable ; elle édictait seulement une peine répressive, très sévère il est vrai : un an à cinq ans d'emprisonnement et 1.000 à 5.000 francs d'amende pour toute infraction à ses dispositions.

La loi du 5 août soumettait au régime de police seulement les publications faites à l'étranger et introduites en France. « L'introduction en France, la circulation et la mise en vente ou distribution de journaux, brochures, écrits ou dessins de toute nature publiés à l'étranger pourra être interdite par simple arrêté du ministre de l'intérieur » (art. 3). D'après ce texte, toute infraction à cette interdiction était punie d'un emprisonnement de trois mois à un an et d'une amende de 100 à 1.000 francs.

Bien que la loi du 5 août ne déterminât pas la compétence, on s'accordait à reconnaître que, comme elle était une loi indépendante de la loi sur la presse de 1881, c'étaient les tribunaux correctionnels qui étaient compétents pour l'appliquer. Mais sous le régime de l'état de siège existant en France depuis le 2 août 1914, l'article 8 de la loi du 9 août 1849 permettant de traduire devant les conseils de guerre les auteurs même civils des crimes et délits contre la sûreté de la République, contre la constitution, contre l'ordre et la paix, le général commandant la région pouvait traduire devant le conseil de guerre l'auteur d'une des infractions prévues par cette loi du 5 août 1914.

S'il n'y avait eu que cette loi, la presse serait restée pendant la guerre soumise au régime de droit. Mais la loi du 9 août 1849 sur les effets de l'état de siège conservait sa force entière. Elle porte à l'article 9, nº 4 : « L'autorité militaire a le droit... d'interdire les publications... qu'elle juge de nature à exciter ou à entretenir le désordre. » C'est à la faveur de cette disposition que dès l'ouverture des hostilités et l'établissement de l'état de siège le gouvernement soumit la presse à un système général et rigoureux de censure préventive.

La censure, telle qu'elle a ainsi fonctionné, était-elle légale ? Il est évident que dans les moments tragiques que nous traversions le gouvernement devait avoir des pouvoirs plus étendus qu'en temps normal. Mais ces pouvoirs ne pouvaient lui être accordés que par la loi. Le législateur, au début de la guerre, ne les aurait point refusés au gouvernement qui les lui aurait demandés. Aucune loi de ce genre n'a été votée. Les lois existant avant la guerre permettaient-elles au gouvernement d'agir comme il l'a fait à l'égard de la presse ?

Le fondement légal de la censure préventive ne pouvait être tiré de la loi du 5 août 1914. En effet, cette loi créait un délit de presse nouveau qu'on a justement appelé le délit d'indiscrétion. Mais elle maintenait rigoureusement le régime répressif : elle ne faisait aucune part au régime de police ; elle ne donnait aucun pouvoir spécial à l'administration. Les tribunaux judiciaires étaient seuls compétents pour prononcer la peine édictée au cas d'indiscrétion. Rien dans cette loi n'autorisait le gouvernement à soumettre la presse à un régime administratif de censure préventive et à prononcer contre les journaux de véritables peines.

On ne pouvait donc invoquer pour justifier la légalité de la censure préventive que l'article 9 de la loi du 9 août 1849 sur l'état de siège, disposition souvent citée et qui donne à l'autorité militaire le pouvoir « d'interdire les publications... qu'elle juge de nature à exciter ou à entretenir le désordre ». Ce texte, quoi qu'on en ait dit, n'a point été abrogé par la loi du 5 août 1914. La formule, il faut le dire, est très vague et très générale. Mais, quoi qu'il en soit, le droit de l'autorité militaire d'interdire discrétionnairement, sous le régime de l'état de siège, toutes les publications qu'elle estime de nature à exciter ou à entretenir le désordre n'est pas contestable. Dans ces conditions, on comprend que le gouvernement ait décidé que les publications périodiques seraient soumises à l'examen préalable d'une commission de censure. Cela avait, en effet, pour les journaux l'avantage de les garantir contre l'interdiction qui autrement pouvait toujours intervenir. L'autorité ayant le pouvoir d'interdire avait évidemment le pouvoir de censurer préventivement les publications qu'elle pouvait interdire discrétionnairement.

La censure n'a point été établie par un décret. Son établissement a été officiellement considéré comme une conséquence normale et nécessaire de l'état de siège et fondé légalement sur l'article 9, n° 4 précité, de la loi du 9 août 1849. La création de la censure a été annoncée par une note communiquée aux journaux le 4 août 1914, dans laquelle il est dit : «... Le gouvernement compte sur le bon vouloir patriotique de la presse de tous les partis, à Paris et en province, pour ne pas publier une seule information concernant la guerre, quelles que soient sa source, son origine, sa nature, sans qu'elle ait été visée au bureau de la presse établi au ministère de la guerre... » (*Revue du droit public*, 1915, p. 329).

Depuis cette date, la censure préventive a fonctionné à Paris et dans toutes les grandes villes de province. Elle s'est exercée non seulement à l'égard de la presse périodique, mais encore à l'égard des brochures et même des livres. Elle s'est exercée non seulement sur les informations militaires et diplomatiques, mais encore sur les articles purement politiques ou des informations ne touchant en rien aux affaires militaires ou diplomatiques.

A Paris, la censure a été exercée pendant tout le temps de la guerre par le bureau de la presse au ministère de la guerre, bureau dont la composition a varié et qui pouvait être à la rigueur considéré comme une autorité militaire, puisqu'il relevait directement du ministère de la guerre. En province, la censure a été en général exercée par des commissions créées par les préfets et qui n'avaient que très approximativement le caractère militaire. Il est vrai que ces commissions n'avaient guère d'initiative propre et recevaient leur direction du bureau de la presse du ministère de la guerre.

En établissant ainsi à la faveur de l'état de siège la censure préventive, le gouvernement était nécessairement conduit à aller jusqu'au bout, c'est-à-dire à assurer par la voie purement administrative l'exécution des décisions de la censure. Il a créé tout un système gradué de véritables peines qu'il infligeait à son gré. La première était l'avertissement infligé par le ministre au journal qui publiait un article censuré. Si malgré cet avertissement le journal récidivait, l'administration le suspendait pour une durée qu'elle fixait arbitrairement. La suspension et la suppression étaient ordonnées par une décision du président du conseil des ministres. Au cas de suspension ou de suppression, il était procédé à la saisie administrative de tous les exemplaires du journal suspendu ou supprimé.

La légalité de la censure sous le régime de l'état de siège n'est donc pas sérieusement contestable. Mais les maladresses et les contradictions continuelles de la commission de censure, l'extension qui a été donnée à la censure, laquelle ne s'est pas exercée seulement au sujet des informations et des appréciations militaires et diplomatiques, mais encore au sujet des articles purement politiques, ont provoqué de la part des journaux et des hommes politiques de tous les partis des réclamations et des protestations assurément fondées. La question a été portée plusieurs fois à la tribune du Palais-Bourbon.

Le 4 mars 1915, M. Paul Meunier déposait sur le bureau de la chambre une proposition ainsi conçue : « L'état de siège politique déclaré par la loi du 5 août 1914 est levé à Paris et dans les départements de .. » M. Viviani, président du conseil, s'étant opposé au vote immédiat de cette proposition, elle fut renvoyée à la commission de législation civile qui l'adopta avec quelques modifications (*Rapport* de M. Paul Meunier, *J. off.*, *Doc. parl.*, Chambre, 1915, p. 1259).

Sur une nouvelle intervention de M. Paul Meunier (13 octobre 1915) la commission de législation civile adoptait une proposition, dont l'objet essentiel était d'établir légalement en temps de guerre le régime de la censure préalable, de donner la compétence en matière de censure à l'autorité civile, au préfet de police à Paris, aux préfets dans les départements, et de restreindre rigoureusement la censure « à la publication d'articles ou d'informations d'ordre militaire ou diplomatique, qui seraient de nature à nuire à la défense nationale », et de soustraire ainsi à la censure les articles et informations touchant exclusivement la politique intérieure (trois *rapports* de M. Paul Meunier, *J. off.*, *Doc. parl.*, Chambre, 1915, p. 1128, 1351 et 1409).

La discussion de cette proposition de loi ne vint à la chambre que le 21 janvier 1916, à une époque où le ministère Viviani avait été remplacé par le ministère Briand. Elle occupa tout entières les séances des 21 et 25 janvier. Après un éloquent discours dans lequel M. Briand reconnaissait les quelques erreurs inévitables commises par la censure, mais déclarait que les intérêts de la défense nationale exigeaient son maintien et que, telle qu'elle fonctionnait en fait, elle était une garantie pour la presse elle-même, la proposition Paul Meunier fut renvoyée à la commission.

Depuis il n'en a plus été question. La presse est restée soumise de fait à la censure militaire, diplomatique et politique jusqu'à la levée de l'état de siège, le 12 octobre 1919.

Sur la liberté de la presse en temps de guerre, cf. J. Barthélemy, *Revue du droit public*, 1915, p. 319 ; Jèze, *Régime juridique de la presse en Angleterre en temps de guerre*, *Revue du droit public*, 1915, p. 229, 405, 613, et 1916, p. 5 et 337.

70. Le droit de pétition. — C'est le droit qui appartient à l'individu d'adresser aux organes ou agents publics un écrit où il expose des opinions, formule des demandes ou des plaintes.

Le droit de pétition est une forme de la liberté d'opinion. Chacun est libre d'exposer ses opinions, de les faire connaître au public et aussi, par conséquent, aux représentants de l'autorité. Le droit de pétition est de plus une conséquence de la liberté individuelle en général : chacun a le droit de ne pas être victime d'un acte arbitraire de la part des agents de l'autorité et de formuler une plainte ou une réclamation contre un pareil acte.

Le droit de pétition n'était pas expressément mentionné dans la Déclaration des droits de 1789. On pensa probablement que cela était inutile, puisqu'il était la conséquence nécessaire de la liberté individuelle et de la liberté d'opinion. C'est bien d'ailleurs au même paragraphe 3 du titre I de la Constitution de 1791 que le législateur déclare garanties, comme droits naturels et civils, la liberté individuelle, la liberté d'opinion, la liberté de la presse, la liberté de réunion et aussi « la liberté d'adresser aux autorités constituées des pétitions signées individuellement ». Il est dit à l'article 32 de la Déclaration de 1793 : « Le droit de présenter des pétitions aux dépositaires de l'autorité publique ne peut en aucun cas être interdit, suspendu ni limité. » Rapp. constitution de de l'an III, art. 37 et 364 ; constitution de 1848, art. 8.

Une difficulté s'est présentée pour le droit de pétition, dès 1791. La pétition peut intervenir dans deux hypothèses tout à fait différentes.

La pétition peut être formulée pour un but purement individuel : on demande la modification ou la suppression d'une décision individuelle ; on demande soit au gouvernement, soit au parlement, de prendre une décision individuelle. La pétition formulée ainsi, dans un intérêt purement individuel, est incontestablement, d'après la terminologie des auteurs de la Déclaration des droits et de la constitution de 1791, l'exercice d'un droit naturel et civil, c'est-à-dire d'un droit qui appartient à tout individu en tant qu'homme, et qui est un droit civil parce qu'il est reconnu et garanti par la société. Dès lors, ce droit appartient à tous, même à ceux qui n'ont point la jouissance des droits politiques, aux femmes, aux enfants, aux individus frappés d'une déchéance pénale, et même aux étrangers. Le droit de pétition ainsi compris est bien certainement un droit supérieur au législateur, que celui-ci peut réglementer, mais qu'il ne peut ni restreindre ni supprimer.

Au contraire, une pétition peut être adressée par un individu ou un groupe d'individus pour un but d'intérêt général. On ne demande point une décision individuelle, mais bien qu'il soit pris une décision par voie générale et dans l'intérêt collectif, soit qu'on s'adresse au parlement pour qu'il vote une loi ou repousse un projet de loi, abroge ou modifie une loi existante, soit qu'on s'adresse au gouvernement pour qu'il prenne une mesure générale dans le domaine de sa compétence ou pour qu'en vertu de son droit d'initiative il présente au parlement tel ou tel projet de loi. En pareil cas, la pétition n'est-elle pas l'exercice d'une sorte d'initiative législative, une participation à la puissance politique? Le droit de pétition ainsi compris ne doit-il pas être reconnu seulement à ceux qui ont la jouissance des droits politiques? Ne doit-il pas être refusé aux femmes, aux enfants, aux individus frappés de déchéance et aux étrangers? Nous sommes disposé à le penser. En fait, jamais une solution bien nette n'a été donnée.

Le droit de pétition aux chambres a eu à certaines époques une importance beaucoup plus grande qu'aujourd'hui. Sous l'application des constitutions qui refusaient aux chambres l'initiative, le droit de pétition fournissait un moyen détourné pour saisir les chambres de questions importantes que ne leur soumettait pas le gouvernement. Aujourd'hui, députés et sénateurs ont un droit d'initiative complet et, de ce chef, le droit de pétition est devenu inutile. D'autre part, la presse, avec l'action considérable qu'elle a de nos jours, est un moyen autrement puissant pour imposer une question à l'attention des pouvoirs publics que le modeste droit de pétition. Elle peut soulever l'opinion publique et forcer l'intervention du parlement et du gouvernement, quand des pétitions, même réunissant des milliers de signatures, restent oubliées dans l'*in pace* des commissions parlementaires.

Enfin, les pétitions proprement dites adressées au gouvernement deviennent aussi à peu près inutiles. L'individu qui se prétend victime d'un acte arbitraire est, dans le droit moderne, armé de recours contentieux, qui garantissent ses droits d'une manière bien plus énergique et effective que la pétition. Par le caractère de généralité que la jurisprudence a donné au recours pour excès de pouvoir, par l'étendue qu'on tend à reconnaître à la responsabilité de l'Etat et des fonctionnaires, l'individu est de mieux en mieux protégé contre l'arbitraire administratif, et le droit de pétition devient de plus en plus inutile.

71. La liberté religieuse. — Tout individu a incontestablement le droit de croire intérieurement ce qu'il veut en matière religieuse. Cela est proprement la liberté de conscience, qui n'est pas seulement la liberté de ne pas croire, mais aussi la liberté de croire ce que l'on veut. La liberté de conscience ainsi comprise échappe forcément et naturellement aux atteintes du législateur, comme la liberté de penser proprement dite. Ni en droit ni en fait le législateur ne peut pénétrer dans l'intérieur des consciences individuelles et leur imposer une obligation ou une prohibition quelconque. Pas plus que la liberté de penser, la liberté de conscience proprement dite n'a besoin d'être affirmée en droit. Les législateurs et les gouvernements l'ont malheureusement parfois oublié.

La question de l'intervention de l'Etat ne peut se poser que lorsque les croyances religieuses se manifestent extérieurement, soit par un exposé verbal ou écrit, soit par la pratique du culte correspondant à ces croyances. On s'est demandé souvent ce qui distingue une religion d'une philosophie. Assurément, il est impossible de donner un critérium de distinction fixe. Cependant, il nous semble que la religion implique, d'une part, la croyance à certaines propositions d'ordre métaphysique, et, d'autre part, l'accomplissement de certains rites correspondant à ces croyances,

quelque variées que soient ces croyances, quelque
caractère que présentent ces rites, qui cependant ont
tous ce caractère d'impliquer la croyance d'une communication de l'homme avec une force surnaturelle.
En un mot deux éléments très généraux caractérisent
la religion : toute religion implique un certain nombre
de dogmes plus ou moins primitifs, plus ou moins
compliqués, et en second lieu un certain rite, un certain
culte aussi infiniment variable.

Cela posé, affirmer la liberté religieuse, c'est d'abord
affirmer le droit pour quiconque d'exprimer publiquement par la parole ou par l'écrit ses croyances religieuses. Mais la liberté religieuse ainsi comprise se
confond avec la liberté d'opinion. Les auteurs de la
Déclaration des droits de 1789 le comprenaient bien,
quand ils disaient : « Nul ne doit être inquiété pour
ses opinions, *même religieuses*, pourvu que leur manifestation ne trouble pas l'ordre public établi par la
loi. » Cette expression *même religieuses* montre que
dans l'esprit des hommes de 1789 il y avait quelque
chose de nouveau dans ce respect des opinions religieuses; mais la nouveauté consistait justement dans
l'assimilation des opinions religieuses aux opinions
politiques, philosophiques, sociales, artistiques, etc...
La liberté d'exprimer ses croyances religieuses par la
parole et par l'écrit ne se distingue donc en rien de la
liberté d'opinion en général, et tout ce qui a été dit
précédemment sur les libertés de réunion, d'enseignement, de la presse, doit recevoir son application quand
les réunions, l'enseignement et la presse ont pour but
de propager des croyances religieuses. Les lois qui
garantissent aujourd'hui ces diverses libertés doivent
s'appliquer quelles que soient les opinions ou les
croyances qui sont exprimées sous la protection de
ces lois.

Toute religion contient un second élément : le rite
ou culte. Pour que la liberté religieuse existe, il faut
que chacun soit libre de pratiquer un culte religieux

quelconque, que nul ne soit empêché directement ou
indirectement de pratiquer le culte correspondant à
ses croyances religieuses, et qu'à l'inverse, nul ne soit
contraint directement ou indirectement de pratiquer
un culte quelconque. La liberté religieuse, c'est donc
essentiellement la liberté du culte. Mais naturellement le principe, en vertu duquel la liberté de chacun
doit être limitée dans la mesure où cela est nécessaire pour assurer la liberté de tous, est vrai pour la
liberté religieuse comme pour toutes les libertés. En
conséquence, le législateur peut et doit intervenir
pour réglementer l'exercice extérieur du culte de
manière qu'il ne porte aucune atteinte à la liberté
individuelle de qui que ce soit. Le droit que chacun
possède de pratiquer librement son culte a pour limite
la liberté physique, intellectuelle et religieuse de tous
les autres.

La liberté religieuse ainsi comprise a été très longue à s'établir dans les pays civilisés; et l'on a pu
se demander si la France contemporaine respectait
vraiment la liberté religieuse. Dans aucun des domaines de la pensée, l'intolérance n'a fait plus fortement
sentir son action néfaste. Tout fidèle, en effet, croit aisément que sa religion seule possède la vérité absolue,
la vérité métaphysique et la vérité morale; il veut par
suite imposer aux autres ses propres croyances; il
y voit facilement l'accomplissement d'un véritable
devoir. Il aura naturellement la tentation d'employer
la part d'autorité dont il dispose à favoriser et même à
imposer la pratique de telle ou telle religion. En outre,
dans tous les temps et dans tous les pays, les gouvernants ont vu dans la religion une force tantôt alliée,
tantôt ennemie, et par suite ont pratiqué naturellement une politique religieuse de privilège ou d'oppression, de privilège pour la religion dont on faisait un
instrument de gouvernement, d'oppression contre la
religion dont on redoutait l'influence.

Outre l'article 10 de la Déclaration des droits de 1789, beaucoup de textes de nos Déclarations, de nos constitutions et de nos lois ont formulé le principe de la liberté religieuse. La constitution de 1791 déclarait garantir comme droit naturel et civil « la liberté à tout homme... d'exercer le culte auquel il est attaché » (tit. I, § 2). « Le libre exercice des cultes ne peut être interdit » (Déclaration de 1793, art. 7). Rapp. constitution de 1793, article 122. « Nul ne peut être empêché d'exercer en se conformant aux lois le culte qu'il a choisi. Nul ne peut être forcé de contribuer aux dépenses d'un culte. La République n'en salarie aucun » (Constitution de l'an III, art. 334). La formule de la constitution de l'an III, d'une exactitude parfaite, était reproduite dans les considérants de la grande loi du 7 vendémiaire an IV relative à la police et à l'exercice extérieur des cultes. Dans la formule du serment que l'article 53 du sénatus-consulte du 28 floréal an XII imposait à l'empereur, celui-ci devait promettre de respecter et de faire respecter la liberté des cultes. La Charte de 1814 reconnaissait expressément la liberté du culte : « Chacun professe sa religion avec une égale liberté et obtient pour son culte la même protection » (art. 5). Il est vrai qu'on disait à l'article 6 : « Cependant la religion catholique, apostolique et romaine est la religion de l'Etat. » Rapp. les articles 5 et 6 de la Charte de 1830. A l'article 7 de la constitution de 1848, on lit : « Chacun professe librement sa religion et reçoit de l'Etat pour l'exercice de son culte une égale protection. » La constitution de 1852 donnait au sénat le droit de « s'opposer à la promulgation des lois contraires à la liberté des cultes » (art. 26). Enfin la loi du 9 décembre 1905 sur la séparation des Eglises et de l'Etat contient un article 1er ainsi conçu : « La République assure la liberté de conscience. Elle garantit le libre exercice des cultes sous les seules restrictions édictées ci-après dans l'intérêt de l'ordre public. »

On voit ainsi que ni le nombre ni la précision des textes proclamant le principe de la liberté religieuse n'ont fait défaut depuis 1789. Dans le fait, la liberté religieuse a-t-elle été respectée? Question extrêmement complexe, qu'il n'est pas possible d'étudier ici.

Le concordat de 1802. L'union des Eglises et de l'Etat. — Quoi qu'on pense du concordat de 1802 et des raisons vraies qui décidèrent Napoléon à le signer, il n'est pas douteux qu'il donna pendant un temps la paix religieuse à la France. La convention des 16 messidor-23 fructidor an IX, conclue entre le gouvernement français et le pape Pie VII et connue sous le nom de *concordat de 1802*, est précédée de la double déclaration suivante : « Le gouvernement de la République française reconnaît que la religion catholique, apostolique et romaine est la religion de la grande majorité des citoyens français. Sa Sainteté reconnaît également que cette même religion a retiré et attend encore à ce moment le plus grand bien et le plus grand éclat de l'établissement du culte catholique en France et de la profession particulière qu'en font les consuls en France. »

Les clauses de la convention concordataire se résument dans les sept points suivants : 1° la religion catholique, apostolique et romaine doit être librement exercée en France; son culte est public, et ce conformément aux règlements de police que le gouvernement jugera nécessaires pour la tranquillité publique; 2° il sera fait par le Saint-Siège, de concert avec le gouvernement français, une nouvelle circonscription des diocèses français; 3° le gouvernement français nomme les titulaires des archevêchés et des évêchés; le Saint-Siège donne l'institution canonique suivant les formes établies par rapport à la France sous l'ancien régime; 4° les évêques nomment aux cures, mais leur choix ne peut porter que sur des personnes agréées par le gouvernement; 5° toutes les églises non aliénées sont remises à la disposition des évêques; 6° l'Eglise déclare renoncer à toute revendication des anciens biens ecclésiastiques, et en retour le gouvernement assurera un traitement convenable aux évêques et aux curés dont les diocèses et les paroisses seront compris dans les circonscriptions nouvelles (art. 13 et 14); 7° dans le cas où un des successeurs du premier consul ne serait pas catholique, la nomination aux évêchés sera réglée par une nouvelle convention.

La loi du 18 germinal an X, qui promulguait le concordat, promulguait en même temps les Articles organiques de la convention. Ils contenaient une série de dispositions très rigoureuses sur l'exercice du culte catholique en France. La plupart étaient la reproduction des règles suivies sous l'ancien régime, par exemple celle-ci : « Aucune bulle, bref, rescrit, décret de la cour de Rome..... ne pourront être reçus, publiés, imprimés ni autrement mis à exécution sans l'autorisation du gouvernement » (art. 1er). D'après le gouvernement, ces dispositions étaient portées en vertu de l'article 1er du concordat, d'après lequel le culte catholique s'exercerait librement et publiquement, mais en se conformant « aux règlements de police que le gouvernement jugera nécessaires pour la tranquillité publique ». Cf. le rapport de Portalis, 15 germinal an X. Cependant le Saint-Siège n'a jamais reconnu les Articles organiques.

La loi du 18 germinal an X contenait aussi les Articles organiques du culte protestant. Le culte protestant était reconnu par l'Etat, qui rétribuait les pasteurs agréés par lui. Les dispositions de l'an X, relatives au culte protestant, ont été modifiées et complétées par le décret-loi du 25 mars 1852 et la loi du 1er août 1879.

En l'an X, il n'était pas question du culte israélite. Un décret impérial du 30 mai 1806 prescrivit la convocation à Paris d'une assemblée de 74 notables israélites, à la suite de laquelle le grand sanhédrin fut reconstitué, et ses décisions servirent de base aux décrets des 17 mars et 11 décembre 1808 rendus pour l'organisation du culte israélite en France. La loi du 8 février 1831 mit à la charge de l'Etat le traitement des ministres de ce culte. L'ordonnance du 25 mai 1844 remania l'organisation du culte israélite; elle a été modifiée encore par les décrets du 29 août 1862 et du 12 septembre 1872.

Sous le premier empire, on doit signaler le décret du 15 février 1810, qui déclare loi générale de l'empire la Déclaration des *quatre articles* de 1682, le décret du 28 février 1810, modifiant quelques dispositions des Articles organiques, le concordat dit de Fontainebleau, que Napoléon imposa au Pape Pie VII, prisonnier à Fontainebleau, et qui fut désavoué par ce dernier.

72. La séparation des Eglises et de l'Etat. — Au moment où a été promulguée la loi du 9 décembre 1905, relative à la séparation des Eglises et de l'Etat, trois cultes, les cultes catholique, protestant et israélite, étaient dans une situation spéciale. Leurs ministres étaient rétribués sur le budget de l'État; celui-ci, en retour, participait à leur nomination. La pratique de ces cultes était placée sous un régime de police spécial. Quant aux autres cultes, ils étaient soumis à un régime de police d'autant plus arbitraire qu'il n'était réglementé que d'une manière tout à fait sommaire par le décret du 19 mars 1859. Aucun culte non reconnu par l'Etat ne pouvait tenir ses réunions qu'avec une autorisation expresse de l'autorité administrative (D. 19 mars 1859, art. 3). Assurément, depuis la loi du 30 juin 1881, même les réunions tenues pour l'exercice d'un culte, pouvaient avoir lieu librement, puisque cette loi établit la liberté de réunion, quel que soit le but de la réunion. Mais chaque réunion cultuelle devait être précédée de la déclaration exigée alors par l'article 2 de la loi. Ainsi, même depuis la loi de 1881, un culte non reconnu ne pouvait être exercé publiquement d'une manière permanente qu'avec l'autorisation du gouvernement, conformément au décret du 19 mars 1859.

Depuis longtemps, ce régime des cultes était l'objet de vives critiques. D'une part, on disait justement que les cultes non reconnus par l'Etat étaient soumis à un régime de police tout à fait arbitraire, que par exemple les bouddhistes, les musulmans résidant en France, devaient avoir le droit de célébrer librement leur culte. Quant au régime des cultes reconnus par

l'Etat, il est, disait-on, la négation même du principe
de liberté religieuse et du principe de neutralité de
l'Etat qui en est la condition. D'abord, les ministres
des cultes étant rétribués par l'Etat, et le gouvernement intervenant dans leur nomination, ils ne peuvent
pas avoir, dans l'exercice de leur ministère, l'indépendance complète qu'implique un vrai régime de liberté
religieuse. Le clergé est alors un clergé de fonctionnaires. On peut discuter théoriquement le point de
savoir si les ministres du culte sont ou non des fonctionnaires. On ne saurait empêcher le gouvernement
qui les nomme et qui les paie de les traiter comme
des fonctionnaires. Comment d'ailleurs une Eglise
peut-elle accepter qu'un Etat laïque intervienne, sous
une forme quelconque, dans la nomination de ses
ministres ? Cette intervention n'est concevable logiquement que dans les Etats dont le chef politique est
en même temps un chef religieux ; autrement elle est
pour les vrais croyants un empiétement intolérable
du prince sur le domaine de la conscience religieuse.

D'autre part, le système des cultes reconnus et
rétribués par l'Etat viole le principe de la liberté religieuse, en forçant les citoyens qui ne pratiquent aucun
culte ou qui appartiennent à des religions différentes
à participer aux dépenses d'un culte qu'ils ne pratiquent pas. Le libre-penseur, qui considère que toutes
les religions ne sont que mensonge et sorcellerie, produits de l'ignorance et de la superstition, qu'il faut
travailler énergiquement à soustraire l'humanité à
leur influence néfaste, se trouve obligé de subventionner pour sa part d'impôt les ministres de ces
religions. Un pareil régime ne saurait être un régime
de liberté religieuse. On dit, il est vrai, que dans tous
les grands pays beaucoup de citoyens concourent à des
dépenses dont ils ne profitent point, dont ils ne profi-
teront jamais, que, par exemple, le paysan des Céven-
nes, des Alpes ou des Pyrénées contribue pour sa part
d'impôt aux dépenses du Louvre ou de l'Opéra, où il

ne mettra jamais les pieds. C'est vrai, peut-on répondre ; mais la contribution à ces dépenses n'est point une atteinte à la liberté de conscience, comme peut l'être la contribution aux dépenses d'une religion que l'on croit fausse. En outre, le développement de l'art sous toutes ses formes est certainement indispensable à la grandeur et à la prospérité d'un pays ; par conséquent, le contribuable qui ne mettra jamais les pieds au Louvre ou à l'Opéra peut être légitimement tenu de contribuer à ces dépenses, parce que par là il apporte sa part à des dépenses d'intérêt général. Les partisans du budget des cultes ont répondu qu'on ne voit pas comment les ballets plus ou moins décolletés que donne l'Opéra contribuent à la grandeur du pays et au développement de l'art. Mais cela prouve seulement que l'État a tort de subventionner un théâtre où l'on donne des ballets, et non point qu'il doit payer les ministres de certaines religions.

Au point de vue purement théorique, il n'est pas douteux que le régime des cultes, antérieur à la loi de séparation (L. 9 décembre 1905), était contraire au principe même de la liberté religieuse et de la liberté d'opinion, et aussi au principe de l'égalité des citoyens. Mais on peut se demander s'il était opportun d'établir une séparation complète, absolue, entre l'État français et l'Église catholique. Quoi qu'on dise, l'Église catholique représente encore une force morale considérable, bien que fortement diminuée de ce que le pape Benoît XV n'a pas su ou n'a pas voulu prendre parti, pendant la grande guerre, entre les victimes et les assassins. On ne peut nier que l'Église est encore une grande collectivité internationale puissamment hiérarchisée. Depuis quatorze siècles, la France est un pays catholique ; elle compte encore des millions de catholiques pratiquants, et plus de 60.000 églises ouvertes au public. Dans ces conditions, n'était-il pas plus politique et plus sage de maintenir, en l'adaptant aux besoins nouveaux, le régime concordataire ?

De bons esprits le pensaient et le pensent encore. Le suffrage universel paraît cependant avoir approuvé cette séparation aux élections des 6-20 mai 1906 et des 24 avril-8 mai 1910. Les faits semblent prouver que, malgré l'agitation continuelle que le parti clérical paraissait à un moment vouloir entretenir, la loi de 1905, modifiée par la loi du 2 janvier 1907, peut assurer au pays la paix religieuse.

Si les circonstances ont hâté le dénouement, elles n'ont été, en réalité, que la cause occasionnelle de la séparation de l'Etat français et de l'Eglise catholique. La cause vraie et profonde se trouve ailleurs. La séparation devait nécessairement se faire un peu plus tôt ou un peu plus tard. Le régime du concordat se trouvait, en effet, incompatible avec le point d'évolution historique où étaient parvenus d'une part l'Etat français et d'autre part l'Eglise catholique elle-même. Dans un régime d'union comme l'était le régime concordataire, le culte constituait un véritable service public, les ministres du culte étaient véritablement des fonctionnaires ; s'ils avaient tous les avantages attachés à cette qualité, ils en avaient les charges et les obligations, et le gouvernement avait logiquement un pouvoir disciplinaire sur eux. Or, dans l'état actuel des croyances religieuses, le culte ne peut plus constituer l'élément d'un service public. La religion est une chose individuelle, et dans la conception moderne de l'Etat, celui-ci doit y rester étranger. Il doit garantir à chacun la liberté d'exercer le culte qui correspond à ses croyances ; il ne doit ériger aucun culte en service public. Il ne pourrait le faire que si le culte répondait à un besoin absolument général, ou était une condition de ce que nous appelons la réalisation de la solidarité par similitudes. Or, si à certaines époques de foi religieuse il en a été ainsi, il n'en est pas évidemment ainsi aujourd'hui. Le régime concordataire, qui faisait du culte catholique un service public, devait donc forcément disparaître.

D'autre part, le concile du Vatican de 1870 en proclamant le dogme de l'infaillibilité du pape, l'avènement de Pie X en 1903 et la politique que de
nombreux actes pontificaux affirment chaque jour,
marquent certainement le point d'arrivée de l'évolution qui a été la loi générale de l'histoire de l'Eglise
catholique : son évolution vers une centralisation
complète, une unification absolue et la concentration
de tous les pouvoirs entre les mains du pontife
romain. Sans doute, théoriquement, l'infaillibilité ne
s'applique qu'au dogme et aux mœurs; mais si le
pape est infaillible quand il enseigne, il l'est forcément aussi quand il ordonne et quand il administre.
Le régime concordataire implique une certaine autonomie laissée aux Eglises nationales, une certaine
variété dans l'organisation interne de l'Eglise, pour
tout dire une certaine décentralisation. Or, l'Eglise
catholique est arrivée à un moment de son évolution
où toute autonomie locale, toute décentralisation,
toute variété d'organisation, ont disparu ou disparaîtront bientôt devant une unification absolue et une
subordination complète de tous à la puissance infaillible et sans limite de l'évêque de Rome. Dans ces
conditions, le régime concordataire devient impossible.
Il a disparu en France et sans retour ; il devait forcément disparaître. Il disparaîtra probablement dans
tous les pays où il existe encore.

On doit noter cependant que pendant la guerre,
devant l'indifférence que le pape Benoît XV a montrée
à l'égard des crimes allemands, l'épiscopat français
a semblé se soustraire à l'absolutisme du Vatican On
l'a bien vu quand le pape ayant ordonné dans toutes
les Eglises des prières pour la paix, tous les évêques
français ont ordonné ces prières ajoutant : la paix
par le triomphe du droit contre la barbarie de l'Allemagne.

La loi réalisant la séparation des Eglises et de l'Etat a été promulguée le 9 décembre 1905. Ce jour restera une date de première
importance dans l'histoire du droit public. La loi du 9 décembre

1905 a été complétée par trois règlements d'administration publique,
faits en application de l'article 43, § 1 : D. 29 décembre 1905, relatif aux inventaires; D. 19 janvier 1906, relatif aux retraites et allo-
cations des ministres du culte; D. 16 mars 1909, relatif aux associations cultuelles; et par les lois des 2 janvier 1907 et 13 avril
1908.

La séparation de l'Eglise et de l'Etat parut tout d'abord avoir
pour conséquence la suppression définitive des relations diplomatiques entre la France et le Vatican. Il n'en était rien parce qu'on
ne saurait méconnaître que l'Eglise catholique est une personne du
droit des gens et que l'existence de rapports diplomatiques réguliers
et officiels avec elle est tout à fait indépendante de l'organisation
du culte catholique dans le pays et même de la pratique de ce culte.
Le Brésil, qui depuis 1892 a la séparation, a un représentant diplomatique au Vatican. De même l'Angleterre, qui est un pays protestant. Le gouvernement français l'a compris et les relations diplomatiques entre la France et le Vatican ont été rétablies en 1921,
bien que le régime de séparation soit resté intact.

Le but de la loi du 9 décembre 1905 a été, d'après
ses auteurs, d'établir, pour la première fois en France,
un régime de liberté religieuse, d'assurer à chacun
le libre exercice de son culte, d'établir la neutralité
complète de l'Etat, qui désormais ne doit reconnaître, ni salarier, ni subventionner aucun culte. Sous
la rubrique *Principes*, au titre 1, le but de la loi est
ainsi affirmé : « La République assure la liberté de
conscience. Elle garantit le libre exercice du culte
sous les seules restrictions édictées ci-après dans
l'intérêt de l'ordre public. La République ne reconnaît, ne salarie ni ne subventionne aucun culte... »
(art. 1er et 2).

Le rapporteur à la chambre, M. Briand, les ministres et les orateurs qui ont défendu le projet, ont
affirmé que la loi était libérale, qu'elle devait être
libérale, qu'elle était faite pour assurer vraiment la
liberté des cultes. M. Briand écrivait dans son rapport :
« Le régime nouveau des cultes qui vous est proposé
touche à des intérêts si délicats et si divers, il opère de
si grands changements dans des coutumes séculaires,
qu'il est sage avant tout de rassurer les susceptibilités
éveillées des fidèles, en proclamant solennellement que
non seulement la République ne saurait opprimer les

consciences ou gêner dans ses formes multiples
l'expression extérieure des sentiments religieux, mais
encore qu'elle entend respecter et faire respecter la
liberté de conscience et la liberté des cultes » (*J. off.*,
Doc. parl., Chambre, session extraordinaire, p. 289).

Au contraire, les orateurs du parti catholique ont
dit et répété au parlement et au dehors que la loi de
séparation n'était point une loi de liberté, qu'elle n'en
avait que l'apparence et qu'au fond elle n'avait d'autre
but que d'arriver à la suppression du culte catholique
en France.

Dans l'encyclique *Vehementer Nos* du 11 février 1906, le pape
Pie X a vigoureusement protesté contre la loi du 9 décembre 1905
et contre la séparation elle-même » qui, basée sur le principe que
l'État ne doit reconnaître aucun culte religieux, est tout d'abord
très gravement injurieuse pour Dieu ». Il rappelle ce que disait
Léon XIII dans l'Encyclique *Immortale Dei*, 1er novembre 1885 :
« Quant à l'Église qui a Dieu lui-même pour auteur, l'exclure de la
vie active de la nation, des lois, de l'éducation de la jeunesse, de
la société domestique, c'est commettre une grande et pernicieuse
erreur. » « C'est pourquoi, est-il dit à la fin de l'encyclique, nous
réprouvons et condamnons la loi votée en France sur la séparation
de l'Église et de l'État comme profondément injurieuse vis-à-vis de
Dieu, qu'elle renie officiellement en posant en principe que la République ne reconnaît aucun culte. Nous la réprouvons et condamnons
comme violant le droit naturel, le droit des gens... Nous protestons
solennellement et de toutes nos forces contre le vote et contre la
promulgation de cette loi, déclarant qu'elle ne pourra jamais être
alléguée contre les droits imprescriptibles et immuables de l'Église
pour les infirmer. » V. le texte complet de l'encyclique, *Le Temps*,
18 février 1906, et *Actes* de S. S. Pie X (édition des *Questions
actuelles*), II, p 123. Rapp. *Allocution consistoriale*, 21 février
1906, *Petit Temps*, 23 février 1906, et *Actes* de S S. Pie X, II,
p. 156. Il y est dit : « Pouvons-nous ne pas réprouver cette loi,
lorsque son titre même montre sa malice et la condamne? Il s'agit
de séparer violemment l'État de l'Église. Donc, telle qu'elle est,
elle tend au mépris du Dieu éternel et Très Haut, puisqu'elle affirme
qu'aucun culte ne lui est dû par l'État ».

L'encyclique *Vehementer* était une protestation théorique contre
le principe même de la loi de séparation. Elle annonçait qu'en temps
opportun des instructions sur la conduite à tenir seraient données
par le pape à l'épiscopat français. Par l'encyclique *Gravissimo officii
munere* du 10 août 1906, Pie X décrète « que relativement aux
associations cultuelles telles que la loi les impose, elles ne peuvent
absolument pas être formées sans violer les droits sacrés qui tien-

nent à la vie elle même de l'Eglise ». V. le texte complet de l'encyclique *Gravissimo*, *Le Temps*, 15 août 1906, et *Actes* de S. S. Pie X,
II, p. 218.

Dans la lettre « *Une fois encore* » du 6 janvier 1907, Pie X, con-
firmant sa condamnation, écrivait : « La loi a organisé les associations cultuelles de telle sorte que ses dispositions à ce sujet vont
directement à l'encontre de droits qui, découlant de sa constitution,
sont essentiels à l'Eglise, notamment en ce qui touche la hiérarchie
ecclésiastique, base inviolable donnée à son œuvre par le divin
Maître lui-même. De plus, la loi confère à ces associations des attributions qui sont de l'exclusive compétence de l'autorité ecclésiastique, soit en ce qui concerne l'exercice du culte, soit en ce qui
concerne la possession et l'administration des biens » (*Actes* de S.
S. Pie X, III, p. 33).

Dans l'encyclique *Vehementer Nos* du 11 février 1906,
déjà citée, le pape proteste contre la disposition de
l'article 2, portant que « la République ne reconnaît,
ne salarie, ni ne subventionne aucun culte ». Au point
de vue du droit, cette protestation ne porte pas. Le
législateur, dans ce texte, ne fait qu'affirmer le principe de neutralité de l'Etat en matière religieuse,
lequel est la conséquence logique du principe de
liberté religieuse rappelé dans l'article 1er. La religion
est chose individuelle et privée, à laquelle l'Etat doit
rester complètement étranger. Pour lui, il n'y a ni
catholiques, ni protestants, ni juifs, ni musulmans,
ni bouddhistes; il y a des Français, ou plutôt des
hommes, dont il doit respecter les croyances. Il ne
doit intervenir que pour empêcher que les manifestations cultuelles des uns ne portent atteinte à la liberté
des autres. Ainsi, en droit, les articles 1 et 2 de la loi
du 9 décembre 1905 sont irréprochables.

Les associations cultuelles. — L'organisation tout
entière des cultes, telle qu'elle est réglée par la loi du
9 décembre 1905, repose sur la formation d'*associations cultuelles*.

La législation des associations cultuelles est-elle
vraiment conforme aux principes de la liberté religieuse? Dans l'encyclique du 11 février 1906 (*Vehementer*), le pape déclare qu'elle est attentatoire à la
liberté religieuse des catholiques parce que, contrai-

rement à ce principe certain « que l'Eglise est une
société *inégale*, c'est-à-dire une société comprenant
deux catégories de personnes, les pasteurs et le trou-
peau, ceux qui occupent un rang dans les différents
degrés de la hiérarchie et la multitude des fidèles, elle
attribue l'administration et la tutelle du culte public,
non pas au corps hiérarchique divinement institué par
le Sauveur, mais à une association de personnes
laïques ».

Cette critique de la loi n'est point fondée, même
au point de vue catholique pur. En effet, aux termes
de l'article 4, qui n'a été voté qu'après une très longue
et très précise discussion, l'association cultuelle n'est
régulièrement constituée que si elle s'est conformée
« aux règles d'organisation générale du culte dont elle
se propose d'assurer l'exercice ». Par conséquent,
d'après la loi, les seules associations cultuelles qui
pourront assurer l'exercice du culte catholique, avoir
la jouissance des églises, sont celles qui seront constituées suivant les principes de la hiérarchie catholique que rappelle le pape Pie X, c'est-à-dire celles
qui auront à leur tête un prêtre nommé et autorisé
par l'évêque qui lui-même sera en communion avec
le Saint-Siège.

L'encyclique *Vehementer* proteste aussi contre
« l'attribution de la juridiction suprême sur les associations cultuelles au conseil d'Etat ». D'abord, la
formule n'est pas exacte. La loi se borne à décider,
d'une part que lorsque les mêmes biens seront récla-
més par plusieurs associations formées pour l'exercice du même culte, la contestation sera jugée par le
conseil d'Etat (art. 8, § 3), et d'autre part que sera
porté devant le conseil d'Etat statuant au contentieux
le recours contre le décret rendu en conseil d'Etat
prononçant contre une association cultuelle la cessation de jouissance d'un édifice ou d'objets mobiliers
servant à l'exercice du culte. Peut-être le conseil d'Etat
est-il aussi compétent pour statuer sur un recours en

annulation dirigé contre l'acte de dévolution (D. 16 mars 1906, art. 15). Tels sont les seuls cas où la loi établit la compétence du conseil d'Etat. Dans tous les autres cas les tribunaux judiciaires sont compétents ; ils le sont notamment pour juger tout litige né entre un particulier ou une commune d'une part et une association cultuelle d'autre part ; ils sont seuls compétents, en vertu de l'article 23, § 3, pour prononcer la dissolution d'une association cultuelle.

Assurément il n'était pas conforme aux vrais principes du contentieux administratif de donner compétence au conseil d'Etat pour statuer sur les différends nés entre deux associations cultuelles. Mais le conseil d'Etat statuant au contentieux est une véritable juridiction, qui présente toute garantie d'indépendance et de capacité. En vérité, on ne pouvait pas donner à la juridiction ecclésiastique elle-même compétence pour déterminer, au cas de litige, celle des associations cultuelles qui, régulièrement constituée, aurait droit à la jouissance des biens affectés au culte. C'est peut-être ce que voulait le pape. C'est ce qu'aucun Etat moderne ne saurait lui concéder. L'article 8, § 3, porte que le conseil d'Etat statuera « en tenant compte de toutes les circonstances de fait », ce qui implique que le conseil devra rechercher laquelle des associations cultuelles est en fait constituée « conformément aux règles générales du culte dont elle se propose d'assurer l'exercice ». On ne pouvait aller plus loin, et, sur ce point, les catholiques ne pouvaient demander plus.

Nous ne pouvons nous tenir de croire qu'en prohibant les associations cultuelles, le pape, mal éclairé sur l'état des esprits en France, a été déterminé par des considérations étrangères à la hiérarchie ecclésiastique, qui, en réalité, n'était aucunement menacée.

Les dispositions de la loi du 9 décembre 1905, indiquées jusqu'à présent et qui en sont l'élément essentiel, ne contiennent donc aucune atteinte à la liberté religieuse. Nous n'en dirons pas autant des articles 5, § 3, 21 et 22, qui imposent aux associations cultuelles certaines obligations au point de vue de la gestion de leurs biens, et les soumettent à un contrôle financier exercé par l'administration de l'enregistrement et par l'inspection générale des finances. Cela est contraire au principe libéral de la loi et peut ouvrir la porte à l'arbitraire. On déclare solennellement que la République « ne reconnaît aucun culte » (art. 2), que les associations cultuelles sont des associations privées, et que la loi établit la laïcité et la neutralité absolues de l'Etat, que celui-ci n'intervient que pour empêcher que les manifestations extérieures du culte ne troublent l'ordre public ou ne portent atteinte à la liberté individuelle de ceux qui n'y participent pas. Et cependant on soumet la gestion des sociétés cultuelles à un contrôle administratif et financier, comme si elles étaient des établissements publics ; c'est contradictoire. Le législateur n'a pas pu se soustraire à l'esprit napoléonien qui inspire toujours la plupart de nos lois. Il faut dire toutefois que ce contrôle, tel qu'il a été réglementé par les articles 37-46 du décret du 16 mars 1906, ne paraît pas devoir être vexatoire.

Sont encore contraires au principe de liberté, les dispositions qui limitent la capacité d'acquérir des associations cultuelles. Il est vrai que ces restrictions s'appliquent à toutes les associations d'après la loi du 1er juillet 1901 (art. 6), et que même la capacité d'acquérir des associations cultuelles est peut-être plus étendue que celle des associations ordinaires. La persistance du législateur français à refuser aux associations quelles qu'elles soient la pleine capacité civile dans la limite de leur but, est véritablement indigne d'un pays libre. Il convient de rappeler ici que la loi du 12 mars 1920 a reconnu aux syndicats professionnels la pleine capacité d'acquérir à titre gratuit, et que forcément, dans un avenir prochain, cette disposition sera étendue à toutes les associations.

Il faut ajouter cependant que la loi du 9 décembre 1905, d'une part donnait au pape le droit absolu et sans réserve de nommer les évêques et de publier en France tous les actes que bon lui semblait, et d'autre part aux évêques le droit absolu et sans réserve de nommer tous les curés, de créer de nouvelles paroisses, de nommer tous les membres et le bureau des associations cultuelles, de se syndiquer et de se réunir à leur convenance. Dans ces conditions, on peut se demander |si la véritable raison pourquoi le pape n'a pas accepté la loi, ce n'est point qu'elle ne donnait pas assez de pouvoir aux évêques, mais qu'elle leur en donnait trop. Qu'on remarque que ce droit de réunion ou de concile national que l'épiscopat français revendiquait depuis des siècles, il ne l'a point exercé depuis qu'il lui a été accordé. Les évêques se sont réunis à Paris au mois de mai 1906 pour établir un projet d'associations à la fois canoniques et légales, projet qui n'a point été accepté par le pape. Depuis, aucune réunion d'évêques n'a eu lieu publiquement; le Vatican n'en voulait point, et il avait su le faire comprendre aux évêques de France.

73. Le régime actuel du culte catholique. — Les protestants et les israélites se sont sans difficulté soumis aux dispositions de la loi du 9 décembre 1905. Ils ont constitué des associations cultuelles dans les conditions et dans les formes déterminées par cette loi. La dévolution des biens appartenant aux anciens établissements ecclésiastiques a eu lieu régulièrement au profit des nouvelles associations. Les ministres et les fidèles de ces cultes se conforment aux dispositions de police de la loi de 1905.

Mais on a vu plus haut que par l'encyclique *Vehementer Nos* (11 février 1906), le pape Pie X a condamné le principe même de la séparation et les dispositions fondamentales de la loi de 1905, et que par l'encyclique *Gravissimo officii* (10 août 1906) il a formellement interdit aux évêques, aux prêtres et aux fidèles catho-

liques de former des associations cultuelles. C'est à
la suite de ces actes du pape que le ministère Clémen-
ceau fut amené à demander aux chambres le vote de
la loi du 2 janvier 1907, qui règle aujourd'hui le
régime du culte catholique et qui permet aux catholiques, bien qu'ils n'aient pas constitué les associations cultuelles de la loi de 1905, d'avoir la jouissance
des églises et d'y exercer librement et publiquement
leur culte.

Les articles 1 à 3 de la loi du 2 janvier 1907 sont
relatifs à la dévolution des biens ecclésiastiques. Les
articles 4 et 5 déterminent les conditions dans lesquelles le culte catholique public peut avoir lieu dans
les églises. Le pape ayant, dans l'encyclique *Gravissimo
officii* (10 août 1906), invité les évêques à organiser le
culte dans les conditions du droit commun, le législateur offrait aux catholiques, à leur choix, soit l'application de la loi du 1er juillet 1901 sur la liberté d'association, soit l'application de la loi du 30 juin 1881 sur
la liberté de réunion. Il était dit, en effet, dans l'article 4 : « Indépendamment des associations soumises
aux dispositions du titre IV de la loi du 9 décembre
1905, l'exercice public d'un culte peut être assuré tant
au moyen d'associations réglées par la loi du 1er juillet
1901 que par voie de réunions tenues sur initiative
individuelle en vertu de la loi du 30 juin 1881 et selon
les prescriptions de l'article 25 de la loi du 9 décembre
1905. » Cet article 25 spécifiait « qu'une seule déclaration suffisait pour l'ensemble des réunions permanentes, périodiques ou accidentelles qui auraient lieu
dans l'année ». Depuis la loi du 2 janvier 1907, la loi
du 28 mars de la même année est venue décider « que
les réunions publiques, quel qu'en soit l'objet, pourront être tenues sans déclaration préalable ».

L'article 5, le plus important de la loi du 2 janvier
1907, déterminait les conditions dans lesquelles les
églises resteraient affectées au culte public. La loi du
9 décembre 1905 déclarait que les édifices servant à

l'exercice du culte, ainsi que leurs dépendances immobilières et les objets mobiliers les garnissant, au moment où lesdits édifices ont été remis au culte, étaient propriétés de l'Etat, des départements et des communes, mais qu'ils étaient laissés gratuitement à la disposition des associations cultuelles, appelées à remplacer les établissements publics ecclésiastiques qui allaient disparaître. Si l'association cultuelle était dissoute, ou si elle ne se conformait pas aux dispositions de l'article 6 de la loi, la désaffectation pouvait être prononcée par décret en conseil d'Etat, sauf recours au conseil d'Etat statuant au contentieux. Dans tous autres cas, la désaffectation ne pouvait être prononcée que par une loi (L. 9 décembre 1905, art. 12 et 13).

Les catholiques n'ayant pas formé d'associations, les églises continuaient-elles d'être affectées au culte? C'est ce point que vient régler l'article 5 de la loi du 2 janvier 1907 ainsi conçu : « A défaut d'association cultuelle, les édifices affectés à l'exercice du culte, ainsi que les meubles les garnissant, continueront, sauf désaffectation dans les cas prévus par la loi du 9 décembre 1905, à être laissés à la disposition des fidèles et des ministres du culte pour la pratique de leur religion. La jouissance gratuite en pourra être accordée, soit à des associations cultuelles constituées conformément aux articles 18 et 19 de la loi du 9 décembre 1905, soit à des associations formées en vertu des dispositions de la loi du 1er juillet 1901..., soit aux ministres du culte dont les noms devront être indiqués dans la déclaration prescrite par l'article 25 de la loi du 9 décembre 1905. La jouissance ci-dessus prévue desdits édifices et des meubles les garnissant sera attribuée, sous réserve des obligations énoncées par l'article 13 de la loi du 9 décembre 1905, au moyen d'un acte administratif dressé par le préfet pour les immeubles placés sous séquestre et ceux qui appartiennent à l'Etat et au département, par le maire pour les immeubles qui sont la propriété des communes. »

En fait, aucune association cultuelle catholique n'a été constituée, aucune association catholique ayant pour but d'assurer l'exercice du culte n'a été formée conformément à la loi du 1er juillet 1901 et nulle part n'ont été dressés par le préfet ou par le maire ces actes administratifs prévus par le paragraphe 3 de l'article 5. En fait, les curés nommés par les évêques, nommés eux-mêmes par le souverain pontife, ont continué d'exercer le culte dans les églises ; celles-ci sont restées ouvertes aux fidèles ; les cérémonies ont continué à y être faites comme auparavant et la masse des fidèles n'a pu s'apercevoir d'aucun changement. On a dit qu'il y avait là un simple état de fait, que le curé était un occupant sans titre et que, par conséquent, cette situation était dépourvue de toute garantie et de toute sanction. C'est tout à fait inexact.

En effet, la jurisprudence a très justement mis en œuvre le principe formulé dans la loi du 2 janvier 1907. Cette loi décidant que les édifices du culte et les objets mobiliers les garnissant restaient affectés à l'exercice public du culte, la jurisprudence en a très logiquement conclu que cette affectation devait avoir une sanction et elle a édifié ainsi un système juridique qui protège l'affectation, même contre le propriétaire, l'État, le département, la commune. De nombreuses décisions de jurisprudence reconnaissent au curé en communion avec son évêque le pouvoir d'employer les voies de droit ordinaires pour avoir et conserver la disposition de l'église et cela contre quiconque s'y oppose, même contre le propriétaire, la commune, même contre une association cultuelle.

Depuis les encycliques *Vehementer Nos* et *Gravissimo officii*, et jusqu'à ce qu'une nouvelle décision pontificale soit intervenue, il ne peut y avoir d'association cultuelle catholique ; toute association qui se prétendrait une association cultuelle catholique formulerait là une prétention insoutenable ; elle serait *ipso facto* schismatique et, par conséquent, formée en violation de l'article 4 de la loi du 9 décembre 1905. La loi du 2 janvier 1907 déclare que les églises sont mises à la disposition des ministres du culte catholique et des fidèles catholiques pour l'exercice du culte ; par conséquent ce sont seulement les ministres régulièrement nommés par un évêque en communion avec Rome, ce sont seulement les fidèles obéissant à ces ministres qui peuvent profiter de la jouissance de l'église ; et cette jouissance, à eux reconnue par la loi, est protégée à l'encontre de tous, à l'encontre même du propriétaire, par les voies de droit ordinaires.

Nous nous bornons à citer les décisions suivantes qui nous paraissent les plus caractéristiques. Par un arrêt du 5 février 1912, la cour de cassation, rejetant le pourvoi formé contre un arrêt de la cour de Bastia, décide que seul le curé régulièrement nommé par l'évêque a la jouissance de l'église. « Attendu que le législateur, par la loi du 2 janvier 1907, a entendu assurer, même en dehors de toute concession et de tout contrat, le libre exercice de chaque culte dans les édifices qui lui étaient affectés et par suite, en ce qui concerne les édifices affectés au culte catholique, l'exercice d'un culte pratiqué selon les principes de l'Eglise catholique par des prêtres reconnaissant la hiérarchie catholique et faisant partie de cette hiérarchie » (S., 1912, I, p. 356). Beaucoup de cours d'appel ont statué dans le même sens.

L'arrêt du conseil d'Etat, que l'on peut considérer comme l'arrêt de principe, a été rendu tout de suite après la loi de 1907, dans l'affaire de l'abbé Delard, le 8 février 1908. Il déclare recevable et fondé le recours formé contre l'arrêté d'un maire qui avait ordonné la fermeture d'une église : « Considérant, est-il dit dans l'arrêt, que s'il appartient au maire de prendre les mesures qu'exige le maintien de l'ordre, il doit concilier l'accomplissement de ce devoir avec le respect du libre exercice du culte garanti par l'article 1er de la loi du 9 décembre 1905 et l'article 5 de la loi du 9 janvier 1907 et qu'en ordonnant la fermeture de l'église, alors qu'il ne s'était produit aucune circonstance exceptionnelle de nature à rendre une telle décision nécessaire, il a excédé ses pouvoirs... » (Recueil, 1908, p. 134). — Par arrêt du 14 février 1913, le conseil d'Etat a décidé que la possession d'une église ne peut pas être conservée par une association cultuelle dont le curé est interdit par l'évêque (abbé Guitton, Recueil, 1913, p. 204). — De nombreux arrêts postérieurs ont donné des solutions analogues, annulant tout acte administratif contraire au principe de la hiérarchie catholique. Un des derniers est l'arrêt (abbé Barraud) du 23 janvier 1920 annulant la délibération d'un conseil municipal attribuant la jouissance de l'église paroissiale à un prêtre frappé d'interdiction par l'évêque (*Recueil*, 1920, p. 75; Dall., 1921, III, p. 23).

Au moment où nous écrivons ces lignes, on dit que le pape Pie XI, revenant sur la décision de Pie X, est disposé à autoriser la formation d'associations cultuelles et que le gouvernement français et la curie romaine se sont mis d'accord sur un projet de statuts modèles suivant lesquels se constitueraient dans tous les diocèses des associations tout à la fois légales et canoniques, qui assureraient l'exercice du culte public dans les églises conformément aux lois du 9 décembre 1905 et du 2 janvier 1907. Les dernières difficultés viendraient de l'opposition faite par une partie de l'épiscopat français.

74. La liberté d'association. — La liberté individuelle implique la liberté d'association. Si l'homme a le droit de développer librement son activité, il doit avoir le droit de l'associer librement à celle des autres. Et cependant il n'y a pas dans une quelconque de nos Déclarations et de nos constitutions de la période révolutionnaire un seul mot qui soit même une simple allusion à la liberté d'association. C'est la constitution de 1848 qui, la première, a reconnu expressément « aux citoyens le droit de s'associer » (art. 8).

Non seulement les rédacteurs de la Déclaration de 1789 ne voyaient pas dans la liberté d'association une conséquence nécessaire de la liberté individuelle, mais encore très probablement l'association leur paraissait une atteinte au principe même de la liberté individuelle. L'article 1er de la célèbre loi Le Chapelier des 14-17 juin 1791, prohibant les associations professionnelles, est à cet égard bien significatif : « L'anéantissement de toutes les espèces de corporations de citoyens du même état et profession étant une des bases fondamentales de la constitution française, il est défendu de les rétablir de fait, sous quelque prétexte et quelque forme que ce soit. » On ne visait que les associations professionnelles; mais il y avait là certainement l'application de cette idée générale que l'association est contraire à la véritable liberté individuelle. Sans doute la loi du 13 novembre 1790 déclarait que « les citoyens ont le droit de s'assembler paisiblement et de former entre eux des sociétés libres ». Mais elle n'avait en vue que les clubs qui ne sont pas de véritables associations, mais bien plutôt des réunions. Cf. *supra*, § 66, la différence entre l'association et la réunion.

Ces trente dernières années ont été marquées, dans toute l'Europe, et particulièrement en France, par un mouvement *associationniste* d'une intensité singulière, qui s'est étendu à toutes les manifestations de l'activité humaine. Le législateur, dans tous les pays, a été obligé d'intervenir. En France, le parlement, après avoir reconnu et réglementé successivement les syndicats professionnels (L. 21 mars 1884), les syndicats de propriétaires (L. 22 décembre 1888), les sociétés de secours mutuels (L. 1er avril 1898), a enfin consacré et organisé la liberté d'association en général par la loi du 1er juillet 1901, due à l'initiative et à l'autorité de M. Waldeck-Rousseau, alors président du conseil. Cette loi était attendue depuis que la constitution de 1848 avait proclamé le droit d'association.

Toute association implique un lien particulier réunissant les unes aux autres plusieurs personnes et qui est constitué par deux éléments : 1° les personnes associées poursuivent un but commun dont elles ont conscience ; 2° elles se rendent de mutuels services pour atteindre par là plus sûrement le but commun. En adoptant la terminologie déjà employée (cf. § 6), on dira que toute association est un état de solidarité par similitudes et par division du travail, unissant un certain nombre de personnes en vue d'un but déterminé. Tout groupe social, la nation elle-même, est une association. Mais dans l'intérieur de l'association nationale se forment des groupements sociaux particuliers ; entre certaines personnes membres de la nation s'établit une solidarité particulière et plus étroite.

La formation chaque jour plus intense des associations ne tend point à diminuer ou à absorber la personnalité individuelle ; elle favorise, au contraire,

son plus large développement. En effet, l'individualité de l'homme devient d'autant plus complexe et
compréhensive qu'il fait partie d'un plus grand nombre de groupes sociaux. Il est individu citoyen comme
membre de la nation, individu travailleur comme
membre d'une corporation professionnelle, individu
artiste ou savant comme membre d'une corporation
artistique ou scientifique, etc... Ainsi son activité
individuelle s'accroît à raison du nombre des associations dont il est membre. Qu'on ne dise donc pas que
l'individualité de l'homme se perd dans les groupes
corporatifs. C'est la grande erreur de l'école libérale
et individualiste pure.

La loi du 1ᵉʳ juillet 1901 a réalisé un notable progrès sur la législation antérieure. D'une manière générale, elle a établi la liberté d'association. Cependant,
en un sens, on doit dire qu'elle est restée en chemin.
En effet, pour que la liberté d'association existe réellement, il faut que toute association, constituée librement en vue d'un but licite, puisse acquérir librement,
à titre gratuit ou à titre onéreux, tous biens mobiliers
et immobiliers, sous cette seule condition que ces
biens soient affectés au but de l'association. Comme
la protection de toute affectation de richesse au but
d'une collectivité est assurée, d'après les procédés de
construction juridique qui prévalent encore, par la
concession à la collectivité de la personnalité juridique, la loi aurait dû accorder la personnalité juridique à toute association, régulièrement constituée,
déclarée et publiée, sous cette seule condition que les
biens acquis par elle soient exclusivement affectés au
but qu'elle poursuit. Le législateur de 1901 n'a point
fait cela. « Les associations, dit l'article 2, peuvent se
former librement, sans autorisation ni déclaration
préalables; mais elles ne jouissent de la capacité juridique que si elles sont déclarées et publiées conformément à l'article 5. » Cela est logique. C'est le principe de la liberté individuelle d'association.

Mais il est juste que l'association ne puisse avoir une vie juridique à l'égard des tiers que si elle est déclarée et publiée, sans que d'ailleurs aucune autorisation soit nécessaire. Seulement, du moment où l'association est ainsi déclarée et publiée, elle doit avoir la pleine capacité juridique dans les limites, bien entendu, de son but, puisque ce but est la raison même de sa création et doit marquer la limite de son action. Le législateur de 1901 ne l'a pas voulu, et c'est en cela surtout que son œuvre est incomplète. Il a pris soin d'énumérer limitativement les seuls actes juridiques que peut faire l'association déclarée et publiée. Elle peut ester en justice, acquérir à titre onéreux, posséder et administrer, en dehors des subventions de l'Etat, des départements et des communes : 1° les cotisations de ses membres ou les sommes au moyen desquelles ces cotisations ont été rédimées, ces sommes ne pouvant être supérieures à 500 francs ; 2° le local destiné à l'administration de l'association et à la réunion de ses membres ; 3° les immeubles strictement nécessaires à l'accomplissement du but qu'elle se propose (art. 5). Ce n'est point là une pleine capacité, puisque les associations déclarées, en dehors des subventions de l'Etat, des départements et des communes, ne peuvent rien acquérir à titre gratuit.

Après comme avant la loi de 1901, les associations ne peuvent faire des acquisitions à titre gratuit que si elles sont reconnues d'utilité publique par le gouvernement. Cette reconnaissance est un acte laissé à la libre appréciation de l'administration, et, une fois accordée, elle peut toujours être retirée. L'association reconnue d'utilité publique devient un établissement d'utilité publique et se trouve placée sous le contrôle administratif. Elle peut recueillir des libéralités, mais seulement avec l'autorisation de l'autorité administrative, conformément aux dispositions de l'article 910 du code civil et de l'article 5 de la loi du 4 février

1901. Tout cela n'est plus la liberté d'association (L. 1ᵉʳ juillet 1901, art. 10 et 11). L'article 11, § 1, spécifie que même les associations reconnues d'utilité publique ne peuvent posséder et acquérir d'autres immeubles que ceux nécessaires au but qu'elles se proposent. Cela est logique. C'est le principe de la spécialité : le but poursuivi est le fondement et la limite de la capacité des associations. Mais dans cette limite du but, toute acquisition devrait pouvoir être faite à titre gratuit ou à titre onéreux, librement, par toute association déclarée et publiée. Cela seul eût été vraiment la liberté d'association.

La raison traditionnelle, qu'on a encore invoquée en 1901 pour repousser cette solution, est le danger provenant de l'accumulation possible des biens collectifs soustraits aux transactions entre vifs et aux transmissions héréditaires, d'après l'expression courante, le danger de la mainmorte. L'argument est sans valeur. Le danger de la mainmorte dans nos sociétés modernes est chimérique. On ne parle point du danger de la mainmorte pour les biens souvent considérables qui appartiennent à des sociétés commerciales. Pourquoi la mainmorte n'est-elle pas un danger lorsqu'il s'agit d'une société d'assurance, d'un grand magasin? Pourquoi l'est-elle lorsqu'il s'agit d'une association philanthropique ou d'enseignement? Il n'y a point de raison. Mais les gouvernements craignent toujours que la liberté d'association ne soit trop grande et que les libres groupements ne s'emparent de domaines où ils veulent garder la direction, sinon le monopole. Et alors ils agitent l'épouvantail usé de la mainmorte. Comment, du reste, parler de la mainmorte à une époque où la concentration des capitaux est un phénomène d'une puissance irrésistible et qui prépare la forme socialiste de l'État futur? Chose singulière, ce sont les politiciens socialistes qui, en 1901, ont le plus âprement mis en relief le prétendu danger de la mainmorte.

Nous avons déjà dit que très justement la loi du 12 mars 1920 a accordé aux syndicats professionnels la pleine capacité : « Ils ont le droit, dit cette loi, d'ester en justice et d'acquérir sans autorisation, à *titre gratuit ou onéreux*, des biens meubles ou immeubles. » Cette disposition sera certainement étendue, dans un avenir prochain, à toutes les associations. La logique et l'équité l'exigent impérieusement.

La loi du 30 mai 1916. — Elle ne porte aucune atteinte à la liberté d'association et laisse absolument intacts les principes de la loi du 1er juillet 1901.

Cette loi de 1916 a eu très justement pour objet d'éviter la formation, sous couleur d'œuvres de guerre, d'entreprises qui exploitaient la charité et la crédulité du public. De graves abus pendant la première année de la guerre s'étaient produits. Très légitimement, le législateur a voulu les supprimer et en prévenir de nouveaux. La loi nouvelle ne s'applique qu'aux œuvres de guerre qui font appel à la générosité du public. L'article 1er détermine bien le domaine de la loi, qui s'applique à : 1° « toute association créée antérieurement ou à l'occasion de la guerre et ayant pour but principal ou accessoire de soulager les souffrances occasionnées par la guerre et faisant appel à d'autres ressources que celles prévues par l'article 6 de la loi du 1er juillet 1901, sous quelque forme que ce soit, pour une œuvre de guerre; 2° à toute œuvre, toute personne recueillant d'une façon habituelle, sous quelque forme que ce soit, des fonds pour une œuvre de guerre. »

L'article 2 décide que « tout particulier, tout fondateur d'œuvre, tout président d'association, se proposant de faire appel à la générosité publique, est tenu de faire une déclaration à la préfecture ou à la sous-préfecture et à Paris à la préfecture de police ». Pour qu'il puisse faire appel à la générosité du public, il faut qu'autorisation lui soit donnée par arrêté du ministre de l'Intérieur sur avis d'une commission spéciale dont la loi (art. 5) détermine la composition. Recours contre la décision du ministre peut être formé devant le conseil d'État (art. 3). Les œuvres et les associations déjà existantes sont tenues de demander l'autorisation dans le délai d'un mois de la date de la promulgation. Cf. D. portant règlement d'administration publique, 18 septembre 1916.

Au cas d'infraction à la loi, la dissolution de l'œuvre ou de l'association peut être prononcée par les tribunaux sur la requête du procureur de la République et des peines peuvent être prononcées contre les fondateurs et administrateurs (art. 8 et 9).

75. Les congrégations. — Le but du législateur de 1901 a été bien moins de donner la liberté d'association que de soumettre certaines associations, les congrégations, à un système particulièrement restrictif. Son œuvre à cet égard a été complétée par les lois des 4 décembre 1902, 17 juillet 1903 et 7 juillet 1904.

Ces lois soumettent les congrégations à un régime sévère de police qui peut se résumer ainsi. Aucune congrégation ne peut se former sans une autorisation donnée par une loi qui doit déterminer les conditions de son fonctionnement (L. 1er juillet 1901, art. 13, § 1, et art. 16). Les congrégations existant en fait au moment de la promulgation de la loi étaient mises en demeure de demander l'autorisation dans les trois mois; faute de l'obtenir, elles devaient se disperser et il devait être procédé à la liquidation de leurs biens. (art. 18, complété par L. 17 juillet 1903). Aucune congrégation autorisée ne peut fonder aucun nouvel établissement qu'avec une autorisation donnée par un décret en conseil d'Etat (art. 13, § 2, et L. 4 décembre 1902). La dissolution d'une congrégation même autorisée par une loi et la fermeture d'un établissement même autorisé peuvent toujours être prononcées par un décret rendu en conseil des ministres (art. 13, § 3). Cf. Décrets du 16 août 1901 et arrêté ministériel du 1er juillet 1901.

La rigueur de ce régime a encore été augmentée par la loi du 7 juillet 1904, qui décide que toutes les congrégations, autorisées à titre de congrégations exclusivement enseignantes, seront supprimées dans un délai de dix ans, et que, par conséquent, aucune autorisation ne sera désormais donnée à des congrégations exclusivement enseignantes. Ces congrégations ne peuvent plus recruter de nouveaux membres; leurs noviciats sont dissous de plein droit, à l'exception de ceux qui sont destinés à former le personnel des écoles françaises à l'étranger, dans les colonies et dans les pays de protectorat (L. 7 juillet 1904, art. 1 et 2). L'article 3 décide que dans le délai de dix années la fermeture de chaque établissement scolaire sera effectuée aux dates fixées par un arrêté de mise en demeure du ministre de l'Intérieur. L'article 4 ordonne et règle la liquidation des congrégations ainsi supprimées. Aux termes de l'article 6, est déclaré expressément abrogé l'article 109 du décret du 17 mars 1808, qui donnait l'existence légale à l'Institut des frères de la doctrine chrétienne. De la loi du 7 juillet 1904, rapp. L. fin. 22 avril 1905, art. 36; DD. 2 janvier et 17 juin 1905.

Les auteurs de cette législation draconienne contre les congrégations ont invoqué deux ordres de considérations.

D'abord, ils ont fait valoir la continuité historique du droit français à cet égard; ils ont rappelé à satiété ce principe du droit monarchique, d'après lequel les congrégations ne pouvaient se former qu'avec l'autorisation royale et étaient toujours à la discrétion de l'administration centrale. Ils ont affirmé qu'il convenait que la troisième République suivît les principes et la politique de la monarchie ancienne.

D'autre part, on a dit qu'on ne pouvait point appliquer le droit commun aux congrégations, qu'elles étaient tout à fait différentes des associations ordinaires, parce que leurs membres renonçaient au monde, abandonnaient la famille, laissaient de côté leurs intérêts personnels pour s'engager par des vœux à suivre une règle leur imposant l'obéissance passive et l'abdication de toute initiative. On a ajouté que ce régime rigoureux de police était d'autant plus nécessaire que les congrégations dissimulaient sous des prétextes religieux une active campagne politique, que leurs richesses s'étaient accrues dans des proportions considérables (elles représentent, disait-on, un milliard), et qu'enfin leur action sur les consciences, leur mainmise sur les intelligences constituaient un véritable péril.

La liberté d'association étant aujourd'hui reconnue et organisée, le régime spécial de police, sous lequel

les lois du 1er juillet 1901 et du 7 juillet 1904 ont placé
les congrégations, ne peut se justifier en droit que s'il
existe un critérium juridique certain, qui permette
d'établir une différence déterminée entre les associations ordinaires et les congrégations. Or, il nous semble bien que ce critérium n'existe pas.

Pour qu'il y eût un critérium juridique permettant
de distinguer la congrégation de l'association ordinaire, il faudrait qu'il y eût de la part des membres
de la congrégation une manifestation extérieure de
volonté tombant sous la prise du droit et susceptible
de donner à l'association considérée un caractère particulier. Or, il nous paraît qu'un pareil critérium
n'existe point. Les caractères, que les rapporteurs de
la loi à la chambre et au sénat, M. Trouillot et M. Vallé,
ont paru admettre comme signes distinctifs de la
congrégation, sont les suivants : au premier rang, *les
vœux*, solennels ou perpétuels, simples ou temporaires, en général vœux de chasteté, de pauvreté et
d'obéissance ; les statuts de la congrégation qui ont
une partie canonique qui forme la *règle ;* la perpétuité
de l'association qui est la conséquence du but pieux
qu'elle poursuit ; le costume et la vie en commun. Or,
il est facile de montrer qu'aucun de ces éléments ne
peut avoir une influence quelconque sur le caractère
d'une association.

D'abord la destination religieuse et le caractère de
perpétuité qui en dérive : il est certain que le but religieux en vue duquel est constituée une association ne
lui donne point le caractère de congrégation ; on a dit
à maintes reprises à la chambre et au sénat que des
associations fondées entre laïques en vue d'un but
religieux restaient soumises au droit commun ; et la
chambre a montré qu'elle acceptait cette solution en
écartant l'amendement qui exceptait les associations
religieuses du bénéfice de l'article 2 de la loi de 1901
(séance 4 février 1901). Aujourd'hui, il ne peut pas y
avoir d'association, ayant un but religieux, formée

entre prêtres, puisque depuis la loi de séparation, aux
yeux de la loi civile, il n'y a plus de prêtres. Quant à
la vie en commun, c'est un fait qui ne peut avoir
aucune influence sur la nature juridique d'une association. D'abord on a reconnu qu'il pouvait y avoir
congrégation sans qu'il y eût vie en commun. D'autre
part, il peut y avoir vie en commun d'un certain
nombre de personnes, alors qu'il est certain qu'il n'y
a ni association, ni congrégation. Quant au port d'un
costume spécial, c'est une question de police qui ne
peut avoir aucune conséquence relativement à la
nature d'une association. Dans un local privé et clos,
chacun peut se vêtir comme il l'entend; dans un
endroit public, l'autorité de police doit déterminer les
conditions de costume exigées pour la décence et la
tranquillité publiques.

Quant aux vœux, ils ne peuvent certainement pas
constituer un élément qui donne juridiquement un
caractère particulier à une association. Ces vœux ne
produisent aucun effet reconnu par la loi civile (Constitution de 1791, préamb.). Au point de vue du droit
moderne, ce ne sont pas des manifestations extérieures de la volonté en vue de produire un effet de
droit. Les vœux de pauvreté, de chasteté et d'obéissance sont des résolutions intérieures, qui relèvent de
la conscience individuelle de chacun, que le législateur ne peut pas connaître, n'a pas le droit de connaître. Il ne peut donc pas fonder tout un système
législatif sur un acte de volonté intérieure, qui échappe
entièrement à son empire.

Ainsi la législation de 1901 et de 1904 peut s'expliquer peut-être par des considérations d'ordre politique
que nous n'avons pas à apprécier. Au point de vue du
droit, elle constitue une violation directe des principes de liberté d'association, de liberté d'enseignement et d'égalité civile et la liquidation des biens
appartenant aux congrégations, telle qu'elle a été
ordonnée par les lois précitées et exécutée en fait,
n'est rien de moins qu'une spoliation.

76. Le droit de propriété. — Le législateur ne peut faire aucune loi qui porte atteinte à la propriété des individus. La propriété est rangée, par la Déclaration des droits de 1789, au nombre de ces droits naturels dont l'homme se trouve investi au moment même de sa naissance par cela même qu'il est homme. « Les hommes naissent et demeurent libres et égaux en droits... Ces droits sont... la propriété » (Déclaration de 1789, art. 1er et 2).

Les auteurs de la Déclaration ne se sont pas contentés de cette formule générale ; ils ont tenu à la préciser et ont voté l'article 17 ainsi concu : « La propriété étant un droit inviolable et sacré, nul ne peut en être privé, si ce n'est lorsque la nécessité publique légalement constatée l'exige évidemment et sous la condition d'une juste et préalable indemnité » (Déclaration des droits de 1789, art. 17). Conformément à ce principe, la constitution de 1791 déclare garantir « l'inviolabilité des propriétés ou la juste et préalable indemnité de celles dont la nécessité publique, légalement constatée, exigerait le sacrifice » (tit. I, § 4).

Le droit de propriété est affirmé dans des termes analogues par la Déclaration des droits de 1793, article 19, et la constitution de 1793, article 122. Dès le premier jour de sa réunion, la Convention avait d'ailleurs déclaré que « les personnes et les *propriétés* étaient sous la sauvegarde de la nation » (D. 21 septembre 1792). Le 18 mars 1793, la Convention décrétait la peine de mort contre quiconque « proposerait une loi agraire ou tout autre subversive des propriétés territoriales, commerciales et industrielles ».

Rapp. Déclaration des droits de l'an III, art. 1er et 5; constitution de l'an III, art. 358; charte de 1814, art. 19; charte de 1830, art. 8; constitution de 1848, préamb., art. IV, VIII et art. 11; constitution de 1852, art. 26.

Comment le législateur constituant entend-il la propriété dans les divers textes rapportés ? Évidemment au sens romain du mot: c'est l'affectation exclusive d'une certaine richesse aux besoins d'un individu, avec le pouvoir de celui-ci d'user de la chose, d'en percevoir les fruits et d'en disposer. La Déclaration de 1789 ne définit point le droit de propriété. Mais à l'article 16 de la Déclaration de 1793, on lit : « Le droit de propriété est celui qui appartient à tout citoyen de jouir et de disposer à son gré de ses biens, de ses revenus, du fruit de son travail et de son industrie », et à l'article 5 de la Déclaration des droits de l'an III une formule tout à fait identique. Enfin le code civil, dont l'objet principal a été de mettre en œuvre et de garantir ce droit de propriété, dont l'inviolabilité avait été affirmée par les Déclarations et les constitutions de la période révolutionnaire (si bien qu'on a pu l'appeler justement le *code de la propriété*), définit la propriété à l'article 544 : « La propriété est le droit de jouir et de disposer des choses de la manière la plus absolue, pourvu qu'on n'en fasse pas un usage prohibé par la loi et les règlements. »

En déclarant que la propriété est un droit naturel de l'homme, un droit inviolable et sacré, sauf l'expropriation pour cause d'utilité publique moyennant une juste et préalable indemnité, incontestablement le législateur de 1789 ne voulait pas dire que tout homme, en venant au monde, par cela seul qu'il est homme, a le droit d'être propriétaire d'une certaine quantité de richesse. Si la Déclaration de 1789 avait eu ce sens, elle eût exprimé les principes du pur communisme. Cependant, à prendre au pied de la lettre les textes précités et même ceux de 1789, on peut en conclure que tout homme apporte en naissant le droit naturel et sacré d'être propriétaire, et que tous les hommes ont le droit d'être propriétaires d'une égale quantité de richesse. Aux termes de l'article 1er, tous les hommes naissent et demeurent libres et égaux en droits, et d'après l'article 2, ces droits sont la liberté et la propriété. Dès lors, de même que tous les hommes doivent être également libres, ils doivent être également propriétaires. De même que l'État

doit assurer à tous une égale liberté, il doit assurer à
tous une égale propriété. Telle n'était point cependant
la pensée des rédacteurs de la Déclaration et de la
constitution de 1789-1791, ni même des auteurs de la
Déclaration de 1793. Mais il n'est pas douteux que les
formules proclamées alors contenaient en elles un
principe communiste.

L'idée qui dominait l'esprit du législateur de la
Révolution était tout simplement que la conservation
des propriétés existant en fait devait être garantie aux
titulaires actuels de ces propriétés. Il voulait affirmer
qu'il existe pour celui qui est ou sera propriétaire un
droit qui est exclusif du droit que pourraient reven-
diquer les autres, un droit auquel le législateur lui-
même ne peut pas porter atteinte sans attribuer une
indemnité préalable au propriétaire ainsi exproprié.

En affirmant l'inviolabilité des propriétés existantes,
les constituants et les conventionnels avaient-ils une
opinion précise sur le fondement et la légitimité de
la propriété individuelle?

Très probablement la grande majorité des constituants et des conventionnels n'eurent point de conception nette sur le fondement de la propriété ; ils ne
se posaient pas la question. Ils comprenaient la propriété en juristes, c'est-à-dire au point de vue des conséquences qu'elle entraîne, des bénéfices qu'elle assure
à son titulaire, et non point en philosophes, en éco-
nomistes, au point de vue de son fondement et de son
rôle social. Ils ont voulu affirmer que toute propriété
existante était intangible ; mais ils n'ont point voulu
déterminer la raison pourquoi il en était ainsi. S'ils
ont solennellement affirmé l'intangibilité du droit de
propriété, c'est que la grande majorité d'entre eux
étaient propriétaires. Au point de vue politique et
social, la Révolution a été l'œuvre du tiers état, c'est-
à-dire de la classe moyenne propriétaire; les représentants de cette classe formaient la majorité de la
Constituante et de la Convention. Leur préoccupation

constante est de placer la propriété sous la sauvegarde
des Déclarations des droits et des constitutions, et
d'affirmer ainsi qu'elle s'impose au respect du législateur lui-même.

La conception de la propriété, que s'étaient formée
les auteurs de la Déclaration des droits et ceux du
code civil, ne répond certainement plus à l'état actuel
du droit. Incontestablement, la propriété n'est plus
aujourd'hui ce droit subjectif de l'individu que le
code civil définissait « le droit de disposer des choses
de la manière la plus absolue » (art. 544), droit
absolu, manifestation par excellence de l'autonomie
individuelle, droit impliquant pour le propriétaire le
pouvoir d'user, de jouir et de disposer de la chose, et
en même temps le pouvoir de ne pas user, de ne pas
jouir, de ne pas disposer de la chose et, par conséquent,
de laisser ses terres sans culture, ses emplacements
urbains sans constructions, ses maisons sans location
et sans entretien, ses capitaux mobiliers improductifs.

Aujourd'hui, la propriété cesse d'être le droit subjectif de l'individu et tend à devenir la fonction sociale
du détenteur de capitaux mobiliers et immobiliers.
La propriété implique pour tout détenteur d'une
richesse l'obligation de l'employer à accroître la
richesse sociale et par là l'interdépendance sociale.
Seul il peut accomplir une certaine besogne sociale.
Seul il peut augmenter la richesse générale en faisant
valoir celle qu'il détient. Il est donc obligé socialement d'accomplir cette besogne et il ne sera protégé
socialement que s'il l'accomplit et dans la mesure où
il l'accomplit.

Cette idée a pénétré profondément les esprits sous
l'action des circonstances que nous avons traversées.
Au moment où l'on discutait à la chambre le projet
de loi sur les loyers, qui est devenu la loi du 9 mars
1918, M. Viviani, garde des sceaux, a parlé très justement de la fonction sociale du propriétaire de maisons à louer; il a déclaré que si le législateur fait à

certains locataires remise de leur loyer, ce ne sera
pas une indemnité qui sera due aux propriétaires,
mais « la rançon sociale d'un service d'ordre social »
(Chambre, séance du 3 mars 1916, *J. off.*, *Déb. parl.*,
p. 491).

D'autre part, pendant la guerre, le législateur est
intervenu pour assurer la mise en culture des terres
abandonnées par le propriétaire. La loi du 6 octobre
1916 est intitulée : *Loi sur la mise en culture des terres
abandonnées et l'organisation du travail agricole pendant la guerre.* Dans chaque commune, le maire,
assisté de deux conseillers municipaux, doit inviter
par lettre recommandée le propriétaire ou l'exploitant habituel de terrains non cultivés à mettre ces
terrains en culture. Si dans les quinze jours de l'envoi
l'exploitant ne justifie pas de raisons indépendantes
de sa volonté l'ayant contraint à abandonner sa terre,
le maire a le droit de réquisitionner ces terrains et de
les livrer pour être mis en culture au comité d'action
agricole, organisme nouveau créé par la même loi.

Cette loi du 6 octobre 1916 a été modifiée et complétée par la loi du 4 mai 1918 qui, maintenant le
le principe, a eu pour objet de lui donner une sanction plus efficace. Sans doute, ces lois étaient des lois
de circonstance et n'étaient applicables que pendant
la durée de la guerre. Elles n'en sont pas moins très
intéressantes, parce qu'elles montrent qu'au moment
où le propriétaire cesse de remplir sa fonction sociale
la collectivité est naturellement amenée à intervenir
légitimement, pour assurer, même par la contrainte,
une exploitation indispensable à la vie sociale.

Sur la transformation de la conception juridique de la propriété,
cf. Duguit, *Les transformations du droit privé*, 1912, p. 148 et s.;
Traité de droit constitutionnel, 2ᵉ édit., III, 1923, p. 617 et s.;
Hauriou, *Principes du droit public*, 1910, p. 38 et s.; Hayem,
Essai sur le droit de propriété et ses limites, 1910.

77. Les obligations positives de l'Etat. — Jusqu'à présent, on a montré les choses que l'Etat ne peut
pas faire. Mais il est incontestable que, dans les

conceptions modernes, la subordination de l'Etat au droit entraîne d'autres conséquences. Non seulement il y a des choses que l'Etat ne peut pas faire, mais encore il y a des choses que l'Etat est *obligé* de faire; il y a des obligations positives qui s'imposent à lui; il y a des lois qu'il est obligé d'édicter. Si l'on n'est d'accord ni sur l'étendue ni sur le fondement de ces obligations, tout le monde reconnaît qu'elles existent; et les Etats modernes, particulièrement la France, ont par des lois récentes reconnu expressément certaines de ces obligations et organisé des services publics pour en assurer la réalisation.

D'abord l'Etat moderne est assurément obligé de donner gratuitement à tous un minimum d'enseignement. On a montré, au paragraphe 67, que l'Etat n'excède point ses pouvoirs en imposant à tous l'obligation d'acquérir un minimum d'instruction. L'Etat est donc obligé en retour d'organiser un enseignement primaire, neutre et gratuit. On sait que l'Etat français n'y a point manqué. Cf. LL. 16 juin 1881, 28 mars 1882 et 30 octobre 1886. Rapp. § 67.

Il ne suffit pas que l'Etat ne porte aucune atteinte par ses lois au libre développement de l'activité individuelle; il faut encore que chacun puisse développer son activité individuelle. Par conséquent, si un individu est sans ressources et dans l'impossibilité de s'en procurer par son travail parce qu'il est malade, infirme ou vieux, l'Etat doit lui assurer les moyens de se soigner et de se remettre, ou s'il est incurable les moyens de subsister. L'Etat doit intervenir pour assister les femmes en couches et assurer leur subsistance aux familles nombreuses. Dans ces vingt dernières années des lois ont été faites en France qui reconnaissent ces diverses obligations et les mettent en œuvre.

On citera, dans cet ordre d'idées, la loi du 15 juillet 1893 sur l'assistance médicale gratuite (L. fin. 13 avril 1898, art. 58); la loi du 27 juin 1904 sur le service des enfants assistés, modifiée par la loi de finances du 22 avril 1905, article 44; la loi du 14 juillet 1905 relative à l'assistance obligatoire aux vieillards, aux infirmes et aux incurables privés de ressources. Cette loi formule d'une manière très nette le principe de l'obligation dans l'article 1ᵉʳ : « Tout Français privé de ressources, soit âgé de 70 ans, soit atteint d'une infirmité ou d'une maladie reconnue incurable qui le rend incapable de subvenir par son travail aux nécessités de l'existence, reçoit... l'assistance instituée par la présente loi » (Rédaction de l'art. 35 L. fin. 31 décembre 1907). Cf. D. 3 août 1909 et circulaire du 6 mars 1910 (*J. off.*, 10 mars 1910) sur l'application de la loi du 14 juillet 1905. Citons aussi la loi du 17 juin 1913 sur l'assistance aux femmes en couches, complétée par les articles 68 à 75 de la loi de finances du 30 juillet 1913 et devant former les articles 54 *a* et 164 *a* du livre II du code du travail ; la loi du 14 juillet 1913 sur l'assistance aux familles nombreuses. Cf. D. 17 décembre 1913 pour l'application de la loi sur l'assistance aux femmes en couches et DD. 1ᵉʳ décembre et 26 décembre 1913 pour l'application de la loi sur l'assistance aux familles nombreuses.

Pour assurer l'accomplissement de ces devoirs, le législateur a imaginé un procédé ingénieux : il a mis une partie des dépenses de l'enseignement et la plus grande partie des dépenses de l'assistance à la charge des personnes administratives subordonnées, départements et communes, et ainsi, par le système des dépenses obligatoires, l'État peut directement contraindre les départements et les communes à accomplir les obligations qui assurent le fonctionnement des services d'enseignement et d'assistance.

La législation positive moderne n'a point encore consacré l'obligation pour l'État d'assurer du travail à tout individu qui, voulant s'en procurer, n'en trouve pas. Mais on admet en général que l'État est obligé d'intervenir pour réglementer le travail et pour protéger le travailleur (cf. § 63). On doit signaler une loi qui se rattache à l'idée que l'État est obligé de procurer du travail à tout individu qui veut travailler, la loi du 14 mars 1904, qui oblige les communes ayant plus de 10.000 habitants à créer un bureau municipal de placement, et toutes les communes à avoir un registre constatant les offres et demandes de travail et d'emploi (art. 4).

Quant au fondement de ces diverses obligations positives de l'État, il est facile de le déterminer, si l'on admet la doctrine de la solidarité sociale exposée au paragraphe 6. La règle de droit impose à tous l'obligation de ne rien faire qui soit contraire à la solidarité sociale et de faire tout ce qu'ils peuvent pour assurer le développement de cette solidarité. La règle de droit ainsi fondée et ainsi comprise s'impose à tous, gouvernés et gouvernants ; elle s'impose au monarque absolu, aux parlements élus soit au suffrage restreint, soit au suffrage universel; elle s'impose au peuple directement consulté si c'est lui qui fait la loi. En un mot, elle s'impose à l'Etat, quelles que soient ses formes politiques. Il est obligé non seulement de ne faire aucunes lois qui portent atteinte à la solidarité sociale, mais encore de faire toutes les lois qui sont nécessaires pour assurer la réalisation de la solidarité sociale. Or, comme le facteur de la solidarité sociale (on l'a montré au paragraphe 6) est avant tout l'activité individuelle, l'Etat est non seulement obligé de ne rien faire qui porte atteinte au libre développement de l'activité physique, intellectuelle et morale de l'individu, mais encore de faire toutes les lois, d'organiser tous les services qui permettront à tous les individus de développer complètement leur activité physique, intellectuelle et morale.

Par exemple, il est inadmissible qu'un individu valide et qui veut travailler ne puisse pas trouver du travail, et c'est un devoir pour l'Etat d'organiser les choses de telle manière que tout individu qui veut travailler et qui a besoin de travailler pour vivre puisse trouver du travail. Il est inadmissible que celui qui travaille pour le compte d'autrui soit exploité par son patron et soit obligé d'accepter des salaires de famine ou de faire un travail au-dessus de ses forces; c'est un devoir pour l'Etat de faire des lois protectrices du travail; en les édictant, il ne fait que remplir son obligation d'assurer le libre développement de l'activité physique de l'individu. C'est pour la même raison que l'Etat est obligé d'assurer des soins à tous ceux

qui sont malades, des moyens de subsistance aux
vieillards, aux infirmes et aux incurables, aux parents
de familles nombreuses, aux femmes en couches sans
ressources et à tous enfin un minimum de culture
intellectuelle, car c'est la condition première pour que
chacun puisse développer librement son activité intellectuelle et morale.

Ce sont ces obligations positives de l'Etat dont on
affirme l'existence quand on dit que l'individu a contre
l'Etat le droit à l'assistance, le droit au travail, le
droit à l'instruction. Cette formule est moins exacte
que celle dont nous nous servons parce qu'elle implique la reconnaissance, au profit de l'individu contre
l'Etat, de droits subjectifs à des prestations actives et
qu'il est impossible de démontrer l'existence de pareils
droits.

78. Des lois contraires au droit. — D'après ce
qui précède, une loi qui est contraire au droit objectif
ou qui n'a pas pour but de mettre en œuvre une règle
de droit et d'en assurer l'exécution est une loi sans
valeur, une loi sans force exécutoire. Mais on aperçoit
mal le moyen pratique de réprimer la violation du
droit commise par le législateur. Puisque le législateur
est chargé de formuler le droit et d'en assurer la sanction, on n'aperçoit guère comment il pourra organiser
contre lui-même un système destiné à réprimer les
violations du droit commises par lui. Les tentatives
qui ont été faites en France en vue de ce but sont
restées sans résultat effectif. D'autre part, bien qu'il
n'y ait impossibilité à le faire dans aucun pays, on n'a
songé à établir pareille organisation que dans les pays
qui admettent la distinction de deux ou plusieurs
catégories de lois hiérarchisées, comme les Etats-Unis
ou comme la France, où nous avons trois catégories
de lois : les déclarations de droits qui formulent les
principes supérieurs du droit que ne peuvent trans-
gresser ni le législateur ordinaire ni même le législateur constituant, les lois constitutionnelles que le

législateur ordinaire ne peut ni modifier ni abroger, et enfin les lois ordinaires. Dans un pays comme l'Angleterre, qui ne connaît pas la distinction des lois constitutionnelles et des lois ordinaires, on n'a jamais eu l'idée de créer un organe chargé d'apprécier la conformité des lois au droit. D'ailleurs, en Angleterre, la puissance de l'opinion est la meilleure des garanties contre l'arbitraire du législateur.

Qu'il y ait ou qu'il n'y ait pas dans un pays d'organe chargé d'apprécier la conformité des lois au droit objectif et de déclarer sans force obligatoire les lois contraires au droit, il ne faut pas hésiter à tirer toutes les conséquences de notre proposition précédente et à dire que le refus d'obéissance à une loi contraire au droit est parfaitement légitime. C'est le principe de la résistance à l'oppression affirmé nettement par la Déclaration des droits de 1789 (art. 2) comme un des droits naturels, inaliénables et imprescriptibles de l'homme, et par la Déclaration des droits de 1793 dans des articles bien connus (art. 33-35). Quand on formule cette proposition, on est en général taxé d'anarchisme, parce que, dit-on, il n'y a pas de société possible si tous les citoyens peuvent refuser d'obéir aux lois sous prétexte qu'elles sont contraires au droit. Nous répondons qu'il y a des lois auxquelles il ne viendra à l'idée de personne de refuser l'obéissance parce qu'elles formulent ou mettent en œuvre une règle de droit qui n'est contestée par personne. L'affirmation du droit de résistance à l'oppression est la meilleure des garanties contre l'arbitraire du législateur, qui s'efforcera dès lors de ne faire que des lois devant rencontrer une adhésion quasi unanime.

Au reste, les gouvernants, par cela même qu'ils sont obligés par leur situation de formuler et de mettre en œuvre la règle de droit, sont en même temps tenus d'une obligation particulière, qui est le complément indispensable des obligations que nous leur avons reconnues. Ils doivent donner à l'État une organisation

interne et prendre des mesures telles que se trouve
réduite au minimum la possibilité pour eux de faire
des lois qui violent leurs obligations ou de ne pas faire
des lois qu'ils sont obligés de faire.

Les auteurs des Déclarations, qui fondaient toutes
les obligations de l'État sur les droits de l'individu,
indiquaient, dans l'énumération des droits individuels,
un droit qu'ils appelaient la *sûreté* (Déclarations de
1789, art. 2; 1793, art. 2; an III, art. 1er). La sûreté
n'est pas véritablement un droit particulier, mais bien
l'ensemble des droits individuels en tant qu'ils impliquent pour l'État l'obligation de se donner une organisation intérieure et de prendre des mesures telles
que se trouve réduit au minimum le danger de leur
violation. La même idée est nettement exprimée dans
la définition de la sûreté donnée par la Déclaration
des droits de 1793, art. 8. Dans un pays où l'État a
ainsi respecté la sûreté des citoyens, on dit que la
garantie des droits existe.

Dans les pays comme la France, les États-Unis, qui
pratiquent le système des constitutions rigides, le
législateur ordinaire ne peut faire une loi qui soit contraire aux règles établies par les lois constitutionnelles,
qui sont d'ailleurs présumées avoir toutes pour but
d'éviter la violation par le législateur des principes de
droit qui s'imposent à l'État. Ainsi la distinction des
lois constitutionnelles rigides et des lois ordinaires
constitue une garantie particulière du respect du droit
par le législateur. Mais il importe de rappeler que la
limitation du pouvoir législatif n'a pas pour fondement vrai l'existence d'une loi constitutionnelle rigide.
Le législateur est partout, même dans les pays qui ne
pratiquent pas le système des constitutions rigides,
limité par un droit supérieur à lui. Même en Angleterre, où l'omnipotence du parlement est considérée
comme un principe essentiel, il y a certaines règles
supérieures que la conscience même du peuple anglais
se refuse à voir violer par le parlement. L'existence

de lois constitutionnelles rigides supérieures aux lois ordinaires n'est donc pas le fondement de la limitation du pouvoir législatif, mais seulement une garantie positive, et d'ailleurs bien incomplète et bien précaire, des règles limitatives qui s'imposent à l'Etat législateur.

Ne faut-il pas aller plus loin et dire que tout Etat qui reconnaît le principe de sa subordination au droit, qui reconnaît qu'il y a des lois qu'il ne peut pas faire, doit, pour respecter complètement ce principe, constituer une haute juridiction présentant toutes les garanties possibles d'indépendance et de capacité et recevant compétence pour annuler les lois contraires au droit, ou, suivant une formule moins générale et moins exacte, qui serait compétente pour apprécier la constitutionnalité des lois et pour annuler les lois inconstitutionnelles ?

Le système, qui consiste à donner à une haute et impartiale juridiction, sans caractère politique, compétence pour apprécier les lois au point de vue du droit et pour annuler les lois contenant des atteintes au droit, semble au premier abord très séduisant. Cependant, quand on y réfléchit, on hésite et on se demande si véritablement il y aurait là une heureuse institution. D'abord, comment serait composée cette haute juridiction et comment ses membres seraient-ils nommés ? S'ils sont nommés par le gouvernement ou par le parlement, il est à craindre qu'ils n'aient aucune indépendance. S'ils sont élus par le peuple, au suffrage direct ou à deux degrés, cette haute juridiction deviendra un corps politique et ne présentera pas les garanties d'impartialité qu'on lui demande. Si elle se recrute par cooptation, elle deviendra vite une sorte de corps aristocratique incompatible avec la démocratie moderne.

Supposons cependant que cette haute cour existe; comment serait-elle saisie ? Si elle ne peut être saisie que par le gouvernement, il est à craindre que celui-ci n'intervienne que pour faire disparaître une loi qui lui déplait. Si la haute juridiction peut intervenir d'office et annuler spontanément toute loi pour inconstitutionnalité, elle devient un organe politique qui peut devenir un organe trop puissant dans l'État. Enfin si l'on permet de la saisir à tout individu qui se prétend lésé par une loi inconstitutionnelle, on peut redouter que l'œuvre législative ne soit elle-même complètement entravée. On conçoit qu'un simple particulier puisse provoquer l'annulation d'un acte fait par une autorité administrative (recours pour excès de pouvoir). On comprend plus difficilement, ce nous semble, qu'un simple particulier puisse provoquer l'annulation d'une loi qui, faite par les organes constitutionnels du pays, doit être présumée utile et conforme au droit.

Au reste, l'expérience qui a été faite en France même d'un *sénat conservateur*, chargé d'apprécier la constitutionnalité des lois, sous le Consulat, le premier et le second Empire, paraît suffisante pour qu'on ne tente point de rétablir un pareil système.

Les États-Unis d'Amérique pratiquent un système qui compte en France beaucoup de partisans et qui peut se résumer ainsi. Devant tout tribunal où l'on invoque l'application d'une loi, celui contre lequel on l'invoque peut opposer l'exception d'*inconstitutionnalité*; le tribunal peut alors apprécier la constitutionnalité de la loi, et s'il juge qu'elle est inconstitutionnelle refuser de l'appliquer. Ce droit appartient à toute cour, toute cour fédérale ou d'État, et non pas seulement, contrairement à ce qu'on dit quelquefois, à la haute cour fédérale. D'autre part, le tribunal, même la haute cour fédérale, qui juge que la loi est inconstitutionnelle, n'annule point la loi; il n'a pas ce pouvoir; il se borne à refuser de faire application de la loi à l'espèce qui lui est soumise. Ce droit des cours américaines est impliqué par l'article III, section 2, de la constitution, dont la formule assez vague a toujours été interprétée en ce sens. Il est tout à fait analogue à celui des tribunaux français qui, en vertu de l'article 471, n° 15, du code pénal, peuvent recevoir l'exception d'illégalité soulevée à l'occasion d'un règlement, même d'un règlement émané du chef de l'État, et refuser d'appliquer, dans l'espèce à eux soumise, le règlement qu'ils jugent illégal.

Sur le rôle de la cour suprême fédérale aux États-Unis, cons. Lambert, *Le gouvernement des juges aux États-Unis*, 1921; Duguit, *Traité de droit constitutionnel*, 2e édit., III, 1923, p. 675 et s.

En France, les tribunaux ont-ils le droit, dans une affaire à eux soumise, de recevoir une exception d'inconstitutionnalité et de refuser d'appliquer une loi qu'ils jugent inconstitutionnelle?

Les tribunaux de tous ordres ont, d'un avis unanime, compétence pour apprécier la légalité des règlements, de tous les règlements, même de ceux émanés du chef de l'État, et même des règlements d'administration publique (règlements faits par le chef de l'Etat sur l'invitation expresse du législateur et l'avis du conseil d'Etat délibérant en assemblée générale). On s'appuie pour le décider sur l'article 471, n° 15, du code pénal qui parle de règlements *légalement faits*, et donne à ceux-là seuls une sanction pénale. C'est par une interprétation extensive qu'on applique cette disposition à tous les règlements; mais elle est certainement légitime.

D'après une jurisprudence ancienne et suivant une opinion qui compte encore beaucoup de partisans, les tribunaux français n'ont point le pouvoir d'apprécier la constitutionnalité des lois formelles. Cela résulte, dit-on, du principe formulé par l'article 3 du chapitre v du titre III de la constitution de 1791 : « Les tribunaux ne peuvent ni s'immiscer dans l'exercice du pouvoir législatif, ou suspendre l'exécution des lois... », et par l'article 10 du titre II de la loi du 16 août 1790 : « Les tribunaux ne pourront... empêcher ou suspendre l'exécution des décrets du corps législatif... »

Dans les précédentes éditions de ce Manuel, nous avons enseigné à tort que, d'après les principes généraux de notre droit public, les tribunaux français ne pouvaient pas recevoir l'exception d'inconstitutionnalité et refuser de faire à l'espèce à eux soumise l'application d'une loi jugée inconstitutionnelle, qu'en un mot ils n'étaient pas compétents pour apprécier la constitutionnalité des lois.

Cette opinion, encore soutenue par beaucoup d'au-

teurs (cf. notamment Esmein, *Droit constitutionnel*,
7° édit., 1921, I, p. 592 et s.), est certainement
erronée, et aujourd'hui très justement se manifeste
dans la doctrine française une tendance marquée à la
repousser.

Les textes précités sont tout à fait étrangers à la
question. Le principe de la séparation du pouvoir
législatif et de l'autorité judiciaire ne peut contraindre
un tribunal à faire application d'une loi inconstitutionnelle. Les tribunaux sont obligés d'appliquer les lois,
c'est incontestable ; mais ils doivent appliquer les lois
constitutionnelles aussi bien que les lois ordinaires.
Dès lors, s'il y a contradiction entre la loi ordinaire et
la loi constitutionnelle, c'est celle-ci qui doit l'emporter,
puisqu'elle est la loi supérieure et c'est elle, elle seulement que les tribunaux doivent appliquer. Dire que
les tribunaux ne peuvent pas apprécier la constitutionnalité d'une loi et qu'ils doivent appliquer même
une loi contraire à la constitution, cela revient à dire
qu'ils peuvent violer la constitution, ce qui n'est pas
admissible.

La solution que nous donnons a été remarquablement développée
par MM. Jèze et Berthélemy dans une consultation pour la Compagnie des tramways de Bucharest en procès avec cette ville et
admise par la cour de cassation de Roumanie. V. la consultation
de MM. Jèze et Berthélemy, *Revue du droit public*, 1912, p. 139,
et l'arrêt de la cour de cassation de Roumanie, *Revue du droit
public*, 1912, p. 365, et S., 1912, IV, p. 9 et 29, Dall., 1912, II, p. 20,
avec une note de Berthélemy. — Cf. aussi deux notes très intéressantes d'Hauriou, sous les arrêts du conseil d'État, *Winkel* (7 août
1909), et *Tichil* (1er mars 1912), S., 1909, III, p. 145 et 1913, III,
p. 137.

Il va de soi que les tribunaux ne peuvent et ne doivent appliquer qu'une loi régulièrement promulguée.
S'il peut y avoir des doutes sur le véritable caractère
de la promulgation (cf. § 116), il est incontestable
qu'une loi ne s'impose à l'application par les tribunaux
et à l'observation par les citoyens que lorsqu'elle a
été régulièrement promulguée par le président de la
République (L. const. 16 juillet 1875, art. 7, § 1). Si

par exemple les présidents des chambres transmettaient aux tribunaux un texte de loi voté par les deux chambres, mais non promulgué par le président de la République, ils ne devraient point en faire l'application.

Il ne faut pas d'ailleurs aller plus loin : les tribunaux ne pourraient point, par exemple, refuser d'appliquer un texte promulgué par le président de la République, sous prétexte qu'il n'aurait point été régulièrement délibéré et voté par les chambres. Les tribunaux ne sont point compétents pour examiner la régularité de la procédure parlementaire; et, du moment que le texte est régulièrement promulgué comme loi, ils n'ont qu'à l'appliquer.

Nous estimons aussi que les tribunaux ne peuvent pas rechercher si le texte promulgué par le président de la République est bien conforme au texte voté par les chambres. Dans la formule de la promulgation, le chef de l'Etat déclare que le texte qu'il promulgue est le texte adopté par le sénat et la chambre; cette déclaration s'impose aux tribunaux.

L'hypothèse où le texte promulgué n'est pas conforme au texte voté est assez invraisemblable. Cependant, elle n'est pas impossible. En ce qui concerne la loi du 5 août 1914 modifiant la loi du 14 décembre 1879 sur les crédits supplémentaires et extraordinaires, le texte promulgué au *Journal officiel* du 6 août 1914 est le texte voté par la chambre qui diffère sensiblement du texte voté par le sénat. Si les tribunaux avaient eu à appliquer cette loi, ils n'auraient pu tenir compte de cette circonstance et auraient dû appliquer le texte promulgué cf. Jèze. *Revue du droit public*, 1915, p. 576).

Nous ne donnerions pas cependant la même solution si le président de la République promulguait comme loi un texte qui, en fait, n'aurait point été voté par les deux chambres. Alors, malgré le nom de loi donné au texte, il n'y aurait qu'un simple décret réglementaire dont, d'après une opinion qui devient unanime, les tribunaux peuvent apprécier la légalité.

Le *Journal officiel*, du 25 février 1908 a publié une loi portant ouverture de crédit, promulguée le 22 février, qui avait été votée par la chambre, mais pas par le sénat. On s'aperçut bientôt de l'erreur, et au *Journal officiel* du 27 février paraissait un erratum

disant que la loi du 22 février 1908 devait être considérée comme
nulle et non avenue.

79. La responsabilité de l'Etat législateur. —
La question des obligations positives de l'Etat comprend en elle la question de la responsabilité de l'Etat
législateur qui se pose ainsi : Lorsque l'Etat fait une
loi, dont l'application aura pour conséquence d'occasionner un préjudice à une certaine catégorie de personnes, est-il obligé par le droit de consacrer expressément dans cette loi le principe d'une indemnité à
payer par lui aux personnes victimes de ce préjudice?
Nous répondons en principe : oui ; sauf à expliquer
plus loin le fondement et l'étendue de cette responsabilité.

Une seconde question intimement liée à la première,
mais cependant distincte, est celle de savoir si, le
législateur ayant gardé le silence dans une loi où il
aurait dû consacrer le principe de la responsabilité
de l'Etat, les tribunaux peuvent accorder une indemnité aux personnes lésées par l'application de ladite
loi.

Au premier abord, il semble que la question de la
responsabilité de l'Etat législateur ne peut pas se
poser. De deux choses l'une, peut-on dire, ou la loi
est conforme au droit, ou elle lui est contraire. Si elle
est contraire au droit, le particulier doit être armé
pour se soustraire à son application et il n'est pas
besoin d'indemnité; ou bien la loi est conforme au
droit et alors il ne peut être question d'indemnité à
payer, parce qu'il ne peut y avoir responsabilité que
lorsqu'il y a violation du droit (*injuria*) et qu'ici, par
hypothèse même, il n'y a aucune violation du droit.

Ce dilemme ne se pose pas. Il est incontestable que
lorsque le législateur fait une loi contraire au droit,
la question de la responsabilité de l'Etat n'existe pas,
parce que le particulier doit avoir et en fait a ou aura
bientôt (cf. § 78) le moyen d'écarter l'application de la
loi, et que si la loi a été appliquée avant qu'il ait pu

en faire reconnaître l'illégalité, il n'y aura pas lieu à une responsabilité à raison de la loi, mais à raison d'un acte administratif ou juridictionnel.

Au contraire, il peut se faire que l'application d'une loi, qui est absolument conforme au droit, ait pour conséquence d'entraîner un préjudice particulièrement grave pour une catégorie plus ou moins étendue de personnes. Alors se pose forcément la question d'une responsabilité de l'État, non pas d'une responsabilité fondée sur une violation du droit, mais fondée sur l'obligation pour la collectivité entière de réparer un préjudice, qui est occasionné à quelques-uns dans l'intérêt de tous.

Pendant longtemps on n'admettait pas, il est vrai, que la question pût se poser. Jusqu'à il y a trente ans environ, on ne trouve dans aucune loi, dans aucune de nos constitutions, une allusion quelconque à la responsabilité possible de l'État législateur; et il n'est pas un des auteurs ayant écrit avant ces dix dernières années qui ait admis un cas quelconque de responsabilité de l'État à l'occasion de la loi. Deux idées étaient dominantes qui écartaient toute responsabilité de l'État législateur : l'idée de souveraineté dont le parlement était considéré comme l'interprète infaillible et l'idée que, le parlement souverain formulant le droit, on ne pouvait parler d'une violation du droit par la loi et que, par conséquent, il ne pouvait être question d'une responsabilité de l'État à l'occasion de la loi.

Mais ces deux idées sont aujourd'hui singulièrement en recul. De plus en plus, on se pénètre de cette idée que la loi ne crée pas le droit par elle-même et qu'elle ne vaut que par sa conformité à un droit supérieur à elle. D'autre part, on comprend de plus en plus que dans bien des cas une responsabilité peut être engagée sans qu'il y ait violation du droit. Le mot responsabilité dans ces cas n'est peut être pas très exact, parce qu'il éveille dans l'esprit l'idée d'une faute, d'une violation du droit. Cependant, il peut être conservé, parce qu'il est commode, à la condition de comprendre que dans bien des cas il y a obligation pour un certain patrimoine de réparer un préjudice, de supporter définitivement les conséquences de ce préjudice, bien qu'on ne puisse parler de faute, bien qu'il n'y ait eu à vrai dire aucune violation de la règle de droit.

Avec cette notion élargie de la responsabilité, il peut y avoir des cas où le patrimoine de l'Etat sera obligé de réparer le préjudice occasionné par l'application d'une loi et où, par conséquent, le législateur devra reconnaître le principe de cette responsabilité.

Les cas dans lesquels la question se pose peuvent se grouper en quatre catégories :

1° *Le législateur fait une loi pour interdire ou restreindre une certaine activité, qui jusqu'alors était libre, mais qui, à un moment donné, est considérée comme dangereuse pour le développement de l'activité physique, intellectuelle ou morale de l'individu et par là même de la nation.* — En pareil cas, le législateur n'est point obligé par le droit supérieur d'insérer dans la loi le principe d'une indemnité à payer à ceux auxquels l'interdiction formulée par la loi cause un préjudice, quelque grave que soit ce préjudice.

Le législateur formule une règle de droit nouvelle. Il a pour but d'interdire une activité qui est nocive par elle-même, qui porte atteinte au développement de l'activité individuelle et qui compromet, par conséquent, la réalisation de la solidarité sociale. L'Etat ne peut, en pareil cas, encourir aucune responsabilité. Il serait plutôt vrai de dire que sa responsabilité serait engagée s'il ne faisait pas une pareille loi.

On objecte cependant qu'avant la loi nouvelle l'activité, maintenant prohibée, était licite ; qu'à la faveur de cette liberté, des commerces, des industries se sont légalement et légitimement constitués, qu'ils sont brutalement supprimés par la loi nouvelle dans l'intérêt de la collectivité, que le patrimoine collectif doit donc supporter le préjudice occasionné à quelques-uns dans l'intérêt de tous.

L'argument est ici sans valeur. Sans doute, nous ne disons pas que la loi est souveraine par elle-même et que ce qu'elle édicte souverainement est toujours le droit ; mais la loi matérielle n'en est pas moins en principe la formule d'une règle de droit. Or, le droit n'est pas un ensemble de règles absolues et immuables, mais au contraire un ensemble de règles relatives, contingentes et variables avec le temps. De ce que, en fait, une situation, une activité sont considérées comme licites pendant un temps si long qu'il soit, il ne suit pas qu'il doive toujours en être ainsi. Quand une loi nouvelle, à raison de leur nocivité, de leur caractère antisocial, vient maintenant les prohiber, ceux qui profitaient de la législation antérieure ne peuvent se plaindre du changement, parce que la loi nouvelle ne fait que constater le changement qui s'est spontanément produit dans le droit objectif du pays considéré.

Il y a des cas où la vérité de cette solution apparaît avec évidence. Par exemple, avant la loi du 3 avril 1903, le vagabondage spécial ne constituait pas comme tel une infraction punissable et par conséquent il était en droit positif parfaitement licite. Il est certain que si la loi de 1903 était véritablement appliquée, son application occasionnerait un grave préjudice à ceux qui se livrent à ce genre de commerce et aux restaurateurs et aux logeurs en garni dont ils sont les clients. Nul ne soutiendra évidemment que la loi de 1903 aurait dû réserver une indemnité au profit de ces gens-là.

S'il en est ainsi en pareils cas, il doit en être de même dans des cas où, pour être moins frappant, le caractère illicite de l'activité prohibée par la loi nouvelle est aussi certain, parce qu'elle est par exemple dangereuse pour la vie de l'individu et par là même pour la vie de l'espèce, la vie nationale. Toute la question est de savoir si en fait il en est ainsi. Quand la loi interdit une activité qui n'est pas par elle-même antisociale, elle est contraire au droit et ne s'impose pas à l'obéissance. Si au contraire elle prohibe une activité antisociale, dangereuse pour la vie même de la nation, elle ne fait que reconnaître et sanctionner une prohibition qui en droit existait déjà et elle ne doit point réserver d'indemnité.

La loi du 20 juillet 1909 (art. 2) qui interdit l'emploi de la céruse dans tous les travaux de peinture, très justement ne réserve point d'indemnité au profit des industriels pouvant être lésés par son application. La question a été vivement discutée au sénat et à la chambre des députés. Plusieurs fois le sénat a voté le principe de l'indemnité que repoussait la chambre. Finalement le texte voté était muet sur l'indemnité; mais la loi stipulait qu'elle ne serait applicable que cinq ans après sa promulgation.

La loi du 6 avril 1910 qui interdit la vente du biberon à tube, indiqué par les médecins comme une des causes de la mortalité infantile, a eu raison de n'accorder aucune indemnité.

La loi du 16 mars 1915 a interdit la fabrication, la vente en gros et au détail ainsi que la circulation de l'absinthe et des liqueurs similaires. Elle ne réserve et ne devait réserver aucune indemnité au profit des fabricants et des vendeurs d'un produit certainement toxique et dangereux. Cependant, la loi du 29 mars 1915 réserve une indemnité aux cultivateurs détenteurs de stocks invendus et porte : « En vue d'une indemnité qui pourra leur être éventuellement accordée par une loi ultérieure, les fabricants devront faire une déclaration... » (art. 2). Aucune loi n'est encore intervenue.

2° *Le législateur fait une loi qui interdit ou restreint une certaine activité qui en soi n'est point nocive, antisociale.* — Cette interdiction est édictée pour des raisons diverses, soit parce que l'État veut créer un monopole fiscal (ce qu'il a toujours le droit de faire), soit parce qu'il estime qu'en organisant cette activité en service public elle sera plus utilement exercée qu'en la laissant à l'initiative privée.

En pareil cas, c'est incontestablement une obligation juridique pour l'État législateur d'inscrire dans la loi le principe d'une indemnité. Dans l'hypothèse précédente l'activité prohibée par la loi nouvelle est interdite parce qu'elle est en elle-même contraire au droit; celui qui est lésé par cette prohibition ne peut pas se prévaloir d'une situation antijuridique dont le caractère illicite était antérieur à la loi nouvelle et que celle-ci n'a fait que reconnaître et sanctionner.

Dans l'hypothèse actuelle, l'activité prohibée n'est point en elle-même contraire au droit puisqu'elle va continuer à être exercée. L'individu lésé par la prohibition était dans une situation licite. On le prive d'une source de richesse parfaitement légitime et cela dans l'intérêt de la collectivité. Il est donc de toute logique et de toute justice que le patrimoine collectif supporte définitivement le préjudice occasionné à quelques-uns dans l'intérêt de tous.

Le législateur français s'est toujours conformé à cette solution. On peut citer la loi du 2 août 1872 qui, établissant le monopole de la fabrication et de la vente des allumettes, a alloué une indemnité aux fabricants dépossédés de leur industrie (art. 8); la loi du 14 mars 1904 sur les bureaux de placement qui réserve une indemnité au profit des tenanciers de bureaux supprimés (art. 11).

Au contraire, le législateur italien a violé à notre avis une règle de droit certaine par la loi du 4 avril 1912 qui, monopolisant les assurances sur la vie au profit d'un Institut national des assurances, contrôlé et garanti par l'État, a décidé d'une manière expresse qu'aucune indemnité ne serait accordée aux sociétés ou particuliers exerçant l'industrie des assurances sur la vie et dépossédés par cette loi (art. 2). Il y a lieu d'ailleurs de signaler un décret de mars 1923 qui abolit en Italie le monopole des assurances sur la vie.

Rapp. la loi uruguayenne du 16 décembre 1911, qui a établi le monopole au profit de l'État des assurances sur la vie, contre l'incendie et contre les accidents du travail, et qui est restée muette sur la question de l'indemnité. Des discussions très vives qui ont précédé le vote de la loi, il résulte avec évidence que l'intention du législateur uruguayen a été de ne point accorder d'indemnité.

3° *Le législateur fait une loi en soi conforme au droit, mais qui rend plus onéreuse l'exécution des obligations que certains débiteurs ont envers leurs créanciers, ou, ce qui est la même chose, diminue l'étendue des prérogatives de certains créanciers.* — Il faut préciser la question et écarter certaines hypothèses qu'on pourrait être tenté de confondre avec celle actuellement prévue et dans lesquelles ne se pose pas la question de responsabilité de l'État législateur.

D'abord, il ne s'agit point du cas où, par un acte

individuel, le parlement porterait atteinte à une situation contractuelle individuelle. Il y aurait là un acte individuel émané du parlement, mais point une loi au sens matériel et formel. Au point de vue matériel, ce serait un acte administratif. Il est incontestable que l'Etat ne peut pas, par un acte administratif, quel que soit l'organe duquel il émane, porter atteinte à une situation contractuelle ; cet acte ne s'imposerait point aux tribunaux, la situation contractuelle subsisterait intacte et la question de responsabilité de l'Etat ne se poserait pas.

L'Etat peut faire une loi matérielle et formelle modifiant une situation légale sans que, en principe, il doive aucune indemnité. Ce n'est pas non plus l'hypothèse que nous prévoyions. Comme exemple de situation légale que l'Etat peut toujours modifier par une loi sans indemnité, on doit citer l'état des personnes, l'électorat, l'éligibilité, la situation des fonctionnaires. La loi du 7 avril 1915 sur le retrait des naturalisations n'a accordé et ne devait accorder aucune indemnité.

Ces points écartés, notre hypothèse est nettement précisée. Une loi matérielle et formelle modifie, par voie générale, des situations contractuelles nées antérieurement à sa promulgation. Dans certaines circonstances exceptionnelles, par exemple au cas de guerre, le législateur peut le faire sans violer le droit supérieur ; mais il doit alors réserver le principe de l'indemnité. S'il ne le faisait pas, il violerait un droit supérieur à lui et particulièrement le principe de la non-rétroactivité des lois C. civ., art. 2).

A *fortiori*, une indemnité est-elle due quand la loi a pour but unique de modifier les situations contractuelles nées antérieurement à sa promulgation ou antérieurement à une date elle-même antérieure à la loi nouvelle.

Mais, pour que l'indemnité soit due, il faut que la loi ait pour objet de modifier la situation juridique elle-même. Aucune indemnité n'est due si la loi a

seulement pour effet de modifier ou de suspendre les
voies d'exécution appartenant normalement aux
créanciers. Il faut, en effet, toujours distinguer la
situation juridique et les moyens organisés par la loi
positive pour la réaliser. Une situation juridique contractuelle étant née régulièrement, le législateur ne
peut pas y toucher. Mais les moyens organisés pour
assurer la réalisation de cette situation juridique sont
une création de la loi positive, qui peut toujours les
modifier, les suspendre ou même les supprimer. La
loi ne touche pas alors la situation juridique, mais
seulement l'organisation légale qu'elle a établie pour
en assurer la réalisation.

C'est pourquoi les lois qui, comme celles des 27 janvier et 24 décembre 1910 et du 5 août 1914, ont donné
au gouvernement le pouvoir de proroger par décret
l'échéance des valeurs négociables, de suspendre les
effets des obligations commerciales et civiles, de suspendre toute péremption ou prescription, et les décrets
pris en vertu de ces lois sont parfaitement conformes
au droit supérieur et ne sauraient aucunement entrainer
la responsabilité de l'Etat.

Mais une loi qui viendrait modifier toute une catégorie de situations juridiques, qui ferait à une certaine catégorie de débiteurs, par exemple aux locataires, remise totale ou partielle de leur loyer, serait
certainement normalement contraire au droit supérieur et frappée de nullité. Si des circonstances
exceptionnelles, comme celles que nous avons traversées, peuvent rendre légitime une pareille loi, il nous
parait incontestable qu'elle doit consacrer au profit
des créanciers le principe d'une juste indemnité.

La loi du 9 mars 1918, *relative aux modifications apportées
aux baux à loyer pendant la guerre*, décide qu'il pourra être
accordé, pendant la guerre et les six mois qui suivront le décret
fixant la cessation des hostilités, des réductions de prix pouvant
aller, à titre exceptionnel, jusqu'à l'exonération totale, à certaines
catégories de locataires (art. 14-16). Les propriétaires n'avaient fait
que des actes licites ; ils étaient dans une situation licite ; dans
l'intérêt général, un préjudice leur était occasionné par l'interven-

tion du législateur ; le principe d'une indemnité à eux due devait être
incontestablement inscrit dans la loi. La question fut vivement discutée. Finalement, le législateur a fait une distinction injustifiée et
injustifiable entre les bailleurs dont le revenu total dépasse ou non
une certaine somme (L. 9 mars 1918, art. 29). Cette distinction est
injustifiable et contraire à toute véritable notion de droit. La
responsabilité de l'Etat ne pouvant être fondée que sur l'idée de
risque social assuré par la caisse collective, il est évident que si la
réparation est due, elle est due à toute personne qui éprouve un
préjudice dans l'intérêt général, sans qu'il y ait à rechercher quelle
est sa situation de fortune personnelle. Cf. Duguit, *Traité de droit
constitutionnel*, 2ᵉ édit., III, 1923, p. 524 et s.

4° *Le législateur fait une loi qui, prise en soi, est conforme au droit supérieur, mais qui a pour conséquence
de rendre plus onéreuse la situation juridique dans
laquelle se trouve une personne vis-à-vis de l'Etat.* —
Par là, on ne prévoit point le cas où l'Etat prétendrait
par une loi formelle modifier ou supprimer ses obligations contractuelles envers un particulier ou rendre
plus onéreuses celles d'un particulier envers lui. Une
semblable loi serait nulle : elle ne s'imposerait point
aux tribunaux qui ne devraient pas en tenir compte.

Il faut supposer une disposition législative vraiment
générale par son but et par son objet et dont l'application a pour conséquence de rendre plus onéreuse
l'exécution d'obligations contractuelles envers l'Etat,
d'un entrepreneur, d'un fournisseur. Ce sont par
exemple des lois établissant des impôts nouveaux
n'existant pas au moment du contrat ; c'est encore la
loi du 9 avril 1898 sur les accidents ouvriers.

Nous estimons qu'en pareil cas le législateur ne
doit point accorder une indemnité aux personnes
lésées. L'Etat ne modifie point une situation juridique
déterminée ; l'Etat constate seulement une transformation du droit objectif qui a pour conséquence
d'entraîner un préjudice pour certaines personnes ; il
ne saurait être obligé de réparer ce préjudice. Qu'on
ne prétende pas que l'Etat étant partie à une situation
contractuelle ne peut, sans payer d'indemnité, modifier, même par la voie indirecte d'une loi matérielle,

cette situation. La loi nouvelle, à vrai dire, ne touche pas la situation contractuelle. S'il en était autrement, il faudrait dire non pas qu'une indemnité est due, mais que la loi est nulle et partant sans effet.

C'est ainsi, par exemple, que le législateur n'avait point à réserver d'indemnité dans les lois du 14 août 1885 sur la libération conditionnelle, du 26 mars 1891 sur l'aggravation et l'atténuation des peines (loi Bérenger), et du 15 novembre 1892 sur l'imputation de la prison préventive, indemnité qui aurait été payée aux adjudicataires des services économiques des prisons dont les intérêts se trouvaient lésés par l'application de ces lois, ni dans la loi du 9 août 1898 sur les accidents ouvriers, bien que, par l'application de cette loi, les adjudicataires des travaux de l'État pussent se trouver dans une situation plus onéreuse. Cf. conseil d'État, 3 avril 1903 (*Mistral et Pavie*, *Recueil*, 1903, p. 306; 10 janvier 1908 (*Noiré et Bayssac*), *Recueil*, 1908, p. 20.

La solution nous paraît être différente, quand une loi intervient dont le but spécial et déterminé est de modifier en la rendant plus onéreuse la situation d'un concessionnaire de service public. L'État ne peut certainement pas modifier, même par la loi, les clauses contractuelles d'un cahier des charges de concession. Mais il est reconnu unanimement aujourd'hui qu'il peut modifier les clauses dites réglementaires, c'est-à-dire les clauses relatives au fonctionnement même du service public concédé, parce qu'il est inadmissible que l'État soit privé pendant toute la durée de la concession du pouvoir d'apporter au service concédé les modifications qu'exigent les circonstances. Mais le but de la loi étant exclusivement et directement la modification du service, la loi ayant pour conséquence immédiate et voulue de modifier la situation du concessionnaire dans l'intérêt de la collectivité, elle doit réserver une indemnité à son profit.

C'est ainsi, par exemple, que la loi du 21 juillet 1909 sur la retraite des agents des grandes compagnies de chemin de fer n'est point en soi contraire au droit supérieur, mais aurait dû réserver le principe d'une indemnité au profit des compagnies concessionnaires. La loi du 3 décembre 1908 relative au raccordement des voies ferrées avec les voies d'eau a très justement reconnu expressément dans son article 3 que son application pouvait entraîner la responsabilité de l'État envers les compagnies concessionnaires.

Les tribunaux peuvent-ils accorder une indemnité dans les cas où la loi, qui aurait dû réserver le principe de l'indemnité, est restée muette? — Nous n'hésitons pas à répondre affirmativement. On ne voit pas pourquoi ils ne le pourraient pas.

On ne saurait invoquer contre cette solution ce qu'on appelle improprement le principe de la séparation du pouvoir législatif et du pouvoir judiciaire, c'est-à-dire la défense faite à toute juridiction de s'immiscer dans le domaine législatif, d'empêcher ou de suspendre l'exécution des lois (Constitution de 1791, tit. III, chap. v, art. 3 et L. 16 août 1791, tit. II, art. 10). On ne demande pas au tribunal d'apprécier la constitutionnalité de la loi et de décider qu'étant inconstitutionnelle elle ne sera pas appliquée à l'espèce ; on lui demande de reconnaître et de sanctionner la responsabilité de l'Etat dans un cas où l'on prétend qu'elle existe d'après les principes supérieurs du droit et où aucun texte législatif ne l'interdit.

On ne pourrait refuser ce pouvoir aux tribunaux que si l'on persistait à fonder exclusivement la responsabilité de l'Etat sur l'idée de faute, de violation du droit. Mais on a vu au commencement de ce paragraphe que cette idée devait être abandonnée et l'était de plus en plus.

Pendant longtemps la question ne se posait même pas et les tribunaux rejetaient sans discussion toute action contre l'Etat, tendant à obtenir réparation d'un préjudice occasionné par une loi, quand celle-ci n'avait pas expressément réservé le principe de l'indemnité.

L'arrêt du conseil d'Etat du 11 janvier 1838 (*Duchatelier*) refusait toute indemnité aux fabricants qu'atteignait la loi du 12 février 1835 prohibant dans un intérêt fiscal la fabrication du tabac factice. Le conseil d'Etat donnait la même solution le 6 août 1852 dans l'affaire *Fervier* à propos de l'établissement du monopole des télégraphes, le 4 avril 1871 dans l'affaire *Goupy* à propos du décret-loi du 18 septembre 1870 rendant libre la profession d'imprimeur.

La haute juridiction donnait aussi la même solution quand le préjudice était occasionné par la loi à des personnes se trouvant dans des rapports contractuels avec l'Etat. Le 12 janvier 1883 (affaire *Barbe*), elle décidait notamment qu'un fournisseur du ministère de la guerre n'a droit à aucune indemnité à raison d'un impôt nouveau établi sur la dynamite.

Aujourd'hui, au contraire, apparaît dans les arrêts du conseil d'Etat une hésitation très marquée, et même la tendance à reconnaître aux tribunaux le droit de condamner l'Etat, même au cas de silence de la loi, à la réparation du préjudice occasionné par cette loi, quand elle aurait dû réserver le principe de l'indemnité. Cette hésitation apparaît très nettement dans l'arrêt du 3 avril 1903 (*Mistral et Pavie*) refusant une indemnité aux adjudicataires des services économiques des prisons à raison du préjudice à eux causé par les lois du 4 août 1885 sur la libération conditionnelle, du 26 mars 1891 sur le sursis et du 15 novembre 1892 sur l'imputation de la prison préventive (*Recueil*, 1903, p. 306). L'hésitation apparaît surtout dans l'arrêt du 10 janvier 1908 (*Noiré et Bayssac*) et dans les conclusions du commissaire du gouvernement, M. Tardieu, à propos d'une action en responsabilité formée par des entrepreneurs de l'Etat et fondée sur le préjudice à eux causé par la loi du 9 avril 1898 sur les accidents du travail (*Recueil*, 1908, p. 20). Dans ces diverses espèces le conseil d'Etat a rejeté la demande d'indemnité et il a bien jugé, parce que, on l'a montré plus haut, on ne se trouvait pas dans un cas où le législateur aurait dû reconnaître le principe de l'indemnité. Mais le texte de l'arrêt et les conclusions du commissaire du gouvernement montrent que le temps n'est plus où le conseil d'Etat rejetait *a priori* et sans discussion toute action en responsabilité contre l'Etat législateur, et que si les circonstances avaient été autres, il aurait reconnu cette responsabilité.

Si dans un des cas où le législateur est obligé par les principes du droit supérieur de réserver l'indemnité, il a décidé expressément qu'aucune indemnité ne serait allouée, les tribunaux peuvent-ils, malgré cela, en accorder une ? — Pour répondre affirmativement dans cette hypothèse, il faut admettre comme nous que les tribunaux ne sont pas liés, non seulement par une loi contraire à une loi constitutionnelle écrite, mais encore par une loi contraire à un principe supérieur du droit non écrit ; il faut admettre comme nous que le législateur viole un principe de cet ordre quand, dans un des cas déterminés plus haut, il interdit l'allocation d'une indemnité à ceux qui subissent un préjudice direct du fait de la loi.

Nous estimons donc que si l'on se trouve dans un de ces cas, les tribunaux peuvent et doivent accorder une indemnité, même si le texte formel de la loi le leur

interdit. S'ils ne le faisaient pas, ils violeraient un
principe supérieur incontestable, qui limite les pouvoirs du législateur.

Nous admettons, par exemple, que les tribunaux italiens auraient
pu accorder une indemnité aux compagnies d'assurance sur la vie,
véritablement expropriées par la loi du 4 avril 1912 établissant le
monopole des assurances, malgré l'article 2 de cette loi qui interdit
toute indemnité. Cf. opinion contraire, Jèze, *Revue du droit public*,
1912, p. 433.

**80. De la sûreté et de la résistance à l'oppres-
sion.** — La garantie de l'accomplissement par l'État
des obligations négatives et positives qui lui incombent
se trouve avant tout dans une bonne organisation des
pouvoirs publics. La *sûreté* est le droit pour l'individu
que l'État s'organise de telle manière que soit réduit
au minimum le danger de violation du droit. Les éléments protecteurs par excellence se trouvent, on l'a
montré, dans une répartition des fonctions, dans une
hiérarchie des organes qui les exercent, dans un contrôle juridictionnel énergique de tous les actes des
pouvoirs et des agents publics et enfin dans une responsabilité fortement sanctionnée de l'État et des
fonctionnaires.

Si, malgré toutes les garanties qui sont établies dans
les pays modernes pour assurer le respect et l'application du droit par l'État, il y a violation du droit,
on dit, d'après la terminologie de nos Déclarations
des droits, qu'il y a *oppression*. Il y a oppression lorsque l'État législateur fait une loi que le droit lui
interdit de faire. Il y a oppression lorsque l'État
législateur ne fait pas les lois qu'il est juridiquement
obligé de faire. Il y a oppression même quand ces
violations de la règle de droit supérieure émanent
d'un parlement élu au suffrage direct et universel ou
même du corps du peuple directement consulté. Il
y a oppression quand un acte individuel, acte administratif ou juridictionnel, est fait en violation de la
loi, quel que soit l'organe ou l'agent qui le fait; et
même l'oppression est d'autant plus *oppressive* qu'elle

émane d'un organe plus élevé dans la hiérarchie des pouvoirs, parlement ou corps électoral.

La loi faite en violation du droit est oppressive bien qu'elle soit par définition une règle générale et abstraite, ne s'appliquant pas à une personne déterminée. Mais contraire au droit, elle établit pour le corps social tout entier un régime d'oppression qui fait que chacun de ses membres est opprimé. A l'inverse, un acte individuel fait en violation de la loi est oppressif, non pas seulement pour l'individu auquel il s'adresse, mais encore pour tous les membres du corps social liés par une intime et étroite solidarité. Qu'on ne dise donc pas : qu'importe un acte individuel fait en violation de la loi ! Qu'on ne dise donc pas que la collectivité tout entière n'est pas intéressée à la réparation d'une injustice individuelle, que même quelquefois elle est intéressée à ce qu'il y ait des injustices individuelles ! Tous les membres du corps social sont étroitement unis les uns aux autres, et l'injustice, quelle qu'elle soit, faite à l'un d'eux réagit toujours sur tous les autres.

Ce sont les idées qui étaient exprimées dans une formule aussi exacte que concise par les rédacteurs de la Déclaration de 1793 : « Il y a oppression contre le corps social lorsqu'un seul de ses membres est opprimé. Il y a oppression contre chaque membre lorsque le corps social est opprimé » (art. 34). L'article 32 de la Déclaration des droits girondine disait aussi très exactement : « Il y a oppression lorsqu'une loi viole les droits naturels, civils et politiques qu'elle doit garantir. Il y a oppression lorsque la loi est violée par les fonctionnaires publics dans son application à des faits individuels. Il y a oppression lorsque les actes arbitraires violent les droits des citoyens contre l'expression de la loi. Dans tout gouvernement libre, le mode de résistance à ces différents actes d'oppression doit être réglé par la constitution. »

Quand, malgré les garanties organisées par la législation positive d'un pays, le législateur édicte des lois contraires au droit ou que l'administrateur ou le juge font des actes contraires à la loi, les sujets de l'Etat peuvent-ils résister par la force à l'application des lois contraires au droit, à l'exécution des actes adminis-

tratifs ou juridictionnels contraires à la loi? C'est la
question très ancienne, très célèbre et très complexe
de la *résistance à l'oppression*.

Elle n'a point échappé aux rédacteurs de nos Déclarations des droits. A l'article 2 de la Déclaration des
droits de 1789, on lit dans l'énumération des droits
naturels et imprescriptibles de l'homme : la résistance
à l'oppression. En quel sens les hommes de 1789
entendaient-ils ce droit? Ils se sont bien gardés de le
dire. Ni dans la Déclaration, ni dans la constitution
de 1791, ni même dans les discussions qui les ont
précédées, on ne trouve rien qui permette de saisir la
pensée exacte de l'Assemblée nationale sur ce point.
Il importe cependant de noter que la résistance à
l'oppression, pas plus que la sûreté, n'est un droit
individuel distinct de la liberté et de la propriété. Elle
est tout simplement l'ensemble des droits individuels
en tant qu'ils s'opposent à toute puissance oppressive.
L'individu, en vertu même de ses droits individuels,
peut résister à tout acte de l'Etat y portant atteinte.
Le principe est affirmé. Mais comment et dans quelle
mesure l'individu peut-il résister, l'Assemblée de 1789
ne le dit point.

Au contraire, les auteurs de la Déclaration et de la
constitution de 1793 ont déterminé nettement le fondement et l'étendue de la résistance à l'oppression. Ils
déclarent qu'elle est la conséquence des autres droits
de l'homme. Elle peut être non seulement *passive* et
défensive, mais encore *agressive* et aller jusqu'à l'insurrection tendant à renverser le gouvernement.

On lit, en effet, aux articles 10 et 11 de la Déclaration de 1793 : «... Tout citoyen, appelé ou saisi par
l'autorité de la loi, doit obéir à l'instant; il se rend
coupable par la résistance. Tout acte exercé contre un
homme hors les cas et sans les formes que la loi détermine est arbitraire et tyrannique; celui contre lequel
on voudrait l'exécuter par la violence a le droit de le
repousser par la force. » Il n'y a donc pas de délit de

rébellion dans le fait de celui qui repousse par la violence même un acte de l'autorité fait en violation de la loi.

On va encore plus loin, et si le peuple est opprimé par des lois tyranniques, l'insurrection est un droit, même un devoir. C'est la disposition du célèbre article 35 de la Déclaration de 1793 : « Quand le gouvernement viole les droits du peuple, l'insurrection est pour le peuple et pour chaque portion du peuple le plus sacré des droits et le plus indispensable des devoirs. » Enfin les hommes de 1793 ont même reconnu la légitimité du tyrannicide, ou du moins la légitimité du meurtre de l'usurpateur : « Que tout individu qui usurperait la souveraineté soit à l'instant mis à mort par les hommes libres » (art. 27). Quelle amère ironie que de pareils principes soient proclamés par une assemblée qui, pendant deux années, a fait peser sur notre pays la plus sanglante des tyrannies!

Comment la question se pose-t-elle aujourd'hui et quelle réponse doit lui être faite?

Pour le tyrannicide, la solution n'est pas douteuse. Nul n'a le droit de donner la mort à autrui. L'assassinat politique reste toujours un assassinat.

Quant à la résistance à l'oppression, il faut distinguer les trois espèces traditionnelles : la résistance *passive*, la résistance *défensive* et la résistance *agressive*.

Il n'est pas douteux que tout individu a le droit de résister à l'application de toute loi contraire au droit ou à tout acte contraire à la loi, en n'exécutant la chose commandée que lorsque la contrainte est employée contre lui, en protestant même contre ce qu'il considère comme une violation du droit et en déclarant qu'il ne cède qu'à la contrainte matérielle et après avoir employé toutes les voies de recours qui sont mises par la loi à sa disposition. Le droit de résistance passive ainsi compris n'a jamais été contesté et ne peut pas l'être. Il appartient à chacun d'apprécier en conscience s'il doit obéir volontairement à tel ou tel acte de l'autorité ou s'il ne doit y obéir que sous la pression de la contrainte. La loi n'est point, parce qu'elle est la loi, la vérité absolue. Demander à tous l'obéissance passive à la loi, c'est vouloir faire un peuple d'esclaves. L'obéissance à la loi est une nécessité sociale ; mais chacun est libre d'apprécier la valeur d'une loi et de faire tout ce qu'il pourra, sans recourir à la violence, pour se soustraire à l'application d'une loi qu'il considère comme contraire au droit, comme aussi à l'exécution d'un acte qu'il considère comme contraire à la loi.

Benjamin Constant a dit très justement : « L'obéissance à la loi est un devoir ; mais comme tous les devoirs il n'est pas absolu, il est relatif ; il repose sur la supposition que la loi part d'une source légitime et se renferme dans de justes bornes. Ce devoir ne cesse pas lorsque la loi ne s'écarte de cette règle qu'à quelques égards ; nous devons au repos public beaucoup de sacrifices... Mais aucun devoir ne nous lie envers des lois telles que celles qu'on faisait par exemple en 1793, ou même plus tard et dont l'influence corruptrice menace les plus nobles parties de notre existence... » (*Cours de politique constitutionnelle*, 1, 1819, p. 211). Cf. en sens inverse, Esmein, *Droit constitutionnel*, 7ᵉ édit., 1921, 1, p. 532 et s.).

La résistance *défensive* est-elle légitime? La question est plus délicate. Elle se pose dans le cas où l'on veut résister par la force à l'exécution d'une loi que l'on prétend contraire au droit ou à un acte individuel contraire à la loi. Le droit de résistance défensive ne saurait être théoriquement contesté. Mais il n'est pas douteux que l'exercice d'un pareil droit présente de graves dangers. On conçoit difficilement qu'une société puisse vivre où l'on reconnaîtrait à tout citoyen le droit de s'opposer par la force à l'exécution d'une loi qu'il prétend contraire au droit. Il est incontestable, d'autre part, qu'il y aurait en droit positif délit de rébellion de la part de l'individu qui opposerait une résistance armée à l'agent qui agit dans les limites de ses pouvoirs pour assurer l'exécution d'une loi, alors même que cette loi serait manifestement contraire au droit : le tribunal ne pourrait pas ne pas

le condamner pour rébellion, surtout en France, où
d'après la jurisprudence les tribunaux ne sont pas
compétents pour apprécier la constitutionnalité d'une
loi.

Mais l'individu a certainement le droit de résister
par la force à l'acte individuel d'un agent agissant en
violation de la loi. L'acte de l'agent n'a alors aucune
valeur légale ; c'est un acte de force brutale auquel
l'individu a le droit de répondre par la force. En droit
positif, la question se pose très nettement de la manière suivante : y a-t-il crime ou délit de rébellion,
aux termes de l'article 209 du code pénal, dans les
voies de fait exercées sur un agent agissant en violation de la loi? Le code pénal ayant gardé le silence,
nous croyons avec Garraud (*Droit pénal*, 3ᵉ édit., II,
p. 36) « qu'il ne saurait y avoir rébellion dans la
résistance, même avec violences et voies de fait, opposée à un acte illégal ».

Reste la question de la résistance *agressive*, ou du
droit à l'insurrection. Ici encore, théoriquement, la
réponse ne peut faire de doute. Tout gouvernement
(nous entendons l'ensemble des pouvoirs placés à la
tête de l'Etat) qui, d'une manière permanente, fait
des lois attentatoires au droit supérieur qui s'impose
à l'Etat, qui fait ou laisse faire des actes arbitraires
en violation des lois existantes, est un gouvernement
tyrannique qui manque à sa mission, et le peuple qui
fait une révolution pour le renverser accomplit assurément un acte légitime. On ne saurait nier non plus
que dans l'histoire il y a eu des révolutions légitimes.

Mais nous accordons qu'en pratique l'exercice d'un
pareil droit présente de grands dangers. Tous les philosophes politiques, qui depuis saint Thomas jusqu'à
Locke ont reconnu le droit d'insurrection, ont compris ces dangers et ont recommandé de n'user de ce
remède qu'avec une extrême prudence. Il est clair
d'ailleurs que la question de la légitimité d'une insurrection ne pourra jamais se poser en droit positif

devant un tribunal. Si l'insurrection triomphe, le
gouvernement qui en sortira ne fera certainement pas
poursuivre pour attentat à la sûreté de l'Etat ou pour
complot ceux auxquels il doit le pouvoir; et si l'insurrection échoue, il n'y aura pas un tribunal qui ose
déclarer qu'il n'y a pas eu complot ou attentat à la
sûreté de l'Etat parce que le gouvernement était tyrannique et que la tentative faite pour le renverser était
légitime.

Le droit à l'insurrection, incontestable en théorie,
est en fait dépourvu d'efficacité. La loi constitutionnelle d'un pays ne peut le reconnaître sans jeter dans
ce pays un ferment d'anarchie. C'est ce qui faisait
dire à Boissy d'Anglas que la constitution de 1793
« avait organisé l'anarchie » (*Rapport* sur la constitution de l'an III, *Moniteur*, réimpression, XXV, p. 81).

De là naît pour l'Etat une obligation rigoureuse,
l'obligation d'organiser les pouvoirs politiques de
manière à réduire au minimum le danger que les
gouvernants prennent des décisions arbitraires, fassent des lois contraires au droit, ordonnent ou permettent des actes individuels contraires aux lois.

TROISIÈME PARTIE

ORGANISATION POLITIQUE DE LA FRANCE

CHAPITRE PREMIER

LE CORPS ÉLECTORAL

81. Le suffrage universel. — Dans la conception de l'État démocratique moderne, le corps des citoyens exprime directement la volonté de la nation (cf. §§ 38 et 42). Mais dans le système représentatif le corps des citoyens ne prend pas de décision ; il n'a pas d'autre fonction que d'élire directement ou indirectement les organes de représentation. D'où le nom de corps électoral, qui lui est donné habituellement et par lequel nous le désignons. On peut dire que le corps électoral est aujourd'hui l'organe suprême de l'État français, en ce sens que tous les organes et même tous les agents dérivent directement ou indirectement de lui.

Le corps électoral se compose actuellement de tous les Français du sexe masculin, majeurs de 21 ans, non frappés de déchéance ou d'incapacité déterminées par la loi. C'est en ce sens que l'on dit qu'en France le suffrage est universel. Le principe est formulé très nettement dans l'article 12 du décret organique du 2 février 1852 : « Sont électeurs, sans

condition de cens, tous les Français âgés de 21 ans
accomplis, jouissant de leurs droits civils et politiques. » Le même principe a été reproduit, d'une
manière générale, à propos des élections municipales,
par l'article 14, §§ 1 et 2, de la loi du 5 avril 1884 : « Les
conseils municipaux sont élus par le suffrage direct et
universel. Sont électeurs tous les Français âgés de
21 ans accomplis et n'étant dans aucun cas d'incapacité prévu par la loi. »

On a dit parfois que le principe du suffrage universel n'était aujourd'hui consacré que par des lois
ordinaires et non par des lois constitutionnelles,
l'article 24 de la constitution de 1848 n'ayant plus le
caractère de disposition constitutionnelle. C'est inexact.
En effet, à l'article 1er de la loi constitutionnelle du
25 février 1875, on lit : « La chambre des députés est
nommée par le suffrage universel dans les conditions
déterminées par la loi électorale. » Donc une loi qui
déciderait que la chambre des députés ne serait plus
élue au suffrage universel serait une loi inconstitutionnelle.

Le suffrage est non seulement universel, mais il est
encore *égalitaire* et *unitaire* Tous les Français mâles
et majeurs sont électeurs ; chacun a une voix et chacun
n'a qu'une voix. Malgré cela, il y a certains individus
auxquels l'électorat ne peut être reconnu.

D'abord l'électorat ne peut appartenir à certains
individus qui sont dans l'incapacité physique légalement reconnue de l'exercer. Comme il est de principe
qu'on ne peut voter par procuration, celui qui est
légalement dans l'impossibilité physique de voter perd
par là même la jouissance du droit de vote. Ce sont
les individus frappés d'interdiction judiciaire (D. org.
2 février 1852, art. 15, n° 16).

D'autre part la loi, en France et dans les pays qui
admettent le suffrage universel, a établi certaines
déchéances. Elles se rattachent à cette idée très juste
que certaines personnes se sont placées elles-mêmes

en dehors de la vie collective ou ne sont pas dignes de prendre part d'une manière quelconque au gouvernement de la nation. On ne peut pas dire que ce soit là une restriction au suffrage universel : les individus qu'on frappe se sont rendus eux-mêmes indignes de participer au gouvernement de leur pays.

Ces déchéances électorales sont ou perpétuelles ou temporaires.

Déchéances perpétuelles. — Elles frappent :

1° Les individus privés de leurs droits civils et politiques par suite de condamnations soit à des peines afflictives ou infamantes, soit à des peines infamantes seulement (D. org. 2 février 1852, art. 15, n° 1).

2° Ceux auxquels les tribunaux, jugeant correctionnellement, ont interdit le droit de vote et d'élection, par application des lois qui autorisent cette interdiction (D. org. 2 février 1852, art. 15, n° 2 ; rapp. C. pén., art. 42, 86, 89, 91, 123).

3° Les condamnés pour crime à l'emprisonnement, par application de l'article 463 du code pénal (admission des circonstances atténuantes) (D. org. 2 février 1852, art. 15, n° 3).

4° Ceux qui ont été condamnés à la peine de trois mois ou plus d'emprisonnement en vertu de la loi du 1er août 1905 sur la répression des fraudes dans la vente des marchandises et de la falsification des denrées alimentaires et des produits agricoles (L. 1er août 1905, art. 14, § 2, combinée avec la loi du 24 janvier 1889).

5° Les condamnés pour vol, escroquerie, abus de confiance, soustraction commise par les dépositaires de deniers publics ou pour attentats aux mœurs prévus par les articles 330 et 334 du code pénal, quelle que soit la durée de l'emprisonnement auquel ils ont été condamnés (D. org. 2 février 1852, art. 15, n° 5).

6° Les individus condamnés à plus de trois mois d'emprisonnement en vertu des articles 31-36, 38-42, 45, 46 du décret organique du 2 février 1852 (fraudes en matière électorale, violences et voies de fait au scrutin, double inscription) (L. 29 juillet 1913, art. 1er).

7° Les notaires et officiers ministériels destitués, mais seulement lorsqu'une disposition formelle du jugement ou arrêt de destitution les aura déclarés déchus des droits de vote, d'élection et d'éligibilité ; les greffiers destitués, mais seulement lorsque cette déchéance aura été expressément prononcée, en même temps que la destitution, par un jugement ou une décision judiciaire (L. 10 mars 1898, art. 3, modifiant l'art. 15, n° 8, du D. org. 2 février 1852).

8° Les condamnés pour vagabondage et mendicité (D. org. 2 février 1852, art. 15, n° 9 ; C. pén., art. 269-282).

9° Ceux qui auront été condamnés à trois mois de prison au moins par application des articles 439, 443, 444-447 et 452 du code pénal (destruction de registres, etc., détérioration de marchandises et d'instruments servant à la fabrication, dévastation de récoltes, abatage et mutilation d'arbres, empoisonnement de bestiaux) (D. org. 2 février 1852, art. 15, n° 10).

10° Ceux qui auront été déclarés coupables de délits prévus par les articles 410 et 411 du code pénal (contraventions aux règlements sur les maisons de jeu et de prêt sur gage (D. org. 2 février 1852, art. 15, n° 11, combiné avec l'art. 22, § 4, de la loi du 30 novembre 1875 sur l'élection des députés).

11° Les militaires condamnés aux travaux publics (D. org. 2 février 1852, art. 15, n° 12).

12° Les individus condamnés à l'emprisonnement pour certaines infractions à la loi sur le recrutement de l'armée. Le décret organique du 2 février 1852, article 15, n° 13, vise les infractions prévues et punies par les articles 38, 41, 43 et 45 de la loi du 21 mars 1832. Il y a longtemps que cette loi n'est plus en vigueur, et le recrutement de l'armée est aujourd'hui réglé par la loi du 21 mars 1905, modifiée par les lois du 7 août 1913 et du 1er avril 1923. La disposition de l'article 15, n° 13, du décret de 1852 n'a pas été touchée ; il en résulte que seules les infractions qui, étant prévues par les articles 38, 41, 43 et 45 de la loi de 1832, sont encore prévues par les lois militaires en vigueur, peuvent entraîner la déchéance électorale, c'est-à-dire les fraudes et manœuvres par suite desquelles un jeune homme aura été omis sur le tableau de recensement (L. 21 mars 1832 et L. 21 mars 1905, art. 79); le fait de s'être rendu volontairement impropre au service militaire (L. de 1832, art. 41, et L. de 1905, art. 80); la réception par les médecins militaires ou civils appelés à donner leur avis au conseil de révision de dons ou agrément de promesses pour être favorables aux jeunes gens (L. de 1832, art. 43, et L. de 1905, art. 81).

13° Les condamnés pour délit d'usure (D. org. 2 février 1852, art. 15, n° 15). La loi du 3 septembre 1807 décidait que l'intérêt conventionnel ne pouvait excéder en matière civile 5 p. 100, et en matière de commerce 6 p. 100. Le délit d'usure est défini et puni par la loi du 19 décembre 1850. La loi du 12 janvier 1886 a établi la liberté du taux de l'intérêt en matière commerciale et abrogé la loi du 19 décembre 1850 en tant qu'elle s'appliquait en matière commerciale. En matière civile, la loi de 1850 restait applicable avec toutes ses conséquences. — Il importe de noter que la loi du 18 avril 1918 est venue décider que les dispositions de la loi du 3 septembre 1907 portant limitation du taux de l'intérêt conventionnel en matière civile étaient suspendues pendant la durée de la guerre et pendant une période qui ne pourrait être inférieure à cinq années à partir de la cessation des hostilités, et qu'un décret déterminerait la fin de cette suspension. Jusqu'à ce que ce décret soit intervenu, il ne peut donc plus y avoir délit d'usure.

14° Les condamnés pour banqueroute simple ou frauduleuse (D. org. 2 février 1852, art. 15, n° 17).

15° Les personnes qui ont subi deux condamnations en police

correctionnelle pour l'un ou l'autre des délits prévus par l'article 5 de la loi du 1er octobre 1917. Il s'agit des cafetiers, cabaretiers et autres débitants qui sont condamnés après récidive pour avoir donné à boire à des gens manifestement ivres ou les avoir reçus dans leurs établissements ou servi des spiritueux ou liqueurs alcooliques à des mineurs de 18 ans (L. 1er octobre 1917, art. 4-6).

Déchéances temporaires. Elles frappent les catégories de personnes suivantes :

1º Les condamnés à plus d'un mois d'emprisonnement pour rébellion, outrages et violences envers les dépositaires de l'autorité ou de la force publique, envers un juré à raison de ses fonctions ou envers un témoin à raison de ses dépositions, ou pour délits prévus par la loi sur les attroupements (L. 7 juin 1848) et pour infraction à la loi sur le colportage (L. 29 juillet 1881, art. 18-22), sont frappés de la perte de leurs droits électoraux pendant cinq ans à partir de l'expiration de leur peine (L. 24 janvier 1889 modifiant l'article 16 du décret organique du 2 février 1852).

2º Ceux qui ont été condamnés à plus d'un mois, mais à moins de trois mois d'emprisonnement, par application de la loi du 1er août 1905 sur la répression des fraudes dans la vente des marchandises, sont frappés de la même déchéance de cinq ans (combinez L. 1er août 1905, art. 14, avec L. 24 janvier 1889).

La loi du 24 janvier 1889 édictait la même déchéance de cinq ans contre ceux qui avaient été condamnés à plus d'un mois d'emprisonnement pour délit prévu par la loi sur les clubs. Mais aujourd'hui, depuis que la loi du 1er juillet 1901 (art. 21) a abrogé l'article 7 de la loi du 30 juin 1881 maintenant la prohibition des clubs, les clubs sont libres et cette disposition de la loi du 24 janvier 1889 est sans objet.

3º Les faillis non condamnés pour banqueroute simple ou frauduleuse sont frappés de la perte de leurs droits électoraux pendant trois ans à partir de la déclaration de faillite (L. 23 mars 1908, art. 1er).

La loi du 16 mars 1919 a ajouté à l'article 1er de la loi du 23 mars 1908 une disposition ainsi conçue : « Toutefois, ils (les faillis non condamnés pour banqueroute simple ou frauduleuse) peuvent être inscrits sur la liste électorale sans condition de temps, si pendant la présente guerre, alors qu'ils étaient appelés sous les drapeaux, ils ont été l'objet d'une citation à l'ordre du jour pour action d'éclat. Ils ne seront éligibles qu'après réhabilitation. »

4º Peut être privé de ses droits civiques pendant deux ans au moins et cinq ans au plus celui qui est condamné à la prison ou à l'amende pour avoir violé ou tenté de violer le secret du vote, porté atteinte ou tenté de porter atteinte à la sincérité du scrutin (L. 29 juillet 1913, art. 12).

5º Sont frappés de la perte des droits civiques pour une durée variant de cinq à dix années, les individus condamnés pour avoir conclu ou tenté de conclure en Algérie ou dans les territoires du sud une convention ayant pour objet d'aliéner la liberté d'une tierce personne, ou pour avoir introduit en Algérie ou dans les territoires du sud ou fait sortir ou tenté de faire sortir de ces pays des individus destinés à faire l'objet de ladite convention (D. 15 juillet 1906, *J. off.*, 18 juillet 1906).

6° Certaines personnes peuvent être frappées par les tribunaux jugeant correctionnellement de l'interdiction du droit de vote pendant un temps dont le maximum est fixé par la loi. Par exemple, les individus condamnés pour délits électoraux prévus par la loi du 30 mars 1902 (tous individus ayant changé ou tenté de changer, par diverses manœuvres prévues par la loi, le résultat d'un scrutin), peuvent être frappés par les tribunaux, en sus de la peine prévue par cette loi du 30 mars 1902, de l'interdiction des droits civiques pendant une durée de deux à cinq ans.

Aux termes de l'article 2 de la loi du 7 avril 1908, relative à la répression des outrages aux bonnes mœurs, « les incapacités électorales édictées par l'article 15, n° 6, du décret du 2 février 1852 ne résulteront plus d'une condamnation pour un des délits (outrages aux bonnes mœurs) spécifiés qu'autant que la peine prononcée sera supérieure à six jours d'emprisonnement. La durée de l'incapacité sera réduite à une période de cinq ans à compter du jour où la condamnation sera devenue définitive. Les incapacités électorales résultant de condamnations antérieures... pour outrages aux bonnes mœurs ne subsisteront que dans les limites et les conditions fixées par le paragraphe précédent ».

7° Toute personne qui a été condamnée deux fois en police correctionnelle pour ivresse manifeste doit être déclarée par le second jugement incapable d'exercer pendant deux ans le droit de vote, d'élection et d'éligibilité (L. 1er octobre 1917, art. 3).

8° Sont déchus pendant cinq ans de leurs droits politiques les cafetiers, cabaretiers, tenanciers de cafés-concerts et autres débitants de boissons à consommer sur place qui, en employant ou en recevant habituellement des femmes de débauche ou des individus de mœurs spéciales pour se livrer à la prostitution dans leurs établissements ou dans les locaux y attenant, auront excité ou favorisé la débauche (L. 1er octobre 1917, art. 10).

Certaines catégories de personnes, comme les militaires, ne peuvent pas voter. Mais ces personnes ne sont pas privées de l'électorat; elles sont seulement dans l'impossibilité momentanée de l'exercer. Il en sera parlé au paragraphe 84.

82. Etablissement du suffrage universel en France. — En 1789, la question se posa de savoir si le principe de la souveraineté nationale impliquait le suffrage universel, c'est-à-dire l'attribution des droits électoraux à tous les membres de la nation. L'Assemblée nationale ne le crut pas. Elle partit de cette idée

que la nation avait une personnalité et une volonté distinctes de celles des individus, que les électeurs étaient de véritables fonctionnaires chargés de dégager, d'exprimer cette volonté, que le législateur pouvait et devait déterminer les conditions nécessaires pour avoir la qualité d'électeur.

C'est en s'inspirant de cette idée que, par la loi du 22 décembre 1789 d'abord, et ensuite par la constitution de 1791, titre III, chapitre I, sections I-IV, l'Assemblée nationale établit le suffrage restreint et à deux degrés. Les assemblées primaires élisent un certain nombre de citoyens formant les assemblées électorales qui procèdent aux élections. Les citoyens sont divisés en citoyens *passifs* qui ne font pas partie des assemblées primaires et citoyens *actifs* qui en font partie : ce sont ceux qui, âgés de 25 ans, domiciliés dans le canton depuis un an, paient une contribution directe au moins égale à la valeur de trois journées de travail. Les assemblées primaires nomment un nombre d'électeurs proportionnel à celui des citoyens actifs domiciliés dans le canton. Pour pouvoir être nommé électeur, il faut être citoyen actif et, en outre, réunir certaines conditions de cens, notamment dans les villes au-dessus de 6.000 âmes, être propriétaire ou usufruitier d'un bien dont le revenu est égal à la valeur locale de deux cents journées de travail (Constitution de 1791, tit. III, chap. I, sect. II, art. 2-7). Ces assemblées électorales nomment les députés, les administrateurs et les juges. Les municipalités et les juges de paix sont élus par les assemblées primaires.

Le 10 août 1792, l'Assemblée législative, sous la pression de l'émeute, décrète que le peuple français est invité à former une convention nationale; et le 11 août elle rend, sur le rapport de Guadet, un décret qui supprime la distinction des citoyens actifs et des citoyens passifs et décide que pour être admis aux assemblées primaires, il suffit d'être Français, âgé de

21 ans, domicilié depuis un an, de vivre du produit de son travail et de ne pas être en état de domesticité. Le suffrage à deux degrés était maintenu. Ainsi la Convention fut véritablement élue par le suffrage universel, mais à deux degrés.

La Convention admit d'abord, sous l'influence des idées de Jean-Jacques Rousseau, que le suffrage universel est la conséquence directe et nécessaire du principe de la souveraineté nationale. Aussi établit-elle le suffrage universel dans la constitution de 1793. Tout homme né et domicilié en France, âgé de 21 ans, est citoyen français; tout citoyen français a le droit de voter (Constitution de 1793, art. 4, 7 et 11). Le suffrage est direct pour l'élection de l'assemblée législative (Constitution de 1793, art. 8 et 23); il est à deux degrés pour l'élection des administrateurs, des arbitres publics, des juges criminels et de cassation (Constitution de 1793, art. 9).

On sait que la constitution de 1793 ne fut point appliquée. Avec la constitution de l'an III, la Convention revient au système de 1789-1791. Elle rétablit le suffrage à deux degrés pour toutes les élections. Pour être électeur au premier degré, il faut être né et résider en France, être âgé de 21 ans accomplis, s'être fait inscrire sur le registre civique de son canton, demeurer depuis une année sur le territoire de la République et payer une contribution foncière ou personnelle, d'ailleurs quelque minime qu'elle soit. Quant aux conditions exigées pour être électeur au deuxième degré, elles sont analogues à celles de la constitution de 1791 (Constitution de l'an III, art. 35. Rapp. Constitution de 1791, tit. III, chap. I, sect. II, art. 7).

Ce régime électoral ne donna point les heureux résultats qu'en attendaient les constituants de 1791 et de l'an III. Aussi en l'an VIII, après le coup d'État du 18 brumaire, on tenta d'instituer un système, qui, tout en respectant en la forme le principe démocratique de l'élection, en fait le réduisait à rien. Ce fut

Sieyès qui l'imagina et le fit adopter grâce à une
formule vide de sens : « La confiance doit venir d'en
bas et l'autorité doit venir d'en haut. » C'est à la
faveur de cette phrase qu'on institua dans la constitution de l'an VIII le système des listes d'éligibilité
pour remplacer le système électoral. En voici le principe :

Les citoyens de chaque arrondissement communal
doivent désigner le dixième d'entre eux et forment
ainsi les listes communales. Les citoyens portés sur
les listes communales dans chaque département dési-
gnent le dixième d'entre eux et forment les listes
départementales. Les électeurs portés sur les listes
départementales choisissent le dixième d'entre eux et
forment la liste nationale. Les fonctionnaires sont
choisis par le gouvernement sur chacune de ces listes
suivant qu'ils sont fonctionnaires communaux, départementaux ou nationaux (Constitution de l'an VIII,
art. 7-9).

En fait, ce système de listes d'éligibilité ne fonc-
tionna jamais. L'article 14 de la constitution de l'an VIII
portait que ces listes ne seraient établies que dans le
courant de l'an IX, ce qui permettait au premier
consul de faire librement toutes les premières nominations.

Les listes furent supprimées par le sénatus-consulte
du 16 thermidor an X, avant d'avoir fonctionné. Cet
acte créait des assemblées de canton, des collèges
électoraux d'arrondissement et de département. Mais
malgré ces expressions, il n'y a point véritablement
d'élections. Ces collèges ne font que des présentations,
notamment ils présentent chacun des citoyens pour
former la liste sur laquelle doivent être choisis les
membres du corps législatif; les collèges électoraux
d'arrondissement présentent des citoyens pour former
la liste sur laquelle doivent être choisis les sénateurs
(S.-C. 16 thermidor an X, art. 4 à 38).

Le sénatus-consulte du 28 floréal an XII maintient

le système qui fonctionne pendant tout le premier empire et qui en fait laisse à l'empereur le libre choix de tout le personnel politique et administratif.

La charte de 1814 (art. 35) décide que la chambre des députés sera élue par les collèges électoraux dont l'organisation sera déterminée par la loi, qui devra être faite sur les principes suivants : l'âge de l'électorat sera 30 ans et le cens électoral 300 francs (art. 40). La loi ainsi annoncée fut promulguée le 5 février 1817. L'article 1er porte : « Tout Français réunissant les conditions exigées par la loi est appelé à concourir directement à l'élection des députés du département où il a son domicile politique. » La loi rejetait ainsi le système des collèges électoraux du premier empire, qui n'était qu'un simulacre de système électoral ; elle réalisait un pas important dans le sens libéral en établissant l'élection directe et réelle des députés par les citoyens. Conformément à l'article 40 de la charte, la loi de 1817 fixait l'âge de l'électorat à 30 ans et le cens à 300 francs. L'élection avait lieu au scrutin de liste par département. Cette loi relativement libérale donnait cependant une prépondérance marquée à la bourgeoisie moyenne.

Dès sa promulgation, la droite commença une campagne très active contre elle. Après l'assassinat du duc de Berry, le 13 février 1820, et la chute du ministère Decazes, se produisit un mouvement de réaction très actif, à la faveur duquel fut votée, après de très longues et de très vives discussions, la loi du 29 juin 1820. Elle institue des collèges électoraux de département et des collèges électoraux d'arrondissement ; certains électeurs peuvent voter dans les uns et les autres, d'où son nom de loi du *double vote*.

D'après cette loi de 1820 il y a autant de collèges électoraux d'arrondissement qu'il y a de circonscriptions électorales déterminées par une ordonnance royale. Elles sont au nombre de 258. Les collèges d'arrondissement comprennent tous les Français âgés

de 30 ans et payant 300 francs de contributions
directes. Ils nomment chacun un député. Les collèges
de département se composent des électeurs les plus
imposés en nombre égal au quart de la totalité des
électeurs du département. Ils nomment au scrutin de
liste 172 députés suivant une répartition faite par un
tableau annexé à la loi. Ainsi les électeurs les plus
riches votent deux fois et la loi de 1820 assure la
prépondérance à la bourgeoisie riche. Elle resta en
vigueur jusqu'à la fin de la Restauration.

Une des quatre ordonnances du 25 juillet 1830, dont
la publication provoqua la révolution de 1830 et
l'abdication de Charles X, modifiait illégalement le
régime électoral en décidant que la chambre ne se
composerait plus que des députés de département,
que les collèges d'arrondissement éliraient chacun
un nombre de candidats égal au nombre des députés
du département, que les collèges de département
éliraient les députés en en prenant la moitié parmi
les candidats présentés par les collèges d'arrondissement, enfin que pour déterminer le cens électoral
on ne tiendrait pas compte de la contribution des
patentes.

La révolution de juillet empêcha l'application de
ces dispositions.

L'article 30 de la charte de 1830 reproduisait textuellement le texte de l'article 35 de la charte de 1814;
mais l'article 34 abaissait à 25 ans l'âge de l'électorat
et à l'article 69 il était dit : « Il sera pourvu par des
lois séparées et dans le plus court délai possible aux
objets qui suivent : ... 9° l'abolition du double vote
et la fixation des conditions électorales et d'éligibilité. »

La loi ainsi annoncée fut promulguée le 19 avril
1831. Elle supprime le double vote, établit le suffrage
direct au scrutin uninominal. La division des départements en arrondissements électoraux est déterminée
par un tableau annexé à la loi. Conformément à

l'article 34 de la charte, l'âge de l'électorat est fixé à
25 ans. L'article 1er réduit à 200 francs le cens électoral. On établit quelques capacités en nombre très
restreint : sont électeurs en payant seulement 100 francs
de contributions directes : 1° les membres et correspondants de l'Institut ; 2° les officiers des armées de
terre et de mer jouissant d'une pension de retraite de
1.200 francs au moins et justifiant d'un domicile réel
de trois ans dans l'arrondissement. Cette loi, comme
celle de 1817, assurait la prépondérance à la bourgeoisie moyenne.

Ce fut pour l'opinion libérale une véritable décep-
tion. La question de la réforme électorale n'était point
résolue ; elle resta posée pendant tout le règne de
Louis-Philippe et ce fut la cause de sa chute. La campagne en faveur de la réforme électorale fut surtout
active à partir de 1840. Sous le nom de réforme, des
partis très opposés et coalisés demandent des choses
très différentes : le parti républicain veut le suffrage
universel direct et égalitaire ; la droite libérale
demande seulement le droit de vote pour tous les
Français faisant partie de la garde nationale ; la gauche dynastique demande l'adjonction des capacités,
c'est-à-dire le droit de vote pour les fonctionnaires
nommés par le roi et exerçant des fonctions gratuites,
les officiers en retraite, les docteurs et licenciés des
facultés, les membres et correspondants de l'Institut
et des autres sociétés savantes reconnues, les notaires.
Diverses propositions de réforme électorale déposées
à la chambre furent toutes repoussées sur la demande
du ministère Guizot, notamment la proposition Duver-
gier de Hauranne (23 mars 1847).

C'est à la suite de ce vote que commence la campagne dite des banquets, où fraternisent socialistes,
républicains avancés et modérés, bonapartistes, monarchistes libéraux. L'interdiction d'un banquet dans
le 12e arrondissement provoque une émeute qui le
lendemain est devenue une révolution (24 février 1848).

Louis-Philippe abdique. Un gouvernement provisoire est constitué, dont tous les membres sont partisans du suffrage universel.

Le 5 mars 1848 est porté le décret suivant : « Les assemblées électorales de canton sont convoquées au 9 avril prochain pour élire les représentants du peuple à l'assemblée nationale qui doit décréter la constitution. Le suffrage sera universel. Sont électeurs tous les Français âgés de 21 ans, résidant dans la commune depuis six mois et non judiciairement privés ou suspendus de l'exercice des droits civiques. »

Ainsi la première assemblée française qui a été élue au suffrage direct et universel est l'assemblée nationale constituante nommée le 23 avril 1848 et qui s'est réunie le 4 mai 1848. Elle fit elle-même du suffrage direct et universel un principe constitutionnel en votant les articles 24 et 25 de la constitution : « Le suffrage est direct et universel... Sont électeurs sans condition de cens tous les Français âgés de 21 ans et jouissant de leurs droits civils et politiques. » La loi du 15 mars 1849 détermine les conditions de fonctionnement du suffrage universel.

Depuis, le suffrage universel est devenu l'institution fondamentale de notre pays. Cependant la deuxième république devait, pour un temps très court il est vrai, apporter, sinon dans la forme, mais certainement dans le fond, une restriction notable au suffrage universel. Après les élections du 10 mars 1850, qui avaient été favorables aux partis extrêmes, les monarchistes et les républicains modérés de l'assemblée législative attaquèrent violemment le système électoral de la loi de 1849. N'osant pas s'attaquer au principe même du suffrage universel, ils demandent qu'il soit réglementé.

C'est dans ces conditions que fut votée la loi du 31 mai 1850. Il était dit dans l'exposé des motifs : « Le but de la loi est de moraliser l'élection en écartant les hommes tarés ou suspects sans assiette fixe et ne présentant aucune garantie. » On ajoutait que la loi n'était point contraire à la constitution qui se borne à fixer l'âge de l'électorat à 21 ans et à proscrire le cens et le vote à deux degrés, que tous ces principes étaient respectés. Voici les dispositions principales de la loi : elle étend les cas d'indignité électorale; elle subordonne (c'était la disposition essentielle) l'exercice des droits électoraux à un domicile de trois années continues dans la même commune ou dans le même canton et la preuve de ce domicile ne peut s'établir en principe que par l'inscription au rôle de la contribution personnelle ou des prestations en nature (L. 31 mai 1850, art. 3).

Malgré ces artifices, cette loi était une atteinte au principe même du suffrage universel. Elle fut immédiatement impopulaire. Le gouvernement du Prince-président comprit le parti qu'il pourrait en tirer dans sa lutte contre l'assemblée. Le 4 novembre 1851, il demande à l'assemblée l'abrogation de la loi de 1850. Par 355 voix contre 348, l'assemblée la refuse. C'était une erreur qui allait lui être funeste. Le président se présente au pays comme le défenseur du suffrage universel contre l'assemblée. Au jour du coup d'Etat, un décret est publié ainsi conçu : « L'Assemblée nationale est dissoute. Le suffrage universel est rétabli. » C'était l'abrogation de la loi du 31 mai 1850 (D. 2 décembre 1851).

Pendant la période dictatoriale qui s'étend du 2 décembre 1851 au 31 mars 1852, sont portés le décret organique et le décret réglementaire du 2 février 1852, qui forment encore le fond de notre législation électorale. Cf. § 81.

83. Le suffrage universel à l'étranger. — La plupart des pays pratiquent aujourd'hui le suffrage universel égalitaire et direct. Son extension dans le monde a été comme l'application d'une loi naturelle.

Le suffrage universel est pratiqué dans tous les Etats du nouveau monde. Le 19e amendement de la constitution fédérale américaine, voté en 1919, décide même que « le droit de vote ne sera refusé à personne pour raison de sexe ».

En Europe, la plupart des Etats pratiquent le suffrage universel.
Il a été établi en *Grèce* par la constitution de 1864.

En Suisse, il est consacré par l'article 43 de la constitution de
1874.

Introduit une première fois en *Espagne* par la constitution éphé-
mère de 1869, il a été supprimé en 1877 et rétabli par la loi du
26 juin 1890.

Depuis la loi du 25 septembre 1893, la *Belgique* a le suffrage universel ; mais jusqu'en 1919 il était mitigé par le vote plural. Tout
citoyen belge, non frappé de déchéance prévue par la loi, est électeur à l'âge de 25 ans. Un certain nombre de voix en sus étaient
attribuées aux électeurs réunissant certaines conditions. Un vote
supplémentaire était accordé à raison de chacune des conditions
suivantes : 1° être âgé de 35 ans accomplis, être marié ou veuf,
ayant descendance légitime et payer à l'Etat au moins 5 francs de
contribution personnelle ; 2° être âgé de 25 ans accomplis et être
propriétaire, soit d'immeubles d'une valeur d'au moins 2.000 francs
ou d'au moins 100 francs de rente au grand livre ou à la caisse
d'épargne. Deux votes supplémentaires étaient attribués au citoyen
âgé de 25 ans accomplis et se trouvant dans un des cas suivants :
1° être porteur d'un diplôme d'enseignement supérieur ou d'un
certificat d'un cours complet d'enseignement du degré supérieur
sans distinction entre les établissements publics ou privés ; 2° remplir ou avoir rempli une fonction publique, occuper ou avoir occupé
une position qui implique l'enseignement moyen du degré supérieur. Mais nul ne pouvait cumuler plus de trois votes (Constitution
belge, revisée en 1893, art. 47). La loi du 12 avril 1894 réglait les
détails du fonctionnement du vote plural et la confection des listes
électorales. Le vote est obligatoire (Constitution, art. 82).

Le 6 février 1913, après quinze jours de débats très mouvementés,
la chambre des représentants de Belgique refusait de prendre en
considération une proposition du parti socialiste tendant à l'établissement du suffrage universel pur et simple. Cependant, quelque
temps après était formée une commission extra-parlementaire
chargée de préparer la réforme électorale sur la base du suffrage
universel pur et simple pour l'élection de la chambre et de la représentation des intérêts au sénat.

Cette commission n'avait pas encore achevé ses travaux quand la
Belgique fut envahie par l'armée allemande. La guerre achevée,
le suffrage universel pur et simple, sans aucune part faite au vote
plural, fut établi d'un vote unanime par la loi du 9 mai 1919 et la
constitution revisée en 1919-1921. L'article 47 de la constitution
ainsi révisée décide qu'une loi ordinaire pourra accorder aux femmes le droit de vote dans les mêmes conditions qu'aux hommes.
En 1921, elles ont reçu l'électorat et l'éligibilité aux assemblées
municipales.

En Finlande, la loi du 21 juillet 1906 a accordé le droit de vote à
tous les citoyens finlandais de l'un et de l'autre sexe âgés de 24 ans.

La Norvège a le suffrage universel et direct depuis la loi du 29 mars 1906.

En Suède, la réforme électorale opérée par la loi du 14 mai 1907 n'est devenue exécutoire qu'en 1909 après avoir été votée de nouveau le 10 février 1909. Est électeur tout citoyen qui a atteint l'âge de 24 ans, n'a pas de casier judiciaire, a régulièrement acquitté ses impôts, rempli ses devoirs militaires et ne figure pas parmi les assistés.

En Italie, la loi du 30 juin 1912 a introduit le suffrage universel. Sont électeurs à partir de 21 ans tous les citoyens exerçant un emploi, possédant un diplôme ou ayant satisfait à un examen prescrit et quelques catégories de censitaires. A partir de 30 ans sont électeurs tous les citoyens non frappés de déchéance légale, même les illettrés, d'après l'expression italienne, les analfabètes.

En Danemark, la nouvelle constitution du 4 juin 1915 a donné le droit de vote et d'éligibilité à tout homme et à toute femme de nationalité danoise âgés de 25 ans.

En Allemagne, d'après l'article 20 de la constitution de la Confédération de l'Allemagne du Nord du 16 avril 1867, devenu l'article 20, § 7, de la constitution de l'Empire allemand du 12 avril 1871, le Reichstag de l'Empire allemand était élu au suffrage universel et direct. Etait électeur pour le Reichstag tout Allemand du sexe masculin âgé de 25 ans accomplis.

Mais en 1871 aucun des Etats confédérés n'avait le suffrage universel. Depuis, beaucoup l'avaient adopté : le *grand-duché de Bade* par la loi du 24 août 1904; la *Bavière* par la loi du 9 avril 1906; le *Wurtemberg* par la loi constitutionnelle du 16 juillet 1906. En *Saxe*, la loi électorale du 5 mai 1909 avait institué le suffrage universel tempéré par le vote plural : une, deux, trois et même quatre voix étaient accordées à l'électeur d'après sa fortune, sa fonction et son degré d'instruction.

Aujourd'hui, le Reich de la constitution de 1919 et tous les pays (*Länder*) qui le composent ont le suffrage universel direct des hommes et des femmes. La constitution de Weimar contient un article ainsi conçu : « Les députés sont choisis au suffrage universel égal, direct et secret, par les hommes et les femmes âgés de plus de 20 ans sur la base de la représentation proportionnelle. » De plus, la constitution du Reich impose aux pays composants l'obligation d'instituer chez eux le suffrage universel. A l'article 17, il est dit, en effet : « Chaque pays doit avoir une constitution républicaine. La représentation populaire doit être élue au suffrage universel égal, direct et secret, par tous les Allemands, hommes et femmes, selon le principe de la représentation proportionnelle. »

On trouve des dispositions analogues dans la constitution fédérale autrichienne du 1er octobre 1920. L'article 7 porte : « Tous les citoyens fédéraux sont égaux devant la loi. Il n'existe aucun privilège de naissance, de sexe, de profession, de classe ou de confession. » L'article 26 : « Le conseil national est élu par le peuple de la Fédération d'après les principes de la représentation proportionnelle sur la base du vote égal, direct, secret et personnel des hommes et des femmes, qui auront accompli leur vingtième année avant le 1er janvier de l'année de l'élection. »

L'Angleterre, au moment où la guerre a éclaté, n'avait pas encore vraiment le suffrage universel. Le système qu'elle pratiquait était, comme toutes ses institutions politiques, le résultat d'une lente adaptation à des situations nouvelles. Il s'était formé, en quelque sorte, de couches successives. Il était très complexe. Il impliquait, au reste, une très large extension du droit de suffrage. Ses règles résultaient d'une combinaison des lois de 1867 et du 6 décembre 1884. En voici l'essentiel :

Pour être électeur, il fallait être citoyen anglais, âgé de 21 ans accomplis, être inscrit sur la liste électorale et n'être frappé d'aucune incapacité et, en outre, avoir ce que le droit anglais appelle *l'electoral franchise*. On distinguait les franchises générales et les franchises spéciales.

Les franchises générales étaient au nombre de trois : 1º la *household franchise* : peut voter toute personne qui, à la date du 15 juillet, habite depuis un an en qualité de propriétaire ou de locataire, soit une maison entière, soit un logement distinct ; 2º l'*occupation franchise* : est électeur tout citoyen qui à la date du 15 juillet, occupe depuis un an, en qualité de propriétaire ou de locataire, une propriété bâtie ou non bâtie d'un revenu net annuel de 10 livres sterling ; 3º la *lodger franchise* : elle appartient à tout homme qui, comme locataire, occupe depuis un an au 15 juillet le même logement faisant partie d'une même maison d'habitation.

Les franchises spéciales étaient aussi au nombre de trois : 1º la franchise de propriété dans les comtés, en vertu de laquelle sont électeurs dans les comtés les propriétaires qui y possèdent un bien d'un revenu annuel de 2 livres, de 5 livres ou de 50 livres suivant la nature de la propriété ; 2º la franchise des bourgs au profit des *freeholders* dont le bien produit un revenu de 2 livres ; 3º la franchise des universités qui donne un vote aux chanceliers, professeurs, aux membres des cours universitaires et aux gradés inscrits sur les registres universitaires.

Avec ce système, il arrivait que beaucoup d'électeurs cumulaient deux ou plusieurs franchises générales ou spéciales : ils pouvaient légalement voter dans tous les endroits où ils avaient une franchise. L'Angleterre pratiquait ainsi le vote plural, qui n'avait pas été le but poursuivi consciemment par le législateur, mais qui était la conséquence indirecte du système adopté.

Pendant les années qui ont précédé la guerre, existait un mouvement très actif en Angleterre en faveur du suffrage universel pur et simple et la suppression du vote plural. Dès le 13 juillet 1912, la chambre des communes votait en deuxième lecture, à 68 voix de majorité, un projet de loi électorale abolissant le vote plural, supprimant la représentation des universités et étendant le droit de

vote à plusieurs millions de sujets britanniques, qui ne le possé-
daient pas. Mais tous les efforts de la campagne féministe n'about-
tissaient pas à faire inscrire dans la loi la reconnaissance du droit
de vote aux femmes. La guerre éclata sans qu'aucune modification
eût été apportée au système électoral anglais.

Malgré les hostilités, la question du suffrage universel et du vote
des femmes resta posée. Le 28 mars 1917, M. Asquith déposait à la
chambre des communes une résolution en faveur de la revision de
la loi électorale avec reconnaissance du droit de vote aux femmes.
Le lendemain cette résolution était votée par la chambre des communes à une forte majorité. L'année suivante était adopté par le
parlement anglais le *Representation of the people act* du 6 février
1918 qui établissait le suffrage universel pur et simple et admettait
le vote des femmes.

A l'heure actuelle, la Hollande et la Hongrie sont les seuls pays
européens qui ne pratiquent pas le suffrage universel. Je ne parle
pas de la Russie qui s'est mise en dehors du monde civilisé. Mais
dans les deux pays, le droit de suffrage est accordé dans des conditions très larges; et ni l'un ni l'autre ne tarderont à avoir le suffrage universel.

**84. Exercice de l'électorat. Les listes électo-
rales.** — Pour pouvoir exercer l'électorat, il y a une
condition essentielle : il faut être inscrit sur la liste
électorale d'une commune. Si l'on réunit toutes les
conditions exigées par la loi pour être électeur, on a
la jouissance de l'électorat, mais on n'en a pas l'exercice. On ne peut voter que dans la commune sur la
liste électorale de laquelle on est inscrit.

On comprend facilement pourquoi il en est ainsi.

L'électorat n'est pas seulement un droit; de bons
esprits soutiennent même qu'il n'est pas du tout un
droit. En tout cas, c'est certainement une participation
à l'exercice de la puissance publique; c'est une fonction publique; il faut donc que celui qui prétend
exercer cette fonction, importante entre toutes, rapporte la preuve officielle et légale qu'il réunit les
conditions nécessaires pour la remplir. Le législateur
devait donc organiser cette preuve officielle et légale.
Il a décidé très justement qu'elle consisterait dans
l'inscription faite, suivant des formalités déterminées
et avec des garanties spéciales d'exactitude et de sincérité, sur des listes officielles dites listes électorales.

Ce point est aujourd'hui réglé par la loi du 29 juillet 1913 complétée et modifiée par la loi du 31 mars 1914.

Prohibition des inscriptions multiples. — L'article 1er, § 1, de la loi du 29 juillet 1913 pose d'abord ce principe : « Nul ne peut être inscrit sur plusieurs listes électorales. »

Il a toujours été interdit à tout électeur de voter plusieurs fois dans des communes différentes pour une même élection. Mais si la même personne par le jeu normal des lois électorales se trouvait inscrite sur plusieurs listes sans avoir provoqué ces inscriptions multiples, ce fait n'était pas en soi illégal. Il est aujourd'hui expressément prohibé par la loi.

Le législateur a eu raison, car ces multiples inscriptions étaient de nature à favoriser les fraudes électorales. Des mesures particulières ont été édictées pour empêcher autant que possible des inscriptions multiples.

Lorsqu'un citoyen est inscrit sur plusieurs listes électorales, le maire, ou à son défaut tout électeur, peut exiger, devant la commission de revision des listes électorales, huit jours au moins avant leur clôture, que ce citoyen opte pour son maintien sur une seulement de ces listes. A défaut de son option dans les huit jours de la notification de la mise en demeure faite par lettre recommandée, le citoyen restera inscrit sur la liste dressée dans la commune où il réside depuis six mois et il sera rayé des autres listes (L. 29 juillet 1913, art. 1er, §§ 2 et 3).

Les réclamations et contestations à ce sujet sont jugées et réglées par les commissions et juges de paix compétents pour opérer la revision de la liste électorale sur laquelle figure l'électeur qui réclame l'option, et cela suivant les formes et délais prescrits par le décret organique du 2 février 1852 et la loi du 7 juillet 1874 (L. 31 mars 1914, art. 1er, qui rectifie une erreur qui s'était glissée dans le § 4 de l'art. 1er de loi du 29 juillet 1913, où on avait visé la loi du 5 avril 1884 au lieu de la loi du 7 juillet 1874).

Toute demande de changement d'inscription devra être accompagnée d'une demande en radiation de la liste du domicile électoral antérieur pour être transmise au maire dudit domicile (L. 29 juillet 1913, art. 1er, § 6).

L'article 1er, § 5, de la même loi, combiné avec l'article 31 du décret organique du 2 février 1852, punit d'un emprisonnement d'un mois à un an et d'une amende de 100 à 1.000 francs toute personne qui aura demandé et obtenu une inscription sur deux ou plusieurs listes. L'article 1er, § 7, et l'article 12 punissent d'une amende de 100 à 500 francs et d'un emprisonnement d'un mois à un an ou de l'une de ces deux peines seulement « toute fraude dans la délivrance ou la production d'un certificat d'inscription ou de radiation des listes électorales ».

Sur la liste électorale de quelle commune est-on inscrit? — Les lois des 29 juillet 1913 et 31 mars 1914 ont laissé subsister le principe du système antérieur tel qu'il était réglé par l'article 14, § 3, de la loi du 5 avril 1884. Certaines modifications de détail ont été apportées en 1913 et en 1914. Bref, le système est aujourd'hui déterminé par l'article 14, § 4, de la loi du 5 avril 1884, l'article 2, § 1, de la loi du 29 juillet 1913 et l'article 2 de la loi du 31 mars 1914, combinés.

Ces textes distinguent deux catégories de personnes : les unes doivent être inscrites de droit et d'office, sans qu'elles aient aucune demande à faire, sur la liste électorale d'une commune déterminée ; les autres doivent être inscrites sur la liste électorale d'une certaine commune, seulement si elles le demandent ; mais si elles le demandent dans les conditions et suivant les formes prescrites par la loi, l'inscription ne peut leur être refusée.

Électeurs qui sont inscrits de droit et doivent être inscrits d'office sur la liste électorale d'une commune. — Aux termes de l'article 2, § 1, de la loi du 29 juillet 1913, ce sont tous les électeurs qui ont leur domicile réel dans la commune ou y habitent depuis six mois au moins.

C'est habituellement en fait cette résidence de six mois qui donne à l'électeur le droit d'être inscrit dans la commune. Mais il fallait prévoir le cas où une personne n'avait dans aucune commune une résidence de six mois; elle doit être inscrite alors sur la liste électorale de la commune où elle a son domicile conformément aux articles 102 et suivants du code civil.

Sont aussi inscrits de droit et d'office sur la liste électorale de la commune ceux qui sont assujettis à une résidence obligatoire dans cette commune en qualité de fonctionnaires publics et cela sans condition de durée de résidence (L. 5 avril 1884, art. 14, § 4, 4°).

Electeurs qui doivent être inscrits sur la liste électorale d'une commune quand ils en font la demande. — On doit inscrire sur la liste électorale les électeurs qui, ne résidant pas dans la commune, auront déclaré vouloir exercer leurs droits électoraux, quand ils figurent, pour la cinquième fois sans interruption l'année de l'élection, au rôle de l'une des quatre contributions directes ou au rôle des prestations en nature de la commune (L. 31 mars 1914, art. 2, modifiant le n° 2 du § 3 de l'art. 14 de la loi du 5 avril 1884, déjà modifié par le § 2 de l'art. 2 de la loi du 29 juillet 1913).

Cette condition de cinq années d'inscription au rôle des contributions directes ou des prestations en nature n'était point exigée par la loi de 1884. C'est une innovation de la loi du 29 juillet 1913, qui ne disait pas si cette disposition aurait un effet rétroactif. La loi du 31 mars 1914 a formellement décidé qu'elle n'en aurait pas : « Néanmoins les électeurs qui, en vertu des dispositions du § 3, n° 2, de l'article 14 de la loi du 5 avril 1884, ont été inscrits sur une liste électorale, continueront à y figurer de plein droit ou pourront s'y faire réintégrer s'ils ont été rayés d'office, alors même qu'ils ne seraient pas inscrits pour la cinquième fois aux rôles d'une des quatre contributions directes ou des prestations (L. 31 mars 1914, art. 2, § 2).

Doivent être aussi, sur leur demande, inscrits sur

la liste électorale d'une commune, les membres de la
famille des électeurs dont il vient d'être parlé, compris
dans la cote de la prestation en nature, alors même
qu'ils n'y sont pas personnellement portés et les habitants qui, en raison de leur âge ou de leur santé, auront
cessé d'être soumis à cet impôt (L. 5 avril 1884, art. 14,
§ 4). Les lois du 29 juillet 1913 et du 31 mars 1914
n'ont apporté aucune modification au § 4 de l'article 14
de la loi du 5 avril 1884.

Enfin, aux termes de l'article 14, § 4, n° 3, de la loi
du 5 avril 1884 doivent être inscrits sans condition de
résidence ceux qui, en vertu de l'article 2 du traité du
10 mai 1871 (traité de Francfort avec l'Allemagne),
ont opté pour la nationalité française et déclaré fixer
leur résidence dans la commune conformément à la
loi du 19 juin 1871. Le législateur de 1884 a emprunté
sa formule à l'article 5, n° 5, de la loi du 7 juillet 1874.
Les cas d'application de cette dernière disposition évidemment ne se présentent plus.

L'article 31 du décret organique du 2 février 1852
punit aussi d'un emprisonnement de un mois à un an
et d'une amende de 100 à 1.000 francs toute personne
qui se sera fait inscrire sur la liste électorale sous
de faux noms ou de fausses qualités ou aura, en se
faisant inscrire, dissimulé une incapacité prévue par
la loi. Rapp. L. 7 juillet 1874, art. 6, et L. 30 novembre
1875, art. 22, § 2.

Prohibition du vote multiple. — Malgré la prohibition édictée par l'article 1er de la loi du 29 juillet 1913,
un électeur peut être en fait inscrit sur deux ou plusieurs listes. Il ne peut point voter plusieurs fois dans
la même élection. Voter deux ou plusieurs fois dans
la même élection a toujours été et est toujours un fait
illégal et puni sévèrement par la loi. « Est puni d'un
emprisonnement de six mois à un an et d'une amende
de 200 à 2.000 francs tout citoyen qui aura profité
d'une inscription multiple pour voter plus d'une fois »
(D. org., 2 février 1852, art. 34).

Cela est parfaitement logique. Le suffrage en France est non seulement universel et direct; il est encore égalitaire; chacun a une voix; mais chacun n'a qu'une seule voix. Tel est le principe essentiel de notre droit public depuis 1848. Il ne peut donc être permis de violer ce principe primordial en profitant d'une double inscription pour voter deux fois dans la même élection. Le législateur devait frapper de peines sévères quiconque s'attribuerait ainsi une participation plus grande que celle de ses concitoyens à la puissance politique.

La jurisprudence interprète cette disposition d'une manière très restrictive. Ainsi d'après elle il y a délit de double vote, non seulement quand le même électeur et au même tour de scrutin vote dans deux communes, mais encore lorsqu'au cas d'élections générales législatives, départementales ou municipales le même électeur vote au premier tour dans une circonscription et au scrutin de ballottage dans une autre circonscription (Cass., 21 janvier 1897, S., 97, I, p. 253). On peut dire qu'il y a délit de double vote toutes les fois qu'à la faveur d'une double inscription l'électeur vote dans des conditions où il n'aurait pas pu le faire s'il n'avait été inscrit que sur une seule liste.

Individus qui ne peuvent pas voter bien qu'ils soient inscrits sur une liste électorale. — En principe, tout individu inscrit sur la liste électorale d'une commune peut voter dans cette commune. Mais cette règle reçoit cependant certaines exceptions.

Ne peuvent pas voter, quoique inscrits par erreur sur la liste électorale, les individus qui sont frappés d'une déchéance entraînant la perte de l'électorat.

Le maire doit, aux termes de l'article 8 du décret réglementaire du 2 février 1852, rayer d'office tous les individus frappés de déchéance; mais il peut ne l'avoir pas fait. D'autre part, un individu frappé de déchéance peut avoir été inscrit par erreur. Enfin il peut s'être fait inscrire par fraude (D. org., 2 février 1852, art. 32 et 33).

Aux termes de l'article 18 du décret réglementaire du 2 février 1852, tout électeur inscrit sur la liste électorale a le droit de prendre part au vote; mais l'exercice de ce droit est suspendu pour les détenus, pour les accusés contumaces et pour les personnes non interdites, mais retenues, en vertu de la loi du 30 juin 1838, dans un établissement d'aliénés. Les personnes judiciairement interdites sont privées de la jouissance même de l'électorat (D. org., 2 février 1852, art. 15, n° 16). Quant aux personnes notoirement démentes, mais qui ne sont ni interdites, ni internées régulièrement, elles peuvent certainement voter et le bureau électoral ne peut se faire juge de leur état intellectuel pour refuser leur bulletin de vote.

Enfin ne peuvent pas voter, quoique régulièrement inscrits sur la liste électorale, les militaires en activité de service de l'armée de terre et de l'armée de mer (L. 21 mars 1905, art. 9). Les militaires doivent être inscrits sur la liste électorale comme s'ils n'étaient pas militaires et le temps du service compte comme temps de résidence effective dans la commune qu'ils ont quittée pour faire leur service (L. 5 avril 1884, art. 14, § 5 ; rapp. D. org. 2 février 1852, art. 14, § 1). Si le militaire en activité de service ne peut exercer son droit électoral, il en conserve la jouissance.

Tel est le principe adopté par les législations modernes en général. On conçoit parfaitement qu'autant dans l'intérêt de la discipline qu'à raison des influences qui pourraient porter atteinte à la sincérité du vote, les militaires doivent être éloignés des luttes politiques et ne pas prendre part au vote.

Cependant, l'article 9, § 2, de la loi du 21 mars 1905 permet de voter aux militaires « qui, au moment de l'élection, se trouvent en résidence libre, en non-activité ou en possession d'un congé », et « aux officiers ou assimilés qui sont en disponibilité ou dans le cadre de réserve ». Sont seulement considérées comme congés les permissions qui dépassent trente jours (D. 27 novembre 1868). Les militaires de la réserve et de l'armée territoriale peuvent évidemment voter tant qu'ils ne sont pas appelés. Mais pendant les périodes d'appel, ils ne peuvent pas voter à moins d'être en congé régulier.

Personnes qui peuvent voter quoique non inscrites sur une liste électorale. — Nul ne peut voter s'il n'est inscrit sur une liste électorale. Tel est le principe déjà indiqué et formulé par l'article 19, § 1 du décret réglementaire du 2 février 1852. Mais ce même texte, au § 2, indique une exception : « Toutefois, sont admis au vote, quoique non inscrits, les citoyens porteurs d'une décision du juge de paix ordonnant leur inscription, ou d'un arrêt de la cour de cassation annulant un jugement qui aurait prononcé une radiation. » Cf. même disposition, L. 5 avril 1884, art. 23, § 2.

Il faut supposer, bien entendu, que ces décisions de justice sont intervenues postérieurement à la date de clôture définitive de la liste au moment de la revision annuelle, et qu'elles ont été provoquées par des recours formés dans les délais légaux. L'intéressé n'a alors rien à se reprocher; son droit est reconnu judiciairement et il eût été injuste de l'empêcher de l'exercer; il ne saurait supporter les conséquences d'un retard imputable à l'autorité judiciaire.

85. De la revision des listes électorales. — Les listes électorales doivent être tenues au courant. Et d'autre part, il ne faut pas qu'elles puissent être revisées en vue de chaque élection, car cela permettrait au parti qui est au pouvoir de faire une revision dans un sens favorable à ses candidats. C'est pour répondre à ce double desideratum que le décret organique du 2 février 1852 a posé le double principe de la permanence des listes électorales et de leur revision annuelle. « Les listes électorales sont permanentes. Elles sont l'objet d'une revision annuelle » (art. 18).

Pendant toute la durée des hostilités, il était difficile, sinon impossible, de procéder à cette revision; elle était d'ailleurs inutile, puisque toutes les élections étaient suspendues (L. 24 décembre 1914, art. 2). Successivement, les lois des 24 décembre 1914, 15 avril 1916, 14 mars 1917, 31 décembre 1917 vinrent décider que « les opérations de revision des listes électorales étaient ajournées jusqu'à la cessation des hostilités ».

Immédiatement après la signature de l'armistice, le ministre de l'intérieur prescrivit de procéder dès le 1er janvier 1919 à l'établissement des listes électorales. Mais par suite de la mobilisation générale, par suite des ruines que la guerre avait amoncelées dans dix de nos départements, l'opération présentait des difficultés particulières. Le ministre de la guerre prescrivit aux préfets de veiller spécialement à ce que tout mobilisé en droit d'être inscrit sur une liste électorale y fût bien effectivement inscrit. La loi du 15 janvier 1919 vint décider que par dérogation aux dispositions du décret réglementaire du 2 février 1852 et de la loi du 7 juillet 1874, les délais impartis pour les différentes opérations de la revision des listes électorales seraient modifiés pour l'année 1919; et la loi du 3 octobre 1919 accorda à certains électeurs des délais supplémentaires pour obtenir leur inscription sur la liste électorale. C'étaient là des dispositions exceptionnelles qui ne sont plus aujourd'hui en vigueur. Voici comment se fait normalement la revision des listes électorales par application du décret réglementaire du 2 février 1852 et de la loi du 7 juillet 1874.

Pour déterminer ceux qui doivent y être inscrits on doit se placer au 31 mars de l'année, date de clôture définitive de la liste (L. 5 avril 1884, art. 14, § 4). Toutes les élections qui auront lieu dans l'année qui s'écoulera du 31 mars de l'année de la revision au 31 mars de l'année suivante seront faites sur cette liste (D. org. 2 février 1852, art. 23). C'est la conséquence de la permanence de la liste électorale. Il faut cependant faire une réserve qui n'a pas besoin d'explication : ne peuvent pas voter, bien qu'ils soient inscrits sur la liste, les individus qui sont morts ou qui ont été frappés d'une déchéance entraînant perte de l'électorat postérieurement à la clôture définitive de la liste électorale.

La revision de la liste électorale est faite chaque année, dans chaque commune de France, par une commission dite *commission administrative de revision des listes électorales*.

Cette commission est composée du maire président, d'un délégué de l'administration désigné par le préfet et d'un délégué choisi par le conseil municipal. Dans les communes qui sont divisées en sections électorales (sectionnement municipal) la liste est dressée dans chaque section par une commission composée du maire ou adjoint ou d'un conseiller municipal dans l'ordre du tableau, d'un délégué de l'administration désigné par le préfet et d'un délégué choisi par le conseil municipal.

A Paris, la liste est dressée dans chaque quartier par une commission composée du maire de l'arrondissement ou d'un adjoint délégué, du conseiller municipal du quartier et d'un électeur désigné par le préfet de la Seine (L. 7 juillet 1874, art. 1er et L. 30 novembre 1875, art. 1er, § 3).

La commission administrative de revision des listes électorales doit chaque année, du 1er au 10 janvier, opérer tous les changements reconnus par elle nécessaires, inscrire tous ceux qui ont acquis dans l'année le droit d'y être inscrits, rayer tous ceux qui, pour une raison quelconque, ne doivent plus y être inscrits (D. régl. 2 février 1852, art. 1er). Cet article parle du maire ; les lois de 1874 et de 1875 lui ont substitué la commission administrative ; mais la mission reste la même.

La commission doit inscrire tous les citoyens qui demandent leur inscription conformément aux dispositions des articles 2, § 2, de la loi du 29 juillet 1913 et 2 de la loi du 31 mars 1914, et 14, § 4, 3°, de la loi du 5 avril 1884 (électeurs qui doivent être inscrits sur la liste électorale d'une commune quand ils en font la demande) ; elle doit examiner d'ailleurs si les conditions exigées par la loi sont remplies.

La décision de la commission administrative de revision a une grande importance, bien qu'elle ne soit pas définitive. En effet, s'il n'y a pas de réclamation, elle fixe l'électorat pour toute l'année ; et s'il y a une réclamation, elle est présumée exacte jusqu'à preuve du contraire. C'est donc au réclamant à faire la preuve que l'inscription ou la radiation qu'il demande doit être opérée.

La commission administrative doit tenir un registre de toutes les décisions qu'elle prend, et y mentionner les motifs et les pièces à l'appui (D. régl. 2 février 1852, art. 1er, § 2). Elle doit en outre dresser un tableau contenant les additions et retranchements faits par elle ; ce tableau doit être déposé le 15 janvier au plus

tard au secrétariat de la commune (*ibid.*, art. 2). Doit
être déposée en même temps la liste électorale (L.
7 juillet 1874, art. 2). C'est donc un double dépôt qui
doit être opéré en même temps, celui de la liste et
celui du tableau rectificatif.

La liste électorale est publique, et le tableau doit
être communiqué à tout requérant qui peut le reco-
pier et même le reproduire par la voie de l'impression.
Avis que le tableau est déposé à la mairie doit être
publié par la voie ordinaire, affiché à la mairie, et
dans les villes inséré dans les journaux. En outre,
lorsqu'il y a radiation d'office par la commission,
l'électeur qui en est l'objet doit être averti par le
maire sans frais pour qu'il puisse présenter ses réclamations (L. 7 juillet 1874, art. 4). L'inobservation de
cette prescription pourrait entraîner la nullité de la
radiation et de l'opération de revision, et même de
l'élection faite sur la liste ainsi irrégulièrement revisée.

Il doit être dressé un procès-verbal constatant
l'accomplissement des formalités prescrites. Copie de
ce procès-verbal et copie du tableau des rectifications
doivent être, le jour même où le dépôt du tableau et
de la liste électorale est fait à la mairie, envoyées au
sous-préfet de l'arrondissement, qui doit dans les
deux jours les transmettre, avec ses observations, au
préfet du département (D. régl., 2 février 1852, art. 3).

Recours du préfet. — « Si le préfet estime que les
formalités et les délais prescrits par la loi n'ont pas
été observés, il devra, dans les deux jours de la réception du tableau, déférer les opérations du maire
(aujourd'hui de la commission administrative) au
conseil de préfecture du département, qui statuera
dans les trois jours et fixera, s'il y a lieu, le délai
dans lequel les opérations annulées devront être
refaites » (D. régl. 2 février 1852, art. 4).

*Commission municipale de revision des listes électo-
rales.* — **Après** l'accomplissement des opérations que

l'on vient d'indiquer, au 15 janvier au plus tard,
s'achève le rôle de la commission *administrative* de
revision, et commence celui de la commission *municipale.*

Dans le délai de vingt jours, à partir du jour de la
publication de la liste électorale et du tableau rectificatif, les réclamations tendant à l'inscription ou à
la radiation d'électeurs peuvent être formées (L. 7 juillet 1874, art. 2, § 2; D. org. 2 février 1852, art. 19,
§§ 1 et 2, et D. régl. 2 février 1852, art. 5, modifié par
D. 13 janvier 1866). Par qui peuvent-elles être formées?

La demande en inscription peut être d'abord formée
évidemment par l'électeur qui se prétend indûment
omis. Cela ne présente aucune difficulté. La demande
de radiation peut être formée par l'électeur qui se
prétend indûment inscrit. Cela peut avoir lieu quand
l'électeur inscrit dans une autre commune demande
à être radié pour se conformer à la loi du 29 juillet
1913 qui prohibe la double inscription.

Mais la demande d'inscription ou de radiation peut
être formée par un électeur quelconque inscrit sur
une liste électorale d'une commune comprise dans la
circonscription électorale politique. L'article 19, §§ 1
et 2, du décret organique du 2 février 1852 porte en
effet ceci : « Lors de la revision annuelle, tout citoyen
omis sur la liste pourra présenter sa réclamation à la
mairie. Tout électeur inscrit sur l'une des listes de la
circonscription électorale pourra réclamer la radiation
ou l'inscription d'un individu omis ou indûment inscrit. »

La circonscription électorale était, sous le régime
électoral antérieur à la loi du 12 juillet 1919, l'arrondissement administratif, à Paris et à Lyon l'arrondissement municipal, et pour les arrondissements qui
nommaient plusieurs députés, celle des circonscriptions de l'arrondissement dans laquelle était située la
commune dont la liste électorale donnait lieu à réclamation. Aujourd'hui, sous l'application de la loi du

12 juillet 1919, qui établit le scrutin de liste par département, la circonscription électorale est le département. Cependant, la loi de 1919 permettant sous certaines conditions le sectionnement (art. 3), dans les départements sectionnés, la circonscription électorale est la section du département dans laquelle se trouve la commune intéressée.

La raison pour laquelle le législateur a autorisé tout électeur inscrit sur une des listes de la circonscription à former une réclamation apparaît clairement : la régularité des listes électorales touche au premier chef à l'intérêt collectif; ce n'est pas dans l'intérêt de tel ou tel électeur que la loi accorde l'électorat, c'est dans l'intérêt du pays tout entier; il ne peut donc appartenir au seul individu omis ou indûment inscrit de faire une réclamation; il faut que tout citoyen puisse saisir la juridiction pour assurer l'application exacte de la loi. Il y a là une sorte d'action populaire qu'on ne pouvait donner à tous les électeurs français; le législateur a sagement agi en donnant le recours à tout électeur de la circonscription.

Les réclamations peuvent être aussi formées par le préfet et le sous-préfet (D. org. 2 février 1852, art. 19, § 3). Les maires ne peuvent point former une réclamation. Ce droit du préfet et du sous-préfet s'explique par les mêmes raisons que celui des électeurs de la circonscription. L'électorat est une fonction; il faut que les représentants du pouvoir désignés par la loi puissent intervenir pour que cette fonction ne soit remplie que par ceux qui réunissent les conditions exigées par la loi et puissent l'être par tous ceux qui les réunissent. Le préfet et le sous-préfet doivent former leur réclamation dans le même délai de vingt jours.

Les réclamations doivent être inscrites par ordre de date sur un registre ouvert à cet effet à la mairie (D. org. 2 février 1852, art. 19, § 4). Il doit y avoir des registres différents s'il y a plusieurs sections ou cantons (Circ. ministre intérieur, 30 décembre 1875). Le maire doit donner récépissé de la réclamation. Celui dont l'inscription est contestée doit en être averti sans frais par le maire et peut présenter ses observations (D. org. 2 février 1852, art. 19, § 5, et L. 7 juillet 1874, art. 4, § 1).

Les *réclamations* sont jugées par *la commission municipale de revision*. C'est la commission administrative à laquelle sont adjoints deux autres délégués du conseil municipal, d'où son nom de commission municipale (L. 7 juillet 1874, art. 2, § 2, et L. 30 novembre 1875, art. 1er, § 2). Dans le cas où il y a plusieurs sections électorales dans la commune, il faut constituer autant de commissions que de sections. A Paris, on adjoint deux électeurs domiciliés dans le quartier et nommés avant toute revision par la première commission (L. 7 juillet 1874, art. 3, § 3).

La commission municipale, étant une juridiction, ne peut jamais statuer d'office; il faut qu'elle soit saisie et elle ne peut statuer que sur les questions à elle soumises. Aucune forme spéciale n'est prescrite; elle est présidée par le maire ou par celui qui le remplace; elle doit entendre les parties qui se présentent puisque, on l'a vu, la loi a ordonné que, dans certains cas, notification soit faite. Elle ne peut valablement délibérer que si les cinq membres qui la composent sont présents. Aucun délai ne lui est imparti pour statuer. Il y a peut-être là une lacune de la loi. Les décisions doivent être motivées et consignées sur un registre par ordre de date (conséquence de l'art. 1er du D. régl. du 2 février 1852).

De l'appel devant le juge de paix. — Les décisions de la commission municipale doivent être notifiées aux parties intéressées par écrit et à domicile, dans les trois jours, par les soins de l'administration municipale L. 7 juillet 1874, art. 4, § 2, et L. 30 novembre 1875, art. 1er, § 2).

Aux termes de l'article 21 du décret organique du

2 février 1852, « les parties peuvent interjeter appel
dans les cinq jours de la notification » ; et l'article 3
de la loi du 7 juillet 1874 consacre aussi ce droit d'appel.
Il doit être formé dans les cinq jours de la notification, c'est-à-dire au plus tard le cinquième jour à
partir de la notification. L'appel est porté devant le
juge de paix du canton. Il est formé par simple déclaration au greffe (D. org. 2 février 1852, art. 2 ; L.
7 juillet 1874, art. 3).

Qui peut faire appel? La loi dit : « Les parties
intéressées » (D. org. 2 février 1852, art. 21). La jurisprudence interprète cette disposition dans un sens très
large. D'abord ce sont évidemment les parties qui ont
figuré à l'instance devant la commission municipale ;
puis incontestablement l'électeur intéressé, par exemple celui dont la commission municipale a ordonné la
radiation, alors même qu'il n'ait pas figuré à l'instance devant la commission municipale ; on a vu plus
haut que la décision de la commission municipale doit
lui être notifiée (L. 7 juillet 1874, art. 4, § 1).

Ce sont encore tous les électeurs inscrits sur la liste
électorale de la circonscription, alors même qu'ils
n'ont pas été parties à l'instance devant la commission municipale. Aujourd'hui, la jurisprudence est
définitivement fixée en ce sens.

Le juge de paix saisi doit statuer dans les dix jours.
Mais auparavant il doit donner, trois jours avant
l'audience où il statuera, un avertissement à toutes
les parties intéressées (D. org. 2 février 1852, art. 22,
§ 1). Cet avertissement constitue une formalité essentielle dont l'inaccomplissement entraînerait nullité
de la sentence. La sentence doit porter mention de
cet avertissement. Les intéressés auxquels avertissement doit être donné sont d'abord ceux qui ont fait
appel et tous ceux qui ont été parties à l'instance
devant la commission municipale ; c'est aussi celui
dont l'inscription est en jeu, alors même qu'il n'ait
pas été partie à l'instance devant la commission
municipale.

Le délai de dix jours s'impose au juge de paix. Il doit statuer sans frais ni formes de procédure (D. org. 2 février 1852, art. 22, § 1).

Le juge de paix est juge d'appel; il a par conséquent tous les pouvoirs du juge d'appel, mais il n'a que ceux-là. S'il annule pour vice de forme la décision de la commission municipale, il doit évoquer. Mais il ne peut statuer sur la question d'inscription que si la commission municipale, juridiction de premier ressort, a statué.

Des voies de recours. — La décision du juge de paix, ordonnant inscription ou radiation, est rendue en dernier ressort. Mais elle peut être déférée à la cour de cassation (D. org. 2 février 1852, art. 23, § 2).

La décision du juge de paix doit être signifiée à l'adversaire au procès s'il y en a. Aux autorités, préfet, maire, chargées d'assurer l'exécution de la décision, c'est le juge de paix lui-même qui doit faire la notification. D'après l'article 6 du décret réglementaire du 2 février 1852, « le juge de paix donnera avis des infirmations par lui prononcées au préfet et au maire dans les trois jours de la décision ».

Le pourvoi en cassation ouvert par l'article 23, § 1, du décret organique du 2 février 1852 doit être formé dans les dix jours de la notification. Mais ce point de départ ne peut être pris lorsqu'il n'y a pas lieu à notification, comme par exemple lorsque l'auteur du pourvoi seul était partie au procès ; le délai de dix jours part alors du jour de la sentence du juge de paix (D. org. 2 février 1852, art. 23, § 2). Le recours en cassation ne peut être formé que par ceux-là seuls qui ont été parties à l'instance devant le juge de paix.

Le pourvoi n'est pas suspensif (D. org. 2 février 1852, art. 23, § 3). En conséquence, les inscriptions et les radiations ordonnées doivent être opérées malgré le pourvoi en cassation.

Le pourvoi est formé par une requête déposée au greffe de la justice de paix qui doit transmettre sans frais au greffier de la cour de cassation les pièces et mémoires fournis par les parties (D. org. 2 février 1852, art. 23, § 5). Elle doit être dénoncée aux défendeurs par lettre recommandée (L. 31 mars 1914, art. 7).

Aux termes de l'article 1er de la loi du 6 février 1914, sont portés devant la chambre des requêtes, qui statue définitivement, les pourvois formés à l'occasion de la revision des listes électorales. Les parties sont dispensées du ministère d'un avocat à la cour de cassation (L. 31 mars 1914, art. 7). Le jugement a lieu sans frais ni consignation d'amende (D. org. 2 février 1852, art. 23, § 4).

Dans le cas où la décision du juge de paix est cassée par la cour

de cassation, on applique le droit commun de la loi du 27 ventôse
an VIII : l'affaire est renvoyée entière devant le juge de paix du
canton le plus voisin. On peut produire des pièces nouvelles ; mais
on ne peut modifier la demande primitive ou former une demande
nouvelle. Une expédition de l'arrêt est délivrée gratis à la partie et
une autre est envoyée au greffe de la justice de paix de renvoi.

Il faut noter l'article 24 du décret organique du 2 février 1852 :
« Tous les actes judiciaires sont en matière électorale dispensés du
timbre et enregistrés gratis. Les extraits des actes de naissance
nécessaires pour établir l'âge des électeurs sont délivrés gratuitement sur papier libre à tout réclamant. Ils portent en tête de leur
texte l'indication de leur destination spéciale et ne peuvent servir
à aucune autre. »

Clôture de la liste. — La loi a fixé un délai pendant
lequel toutes les réclamations peuvent se produire et
pendant lequel tous les changements doivent être
opérés suivant les règles que l'on vient d'expliquer.
Ce délai expire le 31 mars de chaque année. C'est à
cette date que se place ce qu'on appelle la *clôture de la
liste*. L'article 7, § 1, du décret réglementaire du
2 février 1852 porte en effet : « Le 31 mars de chaque
année, le maire opère toutes les rectifications régulièrement ordonnées, transmet au préfet le tableau de
ces rectifications et arrête définitivement la liste électorale de la commune. » C'est là une formalité importante qui met fin à l'opération de revision de la liste
électorale.

Publicité de la liste. — La liste électorale ainsi établie doit être publique ; il faut que tout électeur puisse
en prendre connaissance. Cette publicité est une garantie essentielle de la sincérité de la liste électorale et
par suite des opérations électorales.

Voici les dispositions qui assurent cette publicité. L'article 7, § 2,
du décret réglementaire du 2 février 1852 porte : « La minute de la
liste électorale reste déposée au secrétariat de la commune ; le
tableau rectificatif transmis au préfet reste déposé, avec la copie de
la liste électorale, au secrétariat général du département. Communication en doit toujours être donnée aux citoyens qui la demandent. » L'article 4, §§ 3 et 4, de la loi du 7 juillet 1874, confirmé par
l'article 1er, § 2, de la loi du 30 novembre 1875, porte : « Les listes
électorales seront réunies en un registre et conservées dans les
archives de la commune. Tout électeur pourra prendre communication et copie de la liste électorale. » Le refus du maire ou du

préfet de laisser prendre communication ou copie des listes électorales constituerait un excès de pouvoir (Cons. d'État, 19 juin 1863).

Fixité des listes électorales. — La liste électorale ainsi établie le 31 mars va rester en principe fixe pendant toute l'année ; toutes les élections qui seront faites jusqu'au 31 mars de l'année suivante seront faites sur cette liste. « L'élection est faite sur la liste revisée pendant toute l'année qui suit la clôture de la liste » (D. org. 2 février 1852, art. 25). « La liste électorale reste jusqu'au 31 mars de l'année suivante telle qu'elle a été arrêtée... » (D. régl. 2 février 1852, art. 8).

Cependant, cette règle subit deux exceptions qui se justifient d'elles-mêmes :

1° Même après le 31 mars, le maire doit opérer sur la liste électorale les inscriptions ou les radiations qui sont ordonnées après cette date par des décisions de justice, à la condition que ces décisions soient rendues sur des réclamations formées dans les délais légaux indiqués précédemment (D. régl. 2 février 1852, art. 8).

2° Le maire doit d'office rayer de la liste électorale, dans le courant de l'année, tous les citoyens décédés et tous ceux qui sont frappés d'une déchéance entraînant la perte des droits électoraux et résultant d'une décision judiciaire ayant force de chose jugée (D. régl. 2 février 1852, art. 8). L'article 8 de la loi du 31 mars 1914 spécifie que, lorsqu'un électeur est décédé, son nom devra être rayé de la liste électorale aussitôt que l'acte de décès aura été dressé et que tout électeur de la commune a le droit d'exiger cette radiation.

Les rectifications dont il s'agit font l'objet d'un tableau qui doit être dressé par le maire et publié cinq jours avant la réunion des électeurs. Cette prescription est rappelée dans l'acte de convocation des électeurs. Le maire, au contraire, ne doit point inscrire ceux qui, dans le courant de l'année, voient cesser les déchéances dont ils étaient frappés.

86. Des opérations électorales. — La manière de procéder aux élections qui ont lieu au suffrage uni-

versel est déterminée principalement par le décret
réglementaire du 2 février 1852, par certaines dispositions éparses dans les lois et règlements, notamment les articles 17 à 29 de la loi du 5 avril 1884, les
lois du 29 juillet 1913 et du 31 mars 1914 *ayant pour
objet d'assurer le secret et la liberté du vote ainsi que la
sincérité des opérations électorales*. Certaines pratiques
sont déterminées par l'usage. Les règles sont, sauf
quelques différences de détail, les mêmes pour les
élections politiques (chambre des députés) et les élections administratives (conseils généraux, d'arrondissement et municipaux). On indiquera seulement les
principales.

Convocation des électeurs. — Elle est faite par un
décret du gouvernement, dans des conditions de délai
qui varient suivant les différentes espèces d'élections.
On applique l'article 4 du décret organique du 2 février
1852 : « Les collèges électoraux sont convoqués par
un décret du pouvoir exécutif. » Les délais dans lesquels doit être faite la convocation des collèges électoraux pour l'élection des députés seront indiqués au
paragraphe 88. Signalons seulement ici qu'un délai de
vingt jours au moins doit séparer le jour de la publication du décret de convocation et le jour de l'élection
(D. org. 2 février 1852, art. 4).

Pour les élections municipales, l'assemblée des
électeurs est convoquée par un arrêté du préfet publié
dans la commune quinze jours au moins avant l'élection qui doit toujours avoir lieu un dimanche (L.
5 avril 1884, art. 15).

Ce délai de vingt ou de quinze jours, qui sépare
l'acte de convocation de l'opération électorale, forme
la *période électorale*.

Aux termes de l'article 9 du décret réglementaire du 2 février
1852, l'élection doit autant que possible être fixée à un dimanche ou
jour férié. On voit facilement la raison de cette disposition. En
pratique, les élections ont toujours lieu un dimanche.

Pour le deuxième tour de scrutin, quand il y a lieu d'y recourir,
il n'y a point de convocation spéciale. Dans les élections législa

tives, il a lieu le deuxième dimanche qui suit le jour de la proclamation du premier scrutin (L. 30 novembre 1875, art. 4). Comme les élections ont toujours lieu un dimanche, le deuxième tour de scrutin a toujours lieu quinze jours après le premier tour. Pour les élections aux conseils généraux, d'arrondissement et municipaux, le deuxième tour de scrutin a lieu le dimanche qui suit le premier tour de scrutin (LL. 10 août 1871, art. 12; 30 juillet 1874, art. 3, et 5 avril 1884, art. 30, § 2).

Du vote. — Il a lieu au chef-lieu de chaque commune, même pour les élections législatives. Pour la chambre des députés, l'article 4 de la loi du 30 novembre 1875, reproduisant en partie l'article 3, §§ 2 et 3, du décret organique du 2 février 1852, contient une disposition toujours en vigueur : « Le scrutin ne durera qu'un seul jour. Le vote a lieu au chef-lieu de la commune. Néanmoins, chaque commune peut être divisée, par arrêté du préfet, en autant de sections que l'exigent les circonstances locales et le nombre des électeurs. » Pour les élections départementales, cf. L. 10 août 1871, art. 5, et pour les élections municipales, L. 5 avril 1884, art. 13. Il ne faut pas confondre cette division des communes en sections de vote, faite par le préfet, avec le sectionnement municipal de certaines communes (chaque section nommant un certain nombre de conseillers municipaux). Ce sectionnement municipal est fait par le conseil général (L. 5 avril 1884, art. 11 et 12).

D'après les textes précités (L. 30 novembre 1875, art. 4, et L. 5 avril 1884, art. 20), le scrutin ne dure qu'un jour dans toutes les communes quelle que soit l'élection et quelle que soit la population. Cette disposition est très sage; la conservation des urnes pendant une nuit peut faciliter les fraudes de tous genres. Sous le second empire, le scrutin durait deux jours (D. régl. 2 février 1852, art. 25). Aux cas d'élections générales, le scrutin a lieu le même jour dans toutes les communes de France.

L'usage s'est depuis longtemps établi de délivrer aux électeurs des cartes dites *cartes électorales*, portant leur nom, leur qualification et leur adresse. Elles servent à constater leur identité au moment où ils viennent voter et à les renseigner sur le lieu du scrutin et sur l'heure de l'ouverture et de la fermeture. Nous croyons que la délivrance de ces cartes est aujourd'hui obligatoire pour les communes. Cela est incontestable pour les élections municipales (L. 5 avril 1884, art. 13). Nous croyons que cette obligation existe pour toutes les élections, parce que l'article 136 de la loi du 5 avril 1884 déclare, sans distinction, dépenses *obligatoires* pour les communes « les frais des assemblées électorales qui se tiennent dans les communes et ceux des cartes électorales ».

L'électeur n'est pas obligé de voter; le vote obligatoire n'existe que pour les élections sénatoriales (L. 2 août 1875, art. 18). Cf. § 39.

L'électeur peut voter sans sa carte électorale; il suffit que son identité ne présente aucun doute, soit parce qu'il est connu des membres du bureau, soit parce que son identité est affirmée par deux électeurs présents. Il va sans dire que l'individu porteur d'une carte, mais non inscrit sur la liste, ne peut point voter.

Opération matérielle du vote. — Le vote doit être secret; c'est la condition indispensable de sa sincérité.

En France, le principe du vote secret n'a jamais été contesté et l'article 5, § 2, de la loi du 30 novembre 1875 l'a consacré à nouveau. Mais depuis longtemps on faisait observer justement que les dispositions de nos lois étaient insuffisantes pour assurer vraiment le secret du vote et garantir l'indépendance de l'électeur. C'est pourquoi, après de très longues péripéties, a été enfin votée la loi du 29 juillet 1913 qui porte précisément le titre de *loi ayant pour objet d'assurer le secret et la liberté du vote, ainsi que la sincérité des opérations électorales*, et qui a été modifiée et complétée par la loi du 31 mars 1914.

Ces lois ont introduit la règle du vote sous enveloppe et l'obligation pour l'électeur, avant de voter, de s'isoler dans un local établi à cet effet pour y placer, à l'abri des regards indiscrets, son bulletin dans une enveloppe (L. 29 juillet 1913, art. 3 et 4, modifiés par la loi du 31 mars 1914).

Les enveloppes sont fournies par l'administration préfectorale; elles doivent être opaques, non gommées, frappées du timbre de la préfecture ou de la sous-préfecture et de type uniforme pour chaque collège électoral. Il doit y avoir exactement autant d'enveloppes que d'électeurs inscrits.

Dans chaque section de vote il doit y avoir un isoloir par trois cents électeurs inscrits ou par fraction. Les isoloirs doivent être placés de façon à ne pas cacher les opérations électorales.

L'électeur ayant placé son bulletin dans l'enveloppe s'avance devant la table sur laquelle est placée l'urne électorale, qui ne doit avoir qu'une ouverture destinée à laisser passer l'enveloppe et doit avoir été fermée à deux serrures dissemblables, dont les clefs restent, l'une entre les mains du président du bureau, l'autre entre les mains de l'assesseur le plus âgé.

L'électeur fait constater son identité; l'un des assesseurs émarge sur la liste électorale vis-à-vis le nom de l'électeur pour constater qu'il a voté. Le président constate, sans toucher l'enveloppe, que l'électeur n'est porteur que d'une seule enveloppe; et l'électeur introduit lui-même son enveloppe dans l'urne.

Avant la loi de 1913, c'était le président du bureau qui mettait dans l'urne le bulletin de l'électeur. Il lui était relativement facile en palpant le papier du bulletin de savoir pour quel candidat votait l'électeur. La loi nouvelle interdit formellement cette pratique; elle exige que l'électeur mette lui-même dans l'urne l'enveloppe contenant son bulletin. La loi va même plus loin. Prévoyant que l'électeur atteint d'infirmité certaine est dans l'impossibilité d'introduire son bulletin dans l'enveloppe et de glisser celle-ci dans la boite du scrutin, elle l'autorise à se faire assister d'un électeur de son choix.

V. sur tous ces points, L. 29 juillet 1913, art. 3-6, modifiés par la loi du 31 mars 1914.

Bureau électoral. — Les opérations électorales dans chaque section ou bureau de vote sont dirigées par un bureau qui reçoit les votes, assure le dépouillement dans les conditions déterminées par la loi, proclame les résultats et rédige les procès-verbaux.

L'article 12, § 1, du décret règlementaire du 2 février 1852 est ainsi conçu : « Le bureau de chaque collège ou section est composé d'un président, de quatre assesseurs et d'un secrétaire... ». Les articles 13 à 16 du même décret règlent en détail la composition et les attributions du bureau. La loi du 5 avril 1884 contient dans les articles 17-19 et 21 certaines dispositions relatives au bureau électoral des élections municipales, qui ne diffèrent que sur des points secondaires de celles édictées par le décret de 1852.

S'il n'y a qu'un bureau de vote dans la commune, c'est le maire qui le préside; à son défaut, les adjoints et les conseillers municipaux ou des électeurs désignés par le maire; et, s'il y a plusieurs bureaux de vote, le maire préside le premier, les adjoints et les conseillers président les autres, et ce n'est qu'à leur défaut que l'on désigne des électeurs pour les remplacer. A Paris, les sections sont présidées, dans chaque arrondissement, par le maire, les adjoints ou les électeurs désignés (D. régl., 2 février 1852, art. 13; L. 5 avril 1884, art. 17).

Les assesseurs sont au nombre de quatre. Ils sont pris suivant l'ordre du tableau parmi les conseillers municipaux sachant lire et écrire; à leur défaut, les assesseurs sont les deux plus âgés et les deux plus jeunes électeurs présents sachant lire et écrire (D. régl. 2 février 1852, art. 12 et 14). Pour les élections municipales, les assesseurs sont toujours les deux plus âgés et les deux plus jeunes électeurs présents à l'ouverture du scrutin et sachant lire et écrire (L. 5 avril 1884, art. 19). A Paris, dans toutes les élections, les fonctions d'assesseurs sont remplies par les deux électeurs les plus âgés et les deux plus jeunes. Le bureau est complété par l'adjonction d'un secrétaire désigné par le président et les assesseurs et choisi parmi les électeurs. Dans les délibérations du bureau, le secrétaire n'a que voix consultative (D. régl. 2 février 1852, art. 12; L. 5 avril 1884, art. 19). Trois membres au moins du bureau doivent toujours être présents pendant toute la durée du scrutin (D. régl. 2 février 1852, art. 15; L. 5 avril 1884, art. 19 in fine).

Le président préside le bureau, dirige le dépouillement et proclame le résultat. Il est de plus chargé d'assurer le bon ordre de l'élection. Il a la police de l'assemblée. Nulle force armée ne peut sans son autorisation être placée dans la salle de vote (D. régl. 2 février 1852, art. 11, §§ 1 et 2; L. 5 avril 1884, art. 18). Le président doit veiller à ce que l'assemblée électorale ne s'occupe pas d'autre objet que l'élection qui lui est confiée ou ne se livre à des délibérations ou à des discussions qui lui sont absolument interdites (D. régl. 2 février 1852, art. 10; L. 5 avril 1884, art. 18).

Pour assurer le bon ordre de l'élection, il a le droit d'adresser des réquisitions directement aux autorités civiles et aux commandants militaires qui doivent y déférer. La disposition de l'article 11, § 3, du décret réglementaire du 2 février 1852 est formelle : « Les autorités civiles et les commandants militaires sont tenus de déférer à ses réquisitions. »

Les membres du bureau ont pour mission d'aider à la réception des votes en vérifiant l'identité de l'électeur, en faisant les émargements, etc., d'assurer le dépouillement du scrutin et d'établir le procès-verbal. En outre, aux termes de l'article 16 du décret réglementaire du 2 février 1852 et de l'article 21 de la loi du 5 avril 1884, le bureau juge provisoirement toutes les difficultés qui s'élèvent relativement aux opérations de l'assemblée. Aux termes de ces mêmes articles, ses décisions sont motivées; toutes les réclamations et décisions sont insérées au procès-verbal; les pièces et les bulletins qui s'y rapportent y sont annexés après avoir été paraphés par le bureau. Les décisions du bureau ne peuvent s'appliquer qu'à des difficultés qui se rapportent directement et uniquement aux opérations mêmes dont s'agit. Par exemple, il ne pourrait point statuer sur une question d'électorat, en dehors de la question d'inscription ou de non-inscription sur la liste électorale, et a fortiori il ne pourrait pas statuer sur une question d'inéligibilité ou d'incompatibilité.

Dépouillement du scrutin. — L'heure de la fermeture du scrutin est en général 6 heures du soir.

Le scrutin ne peut jamais durer qu'un jour (L. 30 novembre 1875,

art. 4, et L. 5 avril 1884, art. 20). Aux termes de l'article 25 du décret
réglementaire du 2 février 1852, le scrutin pour l'élection des députés
doit être ouvert de 8 heures du matin à 6 heures du soir. Le décret
du 1er mai 1869 a donné aux préfets le droit d'avancer, suivant les
circonstances, l'heure de l'ouverture. Pour les élections départementales, le scrutin doit être ouvert à 7 heures du matin et clos à
6 heures du soir. Pour les élections municipales, les préfets peuvent
fixer l'heure de l'ouverture et de la fermeture du scrutin; mais il
doit rester ouvert au moins six heures (L. 5 avril 1884, art. 26).

Quand l'heure de clôture du scrutin a sonné, le président doit
déclarer le scrutin clos et aucun vote ne peut plus être reçu. L'on
procède immédiatement au dépouillement, opération compliquée et
délicate, dans laquelle les fraudes sont faciles et dont la régularité
est la condition essentielle de la sincérité de l'élection.

Jusqu'à la loi du 29 juillet 1913, les formes du dépouillement étaient
encore réglées par les articles 27 à 37 du décret réglementaire du
2 février 1852, dispositions certainement insuffisantes pour éviter
les fraudes. Des règles nouvelles ont été édictées par la loi du
29 juillet 1913.

La plus notable est celle qui, dans le cas où plusieurs candidats
ou plusieurs listes sont en présence, leur permet de désigner respectivement les scrutateurs, lesquels devront être répartis également autant que possible par chaque table de dépouillement. Dans
ce cas, les noms des électeurs proposés doivent être remis au président une heure avant la clôture du scrutin (L. 29 juillet 1913,
art. 8).

Voici en résumé comment on procède au dépouillement :

La boîte du scrutin est ouverte et le président vérifie le nombre
des enveloppes qui s'y trouvent. Si ce nombre est plus grand ou
moindre que celui des émargements, il en est fait mention au procès-
verbal.

Le bureau désigne parmi les électeurs présents un certain nombre
d'électeurs sachant lire et écrire pour procéder au dépouillement,
sauf le droit mentionné plus haut appartenant aux candidats de
choisir eux-mêmes les scrutateurs (L. 29 juillet 1913, art. 8).

Les scrutateurs se divisent par tables de quatre au moins. Le
président répartit entre les diverses tables les enveloppes à vérifier.
A chaque table un des scrutateurs extrait le bulletin de chaque
enveloppe et le passe déplié à un autre scrutateur; celui-ci le lit à
haute voix; les noms portés sur les bulletins sont relevés par deux
scrutateurs au moins sur des listes préparées d'avance à cet effet.

Si une enveloppe contient plusieurs bulletins, le vote est nul quand
ces bulletins portent des listes ou des noms différents; il ne compte
que pour un seul quand il désigne la même liste ou le même candidat (L. 29 juillet 1913, art. 8).

Les opérations achevées, les scrutateurs de chaque table apporten
au président du bureau les résultats. Celui-ci procède à l'addition
des voix obtenues par chaque candidat et proclame le résultat des

votes dans la section. Les résultats de toutes les sections électorales de la commune sont centralisés à la mairie.

Dans les petites communes, il n'y a pas de sections de vote; tout se passe à la mairie. Le bureau procède lui-même au dépouillement du scrutin. Il en est ainsi dans les communes ou sections où il ne s'est présenté que moins de 300 votants (D. régl. 2 février 1852, art. 28, § 2).

Quand le bureau ne fait pas le dépouillement lui-même, il surveille le dépouillement fait par les scrutateurs (D. régl. 2 février 1852, art. 28, § 1).

Les tables sur lesquelles s'opère le dépouillement du scrutin sont disposées de telle sorte que les électeurs puissent circuler alentour (D. régl. 2 février 1852, art. 29).

Recensement des votes. — Le recensement général des votes et la proclamation définitive du résultat du scrutin ont lieu dans des conditions différentes suivant la nature de l'élection.

Pour les élections législatives, le mode de recensement établi par les articles 33 et suivants du décret réglementaire du 2 février 1852 était depuis longtemps l'objet de vives critiques, assurément méritées. Le décret de 1852 n'établissait pas de garanties suffisantes contre les fraudes toujours possibles. C'est pourquoi la procédure du recensement a été entièrement modifiée par les lois du 29 juillet 1913, articles 10 et 11, et du 31 mars 1914, articles 6 et 9.

L'innovation la plus importante est celle qui consiste à donner la présidence de la commission de recensement à un magistrat de l'ordre judiciaire, le président du tribunal civil du chef-lieu du département. Le législateur de 1913 s'est certainement inspiré sur ce point de la loi du 2 août 1875 (art. 12 , qui a donné la présidence du collège électoral sénatorial au président du tribunal civil du chef-lieu du département.

Voici l'essentiel de la procédure nouvelle de recensement :

Les procès-verbaux des opérations électorales de chaque commune doivent être rédigés en double. L'un de ces doubles reste déposé au secrétariat de la mairie ; l'autre est déposé immédiatement à la poste, sous pli scellé et recommandé, à l'adresse du préfet pour être remis à la commission de recensement. Doivent être annexés au procès-verbal envoyé à la préfecture les bulletins blancs, les bulletins irréguliers, les enveloppes non réglementaires, contresignés par les membres du bureau et portant mention des causes de l'annexion. Si l'annexion n'est pas faite, cette omission n'entraîne cependant l'annulation des opérations électorales qu'autant qu'il sera établi qu'elle a eu pour but et pour conséquence de porter atteinte à la sincérité du scrutin (L. 29 juillet 1913, art. 9 et 10 et L. 12 juillet 1919, art. 14).

Le recensement général des votes se fait, pour toute circonscription électorale, au chef-lieu du département, en séance publique, au plus tard le mercredi qui suit le scrutin qui a toujours lieu un dimanche. Un arrêté préfectoral publié cinq jours au moins avant l'ouverture du scrutin doit fixer les lieu, jour et heure de la réunion des commissions de recensement (L. 31 mars 1914, art. 9 et 6, § 4, et L. 12 juillet 1919, art. 15, § 1).

La commission de recensement est composée du président du tribunal civil du chef-lieu du département, qui la préside, et de quatre membres du conseil général non candidats qui y comptent la plus longue durée de fonctions; en cas de durée égale, c'est le plus âgé qui est désigné. Si le président du tribunal civil est empêché, il est remplacé par le vice-président et à son défaut par le juge le plus ancien. Les conseillers généraux sont, au cas d'empêchement, remplacés suivant l'ordre d'ancienneté (L. 29 juillet 1913, art. 11, et L. 12 juillet 1919, art. 15, §§ 2 et 3).

Les décisions de la commission de recensement doivent, pour être valables, être rendues par trois commissaires au moins (L. 31 mars 1914, art. 6, § 5). Les opérations du recensement et la proclamation du résultat doivent être faites publiquement et elles doivent être constatées par un procès-verbal (L. 29 juillet 1914, art. 11, § 4, et L. 12 juillet 1919, art. 15, § 4).

Après la proclamation du résultat des opérations électorales, on réunit tous les procès-verbaux, on y joint toutes les pièces qui doivent y être annexées, notamment toutes les pièces et bulletins qui se rapportent à des réclamations et les bulletins n'entrant pas en compte pour le calcul de la majorité. Le tout est envoyé par le préfet au ministère de l'intérieur qui le transmet au secrétariat de la chambre des députés.

Pour les élections départementales, — le recensement général des votes est fait dans chaque canton par le bureau électoral du chef-lieu et le résultat en est proclamé par son président qui adresse tous les procès-verbaux et les pièces au préfet (L. 10 août 1871, art. 13).

Pour les élections municipales, — dans les villes divisées en plusieurs sections de vote, le recensement général des votes est fait par le bureau électoral de la section centrale, qui siège habituellement à l'hôtel de ville (L. 5 avril 1884, art. 29).

Majorité nécessaire pour être élu au premier tour. — Avant que la loi du 12 juillet 1919 ait fait une part à la représentation proportionnelle dans les élections législatives, dans toute élection il fallait, pour être élu au premier tour, réunir: 1° la majorité absolue des suffrages exprimés; 2° un nombre de voix égal au quart de celui des électeurs inscrits dans la circonscription. Au deuxième tour de scrutin, l'élection avait lieu à la majorité relative, quel que fût le nombre des votants, et, dans le cas où les candidats obtenaient un nombre égal de suffrages, le plus âgé était proclamé élu

(D. org. 2 février 1852, art. 6; LL. 30 novembre 1875, art. 18; 16 juin 1885, art. 5; 10 août 1871, art. 14; 5 avril 1884, art. 30). Aujourd'hui, ces règles ne sont plus vraies que pour les élections administratives; on verra au paragraphe 87 comment le législateur de 1919 a combiné, pour l'élection des députés, le système majoritaire et le système proportionnel.

La détermination du quart des électeurs inscrits n'offre aucune difficulté. La détermination de la majorite absolue peut présenter quelque difficulté. Si le nombre des votants est un nombre pair, la majorité absolue est la moitié plus un de ce nombre. Si les votants sont en nombre impair, la majorité absolue est la majorité absolue du nombre pair au-dessous : la majorité absolue de 1.001 est 501; et 501 est aussi la majorité absolue de 1.000.

Tous les calculs, aussi bien pour l'application du système proportionnel que du système majoritaire doivent être faits, non pas d'après le nombre des votants, mais d'après le nombre des suffrages exprimés. L'article 9 de la loi du 29 juillet 1913 indique, d'une manière très précise, les bulletins qui ne doivent pas compter dans les calculs. Ce sont les bulletins blancs, ceux ne contenant pas une désignation suffisante ou dans lesquels les votants se sont fait connaître, les bulletins trouvés dans l'urne sans enveloppe ou dans des enveloppes non réglementaires, les bulletins écrits sur papier de couleur, les bulletins ou enveloppes portant des signes intérieurs ou extérieurs de reconnaissance, les bulletins ou enveloppes portant des mentions injurieuses pour les candidats ou pour des tiers.

Dispositions pénales. — La loi du 29 juillet 1913 édicte des dispositions pénales sévères contre tout acte de nature à compromettre le secret et la sincérité du vote.

Est puni d'une amende de 100 francs à 500 francs et d'un emprisonnement d'un mois à un an ou de l'une de ces deux peines seulement, quiconque, soit dans une commission administrative ou municipale de revision des listes électorales, soit dans un bureau de vote ou dans les bureaux des mairies, des sous-préfectures ou des préfectures, avant, pendant ou après le scrutin, aura par inobservation volontaire de la loi ou des arrêtés préfectoraux, ou par tous autres actes frauduleux, violé ou tenté de violer le secret du vote, porté atteinte ou tenté de porter atteinte à sa sincérité, empêché ou tenté d'empêcher les opérations du scrutin, ou qui en aura changé ou tenté de changer le résultat. Le délinquant pourra en outre être privé de ses droits civiques pendant deux ans au moins et cinq ans au plus. Si le coupable est fonctionnaire de l'ordre administratif ou judiciaire, agent ou préposé du gouvernement ou d'une administration publique, ou chargé d'un ministère de service public, la peine est du double. Les circonstances atténuantes peuvent être admises (L. 29 juillet 1913, art. 12).

L'article 13 de la même loi maintient l'application de l'article 50 du décret organique du 2 février 1852, d'après lequel l'action publique et l'action civile sont prescrites après trois mois à partir du jour de la proclamation du résultat de l'élection.

L'article 14 enfin décide que les articles 479 et 503 du code d'instruction criminelle, qui établissent une procédure et une compétence spéciales en matière pénale, en ce qui concerne certains magistrats de l'ordre judiciaire, sont désormais inapplicables aux crimes ou aux délits ou à leurs tentatives qui auront été commis dans le but de favoriser ou de combattre une candidature de quelque nature qu'elle soit. Mais la citation directe ne pourra être donnée qu'après la proclamation du scrutin (L. 31 mars 1914, *sur la corruption électorale*, art. 10).

Réunions, affiches électorales, bulletins de vote et circulaires. — La loi du 30 juin 1881, qui exigeait que toute réunion publique fût précédée d'une déclaration faite vingt-quatre heures auparavant, réduisait ce délai à deux heures pour les réunions publiques électorales, c'est-à-dire pour les réunions tenues en vue d'une élection pendant la période, dite électorale, comprise entre la date de l'élection et la publication du décret ou de l'arrêté de convocation (L. 30 juin 1881, art. 3).

Cette disposition est aujourd'hui abrogée du fait que l'article 1er de la loi du 28 mars 1907 a décidé que « les réunions publiques, quel qu'en soit l'objet, pourront être tenues sans déclaration préalable ».

Quant à l'affichage électoral, il avait pris, pendant les années qui ont précédé la guerre, un développement véritablement exagéré.

Aux termes de l'article 7 de la loi du 29 juillet 1881, les affiches électorales pouvaient être placardées, à l'exception des emplacements réservés aux affiches officielles, sur tous les édifices publics autres que les édifices consacrés au culte. Une première restriction a été apportée à la liberté de l'affichage électoral par la loi du 27 janvier 1902, qui permet aux maires, à leur défaut aux préfets et à Paris au préfet de la Seine, d'interdire l'affichage, même en temps d'élection, sur des édifices et monuments ayant un caractère artistique.

La loi de finances du 30 mars 1902, article 44, interdit, sous peine d'une amende de 50 francs, les affiches électorales comprenant une combinaison des trois couleurs, bleu, blanc et rouge.

La loi du 20 avril 1910, article 1er, § 1, interdit tout affichage sur les monuments et sites classés en vertu des lois du 30 mars 1887 et du 21 avril 1906.

Enfin la loi du 20 mars 1914, pour établir autant que possible l'égalité entre les candidats et empêcher les véritables orgies d'affiches auxquelles se livraient certains candidats riches, est venue limiter étroitement l'affichage électoral.

Pendant la durée de la période électorale, pour toutes les élections, les affiches électorales ne peuvent être apposées qu'aux emplacements spéciaux réservés à cet effet par l'autorité municipale (L. 20 mars 1914, art. 1er).

Dans chacun de ces emplacements, une surface égale doit être attribuée à chaque candidat ou à chaque liste de candidats.

Il doit y avoir un emplacement à côté de chaque section de vote. En dehors de ceux-là, le nombre des emplacements pour affiches électorales est limité par la loi à : 5 dans les communes ayant 500 électeurs et moins; 10 dans les autres communes, plus 1 par 3.000 électeurs ou fraction supérieure à 2.000 dans les communes ayant plus de 5.000 électeurs (L. 20 mars 1914, art. 1er, § 3).

Tout affichage électoral en dehors de ces emplacements est interdit sous peine d'une amende de 5 à 15 francs par contravention et au cas de récidive de 16 à 100 francs (L. 20 mars 1914, art. 3 et 4).

Si le maire refuse ou néglige de déterminer dans sa commune les emplacements réservés à l'affichage électoral, il doit y être pourvu par les soins du préfet (L. 20 mars 1914, art. 2).

Toutes les affiches électorales signées ou visées par le candidat sont dispensées du droit de timbre (L. 11 mars 1888, art. 3).

L'article 10 de la loi du 29 juillet 1881 sur la liberté de la presse, qui porte : « La distribution et le colportage accidentels ne sont assujettis à aucune déclaration », vise spécialement la distribution et le colportage en vue d'une élection.

La loi du 20 octobre 1919 décidait qu'à titre exceptionnel, pour toutes les élections législatives de 1919 et de 1920 et quinze jours francs au moins avant le jour du scrutin, une commission composée de mandataires des listes en présence, à raison d'un mandataire par liste, serait constituée au chef-lieu de chaque département sous la présidence du président du tribunal civil ou d'un juge délégué par lui, que cette commission serait chargée d'assurer l'impression et la distribution de tous les bulletins de vote et des circulaires électorales, que deux bulletins de vote de chaque liste et une circulaire, dont le format ne pourrait excéder deux pages in-4° double ou 4 pages in-8°, seraient envoyés par la poste en franchise à chaque électeur, que des bulletins de chaque liste en nombre au moins égal à celui des électeurs, et aussi des enveloppes mises à la disposition de la commission par la préfecture, seraient envoyés à chaque mairie.

L'article 7 de cette loi du 20 octobre 1919 portait enfin que pour les élections de 1919 et de 1920 il était interdit, sous peine de confiscation des bulletins et autres documents distribués et d'une amende de 500 à 5.000 francs, de distribuer ou de faire distribuer le jour du scrutin des bulletins, circulaires et autres documents, et que des bulletins pourraient être déposés le jour du scrutin dans chaque section de vote. Cette disposition a été rendue définitive par la loi du 8 juin 1923.

Répression de la corruption électorale. — Jusqu'en 1914, les dispositions légales, réprimant la corruption en matière électorale, étaient éparses dans diverses lois et tout à fait insuffisantes. Après de longues péripéties, une loi générale *réprimant les actes de corruption dans les opérations électorales de toutes les élections* a enfin été votée. C'est la loi du 31 mars 1914, loi distincte de celle portant la même date, modifiant la loi du 29 juillet 1913 *sur le secret du vote.*

La disposition de l'article 1er de cette loi est très générale. Elle punit de trois mois à deux ans d'emprisonnement et d'une amende de 500 francs à 5.000 francs quiconque, par des dons ou libéralités en argent ou en nature, par des promesses de libéralités, de faveurs, d'emplois publics ou privés ou d'autres avantages particuliers, faits en vue d'influencer le vote d'un ou plusieurs électeurs, aura obtenu ou tenté d'obtenir leurs suffrages, soit directement, soit par l'entremise d'un tiers; quiconque, par les mêmes moyens, aura déterminé ou tenté de déterminer un ou plusieurs d'entre eux à s'abstenir; quiconque aura agréé ou sollicité les mêmes dons, libéralités ou promesses.

Ce n'est pas tout. La loi prévoit non seulement les faveurs promises à des particuliers, mais encore celles promises aux collectivités. L'article 3 porte, en effet : « Quiconque, en vue d'influencer le vote d'un collège électoral ou d'une fraction de ce collège, aura fait des dons ou libéralités, promesses de libéralités ou de faveurs administratives, soit à une commune, soit à une collectivité quelconque de citoyens, sera puni d'un emprisonnement de trois mois à deux ans et d'une amende de 500 francs à 5.000 francs. »

Les dispositions combinées des articles 1er et 3 de cette loi du 31 mars 1914 sont tellement générales que si elles étaient appliquées strictement, nous croyons bien qu'il y a peu de députés qui échapperaient à des poursuites pour tentative de corruption.

La loi de 1914 prévoit aussi et punit d'un emprisonnement d'un mois à deux ans et d'une amende de 200 francs à 500 francs ceux qui, par voies de fait, violences ou menaces contre un électeur, soit en lui faisant craindre de perdre son emploi ou d'exposer à un dommage sa personne, sa famille ou sa fortune, l'auraient déterminé ou tenté de le déterminer à s'abstenir de voter ou aurait influencé ou tenté d'influencer son vote (L. 31 mars 1914, art. 2).

Dans ces divers cas, si le coupable est un fonctionnaire public, la peine est du double. Les circonstances atténuantes peuvent toujours être admises (L. 31 mars 1914, art. 4).

Au cas de condamnation par application de ces dispositions contre un député ou un sénateur invalidé, celui-ci devient inéligible pendant une période de deux années à partir de son invalidation (L. 31 mars 1914, art. 6).

Le législateur de 1914 a voulu associer la chambre et le sénat suivant le cas aux poursuites pouvant être engagées pour faits de corruption électorale. L'article 5 porte, en effet, que lorsque la chambre des députés ou le sénat auront annulé une élection, la question doit leur être posée de savoir si le dossier de l'élection doit être renvoyé au ministre de la justice. Si la réponse est affirmative, le dossier doit lui être transmis dans les vingt-quatre heures.

Il faut noter qu'aucune poursuite ne peut être intentée contre un candidat pour faits de corruption prévus et punis par cette loi du 31 mars 1914 qu'après la proclamation du scrutin (L. 31 mars 1914, art. 10).

Le délai de prescription pour les poursuites intentées en vertu de cette même loi est de six mois à partir de la proclamation du scrutin (art. 11).

Observation. — Il y a lieu de signaler la loi du 18 octobre 1919 qui, pour les élections faites immédiatement après la guerre, a établi des règles spéciales pour les élections dans les régions libérées et pour le vote des *réfugiés*.

CHAPITRE II

LE PARLEMENT

---

87. Généralités. — On a montré aux paragraphes 38 et 45 quel est, dans les pays qui pratiquent comme la France le régime représentatif, le caractère du parlement. On l'appelle souvent le pouvoir législatif et on l'oppose ainsi au pouvoir exécutif, qui serait le gouvernement proprement dit. Ces expressions étant passées dans l'usage, on peut assurément s'en servir. Mais cependant il est préférable de ne point les employer, parce qu'elles prêtent à confusion et peuvent être source d'erreurs.

Dans les Etats modernes, les parlements ont en général une organisation très complexe, répondant plus ou moins exactement à la structure de la nation qu'ils doivent représenter. Ils sont le plus souvent divisés en deux chambres, nommées d'une manière différente et délibérant séparément, ayant le plus habituellement, sauf en matière financière, des pouvoirs égaux en droit. Pour la question des deux chambres, cf. § 45.

En France, la constitution qui nous régit actuellement a établi deux chambres. On lit en effet à l'article 1er, § 1, de la loi constitutionnelle du 25 février 1875 : « Le pouvoir législatif s'exerce par deux assemblées, la chambre des députés et le sénat. » Dans la loi du 13 mars 1873, l'Assemblée nationale de 1871 avait posé le principe de la dualité du parlement : « L'Assemblée nationale ne se séparera pas avant d'avoir statué : ... 2° sur la création et les attributions d'une seconde chambre ne devant entrer en fonction qu'après la séparation de l'Assemblée actuelle. »

Bien qu'il y ait deux chambres, il n'y a qu'un seul parlement, formant un seul et unique organe politique. Bien que les deux chambres siègent séparément, il n'y a qu'une seule volonté parlementaire. La chambre des députés et le sénat forment ainsi un seul organe. Sans doute, parfois les deux chambres ont des attributions qui leur appartiennent séparément et en propre à chacune. Mais la loi est l'expression de la volonté une du parlement composé de ces deux sections. D'autre part, parfois la chambre et le sénat siègent en assemblée unique, qui prend alors le nom d'*assemblée nationale*. Il en est ainsi pour l'élection du président de la République (L. const. 25 février 1875, art. 2) et pour la revision totale ou partielle des lois constitutionnelles (même loi, art. 8, § 2).

Les deux chambres, sauf en matière financière, ont des pouvoirs égaux.

Les textes des lois constitutionnelles ne peuvent laisser aucun doute à cet égard. A l'article 8, § 1, de la loi constitutionnelle du 24 février 1875, on lit : « Le sénat a, *concurremment avec la chambre des députés*, l'initiative et la confection des lois », et à l'article 6 de la loi constitutionnelle du 25 février : « Les ministres sont solidairement responsables *devant les chambres...* »

De cette égalité de situation faite aux chambres, nous aurons plus tard à tirer certaines conséquences importantes, notamment au point de vue des conditions dans lesquelles doit s'exercer la responsabilité politique des ministres devant l'une et l'autre chambre, et aussi au point de vue des droits du sénat en matière financière. Pour le moment, il suffit de dire qu'en principe toutes les règles, qui vont être étudiées, s'appliquent également au sénat et à la chambre des députés, à moins que le contraire ne soit dit expressément.

Pour les conditions dans lesquelles furent votées les lois constitutionnelles et électorales de 1875, la loi constitutionnelle du 14 août 1884 et la loi sur l'élection des sénateurs du 9 décembre 1884, cf.

Duguit et Monnier, *Les constitutions de la France*, 3ᵉ édit., 1915, *Notices historiques*, p. cxv et s.

A. *Nomination du parlement.*

88. Élection des députés. — Le principe est formulé à l'article 1ᵉʳ, § 2, de la loi constitutionnelle du 25 février 1875 : « La chambre des députés est nommée par le suffrage universel, dans les conditions déterminées par la loi électorale. »

Ainsi c'est un principe constitutionnel que la chambre des députés soit élue au suffrage universel. Et comme dans la terminologie partout et constamment employée l'expression suffrage universel signifie en même temps suffrage direct, le législateur ordinaire ne pourrait point décider que la chambre des députés sera élue au suffrage restreint ou à deux degrés. Une pareille décision serait certainement inconstitutionnelle. C'est cependant au législateur ordinaire qu'il appartient de régler les conditions dans lesquelles doit fonctionner le suffrage universel pour l'élection des députés.

La loi du 30 novembre 1875, qui portait le titre de *loi organique sur l'élection des députés*, et qui n'avait point le caractère de loi constitutionnelle est restée, sauf quelques modifications de détail et une courte interruption de 1885 à 1889 (pendant laquelle on a pratiqué le scrutin de liste), la loi réglant le mode de nomination des députés jusqu'à la loi du 12 juillet 1919. Elle établissait le scrutin uninominal, avec le suffrage exclusivement majoritaire.

Les députés étaient élus au scrutin uninominal ou individuel ; chaque circonscription électorale ne nommait qu'un député. Comme la division administrative en arrondissements était la base de la division de la France en circonscriptions électorales, on disait que l'élection des députés était faite au *scrutin d'arrondissement*.

Chaque arrondissement administratif dans les départements et chaque arrondissement municipal à Paris et à Lyon nommait un député, quelle que fût sa population. Mais les arrondissements dont la population dépassait 100.000 habitants nommaient un député de

plus par 100.000 ou fraction de 100.000 habitants. En pareil cas,
l'arrondissement était divisé par une loi en un certain nombre de
circonscriptions ; ces circonscriptions ne pouvaient être modifiées
que par une loi, et il ne pouvait être formé de circonscriptions
comprenant des cantons appartenant à des arrondissements différents. A la fin de chaque législature, quand il y avait eu un nouveau
recensement de la population, il était fait une loi qui apportait aux
circonscriptions les modifications rendues nécessaires par le mouvement de la population.

Ce système était évidemment très simple et très commode ; mais
s'il est vrai que le nombre des députés doit être proportionnel à la
population, il n'assurait point cette proportionnalité. Il suffit, en
effet, de supposer deux arrondissements dont l'un compte 100.000 habitants et dont l'autre compte 100.002 habitants ; le premier nommera un député, le second en nommera deux ; le député nommé
par le premier représentera 100.000 habitants ; les deux députés
nommés par le second représenteront chacun 50.001 habitants. On
ne saurait justifier ce système en disant que la base de la représentation doit être non seulement la population, mais les unités sociales.
En effet, les arrondissements sont des divisions tout à fait artificielles et ne peuvent point servir de base à une représentation électorale.

Nous avons déjà dit, au paragraphe 47, qu'à la
veille de la guerre, des hommes éminents, appartenant à tous les partis, demandaient énergiquement la
suppression du scrutin uninominal et le retour au
scrutin de liste. On demandait en même temps l'établissement d'un système proportionnel tendant à
empêcher l'exclusion complète des minorités, toujours possible avec un scrutin de liste exclusivement
majoritaire. La guerre éclata avant que les chambres
aient pu accomplir la réforme.

Sur la question du scrutin de liste et du scrutin uninominal, les
variations de notre législation à cet égard et les longues discussions qui ont eu lieu dans le pays et au parlement à propos de la
réforme électorale, cf. mon *Traité de droit constitutionnel*,
2º édit., II, 1923, p. 561 et s., et Duguit et Monnier, *Les constitutions de la France, Notices historiques*, 3º édit., 1915, p. CLXXXVII
et s.

Dès la signature de l'armistice, le 11 novembre
1918, la question de la réforme électorale s'est de
nouveau posée devant les chambres et devant le pays.
Le parlement comprit que l'opinion publique n'admettait pas le maintien du scrutin uninominal et

qu'après les épreuves que venait de traverser le pays, il fallait donner à la représentation politique une base beaucoup plus large et vraiment nationale. D'autre part, sous la pression du grand courant, qui se manifestait partout, en Europe et en Amérique, en faveur de la représentation proportionnelle, le parlement français se vit, en quelque sorte, forcé de lui faire une place dans le système électoral qu'il allait édifier. On ne pouvait pas cependant écarter complètement le principe majoritaire, considéré par une grande partie de l'opinion comme le principe fondamental de toute république vraiment démocratique. Enfin on soutenait, non sans raison, qu'avec la représentation proportionnelle intégrale il était impossible de constituer à la chambre une majorité de gouvernement, qu'il fallait donc, pour assurer le fonctionnement du régime parlementaire, si l'on instituait le système proportionnel, donner cependant une forte prime à la majorité.

C'est de cette situation et de ce mouvement d'opinion qu'est sortie la loi électorale du 12 juillet 1919. Elle rétablit le scrutin de liste par département et institue une combinaison, à notre sens assez heureuse, du système majoritaire et du système proportionnel. Elle est le résultat d'une transaction, et l'expérience prouve que de telles lois ne sont pas les plus mauvaises, qu'elles ont souvent une durée plus longue qu'on ne pouvait le penser. Les lois constitutionnelles de 1875 ont été elles aussi le résultat d'une transaction, et cependant elles sont en vigueur depuis bientôt un demi-siècle et pas une fois leur lettre n'a été violée. Peut-être en sera-t-il ainsi de la loi électorale du 12 juillet 1919. Cependant, au moment même où nous écrivons ces lignes, la chambre des députés discute des propositions tendant à modifier la loi du 12 juillet 1919. Les uns veulent le rétablissement du système majoritaire pur et simple, les autres demandent l'institution d'un système proportionnel intégral. Que sortira-t-il de ces discussions? Suivant quel régime se feront les élections de 1924, nul ne le sait. Jusqu'à nouvel ordre, la loi du 12 juillet 1919 règle les élections à la chambre des députés, et nous devons en donner le commentaire.

L'article 1er formule le principe du scrutin de liste par département : « Les membres de la chambre des députés sont élus au scrutin de liste départemental. » Quant au nombre des députés à élire par chaque département, il varie en raison uniquement de la population de nationalité française. « Chaque département élit autant de députés qu'il a de fois 75.000 habitants de nationalité française, la fraction supplémentaire, lorsqu'elle dépasse 37.500, donnant droit à un député de plus. » La loi ajoute que tout département, quelle que soit sa population, doit élire au moins trois députés. Il faut évidemment, en effet, pour que le système proportionnel puisse jouer que toute circonscription électorale élise au moins trois députés (art. 2, §§ 1 et 2).

Le § 3 de l'article 2 de la loi du 12 juillet 1919 portait, en outre : « A titre transitoire, et jusqu'à ce qu'il soit procédé à un nouveau recensement, chaque département aura le nombre de sièges qui lui est actuellement attribué. » C'est en vertu de cette disposition que quelle que fût leur population, tous les départements ont élu en 1919 le même nombre de députés qu'aux élections de 1914, faites au scrutin uninominal.

Le recensement général de la population française ayant eu lieu en 1921, le parlement a voté la loi du 18 février 1922, qui est ainsi conçue : « Les sièges législatifs que la publication des tableaux du dénombrement de la population française recensée le 6 mars 1921 fera, dans chaque circonscription électorale, apparaître en surnombre dans les termes de l'article 2, § 1, de la loi du 12 juillet 1919, n'entreront pas en compte dans le calcul des sièges législatifs vacants, tel qu'il est déterminé par la loi du 20 février 1920; les vacances de ces sièges législatifs en surnombre ne donneront pas lieu à des élections partielles. » Par cette disposition, les chambres marquaient nettement leur volonté qu'aux prochaines élections on appliquât purement et simplement l'article 2, § 1, de la loi du 12 juillet 1919 fixant le nombre des députés en raison de la population; et comme le recensement de 1921 avait fait apparaître dans un assez grand nombre de départements une diminution notable de la population due naturellement à la guerre, le nombre des députés devant siéger à la prochaine législature se trouvait par là même notablement diminué.

A notre estime, il n'y avait point là un inconvénient, bien au contraire. Cependant le gouvernement en jugea autrement. Le 15 mars 1923, la chambre des députés était appelée à se prononcer sur un projet tendant à maintenir le nombre des députés que comprenait la chambre élue en 1919. Après une très vive discussion, l'assemblée refusa de voter le passage à la discussion des articles, par 490 voix contre 90. Elle montrait ainsi son intention très nette que le nombre des députés fût diminué et qu'on appliquât purement et simplement l'article 2, § 1, de la loi du 12 juillet 1919.

En principe, tout département forme une circonscription. Mais cependant sous l'empire de considérations auxquelles la politique électorale n'était certainement pas étrangère, le législateur, après de très longues et très vives discussions, a décidé que « lorsque le nombre des députés à élire par un département sera supérieur à six, le département pourra être divisé en circonscriptions dont chacune aura à élire trois députés au moins. » Le sectionnement doit toujours être établi par une loi (L. 12 juillet 1919, art. 3, § 1).

Le § 2 du même article 3 décidait qu'exceptionnellement, pour les prochaines élections (celles qui ont été faites le 16 novembre 1919), les départements du Nord, du Pas-de-Calais, de l'Aisne, de la Somme, de la Marne, des Ardennes, de Meurthe-et-Moselle et des Vosges (les départements qui avaient été envahis et ravagés par l'ennemi) ne seraient pas sectionnés. C'est la loi du 14 octobre 1919 qui a divisé certains départements en sections électorales. Sauf pour le département de la Seine, où le sectionnement est une nécessité matérielle, on ne voit pas pourquoi d'autres départements ont été divisés, et la décision prise en ce qui les concerne ne peut s'expliquer que par des considérations de politique locale. Par dérogation au § 2 de l'article 3 de la loi du 12 juillet 1919, le Pas-de-Calais a été divisé en deux circonscriptions.

Le législateur de 1919 a voulu régulariser la présentation des listes de candidats. Non seulement il a maintenu la loi du 17 juillet 1889 exigeant la déclaration de candidature à la préfecture et prohibant les candidatures multiples; mais encore il en a précisé et complété les dispositions. Nous étudierons ce point au paragraphe suivant.

Rétablissant le scrutin de liste par département, la loi électorale de 1919 a combiné le système majoritaire et le système proportionnel en donnant d'ailleurs une forte prime au principe majoritaire, ce dont, à mon sens, on ne saurait la blâmer puisque, comme nous l'avons fait déjà remarquer, c'est le principe essentiel de toute république démocratique et la condition pour qu'une majorité homogène de gouvernement puisse se constituer à la chambre.

Tous les candidats qui obtiennent la majorité absolue, c'est-à-dire un nombre de voix égal ou supérieur à la moitié plus un des suffrages exprimés, sont déclarés élus dans la limite des sièges à pourvoir. S'il y a autant de candidats obtenant ainsi la majorité absolue qu'il y a de députés à élire, la représentation proportionnelle ne joue pas. Toute la députation du département considéré est élue d'après le système majoritaire. C'est le premier élément, le plus important, de la prime donnée à la majorité (L. 12 juillet 1919, art. 10, § 1).

Si aucun candidat, au contraire, n'obtient la majorité absolue, ou si tous les sièges ne sont pas ainsi attribués, la représentation électorale joue suivant le système du quotient électoral, tel que nous l'avons expliqué au paragraphe 47 (L. 12 juillet 1919, art. 10, §§ 2-5).

On détermine le quotient électoral en divisant le nombre des votants, déduction faite des bulletins blancs et nuls, c'est-à-dire le nombre des suffrages exprimés, par celui des députés à élire. Il est bien entendu que pour déterminer le quotient électoral, on divise le nombre des suffrages exprimés par le nombre total des représentants auquel a droit le département ou la section, et non pas par le nombre de ceux qui resteraient à élire après la première attribution des sièges à la majorité absolue.

Après avoir déterminé le quotient électoral, on calcule la moyenne des voix obtenues par chaque liste. Pour cela on divise par le nombre de ses candidats le nombre total des voix qui leur ont été données. Les suffrages attribués aux candidats qui ont été déclarés élus parce qu'ils ont obtenu la majorité absolue entrent ainsi en compte pour déterminer la moyenne de leur liste.

Cette double opération faite, détermination du quotient électoral et calcul de la moyenne des voix obtenues par chaque liste, on attribue à chacune d'elles autant de sièges que sa moyenne contient de fois le quotient électoral; et cela, il importe de le noter, sans tenir compte du siège ou des sièges qui auraient pu être attribués à un ou plusieurs candidats de la liste élus à la majorité absolue. Ces sièges ne viennent point en déduction de ceux attribués à la liste par application du quotient. Il y a là deux opérations absolument indépendantes l'une de l'autre (L. 12 juillet 1919, art. 10, §§ 2-5).

Mais il peut arriver, et il arrivera souvent que la division de la moyenne des voix obtenues par chaque liste par le quotient électoral donne des restes élevés et que, par suite, cette opération ne permette pas de pourvoir à tous les sièges. Comment alors fera-t-on l'attribution de ces restes et pourvoira-t-on aux sièges que n'a pas assurés l'application pure et simple du quotient électoral? C'est à cette pierre d'achoppement qu'avant la guerre étaient venus se heurter les différents projets de représentation proportionnelle. La loi du 12 juillet 1919 a résolu la question d'une manière très simple. Elle donne, il est vrai, une nouvelle prime à la majorité, mais, comme nous l'avons dit, c'est parfaitement légitime. Elle décide tout simplement que les sièges restant à pourvoir après l'application du quotient seront attribués à la liste qui a obtenu la plus forte moyenne (art. 10, § 6).

Lorsque tous les sièges ont été répartis entre les

listes, soit par l'application du quotient électoral, soit
par le procédé de la plus forte moyenne, il reste à
déterminer les candidats de chaque liste auxquels ils
seront attribués. La règle, au reste toute logique,
est la suivante : Les sièges sont attribués pour chaque liste aux candidats ayant obtenu le plus de suffrages, et au cas d'égalité de suffrages, au plus âgé. Si
un siège revient à titre égal à plusieurs listes, il est
attribué parmi les candidats en ligne à celui qui a
recueilli le plus de suffrages, et au cas d'égalité de suffrages, au plus âgé (L. 12 juillet 1919, art. 10, §§ 5, et
12, §§ 1 et 2).

Il importe seulement de noter qu'aucun candidat
ne peut être déclaré élu si le nombre de ses suffrages
n'est pas supérieur à la moitié du nombre moyen des
suffrages obtenus par la liste à laquelle il appartient (L. de 1919, art. 12, § 3).

Bien qu'il puisse y avoir un doute dans l'interprétation de la loi, on décide cependant que le siège qui
ne peut pas être attribué à un candidat ayant le plus
de voix dans la liste à laquelle il revient par application du quotient parce qu'il n'a pas obtenu la moitié
du nombre moyen des voix obtenues par la liste, doit
être attribué à la liste ayant obtenu la plus forte
moyenne par application de l'article 10, § 6 (Circ.
ministre intérieur, 4 novembre 1919, *Le Temps*,
5 novembre 1919).

L'hypothèse normale, c'est que toutes les listes
contiennent un nombre de candidats égal au nombre
des députés à élire ; mais la loi permet les listes incomplètes et même les candidatures individuelles (L. de
1919, art. 5, §§ 5, 8 et 11). Tout ce qui vient d'être dit
s'applique aux listes incomplètes. Naturellement, la
moyenne des suffrages de la liste incomplète s'obtient
en divisant le nombre total des voix obtenues par les
candidats de ladite liste, non pas par le nombre des
députés à élire, mais par le nombre des candidats
portés sur la liste.

Quant au candidat unique, il est considéré, aux termes de l'article 11 de la loi de 1919, comme formant une liste à lui tout seul. Il est élu, s'il obtient la majorité absolue. Dans le cas contraire, il n'est proclamé élu que lorsque les candidats appartenant à d'autres listes et ayant obtenu plus de suffrages que lui auront été déclarés élus. Ainsi même si le chiffre de ses voix contient le quotient électoral, même si la liste qu'il forme tout seul présente la plus forte moyenne, il ne pourra être déclaré élu s'il reste dans les autres listes un candidat plus favorisé que lui et non proclamé élu (L. de 1919, art. 11).

Voulant éviter autant que possible les coalitions artificielles qui se forment souvent en vue d'un scrutin de ballottage, le législateur de 1919 a fait le possible pour éviter un second tour de scrutin. Cependant il a été reconnu nécessaire dans certaines circonstances spéciales et assurément exceptionnelles.

Il est procédé à un second tour de scrutin lorsque le nombre des votants n'est pas supérieur à la moitié des inscrits et aussi quand aucune liste n'obtient le quotient électoral. A la nouvelle opération, si aucune liste n'obtient le quotient électoral, les sièges sont attribués aux candidats qui ont obtenu le plus de suffrages. Il faut noter cependant que, même si aucune liste n'obtient le quotient électoral, doivent être proclamés élus les candidats qui auraient la majorité absolue, à la condition toutefois que le nombre des votants soit au moins égal à la moitié des inscrits. Il ne serait procédé à un second tour que pour les sièges restant à pourvoir (L. de 1919, art. 13). On doit procéder encore à un second tour de scrutin lorsque les candidats appelés à recevoir les sièges attribués à leur liste n'ont pas obtenu un chiffre de voix supérieur à la moitié de la moyenne de leur liste (L. de 1919, art. 2, § 3).

Il est procédé au second tour de scrutin dans les mêmes conditions que pour le premier. L'attribution des sièges se fait suivant les mêmes règles. Tout candidat obtenant la majorité absolue est élu; s'il y a moins de candidats ayant obtenu la majorité absolue qu'il y a de sièges à pourvoir, on applique le système du quotient; s'il y a des restes, on attribue les sièges restant à pourvoir à la plus forte moyenne. Mais, comme il faut qu'il y ait nécessairement élection au second tour, quel que soit le chiffre des votants l'élection est acquise. Les candidats peuvent être proclamés élus, même si le nombre des suffrages qu'ils ont personnellement recueillis est inférieur à la moitié du nombre moyen des suffrages de leur liste. Le candidat isolé peut être élu même si des candidats plus avantagés que lui et portés sur des listes ne sont pas proclamés élus. Enfin, s'il arrive qu'aucune liste, au second tour, n'atteint le quotient électoral, ni la répartition proportionnelle ni l'attribution à la plus forte moyenne n'ont lieu, et l'on proclame élus les candidats, à quelque liste qu'ils appartiennent, qui obtiennent le plus de voix (L. 12 juillet 1919, art. 13).

Sous le régime de la loi de 1919, comme sous l'application des lois antérieures qui avaient institué le scrutin de liste, la liberté de l'électeur reste complète. Il dispose d'autant de suffrages qu'il y a de députés à élire; il peut composer son bulletin à son gré, soit laisser subsister tous les noms de la liste, soit en rayer quelques-uns, sans les remplacer par d'autres, soit faire une liste composée de noms empruntés aux différentes listes. C'est ce qu'on appelle communément le *panachage*. L'électeur peut composer son bulletin entièrement comme il l'entend, faire même un bulletin manuscrit. Aucune restriction à cet égard ne se trouve ni dans la loi du 12 juillet 1919, ni dans la loi du 20 octobre 1919, sur l'envoi des bulletins et des circulaires. Mais, bien entendu, son vote n'est valable que s'il s'adresse à des candidats qui ont fait la déclaration de candidature prescrite par la loi du 17 juillet 1889 et les articles 6 à 8 de la loi du 12 juillet 1919.

Si les bulletins trouvés dans l'urne contiennent plus de noms qu'il n'y a de députés à élire, il n'est pas tenu compte des derniers noms inscrits en sus du chiffre des sièges à pourvoir; si les noms sont inscrits de telle façon qu'il soit impossible de reconnaître un ordre d'inscription, le bulletin est nul.

Durée du mandat des députés. — Les députés sont élus pour quatre ans et la chambre se renouvelle intégralement tous les quatre ans (L. 30 novembre 1875, art. 15).

Élections partielles. — L'article 16 de la loi électorale du 30 novembre 1875 décidait qu'au cas de vacance d'un siège par décès, démission ou autrement, l'élection du remplaçant devait être faite dans le délai de trois mois à partir du jour où la vacance s'était produite. Il décidait, en outre, qu'il ne devait pas être pourvu aux vacances se produisant dans les six mois précédant le renouvellement intégral de la chambre. Les articles 16 et 17 de la loi du 12 juillet 1919 reproduisaient textuellement ces dispositions. Mais on s'aperçut bientôt que ce système se conciliait mal avec le principe de la représentation proportionnelle introduit dans notre droit par cette loi de 1919. Pour que la représentation de la minorité puisse jouer, il faut qu'il y ait au moins deux candidats à élire. C'est pour répondre à cette préoccupation qu'est intervenue la loi du 20 février 1920, laquelle ajoute à l'article 16 de la loi du 12 juillet 1919 un paragraphe ainsi conçu : « Toutefois, deux vacances seront nécessaires pour qu'il y ait élection partielle dans les circonscriptions ayant plus de 4 députés et 12 au plus; trois vacances seront nécessaires dans les circonscriptions ayant plus de 12 députés. »

Mais nous estimons que la loi du 20 février 1900, ajoutant un paragraphe à l'article 16 de la loi du 12 juillet 1919, ne s'applique qu'à l'hypothèse prévue par ce texte, et que, au cas d'invalidation, l'article 8 de la loi du 31 mars 1914 sur la corruption électorale conserve sa pleine et entière application. Il est ainsi conçu : « En cas d'invalidation avec renvoi au ministre de la justice, conformément aux dispositions de l'article 5, la nouvelle élection ne pourra avoir lieu avant un mois à dater de l'invalidation. Si, dans ce mois, une instruction est ouverte contre le sénateur ou le député invalidé, le délai de trois mois prévu par la loi du 30 novembre 1875 sur l'élection des députés, et par l'article 7 de la présente loi pour l'élection des sénateurs, ne commencera à courir qu'à partir du jour où il aura été définitivement statué sur la poursuite. Dans le cas contraire, l'élection sera faite dans les trois mois à dater de l'invalidation. »

Il y a lieu de signaler les lois suivantes :

La loi du 14 octobre 1919 a divisé certains départements en sections électorales. Le département de la Seine est divisé en quatre circonscriptions. Par dérogation à l'article 3, § 2, de la loi du 12 juillet 1919, le département du Pas-de-Calais est divisé en deux circonscriptions.

La loi du 17 octobre 1919, article 8, a décidé que dans les départements de l'Alsace et de la Lorraine, recouvrés en vertu du décret de Versailles, il serait procédé aux élections sénatoriales, législatives, départementales et communales, d'après les lois électorales françaises et que jusqu'aux élections qui suivront le prochain recensement, le Bas-Rhin élirait 9 députés, la Moselle 8 députés, et le Haut-Rhin 7 députés (art. 10).

La loi du 18 octobre 1919 a décidé que le renouvellement intégral de la chambre des députés aurait lieu le dimanche 16 novembre 1919, que la chambre nouvellement élue se réunirait le 8 décembre 1919, que la 11e législature prendrait fin le 7 décembre 1919, et que les pouvoirs de la chambre nouvellement élue dureraient jusqu'au 31 mai 1924 (art. 1er).

La loi du 19 octobre 1919 a décidé que la loi du 10 juillet 1919 établissant le scrutin de liste avec représentations proportionnelles s'appliquerait au territoire de Belfort qui conserverait son nombre actuel de députés.

Convocation du corps électoral. — Le corps électoral est convoqué par un décret du président de la République. L'intervalle entre le jour de la promulgation du décret et celui de l'élection doit être au moins de vingt jours (D. org. 2 février 1852, art. 4, et L. 30 novembre 1875, art. 5, § 1). Cette durée de vingt jours forme ce qu'on appelle la période électorale, pendant laquelle certaines exceptions sont faites au droit commun de l'affichage et du colportage.

Si le président de la République a seul pouvoir pour convoquer les électeurs à l'effet de nommer les députés, il n'a point toute liberté pour déterminer l'époque où il doit faire cette convocation, et le législateur a fixé certains délais dans lesquels doivent avoir lieu les élections et par conséquent par là même des délais dans lesquels doit être faite la convocation. Il faut distinguer les élections générales et les élections partielles.

Les élections générales, faites pour le renouvellement de la chambre à l'expiration de la législature, doivent avoir lieu dans les soixante jours qui précèdent l'expiration des pouvoirs de la chambre des députés. La loi du 30 novembre 1875 n'avait pas statué sur ce point et la règle a été posée par la loi du 16 juin 1885, article 6. Ainsi les élections générales pour le renouvellement intégral de la chambre parvenue à l'expiration de son mandat ne peuvent pas avoir lieu avant les soixante jours qui précèdent la date de l'expiration de ce mandat; mais dans ces soixante jours, le gouvernement fixe la date qu'il veut, à la condition cependant que le recensement des votes qui suit le deuxième tour de scrutin puisse avoir lieu avant le jour de l'expiration des pouvoirs de la chambre renouvelée.

Au cas de dissolution, le délai dans lequel les collèges électoraux doivent être réunis est déterminé par l'article 5, § 2, de la loi constitutionnelle du 25 février 1875, modifié par la loi constitutionnelle du 14 août 1884, article 1er, ainsi conçu : « En ce cas (au cas de dissolution), les collèges électoraux sont réunis pour de nouvelles élections dans le délai de deux mois et la chambre dans les dix jours qui suivront la clôture des opérations électorales », c'est-à-dire le deuxième tour de scrutin.

On a indiqué plus haut que la loi du 20 février 1920 détermine les conditions dans lesquelles seulement

peuvent avoir lieu les élections partielles. Les élections doivent être faites dans les trois mois du jour où
s'est produite la dernière vacance qui les rend nécessaires.

On a indiqué aussi plus haut comment on procède
à la nouvelle élection au cas d'invalidation.

Il n'est point pourvu aux vacances qui surviennent
dans les six mois qui précèdent le renouvellement de
la chambre. (L. 12 juillet 1919, art. 17.)

Les lois des 24 décembre 1914, 15 avril 1916 et 14 mars 1917
avaient successivement décidé, à raison de la guerre, que pendant
les années 1915, 1916 et 1917 et jusqu'à ce qu'une loi spéciale ait
autorisé la convocation des collèges électoraux, il ne serait procédé
à aucune élection législative. C'est la loi du 18 octobre 1919 qui a
autorisé la convocation des collèges électoraux après la guerre et
décidé qu'auraient lieu successivement les élections législatives, les
élections municipales, les élections départementales et les élections
sénatoriales.

**89. Présentation des listes et prohibition des
candidatures multiples.** - La règle seule conforme
aux principes démocratiques, c'est que tout citoyen
puisse être candidat dans les circonscriptions que bon
lui semble et que les électeurs puissent librement
voter pour tout citoyen qu'il leur plaît de choisir,
alors même qu'il n'a pas fait acte de candidature.
Depuis l'institution du suffrage universel en 1848
jusqu'à la loi du 17 juillet 1889, c'est la règle qui a
été constamment appliquée en France, et il n'était venu
à l'idée de personne d'y apporter des dérogations.

Au moment du mouvement boulangiste, dont les
promoteurs essayaient, à la faveur d'élections dans
plusieurs départements, de faire une sorte de plébiscite sur le nom du général Boulanger, le gouvernement et le parlement voulurent arrêter ces tentatives
en interdisant les candidatures multiples et en décidant que tous les bulletins au nom d'un candidat, qui
n'aurait pas fait sa déclaration de candidature à la
préfecture du département dans lequel il se présenterait, seraient considérés comme nuls et n'entreraient
pas en compte dans le calcul de la majorité.

Tel fut l'objet de la loi du 17 juillet 1889 : loi de circonstance, qui, dans la pensée de ceux qui la votaient, ne devait être que temporaire. Mais l'événement en a décidé autrement. A plusieurs reprises, on en a demandé l'abrogation ; elle a été repoussée, et la loi du 12 juillet 1919, loin de supprimer la loi de 1889, l'a confirmée et a mis ses dispositions en harmonie avec le nouveau système électoral. Elle a déterminé, en effet, d'une manière précise, comment devaient être présentées les listes de candidats.

Il est dit à l'article 4 : « Nul ne peut être candidat dans plus d'une circonscription, la loi du 17 juillet 1899 relative aux candidatures multiples restant applicable. » Ainsi, le principe formulé par l'article 1er de la loi du 17 juillet 1889 et prohibant les candidatures multiples est formellement maintenu.

Pour garantir l'application de cette règle, nul ne peut être candidat dans une circonscription si le cinquième jour au plus tard, avant la date de l'élection, il n'a pas fait une déclaration de candidature à la préfecture du département intéressé. Les bulletins au nom d'un citoyen qui n'a pas fait régulièrement sa déclaration de candidature sont nuls; ils n'entrent pas en compte pour l'établissement du résultat de l'élection (L. 17 juillet 1889, art. 2 et 5).

Toutes ces dispositions sont maintenues par la loi du 12 juillet 1919. En outre, elle détermine comment doivent être faites les déclarations de candidature sous le régime du scrutin de liste. Elle formule cette règle que les déclarations de candidature peuvent être individuelles ou collectives.

Les déclarations de candidature individuelle restent soumises à la loi de 1889. Mais la loi de 1919 introduit une disposition nouvelle. Une déclaration isolée de candidature n'est valable que si elle est appuyée par 100 électeurs de la circonscription dont les signatures seront légalisées et ne pourront s'appliquer qu'à une seule candidature (L. de 1919, art. 5, § 5).

Pour les déclarations de candidatures collectives,
voici les règles édictées par la loi de 1919. Les listes
sont constituées pour chaque circonscription par un
groupement de candidats qui signent une déclaration
dûment légalisée. La déclaration de candidature doit
indiquer l'ordre de présentation des candidats. Si ces
déclarations de candidature sont libellées sur feuille
séparée, elles doivent faire mention des candidats
avec lesquels les déclarants se présentent et qui
acceptent, par déclaration jointe et légalisée, de les
inscrire sur la même liste. Une liste ne peut comprendre un nombre de candidats supérieur à celui des
députés à élire dans la circonscription (L. de 1919,
art. 5, §§ 1-4).

Les listes sont déposées à la préfecture après
l'ouverture de la période électorale, et au plus tard
cinq jours avant celui du scrutin. La préfecture enre-
gistre la liste et son titre. L'enregistrement doit être
refusé à toute liste portant plus de noms qu'il n'y a
de députés à élire, ou portant le nom de candidats
appartenant à une autre liste déjà enregistrée dans la
circonscription, à moins que ceux-ci ne se soient fait
régulièrement rayer au préalable.

Ainsi, il est interdit, non seulement d'être candidat
dans plusieurs circonscriptions, mais encore d'être
porté sur deux ou plusieurs listes, dans la même
circonscription (L. de 1919, art. 6, §§ 2-3).

Un candidat inscrit sur une liste qui a été déclarée
ne peut en être rayé que s'il notifie sa volonté de s'en
retirer à la préfecture par un exploit d'huissier, cinq
jours avant celui du scrutin. A l'inverse, toute liste
peut être complétée, s'il y a lieu, au plus tard cinq
jours avant celui du scrutin, par les noms de nouveaux candidats faisant la déclaration de candidature
dans les conditions qui viennent d'être indiquées
(L. de 1919, art. 7 et 8).

Deux jours avant l'ouverture du scrutin, les candidatures enregistrées doivent être affichées à la porte

des bureaux de vote, par les soins de l'administration préfectorale (L. de 1919, art. 9).

Toutes les dispositions de la loi du 17 juillet 1889 qui ne sont pas incompatibles avec ce qui vient d'être dit subsistent dans leur intégralité. Ainsi, il reste évidemment interdit de faire, en vue de la même élection, des déclarations individuelles ou collectives dans plusieurs départements. Si des déclarations sont déposées par les mêmes citoyens dans plus d'une circonscription, la première en date est seule valable ; si elles portent la même date, toutes sont nulles (L. 17 juillet 1889, art. 3).

Les bulletins au nom d'un citoyen dont la candidature n'a pas été l'objet d'une déclaration régulière sont considérés comme nuls et n'entrent pas en compte dans le résultat du dépouillement (L. 17 juillet 1889, art 5).

Il est interdit de signer ou d'apposer des affiches, d'envoyer ou de distribuer des bulletins, circulaires ou professions de foi, dans l'intérêt d'un candidat qui ne se serait pas conformé aux dispositions des lois de 1889 et de 1919. Les affiches, placards, professions de foi, bulletins de vote, apposés ou distribués pour appuyer une candidature dans une circonscription où faute de déclaration elle ne peut légalement être produite, doivent être enlevés et saisis (L. 17 juillet 1889, art. 5).

La loi de 1889 édicte une amende de 10.000 francs contre le candidat qui ne s'est pas conformé aux dispositions légales relatives à la déclaration de candidature, et une amende de 1.000 à 5.000 francs contre toute personne qui aurait signé ou apposé des affiches, envoyé ou distribué des bulletins, circulaires ou professions de foi dans l'intérêt d'un candidat qui n'aurait pas fait régulièrement une déclaration de candidature (art. 6).

La question s'est posée de savoir si le préfet peut refuser la déclaration de candidature d'une personne

inéligible. A notre avis, il ne le peut pas. En effet, il
ne peut pas se faire juge de l'éligibilité d'un candidat,
pas plus d'ailleurs que la commission de recensement. Le préfet doit toujours recevoir la déclaration
de candidature, quelque notoire que soit l'inéligibilité
de celui qui la fait, si du moins elle est régulière en
la forme, de même que la commission de recensement doit proclamer un candidat élu s'il a obtenu la
majorité requise par la loi, même quand il est notoirement inéligible. A la chambre seule il appartient de
statuer sur la question d'inéligibilité et d'annuler
l'élection d'un inéligible. Si l'on reconnaissait au
préfet le droit d'apprécier l'éligibilité d'un candidat
et de refuser une déclaration de candidature sous
prétexte qu'elle est faite par un candidat inéligible,
on lui permettrait d'empiéter sur les pouvoirs réservés à la chambre par l'article 10 de la loi constitutionnelle du 16 juillet 1875, qui porte : « Chacune des
chambres est juge de l'éligibilité de ses membres et
de la régularité de leur élection. »

Cependant, dans un arrêt du 26 janvier 1912, le conseil d'État a
décidé que le préfet de la Seine n'avait pas commis un excès de
pouvoir en refusant la déclaration de candidature de Mlle Margue-
rite Durand « : Considérant que les dispositions législatives qui
régissent la chambre des députés sont dans leur ensemble sans
application à l'égard des personnes du sexe féminin, que la loi du
17 juillet 1889, qui concerne les élections à la chambre des députés,
rentre par son objet dans lesdites dispositions... » (*Recueil*, 1912,
p. 108).

90. Élection des sénateurs. — Le mode de nomination des sénateurs était déterminé par la loi constitutionnelle du 24 février 1875, articles 1 à 7. Mais il a été
profondément modifié par la loi ordinaire du 9 décembre 1884 dans des conditions qu'il n'est pas inutile
d'indiquer.

A la suite de nombreuses péripéties qu'il n'y a pas lieu de raconter
ici (cf. Duguit et Monnier, *Les constitutions de la France*, 3e édit.,
1915, *Notices historiques*, p. CXLIX et s.; Duguit, *L'élection des
sénateurs*, *Revue politique et parlementaire*, août 1895), l'Assemblée nationale de 1875 votait la loi constitutionnelle du 24 février
1875. Elle créait un sénat composé de 300 membres, dont 75 séna-

teurs inamovibles ou à vie et 225 sénateurs élus par les départements. Les 75 premiers sénateurs inamovibles devaient être élus par
l'Assemblée nationale avant de se séparer, au scrutin de liste et à la
majorité absolue des suffrages. Au cas de vacance d'un siège de
sénateur inamovible, il devait être pourvu au remplacement par le
sénat lui-même dans les deux mois de la vacance (L. const. 24 février 1875, art. 1er, 5 et 7).

Les 225 sénateurs élus par les départements étaient répartis entre
les départements et les colonies par la loi constitutionnelle elle-
même, qui fixait le nombre des sénateurs que devaient élire chaque
département et chaque colonie (L. const. 24 février 1875, art. 2).
Les sénateurs des départements et des colonies étaient élus, à la
majorité absolue et au scrutin de liste, par un collège réuni au
chef-lieu du département ou de la colonie et composé : 1o des
députés; 2o des conseillers généraux ; 3o des conseillers d'arrondissement; 4o des délégués élus, *un par chaque conseil municipal*,
parmi les électeurs de la commune. Dans l'Inde française, les membres du conseil colonial et des conseils locaux étaient déclarés
substitués aux conseillers généraux, aux conseillers d'arrondissement et aux délégués des conseils municipaux (L. const. 24 février
1875, art. 4).

D'après ce système, les sénateurs des départements étaient élus
par les élus du suffrage universel (députés, conseillers généraux et
d'arrondissement) et par les délégués des élus du suffrage universel
(délégués des conseils municipaux). Ils sortaient ainsi du suffrage
universel à deux ou trois degrés. Mais ce qui formait le caractère
essentiel du système, c'était que, quelle que fût l'importance de la
commune, à Paris comme dans les plus petites communes de France,
chaque conseil municipal ne nommait qu'un seul délégué. On
essayait de justifier ce système en disant que la commune est le
groupe social par excellence, qu'elle est l'unité sociale la plus
ancienne et la seule qui ait conservé une véritable autonomie dans
la France moderne, qu'en faisant donc de la commune l'unité électorale pour les élections sénatoriales, on faisait du sénat le représentant des groupes sociaux à côté de la chambre représentant les
individus. Gambetta appela lui-même le sénat le *grand conseil
des communes françaises.*

La vérité est que la majorité monarchiste de l'Assemblée nationale, qui votait une constitution républicaine parce qu'elle ne pouvait pas faire autrement, voulait faire du sénat un corps conservateur et pondérateur et pensait obtenir ce résultat en assurant pour
l'élection des sénateurs la prépondérance aux très nombreuses
communes rurales, qui devaient, croyait-on, constituer pour longtemps encore l'élément conservateur, voire même réactionnaire du
pays. Les événements devaient d'ailleurs démentir ces prévisions.

Il faut ajouter que, d'après l'article 6 de la loi constitutionnelle du
24 février 1875, les sénateurs des départements étaient élus pour
neuf ans et renouvelables par tiers tous les trois ans. La loi ordi-

BIBLIOTHÈQUE DE FRANCE

naire du 2 août 1875 vint régler le détail des élections sénatoriales.

Le parti républicain avait voté le projet Wallon, devenu la loi du 24 février 1875, sur les conseils de Gambetta, à titre de transaction, considérant que l'essentiel était d'aboutir au vote d'une constitution républicaine. Mais dans la pensée de beaucoup de ses membres il n'y avait là qu'un régime provisoire, qui devait être modifié dans le sens démocratique, dès que les républicains auraient la majorité dans les deux chambres. Le premier renouvellement triennal du sénat en 1879 donna la majorité aux républicains dans le sénat. M. Grévy, républicain, remplaçait le maréchal de Mac-Mahon à la présidence de la République au mois de février 1879. Les élections du mois d'août 1881 se faisaient sur la question de la revision de la constitution et de la réforme du sénat. Le ministère Gambetta essaya de faire voter cette revision; mais il échoua; il fut renversé le 26 janvier 1882. Plus habile ou plus heureux le ministère Jules Ferry sut la mener à bonne fin et fit voter la loi constitutionnelle du 14 août 1884 et la loi ordinaire du 9 décembre 1884 qui vinrent réaliser la réforme du sénat.

Sur la demande de Jules Ferry, l'Assemblée nationale ne procéda point elle-même à la réforme; elle se borna à décider que « les articles 1er à 7 de la loi constitutionnelle du 24 février 1875, relatifs à l'organisation du sénat, n'auraient plus le caractère constitutionnel ». Dès lors l'organisation du sénat pouvait être réglée par une loi ordinaire, et ainsi pour la réforme à accomplir le sénat avait les mêmes droits que la chambre et rien ne pouvait se faire sans son consentement. Cette loi ordinaire, qui est venue modifier le recrutement du sénat et qui règle aujourd'hui sa nomination, est la loi du 9 décembre 1884, qui a déclaré abrogés les articles 1er à 7 de la loi du 24 février 1875 (art. 9) et qui doit se combiner avec la loi du 2 août 1875, dont les articles 24 et 25 ont été abrogés et dont plusieurs articles ont été modifiés par cette même loi du 9 décembre 1884 (art. 8 et 9). Ainsi l'organisation entière du sénat, comme celle de la chambre, est aujourd'hui réglée par des lois qui n'ont point le caractère de lois constitutionnelles.

La loi du 9 décembre 1884 a supprimé les sénateurs inamovibles et décidé que désormais le sénat se composerait exclusivement des sénateurs élus par les départements et les colonies. Cependant les sénateurs inamovibles existant au moment du vote de la loi ont été maintenus en fonction; mais on ne devait plus procéder à leur remplacement (art. 1er). Cette loi a augmenté le nombre des sénateurs attribués par la loi de 1875 à certains départements : ainsi le département de la Seine, qui d'après la loi de 1875 n'élisait que cinq sénateurs, devait élire désormais dix sénateurs; le département du Nord, qui en élisait cinq, en élirait huit; le département de la Gironde, qui en élisait quatre, en élirait cinq. Les sièges des sénateurs inamovibles devaient être répartis par voie de tirage au sort, au fur et à mesure des vacances, entre les départements dont le nombre des sénateurs était augmenté par la loi de 1884.

A cet effet, on a mis dans une urne autant de fois le nom des départements dont le nombre des sénateurs est augmenté qu'il y avait de sièges nouveaux attribués à ces départements ; par exemple on a mis cinq fois le nom du département de la Seine, trois fois le nom du département du Nord, une fois le nom du département de la Gironde. Quand un sénateur inamovible mourait, dans la huitaine il était procédé en séance publique, par le président du sénat, à un tirage au sort pour déterminer le département qui aurait à élire un sénateur. Cette élection devait avoir lieu dans le délai de trois mois à partir du tirage au sort.

Il devait arriver nécessairement un moment où tous les sénateurs inamovibles auraient disparu. Actuellement, depuis le décès de M. de Marcère, le dernier survivant, il n'y a plus de sénateurs inamovibles.

La loi du 9 décembre 1884 a supprimé la règle de 1875 d'après laquelle chaque conseil municipal nommait un seul délégué sénatorial, quelle que fût l'importance de la commune. Elle a décidé que les conseils municipaux nommeraient chacun un nombre de délégués sénatoriaux variant suivant le nombre légal des membres du conseil municipal.

Les conseils composés de 10 membres élisent 1 délégué ; ceux composés de 12 membres, 2 délégués ; ceux composés de 16 membres, 3 délégués ; ceux composés de 21 membres, 6 délégués ; ceux composés de 23 membres, 9 délégués ; ceux composés de 27 membres, 12 délégués ; ceux composés de 30 membres, 15 délégués ; ceux composés de 32 membres, 18 délégués ; ceux composés de 34 membres, 21 délégués ; les conseils composés de 36 membres et au-dessus élisent 24 délégués ; le conseil municipal de Paris élit 30 délégués ; le conseil municipal de Pondichéry élit 5 délégués ; celui de Karikal, 3 délégués ; toutes les autres communes de l'Inde française, chacune 2 délégués (L. 9 décembre 1884, art. 6).

En résumé, d'après la loi du 9 décembre 1884, les sénateurs sont élus dans chaque département et colonie au scrutin de liste par un collège électoral, qui se réunit au chef-lieu du département ou de la colonie et qui se compose : 1º des députés ; 2º des conseillers généraux ; 3º des conseillers d'arrondissement ; 4º des délégués élus par les conseils municipaux en nombre variant suivant le nombre des conseillers municipaux (L. 9 décembre 1884, art. 6).

Les vives critiques que souleva la loi de 1875 sur le recrutement du sénat étaient fondées : le sénat de

1875 représentait les communes rurales et non point
les communes de France. Le seul moyen de donner
satisfaction à ces critiques eût été d'établir une représentation distincte des villes et des campagnes. Ce
système est trop complexe pour l'esprit simpliste de
nos hommes politiques. La législation de 1884 a laissé
subsister l'antinomie de 1875 ou du moins n'a fait que
déplacer la prépondérance sans organiser la représentation des groupes communaux. Ainsi d'après la loi
de 1884, les onze villes de plus de 100.000 habitants,
dont la population sans compter Paris dépasse 2 millions d'habitants, ont 264 délégués, quand les 370 communes de moins de 100 habitants ont 370 délégués.
En 1875, on donnait la prépondérance aux campagnes ;
en 1884, on l'a donnée aux centres urbains de moyenne
importance : ainsi Lyon a un délégué pour 20.000 habitants environ, Bordeaux a un délégué pour 13.000 habitants, et les villes d'une population moyenne de
5.000 âmes un délégué pour 500 habitants environ.

On ne saurait contester cependant que le sénat
représente un élément véritablement fort de la société
française, celui que l'on qualifie assez exactement
d'élément petit bourgeois. Cela explique comment,
quoique élu au suffrage indirect, le sénat exerce une
action politique aussi puissante, sinon plus, que la
chambre des députés. Exception faite des Etats-Unis,
en aucun pays les chambres hautes ne possèdent une
puissance politique aussi grande que celle de notre
sénat.

Nombre des sénateurs. — La loi constitutionnelle du
24 février 1875, on l'a dit plus haut, avait créé un
sénat se composant de 300 sénateurs, dont 75 inamovibles et 225 élus pour neuf ans par les départements dans les conditions précédemment indiquées.
Elle fixait elle-même le nombre des sénateurs élus
par chaque département. La loi du 9 décembre 1884
(art. 1er) a maintenu ce nombre de 300, répartissant les
75 sièges des sénateurs inamovibles supprimés par

extinction entre un certain nombre de départements
qui recevaient un ou plusieurs sièges en sus de ceux
que leur avait attribués la loi constitutionnelle de
1875.

Après le retour à la France de l'Alsace et de la
Lorraine, en vertu du Traité de Versailles, la loi du
17 octobre 1919 (art. 9), modifiant l'article 1er, § 1, de
la loi du 9 décembre 1884, a décidé que le sénat se
composerait désormais de 314 membres. Elle a attribué aux départements du Bas-Rhin et de la Moselle
5 sièges à chacun et 4 au département du Haut-Rhin.

Elle a décidé en même temps (art. 8) que dans les
départements recouvrés, il serait procédé aux élections sénatoriales comme aux élections législatives
d'après les lois électorales françaises.

Durée du mandat sénatorial. — Les sénateurs sont
élus pour neuf ans. Le sénat se renouvelle tous les
trois ans par tiers.

Les collèges électoraux sénatoriaux doivent être
convoqués par un décret du président de la République comme tous les collèges électoraux. Pour les
délais dans lesquels cette convocation doit être faite,
il faut distinguer les élections d'une série sortante et
les élections partielles.

Pour les élections d'une série sortante, le décret du
président de la République doit être rendu au moins
six semaines avant le jour fixé pour l'élection; le
même décret fixe le jour où doivent être choisis les
délégués des conseils municipaux, à une date telle
qu'il y ait au moins un intervalle d'un mois entre le
choix des délégués et l'élection des sénateurs (L.
2 août 1875, art. 2). Les élections pour la série sortante doivent être faites avant le jour où les pouvoirs
de ladite série arrivent à expiration. Cette solution
nous paraît ne pas pouvoir faire de doute. Si le législateur a établi le renouvellement partiel du sénat,
c'est pour qu'il soit toujours au complet; il n'en serait
pas ainsi s'il pouvait s'écouler un délai quelque court

qu'il fût entre le jour de l'élection et le jour de l'expiration des pouvoirs de la série sortante.

Pour les élections partielles, il doit être pourvu au
remplacement dans le délai de trois mois à partir du
jour où s'est produite la vacance survenue par décès
ou démission. Le décret de convocation doit toujours
être porté au moins six semaines avant le jour fixé
pour l'élection ; et les élections des délégués doivent
avoir lieu au moins un mois avant l'élection sénatoriale elle-même. Si une vacance survient dans les six
mois qui précèdent le renouvellement triennal, il n'y
est pourvu qu'au moment de ce renouvellement (L.
2 août 1875, art. 23, modifié par L. 9 décembre 1884,
art. 8).

La loi du 17 juillet 1889, qui prohibe les candidatures multiples, [ne s'applique point aux élections
sénatoriales : la même personne peut donc être élue
par plusieurs départements. En ce cas, le sénateur
élu par plusieurs départements doit faire connaître
son option au président du sénat dans les dix jours
qui suivent la validation de son élection. A défaut
d'option dans ce délai, la question est décidée par la
voie du sort en séance publique. Il doit être pourvu à
la vacance dans le délai d'un mois et par le même
collège électoral que celui qui a fait la première élection (L. 2 août 1875, art. 22, §§ 1 et 2).

Aux termes de l'article 7 de la loi du 31 mars 1914,
modifiant l'article 22, §, 3 de la loi du 2 août 1875,
lorsqu'une élection sénatoriale est invalidée, il doit être
procédé à la nouvelle élection dans le délai de trois
mois et par le même collège électoral que celui qui a
fait l'élection invalidée. Si une instruction a été
ouverte contre le sénateur invalidé, le délai de trois
mois ne commencera à courir que du jour où il aura
été définitivement statué sur sa poursuite.

A raison de la guerre, la loi du 24 décembre 1914 (art. 1er) a pro-
rogé les pouvoirs des sénateurs représentant les départements compris dans la série B, pouvoirs qui arrivaient à expiration au mois
de janvier 1915, et la loi du 31 décembre 1917, les pouvoirs des

sénateurs appartenant à la série C, qui arrivaient à expiration au mois de janvier 1918. La loi du 18 octobre 1919 a décidé que le renouvellement des séries B et C du sénat et les élections partielles nécessaires pour combler les vacances de la série A auraient lieu le 11 janvier 1920, et que les pouvoirs des membres des séries B et C élus à cette date prendraient respectivement fin en 1924 et 1927, avant l'ouverture de la session ordinaire. Après quoi, le renouvellement triennal par tiers reprendra son cours normal.

91. Inéligibilités et incompatibilités parlementaires. — Le principe essentiel de notre droit public est que tout électeur est éligible au parlement, et cela sans aucune condition de domicile déterminé. Suivant le principe formulé dans nos constitutions de la période révolutionnaire (par exemple constitution de 1791, tit. III, chap. I, sect. III, art. 7), le membre du parlement est représentant du pays tout entier, et non pas de la circonscription qui l'a élu (cf. § 42). Il suit de là que le législateur ne peut exiger, pour être éligible dans telle ou telle circonscription, des conditions de domicile ou de résidence et que tout électeur doit être éligible dans toute circonscription.

Le principe est formulé par de nombreux textes : D. org. 2 février 1852, art. 26 ; L. 30 novembre 1875, art. 6 ; L. const. 24 février 1875, art. 3 ; L. 9 décembre 1884, art. 4.

Age de l'éligibilité. — Nos lois politiques ont très sagement fixé un âge minimum nécessaire pour être député et pour être sénateur. Pour pouvoir être député, il faut avoir 25 ans accomplis au jour de l'élection (D. org. 2 février 1852, art. 26, et L. 30 novembre 1875, art. 6). Nul ne peut être nommé sénateur s'il n'est âgé de 40 ans accomplis au jour de l'élection (L. 24 février 1875, art. 3, abrogé par l'art. 9 L. 9 décembre 1884 et remplacé par l'art. 4 de cette loi).

La règle que tout électeur est éligible au sénat et à la chambre, à la condition toutefois qu'il ait l'âge requis par la loi, souffre cependant certaines exceptions qui s'expliquent par des considérations d'ordres divers. Il y a des individus qui, quoique électeurs, ne sont éligibles dans aucune circonscription ; ce sont les

inéligibilités absolues. Il y a des individus qui sont
électeurs, mais qui ne sont pas éligibles dans certaines
circonscriptions ; ce sont les inéligibilités relatives.
Sur ces divers points, les règles sont en principe les
mêmes pour le sénat et pour la chambre (L. 2 août
1875, art. 27, n° 1).

Inéligibilités absolues. — Elles frappent les catégories de personnes suivantes :

1° Les membres des familles qui ont régné sur la France sont
inéligibles au sénat et à la chambre des députés (L. 9 décembre
1884, art. 4, § 2, pour le sénat ; L. 16 juin 1885, art. 4, pour la
chambre des députés). La loi du 22 juin 1886, *relative aux membres des familles ayant régné en France*, contient une prohibition
générale : « Les membres des familles ayant régné en France ne
pourront entrer dans les armées de terre et de mer, ni exercer
aucune fonction publique, ni aucun mandat électif » (art. 4). On voit
facilement quelles raisons ont amené le gouvernement républicain
à provoquer le vote de ces dispositions législatives.

2° Les militaires ou marins faisant partie des armées actives de
terre ou de mer, quels que soient leurs grades ou leurs fonctions,
ne peuvent être élus membres de la chambre des députés ou membres du sénat.

Cette prohibition s'applique aux militaires et aux marins en disponibilité ou en non-activité ; mais elle ne s'applique ni aux soldats ni
aux officiers appartenant à la réserve ou à l'armée territoriale. Elle
ne s'applique pas non plus aux officiers généraux placés dans la
seconde section du cadre de l'état-major général, ni à ceux qui,
maintenus dans la première section comme ayant commandé en
chef devant l'ennemi, ont cessé d'être employés activement, ni
enfin aux officiers qui, ayant des droits acquis à la retraite, sont
envoyés ou maintenus dans leurs foyers en attendant la liquidation
de leur pension (L. 30 novembre 1875, art. 7, pour la chambre des
députés ; L. 9 décembre 1884, art. 5, pour le sénat). La loi du
9 décembre 1884 déclare exceptionnellement éligibles au sénat les
maréchaux de France et les amiraux ; cette exception n'existe pas
pour la chambre des députés.

Le législateur a très sagement agi en déclarant inéligibles les
militaires de tout grade et de tout emploi : il est indispensable,
dans l'intérêt de l'armée et du pays, qu'ils restent complètement
étrangers à la politique. Cependant, avant la loi de 1884, les militaires étaient éligibles au sénat.

3° « Nul ne peut être membre du parlement s'il n'a satisfait complètement aux prescriptions de la loi militaire concernant le service
actif » (L. 20 juillet 1895, art. 1er, § 1). Cette inéligibilité résulte
d'abord de la disposition générale de l'article 7 de la loi de 1889,
rédaction de la loi du 14 août 1893, qui est devenue l'article 7 de la

loi du 21 mars 1905 sur le recrutement de l'armée : « Nul n'est admis dans une administration de l'Etat, ou ne peut être investi de fonctions publiques, même électives, s'il ne justifie avoir satisfait aux obligations imposées par la présente loi. »

Mais ce texte ne visait et ne vise que les insoumis; il ne pouvait s'appliquer à ceux qui, avant la loi de 1905, étaient libérés sous condition d'une partie du service actif, et qui entraient au parlement avant d'avoir entièrement satisfait à la loi du recrutement sur le service actif. C'est en vue de cette situation que fut portée la loi du 20 juillet 1895, dont on a reproduit l'article 1er, § 1, au commencement de ce numéro. La loi du 21 mars 1905 n'admettant aucune dispense ni aucune libération conditionnelle, la disposition de la loi de 1895 est devenue inutile et la disposition de l'article 7 de la loi sur le recrutement suffirait. Se trouve aussi sans objet le paragraphe 2 de l'article 1er de la loi de 1895 visant les Français résidant en Algérie et aux colonies. Ces diverses dispositions s'appliquent en droit aux sénateurs et aux députés; mais les Français n'étant éligibles au sénat qu'à l'âge de 40 ans, il est d'évidence qu'il n'y aura lieu que très rarement de les appliquer aux sénateurs.

4° Sont inéligibles au sénat et à la chambre les faillis non réhabilités (L. 30 décembre 1903, art. 1er, rédaction de la loi du 23 mars 1908). On a vu (p. 331) que d'après la loi du 23 mars 1908 les faillis simples ne sont privés de l'électorat que pendant trois ans à partir de la déclaration de faillite. Ainsi après l'expiration de ce délai, les faillis simples sont électeurs, mais point éligibles.

5° Les individus qui ont été déclarés en liquidation judiciaire sont, à partir du jugement, inéligibles au sénat et à la chambre, comme d'ailleurs à toute fonction élective; mais ils conservent leurs droits électoraux (L. 4 mars 1889, art. 21).

6° Le député ou le sénateur invalidé et condamné pour corruption électorale en application des articles 1er-3 de la loi du 31 mars 1914 est inéligible pendant une période de deux ans à partir de son invalidation (L. 31 mars 1914, art. 6).

7° Toute personne autre que le sénateur ou le député invalidé, condamnée pour fait de corruption électorale en vertu des articles 1er-3 de la loi du 31 mars 1914, est frappée d'inéligibilité pour une période de deux ans à partir de la condamnation (L. 31 mars 1914, art. 91, § 1).

8° L'étranger naturalisé Français, qui, du jour de la naturalisation, jouit de tous les droits civils et politiques, néanmoins n'est éligible aux assemblées législatives que dix ans après le décret de naturalisation, à moins qu'une loi spéciale n'abrège ce délai, le délai pouvant être réduit alors à une année. Cette inéligibilité pendant dix ans ne frappe point les individus qui recouvrent la qualité de Français après l'avoir perdue et qui acquièrent immédiatement tous les droits civils et politiques, même l'éligibilité aux assemblées législatives (L. 26 juin 1889, art. 3).

Inéligibilités relatives. — Elles frappent particulièrement certains fonctionnaires que la loi déclare inéligibles dans certaines circonscriptions, parce qu'elle considère que le caractère de leurs fonctions pourrait empêcher les électeurs d'exercer librement leur choix. Les cas d'inéligibilités relatives sont à peu près les mêmes pour le sénat et pour la chambre. Il y a cependant certaines différences.

Ne peuvent être élus sénateurs par le département ou la colonie compris en tout ou en partie dans leur ressort, pendant l'exercice de leurs fonctions et pendant les six mois qui suivent la cessation de leurs fonctions par démission, destitution, changement de résidence ou de toute autre manière (L. 2 août 1875, art. 21) :

1° Les premiers présidents, les présidents et les membres des parquets des cours d'appel.

2° Les présidents, les vice-présidents, les juges d'instruction et les membres des parquets des tribunaux de première instance. On voit par là que les juges titulaires, non chargés de l'instruction, ne sont pas inéligibles au sénat ; on verra qu'au contraire ils sont inéligibles à la chambre (L. 30 novembre 1875, art. 12) ; de même les juges de paix (L. 30 mars 1902, art. 2).

3° Le préfet de police, les préfets et les sous-préfets et les secrétaires généraux de préfecture, gouverneurs, directeurs de l'intérieur et secrétaires généraux des colonies. Les conseillers de préfecture ne sont pas inéligibles au sénat ; ils le sont à la chambre (L. 30 mars 1902, art. 2).

4° Les ingénieurs en chef et d'arrondissement et les agents voyers en chef et d'arrondissement.

5° Les recteurs et inspecteurs d'académie

6° Les inspecteurs des écoles primaires.

7° Les trésoriers-payeurs généraux et les receveurs particuliers des finances.

8° Les directeurs des contributions directes, indirectes, de l'enregistrement, des domaines et du timbre, des postes.

9° Les conservateurs et les inspecteurs des forêts.

Ne peuvent être élus députés par le département ou la colonie compris en tout ou en partie dans leur ressort, pendant l'exercice de leurs fonctions, et pendant les six mois qui suivent la cessation de leurs fonctions par démission, destitution, changement de résidence ou de toute autre manière :

1° Tous les fonctionnaires qui viennent d'être indiqués comme étant inéligibles au sénat (L. 30 novembre 1875, art. 12).

2° Les juges titulaires, même non chargés de l'instruction (L. 30 mars 1902, art. 2).

3° Les juges de paix titulaires (L. 30 mars 1902, art. 2).

4º Les conseillers de préfecture (L. 30 novembre 1875, art. 12, § dernier, et L. 30 mars 1902, art. 2, § 4).

L'article 21, nº 7, de la loi du 2 août 1875 et l'article 12, nº 7, de la loi du 30 novembre 1875 décidaient qu'étaient inéligibles dans le département ou l'arrondissement rentrant en tout ou en partie dans leur ressort les archevêques, évêques et vicaires généraux. Ces dispositions se trouvent abrogées par le fait même de la promulgation de la loi du 9 décembre 1905 portant séparation des Eglises et de l'Etat. Effectivement, par l'effet de cette loi, il n'y a plus légalement de ministres du culte; et par conséquent il ne peut être question d'une inéligibilité spéciale venant les atteindre. Par une contradiction injustifiable, le législateur de 1905 avait décidé dans l'article 40 que pendant huit années à partir de la promulgation de la loi de séparation, les ministres du culte seraient inéligibles au conseil municipal dans la commune où ils exerçaient leur ministère ecclésiastique. C'était une disposition tout à fait exceptionnelle qu'on ne devait pas étendre, et de laquelle il résultait *a contrario* que, sauf cette exception, les ministres du culte étaient éligibles dans les conditions du droit commun.

Incompatibilités. — Il importe de ne pas confondre l'inéligibilité et l'incompatibilité. L'inéligibilité a pour résultat de rendre l'élection nulle; chaque chambre est juge de l'éligibilité de ses membres (L. const. 16 juillet 1875, art. 10). Mais liée par la loi, elle doit annuler toute élection d'un inéligible. Un préfet, par exemple, est élu député dans un des arrondissements du département où il exerce ses fonctions; son élection est nulle et la chambre doit l'invalider. Au contraire, lorsqu'il y a incompatibilité, l'élection est régulière et valable; seulement, celui dont la fonction est incompatible avec le mandat législatif doit opter dans un certain délai après sa validation. Par exemple, un préfet est élu député dans un autre département que le sien, son élection est valable; mais il ne pourra pas rester à la fois député et préfet.

Jusqu'à la loi du 26 décembre 1887, il y a eu, au point de vue des incompatibilités, une différence notable entre le sénat et la chambre. De l'article 20 de la loi du 2 août 1875, il résultait qu'en principe le mandat de sénateur était compatible avec les fonctions publiques rétribuées sur les fonds de l'Etat, et qu'il n'y avait incompatibilité qu'avec les fonctions expressément indiquées par cet article 20 (conseillers d'Etat, préfets, etc...). Au contraire, d'après les articles 8 et 9 de la loi du 30 novembre 1875, le mandat de député était en principe incompatible avec toute fonction publique rétribuée sur les fonds de l'Etat; il n'était compatible qu'avec les fonctions indiquées à l'article 8, § 2, et à l'article 9 (ministres, sous-secrétaires d'Etat, professeurs titulaires de faculté, etc...).

La loi du 9 décembre 1884 édicta une disposition transitoire ainsi conçue : « Dans le cas où une loi spéciale sur les incompatibilités parlementaires ne serait pas votée au moment des prochaines élections sénatoriales, l'article 8 de la loi du 30 novembre 1875 serait applicable à ces élections. » Mais cette loi annoncée sur les incompatibilités, votée par la chambre en 1887, n'était point votée par le sénat au moment où arrivèrent les élections sénatoriales triennales de 1888. Aussi pour l'assimilation du sénat à la chambre au point de vue des incompatibilités fut votée la loi du 26 décembre 1887 qui porte : « Jusqu'au vote d'une loi spéciale sur les incompatibilités parlementaires, les articles 8 et 9 de la loi du 30 novembre 1875 seront applicables aux élections sénatoriales. » Cette loi annoncée n'a point été encore votée; et ainsi tant pour le sénat que pour la chambre, les incompatibilités sont toujours réglées par les articles 8 et 9 de la loi du 30 novembre 1875.

En principe, le mandat de député et de sénateur est incompatible avec toute fonction publique rétribuée sur les fonds de l'Etat (L. 30 novembre 1875, art. 8, § 1, et L. 26 décembre 1887). Cette règle, qui est suivie dans presque tous les pays, a pour but d'assurer l'indépendance du député à l'égard du gouvernement. Le député, qui serait en même temps fonctionnaire et par conséquent placé sous l'autorité des membres du gouvernement, serait en bien mauvaise posture pour exercer son mandat législatif avec indépendance. L'exemple des assemblées de la monarchie de juillet est une preuve incontestable du danger qu'il y aurait à ne pas établir la règle de l'incompatibilité.

On notera que depuis la loi du 9 décembre 1905, portant séparation des églises et de l'Etat, les ministres du culte sont de simples citoyens, et que par conséquent il n'existe plus à leur égard aucune incompatibilité.

Quelque générale que soit la règle de l'incompatibilité, le législateur a admis cependant certaines exceptions. Il permet à certains fonctionnaires de conserver leur fonction et d'exercer leur mandat législatif. Ce sont les fonctionnaires qui, soit à cause de leur très haute situation, soit à cause de la situation spéciale qui leur est faite par la loi et les règlements, sont présumés pouvoir exercer leur mandat législatif avec une entière indépendance à l'égard du gouvernement.

Ces fonctionnaires sont énumérés limitativement par l'article 8,

§ 3, et l'article 9 de la loi du 30 novembre 1875. Ce sont : 1° les ministres; 2° les sous-secrétaires d'État; 3° les ambassadeurs; 4° les ministres plénipotentiaires; 5° le préfet de la Seine; 6° le préfet de police; 7° le premier président à la cour de cassation; 8° le premier président à la cour des comptes; 9° le premier président à la cour d'appel de Paris; 10° le procureur général près la cour de cassation; 11° le procureur général près la cour des comptes; 12° le procureur général près la cour d'appel de Paris; 13° les professeurs titulaires de chaires qui sont données au concours ou sur la présentation des corps où la vacance s'est produite.

L'article 9, n° 2, indique comme pouvant cumuler le mandat législatif avec leurs fonctions les personnes qui ont été chargées d'une mission temporaire n'ayant pas duré plus de six mois.

Si un fonctionnaire dont les fonctions sont incompatibles avec le mandat législatif est élu député ou sénateur, il doit, dans les huit jours qui suivront la validation de son élection, faire connaître s'il accepte ou non le mandat de député. S'il déclare ne pas l'accepter, on pourvoit à son remplacement comme député ou sénateur suivant les règles ordinaires. S'il déclare accepter le mandat législatif ou s'il ne dit rien dans les huit jours qui suivent la vérification de son élection, il est réputé démissionnaire de sa fonction et y doit être remplacé.

Outre les incompatibilités générales résultant de l'exercice d'une fonction publique, il existe certaines incompatibilités spéciales d'ailleurs peu justifiées. En voici quelques exemples :

Il y a incompatibilité du mandat de sénateur ou de député avec les fonctions de gouverneur et de sous-gouverneur de la banque de France (L. 17 novembre 1897, art. 3 ; les fonctions de membre du conseil de réseau des chemins de fer de l'État et celles de directeur et de sous-directeur (L. fin. 13 juillet 1911, art. 57, § 1); les fonctions de président du conseil d'administration et de directeur d'un port constitué en établissement public (L. 12 juin 1920, art. 9); les fonctions de membres des conseils d'administration de la compagnie générale transatlantique et de la compagnie des messageries maritimes (LL. 8 juillet 1898, art. 3, § 3, et 28 juillet 1921); les fonctions de membre du conseil des postes, télégraphes et téléphones créé par l'article 69 de la loi de finances du 30 juin 1923 (même loi, art. 69, § 5).

Le mandat de député et celui de sénateur sont évidemment incompatibles. Mais un député peut poser sa candidature au sénat et un sénateur sa candidature à la chambre sans démission préalable. Il est de juris-

prudence constante qu'un sénateur élu député ou un
député élu sénateur n'est obligé de faire connaître
lequel des deux mandats il entend exercer que lorsque
sa nouvelle élection est validée.

B. *Situation des membres du parlement.*

92. Caractères généraux de cette situation. —
On a montré aux paragraphes 38 et 42 que le membre
du parlement n'est point, dans la conception française
moderne, mandataire de la circonscription qui l'a élu,
qu'il est simplement partie composante de cet organe
appelé parlement, qui est un organe représentatif de la
souveraineté nationale. Le membre du parlement n'a
donc pas de pouvoir qui lui soit propre. On dit souvent qu'il est un fonctionnaire, et l'expression n'est
pas inexacte, puisque le membre du parlement concourt d'une façon normale et permanente à l'exercice
d'une fonction de l'État. Mais quoique fonctionnaire,
le membre du parlement n'est pas investi d'une compétence personnelle; il concourt seulement à former
la décision émanant du parlement.

Les membres du parlement n'ayant pas de compétence personnelle, étant parties composantes de la
chambre à laquelle ils appartiennent, ne peuvent
perdre leur qualité de membres du parlement qu'avec
le consentement de la chambre dont ils font partie.
Cette proposition reçoit d'importantes applications au
cas de démission et au cas de déchéance.

Démission. — Il est de principe qu'une démission
donnée par un membre du parlement ne produit
d'effet qu'au moment où elle a été acceptée par la
chambre dont fait partie le démissionnaire. Le principe est formulé par la loi constitutionnelle du 16 juillet
1875, art. 10 *in fine :* « Elle (chaque chambre) peut
seule recevoir leur démission (de ses membres). »

La chambre, dont un membre donne sa démission,
peut surseoir à l'accepter ou la refuser. Le sénateur ou

le député dont la démission est acceptée devient immédiatement étranger à la chambre et doit sortir de la salle. Cependant, les propositions qu'il a déposées ne deviennent point caduques.

Déchéance. — On suppose que, au cours de son mandat, un député ou un sénateur est frappé d'une déchéance qui le rend inéligible. Perd-il de plein droit son mandat ? Non. Il ne cesse d'être député ou sénateur qu'au moment où la chambre à laquelle il appartient l'a expressément déclaré déchu.

Le principe à cet égard est formulé par l'article 28 du décret organique du 2 février 1852 reproduisant l'article 80 de la loi du 15 mars 1849 : « Sera déchu de la qualité de membre du corps législatif tout député qui, pendant la durée de son mandat, aura été frappé d'une condamnation emportant la privation du droit d'être élu. La déchéance sera prononcée par le corps législatif sur le vu des pièces justificatives. »

Cette disposition, qui ne vise expressément que le corps législatif, s'applique évidemment au sénat. Elle ne parle que des condamnations emportant privation du droit d'être élu ; il faut l'appliquer incontestablement à toutes les causes entraînant perte de l'éligibilité.

Cette règle est la conséquence directe du principe formulé plus haut : un membre d'une chambre ne peut cesser de faire partie de cette chambre que par la volonté de celle-ci. D'autre part, aux termes de l'article 10 de la loi constitutionnelle du 16 juillet 1875, chaque chambre est juge de l'éligibilité de ses membres. Par conséquent, chaque chambre est seule compétente pour juger si effectivement existe une condamnation ou une autre cause faisant perdre à l'un de ses membres l'éligibilité.

93. Indemnité parlementaire. — L'indemnité des députés et des sénateurs, fixée à 9.000 francs par les lois du 30 novembre 1875 (art. 17) et du 2 août 1875 (art. 26), a été élevée à 15.000 francs par la loi du 23 novembre 1906.

La loi du 27 mars 1920, par une disposition additionnelle à l'article 17 de la loi du 30 novembre 1875, modifié par la loi du 23 novembre 1906, a alloué « à partir du 1er mars 1920 à chaque sénateur et député une indemnité mensuelle spéciale de 1.000 francs pour frais de double résidence, de correspondance et autres, inhérents à l'exercice du mandat législatif ».

La loi du 23 novembre 1906 porte : « Elle (l'indemnité législative) est réglée par le deuxième paragraphe de l'article 96 et par l'article 97 de la loi du 15 mars 1849, ainsi que par les dispositions de la loi du 16 février 1872. » De cela il résulte que toutes les règles dérivant de ces dispositions restent applicables, depuis que l'indemnité parlementaire a été augmentée.

Le principe de l'indemnité parlementaire a été très vivement discuté. Il nous semble cependant que dans un régime démocratique il n'est pas sérieusement contestable. Il faut que tout citoyen, riche ou pauvre, puisse être envoyé au parlement : autrement la liberté de choix des électeurs n'est plus complète ; et d'autre part on s'expose à priver le pays du concours d'hommes très distingués, auxquels leur absence de fortune ne permettrait pas d'abandonner leurs affaires ou leur profession pour venir siéger au parlement.

Cependant on a dit qu'en supprimant l'indemnité parlementaire, on écarterait du parlement, au grand avantage du pays, tous les politiciens de carrière, tous ceux qui font de la politique un véritable métier et qu'on assurerait par là un meilleur recrutement des chambres. Cela ne nous paraît pas certain ; et l'absence d'indemnité serait plutôt un encouragement pour les députés sans fortune à profiter, comme - beaucoup n'ont déjà que trop de tendance à le faire, de leur qualité de député pour se livrer à des spéculations financières. La raison de principe qui justifie l'indemnité parlementaire reste donc tout entière.

Cette indemnité est établie non pas vraiment dans

l'intérêt personnel du député, mais pour assurer un recrutement vraiment démocratique du parlement. Il résulte de cela une conséquence importante. Les députés et les sénateurs ne peuvent pas renoncer à leur indemnité. Ce principe était formulé dans l'article 38 de la constitution de 1848. Il n'a pas été reproduit dans les lois constitutionnelles et électorales de 1875, mais il est incontesté et incontestable.

94. Incapacité d'être nommé à une fonction publique. — Pour assurer l'indépendance des chambres, il est nécessaire que leurs membres soient soustraits autant que possible à l'action du gouvernement. C'est le gouvernement qui dispose des places et des emplois; d'où cette idée très juste que pendant la durée de leur mandat les représentants ne doivent pas pouvoir être nommés par le gouvernement à une fonction publique. Une règle absolue en ce sens devrait être établie par notre législation. Or il n'en est rien. Le législateur s'est contenté de décider dans l'article 11, § 1, de la loi du 30 novembre 1875 qu'un député nommé ou promu à une fonction publique salariée cesse d'appartenir à la chambre par le fait même de son acceptation; mais il peut être réélu si la fonction est compatible avec le mandat de député.

On ne trouve aucune disposition de ce genre pour les sénateurs, ni dans la loi du 2 août 1875, ni dans la loi du 9 décembre 1884; et comme d'autre part la loi du 26 décembre 1887 n'a déclaré applicables aux sénateurs que les articles 8 et 9 de la loi du 30 novembre 1875, les sénateurs en fonction peuvent être nommés à une fonction publique salariée par l'Etat sans perdre leur mandat, et ils ne cessent d'appartenir au sénat que si la fonction à laquelle ils sont nommés est incompatible avec leur mandat. Cette différence entre les députés et les sénateurs est injustifiable; nous ne serions pas étonné qu'elle fût le résultat d'un oubli commis par le législateur de 1887.

Au reste, même la disposition de l'article 11, § 1,

de la loi du 30 novembre 1875 est complètement insuffisante pour assurer l'indépendance des députés à l'égard du gouvernement, puisqu'un député peut toujours être nommé fonctionnaire et que, si la fonction est compatible, il peut être réélu; que si la fonction n'est pas compatible, le gouvernement peut toujours exercer une pression sur tel député en lui faisant miroiter sa nomination à une charge grassement rétribuée. L'expérience prouve que ces promesses ne laissent point certains députés indifférents, surtout ceux qui ont des craintes pour leur réélection. A notre sens, le législateur devrait établir l'incapacité absolue des députés et des sénateurs d'être nommés à une fonction publique, non seulement pendant la durée de leur mandat, mais encore pendant un certain temps, deux ans par exemple après son expiration. C'était la règle de la constitution de 1791.

La règle, suivie aujourd'hui, d'après laquelle tout député nommé à une fonction publique perd son mandat, ne s'applique pas aux sénateurs. Le député qui est nommé ou promu à une fonction publique cesse, par le fait même de son acceptation, d'appartenir à la chambre. Il faut qu'il soit nommé à une fonction salariée par l'Etat. Par exemple le député nommé maire reste député.

La règle est générale et s'applique à toutes les fonctions salariées par l'Etat. Il n'est fait exception que pour les députés nommés ministres ou sous-secrétaires d'Etat « qui ne sont point soumis à la réélection » (L. 30 novembre 1875, art. 11, § 2).

Par le fait de sa nomination à une fonction publique salariée, le député est placé dans la situation où il aurait été s'il avait été fonctionnaire avant d'être député. Si la fonction publique est compatible avec le mandat de député, comme celle de professeur titulaire dans une faculté par exemple, l'ancien député peut se représenter, être régulièrement nommé et exercer à la fois la fonction et le mandat de député. Si, au contraire, la fonction est incompatible et qu'il soit réélu député, il perd sa fonction et on lui fait application des articles 8-10 de la loi du 30 novembre 1875.

Le sénateur nommé à une fonction publique même rétribuée par l'Etat ne perd pas son mandat par le fait de sa nomination. Si la fonction est incompatible avec le mandat de sénateur, il doit opter.

Par une interprétation un peu extensive de l'article 9, n° 2, de la loi du 30 novembre 1875, on décide qu'un député peut, tout en conservant son mandat, être chargé d'une mission temporaire rétribuée, à la condition qu'elle n'excède pas six mois.

Il faut noter l'article 3 de la loi du 30 mars 1915 ainsi conçu : « L'article 3 de la loi du 10 juillet 1906, disposant que les membres du parlement ne peuvent être, à quelque titre que ce soit, l'objet d'une nomination ou promotion dans la légion d'honneur ou la médaille militaire, ne s'applique pas aux nominations ou promotions dont ces membres peuvent être l'objet à raison des faits de guerre. »

Cette interdiction se rattachait à la même idée que les règles sur la nomination à des fonctions publiques. L'exception qu'y apporte la loi de 1915 se justifie d'elle-même.

95. Irresponsabilité parlementaire. — Il importe d'assurer l'indépendance du député, non seulement à l'égard du gouvernement, mais encore à l'égard des particuliers. Pour que le député puisse remplir son mandat avec une entière liberté et une pleine indépendance, il faut qu'il soit soustrait à toute possibilité de poursuite pénale à l'occasion d'actes rentrant dans ses attributions parlementaires, il faut qu'il échappe à toute responsabilité pécuniaire envers les particuliers à l'occasion des actes rentrant dans lesdites attributions.

Telles sont les raisons de la règle inscrite à l'article 13 de la loi constitutionnelle du 16 juillet 1875 : « Aucun membre de l'une ou de l'autre chambre ne peut être poursuivi ou recherché à l'occasion des opinions ou votes émis par lui dans l'exercice de ses fonctions. »

De ce texte constitutionnel il convient de rapprocher tout de suite l'article 41, §§ 1 et 2, de la loi du 29 juillet 1881 sur la presse, qui formule une conséquence du principe : « Ne donneront ouverture à aucune action les discours tenus dans le sein de l'une des deux chambres ainsi que les rapports ou autres pièces imprimés par ordre de l'une des deux chambres. Ne donnera lieu à aucune action le compte rendu des séances publiques des deux chambres fait de bonne foi dans les journaux. »

L'irresponsabilité parlementaire n'existe que pour les actes faits par le député ou sénateur dans l'exercice de ses fonctions; mais elle existe pour tous ces actes. Ce sont d'abord les discours prononcés, non seulement en séance publique, mais encore en commission, tous ces discours, alors même qu'ils auraient été l'objet d'une publicité spéciale par suite d'un affichage ordonné par la chambre, les rapports lus en séance publique ou publiés par le *Journal officiel* ou les journaux, et aussi les votes exprimés par les députés ou sénateurs. Cette irresponsabilité protège également le député à l'égard des actes faits par lui dans une commission d'enquête parlementaire.

Le député échappe à toute action publique qui serait mise en mouvement par le ministère public pour un prétendu délit. Il échappe aussi à toute poursuite des particuliers qui useraient du droit de citation directe, par exemple pour une poursuite en diffamation, ou qui formeraient simplement une action en responsabilité devant les tribunaux civils.

Tout tribunal, qui serait saisi d'une action publique ou civile, dirigée contre un député à l'occasion d'un acte de sa fonction, devrait déclarer l'action non recevable même d'office, et cela en tout état de cause.

Le privilège de l'irresponsabilité étant établi dans l'intérêt même de l'indépendance du parlement, le député ne peut pas y renoncer, et le tribunal saisi devrait déclarer l'action contre le député non recevable, même si le député déclarait renoncer à son immunité.

96. Inviolabilité parlementaire. — Toujours pour assurer l'indépendance du parlement, les législations

politiques modernes décident que les membres des
chambres ne peuvent être poursuivis pendant les sessions, à l'occasion d'une infraction étrangère à leur
fonction, sans l'autorisation de la chambre dont ils font
partie. Cette règle est inscrite dans l'article 14, § 1, de la
loi constitutionnelle du 16 juillet 1875 : « Aucun membre
de l'une ou de l'autre chambre ne peut pendant la
durée de la session être poursuivi ou arrêté en matière
criminelle ou correctionnelle qu'avec l'autorisation
de la chambre dont il fait partie, sauf le cas de flagrant
délit. »

La règle de l'inviolabilité, consacrée aujourd'hui par
l'article 14, § 1 précité, de la loi du 16 juillet 1875, constitue pour les membres du parlement un véritable privilège. Mais ce privilège se justifie amplement par la
nécessité d'assurer l'indépendance du parlement, de
soustraire ses membres à l'espèce de chantage que le
gouvernement, qui dispose de l'action publique, pourrait exercer sur eux, et aux tracasseries que des particuliers, par le droit de citation directe, pourraient
susciter à des députés dont ils croient avoir à se
plaindre.

L'inviolabilité, comme l'irresponsabilité (§ 95),
n'est pas établie à vrai dire dans l'intérêt du député
qui en profite, mais dans l'intérêt du parlement, dans
l'intérêt, peut-on dire, de la souveraineté nationale
elle-même, que le parlement est censé représenter.
Ces immunités ne constituent donc point des droits
subjectifs, mais bien une situation objective. Par conséquent, le député ne peut y renoncer. Il ne pourrait
pas être poursuivi pour un fait relatif à ses fonctions,
alors même qu'il accepterait cette poursuite; il ne
pourrait pas être poursuivi pour une infraction sans
l'autorisation de la chambre à laquelle il appartient,
alors même qu'il accepterait la poursuite. Le tribunal
saisi devrait, même d'office, et nonobstant une
demande formelle du député tendant à être jugé, se
déclarer incompétent jusqu'à ce que la chambre ait

autorisé la poursuite. Ces solutions sont hors de toute
contestation.

L'inviolabilité n'existe que pendant la session. — Elle
commence avec la session et finit avec elle (cf. § 98).
Les ajournements que les chambres s'octroient elles-
mêmes n'interrompent pas la session et par conséquent
ne suspendent point l'inviolabilité. On peut se demander s'il en est de même au cours d'un ajournement
prononcé par le président de la République, en vertu
des pouvoirs à lui conférés par l'article 2, § 2, de la
loi constitutionnelle du 16 juillet 1875. On décide en
général que l'inviolabilité n'est point suspendue pendant cet ajournement, précisément parce qu'il n'y a
là qu'un ajournement et que la session n'est point
close. La session n'est close qu'au moment où le
décret de clôture a été lu aux chambres.

A quels faits s'applique l'inviolabilité ? — Seulement
à des faits constituant une infraction, que la poursuite soit exercée par le ministère public ou par un
particulier agissant en vertu du droit de citation
directe en matière correctionnelle, établi par l'article 182 du Code d'instruction criminelle. L'inviolabilité s'applique à toutes les infractions qualifiées
crimes ou délits. L'article 14 porte : « En matière
criminelle ou correctionnelle. » Elle ne s'applique
point aux contraventions de police. La règle de l'article 14 est tout à fait exceptionnelle; il faut l'interpréter restrictivement; or le texte ne parle que des
crimes et délits. D'ailleurs cela se conçoit; les poursuites en matière de contravention ne sont jamais
assez graves pour qu'elles puissent porter atteinte à
l'indépendance des députés.

Flagrant délit. — L'inviolabilité judiciaire n'existe
pas lorsqu'il y a flagrant délit. Il faut considérer qu'il
y a flagrant délit et que par conséquent l'immunité
est supprimée dans tous les cas qui sont indiqués
par l'article 41 du Code d'instruction criminelle : le
délit se commet ou vient de se commettre; le prévenu

est poursuivi par la clameur publique ; le prévenu est trouvé saisi d'effets, armes, instruments ou papiers faisant présumer qu'il est auteur ou complice, pourvu que ce soit dans un temps voisin du délit. Lorsqu'il y a flagrant délit, l'inviolabilité parlementaire, à notre avis, cesse complètement ; le droit commun reprend son empire ; le député, présumé auteur du flagrant délit, peut être poursuivi et arrêté comme s'il n'était pas député ; il n'y a point lieu de demander à la chambre une autorisation quelconque, et celle-ci ne peut requérir la suspension ni de la détention ni de la poursuite.

Ces solutions nous paraissent incontestables devant le texte de l'article 14 qui excepte sans aucune réserve le flagrant délit. Comme l'inviolabilité parlementaire est une dérogation profonde au droit commun, une exception grave au principe primordial de l'égalité devant la loi, on ne peut l'étendre en dehors des termes stricts du texte.

Effets de l'inviolabilité. — Elle n'a point pour conséquence de soustraire le représentant à toute poursuite judiciaire ; seulement les poursuites sont nulles et le représentant ne peut être arrêté, tant que l'autorisation n'a pas été donnée par la chambre à laquelle il appartient.

L'inviolabilité judiciaire couvre-t-elle non seulement la personne du député, mais encore son domicile ? C'est-à-dire l'autorité judiciaire (ou l'autorité administrative dans le cas où elle a ce pouvoir) peut-elle ordonner et faire des perquisitions au domicile d'un membre du parlement, pendant la session, sans l'autorisation de la chambre dont il fait partie ? En vertu de la règle d'interprétation restrictive déjà invoquée, la solution affirmative nous paraît certaine. La constitution ne parle que de poursuite et d'arrestation et non point de perquisition domiciliaire ; par conséquent, pour celle-ci, les membres du parlement doivent être soumis au droit commun.

De la poursuite et de la détention commencées pendant l'intervalle des sessions. — On a dit plus haut que les députés ne bénéficiaient de l'inviolabilité que pendant la durée des sessions. On peut donc supposer que pendant l'intervalle des sessions un député soit poursuivi et mis en état de détention préventive, puis que la session des chambres commencée, ces poursuites n'étant pas achevées, cette détention subsiste. Quels sont alors les droits de la chambre à laquelle il appartient? Ni les constitutions ni les lois antérieures ne prévoyaient cette hypothèse. La loi constitutionnelle du 16 juillet 1875 l'a prévue : « La détention ou la poursuite d'un membre de l'une ou de l'autre chambre est suspendue pendant la session et pour toute sa durée, si la chambre le requiert » (art. 14, § 2).

Il n'est pas douteux à notre estime que le texte ne s'applique pas lorsque le membre du parlement est en état de détention à la suite d'une condamnation prononcée dans l'intervalle de deux sessions et qu'en pareil cas la chambre à laquelle il appartient ne pourrait pas requérir la suspension de la détention. Le texte ne prévoit que le cas de poursuite et de détention préventive, et une chambre ne peut avoir le pouvoir de suspendre l'exécution d'une décision de justice.

Le texte paraît très clair; il a cependant donné lieu à quelques difficultés dont on trouvera la discussion dans notre *Traité*, IV, 2ᵉ édit.

97. Les membres du parlement et le service militaire. — On a dit au paragraphe 91 que nul ne peut être élu membre du parlement s'il n'a satisfait définitivement aux prescriptions de la loi militaire concernant le service actif (L. 20 juillet 1895, art. 1ᵉʳ, § 1, et L. 21 mars 1905, art. 7).

Cette même loi du 20 juillet 1895 règle minutieusement la situation des membres du parlement en temps de paix au point de vue du service militaire.

En temps de paix, les membres du parlement ne peuvent faire aucun service militaire pendant les

sessions. Ils ne le peuvent qu'à trois conditions : 1° il
faut que le ministre de la guerre le demande ; 2° il
faut qu'ils y consentent ; 3° il faut qu'ils y soient autorisés par l'assemblée à laquelle ils appartiennent. Il
s'agit évidemment des périodes d'instruction des
hommes appartenant à la réserve ou à l'armée territoriale, aussi bien d'ailleurs des officiers que des simples soldats (L. 20 juillet 1895, art. 2).

Dans l'intervalle des sessions les membres du parlement sont, au point de vue des périodes d'instruction
militaire, soumis au droit commun.

Les membres du parlement ne peuvent, pendant
qu'ils font leur service, venir siéger à l'assemblée à
laquelle ils appartiennent. « Ils ne peuvent, dit la loi
de 1895, participer aux délibérations ni aux votes de
l'assemblée à laquelle ils appartiennent » (art. 3, § 1).
Mais en cas de convocation de l'assemblée nationale,
soit pour l'élection du président de la République,
soit pour la revision de la constitution, leur service
militaire est suspendu de plein droit pendant la durée
de la session de cette assemblée (L. 20 juillet 1895,
art. 3, § 2).

L'article 4 de la loi de 1895 stipule que les dispositions des articles 2 et 3 ne s'appliquent pas aux officiers généraux maintenus sans limite d'âge dans la
première section du cadre de l'état-major général et
aux officiers généraux et assimilés placés dans la
2° section du cadre de l'état-major général.

L'article 2 de cette loi du 20 juillet 1895 porte
expressément qu'elle ne s'applique qu'en temps de
paix. Mais avant la grande guerre on s'était préoc-
cupé des conditions dans lesquelles pourrait se réunir
le parlement au cas de mobilisation générale, beaucoup de députés et quelques sénateurs devant être
alors appelés sous les drapeaux. Diverses propositions
avaient été faites tendant à régler cette situation,
mais aucune n'avait abouti au moment où éclatèrent
les hostilités au mois d'août 1914.

A ce moment tous les membres du parlement touchés par la mobilisation répondirent à l'appel du pays. Quand s'ouvrit la session ordinaire de janvier 1915 la question se posa de savoir si l'on ferait une loi pour régler d'une manière spéciale la situation militaire des membres du parlement en temps de guerre, et sur le fonctionnement du pouvoir législatif pendant ce temps. Une proposition de loi sur cet objet fut même déposée à la chambre le 14 janvier 1915 par M. Accambray; mais elle n'eut point de suite.

Il fut en quelque sorte tacitement convenu entre le gouvernement, les chambres et l'autorité militaire qu'un sursis serait accordé à tous les parlementaires mobilisés pour leur permettre de prendre part aux travaux du parlement. Beaucoup n'ont pas voulu profiter de cette possibilité et ont combattu vaillamment.

C. *Réunion et constitution des chambres.*

98. Sessions des chambres. — On appelle *permanente* une assemblée qui a le droit de fixer elle-même la date et la durée de ses sessions Toutes nos assemblées nationales constituantes ont été des assemblées permanentes. C'était logique : puisqu'elles réunissaient en elles tous les pouvoirs, elles devaient avoir le droit de fixer la date et la durée de leurs sessions.

Les auteurs de la constitution de 1875 ont justement pensé que créer une assemblée permanente, ce serait donner au parlement une prépondérance dangereuse, et que, d'autre part, donner au président de la République le droit sans limite de convoquer, d'ajourner et de proroger le parlement, ce serait lui donner une prérogative inacceptable dans un pays démocratique. Le régime qu'ils ont établi repose tout entier sur l'équilibre de forces et de pouvoirs qui doit exister autant que possible entre le parlement et le gouvernement. Conformément à ce principe, la loi constitutionnelle du 16 juillet 1875 (art. 1er, 2 et 4) a établi un

système assez compliqué d'après lequel certains droits
de réunion sont attribués au parlement, et certains
droits de convocation, de clôture et d'ajournement au
gouvernement. A tout prendre, le système est ingénieux et a fonctionné depuis quarante-deux ans sans
à-coup.

Droits du parlement. — Chaque année, les chambres
se réunissent de plein droit, par conséquent sans convocation, le second mardi de janvier en session ordinaire. Cette session doit durer *cinq mois* au moins. Le
gouvernement, qui, aux termes de l'article 2 de la loi
du 16 juillet 1875, prononce la clôture des sessions,
même des sessions ordinaires, ne peut pas prononcer
la clôture de la session ordinaire tant qu'elle n'a pas
duré cinq mois. Il faut que pendant cinq mois, à
partir du second mardi de janvier, les chambres
aient été libres de se réunir et de délibérer quand et
comme elles l'ont voulu. Il résulte de là que les congés
que les chambres s'accordent elles-mêmes sont compris dans cette durée de cinq mois, et qu'au contraire
les ajournements que peut prononcer le président de
la République et qui peuvent être de deux mois (L.
16 juillet 1875, art. 2, § 2) ne doivent pas être compris
dans cette durée de cinq mois (L. const. 16 juillet
1875, art. 1ᵉʳ).

Outre son droit d'être réuni en session ordinaire
annuelle pendant cinq mois au moins, le parlement a
un autre droit : le président de la République doit
convoquer les chambres dans l'intervalle des sessions,
quand la demande lui en est faite par la majorité
absolue des membres composant chaque chambre
(L. const. 16 juillet 1875, art. 2, § 1). Cette disposition
de la loi de 1875 n'a jamais été appliquée. Il faut
noter que la majorité absolue dont parle l'article 2
est la majorité absolue du nombre des membres composant légalement chaque chambre; pour établir
cette majorité, on ne doit point déduire les sièges
vacants. D'autre part, cette demande ne peut obliger

le président de la République à convoquer le parlement que lorsqu'elle est faite dans l'intervalle des
sessions; elle ne l'obligerait point si elle était faite
pendant la durée d'un ajournement par le chef de
l'Etat en vertu de l'article 2, § 2.

Droits du gouvernement. — Le gouvernement a le
droit exclusif de prononcer la clôture des sessions
ordinaires et extraordinaires. Son droit n'est limité
à cet égard que par la durée minima des cinq mois
de session ordinaire, auxquels a droit le parlement.
Les chambres peuvent prendre des vacances; mais
elles ne peuvent clore leur session, même leur session
ordinaire. Le gouvernement, sauf la réserve des cinq
mois, peut prononcer la clôture quand bon lui semble.
La clôture est prononcée par un décret qui habituellement est lu à la chambre par le président du conseil
et au sénat par le garde des sceaux. Quand le décret
de clôture a été lu, les chambres ne peuvent plus délibérer et doivent se séparer immédiatement. Les chambres ne peuvent plus voter, alors même qu'un vote
serait resté en suspens faute de *quorum*. Cependant
lecture du procès-verbal peut être donnée; les rectifications peuvent être faites et le président doit déclarer
la session close (L. const. 16 juillet 1875, art. 2, § 1).

Le gouvernement a le droit de convoquer le parlement en session extraordinaire quand il le juge à
propos. Le gouvernement a aussi le droit de convoquer le parlement en session ordinaire avant le second
mardi de janvier, quand il juge que les circonstances
rendent cette convocation nécessaire (L. const.
16 juillet 1875, art. 1ᵉʳ, § 1, et art. 2, § 2).

Le gouvernement a aussi le droit d'ajourner les
chambres (L. const. 16 juillet 1875, art. 2, § 2). Ce
droit n'existe, à vrai dire, que pour les sessions ordinaires. Pour les sessions extraordinaires il n'aurait
pas sa raison d'être, puisque le gouvernement peut
en prononcer la clôture quand bon lui semble. Pour
les sessions ordinaires, ce droit d'ajournement n'a

aussi de raison d'être que lorsqu'elles n'ont pas
encore duré cinq mois; car après l'expiration des
cinq mois le gouvernement peut toujours prononcer
la clôture.

L'ajournement prononcé par le président de la République ne peut excéder le terme d'un mois, et il ne
peut avoir lieu plus de deux fois dans la même session. Ainsi les chambres ne peuvent être ajournées
pour une durée supérieure à deux mois. Le temps
de l'ajournement prononcé par le président de la
République doit être déduit de la durée minima de
cinq mois que doit avoir toute session ordinaire.

Le président de la République ne pourrait pas *proroger* les chambres, c'est-à-dire suspendre leur réunion pour une durée indéterminée. La loi ne lui donne
que le droit d'ajournement; donc le droit de prorogation n'existe pas (L. const. 16 juillet 1875, art. 2,
§ 2; rapp. art. 5 L. const. 25 février 1875, qui donne
au président de la République le droit de dissoudre la
chambre des députés avec le concours du sénat,
cf. § 118).

Règle générale et essentielle. — « La session de l'une
(des chambres) commence et finit en même temps que
celle de l'autre » (L. const. 16 juillet 1875, art. 1er, § 2).
Cette règle très importante est la conséquence directe
et logique de l'unité du parlement, existant malgré la
dualité des chambres. Il y a deux chambres, mais il
n'y a qu'un parlement. Ce ne sont pas, à vrai dire, les
chambres qui sont en session, c'est le parlement.
D'où il suit qu'une chambre ne peut être en session
sans que l'autre le soit.

En vertu de cette règle, la durée minima de cinq
mois de session ordinaire existe pour les deux chambres; le président de la République ne peut convoquer
une chambre sans convoquer l'autre, ne peut clôturer
l'une sans clôturer l'autre, ne peut ajourner l'une sans
ajourner l'autre. Mais comme les congés que s'accordent
les chambres elles-mêmes n'interrompent point la

session, les chambres peuvent s'accorder des congés différents, sans que la règle précédente soit violée. En fait, le plus souvent, les chambres s'accordent les mêmes congés, par exemple aux vacances de Pâques; mais il n'y a là rien de nécessaire, et il est arrivé parfois qu'une chambre s'ajournait pour une durée plus longue que l'autre.

La règle de l'égalité de session, quelque importante et quelque logique qu'elle soit, reçoit deux exceptions. Il est vrai que la seconde n'est pas, à vrai dire, une exception.

La première exception est relative aux cas de dissolution de la chambre des députés. « Dans le cas où, par application de l'article 5 de la loi du 25 février 1875, la chambre des députés se trouverait dissoute au moment où la présidence de la République deviendrait vacante, les collèges électoraux seraient aussitôt convoqués et le sénat se réunirait de plein droit » (L. const. 16 juillet 1875, art. 3, § 4). On voit aisément quelle a été la pensée du législateur constituant. Au cas de vacance de la présidence de la République, le conseil des ministres est investi du pouvoir exécutif jusqu'à l'élection du nouveau président (L. const. 25 février 1875, art. 7, § 2). Si la vacance de la présidence survient à un moment où la chambre des députés se trouve dissoute, l'interrègne présidentiel peut avoir une durée relativement longue, puisque le nouveau président de la République ne pourra être nommé que lorsque la chambre des députés aura été élue et se sera constituée. Le législateur constituant très sage n'a pas voulu que pendant ce temps, qui ne sera pas moindre de quinze jours (puisque par suite de ballottages rares, mais cependant possibles, sous l'application de la loi du 12 juillet 1919, les opérations électorales prennent deux semaines), le conseil des ministres pût exercer, sans contrôle, le pouvoir exécutif qui lui appartient en pareil cas. Aussi décide-t-il que dans cette hypothèse le sénat se réunira de plein droit et exercera naturellement un contrôle sur le conseil des ministres.

Le second cas où le sénat peut se réunir sans que la chambre soit en session est celui où le sénat est réuni comme cour de justice (L. const. 16 juillet 1875, art. 4; rapp. L. 24 février 1875, art. 9, et L. 16 juillet 1875, art. 12). Quand le sénat est constitué en haute cour, il cesse d'être une assemblée politique pour devenir une cour de justice. Il est donc très logique qu'il puisse s'assembler en dehors d'une session parlementaire et sans que la chambre soit réunie. Il n'y a point là véritablement d'exception à la règle de la parité de session. Mais il va de soi que le sénat constitué en haute cour de justice et assemblé en dehors d'une session parlementaire ne pourra exercer que ses attributions judiciaires et non point ses attributions politiques. Cela est dit d'ailleurs expressément à l'article 4 *in fine* de la loi du 16 juillet 1875 : « Dans ce dernier cas, il (le sénat) ne peut exercer que des fonctions judiciaires. »

Sanction des règles relatives aux sessions des chambres. — Elle est indiquée à l'article 4 de la loi constitutionnelle du 16 juillet 1875 dans les termes suivants : « Toute assemblée de l'une des deux chambres qui serait tenue en dehors du temps de la session commune est illicite et nulle de plein droit, sauf le cas... »

Donc, si les deux chambres ou l'une d'elles se réunissaient contrairement aux règles précédemment indiquées, le président de la République devrait prendre un décret déclarant cette réunion illicite et nulle, et pourrait incontestablement faire disperser par la force publique, dont il dispose d'après l'article 3, § 3, de la loi constitutionnelle du 25 février 1875, ces assemblées factieuses. Le droit du gouvernement reste d'ailleurs entier de faire poursuivre pour crime d'attentat à la sûreté de l'Etat les députés ou sénateurs qui auraient provoqué ces réunions.

99. Vérification des pouvoirs. — Le droit de vérifier elles-mêmes les pouvoirs de leurs membres a toujours été reconnu depuis 1789 à toutes nos assemblées politiques.

Aujourd'hui, la règle est inscrite dans la loi constitutionnelle et par conséquent ne pourrait être modifiée que par une loi constitutionnelle. « Chacune des chambres est juge de l'éligibilité de ses membres et de la régularité de leur élection » (L. const. 16 juillet 1875, art. 10). Il faut en rapprocher l'article 5 du décret organique du 2 février 1852 : « Les opérations électorales sont vérifiées par le corps législatif, qui est seul juge de leur validité. »

Les chambres exercent ici véritablement une fonction juridictionnelle. Lorsque le conseil d'Etat, par exemple, est appelé à statuer sur la régularité d'une élection au conseil général, nul ne conteste qu'il accomplit une fonction juridictionnelle. Le rôle d'une chambre qui statue sur l'élection de l'un de ses membres est absolument identique; donc elle fait acte de juridiction. Il faut en conclure qu'elle a tous les pouvoirs d'une juridiction, mais qu'elle n'a que les pouvoirs d'une juridiction.

Elle a tous les pouvoirs d'une juridiction saisie de ce contentieux objectif qu'est le contentieux électoral. Par conséquent, elle peut et doit statuer sur tous les éléments qui constituent la légalité de l'élection. Ils sont au nombre de quatre : 1° il faut que celui qui se prétend élu soit éligible; 2° il faut qu'il ait obtenu la majorité exigée par la loi; 3° il faut que les opérations électorales aient été effectuées conformément à la loi ; 4° il faut qu'aucun fait extérieur (par exemple fait de corruption gouvernementale ou autre) ne soit venu vicier la sincérité de l'élection. Si tous ces éléments sont réunis, la chambre doit déclarer l'élection régulière et *admettre* le député ou sénateur. Si l'un de ces éléments fait défaut, la chambre doit déclarer l'élection nulle, *invalider* le député ou sénateur.

La chambre, comme toute juridiction, peut déclarer qu'elle est insuffisamment éclairée par les pièces qui sont au dossier et demander un nouveau rapport ou ordonner une enquête.

La chambre a tous les pouvoirs d'une juridiction, mais elle n'a que les pouvoirs d'une juridiction. D'où il faut conclure qu'elle est étroitement liée par les dispositions de la loi. C'est une question de légalité qu'elle juge et elle est, comme tout juge, logiquement liée par la loi. Si l'élu est inéligible, la chambre ne peut qu'annuler l'élection. De même elle doit nécessairement annuler l'élection s'il manque l'un des trois autres éléments légaux : majorité, régularité de l'opération électorale, sincérité de l'élection.

Assurément, la chambre est une juridiction souveraine en ce sens qu'il n'y a pas de recours possible contre sa décision. Mais de ce qu'une juridiction est souveraine, il ne suit pas qu'elle puisse donner une solution contraire à la loi. La chambre qui juge l'élection d'un de ses membres est liée par la loi de la même manière que le conseil d'Etat qui est saisi d'une question de contentieux administratif et contre la décision duquel il n'y a point de recours.

Notre proposition s'impose quand on admet comme nous qu'en vérifiant les pouvoirs de ses membres la chambre fait acte de juridiction. Mais elle est vraie aussi quand on n'y voit pas un acte de juridiction. Il n'y a pas de pouvoir en France qui soit au-dessus de la loi. Le parlement lui-même est lié par la loi tant qu'elle existe. Chacune des chambres est liée par la loi aussi énergiquement que le plus modeste des fonctionnaires judiciaires ou administratifs.

Cf. art. 5 L. 31 mars 1914 *réprimant les actes de corruption électorale*, permettant à la chambre et au sénat, ayant invalidé une élection, d'ordonner le renvoi au ministre de la justice du dossier de l'élection.

100. Nomination du bureau. — Chaque chambre nomme son bureau (L. const. 16 juillet 1875, art. 11, § 1). On appelle bureau l'ensemble des membres désignés par chacune des chambres pour diriger ses travaux. Chaque chambre nomme son bureau pour un an

au début de la session ordinaire. Le bureau reste en
fonction pour toute la session ordinaire et pour toutes
les sessions extraordinaires qui ont lieu avant la session
ordinaire de l'année suivante. Les membres du bureau
sont d'ailleurs indéfiniment rééligibles.

Le bureau définitif du sénat se compose d'un président, de quatre vice-présidents, de huit secrétaires
et de trois questeurs (Règl., art. 4).

Le bureau définitif de la chambre se compose d'un
président, de quatre vice-présidents, de huit secrétaires et de trois questeurs (Règl., art. 8, § 1).

L'élection a lieu au scrutin secret, à la majorité
absolue aux deux premiers tours; au troisième tour,
à la majorité relative. Au cas d'égalité des suffrages,
le plus âgé est élu. On vote au scrutin de liste pour
les vice-présidents, les secrétaires et les questeurs
(Règl. sénat, art. 6; chambre, art. 8, §§ 1, 2, 3 et 4).

Les élections ont lieu au scrutin secret. On a toujours considéré que la condition essentielle de la sincérité d'une élection, quelle qu'elle soit, est le secret
du vote.

Attributions du bureau des chambres. — Ces attributions sont collectives ou individuelles.

Pour les attributions collectives, elles sont assez
mal définies. L'usage a établi quelques différences
entre le bureau de la chambre et celui du sénat.

A la chambre, c'est le bureau tout entier qui détermine les règles relatives aux procès-verbaux, aux
services intérieurs, aux attributions respectives des
divers agents de la chambre, qui sont extrêmement
nombreux.

Au sénat, ce règlement intérieur est fait ou modifié
par une commission comprenant le président, deux
vice-présidents et deux secrétaires délégués par le
bureau, les trois questeurs et trois membres de la
commission de comptabilité délégués par elle (Règl.
sénat, art. 141).

Dans les deux chambres, d'ailleurs, c'est le bureau

qui nomme le personnel auxiliaire : secrétaires généraux, sténographes, secrétaires-rédacteurs, huissiers, bibliothécaires, etc...

Attributions du président. — Au point de vue honorifique, le président du sénat est le second personnage de l'Etat et le président de la chambre le troisième. Le président de la République est le premier personnage de l'Etat, puisque, aux termes de l'article 3, § 4, de la loi constitutionnelle du 25 février 1875, il préside aux solennités nationales. Quand il exerce cette présidence, il a à sa droite le président du sénat et à sa gauche le président de la chambre des députés. Rapp. décret 16 juin 1907, art. 1er et 2.

La loi du 22 juillet 1879, article 5, a donné au président de chaque chambre le droit de requérir directement la force armée et toutes les autorités civiles et militaires dont il juge le concours nécessaire; il peut déléguer ce droit aux questeurs ou à l'un d'eux.

En dehors de ce pouvoir, qui leur est donné par la loi elle-même, les présidents ont, en vertu de la coutume parlementaire et des règlements des chambres, des attributions innombrables. Ils dirigent les débats de chaque assemblée siégeant en séance publique et peuvent prononcer des peines disciplinaires. C'est le président qui reçoit les pétitions, les projets déposés par les ministres, les propositions dues à l'initiative parlementaire, les amendements, les ordres du jour, les interpellations. Le président prononce l'ouverture et la clôture du scrutin; il en proclame le résultat; il signe les procès-verbaux des séances. Il fait au gouvernement et au président de l'autre chambre une série de transmissions; par exemple, le président de la chambre qui le vote en dernier lieu transmet au gouvernement le projet définitivement voté, chaque président transmet au président de l'autre chambre les propositions de lois votées par la chambre qu'il préside.

Le vice-président remplace le président empêché;

et quand un vice-président remplace le président empêché, il a exactement les mêmes droits et les mêmes attributions que le président lui-même.

Attributions des secrétaires. - Ils sont chargés de faire les procès-verbaux. En fait, ce ne sont pas eux qui les font, mais les secrétaires-rédacteurs; ils en surveillent seulement la confection; ils les signent et en donnent lecture. En fait, ils font semblant d'en donner lecture, parce que le vrai procès-verbal est le compte rendu *in extenso* publié par le *Journal officiel* de la séance de la veille. Quatre secrétaires au moins doivent siéger au bureau pendant chaque séance.

Attributions des questeurs. — Ils sont chargés de surveiller le fonctionnement de tous les services intérieurs de la chambre à laquelle ils appartiennent.

101. Règlement des chambres. — Le règlement est un ensemble de dispositions par voie générale déterminant l'ordre et la méthode des travaux dans chaque chambre. C'est en quelque sorte la loi interne de chaque assemblée. Par la force des choses, les règlements des assemblées politiques contiennent souvent des dispositions très importantes, qui pourraient très justement trouver leur place dans la loi constitutionnelle. Ainsi la manière dont s'exerce l'initiative parlementaire est tout entière fixée par le règlement. Les lois constitutionnelles de 1875, qui ont créé deux chambres, ne contiennent que de très rares dispositions relatives aux rapports de ces deux chambres, lesquels sont déterminés presque exclusivement par les règlements des chambres. Et en fait depuis 1789 certaines matières ont été tantôt réglées par la constitution elle-même, tantôt par les règlements intérieurs des assemblées.

Aujourd'hui les chambres, bien que les lois constitutionnelles ne le disent pas expressément, ont incontestablement le droit de faire leur règlement. D'ailleurs ce droit leur est implicitement reconnu par l'article 5, § 2, de la loi constitutionnelle du 16 juillet 1875, qui porte : « Chaque chambre peut se former en comité secret sur la demande d'un certain nombre de ses membres fixé par le règlement. » La loi constitutionnelle du 16 juillet 1875 contient (art. 5 et 11) quelques rares dispositions relatives à la publicité des séances, à la nomination du bureau et à la durée de ses pouvoirs. Tous les autres points doivent être et sont déterminés par le règlement intérieur de chaque chambre.

Le règlement n'est pas fait seulement pour la législature qui l'a voté. Il lui survit tant que les bases constitutionnelles sur lesquelles existait la chambre qui l'a voté subsistent.

Il importe de bien comprendre que les règlements des chambres ne sont pas des lois, mais simplement des résolutions, c'est-à-dire des dispositions votées par une seule chambre. Chaque règlement est voté uniquement par la chambre à laquelle il s'applique. Il devient obligatoire du moment où il est voté et sans qu'il y ait besoin ni d'une promulgation, ni d'une publication.

De ce que le règlement n'est pas une loi, il résulte qu'il ne peut contenir aucune disposition qui soit contraire, non seulement à la loi constitutionnelle, mais encore à une loi ordinaire.

Le règlement n'étant pas une loi, mais simplement une résolution d'une des chambres, ne peut s'appliquer qu'aux membres de la chambre considérée pris comme tels. Mais il s'applique à tous, même à ceux qui auraient voté contre. Il ne peut pas s'appliquer aux individus qui ne font pas partie de la chambre ou aux membres de la chambre n'agissant pas comme tels.

Le règlement s'impose non seulement aux membres de la chambre pris individuellement, mais aussi à la chambre elle-même. Elle peut modifier, abroger par voie générale les dispositions du règlement; mais tant qu'elles existent, elles s'imposent à la chambre

qui les a votées, et qui ne peut pas plus faire un acte
contraire à son règlement qu'elle ne peut faire un acte
contraire à la loi.

Le règlement actuel du sénat a été voté le 10 juin
1876. Depuis lors, d'assez nombreuses modifications
de détail ont été introduites par des résolutions spéciales.

La chambre des députés avait adopté son règlement
le 16 juin 1876. Il avait reçu depuis cette date de
nombreuses modifications dont quelques-unes très
importantes. Le règlement voté par la chambre en
1876 a été déclaré abrogé et remplacé par un nouveau
règlement voté dans les séances des 29 janvier et
4 février 1915. Le nouveau règlement a été déclaré
applicable à partir du 10 mars 1915 (*J. off.*, 1915,
déb. parl., Chambre, p. 96). Pendant la 12ᵉ législature,
qui a commencé le 8 décembre 1919, ce règlement a
été modifié par diverses résolutions.

102. Discipline parlementaire. — Si l'on reconnaît aux chambres le droit de voter leur règlement, on
ne peut pas leur contester le droit d'établir certaines
peines disciplinaires comme sanction de ce règlement.
Comme le règlement, ces peines ne peuvent s'appliquer qu'aux membres des chambres pris comme tels.

Aujourd'hui, sénateurs et députés sont soumis aux
mêmes peines disciplinaires, qui sont : 1º le rappel à
l'ordre ; 2º le rappel à l'ordre avec inscription au
procès-verbal ; 3º la censure ; 4º la censure avec
exclusion temporaire du lieu des séances (Règl. sénat,
art. 114 ; chambre, art. 56).

Il importe d'affirmer que les chambres ne peuvent
pas, ne doivent pas établir comme peine l'exclusion
définitive du député. Le député est une partie composante de l'organe qui représente la volonté nationale ;
il ne peut appartenir à l'une des chambres, ni même
au parlement de modifier la composition de ces chambres qui sont censées créées par la volonté nationale
elle-même.

Tumulte. — Il peut arriver que malgré le pouvoir disciplinaire très étendu dont le président est investi, il ne puisse maintenir l'ordre des délibérations et que l'assemblée soit tellement tumultueuse que toute délibération soit impossible. Les règlements des deux chambres prévoient cette hypothèse, qui malheureusement se présente quelquefois. Ils déterminent dans des termes identiques la conduite à tenir. Quand la chambre devient tumultueuse, si le président ne peut la calmer, il doit se couvrir. Si le trouble continue, le président annonce qu'il va suspendre la séance. Si le calme ne se rétablit pas, le président suspend la séance pour une heure, et les députés doivent se retirer dans leurs bureaux respectifs. L'heure étant expirée, la séance est reprise. Si le tumulte renaît, le président doit lever la séance et la renvoyer au lendemain (Règl. sénat, art. 123 ; chambre, art. 53). Dans ce dernier cas, le président fixe lui-même l'ordre du jour de la séance suivante.

103. Police des chambres. — C'est un principe du droit politique moderne que chaque chambre a le droit de faire sa police. Cela veut dire d'abord que chaque chambre a le droit de prendre elle-même directement ou par l'intermédiaire de son président toutes les mesures nécessaires pour assurer sa sécurité et la liberté de ses délibérations. De cette première règle découle cette seconde : aucune autorité civile ou militaire ne peut faire un acte de sa compétence dans l'enceinte du palais où siège l'assemblée sans le consentement exprès de cette assemblée.

Ces règles sont destinées à assurer l'indépendance des chambres. Si, pour protéger leur sécurité et la liberté de leurs délibérations, les chambres étaient obligées de s'adresser au gouvernement, elles se trouveraient à la discrétion de celui-ci, qui pourrait refuser de prendre les mesures nécessaires ou qui sous couleur de les prendre porterait peut-être une atteinte directe à l'indépendance parlementaire. D'autre part, pour que les chambres aient une indépendance complète à l'égard du gouvernement, il faut que ni les autorités civiles, ni l'autorité militaire, placées directement sous l'action du gouvernement, ne puissent faire un acte quelconque dans le lieu où siège le parlement.

1° *Chaque chambre est compétente pour prendre elle-même ou par l'intermédiaire de son président les mesures nécessaires pour assurer sa sécurité.* Ce droit est reconnu en France, sauf quelques restrictions à certaines époques, depuis 1789, aux assemblées politiques.

Les lois constitutionnelles de 1875 ne contiennent aucune disposition expresse relative au pouvoir de police des présidents des chambres. Mais ce pouvoir ayant été reconnu par la plupart de nos constitutions antérieures, on peut dire qu'il est consacré par la coutume constitutionnelle. Au reste, personne ne le conteste.

La loi du 22 juillet 1879, article 5, a reconnu expressément aux présidents des chambres le droit de veiller à la sécurité intérieure et extérieure de l'assemblée et leur a donné le droit de réquisition directe comme conséquence de ce pouvoir de police. Enfin, aux articles 108 et 109 du règlement du sénat, 134 et 135 du règlement de la chambre, on lit : « Le président est chargé de veiller à la sûreté intérieure et extérieure du sénat (ou de la chambre). A cet effet, il fixe l'importance des forces militaires qu'il juge nécessaires; elles sont placées sous ses ordres. La police du sénat (ou de la chambre) est exercée en son nom par le président. » Ainsi le président a le droit de prendre lui-même, et aussi de faire prendre par les questeurs toutes les mesures qu'il estime nécessaires pour assurer la sécurité de l'assemblée qu'il préside.

La loi du 22 juillet 1879, article 5, est venue renforcer ces pouvoirs du président, en lui donnant,

comme le décret du 11 mai 1848, le droit de requérir
directement « la force armée et toutes les autorités
dont il juge le concours nécessaire ».

C'est seulement quand exceptionnellement les troupes mises d'une manière permanente à la disposition
des chambres ne suffisent pas qu'apparaît le droit de
réquisition des présidents. Le législateur, voulant
éviter l'éventualité d'un refus du gouvernement, donne
alors aux présidents des chambres le droit de requérir
directement la force armée. C'est un simple droit de .
réquisition identique à celui qui appartient à beaucoup
d'autorités civiles, aux préfets, aux maires, qui est
soumis aux mêmes conditions de forme et de fond, et
qui ne donne point aux présidents des chambres le
droit de disposer des troupes requises. Les dispositions légales, résumées par l'instruction ministérielle
du 20 août 1907 (*J. off.*, 31 août 1907), sont toutes
applicables.

Ce caractère du droit de réquisition du président a
été très nettement expliqué par M. le garde des sceaux
Le Royer au moment du vote de la loi au sénat en 1879 :
« Ils (les présidents) requerront les troupes qui seront
nécessaires... comme le président d'un bureau électoral les requiert. »

La loi du 22 juillet 1879 donne au président de
chaque chambre le droit de requérir non seulement la
force armée, « mais aussi toutes les autorités dont il
juge le concours nécessaire », c'est-à-dire les autorités
civiles. Il y a là quelque chose de contradictoire avec
les principes généraux de notre droit public. On ne
requiert pas les autorités civiles, on leur donne des
ordres. La réquisition suppose une autorité s'adressant
à une autorité d'un autre ordre. Les autorités civiles
sont placées sous les ordres de leurs supérieurs hié-
rarchiques, qui leur adressent des injonctions et non
des réquisitions.

2° *Aucune autorité civile ou militaire ne peut péné-*
trer dans l'enceinte du palais législatif que du consen-

tement de l'assemblée qui y siège ou de son président.
Cette proposition est la conséquence de la précédente.
Chaque chambre ayant le droit absolu de prendre, par
l'intermédiaire de son président, toutes les mesures
destinées à assurer sa sécurité, doit avoir le droit de
s'opposer à ce qu'une autorité quelconque fasse un
acte de sa compétence dans l'enceinte du palais où
elle siège; car alors son droit de police se trouverait
limité par l'intervention d'une autorité étrangère.
Cette proposition est aujourd'hui une règle certaine
de notre droit constitutionnel coutumier. Elle a été
d'ailleurs consacrée expressément par plusieurs de nos
constitutions.

La règle est générale et s'applique à tous les fonctionnaires civils et militaires. Elle s'applique non
seulement aux fonctionnaires administratifs, mais
aussi aux fonctionnaires judiciaires. Les agents de
l'ordre judiciaire ne peuvent faire des actes de leur
fonction, dans l'intérieur du palais législatif, que sur
la demande et avec l'autorisation du président de la
chambre. Cette proposition a des conséquences importantes au cas de crimes ou de délits commis dans l'intérieur du palais législatif, soit par un député ou un
sénateur, soit par un simple particulier.

D. *Procédure parlementaire.*

104. Les lois et les résolutions. — En considérant au point de vue purement formel les décisions
votées par chacune des chambres, on doit les distinguer en deux grandes catégories : les projets ou les
propositions de loi et les résolutions.

Nous avons essayé de montrer ce qu'était la loi au
point de vue *matériel*, en déterminant ce qu'était la
fonction législative (cf. § 29). Ici nous envisageons la
loi au point de vue purement *formel*. Elle est, à ce
point de vue, toute décision votée en termes identiques
par les deux chambres et promulguée par le président

de la République, quel que soit son objet, qu'elle soit une disposition par voie générale et abstraite ou une décision individuelle et concrète (LL. const. 25 février 1875, art. 1er, et 16 juillet 1875, art. 7). La loi, au point de vue *formel*, implique donc trois opérations : 1° le vote par la chambre qui en a été saisie en premier lieu ; 2° le vote dans les mêmes termes par la chambre à laquelle elle est ensuite transmise ; 3° la promulgation par le président de la République (cf. § 120). Le parlement vote les lois. Mais chaque chambre ne vote en réalité qu'un projet ou une proposition de loi. Les deux chambres possèdent, en principe, exactement les mêmes pouvoirs pour le vote des lois, sauf en matière financière où le sénat a des pouvoirs restreints (L. const. 24 février 1875, art. 8, § 2).

L'une quelconque des chambres peut être saisie en premier lieu ; elle vote un texte ; ce texte est transmis à l'autre chambre, qui peut l'adopter tel quel, le repousser en bloc ou voter un texte différent. Si la chambre saisie en second lieu vote le même texte, les chambres ont achevé leur rôle ; le texte voté par les deux chambres est transmis au président de la République, qui doit le promulguer dans un certain délai, sauf son droit de demander aux chambres une seconde délibération (L. const. 16 juillet 1875, art. 7, §§ 1 et 2).

Si le texte voté par la chambre saisie en premier lieu est repoussé en bloc par la chambre à laquelle il est transmis, rien n'est fait et le parlement a repoussé le projet de loi.

Si enfin le projet voté par l'une des chambres est voté par l'autre chambre en termes différents, le projet sera transmis d'une chambre à l'autre, jusqu'à ce que finalement le même texte soit adopté par les deux chambres. Jamais le texte voté par l'une des chambres ne peut s'imposer à l'autre. Le principe essentiel de notre droit constitutionnel est l'égalité des chambres et leur complète indépendance. L'une n'est pas une chambre de contrôle, l'autre une chambre de décision.

L'une et l'autre ont, en principe, des pouvoirs absolument égaux ; l'une n'est point tenue de céder devant l'autre.

Ce principe de l'égalité complète des chambres ne reçoit d'exception qu'en matière financière ; il en sera parlé plus loin, paragraphes 105 et 111.

Les *résolutions* sont toutes les décisions qui résultent du vote d'une seule chambre. Il va de soi que ces résolutions n'ont pas la valeur de lois, puisque, aux termes de l'article 1er déjà cité de la loi constitutionnelle du 25 février 1875, le pouvoir législatif s'exerce par deux assemblées, la chambre des députés et le sénat. Mais cependant ces résolutions ne sont point sans produire des effets importants.

D'abord c'est par voie de résolution que les chambres votent toutes les décisions qui s'appliquent à elles-mêmes : les décisions par lesquelles elles fixent leur ordre du jour, ordonnent des renvois à la commission, etc...; toutes les dispositions qui forment le règlement de leurs travaux (cf. § 101); les décisions par lesquelles les chambres lèvent l'inviolabilité protégeant leurs membres, acceptent leur démission, prononcent leur déchéance, infligent la censure.

Outre sa participation à la confection des lois, chaque chambre exerce un pouvoir de contrôle sur les actes du gouvernement et de ses agents (cf. art. 6, § 1, L. const. 25 février 1875). Toute résolution votée par l'une des deux chambres pour exercer ce contrôle s'impose au respect du gouvernement et de ses agents sous la sanction de la responsabilité ministérielle. C'est ainsi que par des résolutions chaque chambre vote des ordres du jour de confiance, de défiance ou de blâme à l'égard du ministère, l'invite à prendre telle ou telle mesure, nomme des commissions d'enquête pour examiner le fonctionnement de tel ou tel service, ordonne des communications de pièces, etc., etc...

Enfin il est des résolutions qui sont prévues expressément par la constitution; elles produisent leurs effets en vertu du texte constitutionnel qui donne formellement compétence à chaque chambre pour les prendre. Ce sont d'abord les résolutions par lesquelles chaque chambre statue sur la régularité de l'élection de ses membres et sur leur éligibilité (L. const. 16 juillet 1875, art. 10). Ce sont ensuite les décisions par lesquelles la chambre des députés peut mettre en accusation devant le sénat le président de la République et les ministres (L. const. 16 juillet 1875, art. 12, §§ 1 et 2). Ce sont enfin les résolutions que peuvent prendre la chambre et le sénat déclarant qu'il y a lieu de reviser les lois constitutionnelles (L. const. 25 février 1875, art. 8).

Que les chambres votent des projets de lois, des propositions de loi ou des résolutions, la procédure parlementaire est la même. Elle est, sauf quelques différences de détail, la même dans les deux chambres. Aussi ne parlerons-nous que de la chambre des députés, restant entendu qu'à moins d'observation contraire ce qui est dit de la chambre est vrai du sénat. Cette procédure parlementaire est surtout déterminée par le règlement des chambres; les lois constitutionnelles et les lois ordinaires ne contiennent pas de dispositions à cet égard.

Elle comprend quatre phases : 1° la proposition faite par ceux qui ont ce qu'on appelle l'initiative; 2° l'étude de la proposition en commission; 3° la discussion en séance publique; 4° le vote.

Enfin l'existence des deux chambres fait naître forcément des relations entre elles, que le législateur constituant a eu tort de ne point réglementer et qui sont régies par la coutume parlementaire et par quelques articles des règlements des chambres.

105. L'initiative. — C'est le droit de saisir une chambre d'une proposition tendant au vote d'un projet de loi ou d'une résolution. Dans notre constitution, qui repose sur l'idée très juste de la collabo-

ration des organes et sur le principe d'une pondéra-
tion respective du parlement et du gouvernement,
l'initiative appartient également au président de la
République personnifiant le gouvernement et aux
membres de chacune des deux chambres. Le principe
en est formulé très nettement dans l'article 3, § 1, de
la loi constitutionnelle du 25 février 1875 : « Le président de la République a l'initiative des lois concurremment avec les membres des deux chambres. »
Rapp. L. const. 24 février 1875, art. 8, § 1. Cependant de fait le droit d'initiative du gouvernement
s'exerce d'une manière plus large que le droit d'initiative parlementaire.

Il est indispensable que le droit d'initiative appartienne au gouvernement. C'est lui qui est l'organe
dirigeant par excellence dans l'Etat ; c'est lui qui connaît surtout les besoins du pays, les difficultés auxc-
quelles il faut parer ; c'est donc lui qui, mieux que
personne, peut savoir quels projets doivent être soumis au parlement.

Initiative du gouvernement (L. const. 25 février 1875,
art. 3, § 1). — Le droit d'initiative du gouvernement
s'exerce avec la plus entière liberté. Le texte présenté
par le gouvernement prend le nom de *projet, projet
de loi* ou *projet de résolution.* Le mot *proposition*
désigne plus spécialement le texte présenté par un
membre du parlement.

Les projets du gouvernement sont établis sous
forme de décrets signés du président de la République,
contresignés par un ministre.

Le droit d'initiative du gouvernement s'exerce à son
choix ou devant le sénat ou devant la chambre. C'est
la conséquence du principe de l'égalité des chambres.
Il n'y a qu'une exception, qui, peut-on dire, est traditionnelle dans les pays qui pratiquent le régime
représentatif : les lois de finances doivent être en
premier lieu présentées à la chambre des députés et
votées par elle (L. const. 24 février 1875, art. 8, § 2).

Cette règle que les lois de finances ne peuvent être présentées en premier lieu à la chambre haute a été pour la première fois formulée en France par la constitution du 6 avril 1814, dite *constitution sénatoriale* (art. 5, § 3). Elle a été reproduite dans les Chartes (Chartes de 1814, art. 17, et 1830, art. 15, § 2), le sénatus-consulte constitutionnel de 1870 (art. 12, § 3) et enfin l'article 8 de la loi constitutionnelle du 24 février 1875. Elle était empruntée au droit constitutionnel anglais. Elle avait, en effet, en Angleterre, sa raison d'être : les lois de finances doivent être proposées en premier lieu à la chambre des communes, parce qu'elle seule est une chambre élue et qu'à ce titre elle seule représente vraiment le pays et, par suite, peut créer des impôts, engager des dépenses. La chambre des lords, chambre nommée par le roi et en grande partie héréditaire, ne peut exercer en matière de finances qu'un droit de contrôle. Cette règle se concevait aussi très bien sous la monarchie de 1814 à 1848 et sous le second empire, où la chambre haute, chambre des pairs ou sénat, n'était point élective, mais nommée par le roi ou l'empereur, dont certains membres même étaient nommés à titre héréditaire sous la Restauration (Charte de 1814, art. 27). Mais aujourd'hui cette restriction au droit d'initiative du gouvernement, cette distinction entre les deux chambres, n'ont pas leur raison d'être : le sénat est électif comme la chambre ; le sénat sort du suffrage universel comme la chambre ; il est vrai que pour le sénat le suffrage universel s'exerce à deux ou trois degrés ; mais il n'y a pas là une raison suffisante pour établir au profit de la chambre le privilège de la priorité en matière financière.

Il importe toutefois de ne pas exagérer l'importance de ce privilège. Les projets de loi de finances sont les projets de lois créant des impôts nouveaux, modifiant l'organisation ou l'assiette d'impôts existant déjà, tendant à autoriser un emprunt d'État ou de ville ou à convertir un emprunt, les projets d'ouverture de crédit, d'annulation de crédit et enfin le projet de budget. Aucun de ces projets ne peut être présenté en premier lieu au sénat et tous doivent être déposés d'abord à la chambre. Mais le gouvernement n'est point obligé de présenter en premier lieu à la chambre un projet de loi qui aurait pour conséquence indirecte d'entraîner une augmentation de dépenses. Ainsi, par exemple, la loi du 14 juillet 1905 sur l'assistance aux vieillards, aux infirmes et aux incurables et même le projet de loi sur les retraites ouvrières auraient pu être certainement présentés en premier lieu au sénat.

D'autre part, ce droit de priorité de la chambre des députés n'empêche pas le gouvernement de faire devant le sénat une proposition qu'il a déjà faite à la chambre, mais qui a été repoussée. Sans doute, si le gouvernement demande un crédit isolé à la chambre et qu'il lui soit refusé en totalité, il ne pourrait pas le demander ensuite au sénat. Puisque rien n'a été voté à la chambre, il ne pourrait rien transmettre au sénat et sa demande y serait une proposition nouvelle. Mais si la chambre n'a pas accordé le chiffre demandé par le gouvernement ou si, s'agissant du budget, la chambre a repoussé totalement un des crédits budgétaires, en transmettant au sénat le texte voté par la chambre, le gouvernement peut lui demander de voter le chiffre qu'il avait demandé à la chambre ou de rétablir le crédit qu'il avait proposé à la chambre et qu'elle avait refusé.

Pendant quelque temps on a soutenu à la chambre que celle-ci ayant refusé un crédit budgétaire demandé par le gouvernement, le sénat ne pouvait pas le rétablir, même sur la demande du gouvernement. Aujourd'hui cette opinion est tout à fait abandonnée, et l'on reconnaît que le gouvernement peut demander et que le sénat peut rétablir un crédit budgétaire non voté par la chambre. En effet, la règle de la priorité est alors respectée : le projet a été présenté en premier lieu à la chambre ; il a été voté par elle ; transmis au sénat, c'est le gouvernement qui demande au sénat de le voter tel qu'il avait été présenté à la chambre. V. *infra*, même paragraphe, la question de l'initiative des sénateurs en matière financière.

Initiative parlementaire. — Elle appartient en principe en toute matière à tout député, à tout sénateur (LL. const. 25 février 1875, art. 3, § 1, et 24 février 1875, art. 8). Cependant, d'après le règlement de la chambre (art. 4, § 3), une proposition de loi ne peut pas être déposée par un député avant la validation de son élection. Pareille restriction n'existe pas au sénat.

Le droit d'initiative appartenant aux députés et aux sénateurs comprend naturellement le droit d'amendement, c'est-à-dire le droit de proposer des modifications partielles aux projets du gouvernement ou aux propositions parlementaires.

Le droit d'initiative est, en principe, le même pour

les députés et pour les sénateurs. Il est restreint pour les sénateurs en matière financière par l'article 8, § 2, de la loi constitutionnelle du 24 février 1875. Pour les députés, il peut s'exercer en toute matière à la condition, bien entendu, que la proposition déposée ne soit pas contraire à la constitution. Les députés peuvent donc proposer des ouvertures de crédit, soit l'introduction de crédits nouveaux dans le budget, soit l'augmentation de crédits déjà inscrits au budget, soit l'ouverture de crédits isolés.

Cependant la chambre a voulu limiter l'abus de ce droit d'initiative financière en votant, le 16 mars 1900, la proposition Berthelot qui, après certaines modifications et additions postérieures, est devenue l'article 102 du règlement actuel : « Aucune proposition tendant, soit à des augmentations de traitements, d'indemnités ou de pensions, soit à des créations de services, d'emplois, de pensions, ou à leur extension en dehors des limites prévues par la loi en vigueur, ne peut être faite sous forme d'amendement ou d'article additionnel à la loi de finances, à la loi relative aux contributions directes et aux lois portant ouverture ou annulation de crédit. »

Le droit d'initiative des sénateurs en matière financière se trouve très réduit par la disposition déjà citée de la loi constitutionnelle du 24 février 1875 (art. 8, § 2). Il importe encore ici de ne pas étendre outre mesure la portée de ce texte.

D'abord il est incontestable qu'un sénateur ne pourrait pas saisir pour la première fois le sénat d'une proposition d'ouverture d'un crédit isolé ou d'un crédit budgétaire, d'une proposition d'emprunt ou d'une proposition tendant à la création d'un impôt nouveau. A notre avis, les sénateurs ne peuvent pas non plus proposer au sénat de relever un crédit, budgétaire ou isolé, voté par la chambre, ni *a fortiori* de rétablir un crédit budgétaire refusé par la chambre. Une dépense nouvelle ne peut jamais être engagée sur l'initiative d'un sénateur. Voilà la règle essentielle. Elle serait violée si le sénat pouvait, sur l'initiative d'un de ses membres, relever ou rétablir un crédit voté ou refusé par la chambre. Mais le sénat peut relever le crédit voté par la chambre ou rétablir un

crédit refusé par elle quand la proposition de relèvement ou de rétablissement lui est faite par le gouvernement et que le chiffre proposé au sénat ne dépasse
pas le chiffre proposé primitivement à la chambre.
Alors en effet la règle de la priorité et de l'initiative
est parfaitement respectée : la loi financière a été
d'abord présentée à la chambre, et, d'autre part,
l'initiative du relèvement ou du rétablissement de
crédit ne vient pas d'un sénateur, mais du gouvernement.

Il est incontestable que l'initiative des sénateurs
peut s'exercer librement en matière financière, quand
elle tend à une diminution des crédits. Le sénat, en
matière financière, est avant tout chargé de s'opposer
aux entraînements toujours possibles de la chambre
des députés, en contact continuel avec le suffrage
universel et facilement tentée, dans un intérêt électoral, d'accroître les dépenses. Le gouvernement
démocratique coûte très cher : le sénat est chargé de
mettre un frein à l'entraînement des dépenses.

Enfin les sénateurs peuvent certainement faire au
sénat des propositions de loi qui ne sont pas précisément des lois financières, mais dont le vote entraînera
forcément une augmentation de dépenses.

Observation. — Le droit d'initiative gouvernementale et parlementaire est évidemment limité par
l'obligation de ne faire aucune proposition tendant à
faire voter un texte qui serait en contradiction avec
les lois constitutionnelles. C'est le président de la
chambre où est faite la proposition qui est chargé
d'en apprécier la constitutionnalité. Il peut toujours
demander à la chambre de repousser le projet ou la
proposition par la question préalable. Cf. § 108.

Le premier acte de la procédure parlementaire est
le renvoi du projet ou de la proposition à une commission qui l'étudiera et établira le texte sur lequel
portera la discussion en séance publique.

L'article 18 du règlement du sénat (texte de la résolution du 18 janvier 1921) porte : « Dès leur dépôt sur le bureau du sénat, les projets, propositions de loi, de résolution ou de motion seront renvoyés par le président à la commission compétente, sauf décision spéciale du sénat sur la proposition d'un de ses membres. » Sur les commissions du sénat, cf. § 106.

Les articles 20 à 24 du règlement de la chambre contiennent des dispositions analogues. Les projets de loi déposés par un des ministres au nom du gouvernement sont imprimés avec l'exposé des motifs et distribués. Sauf décision spéciale de la chambre, ils sont renvoyés à la commission permanente compétente. Toute proposition de loi ou de résolution faite par un député doit être formulée par écrit et précédée d'un exposé des motifs ; elle est remise au président qui, après en avoir donné connaissance à la chambre, la renvoie, sauf décision contraire de l'assemblée, à la commission permanente dans les attributions de laquelle elle rentre. Sur les commissions permanentes de la chambre, cf. § 106.

106. Les bureaux et les commissions. — Le sénat est divisé en neuf bureaux. Ils sont renouvelés chaque mois par voie de tirage au sort (Règl. sénat, art. 11). Après leur formation, les bureaux sont convoqués par décision du sénat sur la proposition du président. Chaque bureau nomme un président et un secrétaire. Chaque président peut convoquer son bureau.

Le rôle des bureaux pour l'étude des projets et propositions de loi est actuellement bien restreint; cette étude est faite par les commissions. Leur rôle consiste essentiellement dans la nomination des commissions.

A la chambre des députés, d'après le nouveau règlement voté le 4 février 1915, il n'y a plus de bureaux à titre permanent. Il n'y en a plus qu'à titre exceptionnel pour procéder à l'examen des élections en vue de la vérification de leur régularité par la chambre, et en outre quand la chambre le décide pour nommer une commission.

Aux termes de l'article 1er du règlement, au début d'une nouvelle législature, on procède par la voie du sort à la division de la chambre en onze bureaux, qui procèdent sans délai à l'examen des procès-verbaux d'élection.

Il est aussi procédé à la nomination des bureaux lorsque la chambre, en vertu de l'article 15 de son règlement, décide qu'en dehors des grandes commissions permanentes dont il sera parlé plus loin, sera constituée une commission permanente ou spéciale nommée dans les bureaux (Règl. chambre, art. 15 et 19).

Lorsque, dans l'un de ces deux cas, il y a lieu à la nomination des onze bureaux de la chambre, le président procède à cette opération en séance publique par la voie du sort. La liste est aussitôt affichée dans les couloirs (Règl. chambre, art. 17, § 1).

Les bureaux ne peuvent procéder à aucun vote que si le tiers au moins de leurs membres sont présents. Chaque bureau est présidé par le plus âgé des membres présents. Le plus jeune est appelé à remplir les fonctions de secrétaire (Règl. chambre, art. 17, §§ 2 et s.).

Les commissions. — De tout temps les assemblées politiques ont désigné quelques-uns de leurs membres pour faire une étude préliminaire des questions et leur présenter un texte devant servir de base à la discussion en séance publique.

Jusqu'à la résolution votée par la chambre des députés le 17 novembre 1902 dans nos deux assemblées, les commissions étaient en principe *spéciales* et *temporaires*. Elles étaient *spéciales*, c'est-à-dire qu'elles étaient nommées en vue de l'étude d'un ou de plusieurs points déterminés, et qu'elles ne pouvaient s'occuper que de la question en vue de laquelle elles avaient été nommées. Elles étaient *temporaires*, c'est-à-dire qu'elles disparaissaient du moment où la question en vue de laquelle elles avaient été nommées était résolue, du moment où le projet, la proposition en vue desquels elles avaient été constituées étaient votés ou repoussés.

Ce système des commissions temporaires et spéciales était la règle de notre droit parlementaire depuis la constitution de l'an III (art. 67). Il avait pour but d'éviter que des commissions permanentes ne prissent trop d'influence, n'empiétassent sur le domaine du gouvernement et ne portassent atteinte à sa liberté d'action. On voulait éviter le retour des abus et de la tyrannie des comités de la Convention et de la Constituante.

Depuis longtemps ce système des commissions spéciales et temporaires était critiqué. On reprochait à ces commissions leur inaction et leur lenteur; on disait que des propositions ou projets absolument connexes étaient confiés à l'examen de commissions différentes, d'où un défaut de coordination dans le travail, un véritable gaspillage de temps et d'efforts.

Depuis 1902, la chambre des députés pratique le système des grandes commissions permanentes, entre lesquelles sont réparties toutes les affaires; et ce n'est qu'à titre tout à fait exceptionnel qu'est nommée une commission spéciale. Pendant la guerre, c'est surtout par ces commissions permanentes que la chambre a exercé son contrôle sur le gouvernement; elles ont joué un rôle de premier ordre.

Par ses résolutions des 7 décembre 1911, 25 novembre 1920 et 18 janvier 1921, le sénat a créé de grandes commissions permanentes sur l'exemple que lui avait donné la chambre.

Commissions de la chambre des députés. — L'article 11 du règlement de la chambre est ainsi conçu : « Au début de chaque législature et de chaque session ordinaire, la chambre des députés nomme 20 grandes commissions permanentes, sans préjudice des autres commissions spéciales ou permanentes dont elle pourra décider la constitution. Ces commissions prennent les dénominations suivantes : 1° commission de l'administration générale, départementale et communale; 2° commission des affaires étrangères; 3° commission de l'agriculture; 4° commission de l'Algérie, des colonies et des protectorats; 5° commission d'Alsace et Lorraine; 6° commission de l'armée; 7° commission d'assurance et de prévoyance sociales; 8° commission du commerce et de l'industrie; 9° commission des comptes définitifs; 10° commission des douanes; 11° commission de l'enseignement et des beaux-arts; 12° commission des finances; 13° commission de l'hygiène; 14° commission de la législation civile et criminelle; 15° commission de la marine marchande; 16° commission de la marine militaire; 17° commission des mines et de la force motrice; 18° commission des régions libérées; 19° commission du travail; 20° commission des travaux publics et des moyens de communications.

A chaque commencement de session ordinaire, ces commissions sont renouvelées, mais leurs membres sont indéfiniment rééligibles, et aux termes de l'article 11 *bis* du règlement, les nouvelles commissions sont saisies de plein droit de tous les travaux dont étaient chargées les commissions qu'elles sont appelées à remplacer. Ainsi, on peut dire qu'en fait ces commissions restent permanentes pendant toute la durée de la législature.

Chaque commission se compose de 44 membres nommés au scrutin de liste par la chambre en assemblée générale. Mais l'élection par la chambre a lieu très rarement. En effet, l'article 12 du règlement permet à chacun des groupes politiques régulièrement constitués de remettre au président de la chambre la liste de leurs candidats aux grandes commissions, qu'ils doivent établir suivant une règle de proportionnalité. Les députés n'appartenant à aucun groupe sont convoqués par le président pour désigner leurs candidats. Les listes de candidats ainsi établies sont insérées au *Journal officiel*, à la suite du compte rendu *in extenso*, et si avant le jour fixé pour la nomination 50 députés ne s'y sont pas opposés par une déclaration écrite, ces listes sont considérées comme ayant reçu la ratification de la chambre. Dans le cas d'opposition, la chambre procède à un vote par scrutin de liste. Lorsque des vacances se produisent, chaque groupe désigne les candidats appelés à remplacer ses membres sortants et l'on procède comme il vient d'être dit (Règl., art. 12).

Aucun député ne peut faire partie simultanément de plus de deux grandes commissions permanentes (art. 13).

L'existence de commissions permanentes entre lesquelles peuvent être répartis tous les projets, toutes les propositions de loi, de résolution et de motion, ne fait pas obstacle à ce que la chambre institue, si elle le juge à propos, une ou plusieurs commissions spéciales. Ces commissions sont alors nommées, soit suivant la procédure qui vient d'être expliquée, soit au scrutin de liste en assemblée générale, soit dans les bureaux tirés au sort (Règl., art. 15).

En cas de conflit de compétence entre plusieurs commissions, le président soumet la question à la chambre qui peut décider que le projet ou la proposition sera examiné par ces commissions délibérant en commun, ou par une commission spéciale (Règl., art. 31).

Les grandes commissions permanentes nomment un président, quatre vice-présidents et six secrétaires. Elles sont saisies, sauf décision spéciale de la chambre, de tous les projets et propositions rentrant dans leur compétence (Règl., art. 21 et 23).

Dans toute commission, la présence au moins du quart de ses membres est nécessaire pour la validité de ses votes (Règl., art. 30, § 1).

Il est établi au moins deux fois par an un état des travaux de chaque grande commission permanente, état qui doit être inséré au *Journal officiel* (Règl., art. 35).

Après le renouvellement intégral de la chambre, les rapports sur
le fond déposés par les commissions de la précédente législature
peuvent être repris et renvoyés aux commissions nouvelles, soit
sur l'initiative des commissions elles-mêmes, soit sur l'initiative de
20 membres (Règl., art. 36).

Commissions du sénat. — Aux termes de l'article 15 du règlement du sénat, modifié par les résolutions des 25 novembre 1920 et
18 janvier 1921, le sénat, au début de chaque session ordinaire,
nomme pour une durée d'un an 11 commissions générales, qui
portent les dénominations suivantes : 1° commission de l'armée ;
2° commission de la marine ; 3° commission des affaires étrangères
et de politique générale des colonies et des protectorats ; 4° commission des douanes et des conventions commerciales ; 5° commission des chemins de fer, des transports et de l'outillage national ;
6° commission de l'agriculture ; 7° commission de l'enseignement ;
8° commission de l'hygiène, de l'assistance, de l'assurance et de la
prévoyance sociales ; 9° commission de législation civile et criminelle ; 10° commission de l'administration générale, départementale
et communale ; 11° commission du commerce, de l'industrie, du
travail et des postes.

En outre, le sénat nomme une commission générale, dite des
finances, chargée de l'examen du budget. Cette commission est
désignée après la distribution de l'exposé des motifs du budget de
chaque exercice et demeure en fonctions jusqu'à la nomination de
la commission suivante.

Les commissions générales du sénat sont composées chacune de
36 membres ; elles sont nommées suivant une procédure analogue
à celle suivie à la chambre. Six jours avant la date fixée pour la
nomination de ces commissions, les bureaux des groupes remettent au président du sénat la liste électorale de leurs membres. Nul
ne peut figurer à la fois sur deux listes électorales. Les sénateurs
n'appartenant à aucun groupe en avisent le président du sénat qui
les convoque pour qu'ils choisissent un président. Trois jours avant
la date fixée pour la nomination des commissions, les bureaux des
groupes et le président désigné par les sénateurs ne faisant partie
d'aucun groupe remettent au président du sénat la liste des candidats établie pour chaque commission suivant une règle de proportionnalité. Elles sont publiées au *Journal officiel.* Elles sont considérées comme ratifiées par le sénat si, avant le jour fixé pour la
nomination, 20 sénateurs ne s'y sont point opposés par une déclaration remise au président du sénat. En cas d'opposition, le sénat
procède au vote par scrutin de liste en assemblée générale.

Il est pourvu de même aux vacances qui viennent à se produire
dans les commissions générales.

Aucun sénateur ne peut appartenir simultanément à plus de deux
commissions générales (Règl., art. 20).

L'existence de commissions générales et permanentes laisse

intact le droit du sénat de nommer, quand il le juge à propos, des commissions spéciales, soit suivant la procédure qui vient d'être décrite, soit par les bureaux, soit au scrutin de liste en assemblée générale. Toute commission spéciale chargée de l'examen d'un projet de loi ou d'une proposition disparaît dès la promulgation de ladite loi au *Journal officiel* ou dès le retrait du projet ou de la proposition (art. 21 et 22).

Chaque commission nomme un président et, selon son importance numérique, un ou deux vice-présidents et un ou deux secrétaires (Régl., art. 23).

Au sénat comme à la chambre, les commissions permanentes ou spéciales ont une entière latitude pour la direction de leurs travaux : elles peuvent faire des enquêtes, demander des explications au gouvernement, aux administrations, aux bureaux des ministères, appeler les ministres à s'expliquer devant elles. C'est par là qu'elles peuvent être pour les chambres, non seulement un instrument pour la préparation des textes de lois, mais aussi un organe précieux pour l'exercice des pouvoirs de contrôle qui appartiennent constitutionnellement aux chambres sur tous les services publics et par lesquels elles ont pu pendant la guerre rendre au pays les plus éminents services.

Mais il importe de noter qu'une commission parlementaire ne peut faire des actes qui auraient le caractère juridictionnel, ni prendre des décisions qui auraient le caractère d'actes administratifs exécutoires.

Le travail d'une commission doit aboutir en principe à un texte de loi ou de résolution présenté au vote de la chambre. Ce texte est accompagné d'un rapport fait par un des commissaires, déposé sur le bureau de la chambre, lu en séance si la chambre le demande, plus souvent imprimé et distribué. Ce projet et ce rapport servent de base à la discussion en séance publique, où va se dérouler la troisième phase de la procédure parlementaire.

107. Les séances des chambres. — Conformément au principe précédemment indiqué, suivant lequel chaque chambre prend elle-même les mesures nécessaires pour assurer son fonctionnement, chaque

chambre fixe le lieu, la date et l'ordre du jour de ses
séances. Mais il est une règle qui s'impose aux chambres parce qu'elle a le caractère constitutionnel, c'est
celle de la publicité des séances.

Publicité des séances. — Le principe en est formulé
à l'article 5, § 1, de la loi constitutionnelle du 16 juillet
1875 : « Les séances du sénat et celles de la chambre
des députés sont publiques. » Cette règle est la conséquence même du principe représentatif et la condition
indispensable pour le fonctionnement normal du
système. Les chambres délibèrent au nom et pour le
compte de la nation ; il faut donc que la nation tout
entière connaisse l'objet et l'esprit de ces délibérations,
non seulement les décisions prises, mais aussi les raisons qui les ont inspirées.

Une tribune de 40 places environ est ouverte au public. Dans
les autres tribunes, on n'est admis que sur la présentation d'une
carte délivrée par la questure. La vraie publicité des séances parlementaires est assurée par le compte rendu *in extenso* publié par le
Journal officiel le lendemain de chaque séance. Le service sténo-
graphique de chaque chambre est placé sous la haute direction et le
contrôle du président et du bureau. D'autre part, un compte rendu
analytique établi par les secrétaires-rédacteurs est mis chaque soir
à la disposition des journaux de Paris et des départements. Enfin
un compte rendu sommaire est transmis par voie télégraphique, au
cours même de la séance, au président de la République, à l'autre
chambre et à son président.

Comité secret. — Les séances des chambres sont publiques, mais
aux termes de l'article 5, §§ 2 et 3, de la loi constitutionnelle du
16 juillet 1875 : « Chaque chambre peut se former en comité secret
sur la demande d'un certain nombre de ses membres fixé par le
règlement. Elle décide ensuite à la majorité absolue si la séance
doit être reprise en public sur le même sujet. »

Le sénat peut décider qu'il se formera en comité secret. La
demande doit être signée de cinq membres et remise au président.
La décision est prise par assis et levés sans débat. Quand le motif
qui a donné lieu au comité secret a cessé, le président consulte
le sénat sur la reprise de la séance publique (Règl. sénat, art. 45).

A la chambre des députés la demande de comité secret doit être
signée de vingt membres. Elle est remise au président ; la chambre
doit statuer sans débat. Quand le motif du comité secret a cessé, le
président consulte la chambre sur la reprise de la séance publique
(Règl. chambre, art. 54).

Depuis 1875 jusqu'à 1916, ni la chambre ni le sénat ne s'étaient

constitués en comité secret. Dans le courant de l'année 1915, la
question d'un comité secret, dans lequel seraient discutées les interpellations sur la situation militaire et diplomatique, fut très vivement agitée au parlement et dans la presse. Enfin, au printemps de
1916, la chambre et le sénat se sont constitués en comité secret
pour discuter ces interpellations. Du 16 au 22 juin 1916, la chambre
a tenu sept séances secrètes suivies d'un vote de confiance au ministère Briand émis en séance publique. Du 28 novembre au 7 décembre 1916, la chambre a tenu dix séances secrètes suivies encore d'un
vote de confiance au ministère Briand. Le 26 janvier 1917, nouveau
comité secret pour discuter les interpellations sur les affaires de
Grèce et le 28, nouveau vote de confiance au ministère Briand. Le
14 mars 1917, la chambre se constituait encore en comité secret
pour discuter une interpellation sur l'aéronautique militaire. A la
suite d'un incident à la séance publique suivant le comité secret, le
général Lyautey, ministre de la guerre donnait sa démission, ce qui
a entraîné la chute du ministère Briand. Du 29 juin au 6 juillet 1917,
la chambre a tenu encore sept séances en comité secret pour discuter des interpellations sur la situation militaire ; dans la séance
publique du 7 juillet, elle votait un ordre du jour de confiance au
ministère Ribot.

Du 4 au 9 juillet 1916, le sénat a tenu six séances en comité secret
pour discuter comme la chambre les interpellations relatives à la
guerre. En séance publique, le 9 juillet, il votait un ordre du jour
de confiance au ministère Briand. Du 19 au 23 décembre 1916, le
sénat tenait encore cinq séances en comité secret pour discuter
toujours des interpellations relatives à la guerre et encore en
séance publique il votait la confiance au ministère Briand.

On voit que les chambres ont considéré comme une règle constante qu'elles ne devaient pas voter en séance secrète et que, si les
discussions, dans l'intérêt du pays, pouvaient avoir lieu en comité
secret, les votes et les explications de vote devaient toujours avoir
lieu en séance publique.

Lieu des séances. — Chaque chambre détermine le
lieu de ses séances. Puisque chaque chambre est maîtresse de prendre toutes les mesures qu'elle croit
nécessaires pour sa sécurité, elle doit pouvoir déterminer librement le lieu de ses séances. Cependant elle
ne peut les tenir qu'à Paris ; mais, dans Paris, elle
peut les tenir où elle le juge convenable. La règle est
formulée à cet égard, dans des termes très clairs, par
l'article 2 de la loi du 22 juillet 1879 : « Le palais du
Luxembourg et le palais Bourbon sont affectés : le
premier au service du sénat ; le second à celui de la
chambre des députés. Néanmoins, chacune des deux

chambres demeure maîtresse de désigner, dans la ville de Paris, le palais qu'elle veut occuper. » L'article 1er de cette loi décide que le siège du pouvoir exécutif et des deux chambres est à Paris. Il ne peut appartenir à une chambre seule de modifier cette règle et de décider qu'elle siégera dans une autre ville que Paris. Mais, dans Paris, elle peut siéger où elle veut.

A cela cependant il y a une exception. Lorsque le sénat est constitué en haute cour de justice conformément à l'article 9 de la loi constitutionnelle du 24 février 1875 et à l'article 12 de la loi constitutionnelle du 16 juillet 1875, il désigne lui-même non seulement le local où il entend tenir ses séances, mais aussi la ville qui peut être autre que Paris. Le législateur a pensé qu'en pareil cas il pourrait être nécessaire pour la sécurité de la haute cour de justice qu'elle tînt ses séances ailleurs qu'à Paris et il lui laisse le soin d'apprécier elle-même ce point.

Date des séances. — Pendant la durée de la session, chaque chambre est absolument libre de déterminer comme elle l'entend le jour, l'heure et la durée de ses séances. Les sessions des deux chambres sont absolument identiques (L. const. 16 juillet 1875, art. 1er, § 2), mais les séances peuvent être fixées à des jours différents pour les deux chambres, qui peuvent aussi se donner des congés différents.

Ordre du jour. — En vertu de ces mêmes textes, les chambres fixent leur ordre du jour, c'est-à-dire les objets sur lesquels portera la discussion d'une séance déterminée. Le président prépare l'ordre du jour, mais chaque chambre le règle souverainement.

Délibérations. — Au sénat, tout projet de loi doit être soumis à deux délibérations qui doivent être séparées par deux jours au moins. S'il y a déclaration d'urgence, le texte n'est soumis qu'à une seule délibération (Règl. sénat, art. 65). La prescription relative aux deux délibérations ne s'applique pas au budget, aux lois des comptes, aux lois portant demande

de crédits spéciaux, aux lois d'intérêt local (Règl.
sénat, art. 71).

A la chambre des députés, les projets et les propositions de lois sont en principe soumis à une seule
délibération. Toutefois avant le vote sur l'ensemble
des projets ou des propositions, la chambre peut
décider, sur la demande d'un membre, qu'il sera procédé à une seconde délibération. Dans ce cas, les textes
votés en première lecture sont renvoyés à la commission qui doit présenter un nouveau rapport (Règl.
chambre, art. 82).

Procédure d'extrême urgence en temps de guerre. — Le
14 décembre 1916, le ministère Briand déposait à la chambre un
projet de loi tendant à donner au gouvernement le pouvoir de
statuer par décret sur des matières législatives (cf. *infra*, § 122). Ce
projet souleva une très vive émotion dans les milieux parlementaires. Le gouvernement n'insista pas et le projet n'est pas venu en
discussion. Mais à la suite d'un accord tacite avec le gouvernement,
la chambre a voté sans débat, dans la séance du 17 janvier 1917,
une résolution d'après laquelle, sur la demande du gouvernement,
le vote d'un projet de loi peut avoir lieu, en temps de guerre, dans
des conditions particulières, permettant même l'adoption immédiate.

108. Les votes. — La discussion étant achevée,
la clôture étant prononcée, il faut procéder au vote.

La question préalable. — La première question qui
doit être soumise au vote, c'est la question dite *question préalable*, quand elle est demandée. Comme son
nom l'indique, c'est la question de savoir *au préalable*
si tel point sera soumis à la discussion et au vote.
Aux termes de l'article 43, § 1, du règlement du sénat
et de l'article 49 du règlement de la chambre, « la
question préalable tendant à faire déclarer qu'il n'y a
pas lieu à délibérer peut toujours être proposée ».

Les questions préjudicielles, comme par exemple les
questions de priorité, d'ajournement, de renvoi à la
commission, de passage à la discussion des articles,
etc., etc., doivent être soumises au vote avant la
question principale (Règl. chambre, art. 50).

Vote sur le fond. — Le président donne lecture du
texte sur lequel la chambre doit voter. La division est

de droit; cela veut dire que si le texte proposé se compose de différents membres de phrase exprimant des idées distinctes, le président doit soumettre séparément au vote ces différents membres de phrase. Il le doit alors même que la division n'est demandée que par un seul membre. S'il y a eu division, il doit y avoir un vote sur l'ensemble du texte (Règl. sénat, art. 61 ; chambre, art. 52). Lorsque le texte proposé comprend plusieurs articles, on vote par articles; et il doit toujours y avoir un vote sur l'ensemble des articles (Règl. sénat, art. 60; chambre, art. 84).

Dans les deux chambres, le vote par assis et levés est de droit. C'est la forme habituelle et normale du vote. Malgré cette expression, le vote a lieu en général à mains levées; les secrétaires comptent les votes, et le président en proclame le résultat.

Le vote au scrutin public est celui qui permet de connaître le sens dans lequel vote chaque membre. Pour cela, tous les députés et tous les sénateurs ont à leur disposition des cartes blanches et des cartes bleues sur lesquelles est inscrit leur nom. Les huissiers font circuler des corbeilles dans lesquelles ceux qui votent *pour* mettent une carte blanche, ceux qui votent contre une carte bleue. Avec ce système, il est aisé d'établir rapidement le résultat du vote et l'on connaît le sens dans lequel chacun a voté. Le *Journal officiel*, à la suite du compte rendu, publie le résultat des scrutins avec l'indication des votes de chaque membre.

Au sénat, le vote a lieu au scrutin public : 1° après deux épreuves douteuses de vote par assis et levés; 2° sur l'ensemble de tout projet de loi portant ouverture de crédit autre que ceux d'intérêt local; 3° lorsque la demande en est faite par écrit et signée par 10 sénateurs. Le vote au scrutin public peut être demandé en toute matière, excepté certaines matières énumérées par l'article 51 du règlement : censure, prise en considération des amendements, fixation des interpellations, etc... (Règl. sénat, art. 47-53).

A la chambre, le vote a lieu au scrutin public :
1° après deux épreuves douteuses par assis et levés ;
2° sur l'ensemble de tout projet de loi portant ouverture de crédit autre que ceux d'intérêt local ; 3° sur
l'ensemble de tout projet de loi portant établissement
ou modification d'impôt ; 4° quand 20 députés le
demandent par demande écrite et signée ; 5° quand
après une épreuve douteuse la demande est faite ora-
lement par un seul membre. Il ne peut être procédé
au vote au scrutin public sur la censure d'un député,
sur le retrait de parole à un député, sur une question
de rappel au règlement (Règl. chambre, art. 68-77).

Quorum. — Pour qu'un vote soit valable, il faut,
quelle que soit d'ailleurs sa forme, que la moitié plus
un des membres composant légalement la chambre
considérée soient présents. Le sénat se composant du
nombre fixe de 314 sénateurs, il faut qu'au moins
158 sénateurs soient présents. Pendant la législature
actuelle, le nombre légal des députés étant de 602, le
quorum à la chambre est de 302. Le *quorum* au sénat
et à la chambre est exigé pour le vote, mais point
pour la délibération.

Au cas où un vote est impossible par défaut de
quorum, un second tour de scrutin sur le même objet
a lieu à la séance suivante et le vote est valable quel
que soit le nombre des votants (Règl. chambre,
art. 80).

Obligation du vote. — Tous les membres de la chambre et du sénat sont évidemment obligés de voter. Il
faut qu'ils accomplissent leur fonction, et elle consiste
essentiellement dans le fait de voter. Ou sous une
autre forme, étant parties composantes du parlement,
ils doivent forcément coopérer à l'œuvre du parlement, qui se traduit dans des décisions prises par le
moyen des votes. Il peut se faire cependant que la
question soit posée de telle sorte que s'abstenir soit
encore exprimer une opinion ; les députés ou sénateurs
peuvent alors certainement s'abstenir et même expli-

quer à la tribune la raison de leur abstention. Il est
de règle que le président ne prend part à aucun vote.

109. Les relations des chambres entre elles. —
Les deux chambres participent de la même manière à
la confection des lois; il n'y a de loi que lorsque le
même texte a été voté par les deux chambres siégeant
séparément. Ce système constitutionnel implique des
rapports continuels entre les deux parties du parlement, et ces rapports peuvent donner naissance à de
sérieuses difficultés. Cependant ni les Chartes de 1814
et de 1830, ni le sénatus-consulte constitutionnel du
21 mai 1870, qui créaient deux chambres dans les mêmes
conditions que les lois constitutionnelles de 1875, ni
ces dernières ne contiennent des dispositions réglant
les relations des chambres entre elles. En l'absence
de dispositions constitutionnelles ou légales, se sont
formées de 1814 à 1848, sous l'action de la jurisprudence parlementaire, une série de règles coutumières,
dont beaucoup ont été consacrées par les règlements
de nos chambres (sénat, art. 125-131; chambre,
art. 104 à 110). La plupart de ces règles eussent mieux
trouvé leur place dans la constitution ou du moins
dans une loi ordinaire sur les rapports des pouvoirs
publics.

Deux idées générales dominent toute cette jurisprudence parlementaire et cette réglementation. C'est
d'abord cette idée que les chambres sont égales entre
elles, qu'elles ont les mêmes pouvoirs, les mêmes
prérogatives, sauf les restrictions expressément établies par la loi, qu'elles doivent avoir la même indépendance à l'égard l'une de l'autre et à l'égard du
gouvernement. La seconde idée qui se rattache d'ailleurs à la première, c'est qu'il existe un véritable
devoir de déférence de chacune des deux chambres
à l'égard de l'autre. A ces deux idées se rattachant les
règles suivantes :

1° Ce qui a été dit ou fait dans une chambre ne
peut jamais être l'objet d'une interpellation, d'une
discussion ou d'un vote dans l'autre chambre.

2° Lorsque les deux chambres sont saisies en même temps de projets ou de propositions de loi portant sur le même objet, si la délibération est commencée à l'une des chambres, l'autre chambre ne met le projet ou la proposition à son ordre du jour que lorsque le vote définitif est intervenu dans la chambre qui la première a commencé à délibérer. Cette règle a été introduite par la jurisprudence parlementaire, et elle a été consacrée par les règlements des deux chambres (sénat, art. 125; chambre, art. 104).

3° Lorsque la chambre saisie la première d'un projet ou d'une proposition a déclaré l'urgence, la chambre saisie en second lieu doit être consultée sur la question d'urgence.

Transmission du texte voté par une chambre à l'autre chambre. — Ce point très important est fixé uniquement par les règlements des chambres. Il faut distinguer entre les projets et les propositions.

S'il s'agit d'un projet, le texte voté par la chambre saisie en premier lieu est transmis par le président de cette chambre au ministre qui en a fait la présentation, et c'est ce ministre qui doit le transmettre à l'autre chambre et l'en saisir. Si dans le délai d'un mois le projet n'a pas été présenté à l'autre chambre par le ministre compétent, le président de la chambre qui l'a voté en premier lieu le transmet lui-même (Règl. sénat, art. 126, §§ 1 et 2; Règl. chambre, art. 105, §§ 2 et 3).

Pour les propositions dues à l'initiative parlementaire, la transmission du texte voté par l'une des chambres se fait directement par le président de l'une au président de l'autre. Le gouvernement doit être avisé de cette transmission (Règl. sénat, art. 126, § 3; chambre, art. 105, § 1).

Désaccord entre les chambres. — Si après cette transmission la chambre saisie en second lieu vote le texte déjà voté par la chambre saisie en premier lieu, l'œuvre du parlement se trouve achevée, le président de la chambre qui a voté en dernier lieu transmet le texte ainsi voté par les deux chambres, par l'intermédiaire du ministre compétent, au président de la République qui fera la promulgation conformément à l'article 7 de la loi constitutionnelle du 16 juillet 1875 (cf. § 120). Mais il y a souvent désaccord.

Si le texte voté par l'une des chambres est repoussé en bloc par l'autre, il n'y a rien de fait; la loi est repoussée; et devant ni l'une ni l'autre chambre le projet ou proposition ne peut être repris avant l'expiration du délai de trois mois. Ce délai ne s'impose bien entendu qu'à l'initiative parlementaire; le gouvernement conserve intact son droit d'initiative constitutionnel (Règl. sénat, art. 131; chambre, art. 110).

Mais l'hypothèse la plus fréquente est celle où le texte est voté par les deux chambres dans des termes différents. Il n'y aura loi que lorsque le même texte sera voté par les deux chambres. Il faut donc arriver à une entente. S'il s'agit d'un projet de loi dû à l'initiative du gouvernement, celui-ci peut porter indéfiniment le projet de l'une à l'autre chambre, et insister auprès de chacune pour que par des concessions réciproques on arrive à voter un texte identique. Les exemples ne sont pas rares où le gouvernement a transmis, pendant un certain temps, le projet de loi de l'une à l'autre chambre, jusqu'à ce qu'elles soient arrivées à une entente.

Les règlements des chambres (sénat, art. 129 et 130; chambre, art. 107-109) ont établi un système consistant essentiellement dans la réunion d'une conférence interparlementaire, destinée à faciliter l'entente.

Ce système est ainsi réglé par les articles précités du règlement de la chambre : — Lorsqu'un projet de loi voté par la chambre des députés a été modifié par le sénat, la chambre peut décider qu'une commission sera chargée de se réunir avec une commission du sénat à l'effet de s'entendre sur un texte commun. Si les deux chambres s'entendent sur un texte, la commission nommée par la chambre fait un rapport. La chambre délibère sur cette nouvelle rédaction. Si la chambre des députés a repoussé la proposition d'une conférence, le projet ne peut être de nouveau porté à l'ordre du jour avant le délai de deux mois que sur l'initiative du gouvernement.

E. *Attributions des chambres.*

110. Attributions de contrôle. — Dans le système parlementaire que le législateur de 1875 a voulu établir en France, les chambres exercent un contrôle continuel sur les actes du gouvernement. Cf. § 52. La sanction de ce contrôle consiste dans la responsabilité des ministres, responsabilité politique, pénale et civile qui sera étudiée plus loin (§§ 127 et 128). On doit étudier ici seulement les moyens qui appartiennent aux chambres pour exercer ce contrôle.

Les droits des chambres sont absolument égaux. Ce n'est pas à vrai dire le parlement, c'est chacune des chambres qui exerce ce contrôle. On verra que la question a été discutée de savoir si la sanction de ce contrôle est la même devant le sénat et devant la chambre, et notamment de savoir si un ministère est obligé de se retirer après un vote de défiance émané du sénat. Mais tout le monde a toujours reconnu que les moyens par lesquels ce contrôle est mis en œuvre sont exactement les mêmes devant les deux chambres.

Les deux moyens les plus efficaces, qui appartiennent aux chambres pour exercer leur droit de contrôle sur le gouvernement, sont assurément la discussion et le vote annuel du budget, et d'autre part la discussion et le vote des comptes des ministres. Par là, en effet, les chambres peuvent examiner toutes les parties du vaste organisme qui constitue l'administration d'un grand pays comme la France et contrôler l'emploi des crédits ouverts par elles.

Communication de pièces. — Le gouvernement a toujours le droit de faire aux chambres les communications qu'il juge utiles. Mais chaque chambre peut toujours inviter le gouvernement à lui communiquer toutes les pièces et documents concernant une affaire

déterminée, diplomatique ou autre. Le gouvernement
fait ou refuse cette communication sous la sanction
de sa responsabilité.

Les questions. — La question est l'acte par lequel
un membre d'une chambre demande à un ministre
des explications sur un point déterminé.

La question n'interrompt pas l'ordre du jour. D'où
il résulte qu'elle ne peut être posée qu'au début ou à
la fin d'une séance. Il en résulte aussi qu'un véritable
débat ne peut pas s'établir à l'occasion d'une question. Le ministre questionné répond à la question et
seul l'auteur de la question peut parler après lui et
encore sommairement (Règl. sénat, art. 80 ; chambre,
art. 118 et 120).

Enfin, l'ordre du jour n'étant pas interrompu, il ne
peut pas y avoir vote d'un ordre du jour. La question
reste donc dépourvue de sanction. Malgré cela, une
question opportunément posée peut constituer un
moyen de contrôle très effectif. D'autre part, une
question peut toujours être transformée en interpellation, sur la demande de l'auteur de la question ou
d'un autre membre. Il faut bien entendu que la
chambre vote cette transformation.

Tout en laissant subsister les questions orales, la
chambre a introduit, le 30 juin 1909, le système des
questions écrites. Il est aujourd'hui ainsi réglé par les
articles 118 et 119 du nouveau règlement de la chambre
voté le 29 janvier 1915.

« Tout député peut poser à un ministre des questions écrites ou orales. Les questions écrites, sommairement rédigées, sont remises au président de la
chambre. Dans les huit jours qui suivent leur dépôt,
elles doivent être imprimées avec les réponses faites
par les ministres. Les ministres ont la faculté de
déclarer par écrit que l'intérêt public leur interdit de
répondre ou, à titre exceptionnel, qu'ils réclament un
délai pour rassembler les éléments de leur réponse. »

Dans sa séance du 7 décembre 1911, à l'exemple de

la chambre, le sénat a adopté le système des questions
écrites. Il est tout à fait analogue à celui de la chambre (Règl. sénat, art. 80).

Les interpellations. — L'interpellation est l'acte par
lequel un membre d'une chambre met en demeure
un ministre de s'expliquer soit sur la politique générale du gouvernement (elle est alors adressée au président du conseil), soit sur un point déterminé. C'est
un moyen très énergique qui appartient aux chambres
d'exercer leur droit de contrôle permanent sur le gouvernement.

Aucun texte de nos lois constitutionnelles de 1875
ne consacre expressément le droit d'interpellation.
Mais on peut dire que l'article 4, § 1, de la loi du
13 mars 1873 est toujours en vigueur. Et d'autre part,
s'il est une règle coutumière incontestable du droit
parlementaire, c'est celle qui consacre le droit d'interpellation. Il faut ajouter qu'il est la conséquence
logique de la responsabilité ministérielle, parce qu'il
est le moyen par excellence de la mettre en œuvre.

L'interpellation peut porter sur tout objet parce
que le droit de contrôle des chambres s'exerce sur
tous les actes du gouvernement. Mais évidemment
elle ne peut pas avoir un objet contraire à la constitution. C'est ainsi, par exemple, que ne serait pas
recevable une demande d'interpellation tendant à
discuter l'attitude personnelle du président de la République, le président de la République étant politiquement irresponsable. Il est vrai qu'il est parfois difficile en fait de savoir si l'interpellation vise les actes
personnels du président de la République ou les actes
du gouvernement. C'est un point que le président de
la chambre et la chambre auront à apprécier. Les
choses se passeront comme pour l'inconstitutionnalité
des propositions de loi.

L'interpellation, quand le ministre y répond, donne
lieu à une véritable discussion où tous les ministres
et tous les membres de la chambre peuvent prendre

la parole. Elle se termine par le vote d'un ordre du
jour, qui permet à la chambre de faire connaître son
opinion.

Le vote de tel ou tel ordre du jour peut entraîner
pour le ministère l'obligation de se retirer. L'ordre du
jour motivé est toujours l'indication de la ligne de
conduite politique que doit suivre le ministère. Mais
cependant le ministère n'est point obligé de faire connaître aux chambres les suites données par lui aux
ordres du jour votés comme conclusion des interpellations. Tout député, tout sénateur a du reste le
droit de demander aux ministres des explications à
cet égard et même d'adresser une nouvelle interpellation.

Sur les interpellations, cf. Règl. sénat, art. 81-85; chambre,
art. 111-117.

Les commissions d'enquête parlementaire. — Chaque
chambre a le droit de nommer une commission composée de membres pris dans son sein pour faire une
enquête sur les actes du gouvernement ou le fonctionnement de tel ou tel service public. Les chambres
nomment en fait assez fréquemment aussi des commissions d'enquête pour rechercher si une élection a
été faite régulièrement. Enfin parfois les chambres
nomment une commission d'enquête pour étudier, en
vue de la législation à faire, une question économique
ou financière. Dans ces deux derniers cas, la nomination de la commission d'enquête ne se rattache pas
aux pouvoirs de contrôle appartenant aux chambres.
Il convenait cependant de les rappeler, parce que ce
qui sera dit ici sur les pouvoirs des commissions
d'enquête parlementaire s'applique quel que soit le
but en vue duquel les commissions sont nommées.

En France, l'enquête peut être ordonnée par chacune des deux chambres, et par une simple résolution.
C'est logique, puisque l'enquête est avant tout la mise
en œuvre du pouvoir de contrôle, et que ce pouvoir
appartient à chacune des deux chambres, prise sépa-

rément et dans des conditions égales. Rien ne s'oppose
d'ailleurs à ce que l'enquête soit ordonnée par une
loi.

Quant à l'objet sur lequel peut porter une enquête,
il doit être déterminé d'après la règle suivante : l'enquête ne peut porter que sur le fonctionnement même
d'un service public, mais peut porter sur le fonctionnement de tout service public. La commission d'enquête peut faire tous les actes tendant à se rendre
compte de la manière dont fonctionnent les services
publics; mais elle ne peut faire aucun acte qui soit
normalement et légalement de la compétence de fonctionnaires administratifs ou judiciaires. Cette proposition est la conséquence directe de ce que le pouvoir
d'enquête dérive du pouvoir de contrôle. Il ne peut
avoir plus d'étendue que lui. La chambre surveille le
fonctionnement de tous les services publics, sous la
sanction de la responsabilité ministérielle; mais elle
ne peut faire ni par elle-même ni par ses commissions
des actes rentrant dans la compétence des fonctionnaires attachés à ces services.

C'est conformément à cette idée générale que doivent être déterminés les pouvoirs de la commission
d'enquête. Celle-ci a évidemment le droit d'exiger de
la part du gouvernement et de toutes les administrations, même des parquets, la communication de
toutes les pièces et documents qui lui paraîtraient
nécessaires pour mener à bonne fin la mission que
lui a confiée la chambre.

Toujours en vertu de la même idée, tous les fonctionnaires administratifs et judiciaires sont tenus de
déférer à la citation à eux adressée et de venir déposer
devant la commission d'enquête sur les faits se rattachant à leur service. C'est une obligation qui dérive
de leur fonction même. Le fonctionnaire quel qu'il
soit, qui refuse de comparaître devant une commission d'enquête parlementaire ou qui, ayant comparu,
refuse d'y déposer, commet certainement une faute

disciplinaire, qui pourra être punie conformément aux lois et règlements s'appliquant à sa fonction.

Au contraire, les simples particuliers ne sont point tenus de comparaître et de témoigner devant une commission d'enquête parlementaire. Citer un témoin, le contraindre à venir déposer est un acte rentrant dans la compétence de magistrats et de juridictions déterminés par la loi. Une commission d'enquête n'a pas le pouvoir de se substituer à ces magistrats ou juridictions.

Cependant une loi du 23 mars 1914, votée après de violents incidents parlementaires, provoqués par une affaire financière (l'affaire Rochette) qui à l'époque fit grand bruit, permet à la chambre qui nomme une commission d'enquête de lui donner des pouvoirs analogues à ceux appartenant à une juridiction d'instruction.

Quand la chambre, qui a nommé une commission d'enquête, lui a donné expressément ces pouvoirs, toute personne citée comme témoin est tenue de déférer à la citation qui lui est délivrée par un huissier ou par un agent de la force publique, à la requête du président de la commission. Le témoin défaillant est puni d'une amende de 100 à 1.000 francs et en outre il peut être, sur les réquisitions de la commission, l'objet d'un mandat d'amener délivré par le procureur de la République. Le refus de prestation de serment est puni de la même peine et le faux serment tombe sous l'application de l'article 363 du code pénal; le coupable de subornation de témoins est puni de la même peine que le faux témoin. Les procès-verbaux constatant ces infractions sont transmis au garde des sceaux à toutes fins utiles (L. 23 mars 1914).

Il importe de noter que ces pouvoirs n'appartiennent aux commissions d'enquête que lorsqu'ils leur ont été expressément conférés par la chambre qui les nomme. Même ainsi réduites, les dispositions de cette loi cadrent assez mal avec le principe de la séparation des chambres et de l'ordre judiciaire.

Commissions de contrôle et de surveillance. — Les chambres peuvent aussi nommer des commissions chargées spécialement de contrôler et de surveiller le fonctionnement de tel ou tel service. C'est la conséquence naturelle de leur pouvoir de contrôle. Mais il est évident qu'une pareille pratique est susceptible de présenter certains inconvénients parce que l'intervention des commissaires ainsi nommés peut entraver ou du moins gêner l'action gouvernementale. C'est une question de mesure pour la solution de laquelle on ne peut formuler aucune règle générale. Elle doit être résolue en fait par un accord du gouvernement et de la chambre qui nomme la commission, le gouvernement devant conserver sa liberté d'action tout en facilitant aux commissaires l'accomplissement de leur mission et ceux-ci devant s'abstenir d'une intervention active et se borner à leur rôle de contrôleurs et de surveillants.

Du contrôle parlementaire pendant la guerre. — Pendant la guerre, cette question des pouvoirs de contrôle des chambres a donné lieu à beaucoup de discussions. Dès le commencement de l'année 1915, la chambre des députés et le sénat invoquèrent leurs pouvoirs de contrôle, prétendant l'exercer non seulement sur les services de l'intérieur, mais encore sur l'action diplomatique du gouvernement et aussi sur la direction générale des opérations militaires. Des groupes importants de la chambre demandaient que les interpellations sur les affaires diplomatiques et militaires fussent discutées en comité secret. Pendant toute l'année 1915 et les premiers mois de l'année 1916, le gouvernement s'y opposa. Il répondait qu'il y aurait de graves inconvénients à discuter en séance plénière, même en comité secret, des interpellations touchant la situation diplomatique et la conduite des opérations militaires, qu'il ne contestait point les pouvoirs de contrôle du parlement, qu'il demandait même au parlement de les exercer, mais qu'il les exerçait bien plus utilement par l'intermédiaire des grandes commissions parlementaires de l'armée, des finances, des affaires étrangères, que par des discussions en séance générale.

Finalement, le gouvernement fut obligé de céder; il accepta de discuter en comité secret toutes les interpellations à lui adressées relatives à la guerre (Cf. § 107).

A la suite des séances tenues en comité secret du 14 au 22 juin 1916, la chambre vota le 22 juin un ordre du jour de confiance au ministère Briand, dont deux paragraphes sont ainsi conçus :

« ... Tout en s'abstenant strictement d'intervenir dans la conception, la direction ou l'exécution des opérations militaires, la chambre entend veiller à ce que, en vue de ces opérations, la préparation des moyens offensifs et défensifs, industriels et militaires, soit poussée avec un soin, une activité et une prévoyance correspondant à l'héroïsme des soldats de la République... Elle décide d'instituer et d'organiser une délégation directe qui exercera, avec le concours du gouvernement, le contrôle effectif et sur place de tous les services ayant la mission de pourvoir aux besoins de l'armée. »

En prenant une pareille décision, la chambre n'excédait aucunement la limite de ses pouvoirs constitutionnels.

Dans la séance du 9 juillet 1916, le sénat affirma aussi nettement ses pouvoirs généraux de contrôle. Dans l'ordre du jour de confiance voté à cette date, il était dit : « Le sénat compte sur le gouvernement pour prendre avec la collaboration des chambres et des grandes commissions parlementaires, dont le contrôle permanent est indispensable, toutes les mesures d'organisation et d'action qui rapprocheront l'heure de la victoire. »

Quand la chambre voulut organiser la délégation directe de contrôle qu'elle avait instituée par son ordre du jour du 22 juin 1916, elle se trouva en présence de très grosses difficultés. Après de longues et de vives discussions, elle finit par adopter un système de contrôle qui impliquait au fond l'abandon de la délégation spéciale. Elle votait, en effet, le 27 juillet 1916, sur la proposition de M. Charles Chaumet, la résolution suivante : « La chambre délègue à ses grandes commissions les pouvoirs nécessaires pour exercer le contrôle effectif et sur place dans le cadre de leurs attributions et dans les conditions prévues par l'ordre du jour du 22 juin. Le gouvernement est invité à faire assurer aux délégués au contrôle le libre et complet exercice de leur mandat ainsi que toutes les facilités nécessaires à son exécution. Les délégués rendent compte par écrit de chacune de leur mission aux commissions compétentes, qui transmettent le compte rendu au gouvernement et en saisissent la chambre par des rapports d'ensemble au moins une fois par trimestre » (Séance de la chambre, 27 juillet 1916).

Étendue et sanction du contrôle parlementaire. — La sanction du contrôle parlementaire réside essentiellement dans la responsabilité des ministres, qui peut être politique, pénale et civile. Cf. §§ 128 et 129.

Le texte essentiel des lois constitutionnelles concernant la responsabilité des ministres est l'article 6, § 1, de la loi constitutionnelle du 25 février 1875 ainsi conçu : « Les ministres sont solidairement responsables devant les chambres de la politique générale du gouvernement et individuellement de leurs actes personnels. » Ce texte détermine en même temps d'une manière très nette l'étendue des pouvoirs de contrôle.

Les chambres peuvent contrôler la politique générale du gouvernement. Il est d'ailleurs difficile de définir ce qu'on appelle ainsi. Tout ce que l'on peut dire, c'est que chaque chambre est appelée à dire si elle approuve ou désapprouve l'objectif qui inspire l'ensemble des actes du gouvernement, aussi bien à l'intérieur du pays que dans ses relations extérieures. Cette politique générale peut d'ailleurs apparaître à l'occasion d'un acte tout individuel, par exemple la nomination ou la révocation d'un préfet ou d'un ambassadeur, une négociation engagée avec un pays étranger sur un point particulier. Cet acte tout individuel peut cependant révéler les tendances générales qui inspirent le gouvernement et à l'occasion d'un pareil acte les chambres peuvent être amenées à se prononcer sur l'ensemble de la politique gouvernementale.

Quand le contrôle s'exerce sur la politique générale du gouvernement, la sanction est la responsabilité politique et solidaire du cabinet tout entier. Si la chambre désapprouve cette politique, soit expressément, soit implicitement, à l'occasion d'une proposition ou d'un acte particulier révélant cette politique, le ministère tout entier doit se retirer et non pas seulement le ou les ministres plus spécialement visés par le vote de la chambre.

Le point de savoir si le vote de la chambre implique un désaveu de la politique générale du gouvernement est une question de fait. Depuis quelques années il est de règle que le ministère ne doit se retirer en entier que lorsque, avant le vote, le président du conseil a posé la question de confiance. C'est une pratique parlementaire; mais ce n'est point une règle constitutionnelle. Aussi, bien que la question de confiance n'ait pas été posée, il peut arriver que les choses se soient passées de telle manière qu'on puisse se demander si l'intention de la chambre n'a pas été de condamner la politique générale du gouvernement. Il appartiendrait alors au président de la République, politiquement irresponsable et placé au-dessus des partis, d'apprécier la situation et de demander au ministère sa démission collective s'il estimait qu'il a perdu la confiance des chambres ou de l'une d'elles.

Le contrôle du parlement, aux termes mêmes de l'article 6, § 1 précité, de la loi constitutionnelle du 25 février 1875, peut s'exercer sur les actes personnels de chacun des ministres et certainement, en conséquence, sur le fonctionnement de tous les service publics relevant de chaque ministère. Chaque ministre est le chef responsable de tous les services publics ressortissant à son département; il doit leur donner la direction générale ; il doit par ses ordres et ses instructions en assurer le bon fonctionnement, et cela sous la sanction de sa responsabilité personnelle devant les chambres.

La responsabilité des ministres est alors individuelle. Si les actes reprochés aux ministres sont des infractions ou ont occasionné un préjudice à l'Etat ou à un particulier, la responsabilité pénale ou la responsabilité civile peuvent être mises en jeu (cf. § 129). Dans le cas contraire, la sanction du contrôle parlementaire consiste seulement dans l'obligation pour le ministre de se retirer quand il est spécialement visé par le vote de l'une des chambres.

Cette responsabilité individuelle des ministres se distingue ainsi bien nettement, d'une part de la responsabilité politique et solidaire du cabinet, et d'autre part de la responsabilité pénale ou civile de chaque ministre. On pourrait l'appeler la responsabilité *administrative*.

On a quelquefois prétendu que cette responsabilité individuelle administrative des ministres n'existe pas constitutionnellement, qu'il n'y a pas de place pour une responsabilité ministérielle entre la responsabilité politique et solidaire et la responsabilité pénale ou civile. Cette opinion n'est pas soutenable devant les termes de l'article 6, § 1, de la loi constitutionnelle du 25 février 1875, qui déclare expressément les ministres responsables *individuellement* devant les chambres de leurs actes personnels, et qui certainement ne vise par ces termes ni la responsabilité pénale, ni la responsabilité civile, puisque, on le verra plus loin, ce n'est qu'indirectement et partiellement que la responsabilité pénale et la responsabilité civile s'exercent devant les chambres.

L'article 6, § 1, de la loi constitutionnelle du 25 février 1875 consacre ainsi formellement le pouvoir des chambres de contrôler directement le fonctionnement de tous les services publics ; et leur intervention active pour la surveillance de ces services, soit en temps de paix, soit en temps de guerre, est de tout point constitutionnelle.

Les pouvoirs de contrôle des deux chambres sont identiques et ont la même sanction. — La chambre et le sénat ont exactement les mêmes pouvoirs de contrôle et ils s'exercent de la même manière devant l'une et l'autre assemblées.

Mais on a parfois soutenu que si les deux chambres avaient les mêmes pouvoirs de contrôle, ces pouvoirs n'avaient pas la même sanction au sénat qu'à la chambre des députés. On a dit : les ministres sont obligés de se retirer devant un vote de défiance de la chambre des députés ; ils ne le sont pas devant un vote du sénat ; malgré ce vote, ils peuvent constitutionnellement garder le pouvoir ; la chambre seule peut renverser un ministère, le sénat ne le peut pas.

En ce sens, Esmein, *Droit constitutionnel*, 7ᵉ édit., 1921, II, p. 234 et s.

Esmein développe longuement cette opinion. Son principal argument consiste à dire que les auteurs de la constitution de 1875 ont voulu transporter en France le système parlementaire anglais, que la chambre haute anglaise, la chambre des lords, ne peut pas renverser un ministère, que la chambre haute française, le sénat, ne peut pas avoir plus de droit.

L'argument est sans valeur, parce que si l'Angleterre est le premier pays européen qui ait pratiqué le régime parlementaire et si sa constitution coutumière a sur certains points servi de modèle à la France, cependant notre constitution se suffit à elle-même. D'autre part, le sénat français est électif à la différence de la chambre des lords; et si l'on comprend qu'une chambre nommée par le monarque ne puisse pas renverser le cabinet, on ne voit pas pourquoi une chambre élue au suffrage universel, même à deux degrés, comme le sénat français, ne le pourrait pas.

D'autre part, l'article 6, § 1, de la loi constitutionnelle du 25 février 1875 ne dit pas : les ministres sont responsables devant la chambre des députés, mais bien : les ministres sont responsables devant *les chambres*. La portée de cette formule ne peut être douteuse quand on sait que l'idée dominante dans l'esprit de la majorité de l'assemblée nationale, constamment exprimée au cours des discussions constitutionnelles, était celle de l'égalité absolue des deux chambres.

Un autre argument d'Esmein consiste à dire : il y a correspondance entre le caractère dissoluble d'une assemblée et son pouvoir de renverser un ministère. La chambre des députés peut être dissoute par le gouvernement, elle peut renverser le ministère; le sénat ne peut être dissous, il ne peut pas renverser le ministère. Théoriquement, ce raisonnement est soutenable; mais il est en contradiction absolue avec l'idée qui a inspiré nos lois constitutionnelles. Si elles ont décidé que le sénat ne pourrait être dissous et que le président de la République ne pourrait dissoudre la chambre qu'avec le concours du sénat, ce n'est point pour que le sénat ait moins de pouvoirs que la chambre, bien au contraire; c'est pour que, au cas de conflit, le sénat ait la prépondérance. Dès lors, c'est méconnaître l'idée essentielle qui a inspiré notre constitution que de prétendre que les pouvoirs de contrôle du sénat sur le ministère n'ont pas pour sanction l'obligation pour les ministres de se retirer au cas de désaccord.

D'ailleurs, aujourd'hui, l'opinion d'Esmein est généralement abandonnée en théorie. Et en pratique il ne fait pas de doute que le sénat peut constitutionnellement, tout comme la chambre, renverser le cabinet. Les présidents du conseil ont souvent posé la question de confiance devant le sénat, notamment M. Briand dans la séance du 18 mars 1913; le même jour, le ministère se retirait après le vote par le sénat de l'amendement Peytral repoussant le principe de la représentation proportionnelle. Le 30 juin 1923, M. Poincaré posait la question de confiance devant le sénat à propos du budget biennal de 1923-1924.

111. Attributions législatives et administratives. — Nous voulons désigner par là tous les actes soit de la fonction législative, soit de la fonction administrative, comprises *au point de vue matériel*, faits par les chambres en la forme législative : établissement d'un dispositif identique voté séparément dans chaque chambre et promulgué par le président de la République. Tout acte ainsi fait par les chambres a le même caractère formel, quelle que soit sa nature intrinsèque. Qu'il soit au fond un acte législatif ou un acte administratif, aucun recours contentieux n'est possible contre lui devant une juridiction quelconque.

Cependant, il importe de faire la distinction et d'affirmer que lorsque le parlement fait un acte administratif, il est lié comme tout administrateur par la loi qu'il ne peut violer. Il faut ajouter que les actes administratifs faits en forme de loi, précisément parce que malgré cette forme ils sont des actes administratifs, ne peuvent être interprétés que par les tribunaux administratifs et non par les tribunaux judiciaires, et cela par application du principe de la séparation des autorités judiciaire et administrative (Conseil d'Etat, 7 août 1885).

L'article 1er, § 1, de la loi constitutionnelle du 25 février 1875 porte : « Le pouvoir législatif s'exerce par deux assemblées : la chambre des députés et le sénat. »

De ce texte il ne faut pas conclure que la loi au sens matériel ne peut jamais résulter que d'un vote de la chambre des députés et du sénat. Ce texte signifie seulement qu'un acte n'a le caractère et la force de loi formelle que lorsqu'il émane d'un vote de la chambre et du sénat, et d'autre part que tout acte, voté par la chambre et le sénat, quel que soit son caractère intrinsèque, possède le caractère et la force d'une loi formelle.

Ce texte laisse aussi parfaitement intact le domaine du pouvoir réglementaire, c'est-à-dire du pouvoir appartenant à certaines autorités autres que le parlement d'édicter des dispositions par voie générale, ayant par suite le caractère de loi au point de vue matériel. Ce sont tous les règlements dont on croit avoir démontré que ce sont des lois au sens matériel (cf. § 33). Dans quels cas des lois au sens matériel peuvent-elles être faites autrement que par le parlement? C'est la question si délicate et si complexe du domaine du pouvoir réglementaire.

Pour les autorités administratives proprement dites, ce domaine est déterminé d'une manière restrictive par la loi. Mais il n'en est pas de même pour le président de la République. Celui-ci fait beaucoup de règlements et de très importants; il y a tout un domaine législatif qui échappe au parlement. Se posent ainsi deux questions : 1° Quel est le domaine législatif du parlement, ou, sous une autre forme, quand un acte de sa nature interne législatif doit-il être fait par le parlement? 2° Quel est le domaine législatif du président de la République? Quelle est l'étendue de son pouvoir réglementaire? Quand un acte de sa nature interne législatif peut-il être fait par le président de la République? Deux questions que l'on formule parfois ainsi : quel est le domaine respectif des matières législatives et des matières réglementaires? C'est un point qui sera spécialement étudié aux paragraphes 121 et 122.

Pour certains actes dont la nature peut être l'objet de discussion à cause de leur complexité même, pour certains actes qui ont certainement la nature d'actes législatifs, mais pour lesquels, à cause de leur importance même, s'est fait sentir le besoin d'établir, d'une manière précise, la compétence exclusive du parlement, pour certains actes enfin qui sont certainement des actes administratifs, mais très importants, la coutume, la constitution, les lois ordinaires ont attribué expressément compétence au parlement.

Ainsi, aucune restriction à la liberté individuelle ne peut en principe être établie que par une loi formelle. Ce principe est certain : on a vu et on verra cependant que des exceptions très graves y sont apportées par suite du droit reconnu au chef de l'État de faire des règlements de police. Cf. Déclaration des droits de 1789, art. 4.

Aucune peine ne peut être établie que par une loi formelle, puisque forcément la peine consiste en une privation de la liberté ou en une atteinte à la fortune du condamné (Déclaration des droits de 1789, art. 8 et code pénal, art. 4). Aucun impôt ne peut être établi ou modifié, aucune dépense ne peut être engagée qu'en vertu d'une loi formelle (Déclaration des droits de 1789, art. 13 et 14).

Aux termes de l'article 3, § 3, de la loi constitutionnelle du 25 février 1875, les *amnisties* ne peuvent être accordées que par un acte fait en forme de loi.

La *déclaration d'état de siège* — dont les principaux

effets ont été indiqués au paragraphe 61 — ne peut en principe être prononcée que par le parlement (L. 3 avril 1878, art. 1er, § 2).

En cas d'ajournement des chambres, le président de la République peut déclarer l'état de siège de l'avis du conseil des ministres ; mais alors les chambres se réunissent de plein droit deux jours après et maintiennent ou lèvent l'état de siège. S'il y a dissentiment entre elles, l'état de siège est levé (L. 3 avril 1878, art. 2 et 5).

En cas de dissolution de la chambre des députés et jusqu'à l'accomplissement entier des opérations électorales, l'état de siège ne peut, même provisoirement, être déclaré par le président de la République. Cependant, s'il y avait guerre étrangère, le chef de l'Etat pourrait, de l'avis du conseil des ministres, déclarer l'état de siège dans les territoires menacés par l'ennemi, à la condition de convoquer les collèges électoraux et de réunir les chambres dans le plus bref délai possible. Les chambres devront maintenir ou lever l'état de siège ; et encore ici, au cas de dissentiment, l'état de siège est levé (L 3 avril 1878, art. 3 et 5).

Si les communications étaient interrompues avec l'Algérie, le gouverneur pourrait y déclarer l'état de siège, sous les mêmes réserves (L. de 1878, art. 4).

Cette loi, qui réserve en principe au parlement le droit exclusif de déclarer l'état de siège, porte qu'il ne peut être établi qu'en cas de péril imminent résultant d'une guerre étrangère ou d'une insurrection à main armée (L. de 1878, art. 1er, § 1). Elle exige, en outre, que l'acte qui l'établit, même quand c'est une loi formelle, désigne les communes, les arrondissements ou départements auxquels il s'applique et fixe le temps de sa durée.

A l'expiration de ce temps l'état de siège cesse de plein droit, à moins qu'une loi nouvelle n'en prolonge les effets (L. de 1878, art. 1er, § 2).

Ces dispositions très restrictives ont été inspirées
au législateur de 1878 par le désir d'éviter le retour
des abus commis par le gouvernement du 16 mai.

En l'absence des chambres un décret du 2 août 1914
a déclaré en *état de siège* les 86 départements français,
le territoire de Belfort et les 3 départements de l'Algérie. Ce décret fut confirmé par une loi du 5 août
1914. Mais cette loi ne s'est pas exactement conformée
à la loi du 3 avril 1878. En effet, elle ne fixe pas,
comme l'exige la loi de 1878, la durée de l'état de
siège. Dans les circonstances où l'état de siège était
établi, il était difficile de fixer sa durée. La loi du
5 août 1914 porte que l'état de siège est maintenu
sur tout le territoire de la France et de l'Algérie pendant toute la durée de la guerre, que le gouvernement,
par décret en conseil des ministres, pourra le lever et
le rétablir sur tout ou partie du territoire.

La France est restée sous le régime de l'état de siège,
non seulement pendant la durée de la guerre, mais
encore pendant quelques mois après la signature de
la paix. En effet, il n'a été levé que par le décret du
12 octobre 1919.

Il y a certains autres actes pour lesquels le législateur a expressément exigé l'intervention du parlement
et qui paraissent bien être des actes de nature matérielle administrative, mais qui présentent une importance exceptionnelle et surtout qui touchent, au moins
indirectement, à la propriété des citoyens dont ils
peuvent augmenter les charges. C'est en premier lieu
la *déclaration d'utilité publique*, acte très important,
puisque c'est la condition indispensable d'une expropriation (L. 27 juillet 1870).

Le parlement vote les emprunts d'État et les con-
versions. Il statue sur certaines modifications apportées aux circonscriptions administratives (L. 5 avril
1884, art. 6), sur l'aliénation des forêts de l'État et des
immeubles domaniaux dont la valeur dépasse un mil-
lion (LL. 22 novembre-1er décembre 1790, 1er juin 1864).

Avant les lois des 12 juillet 1898 et 7 avril 1902, les conseils généraux et les conseils municipaux ne pouvaient voter certaines contributions extraordinaires, certains emprunts qu'avec l'autorisation donnée par le parlement en forme de loi. Aujourd'hui cette autorisation est donnée par un décret en conseil d'Etat. Mais ni la loi du 19 août 1871 sur les conseils généraux, ni la loi du 5 avril 1884 sur les conseils municipaux, ni les lois qui les modifient, ne s'appliquent au département de la Seine et à la ville de Paris. L'autorisation du parlement reste donc nécessaire pour les emprunts et les contributions extraordinaires intéressant ces deux unités administratives.

Pour les attributions diplomatiques des chambres, cf. § 124 : *Attributions diplomatiques du président de la République.*

112. Attributions financières. — On désigne sous ce nom des attributions qui ont, au point de vue matériel, un caractère complexe et variable, mais qui ont toutes ce caractère commun qu'elles se rapportent au patrimoine financier et qu'elles sont, parmi les attributions des chambres, particulièrement importantes.

Les principes de notre droit public actuel sont les suivants :

1° l'impôt ne peut être voté que par la nation ou ses représentants (Déclaration des droits de 1789, art. 13 et 14; Constitution de 1791, tit. III, chap. III, sect. 1, art. 1er, n° 3);

2° l'impôt ne peut être voté que pour un an (Constitution de 1791, tit. V, art. 1er; an III, art. 302; 1848, art. 17);

3° aucunes dépenses publiques ne peuvent être faites sans le consentement des représentants de la nation (Constitution de 1791, tit. III, chap. III. sect. 1, art. 1er, n° 2);

4° chaque année, avec le concours du gouvernement, les représentants de la nation doivent établir pour l'année qui commence un état des dépenses permises et des recettes autorisées; c'est le budget annuel; le mot ne se trouve pas dans la constitution de 1791, mais le principe est formulé par l'article 7 de la section IV du chapitre II et par l'article 1er de la section I du chapitre III du titre III de la constitution de 1791;

5° les représentants de la nation ont le droit de vérifier l'emploi, par les ministres, des deniers de l'Etat et d'exiger que ceux-ci en rendent compte (Constitution de 1791, tit. III, chap. II, sect. IV, art. 7; chap. III, sect. I, art. 1er, n° 4, et tit. V, art. 3);

6° les corps administratifs locaux décentralisés ne peuvent établir des contributions extraordinaires locales que sous le contrôle des représentants de la nation (Constitution de 1791, tit. V, art. 4).

Ces diverses règles ont été reproduites dans la plupart de nos constitutions. Elles ne l'ont point été dans nos lois constitutionnelles de 1875, qui, on le sait, ne contiennent aucune disposition de principe. Elles n'en existent pas moins encore aujourd'hui, et avec le caractère constitutionnel, soit qu'on admette que la Déclaration des droits de 1789 est toujours en vigueur et qu'elles y sont expressément ou implicitement contenues, soit qu'on y voie des règles constitutionnelles coutumières. Le parlement qui voterait un impôt pour plus d'un an, ou le budget des dépenses ou simplement une partie des dépenses pour une durée supérieure à un an, ferait un acte inconstitutionnel. Il ne peut y avoir de doute sur ce point.

Plusieurs textes non constitutionnels formulent d'ailleurs expressément le principe du vote et de l'annalité de l'impôt et des dépenses. La disposition de l'article 135 de la loi du 25 mars 1817, qui est reproduite chaque année dans le dernier article de la loi de finances, porte que nul impôt, nulle taxe ne peuvent être perçus que s'ils ont été établis par la loi. A l'article 9, § 1, de la loi du 15 mars 1852, il est dit : « Aucune dépense ne pourra être ordonnée ni liquidée sans qu'un crédit préalable ait été ouvert par une loi. »

Enfin l'article 1er de la loi du 14 décembre 1879 porte :
« Il ne peut être accordé de crédit qu'en vertu d'une loi. »

La loi du 30 juin 1923 portant fixation du budget général des dépenses et des recettes de l'exercice 1923 contient un article 213 ainsi conçu : « Sont applicables à l'exercice 1924, les articles de la présente loi portant ouverture des crédits et fixation des voies et moyens, soit au titre du budget général, soit au titre des budgets annexes, ainsi que les articles concernant les moyens de service et les dispositions annuelles. Toutefois, devront faire l'objet d'une loi spéciale, dont le projet sera déposé au cours de la session extraordinaire de 1923 : 1o les crédits relatifs aux dépenses extraordinaires, aux dépenses militaires du Maroc et des théâtres extérieurs d'opérations ; 2o l'autorisation de percevoir, pendant l'année 1924, les droits et revenus publics, ainsi que d'émettre et de renouveler, pendant la même année, les valeurs du Trésor à court terme. Feront également l'objet de lois spéciales, les modifications aux dispositions de la présente loi rendue applicable à l'exercice 1924, qui paraîtront nécessaires pour l'exécution des services. »

Malgré les restrictions plus apparentes que réelles qui sont indiquées dans cet article, en le votant, le parlement a certainement voté le budget pour deux ans, 1923 et 1924 ; suivant l'expression déjà passée en usage, il a voté un budget biennal. Nous ne pouvons nous tenir de croire qu'une pareille décision est inconstitutionnelle ; elle aboutit, en effet, à ce résultat que les ministres sont, dès à présent, autorisés à engager les mêmes dépenses et pendant l'année 1923 et pendant l'année 1924, et que, dès à présent aussi, les voies et moyens sont fixés pour l'année 1924 aux mêmes chiffres que pour l'année 1923. Ainsi, les deux éléments constitutifs du budget, l'élément dépense et l'élément recette sont au même moment votés pour deux années, et cela est bien le propre d'un budget biennal. Pour tenter de masquer la chose, on a dit que le budget n'était pas voté pour deux ans, mais que les crédits ouverts et les recettes prévues pour 1923 étaient reconduits à l'année 1924. Artifice de mots qui ne peut changer la réalité des choses.

Par quelque nom qu'on désigne la décision votée, elle est contraire au principe de l'annalité du budget, qui est certainement d'ordre constitutionnel. Si les lois constitutionnelles de 1875 ne le consacrent pas expressément, il a été formulé dans des textes antérieurs, précédemment cités. Il est un principe certain de notre droit constitutionnel coutumier ; c'est en partie pour le réaliser et le sanctionner que la Révolution a été faite, et vraiment on peut s'étonner que les chambres françaises de 1923 lui aient porté une aussi flagrante atteinte. Qu'il y ait eu des raisons politiques sérieuses pour que le gouvernement ait cru devoir demander aux chambres de procéder ainsi, c'est possible, nous n'avons pas à les apprécier ici. Quelle que soit la force de ces raisons politiques, nous ne pouvons que marquer le caractère inconstitutionnel de la décision qu'elles ont inspirée.

Il faut noter que si le gouvernement, par sa proposition, et le parlement, par son vote, ont méconnu le principe constitutionnel de l'annalité budgétaire, ils ont respecté le principe constitutionnel de l'annalité de l'impôt. Il est dit, en effet, à l'article 213 de la loi du 30 juin 1923 : « Toutefois, devront faire l'objet d'une loi spéciale... l'autorisation de percevoir pendant l'année 1924 les droits et revenus publics... »

L'article 213 réserve aussi au parlement le pouvoir d'apporter, par des lois spéciales, aux dispositions de la loi budgétaire de 1923, les modifications qui paraîtraient nécessaires pour l'exécution des services pendant l'exercice 1924. Dispositions qui étaient complètement inutiles parce que le parlement a évidemment toujours le droit d'apporter des modifications au budget comme à toutes les lois, et dispositions qui n'empêchent pas que le budget avait été voté pour deux ans et que ce vote soit contraire aux principes constitutionnels.

Le vote d'une loi établissant et réglementant un impôt ne soulève aucune difficulté particulière. Il faut appliquer les règles générales s'appliquant à toutes les lois, sauf, bien entendu, cette réserve que cette loi doit être discutée en premier lieu à la chambre, et que l'initiative n'en peut pas venir du sénat (L. const. 24 février 1875, art. 8, § 2).

Rien de particulier à dire non plus du vote des lois ouvrant un crédit isolé ou autorisant un emprunt, une conversion d'emprunt, auxquelles s'applique encore la règle de l'initiative et de la priorité réservées à la chambre. Les lois ouvrant des crédits isolés et les lois d'emprunt sont des lois simplement formelles et non des lois matérielles. Les premières sont des actes individuels qui sont la condition de la validité de l'ordonnancement que fera le ministre. Il va sans dire que quoique ces diverses lois soient des actes administratifs, elles ne sont susceptibles d'aucun recours contentieux, puisqu'elles émanent du parlement et que le droit français n'admet pas encore les recours contentieux contre les actes du parlement.

Le budget. — On désigne par ce mot un acte très complexe, et qui, depuis quelques années surtout, contient des dispositions de nature et d'ordre très divers. L'article 5 du décret du 31 mai 1862 sur la comptabilité définit le budget : l'acte par lequel sont prévues et autorisées les recettes et les dépenses annuelles de l'Etat ou des autres services que les lois assujettissent aux mêmes règles. Le budget est en principe cela ; mais le budget de l'Etat comprend en fait bien d'autres choses.

Tout budget comprend essentiellement deux parties : l'une où sont énumérés les impôts et revenus autorisés, et l'autre où sont fixés les dépenses que le gouvernement est autorisé à faire, ou, sous une autre forme, les crédits qui lui sont ouverts.

Impôts et revenus autorisés. — Chaque année, ils doivent être indiqués d'une façon particulière ; s'ils ne l'étaient pas, ils ne pourraient pas être perçus ; cela en vertu du principe déjà indiqué de l'annalité de l'impôt.

Dépenses autorisées. — L'article 1er de la loi générale de finances fixe le montant total des crédits qui sont ouverts aux ministres pour les dépenses du budget général de l'exercice.

Les chambres examinent séparément les dépenses afférentes à chaque ministère. Pour chaque ministère, les dépenses sont divisées en chapitres et les chambres votent séparément chaque chapitre.

Les chambres votent les dépenses avant de voter les recettes. Elles procèdent à l'inverse du particulier qui veut établir son budget et qui subordonne ses dépenses à ses recettes. L'Etat, au contraire, détermine d'abord ses dépenses et ensuite établit ses recettes. Ce procédé n'est point illogique. L'Etat a des obligations qui s'imposent rigoureusement à lui. Il importe donc de déterminer d'abord les dépenses qu'implique l'accomplissement de ces obligations. D'autre part, l'Etat étant détenteur de la force et tirant la plus grande partie de ses ressources de l'impôt, c'est-à-dire de la contribution qu'il impose par la force à ses sujets, il peut théoriquement augmenter ses recettes à volonté. Nous disons théoriquement, car il arrive en fait un

point que l'Etat ne peut pas dépasser, un moment où
la matière imposable devient *incompressible*, c'est-à-
dire un moment où le contribuable refusera de payer
et où le gouvernement sera impuissant à l'y contraindre. Il appartient au parlement de mesurer les dépenses
de l'Etat de façon à ne pas atteindre le point d'*incom-
pressibilité* de la matière imposable, et même de ne
pas trop s'en rapprocher. Autrement il se produit une
gêne, une tension dans la vie économique du pays qui
peut avoir de graves conséquences.

Les dépenses sont votées *annuellement* par le parlement, comme les recettes. Le parlement, nous l'avons
déjà dit, ne pourrait point voter le budget pour plusieurs années, ni même attribuer pour un service
déterminé un crédit qui s'étendrait sur plusieurs exer-
cices. Toute décision du parlement qui ferait cela
serait, à notre avis, inconstitutionnelle.

Droits du sénat et de la chambre. — Le budget est
voté en la forme de loi, c'est-à-dire par les deux chambres; et il n'est voté que lorsqu'un texte identique a
été admis. On a montré plus haut les droits particuliers de la chambre, au point de vue de la priorité et
de l'initiative, § 105. Cette réserve faite, les droits du
sénat et de la chambre pour le vote du budget sont
absolument égaux, tant au point de vue des recettes
qu'au point de vue des dépenses. Il a été bien souvent
affirmé pendant la discussion des lois constitutionnelles de 1875 qu'en principe les deux chambres
avaient des pouvoirs égaux. Qu'on n'oublie pas aussi
que le sénat français est issu du suffrage universel
s'exerçant à plusieurs degrés, mais du suffrage universel. Par conséquent, le sénat ne peut jamais être
contraint d'accepter, par exemple, le chiffre des
dépenses voté par la chambre, ni d'accepter même
une suppression de dépenses qui serait votée par la
chambre, ni d'accepter l'établissement ou la suppression d'une recette qui seraient votés par la chambre.
Le budget devra donc faire indéfiniment la navette

entre la chambre et le sénat jusqu'à ce que l'accord soit établi et il n'y a pas de raison pour que l'une des chambres cède plutôt que l'autre. En droit, aucune chambre n'a le dernier mot. En fait, il intervient le plus souvent entre la chambre et le sénat une transaction dont le ministre des finances est comme le négociateur.

Depuis plusieurs années, le parlement avait pris l'habitude d'insérer dans la loi du budget ou loi de finances des dispositions tout à fait étrangères aux questions financières. Le législateur s'est interdit à lui-même ce procédé incorrect; il a décidé en 1913 « qu'il ne peut être introduit dans la loi de finances que des dispositions visant directement les recettes ou les dépenses, à l'exclusion de toutes autres questions » (L. fin. 30 juillet 1913, art. 105).

D'autre part la chambre a introduit dans son règlement certaines dispositions destinées à hâter le vote du budget:

1° Aucun projet de résolution, aucune motion, aucun ordre du jour motivé ne peuvent être déposés au cours de la discussion du budget; aucune interpellation ne peut être jointe à la discussion du budget (Règl. chambre, art. 102, § 4, et 112, § 6).

2° Les chapitres des différents budgets, dont la modification n'est pas demandée soit par le gouvernement, soit par la commission du budget, soit par un amendement régulièrement déposé, ne peuvent être l'objet que d'un débat sommaire. Chaque orateur ne peut être entendu que pendant un quart d'heure et ne peut parler qu'une fois, sauf l'exercice du droit de réponse aux ministres ou aux rapporteurs (Règl. chambre, art. 103).

Du refus du budget. — Le droit du parlement de refuser l'impôt n'est pas contestable. L'impôt n'est établi que pour un an; chaque année il est établi par une loi véritable. Les dispositions des lois financières annuelles qui établissent l'impôt sont des actes législatifs proprement dits que le parlement peut ne pas voter. En ne les votant pas, il ne viole aucune loi.

Mais la question peut se poser pour la partie du budget relative aux dépenses. Assurément, le parlement a pleine liberté pour refuser tous les crédits relatifs à des dépenses nouvelles ou exceptionnelles et qui ne s'appliquent pas à des services publics établis par des lois.

Mais le parlement peut-il refuser la partie du budget des dépenses relatives au fonctionnement des services

publics établis par des lois? Assurément il ne peut pas
refuser un crédit pour supprimer un service public
établi par une loi. Mais, d'autre part, il ne faut pas
oublier qu'au point de vue des rapports constitutionnels des pouvoirs publics le vote du budget et particulièrement le vote des dépenses est le moyen le plus
énergique donné au parlement pour exercer son contrôle et son action sur le gouvernement. Par conséquent, si, en refusant les crédits budgétaires, une
chambre avait pour but, non point de supprimer un
service public établi par une loi, mais de forcer un
ministère factieux à se retirer, nous croyons que le
parlement resterait dans la correction constitutionnelle en le faisant.

Douzièmes provisoires. — L'année financière commence en France le 1er janvier pour finir le 31 décembre. On a souvent parlé de modifier le point de départ
de l'année financière et de le fixer au 1er juillet; on a
toujours reculé devant l'inconvénient qu'il y aurait
à bouleverser des habitudes prises depuis longtemps.
Il faudrait donc que chaque année le budget de
l'année suivante fût voté et promulgué au plus tard le
31 décembre. Mais en fait, très souvent, il n'en est pas
ainsi. Les chambres ne discutent le budget que pendant la session extraordinaire de novembre-décembre.
Malgré les dispositions indiquées plus haut et ayant
pour but de hâter la discussion, le 1er janvier arrive
souvent sans que le vote du budget soit achevé même
à la chambre; et il reste encore la discussion au
sénat. Mais le gouvernement, ne pouvant ni lever les
impôts, ni engager les dépenses sans un vote du
parlement, lui demande alors d'être autorisé provisoirement, c'est-à-dire en attendant que la loi générale du budget soit votée, à lever les impôts et à
faire les dépenses nécessaires au fonctionnement des
services publics pendant un, deux, trois mois ou plus
suivant les cas. Comme le montant des dépenses est
ainsi évalué par mois, c'est-à-dire par douzième du

montant total des dépenses annuelles, on appelle ce système le système des *douzièmes provisoires.*

La répartition des crédits entre les différents services est faite alors par décret. C'est en cela que consiste surtout l'inconvénient des douzièmes provisoires.

Le budget de 1923 n'a été définitivement voté que le 30 juin 1923.

La loi des comptes. — Le parlement n'a pas seulement compétence exclusive pour autoriser les dépenses, il a et il doit avoir encore le pouvoir de vérifier l'emploi qui a été fait des crédits ouverts. C'est une règle qui existe en France depuis la Restauration, que le règlement définitif du budget de chaque exercice doit être voté par le parlement et faire l'objet d'une loi qu'on appelle par abréviation *la loi des comptes.* Rapp. L. fin. 13 juillet 1911, art. 140.

F. *Le sénat haute cour de justice.*

113. Des cas où le sénat est constitué en haute cour de justice. — Aux termes de l'article 9 de la loi constitutionnelle du 24 février 1875, le sénat peut être constitué en haute cour de justice pour juger soit le président de la République, soit les ministres et pour connaître des attentats commis contre la sûreté de l'État. Rapp. L. 16 juillet 1875, art. 12.

Que pour juger certains crimes et certaines personnes l'on institue une haute cour de justice spéciale comme les constitutions de 1791, de l'an III, de 1848, de 1852, ou que, comme les Chartes et la constitution de 1875, l'on attribue compétence à une assemblée politique, on viole le principe de l'égalité de tous devant la loi, on crée une juridiction extraordinaire avec l'arrière-pensée qu'elle sera moins impartiale que les tribunaux de droit commun. Cela condamne le système. Cette pensée, on l'a surtout quand on confie le jugement des infractions politiques et des hommes politiques à une assemblée politique, à une assemblée qui en fait le plus souvent est composée d'adversaires politiques de ceux qu'elle doit juger et qui par conséquent est dans l'impossibilité absolue de juger impartialement les accusés traduits devant elle. L'institution du sénat haute cour de justice constitue une véritable tache dans notre constitution républicaine.

Les cas où le sénat peut être constitué en haute cour de justice sont au nombre de trois :

1er cas. — Le sénat est constitué en haute cour de justice pour juger le président de la République, qu'il soit poursuivi pour crime de *haute trahison* ou pour une infraction de droit commun. Le président ne peut être mis en accusation que par la chambre et ne peut être jugé que par le sénat. Cela ressort très nettement de l'article 12 de la loi constitutionnelle du 16 juillet 1875 combiné avec l'article 9 de la loi constitutionnelle du 24 février 1875. Il est dit, en effet, au § 1 de l'article 12 de la loi de juillet : « Le président de la République *ne peut être mis en accusation que par la chambre des députés et ne peut être jugé que par le sénat.* » Le texte ne peut pas être plus formel.

A l'article 6, § 2, de la loi constitutionnelle du 25 février 1875, on lit : « Le président de la République n'est responsable que dans le cas de haute trahison. » On s'est demandé quelquefois si cette formule excluait la responsabilité du président pour les infractions de droit commun. Évidemment non. Dans un pays de démocratie et d'égalité comme le nôtre, il n'y a pas un citoyen quel qu'il soit qui puisse être soustrait à l'application de la loi, échapper à la responsabilité pénale. « La loi doit être la même pour tous, soit qu'elle protège, soit qu'elle punisse » (Déclaration des droits de 1789, art. 6).

La véritable portée du § 2 de l'article 6 de la loi du 25 février 1875 apparaît très nettement si on le rapproche du § 1 du même article. Ce dernier texte déclare les ministres solidairement responsables de la politique générale et individuellement de leurs actes personnels; le législateur veut qu'au contraire les actes accomplis par le président de la République dans l'exercice de ses fonctions n'entraînent sa responsabilité que lorsqu'ils constituent des faits de haute trahison. La responsabilité du président de la République pour infraction de droit commun reste donc intacte.

Le président de la République bénéficie seulement d'un privilège de juridiction. Même pour les infractions de droit commun, il ne peut être jugé que par le sénat. On comprend aisément quelle a été la pensée du législateur. Cependant, dans un pays qui se pique de pratiquer l'égalité démocratique, un pareil privilège ne devrait point exister.

2e cas. — Le sénat est constitué en haute cour de justice pour juger les crimes commis par les ministres dans l'exercice de leurs fonctions, quand ceux-ci sont mis en accusation par la chambre des députés (L. cons. 24 février 1875, art. 9, et L. const. 16 juillet 1875, art. 12, § 2).

Pour les infractions commises en dehors de l'exercice de leurs fonctions, les ministres sont justiciables des tribunaux de droit commun et il n'y a rien de particulier à dire.

Quant aux infractions commises dans l'exercice de leurs fonctions, il faut distinguer. S'il s'agit d'un simple délit, les ministres sont exclusivement justiciables des tribunaux de droit commun, sauf, bien entendu, l'application de la règle de l'inviolabilité parlementaire s'ils sont membres du parlement.

Pour les crimes commis par les ministres dans l'exercice de leurs fonctions, deux hypothèses peuvent se présenter. Si la chambre des députés ne dit rien, le droit commun s'applique; la procédure ordinaire suit son cours et les ministres sont traduits devant la cour d'assises. Mais la chambre des députés peut intervenir et déclarer qu'il y a lieu de poursuivre un ministre ou un ancien ministre pour crime commis dans l'exercice de ses fonctions. Alors, les tribunaux de droit commun ne sont plus compétents, et seul le sénat cour de justice est compétent pour juger les ministres ou anciens ministres mis ainsi en accusation par la chambre des députés.

La compétence du sénat est alors simplement facultative et préventive. Elle est facultative puisqu'elle dépend de la volonté de la chambre qui apprécie si elle doit intervenir ou non. Elle est préventive ; car, bien entendu, le sénat ne pourra être saisi d'un crime ministériel que tant que la cour d'assises n'est pas définitivement saisie. Nous estimons qu'il faut appliquer par analogie la disposition du paragraphe 4 de l'article 12 de la loi du 16 juillet 1875 et dire que la mise en accusation de la chambre pourra saisir le sénat à la condition qu'elle intervienne avant l'arrêt de renvoi devant la cour d'assises.

3° cas. — Le sénat peut enfin être constitué en haute cour de justice « pour connaître des attentats à la sûreté de l'Etat ». Telle est la formule de l'article 9 de la loi constitutionnelle du 24 février 1875. Le sénat est compétent quel que soit l'auteur du crime d'attentat à la sûreté de l'Etat, simple particulier ou fonctionnaire. Le sénat est alors constitué en haute cour de justice par un décret (L. const. 16 juillet 1875, art. 12, § 3).

La compétence du sénat est facultative ; c'est le gouvernement qui apprécie souverainement si tel crime d'attentat à la sûreté de l'Etat doit être soustrait à la juridiction ordinaire et remis à la connaissance du sénat, juridiction politique. Il y a là évidemment un pouvoir extrêmement dangereux donné au gouvernement et qui rappelle singulièrement l'ancien droit d'évocation des monarchies absolues. C'est une arme politique mise par la constitution entre les mains du gouvernement, d'autant plus dangereuse que le sénat, par suite de son recrutement, est plus facilement docile aux inspirations gouvernementales.

Quelque étendu que soit le pouvoir du gouvernement de soustraire aux tribunaux de droit commun la connaissance des attentats à la sûreté de l'Etat, il arrive cependant un moment où il ne le peut plus; c'est quand la cour d'assises est définitivement saisie, c'est-à-dire quand est rendu par la chambre des mises en accusation l'arrêt de renvoi. On lit, en effet, à l'article 12, § 4, de la loi du 16 juillet 1875 : « Si l'instruction est commencée par la justice ordinaire, le décret de convocation du sénat peut être rendu jusqu'à l'arrêt de renvoi. » Ici encore la compétence du sénat est facultative et préventive.

Il faut que le décret, qui constitue le sénat en haute cour de justice pour juger une personne prévenue d'un crime d'attentat à la sûreté de l'Etat, soit rendu en conseil des ministres et porte, comme tout décret pour lequel la loi exige cette formalité, qu'il a été délibéré en conseil des ministres. C'est une garantie évidemment bien fragile.

114. Des pouvoirs du sénat haute cour de justice. — Le principe essentiel est celui-ci : le sénat constitué en haute cour de justice cesse d'être une assemblée politique; il devient une juridiction.

Cette proposition est la conséquence naturelle et logique des textes qui donnent au sénat une compétence juridictionnelle. Elle a été exprimée formellement par le législateur constituant de 1875, à l'article 4 de la loi du 16 juillet : « Toute assemblée de l'une des deux chambres qui serait tenue hors du temps de la session commune est illicite et nulle de plein droit, sauf le cas... où le sénat est réuni comme cour de justice; et *dans ce dernier cas, il ne peut exercer que des fonctions judiciaires.* » Ainsi le sénat a tous les pouvoirs d'une juridiction; et il a seulement les pouvoirs d'une juridiction. De nombreuses conséquences découlent de cette double proposition.

1° *Le sénat haute cour de justice a tous les pouvoirs d'une juridiction.* — C'est ainsi qu'il peut faire citer des témoins et condamner ceux qui ne se présentent pas. Les témoins doivent déposer sous la foi du serment, et le refus de prestation de serment entraîne l'application des peines prévues au code d'instruction criminelle, article 304.

La haute cour peut évidemment ordonner toutes les mesures qui lui paraîtront utiles pour la découverte de la vérité. Nous croyons même qu'il faut appliquer au président de la haute cour les articles 268-270 du code d'instruction criminelle, et cela comme conséquence de l'article 32 de la loi du 10 avril 1889. Le président de la haute cour a donc un pouvoir discrétionnaire en vertu duquel il peut ordonner tout ce qu'il croira utile pour découvrir la vérité.

2° *Le sénat haute cour de justice est une juridiction et par conséquent a seulement les pouvoirs d'une juridiction.* — La première conséquence de cette proposition est la suivante : Ne peut être accusée devant la haute cour une personne à raison d'un fait pour lequel elle a été déjà acquittée. En un mot s'impose à la haute cour, véritable juridiction, le principe de justice supérieur exprimé dans le vieil adage : *Non bis in idem*, et consacré par l'article 360 du code d'instruction criminelle dans les termes suivants : « Toute personne acquittée légalement ne pourra pas être reprise ni accusée à raison du même fait. »

Le sénat haute cour de justice, n'ayant que les pouvoirs d'une juridiction, ne peut condamner un accusé que pour un fait prévu et défini par la loi pénale, et en lui donnant la qualification même de la loi. Le dispositif de son arrêt doit reproduire, comme celui de toute sentence juridictionnelle de condamnation, le texte des articles de lois en vertu desquels est prononcée la condamnation. C'est l'application du principe formulé à l'article 8 de la Déclaration des droits de l'homme de 1789 et à l'article 4 du code pénal.

Cette règle s'applique même quand la haute cour est saisie de poursuites contre le président de la République ou contre les ministres.

Une dernière conséquence de la proposition d'après laquelle le sénat haute cour de justice n'a que les pouvoirs d'une juridiction est celle-ci : il ne peut condamner les accusés qu'à des peines prévues par la loi pénale définissant le crime pour lequel il condamne et dans les limites du maximum et du minimum fixées par la loi pénale. Il peut d'ailleurs toujours faire application de l'article 463 du code pénal sur les circonstances atténuantes, qui s'applique en matière criminelle sans qu'il soit nécessaire qu'un texte spécial le déclare applicable.

L'obligation pour le sénat de ne condamner que pour un fait prévu et défini par la loi pénale et de ne prononcer que la peine prévue par les textes appliqués ne pouvant être mitigée que par l'admission des circonstances atténuantes conformément à l'article 463 du code pénal est expressément consacrée par l'article 23 de la loi du 10 avril 1889, pour le cas où le sénat est saisi d'un crime d'attentat à la sûreté de l'Etat. Cet article 23 est ainsi conçu : « Les dispositions pénales relatives aux faits dont l'accusé sera déclaré coupable, combinées, s'il y a lieu, avec l'article 463 du code pénal, seront appliquées sans qu'il appartienne au sénat d'y substituer de moindres peines. Ces dispositions seront rappelées textuellement dans l'arrêt. » La loi du 5 janvier 1918 a expressément déclaré ce texte applicable au cas où le sénat est saisi d'un crime commis par le président de la République ou les ministres dans l'exercice de leurs fonctions. Il est dit, en effet, à l'article 10, § 2, de cette dernière loi : « ... Toutes les dispositions de la loi du 10 avril 1889 non contraires à la présente loi sont applicables devant le sénat constitué en cour de justice pour juger le président de la République ou les ministres mis en accusation par la chambre des députés. »

Ainsi, pour les raisons générales indiquées plus haut et en vertu des deux textes législatifs qu'on vient de rappeler, le sénat a seulement les pouvoirs d'une juridiction, et qu'il soit saisi d'un crime d'attentat à la sûreté de l'Etat ou de crimes commis par les ministres dans l'exercice de leurs fonctions, il ne peut prononcer une condamnation que pour un fait prévu et défini par la loi pénale et il ne peut infliger que la peine édictée par celle-ci, mitigée d'ailleurs par les circonstances atténuantes dans les conditions prévues à l'article 463 du code pénal, et il doit reproduire dans son arrêt les textes dont il fait l'application. S'il agit autrement il viole la loi.

Malgré cela, par son arrêt du 6 août 1918, le sénat a déclaré user du pouvoir souverain qu'il tiendrait de l'article 12 de la loi constitutionnelle du 16 juillet 1875, et il a condamné l'ancien ministre Malvy pour un fait non prévu et défini par la loi pénale, et a prononcé une peine qu'il a déterminée arbitrairement. En effet, la haute juridiction, après avoir déclaré Malvy non coupable d'intelligences avec l'ennemi, fait prévu et défini par les articles 76 et suivants du code pénal, l'a déclaré coupable de forfaiture et l'a condamné à la peine du bannissement avec dispense de la dégradation civique. Or, l'article 166 du code pénal, le seul texte qui parle de la forfaiture, ne fait pas de la forfaiture une infraction spécifiquement définie; il dit seulement que le mot forfaiture est le terme générique qui désigne tout crime commis par un fonctionnaire dans l'exercice de ses fonctions. Bien plus, l'arrêt du sénat qui prononce la peine du bannissement, avec dispense de la dégradation civique, vise l'article 167 du code pénal qui décide au contraire que toute forfaiture pour laquelle la loi ne prononce pas de peine plus grave est punie de dégradation civique. D'autre part, aux termes de l'article 28 du code pénal, la peine du bannissement, peine criminelle infamante, entraîne toujours la dégradation civique.

Ainsi le sénat a condamné Malvy pour un fait non prévu et défini par la loi pénale, et a prononcé contre lui une peine arbitraire, peine différente de celle édictée par l'article du code pénal dont il prétendait faire application. En outre, la haute assemblée déclare à deux reprises dans son arrêt que Malvy a encouru la responsabilité criminelle prévue par l'article 12 de la loi constitutionnelle du 16 juillet 1875. Or, ce dernier texte n'a d'autre objet que d'établir la compétence du sénat et aucunement de déterminer les faits pouvant constituer un crime susceptible d'entraîner une condamnation. C'est pour ces différentes raisons que j'ai pu qualifier l'arrêt du sénat dans l'affaire Malvy d'illégal et d'incohérent.

Cf. mon article dans la *Revue politique et parlementaire*, 10 août 1919, p. 137; dans le même sens, la note de Chavegrain sous l'arr̂êt de la haute cour du 6 août 1918, S., 1920, II, p. 33. En sens contraire, les articles de Roux, *Revue politique et parlementaire*, 10 décembre 1918, p. 267, et 10 août 1919, p. 145. Les raisons que M. Roux allègue en faveur de sa thèse ne sont pas sérieuses.

115. Procédure suivie devant le sénat haute cour de justice. — L'article 12, § 5, de la loi constitutionnelle du 16 juillet 1875 portait : « Une loi déterminera le mode de procéder pour l'accusation, l'instruction et le jugement. »

La loi du 10 avril 1889 règle la procédure pour le cas où le sénat est saisi d'un crime d'attentat à la sûreté de l'État commis par un particulier.

Quarante ans se sont écoulés avant que les chambres aient voté une loi réglant la procédure devant le sénat saisi, par la mise en accusation de la chambre, d'une poursuite contre le président de la République ou les ministres. C'est seulement en 1918, à l'occasion de l'affaire de l'ancien ministre Malvy, poursuivi pour intelligences avec l'ennemi, que cette loi a été faite. Elle est datée du 5 janvier 1918 et porte le titre suivant : *Loi établissant la procédure à suivre, conformément au dernier paragraphe de l'article 12 de la loi constitutionnelle du 16 juillet 1875, en matière de mise en accusation, d'instruction et de jugement du président de la République et des ministres devant le sénat constitué en cour de justice pour crimes commis dans l'exercice de leurs fonctions.* La pensée des rédacteurs de ces deux lois a été d'établir des règles se rapprochant autant que possible de la procédure criminelle de droit commun et qui offrent toute garantie à l'accusé. Voici l'essentiel de cette procédure.

Procédure quand le sénat est constitué en cour de justice pour juger une personne inculpée d'attentat contre la sûreté de l'État (L. 10 avril 1889). — Le sénat est alors constitué en cour de justice par une décision du président de la République qui fixe le

jour et le lieu de la première réunion. Le sénat a
toujours le droit de désigner un autre lieu pour la
tenue de ses audiences.

Le gouvernement constitue le ministère public près
la haute cour. Il nomme, parmi les membres des cours
d'appel ou de la cour de cassation, un magistrat
chargé des fonctions de procureur général, un ou
plusieurs magistrats chargés de l'assister comme avocats généraux. Le secrétaire général de la présidence
remplit les fonctions de greffier.

Le sénat entend en audience publique la lecture du
décret qui le constitue en cour de justice et les réquisitions du procureur général.

On s'est demandé s'il pouvait légalement, dès cette
première audience, se déclarer incompétent ; nous ne
voyons pas pourquoi il ne le pourrait pas. C'est ce
qu'il a fait, le 24 mai 1923, pour l'affaire des commu-
nistes Cachin et autres. Cet arrêt d'incompétence me
paraît en droit parfaitement correct. Si le sénat ne se
déclare pas incompétent, il ordonne qu'il soit procédé
à l'instruction. Celle-ci est faite par une commission
de neuf sénateurs nommés au scrutin de liste en
séance publique et sans débat, chaque année au début
de la session ordinaire. C'est cette commission qui,
son instruction close, prononce sur la mise en accusation. Elle statue après avoir entendu le réquisitoire
du procureur général et vu les mémoires de l'inculpé.

La commission d'instruction nomme son président
qui a des pouvoirs analogues à ceux du juge d'instruction. Il peut notamment délivrer des mandats d'arrêt.

Les débats devant la haute cour sont publics. Ils
sont présidés par le président du sénat. La haute cour
doit statuer d'abord sur la question de la culpabilité
et sur la question de savoir s'il y a des circonstances
atténuantes. Si l'accusé est reconnu coupable, il lui
est donné connaissance, en séance publique, de la
décision de la cour ; il a le droit, ainsi que son défenseur, de présenter des observations sur l'application

de la peine. La cour statue; et, comme je l'ai expliqué au paragraphe précédent, aux termes de l'article 23, le sénat doit reproduire dans son arrêt les dispositions pénales relatives au fait dont l'accusé est déclaré coupable et ne peut le condamner qu'à la peine qui résulte de l'application de ces dispositions combinées s'il y a lieu avec l'article 463 du code pénal sur les circonstances atténuantes (L. 10 avril 1889, art. 23).

L'arrêt est lu en séance publique par le président. Il est notifié sans délai à l'accusé.

Les décisions ou arrêts du sénat ne peuvent être rendus qu'avec le concours de la moitié plus un au moins de la totalité des sénateurs qui ont le droit d'y prendre part. Ne peuvent naturellement concourir au jugement que les sénateurs qui ont été présents sans interruption à toutes les audiences. Les sénateurs qui sont membres du gouvernement ne prennent part ni à la délibération ni au vote sur la culpabilité. On comprend aisément la raison de cette exclusion. La défense peut récuser les sénateurs, membres de la commission d'instruction.

Procédure quand le sénat est constitué en haute cour de justice pour juger le président de la République ou les ministres (L. 5 janvier 1918). — Quand la chambre des députés a prononcé la mise en accusation devant le sénat du président de la République ou d'un ministre, son président transmet le procès-verbal de la décision au président du sénat. Celui-ci en saisit le sénat qui déclare se constituer en haute cour de justice, et il ordonne que le procès-verbal de la décision de la chambre et toutes les pièces qui sont jointes seront transmis au procureur général près la cour de justice.

Ce procureur général est désigné chaque année dans la deuxième quinzaine de janvier par la cour de cassation réunie en assemblée générale parmi les magistrats inamovibles de cette cour. Celle-ci désigne en outre, dans les mêmes conditions, deux avocats généraux.

Le sénat entend en audience publique la lecture du réquisitoire introductif d'instance du procureur général. Elle peut toujours ordonner un supplément d'instruction. Il est fait par la commission d'instruction dont il a été parlé plus haut et nommée conformément à la loi du 10 avril 1889. Il est à noter seulement que l'article 10, § 1, de la loi du 5 janvier 1918 spécifie que sera applicable à cette instruction la loi du 8 décembre 1897 qui décide que l'inculpé a toujours le droit d'être assisté à l'instruction par un défenseur.

A la date fixée par son président, sur la réquisition du procureur général, la cour de justice se réunit pour entendre la lecture du rapport de la commission d'information et des réquisitions du procureur général. Il est procédé aux débats et au jugement dans les conditions déterminées par la loi du 10 avril 1889 et précédemment expliquées.

Il y a lieu de noter seulement que si les fonctions de ministère public sont remplies exclusivement par le procureur général, qui seul peut requérir au nom de la loi, la chambre des députés peut désigner un commissaire et deux commissaires adjoints pour suivre l'accusation et présenter, tant au cours de l'information complémentaire qu'à l'audience, toutes observations et conclusions.

Il importe de rappeler que l'article 10, § 2, de la loi du 5 janvier 1918, décide que toutes les dispositions de la loi du 10 avril 1889 qui ne lui sont pas contraires doivent être appliquées, que par conséquent l'article 23, d'après lequel l'arrêt doit reproduire textuellement les textes dont il est fait application et ne peut prononcer une peine autre que celle qui résulte de l'application de ces textes combinés, s'il y a lieu, avec l'article 463 du code pénal sur les circonstances atténuantes, s'impose au sénat, saisi d'une poursuite contre le président de la République ou les ministres.

CHAPITRE III

LE GOUVERNEMENT

---

116. Structure complexe du gouvernement.
— Le gouvernement est le second organe de l'Etat.
Dans le régime parlementaire, les deux organes collaborent à toutes les fonctions de l'Etat et exercent l'un
sur l'autre une action réciproque. Le gouvernement
comme le parlement participe à toutes les fonctions
de l'Etat. Mais il y participe d'une manière différente
à cause de sa structure propre. Le gouvernement est
souvent appelé le pouvoir exécutif; et l'on oppose le
pouvoir exécutif au pouvoir législatif qui serait le
parlement. Les deux expressions sont inexactes et
pour les mêmes raisons (cf. § 87).

Des deux organisations possibles du gouvernement
républicain (cf. § 50), la constitution de 1875 a adopté
celle dans laquelle un chef d'Etat, président de la
République, irresponsable politiquement, est titulaire
de toutes les attributions qu'exercent les ministres
sous leur responsabilité. Ce système complexe destiné
à assurer à la fois la stabilité du gouvernement et sa
responsabilité devant le parlement a parfaitement
réussi dans les pays monarchiques. Les auteurs de la
constitution de 1875 le leur ont emprunté; seulement,
au lieu de faire un roi héréditaire chef d'Etat, ils ont
créé un président de la République, avec le caractère
de chef d'Etat, élu pour sept ans par les deux chambres
réunies en congrès. Par là le système a été un peu
déformé; mais il reste encore celui qui concilie le

BIBLIOTHÈQUE DE FRANCE

mieux les nécessités gouvernementales avec le contrôle indispensable que doivent exercer les élus de la nation.

A. *Le président de la République.*

117. Nomination du président de la République. — L'article 2 de la loi constitutionnelle du 25 février 1875 porte : « Le président de la République est élu à la majorité absolue des suffrages par le sénat et par la chambre des députés réunis en assemblée nationale. Il est nommé pour sept ans. Il est rééligible. »

Les deux chambres se réunissent en assemblée nationale pour procéder à la nomination du président de la République à Versailles, dans la salle où se réunissait jusqu'en 1879 la chambre des députés (L. 22 juillet 1879, art. 3, § 2). L'assemblée nationale réunie pour procéder à l'élection du président, comme celle qui revise la constitution, est présidée par le président du sénat, à son défaut par un des vice-présidents du sénat, assisté des secrétaires du sénat (L. const. 16 juillet 1875, art. 11, § 2).

La loi constitutionnelle (L. 25 février 1875, art. 2) exige que le président soit élu à la *majorité absolue*. Par conséquent, il faudra voter indéfiniment jusqu'à ce que l'un des candidats ait obtenu la majorité absolue. Rien ne s'opposerait d'ailleurs, à notre avis, à ce que, dans une première journée aucun candidat n'ayant obtenu la majorité absolue, la suite de l'élection fût remise par le président du congrès au lendemain. Il n'appartiendrait pas à l'assemblée de décider qu'après un certain nombre de tours la majorité relative suffirait.

Ni les lois constitutionnelles, ni les lois ordinaires n'ont exigé de conditions spéciales pour être président de la République. La constitution de 1848 (art. 44) exigeait que le président fût né Français, n'eût jamais cessé de l'être et fût âgé de 30 ans. Aucune règle de ce genre n'existe aujourd'hui ; il suffit donc d'avoir la jouissance de ses droits civiques et politiques.

La seule cause spéciale d'inéligibilité établie par nos lois est inscrite dans la loi constitutionnelle du 14 août 1884, article 2, § 2 : « Les membres des familles ayant régné sur la France sont inéligibles à la présidence de la République. » On voit aisément la raison qui a inspiré cette disposition. Rapp. L. 22 juin 1886, art. 4.

La fonction de président de la République, comme toute fonction publique en principe, est incompatible avec le mandat de sénateur et de député. Cf. § 91.

Le président de la République est nommé pour sept ans. Il est indéfiniment rééligible. Cependant il semble que la non-réélection du président de la République au terme de son mandat septennal tend à devenir une règle coutumière de notre droit constitutionnel.

La durée des sept années commence à courir du jour où le président entre en fonction, jour qui peut ne pas coïncider avec le jour où il est nommé (L. const. 25 février 1875, art. 2).

Aux États-Unis, le président de la République est élu au suffrage populaire à deux degrés, avec mandat impératif donné aux électeurs secondaires par les électeurs primaires. Il est élu pour quatre ans. S'est introduit l'usage devenu aujourd'hui une véritable règle de droit que le président ne peut être réélu qu'une fois et ne peut ainsi rester au pouvoir que huit années au maximum.

En France, d'après la constitution de 1848 (art. 45), le président était élu pour quatre ans au suffrage direct et universel et n'était rééligible qu'après un intervalle de quatre années.

Le cas d'expiration régulière des pouvoirs septennaux du président de la République a été prévu par l'article 3, §§ 1 et 2, de la loi constitutionnelle du 16 juillet 1875 : « Un mois au moins avant le terme légal des pouvoirs du président de la République, les chambres devront être réunies en assemblée nationale pour procéder à l'élection du nouveau président. A défaut de convocation, cette réunion aurait lieu de plein droit le quinzième jour avant l'expiration de ces pouvoirs. »

Le cas où la présidence devient vacante par décès ou toute autre cause avant l'expiration des sept années est prévu par l'article 7 de la loi constitutionnelle du 25 février 1875 et l'article 3, §§ 3 et 4, de la loi constitutionnelle du 16 juillet 1875 : « En cas de vacance par décès ou pour toute autre cause, les deux chambres réunies procèdent immédiatement à l'élection d'un nouveau président. Dans l'intervalle, le conseil des ministres est investi du pouvoir exécutif. En cas de décès ou de démission du président de la République, les deux chambres se réunissent immédiatement et de plein droit. Dans le cas où la chambre des députés se trouverait dissoute..... les collèges électoraux seraient aussitôt convoqués et le sénat se réunirait de plein droit. »

Quand la présidence de la République devient vacante par décès, par démission ou par toute autre cause, il appartient au président du sénat, en sa qualité de président de l'assemblée nationale, d'en convoquer les membres au jour le plus rapproché possible du jour où la vacance de la présidence s'est produite. En fait, il agit d'accord avec le conseil des ministres; mais le conseil des ministres ne serait point compétent pour faire la convocation.

Le conseil des ministres, étant momentanément investi du pouvoir exécutif, peut exercer toutes les attributions qui en temps normal appartiennent au président de la République, et cela sans aucune restriction. Évidemment il ne pourrait pas adresser de message aux chambres; cela est une prérogative personnelle du président plutôt qu'une fonction. Il ne pourrait pas non plus certainement provoquer la dissolution de la chambre des députés. Sauf ces réserves, tous les pouvoirs du président de la République appartiennent alors au conseil des ministres. Les actes sont signés par le président du conseil « au nom du conseil des ministres investi du pouvoir exécutif conformément à l'article 7 de la loi du 25 février 1875 » et contresignés par le ministre intéressé.

être l'objet d'une interpellation adressée au ministère,
et qui ne peut en droit atteindre le président.

Le président ne peut jamais venir lire son message
en personne; le message doit toujours être lu aux
chambres par un ministre. Seul le message par lequel
le président de la République donne sa démission
n'est pas lu par un ministre et n'a pas besoin d'être
contresigné. Il est lu par les présidents des assemblées. Il y a là un acte absolument personnel, qui ne
peut être considéré comme un acte de gouvernement.

*Droits de convocation, d'ajournement et de clôture
des chambres.* — Ils sont réglés d'une manière très
précise par les articles 1er et 2 de la loi constitutionnelle du 16 juillet 1875. Ils ont été étudiés au paragraphe 98 où l'on a montré comment ils se combinent
avec les droits du parlement. Le législateur de 1875
a établi à cet égard une balance assez exacte entre les
droits du chef de l'Etat et les droits des chambres.

Droit de dissolution. — Il est accordé au président
de la République, en ce qui concerne la chambre des
députés, par l'article 5, § 1, de la loi du 25 février
1875, avec le concours du sénat : « Le président de la
République peut, sur l'avis conforme du sénat, dissoudre la chambre des députés avant l'expiration
légale de son mandat. » On a déjà dit (§§ 51 et 52) à
quel besoin vient répondre ce droit de dissolution et
comment, bien loin d'être contraire aux principes
démocratiques, il en est une des plus sûres garanties.

Depuis 1875, le droit de dissolution n'a été exercé
qu'une seule fois, en 1877, par le maréchal de Mac-
Mahon (16 mai 1877). Les conditions dans lesquelles
est alors intervenue la dissolution en ont, en quelque
sorte, faussé le ressort, et cette prérogative du pouvoir exécutif a de fait disparu de notre droit politique.

Le président de la République a le droit de dissoudre
la chambre des députés (L. const. 25 février 1875,
art. 5). Cette disposition ne contient aucune réserve.
Par conséquent, le président peut exercer ce droit

quand bon lui semble. L'adhésion nécessaire du sénat a paru une garantie suffisante contre les abus possibles du président de la République.

Cependant, bien que le législateur constituant ne l'ait pas dit, il nous semble qu'il existe une restriction légale à l'exercice de ce droit de dissolution. Le président de la République ne pourrait pas dissoudre une chambre qui vient d'être élue. Il ne peut la dissoudre qu'après que, s'étant constituée, elle a émis un vote. La raison de cette solution est évidente. Le chef de l'Etat a le droit de dissolution non point pour briser le verdict du suffrage universel, mais pour soumettre au jugement du peuple un conflit qui s'élève entre le gouvernement et la chambre des députés. Si le président prononçait la dissolution d'une chambre, qui vient d'être élue, avant même qu'elle ait émis un vote, cette dissolution serait dirigée non pas contre la chambre, mais contre le corps électoral lui-même, dont on casserait le verdict; ce serait évidemment inconstitutionnel. De cela, on doit conclure aussi que lorsqu'une chambre a été élue à la suite d'une dissolution, le président de la République ne peut constitutionnellement la dissoudre que pour trancher un conflit relatif à des faits nouveaux. Il ne saurait prendre cette mesure à raison des faits qui ont motivé la première dissolution.

Sauf ces réserves, le président a, d'après le texte de la constitution, le droit de dissolution absolu. On doit en conclure que la dissolution peut être *ministérielle* ou *présidentielle*. Ou bien le président peut, au cas où les ministres sont en conflit avec la chambre des députés, prononcer sur leur demande la dissolution de la chambre. C'est la dissolution appelée *ministérielle*, la seule qui soit en fait pratiquée aujourd'hui en Angleterre. Ou bien le président de la République peut renvoyer des ministres qui ont la majorité à la chambre des députés et prendre un ministère extra-parlementaire ou un ministère dans la minorité de la

Il est d'usage que lors d'une nouvelle élection présidentielle, tous les ministres remettent leur démission
au nouveau président. En fait, les nouveaux présidents ont toujours renommé les ministres démission-
naires.

**118. De l'action du président de la Républi-
que sur le parlement.** — Le président de la République personnifie le gouvernement. Tout le mécanisme du régime parlementaire, dont les constituants
de 1875 ont voulu doter le pays, repose sur l'action
réciproque que le parlement et le gouvernement exercent l'un sur l'autre. On a vu comment le parlement
exerce son action constante sur le gouvernement par
son droit de contrôle. Cf. § 110. Comment le président
de la République exerce-t-il son action sur le parlement ? Il convient de dire tout de suite que cette
action, en fait, est plus théorique que pratique; et
cela tient en partie au mode de nomination du président de la République.

Messages. — Aux termes de l'article 6, § 1, de la loi
constitutionnelle du 16 juillet 1875 : « Le président
de la République communique avec les chambres par
des messages qui sont lus à la tribune par un
ministre. »

De cette disposition il résulte d'abord que le président de la République n'a pas son entrée dans les
chambres et qu'il ne peut jamais y prononcer un
discours. Il ne peut communiquer avec les assemblées
que par un acte écrit, appelé *message*, qui doit porter le
contreseing ministériel, conformément à l'article 3,
§ 6, de la loi du 25 février 1875, exigeant que tous les
actes du président de la République soient contresignés par un ministre. Ainsi le message lui-même, qui
paraît être cependant au premier chef l'expression
de la volonté personnelle du président, n'est fait par
lui que sous la responsabilité ministérielle et n'engage
pas la responsabilité du président.

Il suit de là que le message présidentiel pourrait

chambre et faire la dissolution : c'est ce que nous appelons la dissolution *présidentielle*. C'est ainsi qu'a procédé le maréchal de Mac-Mahon le 16 mai 1877. Si l'on a pu critiquer justement l'opportunité politique de son acte, il est impossible d'en contester la légalité constitutionnelle.

La dissolution a pour but essentiel de soumettre au jugement du corps électoral les conflits naissant entre le président de la République et la chambre des députés. Il ne faut donc pas qu'à la faveur de la dissolution le président puisse instituer un pouvoir personnel et gouverner un long temps sans le contrôle du parlement. C'est pour cette raison que toutes les constitutions qui admettent le droit de dissolution exigent qu'il soit procédé à de nouvelles élections dans un délai assez court.

D'après l'article 1er de la loi constitutionnelle du 14 août 1884 modifiant le § 2 de l'article 5 de la loi du 25 février 1875, au cas de dissolution, « les collèges électoraux sont réunis pour de nouvelles élections dans le délai de deux mois et la chambre dans les dix jours qui suivront la clôture des opérations électorales ». Le délai fixé par l'article 5, § 2, de la loi du 25 février 1875 était de trois mois ; il avait été emprunté à l'article 50 de la Charte de 1814. En 1877, ce texte avait donné lieu à une difficulté d'interprétation ; d'où le texte de la loi du 14 août 1884 qui ne peut laisser place à aucune controverse.

On s'est demandé ce qu'il adviendrait si le gouvernement, violant cette disposition, ne convoquait pas les électeurs dans le délai de deux mois à partir de la dissolution, ou ne convoquait pas les chambres dans le délai de dix jours à partir de la clôture des opérations électorales. Il est difficile de répondre à la question, parce que c'est la question même de la sanction du droit constitutionnel et que cette sanction en fait ne peut pas exister. En tout cas, nous ne saurions admettre que, comme on l'a dit quelquefois, la chambre dissoute pût se reconstituer et se réunir. La dissolution a par hypothèse été légale, la chambre dissoute est morte, et il nous paraît évident qu'elle ne peut pas revivre du fait que le gouvernement viole la constitution.

Cas de dissolution illégale. — Il est incontestable que si le président de la République prononce la dissolution des chambres ou de l'une d'elles en dehors des conditions qui viennent d'être expliquées, il viole la constitution. Mais il est évident aussi qu'il n'y a pas moyen de l'en empêcher. Le président de la République dispose de la force armée (L. const. 25 février 1875, art. 3, § 3), et la force armée doit lui obéir sans qu'elle ait à apprécier la légalité des actes qui lui sont commandés. Si donc le chef de l'Etat fait disperser par un régiment les chambres illégalement dissoutes, on ne voit pas comment on pourrait s'y opposer. Sans doute, aux termes de l'article 5 de la loi du 22 juillet 1879, les présidents de chaque chambre ont le droit de requérir directement la force armée. En admettant que le chef militaire, requis directement par un président ou les présidents des chambres, marche contrairement aux ordres du gouvernement, on ne voit guère comment cela évitera le coup d'Etat du président de la République. La guerre civile est alors ouverte, et la victoire restera non plus au droit, mais à la force.

La loi du 15 février 1872, connue sous le nom de *loi Tréveneuc*, prévoit le cas de dissolution illégale de l'assemblée nationale et des assemblées qui lui succéderont; elle décide qu'en pareil cas les conseils généraux se réunissent de plein droit, qu'une assemblée composée de deux délégués élus par chaque conseil général en comité secret se réunit dans le lieu où se seront rendus les membres du gouvernement légal et les députés qui auront pu se soustraire à la violence.

L'assemblée ainsi formée est chargée de prendre pour toute la France les mesures urgentes que nécessite le maintien de l'ordre. Si dans le délai d'un mois l'assemblée illégalement dissoute n'a pas pu se constituer, l'assemblée des délégués doit décréter un appel à la nation pour des élections générales. Ses pouvoirs cessent lorsque l'assemblée ainsi élue est constituée (L. 15 février 1872, art. 3-5).

Les dispositions de cette loi sont un peu puériles, parce que de toute évidence elles ne pourraient pas s'appliquer. Si par malheur un président de la République, oubliant ses devoirs, prononçait la dissolution illégale de la chambre et du sénat, il s'arrangerait certainement de manière à empêcher toute réunion des conseils généraux.

119. Attributions exécutives. — Nous employons
cette expression pour nous conformer à l'usage. Mais
en réalité, il n'y a pas de fonction exécutive. Qu'on se
reporte à ce que nous avons dit au paragraphe 36. On
désigne par cette expression une série d'actes qui
sont au fond soit des opérations matérielles, soit des
actes législatifs, soit des actes administratifs. Nous en
indiquerons les principaux dans ce paragraphe.

Le président de la République représente le pays
à l'intérieur et à l'extérieur. Les ambassadeurs et les
envoyés des puissances étrangères sont accrédités
auprès de lui. Il préside aux solennités nationales (L.
const. 25 février 1875, art. 3, § 4).

Le président de la République est le premier personnage de
l'État; il personnifie le gouvernement. La conséquence protoco-
laire rigoureuse de cela, c'est que lorsque le président de la République, personnifiant le gouvernement, assiste à une cérémonie
publique, ses ministres ne peuvent pas y parler. Depuis quelques
temps on a souvent violé cette règle.

Le président de la République doit résider à Paris.
L'article 9 de la loi du 25 février 1875 avait fixé le siège
du pouvoir exécutif et des chambres à Versailles. Cet
article a été abrogé par la loi constitutionnelle du
21 juin 1879; et la loi ordinaire du 22 juillet 1879
(art. 1er) a fixé à Paris le siège du pouvoir exécutif et
des chambres. Le président habite à Paris le palais de
l'Elysée.

Décrets. — Tous les actes du président de la République portent le nom générique de *décret.*

Ce mot *décret*, dont le sens a été pendant longtemps indéterminé,
qui de 1789 à l'an III fut souvent employé pour désigner les décisions de l'Assemblée constituante et de la Convention, depuis le
premier empire est réservé pour désigner les actes du chef de
l'État. Sous le Directoire et sous le Consulat, les actes du gouvernement portaient le nom d'*arrêtés*. Pendant la monarchie de 1814
à 1848, on désignait du vieux nom d'*ordonnances* les actes du roi.
Depuis 1848, le mot décret est passé définitivement en usage pour
désigner les actes du chef de l'État.

Si le mot *décret* est le terme générique, il y a diverses espèces de décrets, qu'il faut indiquer dès à présent.

On doit d'abord distinguer les *décrets individuels* et les *décrets portant règlement* ou *décrets réglementaires*. Le décret individuel est un décret portant décision individuelle, par exemple le décret contenant nomination ou révocation d'un fonctionnaire, prononçant la dissolution d'un conseil municipal. Le *décret réglementaire* est le décret contenant une disposition par voie générale. Cf. §§ 121 et 122.

On distingue aussi les *décrets portant règlement d'administration publique* et les *décrets rendus en la forme des règlements d'administration publique*. Les uns et les autres ont cela de commun qu'ils sont rendus par le gouvernement, après avis du conseil d'Etat délibérant en assemblée générale (L. 24 mai 1872, art. 8; D. 21 août 1872, art. 5, § 1). Le *décret portant règlement d'administration publique* contient des dispositions par voie générale; le *décret rendu en la forme des règlements d'administration publique* contient une disposition individuelle; c'est, par exemple, le décret par lequel le chef de l'Etat prononce l'annulation d'une délibération d'un conseil général dans les hypothèses prévues par les articles 33 et 47 de la loi du 10 août 1871. On appelle *décret en conseil d'Etat* le décret rendu après avis du conseil d'Etat délibérant en section.

Enfin la loi exige parfois un *décret en conseil des ministres*. Le projet de décret doit alors être délibéré en conseil des ministres et porter la mention *délibéré en conseil des ministres*. Cf. § 126.

Le président de la République surveille et assure l'exécution des lois (L. const. 25 février 1875, art. 3, § 1). — C'est là une formule vague et de laquelle on n'a pas pu trouver d'autre sens que celui-ci : le président de la République fait les décrets réglementaires destinés à compléter la loi et à en fixer les détails d'application. Il est possible que, dans la pensée des rédacteurs de l'article 3, cette formule avait ce sens. Mais ils auraient pu dire cela en un langage plus clair. Cf. § 121.

Ce qui est vrai, c'est que peuvent être et sont souvent délibérées en conseil des ministres, sous la présidence du président de la République, les instructions que chaque ministre adresse verbalement ou par écrit aux fonctionnaires relevant de son département sur les mesures individuelles à prendre en application de telle ou telle loi. En ce sens, en effet, on peut dire que le gouvernement personnifié par le président de la République surveille et assure l'exécution des lois. En réalité, c'est chaque ministre qui, sous sa responsabilité devant les chambres, donne les instructions aux fonctionnaires placés sous ses ordres. On peut dire toutefois qu'il agit au nom du gouvernement. D'autre part, ces instructions n'ont pas le caractère d'actes juridiques.

Le président de la République a le droit de faire grâce (L. 25 février 1875, art. 3, § 2). — Bien que le droit de grâce ait conservé en réalité le caractère de prérogative personnelle du chef de l'Etat, le décret accordant une grâce doit être contresigné par un ministre, l'article 3, § 6, exigeant le contreseing ministériel pour tous les actes du président de la République sans exception. Dans ces conditions il est difficile de ne pas admettre qu'un décret accordant une grâce engage la responsabilité politique du ministère devant les chambres, quoique le droit de grâce semble être une prérogative personnelle du chef de l'Etat. Cf. § 34.

Les amnisties ne peuvent être accordées que par une loi (L. const. 25 février 1875, art. 3, § 2).

Le président de la République dispose de la force armée (L. const. 25 février 1875, art. 3, § 3). — Le législateur aurait pu dire plus exactement : la *force publique*. L'expression eût été plus large et partant plus exacte. La force publique comprend tous les agents qui sont armés et qui sont à la disposition du gouvernement pour assurer par la force l'exécution des actes faits conformément au droit. Elle comprend, d'une part, la force publique permanente civile, et la force publique

permanente militaire, qui est plus particulièrement la
force armée ou simplement l'armée.

Le président de la République *dispose* de la force
armée. Cette formule très énergique de la loi de 1875
montre que le gouvernement n'a pas seulement un
droit de *réquisition*. Ce n'est pas seulement une
différence de mot, mais une différence de fond, très
grande et très logique. Le gouvernement, personnifié
par le président de la République, non seulement
peut mettre l'armée en mouvement, mais encore peut
diriger son action. Il peut donner aux généraux des
ordres directs. Ce ne sont pas des réquisitions qu'il
adresse; ce sont des ordres qu'il donne.

Ces ordres ne sont soumis à aucune forme spéciale.
Le chef militaire qui refuserait d'y obtempérer tom-
berait sous le coup des articles 218 du code de justice
militaire et 294 du code de justice militaire pour
l'armée de mer, et non pas de l'article 234 du code
pénal, qui prévoit et punit le refus d'obtempérer aux
réquisitions de l'autorité civile.

Quant à la mobilisation générale de l'armée, elle
est faite par un décret du président de la République
délibéré en conseil des ministres.

En dehors de ce cas, les ordres sont donnés en fait
par le ministre de la guerre ou le ministre de la
marine agissant au nom du gouvernement.

Quand on dit que c'est le président de la République
qui dispose de la force armée, c'est donc, comme
d'ailleurs pour la plupart de ses attributions, une fiction; ce sont les ministres qui en disposent. Ils agissent au nom du gouvernement, personnifié par le
président de la République, et bien entendu sous le
contrôle du parlement et sous leur responsabilité. La
disposition de la force armée est la mise en mouvement par excellence de la force matérielle, qui est la
condition nécessaire pour qu'il y ait un gouvernement, au sens large du mot. Elle est la condition
même pour qu'il y ait un État.

Le président de la République pourrait-il commander l'armée en personne ? Incontestablement, il n'a pas en sa qualité de chef de l'État le droit de commander l'armée, à la différence des chefs d'État des pays monarchiques, qui ont normalement le commandement suprême de l'armée. La constitution française de 1791 (tit. III, chap. IV, art. 1er, § 3) portait : « Le roi est le chef suprême de l'armée de terre et de l'armée navale. » Mais rien ne s'oppose à ce que le gouvernement, usant de son droit de désigner les commandants militaires, donne le haut commandement au président de la République, qui peut être en fait un général. Sa qualité de président de la République ne le rend pas incapable de recevoir du gouvernement une pareille mission.

L'article 50 de la constitution de 1848 portait : « Le président de la République dispose de la force armée, sans pouvoir jamais la commander en personne. » Cette disposition prohibitive n'a pas été reproduite dans la loi constitutionnelle du 25 février 1875, et cela à bon escient, par déférence pour le maréchal de Mac-Mahon qui était alors président de la République.

Du droit de disposer de la force armée en temps de guerre. — En temps de paix, le pouvoir de disposer de la force armée, attribué au gouvernement par l'article 3, § 3, de la loi constitutionnelle du 25 février 1875, ne soulève aucune difficulté. Le gouvernement est libre sans réserve d'ordonner les mouvements et les concentrations de troupes qu'il juge à propos pour assurer la sécurité extérieure et intérieure du pays. Il peut déterminer librement les emplacements des forces militaires. C'est ainsi par exemple que pendant la période critique du 25 juillet au 3 août 1914, qui a précédé la déclaration de guerre, le gouvernement agissait dans la plénitude de ses droits constitutionnels en décidant, pour des raisons diplomatiques, que les troupes françaises, même la cavalerie, se tiendraient à une certaine distance en arrière de la ligne frontière.

Mais en temps de guerre, la question des rapports du gouvernement et du commandement militaire devient très délicate. La règle que le gouvernement dispose de la force armée reste intacte en droit. Mais le chef de l'État en fait ne la commande pas en personne et les intérêts majeurs de la défense nationale exigent que le haut commandement ait une liberté d'action entière.

Comme indication pour la solution de la question on n'avait, avant que la guerre éclatât, d'autre document que le décret du 28 octobre 1913 sur la conduite des grandes unités, dont l'article 1er portait : « Le gouvernement, qui assume la charge des intérêts vitaux du pays, a seul qualité pour fixer le but politique de la guerre. Si la lutte s'étend à plusieurs frontières, il désigne l'adversaire principal contre lequel doit être dirigée la plus grande partie des forces nationales. Il répartit en conséquence les moyens d'action et les secours de toute nature et les met à la disposition des généraux chargés du commandement en chef sur les divers théâtres d'opérations. » Rapp. Décr. 1er décembre 1913 portant *règlement du service des armées en campagne.*

Cette formule n'était pas très précise. Telle quelle, elle laissait au gouvernement un pouvoir qui était de nature à faire naître des difficultés avec le haut commandement. Au moment de la formation du ministère Briand (29 octobre 1915), le gouvernement communiqua aux journaux une note où il était dit notamment : « Le général en chef emploie comme il l'entend toutes les forces placées sous son commandement, sans s'inquiéter des conditions politiques de la guerre; il n'a qu'un but, lui chef militaire, qui est la destruction de l'armée adverse. Afin d'atteindre ce but, le général en chef arrête seul les manœuvres ayant pour objet de combiner les forces dont résultera la bataille décisive. Dans la zone des armées, qui se subdivise elle-même en zone de l'avant et zone de l'arrière, le commandant en chef reste maître absolu. Il est responsable vis-à-vis du gouvernement sans que celui-ci puisse substituer sa pensée à la sienne dans le choix des moyens employés en vue de détruire l'armée ennemie. Le gouvernement peut le remplacer. Le ministre de la guerre a sa voix dans le conseil qui délibère sur cette éventualité, mais au même titre que tout autre ministre. Dans la zone de l'intérieur, au contraire, le ministre de la guerre possède une autorité et une responsabilité sans partage. » Quelque temps après, un décret du 2 décembre 1915 mettait le général, aujourd'hui maréchal Joffre, à la tête de toutes les armées françaises, y compris l'armée d'Orient.

Il n'est pas douteux que par là le gouvernement paraissait abdiquer ses droits constitutionnels de disposition de la force armée entre les mains du généralissime et donner à celui-ci le pouvoir que le décret du 28 octobre 1913 avait expressément réservé au gouvernement, « de désigner, au cas où la lutte s'étend à plusieurs frontières, l'adversaire principal contre lequel doit être dirigée la plus grande partie des forces nationales ». C'était le généralissime qui recevait le droit de répartir les forces nationales sur les divers fronts.

Cette attitude du gouvernement provoqua des critiques assurément fondées de la part des chambres, critiques qui se manifestèrent d'une manière très vive dans les séances du comité secret aux mois de juin et de décembre 1916. Au moment du remaniement du ministère Briand (14 décembre 1916) parurent deux décrets qui nommaient le général Joffre maréchal de France, lui enlevaient le commandement général des armées françaises et nommaient un commandant des armées du nord et du nord-est. L'article 2 du décret du 13 décembre 1916 portait : « Les commandants en chef des armées du nord et du nord-est et de l'armée d'Orient exercent, chacun en ce qui le concerne, la direction des opérations dans les conditions prévues au décret du 28 octobre 1913 portant *règlement sur la conduite des grandes unités* et du 1er décembre 1913 portant *règlement sur le service en campagne.* » C'était revenir à la correction constitutionnelle.

Quelques jours après, les rapports du gouvernement et du commandement militaire étaient précisés par une note communiquée à la presse, où il était dit : « Le commandant des armées du nord et du nord-est et le commandant de l'armée d'orient possèdent une autorité complète sous les ordres du ministre de la guerre. Le ministre de la guerre est chargé de notifier aux ministres intéressés et aux généraux en chef les décisions prises au sein du comité de guerre et d'assurer la coordination nécessaire à leur exécution. Le comité de guerre se compose du président du conseil des ministres, ministre des affaires étrangères, du ministre de la guerre, du ministre de la marine, du ministre des armements et du ministre des finances. Il siège sous la présidence du président de la République. »

Dans la déclaration lue aux chambres le 21 mars 1917, M. Ribot, président du conseil, disait très justement : « La question du haut commandement, qui a donné lieu à tant de débats, se trouve définitivement réglée de la manière la plus simple. Le gouvernement, qui a la direction politique de la guerre sous le contrôle des chambres, est maître de tout ce qui concerne l'organisation et l'entretien de nos armées. Il est l'organe nécessaire des relations avec les gouvernements alliés pour assurer un parfait accord de l'action combinée des armées. Mais lorsqu'il a choisi le chef qui doit conduire nos troupes à la victoire, il lui a laissé une complète liberté pour la conception stratégique, la préparation et la direction des opérations. »

Du droit de requérir l'intervention de la force armée appartenant à certaines autorités civiles. — Il ne faut pas confondre ce droit de réquisition avec le droit de disposition appartenant au gouvernement. C'est le droit qui appartient à certaines autorités administratives et judiciaires, limitativement déterminées par la loi, de provoquer l'intervention de la force armée pour un certain but. Les différences essentielles entre ce droit de réquisition et le droit de disposition appartenant au gouvernement sont les suivantes :

1° La réquisition ne doit être faite que par écrit, en une certaine forme ; on doit notamment indiquer le but de la réquisition ;

2º La réquisition ne peut s'adresser qu'à l'autorité militaire déterminée par les règlements;

3º Lorsque l'autorité civile a exercé son droit de réquisition, son pouvoir est épuisé; l'initiative et la responsabilité des mesures à prendre appartiennent aux chefs militaires;

4º Le chef militaire qui refuse d'obtempérer à une réquisition ne tombe pas sous l'application des dispositions du code de justice militaire (art. 218), mais sous celle de l'article 234 du code pénal.

Les autorités civiles qui ont le droit de requérir la force militaire sont : les présidents du sénat et de la chambre des députés (L. 22 juillet 1879, art. 5); les présidents des cours et tribunaux; les juges d'instruction; les juges de paix; les préfets; les sous-préfets; les maires; les commissaires de police; les présidents de bureaux électoraux.

Les règles sur la réquisition de la force armée par les autorités civiles sont disséminées dans plusieurs lois et décrets d'époques diverses et particulièrement dans les lois des 10 juillet 1791 (tit. III, art. 17), 27 juillet-3 août 1791, 7 juin 1848 sur les attroupements, le décret du 20 mai 1903 sur la gendarmerie, le décret du 7 octobre 1909 sur le service de place.

Toutes ces dispositions ont été réunies dans une instruction du 20 août 1907, signée par les ministres de la guerre, de la justice et de l'intérieur et suivie d'une circulaire du ministre de la guerre (*J. off.*, 31 août 1907). Cette instruction contient certaines dispositions qui cadrent assez mal avec les dispositions des lois précitées. Il apparaît qu'elle a eu pour but de subordonner autant que possible le commandement militaire à l'autorité civile. Il va de soi que cette instruction n'a aucune valeur légale.

Le président de la République nomme à tous les emplois civils et militaires (L. const. 25 février 1875, art. 3, § 4). — C'est le principe; mais ce principe subit de nombreuses exceptions; beaucoup de fonctionnaires sont nommés par d'autres autorités que le président de la République : les ministres, les directeurs généraux de ministère, les préfets.

Il a toujours été admis que cette disposition doit s'entendre en ce sens que le président de la République nomme à tous les emplois civils et militaires à l'exception de ceux pour lesquels la nomination a été donnée à une autre autorité par les lois ou les règlements.

En effet, cette disposition de la loi constitutionnelle n'empêche point qu'une loi ordinaire ou même un

simple règlement donne la nomination de certains
fonctionnaires à des autorités subordonnées.

Les conseillers d'Etat en service ordinaire sont les
seuls fonctionnaires dont la nomination ne pourrait
pas être donnée par une loi ordinaire à une autre
autorité que le président de la République. En effet,
la nomination de ces conseillers d'Etat est expressément remise au président de la République par l'article 4 de la loi constitutionnelle du 25 février 1875.

*De l'ouverture des crédits supplémentaires et extra-
ordinaires.* — Le principe constitutionnel est qu'un
crédit ne peut être ouvert que par le parlement. L'ouverture d'un crédit n'est certainement pas un acte
législatif au sens matériel, mais c'est un acte qui ne
peut être fait qu'en forme de loi. Cf. L. 14 décembre
1879, art. 1er. Quelque rigoureux que soit ce principe,
il doit recevoir certaines exceptions. En effet, il peut
se faire que, dans l'intervalle des sessions parlementaires, le gouvernement ait besoin d'argent dans des
conditions urgentes, soit pour le fonctionnement des
services pour lesquels il n'y a eu au budget que des
crédits insuffisants, soit pour parer à des nécessités
urgentes et imprévues. En un mot, suivant la terminologie financière, le gouvernement peut avoir besoin
de crédits *supplémentaires* ou *extraordinaires*. Régulièrement, il devrait convoquer les chambres pour les
leur demander. Mais c'est une grave opération qui
peut à certain moment avoir des inconvénients sérieux,
inquiéter l'opinion. D'un autre côté l'urgence peut
être si grande que le gouvernement soit dans l'impossibilité de convoquer les chambres en temps utile. Il
faut donc permettre au gouvernement d'ouvrir en
pareille circonstance des crédits par décret. Tel a été
l'objet de la loi du 14 décembre 1879. Mais cette loi
établit de sérieuses garanties pour qu'il n'y ait pas
abus de la part du gouvernement, comme cela s'était
produit en 1877 pendant la période dite du 16 mai.

Il faut d'abord qu'on se trouve « dans le cas de pro-

rogation des chambres tel qu'il est défini par le § 1
de l'article 2 de la loi constitutionnelle du 16 juillet
1875 » (L. 14 décembre 1879, art. 4). Ainsi il faut
qu'il y ait eu clôture de la session parlementaire prononcée par le président de la République. La loi ne
s'appliquerait pas si les chambres s'étaient elles-
mêmes ajournées ou si elles avaient été ajournées par
le président de la République conformément à l'article 2, § 2, de la loi constitutionnelle du 16 juillet 1875,
ou si la chambre des députés avait été dissoute.

D'autre part, peuvent seuls donner lieu à ouverture de crédits supplémentaires les services dont la
nomenclature est annexée chaque année à la loi de
finances. Des crédits extraordinaires qui ont pour
objet la création d'un service nouveau ne peuvent être
ouverts par décret (L. 14 décembre 1879, art. 5).

Quant au décret portant ouverture de crédits supplémentaires ou extraordinaires, il doit réunir trois
conditions : 1° il doit être délibéré et approuvé en
conseil des ministres; 2° il doit être soumis au conseil d'État, qui d'ailleurs ne donne qu'un avis consultatif; 3° il doit indiquer les voies et moyens qui
seront affectés aux crédits demandés.

Ces crédits ne sont d'ailleurs ouverts théoriquement
qu'à titre provisoire. Le décret qui les ouvre est soumis à la ratification du parlement, qui doit être
demandée dans la première quinzaine de sa plus
prochaine réunion (L. 14 décembre 1879, art. 4, § 2).

Le refus du parlement d'approuver le décret d'ouverture de crédit pourrait engager la responsabilité
civile du ministre intéressé (cf. § 129).

**120. De l'initiative et de la promulgation des
lois.** — Le président de la République personnifiant
le gouvernement a l'initiative des lois : « Le président
de la République a l'initiative des lois concurremment
avec les membres des deux chambres » (L. const.
25 février 1875, art. 3, § 1). Ainsi il participe directement à la confection des lois. Ce droit d'initiative a
été étudié au paragraphe 105.

Promulgation de la loi. — « Le président de la République promulgue les lois dans le mois qui suit la transmission au gouvernement de la loi définitivement adoptée. Il doit promulguer dans les trois jours les lois dont la promulgation, par un vote exprès dans l'une et l'autre chambre, aura été déclarée urgente » (LL. const. 16 juillet 1875, art. 7 et 25 février 1875, art. 3, § 1).

Le texte de la loi voté définitivement par les deux chambres est expédié en double exemplaire par les soins du président de la chambre qui l'a voté en dernier lieu. Chacune de ces expéditions est signée par le président de la chambre et un certain nombre de secrétaires. L'une reste déposée aux archives de l'assemblée et l'autre est transmise au président de la République ou plus exactement au ministre du département auquel la loi se rattache par son objet. C'est lui qui la soumettra à la signature du président de la République pour la promulgation.

La promulgation est l'acte par lequel le président de la République affirme, en la formule consacrée, que la loi a été régulièrement votée par les chambres, qu'elle doit être appliquée par les autorités administratives et judiciaires et qu'elle s'impose à tous.

La formule de la promulgation montre bien que la promulgation est le complément indispensable de la loi, que tant qu'il n'y a pas promulgation, il n'y a pas à proprement parler de loi, que nul n'est tenu d'obéir à cette prétendue loi qui n'est point encore promulguée, que les tribunaux, que les autorités, non seulement ne sont pas tenus d'appliquer une loi non promulguée, mais ne peuvent pas l'appliquer. En un mot, par la promulgation, le président de la République est directement et vraiment associé à la confection de la loi.

Il résulte de cela que la seule date véritable d'une loi est la date de sa promulgation, comme on dit quelquefois la date du *fait à...*

L'usage de citer les lois par la date de leur promulgation paraît aujourd'hui définitivement établi.

Le président de la République doit promulguer la loi dans un certain délai (L. const. 16 juillet 1875, art. 7, § 1). En principe, il doit la promulguer dans le mois qui suit la transmission du texte au gouvernement par le président de la chambre qui l'a voté en dernier lieu. Cela ne soulève aucune difficulté. Il doit promulguer la loi dans les trois jours, quand par un vote exprès dans chacune des deux chambres la promulgation a été déclarée urgente.

De la publication des lois. — Il importe de ne pas confondre (ce que l'on fait cependant souvent, ce qu'a fait parfois même le législateur) la promulgation avec la publication. La promulgation est un acte juridique dont on vient de déterminer le caractère. La publication est le fait par lequel la loi est portée à la connaissance du public.

Aujourd'hui, le mode de publication des lois est réglé par le décret du 5 novembre 1870. Elle résulte, en principe, de l'insertion du texte de la loi au *Journal officiel* de la République française (D. 5 novembre 1870, art. 1er, § 1).

La loi ne devient pas obligatoire immédiatement après l'apparition du *Journal officiel.* A Paris, les lois ne sont obligatoires qu'un jour franc après le jour de la publication du numéro du *Journal officiel* qui en contient le texte. Partout ailleurs, les lois ne sont obligatoires qu'un jour franc après que le numéro du *Journal officiel* qui en contient le texte est parvenu au chef-lieu de l'arrondissement (D. 5 novembre 1870, art. 2). D'après ce même décret (art. 3), les préfets et les sous-préfets doivent prendre les mesures nécessaires pour qu'en outre les actes législatifs soient imprimés et affichés partout où besoin est. A cet égard, ils donneront aux maires les ordres qu'ils jugeront convenables (L. 5 avril 1884, art. 92, n° 1).

Du veto suspensif du président de la République — Le président de la République doit promulguer les

lois dans les délais fixés par l'article 7 de la loi constitutionnelle du 16 juillet 1875. C'est pour lui incontestablement une obligation et s'il ne le faisait pas, il
violerait la constitution. Le refus ou le retard de la
promulgation peuvent évidemment engager la responsabilité ministérielle. Mais le législateur n'a organisé
et ne pouvait organiser aucun moyen pour contraindre
directement le président de la République à faire la
promulgation de la loi et à la faire dans les délais
prescrits. Il n'a organisé non plus aucun moyen de
suppléer à la promulgation présidentielle de la loi.
Ainsi par son abstention le président de la République
pourrait empêcher indéfiniment l'application d'une loi.
Encore un cas où la loi constitutionnelle n'a d'autre
sanction que la loyauté des hommes qui l'appliquent,
particulièrement du président de la République.

Outre ce pouvoir de fait, et d'ailleurs inconstitutionnel, de retarder par son abstention indéfiniment
l'application de la loi, le président de la République
possède un pouvoir légal de *veto* suspensif, qui est
établi par l'article 7, § 2, de la loi constitutionnelle du
16 juillet 1875 : « Dans le délai fixé pour la promulgation, le président de la République peut, par un
message motivé, demander aux deux chambres une
seconde délibération qui ne peut être refusée. » De ce
texte il faut rapprocher l'article 22 du règlement de
la chambre : « Lorsque, en vertu de l'article 7 de la loi
constitutionnelle du 16 juillet 1875, le président de la
République demande une nouvelle délibération de la
chambre, le message motivé est imprimé et distribué.
Il est renvoyé, sauf décision contraire de la chambre,
à la commission permanente compétente sur le rapport
de laquelle il est procédé à la nouvelle délibération. »
Rapp. régl. sénat, art. 74.

L'article 7, § 2, de la loi constitutionnelle du 16 juillet
1875 établit ainsi au profit du président de la République un véritable droit de *veto* suspensif, qui n'a
jamais été exercé.

121. Le pouvoir réglementaire du président de la République. — Le président de la République fait des règlements, beaucoup de règlements; et le nombre en augmente chaque jour. L'activité de l'Etat s'accroissant continuellement. le parlement est dans l'impossibilité matérielle de voter lui-même toutes les dispositions réglementaires qui sont nécessaires. Nous avons montré (§ 33) que les règlements, quelle que soit l'autorité dont ils émanent, ne sont pas des actes administratifs, qu'ils contiennent par définition même des dispositions par voie générale et abstraite, et que par conséquent ils sont, au point de vue matériel, des actes législatifs; de véritables actes législatifs.

Cela étant établi, une question se pose. Dans un pays comme le nôtre, dont la constitution décide que le pouvoir législatif s'exerce par deux assemblées, la chambre des députés et le sénat (L. const. 25 février 1875, art. 1er, § 1), que le président de la République ne participe à la confection des lois que par l'initiative et la promulgation (LL. const. 25 février, art. 3, § 1, et 16 juillet 1875, art. 7), comment peut-on comprendre qu'il puisse faire seul, avec le simple contreseing ministériel, un acte d'ordre législatif ?

On a voulu résoudre la question en soutenant que les règlements n'étaient pas des actes législatifs, mais des actes exécutifs ou même administratifs. Nous avons démontré et nous venons de rappeler qu'il n'en est pas ainsi.

On a essayé aussi de résoudre le problème en faisant une distinction entre les matières dites *législatives* et les matières dites *réglementaires*. les premières étant celles sur lesquelles une disposition par voie générale et abstraite ne peut être édictée que par un acte fait en forme de loi, c'est-à-dire aujourd'hui que par un acte voté par les deux chambres et promulgué par le président de la République, et les matières *réglementaires* celles sur lesquelles une disposition par voie générale et abstraite peut être édictée par un décret,

c'est-à-dire un acte signé du président de la République
et contresigné par un ministre. Mais quand on a
voulu déterminer un critérium général de la distinction des matières *législatives* et des matières *réglementaires*, on a été dans l'impossibilité absolue de le
faire.

La vérité est qu'on ne peut point établir une théorie
générale du pouvoir réglementaire du chef de l'Etat
en France. Les hypothèses où il exerce ce pouvoir
sont nombreuses, variées, et dans chacune celui-ci se
rattache à des principes différents. Il faut examiner
séparément et successivement chacune de ces hypothèses.

Cependant, pour toutes il y a cela de commun que
les règlements sont des actes législatifs matériels.
Mais il ne faut point en conclure que par là ils échappent à tout recours, et que le président de la République puisse par un décret réglementaire modifier
la loi ou y déroger. En effet, la force obligatoire d'un
acte et les voies de recours dont il est susceptible ne
dépendent point de la nature intrinsèque de cet acte,
mais du caractère de l'organe ou de l'agent qui l'a
fait. Un acte fait en forme de loi ne peut être modifié
ou abrogé que par un acte fait en forme de loi. Le
décret réglementaire du président de la République
est une loi au point de vue matériel, mais il n'est pas
fait en la forme de loi; il est fait en la forme de
décret présidentiel; il est donc de toute évidence qu'il
ne peut modifier ou abroger une loi formelle ou y
déroger.

D'autre part, de ce que le règlement présidentiel est
un acte législatif au point de vue matériel, on ne
peut point en conclure qu'il soit insusceptible du
recours contentieux en annulation ou de l'exception
d'illégalité. La recevabilité du recours ou de l'exception dépend du caractère que l'on attribue au président de la République exerçant le pouvoir réglementaire. Si l'on voit en lui un organe représentatif

agissant avec le concours du parlement, il n'y a pas évidemment de recours possible. Si, au contraire, comme c'est aujourd'hui la tendance générale, on voit dans le président de la République simplement une autorité administrative, le recours contentieux et l'exception d'illégalité sont toujours recevables. C'est en ce sens que statue aujourd'hui la jurisprudence.

Les différents cas où le président de la République exerce le pouvoir réglementaire peuvent se grouper sous cinq chefs généraux :

1° *Le président de la République légifère par voie de décret réglementaire dans certaines colonies, en vertu d'une compétence permanente à lui donnée par une loi formelle.* — La constitutionnalité d'une loi qui donne au chef de l'État le droit de légiférer dans les colonies n'est pas douteuse. En effet, aujourd'hui la loi constitutionnelle proprement dite ne s'applique certainement pas aux colonies, et partant la disposition de l'article 1er, § 1, de la loi constitutionnelle du 25 février 1875, qui décide que le pouvoir législatif s'exerce par le sénat et la chambre des députés, ne saurait être invoquée.

D'après le sénatus-consulte du 3 mai 1854, on doit distinguer d'une part les anciennes colonies, Guadeloupe, Martinique et Réunion, et d'autre part les autres colonies, y compris l'Algérie. Pour la Guadeloupe, la Martinique et la Réunion, le sénatus-consulte énumérait certaines matières sur lesquelles il ne pouvait être légiféré que par sénatus-consultes; et comme aujourd'hui il n'y a pas de sénatus-consultes, il ne peut être légiféré actuellement dans ces trois colonies que par une loi formelle sur ces différentes matières. Ce sont : l'état des personnes, le régime de la propriété, les contrats, l'exercice des droits politiques, la législation criminelle, le recrutement de l'armée. Sur toutes les autres matières, en vertu du sénatus-consulte du 3 mai 1854, le gouvernement a encore compétence pour légiférer par décrets réglementaires,

suivant certaines distinctions, par décrets réglementaires simples, par décrets portant règlement d'administration publique (rendu après avis du conseil d'Etat
délibéré en assemblée générale), ou par décrets en
conseil d'Etat. En principe, le gouvernement peut légiférer par décrets réglementaires simples. Mais il faut
noter qu'aujourd'hui beaucoup de lois formelles, portant sur des matières qui certainement auraient pu
être réglées par un décret, ont été expressément
déclarées par le législateur applicables à ces colonies
(Guadeloupe, Martinique et Réunion). On peut citer
comme exemple la loi municipale du 5 avril 1884,
article 165.

Pour les autres colonies, y compris l'Algérie, l'article 18 du sénatus-consulte du 3 mai 1854 porte : « Les
colonies autres que la Martinique, la Guadeloupe, la
Réunion seront régies par décrets de l'empereur, jusqu'à ce qu'il ait été statué à leur égard par un sénatus-
consulte. » Ce sénatus-consulte n'a jamais été porté ;
aucune loi générale n'a jamais été faite ; et aujour-
d'hui encore en vertu de ce texte, sur toutes les matières, même en matière criminelle, dans toutes les
colonies sauf la Guadeloupe, la Martinique et la Réunion, le gouvernement légifère par simples décrets.

Cependant malgré son pouvoir réglementaire colonial très étendu, il est certain que le gouvernement
ne peut édicter aucune disposition en violation d'une
loi s'appliquant à la colonie considérée. La sanction
de cette prohibition se trouve évidemment dans la
responsabilité ministérielle, le contrôle des chambres,
le droit qu'ont toujours les chambres d'inviter le gouvernement à rapporter un décret, ou de faire une loi
anéantissant ce décret. En outre, les intéressés peuvent attaquer par le recours pour excès de pouvoir,
devant le conseil d'Etat, un décret colonial fait en
violation d'une loi applicable à la colonie considérée.
Le conseil d'Etat a consacré cette solution par un
arrêt du 29 mai 1908 (*Recueil*, p. 576). Pour la même

raison, on sera recevable à opposer l'exception d'illégalité, sur le fondement de l'article 471, n° 15, du code pénal, permettant même aux tribunaux judiciaires d'apprécier la légalité des règlements dont on demande l'application devant eux (Cass., 28 août 1902, S., 1903, I, p. 489).

2° *Le président de la République légifère sur certaines matières déterminées, en vertu d'une compétence qui lui est donnée expressément par une loi formelle.* — Les exemples sont assez nombreux où une loi formelle donne expressément compétence au gouvernement pour faire des règlements sur des matières déterminées.

Par exemple la loi du 27 juillet 1822 (douanes) (art. 10) porte : « Des ordonnances du roi prescriront les moyens d'ordre et de police jugés nécessaires pour empêcher la fraude »; la loi du 3 mars 1822 (loi sur la police sanitaire maritime) donne compétence au roi pour déterminer par des ordonnances « ... les mesures extraordinaires que l'invasion ou la crainte d'une maladie pestilentielle rendaient nécessaires sur les frontières de terre ou de mer ». On doit rapprocher de ce texte l'article 8 de la loi du 15 février 1902 (sur la protection de la santé publique) : « Lorsqu'une épidémie menace tout ou partie du territoire de la République ou s'y développe et que les moyens de défense locaux sont reconnus insuffisants, un décret du président de la République déterminera, après avis du comité consultatif d'hygiène, les mesures propres à empêcher la propagation de cette épidémie. » Des lois assez nombreuses ont donné au gouvernement compétence pour établir, modifier ou suspendre des impôts par voie réglementaire.

Dans un autre ordre d'idées, il faut citer la loi du 17 janvier 1910 complétée par la loi du 24 décembre 1910 qui donne au gouvernement, au cas de mobilisation, de calamité publique, le droit de proroger l'échéance des valeurs négociables, pouvoir qui a été élargi par une loi du 5 août 1914, qui donne au gouvernement le pouvoir de suspendre toutes péremptions et prescriptions. On citera aussi la loi du 20 avril 1916 qui, pendant la durée des hostilités, donne au gouvernement le droit de taxer par décret certaines denrées aux lieux d'importation ou de fabrication, la loi du 22 avril 1916 qui donne au gouvernement le pouvoir de fixer par décret le taux maximum du fret pour le transport des charbons (art. 4), la loi du 7 avril 1917 sur la taxation du blé.

Il importe de bien comprendre la différence essentielle, souvent inaperçue, qui sépare l'exercice du pouvoir réglementaire, dans cette hypothèse et dans

celle qui sera examinée sous le n° 3. Dans celle-ci
(n° 3), sur l'invitation du parlement, le gouvernement fait un règlement pour compléter la loi elle-
même qui contient cette invitation, un règlement sur
des matières réglées par cette loi elle-même et dont
le décret vient compléter les dispositions. Le décret
est en quelque sorte le prolongement de la loi. Au
contraire, dans notre hypothèse actuelle, le gouvernement reçoit d'une loi formelle compétence pour réglementer des matières qui sont en dehors de cette loi ;
le règlement qui sera fait en vertu de cette compétence
n'est point un prolongement de la loi ; on ne peut dire
de lui qu'il est fait pour compléter la loi, pour en
régler les détails d'application, pour en assurer l'exécution, et par conséquent on ne peut prétendre en
aucune manière qu'il soit un acte d'exécution. Ces
règlements sont incontestablement des actes législatifs matériels et portent sur des matières qui, certainement, sans la disposition légale expresse donnant
compétence au gouvernement, n'auraient pu être
réglées que par le parlement. La chose est évidente
pour tous les décrets que l'on vient de citer, aussi
bien pour ceux qui suspendent l'exécution d'une loi
que pour ceux qui créent des impôts nouveaux, augmentent le taux d'impôts existants, prorogent les
échéances, suspendent les prescriptions et péremptions.

On explique en général ce pouvoir réglementaire
par une délégation donnée au gouvernement par les
chambres.

Nous repoussons énergiquement cette idée de délégation. Comme Hauriou (*Droit public*, 1ʳᵉ édit., p. 419),
nous pensons que cette idée de délégation « est la
plaie du droit constitutionnel français ». Spécialement,
dans la matière où nous sommes, il faut bien comprendre que le parlement n'est pas titulaire d'un
prétendu pouvoir législatif ; il a une certaine compétence ; cette compétence, il ne peut point la trans-

mettre; la compétence n'est pas un droit qui se transmet; c'est un pouvoir que le législateur peut modifier, et tout ce qu'on peut dire c'est que le parlement donne compétence au gouvernement pour faire des règlements dans des cas où sans cela il n'aurait pas eu cette compétence.

Mais on aperçoit l'objection. « Le pouvoir législatif s'exerce par deux assemblées : la chambre des députés et le sénat », tel est le texte de l'article 1er, § 1, de la loi constitutionnelle du 25 février 1875; par suite, peut-on dire, le parlement, qui donne au gouvernement compétence pour légiférer dans des matières où le parlement doit intervenir lui-même d'après la constitution, viole la constitution. On a essayé d'écarter l'objection en disant que si la constitution décide que le pouvoir législatif est exercé par les deux chambres, elle ne contient point une énumération des matières législatives et des matières réglementaires et que le parlement peut toujours, sans violer la constitution, décider que telle matière sera réglementaire, que le gouvernement pourra la régler par décret et que l'article 1er, § 1, de la loi constitutionnelle du 25 février 1875 doit s'interpréter au point de vue *formel* et signifie seulement que toute décision votée par les deux chambres a valeur de loi formelle.

Si cette explication peut être donnée la plupart du temps, il est des cas où elle est difficilement acceptable, comme par exemple celui où une loi (notamment les lois de 1814, 1887, 1897, 1910) donne compétence au gouvernement pour établir des taxes par un décret, puisqu'il est certainement de principe constitutionnel que tout impôt doit être établi par une loi formelle. En vérité, l'objection est sans réponse, car dans l'hypothèse où nous sommes, il est impossible de dire, on l'a déjà montré, que le gouvernement intervient comme pouvoir exécutif pour régler les détails d'application d'une loi. Aussi sommes-nous tenté de croire qu'il se produit actuellement une évolution dans notre droit constitutionnel, tendant à l'établissement de cette règle que le législateur peut toujours, dans une matière quelconque, donner au gouvernement compétence pour faire un règlement. Cette évolution s'est certainement accentuée sous l'action des nécessités pratiques nées de la guerre. Cf. § 123.

Le règlement ainsi fait, en vertu d'une compétence donnée expressément au chef de l'Etat par le parlement, n'aura point le caractère d'une loi formelle; il reste un règlement du chef de l'Etat; il ne pourra point modifier ou abroger une loi formelle, mais seulement s'ajouter aux dispositions des lois formelles. En un mot, le gouvernement reçoit compétence réglementaire; mais son acte reste un acte du gouvernement; celui-ci n'est pas mis aux lieu et place du parlement et son acte ne doit pas être traité comme acte du parlement. C'est l'intérêt qu'il y a à dire qu'il n'y a pas de délégation. Par suite, ces règlements sont susceptibles d'être attaqués par le recours pour excès de pouvoir. La jurisprudence du conseil d'Etat paraît aujourd'hui définitivement fixée en ce sens. De même on pourra, dans les mêmes cas, opposer l'exception d'illégalité.

122. Le pouvoir réglementaire du président de la République (*suite*). — Il s'exerce encore dans trois hypothèses qui s'ajoutent aux deux précédemment étudiées.

3° Le président de la République fait un règlement sur l'invitation qui lui est adressée par une loi formelle à l'effet de compléter cette loi et d'en régler les détails d'application. — Bien que cela ne soit pas tout à fait exact et que théoriquement soit règlement d'administration publique tout règlement fait par le chef de l'Etat après avis du conseil d'Etat délibérant en assemblée générale (D. 21 août 1872, art. 5), on appelle en pratique *règlement d'administration publique* le règlement que fait ainsi le gouvernement avec l'avis du conseil d'Etat en assemblée générale pour compléter une loi en vertu de l'invitation qui lui est adressée expressément par cette loi elle-même.

La plupart des grandes lois faites ces dernières années contiennent une disposition de ce genre. On citera seulement, à titre d'exemples, la loi du 12 avril 1906 relative aux habitations à bon marché (art. 15); le règlement d'administration publique du 10 janvier 1907 fait en vertu de ce texte est très important et contient même des dispositions de droit civil, par exemple les articles 40 et suivants; la loi du 1er juillet 1901 sur les associations (art. 20) et les deux grands règlements, faits en vertu de cet article, du 26 août 1901; la loi du 9 décembre 1905 sur la séparation des églises et de l'Etat, article 43, § 1 ; trois règlements ont été faits en vertu de ce texte: 29 décembre 1905, 19 janvier 1906 et 16 mars 1906; la loi du 5 avril 1910 sur les retraites ouvrières et le règlement du 24 mars 1911; la loi de finances du 15 juillet 1914 créant l'impôt général sur le revenu (art. 15) et le décret du 15 janvier 1916.

Ici comme dans l'hypothèse précédente et pour les mêmes raisons, il faut repousser énergiquement l'idée d'une délégation législative.

Faut-il alors appliquer comme précédemment l'idée de détermination de compétence, et dire que dans les exemples rapportés et ceux analogues, le législateur donne expressément compétence au gouvernement pour régler les détails d'application de la loi ? Non, car ici il est inutile d'avoir recours à cette idée. En effet, on verra, au n° 4, que certainement le président de la République a, en vertu même de la constitution, et sans qu'une invitation du parlement soit nécessaire, compétence pour faire des règlements à l'effet de compléter les lois et d'en régler les détails d'application. D'ailleurs, en reconnaissant au chef de l'Etat cette compétence constitutionnelle de faire un règlement complétant une loi, nous persistons à attribuer à ce règlement, au point de vue matériel, le caractère d'un acte législatif.

Mais si en dehors de toute invitation du parlement le gouvernement a compétence pour faire un décret complémentaire de la loi, on doit se demander quel est l'effet de cette invitation expresse. En réalité elle n'a point pour effet d'augmenter les pouvoirs du président, qui restent exactement ce qu'ils sont d'après

la constitution elle-même. Elle a seulement pour effet
d'obliger le gouvernement à faire le règlement complémentaire dans certaines conditions de délai (comme
les règlements sur la séparation des églises et de
l'Etat qui devaient être faits dans les trois mois de la
promulgation de la loi), dans certaines conditions de
forme (avis du conseil d'Etat délibérant en assemblée
générale). La seule sanction de ces diverses obligations paraît être la responsabilité politique du ministère.

D'autre part, nous estimons que lorsque le législateur charge le gouvernement de faire un règlement
d'administration publique pour compléter la loi, cela
a pour conséquence de suspendre l'application de la
loi jusqu'à la publication du règlement, sauf la mise
en jeu de la responsabilité ministérielle si le gouvernement ne le faisait pas ou le faisait en retard.

L'invitation expresse adressée au gouvernement de
faire un règlement d'administration publique complémentaire d'une loi n'augmente en rien les pouvoirs du
gouvernement; par suite, il ne peut inscrire dans ce
règlement d'administration publique que les dispositions qui auraient pu figurer dans un règlement complémentaire fait spontanément. C'est ainsi que ce
règlement peut développer les principes formulés par
la loi, en régler les détails d'application, mais ne peut
pas édicter un principe nouveau, ne peut pas, par
exemple, imposer une condition de forme ou de fond
dont le principe ne se trouverait pas dans la loi. C'est
ainsi encore qu'un règlement d'administration publique fait sur invitation du législateur ne peut point
contenir une pénalité, la règle de l'article 4 du Code
pénal et de l'article 8 de la Déclaration restant intacte.
Enfin un règlement d'administration publique ne
pourra contenir aucune disposition qui modifie ou
abroge une disposition légale quelconque. Un acte qui
n'est pas une loi formelle ne peut ni modifier ni abroger une disposition d'une loi formelle.

Puisque le règlement fait sur invitation du législateur reste un acte du président de la République agissant comme organe administratif, il est susceptible des voies de recours dont est susceptible tout acte du président de la République agissant en cette qualité; et l'on peut aussi opposer à son égard l'exception d'illégalité.

La jurisprudence admet depuis longtemps d'une manière constante la recevabilité de l'exception d'illégalité à l'égard des règlements d'administration publique. Mais jusqu'en 1907, elle déclarait non recevable le recours pour excès de pouvoir.

Le conseil d'Etat, par son arrêt du 5 décembre 1901 (*Grandes compagnies de chemins de fer*), a formellement reconnu la recevabilité du recours pour excès de pouvoir contre les règlements d'administration publique, et la solution en ce sens peut être considérée comme définitive (*Recueil*, p. 913, S., 1908, III, p. 1). Cf. dans le même sens, cons. d'Etat, 26 décembre 1908, *Recueil*, p. 1094.

4° *Le président de la République fait un règlement spontanément pour compléter une loi et pour en régler les détails d'application.* — On suppose qu'une loi formelle ne contient aucun texte invitant le gouvernement à faire un règlement pour la compléter et déterminer les détails d'application. Le gouvernement intervient alors spontanément, et, avec ou sans l'avis du conseil d'Etat, peu importe, fait un règlement pour compléter cette loi et pour régler les détails d'application. Il en a incontestablement le pouvoir.

Aujourd'hui, on fonde ce droit du président de la République sur l'article 3, § 1, de la loi constitutionnelle du 25 février 1875, où il est dit que « le président de la République *surveille et assure l'exécution des lois* ». Sans doute, pris au pied de la lettre, ce texte ne donnerait pas le pouvoir réglementaire, car faire un règlement pour compléter une loi, pour régler les détails d'application de la loi, ce n'est point assurer l'exécution de la loi, ni surveiller l'exécution de la loi. Mais le sens et la portée de ce texte sont donnés par une longue tradition à laquelle le législateur constituant de 1875 a certainement voulu se conformer.

D'autre part, il est certain qu'il y a une nécessité

pratique à ce que le président ait ce pouvoir réglementaire : beaucoup de détails ne peuvent pas trouver
place dans la loi, le parlement n'aurait pas le temps
matériel de les discuter et de les voter, et le gouvernement est même plus compétent que lui pour les
édicter.

Mais le pouvoir réglementaire du chef de l'Etat dans
cette hypothèse est limité. D'abord, il ne peut évidemment établir ni une peine ni une taxe. Il ne peut édicter aucune disposition qui viole une loi quelconque,
non seulement la loi qu'il complète, mais une autre loi ;
une disposition d'une loi formelle ne peut être modifiée
que par une loi formelle ; le règlement est bien un
acte législatif matériel, mais il est un acte en forme
de décret. Enfin le règlement complète la loi en réglant
les détails d'application des principes qu'elle contient,
mais ne peut édicter aucune exigence nouvelle. Le
règlement a pour but et pour raison d'être d'assurer
l'application de la loi qu'il complète. Il est donc, en
quelque sorte, contenu par la loi à laquelle il se rattache. Il développe les principes formulés dans la loi,
mais il ne peut, en aucune façon, étendre ou restreindre la portée de la loi, ni quant aux personnes ni
quant aux choses. Si, par exemple, la loi indique certaines formalités nécessaires pour la validité d'un
acte, le règlement déterminera la manière dont ces
formalités seront remplies, mais ne peut pas exiger
des formalités nouvelles. Si la loi exige certaines
conditions de capacité, le règlement pourra préciser
ces conditions, mais ne pourra pas les rendre plus ou
moins sévères.

Il va sans dire que le gouvernement exerce ce pouvoir réglementaire sous le contrôle des chambres et
la sanction de la responsabilité ministérielle. Contre
de pareils règlements le recours pour excès de pouvoir
et l'exception d'illégalité sont incontestablement recevables. S'ils sont recevables à l'égard des règlements
d'administration publique (cf. *supra*, n° 3), *a fortiori*

sont-ils recevables à l'égard des règlements faits spontanément par le chef de l'Etat pour compléter une loi. C'est la solution unanimement admise en doctrine et en jurisprudence.

5° *Le président de la République fait spontanément un règlement qui ne se rattache à aucune loi déterminée.* — On voit aisément les différences qui séparent cette hypothèse de celles qui précèdent. Le chef de l'Etat fait un règlement, c'est-à-dire une loi au sens matériel, sans qu'une loi formelle l'ait invité à le faire ou lui ait donné compétence expresse à ce sujet. Il fait un règlement qui ne se rattache à aucune loi déterminée, qui n'a point pour but de régler les détails d'application d'une loi.

On ne peut donc ici fonder son pouvoir réglementaire sur la disposition de l'article 3, § 1, de la loi constitutionnelle de 1875 : « Il surveille et assure l'exécution des lois. » Et cependant, il est certain que le président de la République fait et qu'avant lui tous les chefs de l'Etat ont toujours fait certains règlements ne se rattachant à aucune loi. La doctrine et la jurisprudence admettent l'idée d'une distinction entre les matières dites législatives et les matières dites réglementaires, les premières ne pouvant être réglementées que par une loi formelle et les secondes pouvant être réglementées par décret. Mais cette distinction étant admise (et il est difficile de ne pas l'admettre), la difficulté devient très grande lorsqu'il faut déterminer quelles matières sont législatives, quelles réglementaires.

Les théories générales sur ce point abondent. Mais aucune ne nous paraît donner une solution satisfaisante. Le mieux est de rechercher en fait quelles sont les matières sur lesquelles nous trouvons en France des règlements du gouvernement ne se rapportant à aucune loi, règlements que l'on peut appeler *règlements autonomes*. Or, il semble bien que les seules matières, qui soient en fait objet de règlements autonomes, sont le *fonctionnement des services publics* et la *police*.

Fonctionnement des services publics. — Les règlements qui y sont relatifs sont innombrables. Il est impossible évidemment de les énumérer. Chaque ministre, et particulièrement le ministre de la guerre et le ministre de la marine, contresigne de nombreux règlements relatifs au fonctionnement des services publics relevant de son ministère. On doit citer aussi les nombreux décrets sur le régime disciplinaire des fonctionnaires appartenant aux divers services. Quelques-uns de ces décrets sont précédés de visas énonçant des lois ; mais bien souvent le lien qui rattache le décret aux lois visées est si ténu qu'il est impossible de l'apercevoir. En réalité il n'existe pas, et le décret est tout à fait spontané et indépendant. Beaucoup de décrets réglementaires organisant des services publics ne visent que d'autres décrets, et de ceux-là, par conséquent, on ne peut pas dire qu'ils se rapportent à une loi. Il a toujours été admis aussi que le gouvernement pouvait réglementer par décret l'organisation intérieure des ministères.

Cependant certaines lois sont venues restreindre les pouvoirs du gouvernement sur certains points. Aux termes de l'article 18 de la loi de finances du 30 décembre 1903, le gouvernement ne peut faire aucun règlement ayant pour objet de fixer une limite d'âge au delà de laquelle les titulaires de certains emplois ne peuvent être maintenus en fonctions. L'article 35, § 3, de la loi du 13 avril 1900 décide que le nombre d'employés de chaque catégorie existant dans les ministères ne peut être augmenté que par une loi. Enfin, l'article 8 de la loi du 20 juin 1920 est venu compléter de la manière suivante l'article 35 de la loi du 13 avril 1900 : « La création de ministères ou de sous-secrétariats d'Etat, de postes de secrétaires généraux ou de chefs de service dans les administrations centrales, sous quelque nom que ces créations soient présentées, les transferts d'attribution d'un département ministériel à un autre, ne peuvent être décidés que par une loi et mis en vigueur qu'après le vote de cette loi. »

Ces différentes lois, en limitant le pouvoir réglementaire du président de la République pour l'organisation des services publics, reconnaissent par là même qu'il existe en principe.

La compétence du chef de l'État pour faire spontanément ces règlements autonomes sur l'organisation et le fonctionnement des services publics est donc incontestable. Nous ne voyons pas d'autre moyen de l'expliquer que de dire qu'il y a là l'application d'une règle de droit coutumier constitutionnel. Sans doute, ces règlements sont des actes législatifs au point de vue matériel; mais le droit constitutionnel reconnaît au gouvernement compétence pour les faire sous le contrôle des deux chambres.

Règlements relatifs à la police. — Beaucoup de règlements spontanés et autonomes ont pour objet des matières que l'on fait rentrer dans la notion très compréhensive et un peu vague de police. Est décision de police toute décision individuelle ou générale qui interdit ou ordonne un certain agissement afin d'assurer *par voie préventive* la tranquillité, la sécurité et la salubrité publiques. Dans un régime de légalité comme le régime moderne, une mesure individuelle, même de police, ne peut être prise que conformément à une disposition établie par voie générale et dans la mesure fixée par cette règle générale. Cette disposition de police par voie générale ne peut, en principe, résulter que d'une loi formelle.

La loi formelle est en effet parfois intervenue; elle a déterminé et les cas où les autorités peuvent faire des actes de police individuels et ceux où les autorités et notamment le gouvernement peuvent faire des règlements généraux de police; par exemple en matière de police de la salubrité, la grande loi du

15 février 1902. Le plus souvent la loi formelle a donné aux autorités locales, préfets et maires, compétence pour faire des règlements généraux de police. Enfin il est des dispositions de police qui doivent être les mêmes pour le pays tout entier et qu'il ne peut pas appartenir aux lois locales d'édicter.

Elles devraient certainement, d'après les principes généraux du droit constitutionnel, être établies par une loi formelle; et le législateur peut toujours intervenir. Mais s'il n'intervient pas, que faire? Il peut y avoir une urgence extrême à les édicter. D'autre part, elles doivent contenir le plus souvent des règles très minutieuses et très détaillées que le parlement est mal préparé à étudier, à discuter et à voter. C'est sous l'action de ces faits que s'est formée cette règle coutumière de notre droit constitutionnel que le gouvernement peut faire spontanément des règlements autonomes de police. Mais il est certain aussi que le gouvernement ne peut pas établir des peines comme sanction des dispositions réglementaires de police qu'il édicte. La sanction pénale du règlement ne peut être établie que par une loi formelle, et s'il n'y a pas de loi spéciale établissant cette sanction pénale, on appliquera la sanction générale de l'article 471, n° 15, du code pénal. Sur ce point, la jurisprudence de la cour de cassation est constante.

Comme règlements autonomes de police, nous citerons les décrets des 10 mars 1899 et 10 septembre 1901 sur la construction et la circulation des automobiles, du 8 octobre 1901 sur la police et l'usage des voies de navigation intérieure abrogé et remplacé par le décret du 24 mars 1914. Les décrets sur les automobiles ne contenaient aucun visa; celui sur la navigation vise seulement un avis du conseil général des ponts et chaussées. On ne peut donc pas dire que ces décrets sont destinés à assurer l'exécution d'une loi.

Les dispositions des décrets du 10 mars 1899 et du 10 septembre 1901 sur la construction et la circulation

des automobiles sont passées dans le grand décret du
31 décembre 1922, abrogeant le décret du 27 mai 1921
et portant *règlement général sur la police de la circulation et du roulage*, décret qu'on a pris la coutume
d'appeler le *code de la route*. Ce décret vise la loi du
30 mars 1851 sur la police du roulage et spécialement
l'article 2 de cette loi. Mais vraiment on ne saurait
prétendre qu'un décret qui détermine notamment
comment doivent être disposés les organes moteurs
et les organes de manœuvre des véhicules automobiles
(art. 21 et s.) est la mise en œuvre d'une loi votée en
1851. Il faut donc voir incontestablement dans le code
de la route un règlement de police autonome.

Nous ne croyons pas qu'on puisse trouver des règlements autonomes portant sur d'autres matières que
l'organisation et le fonctionnement des services publics
et sur la police; et nous estimons que si l'on fait la
distinction des matières réglementaires et des matières
législatives, les seules matières réglementaires sont :
l'organisation des services publics et la police. Nous
croyons bien qu'en principe une règle générale et
abstraite, c'est-à-dire une loi matérielle, ne peut résulter que d'une loi formelle. Mais à cette règle ont été
apportées, sous l'empire des besoins de la pratique,
les deux exceptions que l'on vient d'étudier.

Conclusions. — On voit par tout ce qui précède que
le domaine du pouvoir réglementaire est très vaste
et en même temps très complexe; que ce pouvoir
s'exerce dans des conditions très diverses et ne repose
point sur un principe unique. Les nombreuses controverses qu'il soulève tiennent surtout à ce que ces distinctions n'ont pas été faites.

Dès avant la guerre, le domaine du pouvoir réglementaire allait s'accroissant chaque jour. L'activité de
l'Etat devenant de plus en plus grande, le parlement
ne pouvait plus suffire à sa tâche et se déchargeait
volontiers, dans les conditions précédemment expliquées, sur le gouvernement d'une bonne part de sa

fonction législative. Cela n'était point sans présenter
quelques inconvénients. On verra au paragraphe
suivant comment, sous la pression des faits, le
domaine du pouvoir réglementaire du chef de l'Etat
s'est largement accru pendant la guerre.

Décrets-lois. — On désigne ainsi les décrets rendus par un gouvernement régulier en dehors du domaine légal du pouvoir réglementaire, et aussi les décrets rendus par des gouvernements de
fait sur des matières qui, en régime normal, eussent dû faire l'objet
d'une loi.

De nombreux décrets ont été portés par Napoléon Iᵉʳ sur des
matières certainement d'ordre législatif, par exemple le décret du
14 novembre 1806 sur les tribunaux maritimes, le décret du 14 mars
1812 sur le port des armes, etc... — Sous la Restauration se pré-
senta la question de savoir si ces décrets s'imposaient à l'application par les tribunaux. La cour de cassation, dans plusieurs arrêts,
a répondu affirmativement, se fondant sur ce fait que la constitution de l'an VIII établissait une procédure spéciale pour déférer au
sénat les actes inconstitutionnels, que ces actes, n'ayant point été
déférés au sénat et partant n'ayant point été déclarés inconstitutionnels, avaient par là même force légale.

Les décrets-lois portés par le gouvernement provisoire de 1848
étaient par la force des choses de véritables lois, notamment le
décret du 5 mars 1848 établissant le suffrage universel.

Les décrets réglant des matières législatives, rendus pendant la
période dictatoriale du 2 décembre 1851 au 29 mars 1852, ont été
ratifiés par l'article 58, § 2, de la constitution de 1852. C'est ainsi que
le décret organique du 2 février 1852 sur les élections est une loi
véritable et ne peut être modifié que par une loi formelle.

Le gouvernement de la Défense nationale de 1870-1871, du 4 septembre 1870 au 12 février 1871, a fait un assez grand nombre de
décrets sur des matières législatives. La force légale de certains
de ces décrets législatifs a été en fait unanimement reconnue, par
exemple celle du décret du 19 septembre 1870 abrogeant l'article 75
de la constitution de l'an VIII, toujours maintenu comme loi ordinaire depuis 1814.

Sur le pouvoir réglementaire, cons. Moreau, *Le règlement administratif*, 1902 ; J. Cahen, *La loi et le règlement*, 1903.

**123. Le pouvoir réglementaire du président
de la République pendant la guerre.** — Sous la
pression des faits le pouvoir réglementaire du chef de
l'Etat a pris en France et à l'étranger un très large
développement, qui apparaît d'une part dans les pouvoirs plus étendus qui ont été donnés au gouvernement par le législateur, et d'autre part dans l'interven-

tion du gouvernement qui a été amené à réglementer des matières certainement d'ordre législatif.

1° *Le parlement a étendu le pouvoir réglementaire du gouvernement.* — On a déjà indiqué au paragraphe 121 les pouvoirs exceptionnels donnés au gouvernement par la loi du 5 août 1914 (prorogation des échéances, suspension des péremptions et prescriptions), par la loi du 20 avril 1916 (taxation des denrées aux lieux d'importation et de fabrication), par la loi du 22 avril 1916 (taxation des frets de charbon), par la loi du 7 avril 1917 (taxation des blés).

Cependant si le parlement a ainsi donné au gouvernement un pouvoir réglementaire exceptionnel, il ne l'a fait que sur des points déterminés et ne lui a pas donné, même au début de la guerre, une compétence générale pour faire des règlements sur des matières législatives.

Il en a été différemment en Italie et en Angleterre.

Au moment où l'Italie est entrée dans le conflit, une loi du 20 mai 1915, dite *loi des pleins pouvoirs*, a donné au gouvernement italien une compétence législative générale dans les termes suivants : « Le gouvernement est autorisé en temps de guerre et pendant la durée de la guerre à prendre des décisions ayant la valeur de lois pour tout ce qu'exigent la défense de l'Etat, la garantie de l'ordre public et les besoins urgents de l'économie nationale. »

Après l'avènement du fascisme, le président du conseil, M. Mussolini a fait voter la loi du 30 novembre 1922, qui est venue à nouveau, et en temps de paix, donner *pleins pouvoirs* au gouvernement.

Le parlement anglais a voté une disposition analogue; et la chose est d'autant plus remarquable qu'en Angleterre le pouvoir réglementaire du chef de l'Etat s'était développé d'une manière beaucoup moindre qu'en France et en Italie. Il y avait même dans le pouvoir réglementaire quelque chose qui répugnait au droit constitutionnel anglais. Cependant, en raison des circonstances exceptionnelles dans lesquelles se trouvait le pays, un acte du 27 novembre 1914 porte : « Sa Majesté en conseil a le pouvoir pendant la continuation de la présente guerre d'édicter des règlements pour assurer la sécurité publique et la défense du royaume et aussi touchant les pouvoirs et les attributions à cet effet de l'amirauté et du conseil de l'armée, ainsi que des membres des forces de Sa Majesté et des autres personnes agissant en son nom. Elle peut par ces règlements autoriser le jugement par des cours martiales ou au cas d'infraction minime par des tribunaux de juridiction sommaire, et la punition

des personnes commettant des contraventions aux règlements, et
en particulier à l'une des dispositions de ces règlements ayant pour
objet... »

Cf. Jèze, *Les pleins pouvoirs en Angleterre, Revue du droit
public*, 1917, p. 17 et s.; *Les pleins pouvoirs en Italie, Ibid.*,
p. 209 et s.

C'est assurément de la loi italienne du 20 mai 1915
et de l'acte anglais précité que s'est inspiré le ministère Briand quand il déposa le 14 décembre 1916, à la
chambre des députés, un projet ainsi conçu : « Jusqu'à la cessation des hostilités, le gouvernement est
autorisé à prendre par des décrets rendus en conseil
des ministres toutes mesures qui, par addition ou
dérogation aux lois en vigueur, seront commandées
par les nécessités de la défense nationale, notamment
en ce qui concerne les productions agricoles et industrielles, l'outillage des ports, le ravitaillement, l'hygiène et la santé publique, le recrutement de la main-
d'œuvre, la vente et la répartition des denrées et
produits, leur consommation... Il pourra être appliqué
des pénalités à fixer dans des limites qui ne dépasse-
ront pas six mois d'emprisonnement et 10.000 francs
d'amende. »

Ce projet souleva de vives protestations dans la
presse et dans les chambres, protestations qui étaient,
à notre avis, entièrement justifiées. Si l'on comprend
qu'en temps de guerre le gouvernement demande aux
chambres de lui accorder sur des points déterminés
un pouvoir réglementaire exceptionnel, on ne saurait
admettre que le parlement puisse se dessaisir entièrement de son pouvoir législatif, quand les deux chambres sont réunies, que rien ne s'oppose à leur réunion
et quand elles peuvent sur la demande du gouvernement voter une loi en quelques heures, comme elles
l'ont fait le 4 août 1914.

D'autre part, si l'on peut admettre, comme on l'a
dit au paragraphe 121, n° 2, que la coutume constitutionnelle permet au parlement de donner exceptionnellement au gouvernement le pouvoir de faire un

décret sur une matière législative, rien n'autorise à dire que le parlement puisse conférer un pouvoir législatif sans limite au gouvernement, comme semblait le lui demander le projet du gouvernement par le mot *notamment*. L'Angleterre, qui ne pratique pas le système des constitutions rigides, a pu légalement donner ce pouvoir législatif au gouvernement. Il est plus que douteux que les lois italiennes des pleins pouvoirs soient constitutionnelles. Il est certain que le ministère Briand, en déposant le projet de loi précité, violait l'article 1er de la loi constitutionnelle du 25 février 1875, que pour le parlement le fait seul de discuter un pareil projet eût été une atteinte à ce texte constitutionnel, et que les tribunaux auraient dû, pour se conformer à la loi constitutionnelle, refuser de faire application des décrets pris dans ces conditions.

Le gouvernement le comprit et n'insista pas. Au nom de la commission spéciale désignée pour examiner le projet, M. Violette déposa, le 10 janvier 1917, un rapport concluant au rejet du projet du gouvernement à raison de son inconstitutionnalité et de son inutilité. Au nom de la commission, il demandait en outre à la chambre de voter une résolution établissant une procédure d'extrème urgence qui serait appliquée au vote des lois sur la demande du gouvernement. Cette résolution a été votée le 17 janvier 1917.

V. le rapport de M. Violette, *J. off.*, *doc. parl.*, Chambre, 1916, p. 1858.

2° *Le gouvernement fait spontanément des règlements sur des matières certainement d'ordre législatif.* — Le gouvernement, dans certains cas exceptionnels et sous l'empire de nécessités urgentes, peut-il faire spontanément un règlement sur une matière législative, ou plus exactement en dehors du domaine précédemment attribué au pouvoir réglementaire? C'est la question dite des *règlements de nécessité*.

Il importe de ne pas confondre la question actuelle des *règlements de nécessité* avec la question des *actes de gouvernement* examinée au paragraphe 34. L'acte *de gouvernement* est un acte administratif, individuel ou réglementaire, à l'occasion duquel, d'après une doctrine qui a eu longtemps crédit, aucun recours juridictionnel n'est recevable à cause du but politique en vue duquel il a été fait. Au contraire, en ce qui concerne les *règlements de nécessité*, tous les recours juridictionnels de droit commun sont recevables. Mais la question se pose de savoir si un pareil règlement, qui excède les pouvoirs réglementaires normaux du gouvernement, n'est pas cependant valable en raison des circonstances. L'*acte de gouvernement* soulève une question de recevabilité du recours ; le *règlement de nécessité*, une question de fond.

D'autre part, la question des *actes de gouvernement* se pose pour les actes individuels et les actes réglementaires ; la question des *actes de nécessité* ne se pose que pour les actes réglementaires. Quelque pressantes en effet que soient les nécessités, on ne saurait admettre qu'elles fassent échec à la règle intangible du droit moderne, d'après laquelle un acte individuel ne peut jamais être fait que dans les limites fixées par une disposition générale législative ou réglementaire.

On a aujourd'hui une tendance marquée à admettre, et personnellement nous sommes disposé à admettre, qu'au cas de circonstances graves, par exemple au cas de mobilisation générale de l'armée, au cas de guerre étrangère, le gouvernement peut, précisément à raison de ces circonstances tout à fait exceptionnelles, faire des règlements valides sur des matières sur lesquelles il ne le pourrait pas en temps normal. Mais, à notre avis, il ne peut agir ainsi que sous deux conditions :

1° Il faut qu'il soit matériellement ou moralement impossible de réunir le parlement, soit parce qu'il ne peut pas se réunir, soit parce qu'il ne veut pas se réunir, bien que les mesures à prendre soient d'une extrême urgence. Évidemment, pendant les premiers mois de la guerre on se trouvait dans des circonstances de cet ordre. Sans doute il n'y avait pas une impossibilité matérielle à réunir le parlement, mais il y avait comme une impossibilité morale. Beaucoup de membres de la chambre des députés étaient mobilisés; beaucoup de sénateurs et de députés étaient retenus par le devoir patriotique dans leurs départements. Les chambres elles-mêmes s'ajournèrent, laissant au gouvernement et à leur président le soin de les convoquer. On comprend donc que pendant les premiers mois de la guerre le gouvernement ait été amené à prendre très légalement certains décrets sur des matières d'ordre législatif, mais cela sous une seconde condition.

2° Il faut que le règlement portant sur des matières législatives en de pareilles circonstances soit fait sous cette condition tacite ou expresse qu'il sera soumis à l'approbation du parlement dès sa plus prochaine réunion.

Par application de ces idées, nous admettons que le gouvernement a pu prendre valablement pendant les premiers mois de la guerre toute une série de décrets touchant l'organisation et le fonctionnement de l'armée. Ils étaient indispensables; il y avait une urgence extrême et le parlement n'était pas réuni. Le gouvernement avait l'intention de les faire ratifier par le parlement dès qu'il serait assemblé. Ils ont, en effet, été confirmés sur la demande du gouvernement par la loi du 30 mars 1915.

Pour parler exactement, il ne faut pas dire que ces décrets étaient entachés de nullité et qu'ils ont été ratifiés par le parlement qui l'a couverte rétroactivement. Le parlement ne peut pas faire qu'un acte, nul d'après la loi constitutionnelle ou même la loi ordinaire sous l'application de laquelle il a été fait, devienne rétroactivement valable. Ces décrets-lois étaient valables *ab initio* comme *règlements de nécessité*, parce que le gouvernement était par les circonstances forcé de les prendre et parce qu'il avait l'intention de les faire approuver par le parlement. Malgré cela, il est dit à l'article 1ᵉʳ de la loi du 30 mars 1915 : « Sont *ratifiés* pour leurs dispositions avoir force de loi à la date de leur publication les décrets... » Cette formule n'est pas juridiquement correcte.

Par application de ce qui vient d'être dit, étaient certainement illégaux les deux décrets du 10 et du 16 septembre 1914, le premier ainsi conçu : « L'article 65 de la loi de finances du 22 avril 1905 (article portant qu'aucun fonctionnaire ne peut être révoqué ou frappé d'une peine disciplinaire sans que son dossier lui ait été communiqué) est suspendu pendant toute la durée de la guerre » ; et le second qui déclare « suspendu pendant la durée des hostilités le fonctionnement des conseils de discipline institués *par des lois*, décrets ou règlements ».

Ces deux décrets, au moment où ils ont été portés, pouvaient peut-être être considérés comme valables, parce qu'on devait présumer que le gouvernement les soumettrait à l'approbation du parlement dès sa plus prochaine réunion. Mais le temps a passé ; d'autres décrets rendus dans les mêmes conditions ont été soumis à l'approbation du législateur ; ceux-là ne l'ont point été ; ce qui semble démontrer qu'au moment où ils ont été portés le gouvernement n'avait point l'intention de les faire approuver par les chambres. Il leur manque donc une des conditions exigées plus haut pour la validité des règlements de nécessité.

Cependant, par deux arrêts, 28 juin 1918 (*Recueil*, p. 651) et 16 janvier 1920 (*Recueil*, p. 38), le conseil d'État a décidé que ces décrets étaient légaux. Nous nous sommes permis de qualifier des arrêts d'incohérents parce qu'ils fondent la légalité de ces décrets, qui suspendent l'application de certaines lois, sur l'article 3 de la loi constitutionnelle du 25 février 1875, lequel donne au président de la République le pouvoir de surveiller et d'assurer l'exécution des lois.

Beaucoup de décrets portés en 1916 et en 1917 sur des matières législatives et notamment en vue du ravitaillement n'ont point été soumis à la ratification parlementaire ; ils étaient certainement illégaux par

la simple raison qu'il n'y avait aucun motif de ne
pas faire une loi puisque le parlement était réuni.
Citons à titre d'exemple le décret du 3 mai 1917 qui,
contrairement à des lois antérieures, fixait à 80 p. 100
le taux de blutage de la farine. La cour de cassation
et plusieurs cours d'appel l'ont très justement déclaré
illégal. Devant ces décisions de justice, le gouvernement se décida enfin à demander le vote d'une loi;
ce fut la loi du 10 février 1918 qui donnait au gouvernement des pouvoirs étendus en matière d'alimentation et de ravitaillement.

V. la décision de la cour de cassation, 3 novembre 1917, S.,
1917, I, p. 145. — Cf. mon *Traité de droit constitutionnel*, 2ᵉ édit.,
III, 1923, p. 704 et 705.

La conclusion de tout ce qui précède sera donc que
si dans des circonstances exceptionnelles on peut
admettre la légalité de règlements portant sur des
matières législatives, il faut que les deux conditions
précédemment indiquées soient réunies; que le parlement ne puisse pas être assemblé en temps utile et
que, dès sa première réunion, la ratification soit
demandée par le gouvernement. Aller plus loin, ce
serait tomber dans l'arbitraire.

**124. Attributions diplomatiques du président
de la République.** — Le président de la République,
personnifiant le gouvernement, représente le pays;
c'est auprès de lui que sont accrédités les envoyés et
les ambassadeurs des puissances étrangères (L. const.
25 février 1875, art. 3, § 5). De même, c'est le président de la République qui signe les lettres de créance
qui accréditent les envoyés et les ambassadeurs français auprès des chefs d'État étrangers.

Le président de la République étant le représentant
du pays a naturellement compétence pour négocier
et ratifier les traités. Mais le gouvernement agissant
toujours sous le contrôle du parlement, celui-ci doit
évidemment être associé à l'exercice de la fonction
diplomatique. Les pouvoirs respectifs du président
de la République et du parlement ont été déterminés

par l'article 8 de la loi constitutionnelle du 16 juillet
1875 : « Le président de la République négocie et
ratifie les traités. Il en donne connaissance aux chambres aussitôt que l'intérêt et la sécurité de l'Etat le
permettent. Les traités de paix, de commerce, les
traités qui engagent les finances de l'Etat, ceux qui
sont relatifs à l'état des personnes et au droit de propriété des Français à l'étranger ne sont définitifs
qu'après avoir été votés par les deux chambres. Nulle
cession, nul échange, nulle adjonction de territoire
ne peut avoir lieu qu'en vertu d'une loi. »

Ce texte, on le voit, distingue deux choses qui doivent en effet être distinguées : la négociation et la
ratification des traités.

Négociation des traités. — Elle appartient exclusivement et entièrement au président de la République,
ou plus exactement au gouvernement qui doit exercer
ces pouvoirs de négociation avec une pleine et entière
liberté, par l'intermédiaire de ses ambassadeurs et de
ses envoyés extraordinaires.

Les chambres ne peuvent limiter d'aucune manière,
par voie préventive, les pouvoirs du gouvernement à
cet égard. Sans doute elles peuvent inviter le gouvernement à négocier; elles peuvent même l'inviter à
négocier sur telles ou telles bases; mais elles ne
pourraient pas lui interdire d'avance de conclure tel
ou tel traité, d'accepter telle ou telle clause. En le
faisant, elles porteraient atteinte au droit constitutionnel qui appartient au gouvernement seul de négocier les traités.

Ratification des traités. — En principe, le pouvoir
de ratifier les traités appartient au président de la
République.

La ratification a lieu par un décret signé du président de la République et contresigné par le ministre
des affaires étrangères, et cela sans aucune intervention des chambres.

La constitution invite seulement le gouvernement à

en donner communication aux chambres « aussitôt que l'intérêt et la sécurité de l'Etat le permettent ». C'est le gouvernement qui apprécie le moment où il fera cette communication. La ratification comme la négociation engage évidemment la responsabilité du ministère. Mais il est certain en même temps qu'un traité ayant été négocié et ratifié par le président de la République, le parlement par un vote ne pourrait pas déclarer que le président de la République a eu tort de ratifier un pareil traité et qu'il n'engage pas le pays.

Si en principe le président de la République a pouvoir de ratifier seul les traités, l'article 8 de la loi constitutionnelle du 16 juillet 1875 indique une série de traités qui doivent *être votés* par les deux chambres. Ce sont naturellement les traités qui ont été considérés par le législateur comme étant de nature à engager le plus gravement le pays. Ces traités sont énumérés limitativement par l'article 8. Ce sont les traités de paix, de commerce, les traités qui engagent les finances de l'Etat, ceux qui sont relatifs à l'état des personnes et au droit de propriété des Français à l'étranger, les traités emportant cession, échange ou adjonction de territoire. Ainsi certains traités très importants peuvent être ratifiés par le président de la République seul sans l'intervention des chambres, par exemple les traités d'alliance, les traités de protectorat.

Il faut bien comprendre quel est le rôle du parlement en ce qui concerne les traités pour la ratification desquels la constitution exige son intervention. Il ne ratifie pas ces traités; ils sont comme les autres ratifiés par décret du président de la République. Les chambres sont seulement appelées à voter une loi autorisant le président de la République à les ratifier et le décret de ratification doit être précédé d'une mention visant la loi d'autorisation. Le texte du traité est publié, non pas en même temps que la promulga-

tion de la loi d'autorisation, mais avec le décret de
ratification.

Ce rôle des chambres est très nettement précisé par l'article 93
du règlement de la chambre : « Lorsque la chambre est saisie d'un
projet de loi par lequel le gouvernement, conformément à l'article 8
de la loi constitutionnelle du 16 juillet 1875, lui demande l'approbation d'un traité conclu avec une puissance étrangère, il n'est pas
voté sur les articles du traité, et il ne peut être présenté d'amendement à son texte. » Si la chambre estime qu'il y a lieu de s'opposer
à telle ou telle clause du traité, elle doit le faire dans les termes
suivants : « La chambre, appelant à nouveau l'attention du gouvernement sur telle ou telle clause du traité..., surseoit à donner l'autorisation de ratifier » (Règl. chambre, art. 93, § 6).

Déclaration de guerre. — Aux termes de l'article 9
de la loi constitutionnelle du 16 juillet 1875, « le président de la République ne peut déclarer la guerre
sans l'assentiment préalable des deux chambres ».

Le système est donc celui-ci : le gouvernement peut
seul prendre l'initiative d'une déclaration de guerre ;
seul il peut saisir le parlement d'une proposition tendant à être autorisé à faire une déclaration de guerre ;
et il ne peut faire une déclaration de guerre qu'après
avoir obtenu l'assentiment des deux chambres. La
pensée très sage du législateur constituant est qu'un
acte aussi grave que l'entreprise d'une guerre, qui
peut mettre en jeu l'existence même de la patrie, ne
doit jamais pouvoir être fait sans l'assentiment exprès
des représentants élus de la nation.

Cependant, en fait, l'application de ce texte ne sera
pas sans présenter de très graves difficultés et même,
le plus souvent, sera absolument impossible, parce
que quand la question sera soumise au parlement,
celui-ci n'aura qu'à s'incliner devant les circonstances.

Le 3 août 1914, à 6 h. 45 du soir, M. de Schoen,
ambassadeur d'Allemagne à Paris, remettait à M. Viviani, président du conseil des ministres, ministre
des affaires étrangères, une lettre dans laquelle il lui
faisait connaître que « l'Empire allemand se considérait en état de guerre avec la France, du fait de
cette dernière puissance ».

Le gouvernement et le parlement se sont trouvés ainsi en présence du fait accompli et l'article 9 de la loi constitutionnelle du 16 juillet 1875 n'a point eu à jouer.

125. Irresponsabilité et responsabilité du président de la République. — « Le président de la République n'est responsable que dans le cas de haute trahison » (L. const. 25 février 1875, art. 6, § 2). Nous avons montré (§§ 51 et 52) sous l'empire de quelles nécessités pratiques et pour résoudre quel problème s'était formée en Angleterre et dans les monarchies parlementaires l'idée d'irresponsabilité du monarque chef de l'État. C'est dans le même but que les constituants de 1875 ont voulu faire du président de la République française un roi parlementaire de sept ans et ont établi son irresponsabilité politique.

Le président de la République étant politiquement irresponsable, tous ses actes doivent être contresignés par un ministre. Ce contreseing engage et révèle la responsabilité ministérielle. « Chacun des actes du président de la République doit être contresigné par un ministre » (L. const. 25 février 1875, art. 3, § 6).

Comment le président de la République irresponsable peut-il faire sentir son action dans la direction des affaires? Cela n'est plus une question de droit, mais une pure question de fait. Le président peut, par son autorité personnelle, par le prestige qui s'attache à ses fonctions, par la confiance qu'il inspire, exercer une influence effective et heureuse dans la politique du pays et particulièrement dans la politique étrangère. Il y a là évidemment une question de tact et de mesure, et on ne peut formuler aucune règle.

Il est un acte pour lequel il nous semble cependant que le président de la République peut agir avec une entière indépendance et exercer une action très effective, c'est le choix du président du conseil du nouveau ministère au cas de crise ministérielle. D'après un usage établi, lorsque le ministère au pouvoir se retire, le président de la République, après avoir pris l'avis des présidents du sénat et de la chambre, choisit un homme politique qu'il charge de former un nouveau ministère dont il aura la présidence. Sans doute, à moins de faire la dissolution, il doit le choisir dans la majorité. Mais dans cette limite, il a une liberté de choix complète ; il a le pouvoir et le devoir de ne pas se laisser imposer par des intrigues de couloirs tel ou tel politicien.

Cas de haute trahison. — Si le président de la République est politiquement irresponsable, il est responsable pénalement. D'abord il est incontestable qu'il est pénalement responsable des infractions de droit commun. Il ne bénéficie point à cet égard de l'inviolabilité des chefs d'État dans les pays monarchiques. Il est un citoyen et reste soumis au droit commun, sauf le privilège de juridiction qui lui appartient en vertu de l'article 12 de la loi du 16 juillet 1875. Cf. *supra*, § 113.

D'autre part, il est pénalement responsable des infractions commises dans l'exercice de ses fonctions, mais à la condition qu'elles constituent un crime de *haute trahison* (L. const. 25 février 1875, art. 6, § 2). Aucune loi ne définit le crime de haute trahison, et nous croyons que tant qu'une loi n'aura pas défini le crime de haute trahison, le sénat ne pourra pas condamner le président de la République, qu'il ne pourrait même pas prononcer sa déchéance. Cf. § 114.

B. *Les ministres.*

126. Caractères et nomination des ministres. — Dans les pays parlementaires modernes, en France particulièrement, les ministres ont deux caractères bien distincts qu'il importe de préciser. Ils sont d'abord, comme ils l'ont toujours été et comme ils le sont partout, les chefs des administrations qui ressortissent à leur département ministériel. Ils ont à ce titre de nombreuses attributions d'ordre purement administratif qu'il n'y a pas lieu d'étudier ici (cons. les *Traités de droit administratif*). Mais les ministres sont, d'autre part, membres du conseil des ministres, du cabinet, et ils exercent à ce titre, sous leur responsabilité devant les chambres, des attributions d'ordre politique, qu'on ne peut mieux définir qu'en disant qu'ils exercent les attributions dont le président de la République est en droit titulaire.

Le conseil des ministres ou cabinet. — Il est composé des ministres ; mais il forme un organe de gouvernement un. C'est lui qui imprime la direction au gouvernement ; c'est lui qui prend toutes les décisions importantes au nom du président de la République et sous la responsabilité des ministres qui le composent. Ainsi le président de la République est titulaire de toutes les attributions ; le conseil des ministres décide dans quelles conditions et dans quel sens elles doivent être exercées ; ses membres les exercent sous leur responsabilité.

Le conseil des ministres est ainsi le rouage essentiel de la machine gouvernementale. Et, chose curieuse, aucun article de la constitution ne détermine sa composition et ses attributions ; son existence légale est seulement consacrée implicitement par les textes assez nombreux, qui exigent pour la validité de certains décrets qu'ils soient pris en conseil des ministres, notamment l'article 4 de la loi constitutionnelle du 25 février 1875 pour les décrets portant nomination ou révocation des conseillers d'État en service ordinaire.

Le conseil a un chef qui porte aujourd'hui en France le titre de président du conseil des ministres. C'est presque toujours en fait un des ministres à portefeuille. Ce pourrait être cependant un ministre sans portefeuille.

En France, à la différence de ce qui se passe en Angleterre, le chef de l'État a toujours assisté aux réunions du conseil des ministres.

Mais les ministres peuvent se réunir hors la présence du chef de l'Etat; ces réunions portent le nom de *conseil de cabinet*. Ces réunions des ministres hors la présence du chef de l'Etat avaient lieu déjà sous Louis-Philippe. Aujourd'hui, elles alternent avec les réunions en conseil des ministres. Mais il importe de noter que, lorsque la loi exige qu'une décision soit prise en conseil des ministres, il faut qu'elle ait été délibérée par les ministres réunis en présence du chef de l'Etat. Il n'y a légalement *conseil des ministres* qu'à cette condition.

Nomination des ministres. — Elle est faite par le président de la République. Aucun texte actuellement en vigueur ne lui donne expressément ce droit. Mais ayant, aux termes de l'article 3, § 3, de la loi constitutionnelle du 25 février 1875, la nomination à tous les emplois civils et militaires, il a par là même le droit de nommer les ministres. Ayant le droit de les nommer, il a le droit de les révoquer. En fait, on ne révoque jamais un ministre, on lui demande sa démission.

Ce droit de nomination et de révocation ne lui est point contesté. Il était reconnu expressément au président de la République par la constitution de 1848, article 64 : « Il nomme et révoque les ministres. » La loi du 31 août 1871, article 3, § 5, s'exprimait de la même manière.

Mais ce droit de nomination et de révocation des ministres se trouve en fait bien réduit. En effet, le président ne peut choisir que des ministres qui soient disposés à suivre une politique approuvée par les chambres. Il peut bien en droit choisir des ministres n'ayant pas la majorité à la chambre des députés et ayant l'approbation du sénat; mais il devra alors dissoudre la chambre, et si le corps électoral renvoie la même majorité, il devra évidemment prendre un ministère dans la majorité. D'autre part, si le président révoque des ministres qui ont l'approbation de la chambre, il doit encore faire la dissolution (cf. *supra*, § 118).

Enfin son droit de révocation des ministres est tout à fait limité par la nécessité du contreseing ministériel, même pour les décrets de révocation. Le décret qui nomme le président du conseil du nouveau ministère est contresigné par le président du conseil du ministère précédent. Ainsi on arrive à ce résultat contradictoire qu'un nouveau ministère ne peut être constitué qu'avec l'assentiment du président du conseil du ministère précédent, alors même qu'il a donné sa démission sur un vote de la chambre, ou, ce qui serait parfaitement constitutionnel, sur la demande du président de la République. L'action de celui-ci pourrait être ainsi complètement entravée. La constitution de 1848 (art. 67) avait dispensé du contreseing ministériel « les actes du président de la République par lesquels il nomme et révoque les ministres ». Elle donnait ainsi très justement au chef de l'État une liberté d'action que ne peut pas avoir le président de 1875. En fait, le président du conseil démissionnaire n'a jamais depuis 1875 refusé de contresigner le décret de nomination de son successeur. Mais la constitution devait prévoir cette hypothèse et assurer en tout cas la liberté d'action du chef de l'État.

Dans tous les pays, les actes de révocation des ministres sont extrêmement rares; les ministres donnent leur démission; et au lieu de révoquer un ou plusieurs ministres, le chef de l'État ou le président du conseil leur demande leur démission. Si l'on suppose que, par impossible, les ministres refusent leur démission, le décret de révocation ne pourrait être porté qu'avec le contreseing de l'un d'eux.

Les ministres doivent adresser leur démission au président du conseil; celui-ci adresse sa démission au président de la République et lui transmet celles de ses collègues.

En fait, au cas de crise ministérielle, le président

de la République ne choisit pas les ministres; il ne
désigne que le président du conseil qui compose le
ministère, lequel est toujours accepté par le président
de la République.

Le président de la République peut choisir ses
ministres comme bon lui semble. Il peut confier les
fonctions ministérielles à des membres du parlement,
sénateurs ou députés; il peut prendre quelques-uns
de ses ministres ou tous en dehors du parlement.

Les innombrables affaires qui ressortissent au gouvernement sont réparties entre un certain nombre de
départements ministériels. Jusqu'à la loi du 20 juin
1920, il était admis que le gouvernement pouvait, par
un décret simple, déterminer le nombre des ministères, créer de nouveaux ministères et répartir à son
gré les services entre les divers départements ministériels. La loi du 20 juin déjà citée a décidé qu'un
ministère ne peut être créé que par une loi, et que le
transfert d'attributions d'un département ministériel
à un autre ne peut être décidé aussi que par une loi.
C'est une sage mesure qui a pour but d'empêcher des
combinaisons de politique pure toujours regrettables.

Il a toujours été admis qu'il pourrait y avoir outre
les ministres placés à la tête d'un département, des
ministres dits *ministres sans portefeuille.* Ce sont des
ministres qui ont seulement la première des deux
qualités indiquées au début du paragraphe. Ils font
partie du conseil des ministres, ont à ce titre tous les
pouvoirs politiques qui appartiennent aux ministres à
portefeuille; ils ont voix délibérative au conseil des
ministres; ils peuvent être président du conseil; ils
peuvent parler aux chambres au nom du gouvernement; ils sont atteints par la responsabilité politique
et solidaire prévue par l'article 6, § 1, de la loi constitutionnelle du 25 février 1875. Mais n'étant pas placés à la tête d'un département ministériel, ils n'ont
aucune compétence de caractère administratif, et
échappent à la responsabilité administrative (L. const.
25 février 1875, art. 6, § 1).

Nous sommes disposé par suite à croire qu'il ne suffirait pas qu'un acte du président de la République soit contresigné par un ministre sans portefeuille. Le contreseing ministériel, exigé par l'article 3, § 5, de la loi constitutionnelle du 25 février 1875, engage la responsabilité politique et la responsabilité administrative du ministre qui contresigne (L. const. 25 février 1875, art. 6. § 1). Or, les ministres sans portefeuille ne peuvent pas être atteints par la responsabilité administrative.

A l'heure actuelle, il existe quatorze ministres qui sont les suivants : 1º ministère de la justice ; 2º ministère des affaires étrangères ; 3º ministère de l'intérieur ; 4º ministère des finances ; 5º ministère de l'instruction publique et des beaux-arts ; 6º ministère de la guerre et des pensions ; 7º ministère de la marine ; 8º ministère du commerce et de l'industrie ; 9º ministère de l'agriculture ; 10º ministère des travaux publics ; 11º ministère du travail ; 12º ministère de l'hygiène, de la prévoyance et de l'assistance sociales ; 13º ministère des colonies ; 14º ministère des régions libérées.

Il y a une sorte de hiérarchie honorifique entre les ministres. Le président du conseil naturellement est en tête de cette hiérarchie, quel que soit le ministère qu'il occupe. Après lui vient le garde des sceaux, ministre de la justice, qui est considéré en fait comme le vice-président du conseil, et les autres ministres d'une manière générale dans l'ordre chronologique de la création de ces divers ministères.

127. Les sous-secrétaires d'Etat. — Outre les ministères dont l'énumération précède, il y a eu souvent et il y a en ce moment un certain nombre de sous-secrétariats d'Etat.

Il y a actuellement cinq sous-secrétariats d'Etat : 1º sous-secrétariat d'Etat des finances ; 2º sous-secrétariat d'Etat des postes et des télégraphes rattaché au ministère des travaux publics ; 3º sous-secrétariat des ports, de la marine marchande et des pêches rattaché au ministère des travaux publics ; 4º sous-secrétariat de l'aéronautique et des transports aériens rattaché aussi au ministère des travaux publics ; 5º sous-secrétariat d'Etat de l'enseignement technique rattaché au ministère de l'instruction publique.

Les sous-secrétaires d'Etat sont des fonctionnaires intermittents et dont le caractère est mal défini. On vient de voir qu'il y en a actuellement cinq. Pendant d'assez longues années il y en avait seulement un ou deux et parfois pas du tout. Pendant la guerre, on les avait multipliés, peut-être inutilement.

Avant et depuis la guerre, il arrivait souvent qu'on créait ou qu'on supprimait les sous-secrétariats d'Etat par des considérations de pure politique. Il y avait là un véritable abus auquel le législateur a justement voulu mettre fin. L'article 8 de la loi du 20 juin 1920, déjà plusieurs fois cité, a décidé qu'aucun nouveau sous-secrétariat d'Etat ne pouvait être créé que par une loi.

Quant au caractère du sous-secrétaire d'Etat, il a été tantôt celui d'un agent technique directeur effectif de certains services d'ordre technique, tantôt et plus souvent celui d'une sorte de ministre, moins le nom, membre du gouvernement, participant aux délibérations du conseil des ministres, parlant aux chambres au nom du gouvernement dans les affaires se rattachant à ses fonctions. Bref, les sous-secrétaires d'Etat n'occupent pas dans notre organisation politique et administrative une place nettement déterminée. S'ils se maintiennent, c'est, en réalité, que leur création est un moyen commode au moment des combinaisons ministérielles de donner satisfaction à tel ou tel groupe politique. Il faut dire cependant que pendant et depuis la guerre certains sous-secrétariats d'Etat ont été créés pour associer plus directement et avec plus d'autorité des hommes compétents à la direction de services techniques.

Avant l'article 8 de la loi du 20 juin 1920, la possibilité de créer des sous-secrétariats d'Etat résultait de l'ordonnance du 9 mai 1916, où il est dit : « Des sous-secrétaires d'Etat nommés par nous seront attachés à nos ministres secrétaires d'Etat, lorsqu'ils le jugeront nécessaire au bien de notre service. Les sous-secrétaires d'Etat seront chargés de toutes les parties de l'administration et de la correspondance générale, qui leur seront déléguées par nos ministres secrétaires d'Etat dans leur département respectif. » La loi du 25 avril 1872, qui décidait que les membres de l'assemblée nationale ne pourraient pas pendant la durée de leur mandat être nommés à une fonction publique, exceptait les fonctions de ministre et de sous-secrétaire d'État. Les fonctions de sous-secrétaire d'État sont encore visées par les articles 8 et 11 de la loi du 30 novembre 1875 sur les élections à la chambre des députés et par la loi du 26 décembre 1887 sur les incompatibilités concernant le sénat.

Attributions d'ordre politique. — Surtout avant la guerre, la tendance était de considérer les sous-secrétaires d'État comme de véritables ministres, moins le nom. Ils assistaient aux délibérations du conseil des ministres en vertu d'une décision prise par le conseil le 3 novembre 1906. Ils étaient engagés dans la responsabilité politique et solidaire du cabinet. Ils parlaient aux chambres au nom du gouvernement dans les affaires se rattachant aux services à la tête desquels ils étaient placés. Certains décrets leur avaient même donné expressément ce pouvoir, notamment les décrets des 16 novembre 1910, article 1er, § 3, et 6 mai 1911, article 1er, § 2, pour les sous-secrétaires d'État aux beaux-arts et aux postes et télégraphes. La légalité de ces décrets était au reste très douteuse, puisque, aux termes de l'article 6, § 2, de la loi constitutionnelle du 16 juillet 1875, en dehors des ministres, ne peuvent parler aux chambres au nom du gouvernement que « des commissaires désignés par décret pour la discussion d'un projet de loi déterminé ».

Depuis la guerre, il semble qu'en fait on distingue deux catégories de sous-secrétaires d'État. Les uns, comme pendant la guerre les sous-secrétaires d'État aux fabrications de guerre et aux transports, comme aujourd'hui le sous-secrétaire d'État à l'aéronautique, sont des fonctionnaires d'ordre technique, sans caractère politique et ayant seulement des attributions administratives. Les autres au contraire, ont, comme avant la guerre, le double caractère politique et administratif.

Même depuis la guerre, certains décrets ont donné

tacitement ou expressément à des sous-secrétaires d'Etat le droit de parler aux chambres au nom du gouvernement, notamment le décret du 28 décembre 1916 au sous-secrétaire d'Etat chargé de l'administration générale au ministère de la guerre et le décret du 27 janvier 1917 au sous-secrétaire d'Etat au ministère du commerce et de l'agriculture.

Il est devenu aujourd'hui de règle que les sous-secrétaires d'Etat assistent aux réunions des ministres en conseil de cabinet, mais pas au conseil des ministres. C'est logique, parce que constitutionnellement ils ne font pas partie du gouvernement.

Il nous paraît certain qu'un sous-secrétaire d'Etat qui ne fait pas partie du parlement n'a point entrée aux chambres et que le décret, qui lui donnerait le droit de parole, serait certainement inconstitutionnel, à moins qu'il ne le nomme commissaire du gouvernement conformément à l'article 6, § 2, de la loi constitutionnelle du 16 juillet 1875.

Attributions administratives. — Pendant longtemps, on a admis que les ministres avaient compétence pour déléguer un droit de décision sur certaines affaires dépendant de leur département au sous-secrétaire d'Etat qui y était rattaché. Ces délégations intervenaient alors fréquemment. Cette opinion et cette pratique sont aujourd'hui abandonnées. Elles ont été condamnées par un arrêt du conseil d'Etat (*Moganbury*) du 2 décembre 1892. Le pouvoir de délégation est un pouvoir tout à fait exceptionnel et aucun texte ne donne au ministre un pouvoir général de délégation pour décision.

Les sous-secrétaires d'Etat n'ont d'autres attributions administratives que celles qui leur sont expressément conférées par un décret ou une loi; et le ministre ne peut leur donner une délégation pour décision que dans les cas expressément prévus par les lois et décrets.

Les décrets qui déterminent les attributions des

sous-secrétaires d'Etat sont extrêmement nombreux.
Il est impossible de les énumérer même en se restreignant à ceux qui ont été pris depuis la guerre. A
chaque nomination d'un nouveau sous-secrétaire
d'Etat intervient un nouveau décret déterminant ses
attributions. Nous nous bornons à faire observer
qu'en général ces décrets se font remarquer par leur
incorrection juridique, qui révèle une ignorance
absolue du droit public chez leurs rédacteurs. La formule suivante notamment revient constamment : « Le
sous-secrétaire d'Etat dirige..., signe... par délégation
permanente du ministre... » La délégation du ministre n'a ici rien à faire, puisqu'il s'agit d'une compétence donnée directement par décret au sous-secrétaire d'Etat. Cette idée néfaste et ce mot malheureux
de délégation encombrent toujours|nos textes admi-
nistratifs. A titre d'exemple, nous citerons le décret
du 18 novembre 1919 fixant les attributions du sous-
secrétaire d'Etat aux postes et télégraphes. Cf. spécialement les articles 1er et 3 de ce décret.

Au début de la guerre, un décret du 16 août 1914 décida que pendant la durée de la guerre les attributions des sous-secrétaires
d'Etat seraient fixées par décisions spéciales. Le rapport précédant
le décret expliquait que ce seraient des arrêtés ministériels. Ce
décret était évidemment illégal, parce qu'incontestablement, si un
décret peut déterminer la compétence d'un sous-secrétaire d'Etat,
il ne peut pas donner au ministre pouvoir de régler cette compétence. Le législateur seul peut donner un pouvoir réglementaire
(cf. § 33). A notre connaissance, il n'y a eu que deux applications
de ce décret du 16 août 1914 : un arrêté du 17 août étend les attributions du sous-secrétaire d'Etat à l'intérieur et un arrêté du 20
retire ses attributions au sous-secrétaire d'Etat à la marine marchande. Ces deux arrêtés étaient évidemment nuls comme le
décret en vertu duquel ils étaient pris.

**128. Attributions et responsabilité politique
des ministres.** — Comme chefs des administrations
ressortissant à leurs départements respectifs, les
ministres ont des attributions administratives innombrables dont l'étude ne vient point ici. Quant à leurs
fonctions politiques, il est facile de les déterminer en
quelques mots. Ils font partie du conseil des minis-

tres, qui délibère sur l'accomplissement de tous les actes du président de la République considérés comme se rattachant à la politique générale du gouvernement et sur certains actes déterminés par la loi constitutionnelle ou par la loi ordinaire, par exemple nomination et révocation des conseillers d'Etat en service ordinaire (L. const. 25 février 1875, art. 4), déclaration de l'état de siège en l'absence des chambres (L. 3 avril 1878, art. 2), ouverture de crédits extraordinaires ou supplémentaires dans le cas de prorogation des chambres (L. 14 décembre 1879, art. 4), etc... Cf. *supra*, § 119.

Tout acte du président de la République doit être contresigné par un ministre. Ce contreseing a pour but et pour effet d'engager la responsabilité ministérielle politique devant les chambres (L. const. 25 février 1875, art. 3, § 6).

Les ministres étant responsables devant les chambres doivent, par conséquent, avoir toujours le droit d'y parler pour donner des explications, pour justifier leur conduite et pour prendre part à la discussion des projets et propositions. En France, on ne suit point la règle anglaise et les ministres ont toujours leur entrée dans les deux chambres, même dans celle des deux chambres dont il ne font pas partie. Le ministre qui ne fait pas partie du parlement a aussi son entrée dans les deux chambres. La règle est formulée d'une manière très nette par l'article 6, § 2, de la loi constitutionnelle du 16 juillet 1875 : « Les ministres ont leur entrée dans les deux chambres... »

Les ministres ont le droit de prendre la parole dans les deux chambres; ils doivent avoir la parole toutes les fois qu'ils la demandent et ils ne sont point soumis à l'ordre d'inscription. Ils peuvent prendre la parole spontanément pour fournir des explications sur un point déterminé, pour faire des déclarations, alors même qu'aucune question ou interpellation ne leur est adressée. Cela est la contre-partie du droit de contrôle général des chambres sur les actes ministériels et a pour but d'assurer cette collaboration du gouvernement et du parlement, laquelle est l'essence même du régime parlementaire. La loi du 16 juillet 1875, article 6, § 2, porte : « Les ministres... doivent être entendus toutes les fois qu'ils le demandent. » Cf. Règl. sénat, art. 36, et chambre, art. 43.

Commissaires du gouvernement. — D'après l'article 6, § 2, de la loi constitutionnelle du 16 juillet 1875, « les ministres peuvent se faire assister par des commissaires désignés *pour la discussion d'un projet de loi déterminé*, par décret du président de la République. » Rapp. Règl. sénat, art. 36; chambre, art. 43.

En fait, on nomme en général comme commissaires du gouvernement les directeurs de ministères, qui sont particulièrement au courant du détail des services relevant de leur direction et qui sont ainsi spécialement compétents pour prendre part à la discussion d'une loi touchant à ces services et notamment à la discussion de la partie du budget les concernant.

Du texte de l'article 6, § 2, de la loi du 16 juillet 1875, il résulte que les commissaires du gouvernement sont les simples auxiliaires du ministre ; ils n'ont point d'initiative personnelle ; ils ne sont que les porte-parole du ministre ; ils ne peuvent point être atteints par une responsabilité personnelle ; ils sont couverts par le ministre, qui seul est responsable devant les chambres.

L'article 6, § 2, de la loi constitutionnelle du 16 juillet 1875 spécifie que les commissaires du gouvernement sont désignés par décret du président de la République *pour la discussion d'un projet de loi déterminé.* Il résulte de cela qu'un commissaire du gouvernement ne pourrait être désigné d'une manière générale et permanente pour assister le ministre dans toutes les discussions touchant aux affaires relevant de son département. Le législateur, très sagement, n'a pas voulu qu'un ministre pût ainsi se décharger sur un commissaire du gouvernement de ce qui constitue un des devoirs essentiels de sa charge : participer personnellement aux discussions parlementaires (cf. § 126).

D'autre part, le commissaire du gouvernement devant être désigné pour la discussion d'un *projet de loi* déterminé, il ne peut prendre la parole à l'occasion d'une interpellation ou d'une question adressée à un ministre. Les ministres seuls peuvent alors parler au nom du gouvernement. Cette solution ne nous parait pas contestable et elle est la conséquence de ce que seul le ministre est responsable politiquement devant les chambres. Cette règle a été souvent violée.

Responsabilité politique et solidaire des ministres. — La responsabilité politique et solidaire des ministres s'est lentement dégagée de la responsabilité pénale. Toutes nos constitutions ont consacré la règle de la responsabilité des ministres; mais pour la première fois en 1875, on a parlé expressément de la responsabilité politique et solidaire des ministres.

L'article 6, § 1, de la loi constitutionnelle du 25 février 1875 porte : « Les ministres sont solidairement responsables devant les chambres de la politique générale du gouvernement. » On doit rapprocher l'article 2 de la loi du 31 août 1871 : « Le conseil des ministres et les ministres sont responsables devant l'Assemblée. » On a montré aux paragraphes 52 et 53 que cette responsabilité solidaire et politique est l'élément essentiel du régime parlementaire, parce qu'elle assure la collaboration constante du parlement et du gouvernement, le parlement exerçant son droit de contrôle sur tous les actes du gouvernement.

Mais il importe d'affirmer que malgré sa responsabilité, à cause même de sa responsabilité, le ministère doit avoir un rôle actif et déterminer lui-même le sens de l'impulsion donnée à la politique générale, sauf à se retirer si la politique qu'il suit est désapprouvée par l'une des chambres. Si au lieu de cela, le ministère se borne à suivre l'impulsion venant des cham-

bres, ou de l'une d'elles, on n'est plus dans le régime
parlementaire, on est en dehors de la constitution.
Tout le pouvoir se concentre alors dans l'une des
chambres, et le ministère cesse d'être le collaborateur
du parlement pour devenir le serviteur de tels ou tels
groupes parlementaires. Le gouvernement, en un mot,
doit avoir sa politique, la défendre devant les chambres, et, si l'une d'elles la désapprouve, s'en aller.

La responsabilité dont nous parlons est la responsabilité politique et solidaire. Elle est politique en ce
sens qu'elle s'exerce quand la politique suivie par le
ministère est désapprouvée par l'une des chambres,
et en ce sens que la sanction en est seulement l'obligation pour les ministres de se retirer. Elle n'implique point qu'une infraction, une faute, ait été commise;
elle suppose seulement un désaccord entre le ministère et une chambre. Elle n'a point pour sanction une
condamnation pénale ou civile des ministres, mais
simplement la démission du ministère.

Cette responsabilité est solidaire, c'est-à-dire qu'elle
n'atteint pas seulement un ministre déterminé, mais
qu'elle atteint tous les ministres en même temps.
Lorsqu'elle est mise en jeu, ce n'est pas seulement le
ministre qui est plus particulièrement visé par le vote
de la chambre qui doit se retirer, c'est le ministère
tout entier. C'est ce qu'exprimait très nettement la
loi du 31 août 1871 (art. 2) en disant : « Le conseil
des ministres est responsable devant l'Assemblée. »
C'est la règle traditionnellement suivie en Angleterre;
et c'est certainement ce qu'ont voulu exprimer les
auteurs de la loi de 1875 en disant que les ministres
sont *solidairement* responsables.

Mais aux termes de la loi de 1875 cette responsabilité solidaire n'est engagée qu'à l'occasion de la *politique générale* du gouvernement. Qu'est-ce à dire? Il
est évidemment impossible de donner une définition
précise. Tout ce que l'on peut dire, c'est que les
ministres sont solidairement responsables de tout acte

qui révèle les tendances générales de la direction que
le gouvernement imprime aux affaires du pays, à
l'intérieur et à l'extérieur. Cette direction générale
peut se révéler par un projet de loi déposé, par un
règlement publié, par des ordres ou des instructions
donnés aux fonctionnaires, par des actes administratifs particuliers faits par un ministre, comme la nomination ou la révocation d'un fonctionnaire. Enfin
l'abstention même du cabinet peut engager sa responsabilité.

Ainsi seul entraîne la retraite du ministère tout
entier un désaccord portant sur la politique générale
du gouvernement. Comment se manifeste ce désaccord ? Depuis quelques années, une pratique s'est établie d'après laquelle un ministère ne doit se retirer
que lorsqu'il a posé la *question de confiance*, c'est-à-
dire que lorsqu'il a dit expressément à la chambre :
si vous ne votez pas dans tel ou tel sens, nous consi-
dérerons que nous n'avons plus votre confiance et
nous nous retirerons. Cf. § 110.

Responsabilité individuelle des ministres. — L'article 6
de la loi constitutionnelle du 25 février 1875 porte :
« Les ministres... sont *individuellement* responsables
(devant les chambres) de leurs actes personnels. »

En vertu de ce texte, chaque ministre doit rendre
compte aux chambres des actes purement administratifs faits par lui et ainsi les chambres peuvent
contrôler les détails de l'administration.

Le système n'est pas sans inconvénient. A tout
prendre, il présente plus d'avantages que d'inconvénients. Pendant la guerre, les chambres, par leur
contrôle actif et incessant de tous les services publics,
ont rendu d'éminents services au pays.

Les exemples de ministres se retirant seuls devant
un vote de la chambre sont nombreux. L'expérience
prouve que ces démissions individuelles affaiblissent
le ministère au lieu de le fortifier et sont souvent le
prélude d'une dislocation générale.

La règle de la responsabilité politique solidaire et de la responsabilité individuelle s'applique de la même façon et avec les mêmes effets devant la chambre et devant le sénat. — Nous voulons dire d'abord que le sénat exerce sur le ministère les mêmes droits de contrôle que la chambre; les sénateurs peuvent adresser des questions, des interpellations aux ministres; le sénat peut nommer des commissions d'enquête parlementaire, ordonner des communications de pièces; il exerce un droit de contrôle financier exactement dans les mêmes conditions que la chambre. Enfin le sénat peut voter des ordres du jour de défiance et même de blâme contre un ministère exactement dans les mêmes conditions que la chambre. La responsabilité politique ministérielle entraîne en outre les mêmes effets devant le sénat que devant la chambre. S'il résulte d'un vote du sénat que cette assemblée désapprouve la politique générale suivie par le ministère, celui-ci doit se retirer comme il doit le faire quand un pareil vote émane de la chambre. En un mot, le sénat a les mêmes droits que la chambre et peut comme elle renverser les ministères. Cf. § 110.

129. De la responsabilité pénale et de la responsabilité civile des ministres. — La responsabilité *pénale*, aujourd'hui complètement distincte de la responsabilité politique (cf. § 53), ne peut être mise en jeu que lorsqu'un ministre a commis, dans l'exercice de ses fonctions, un fait prévu et défini par la loi pénale et constituant d'après elle une infraction. Aucune juridiction, même le sénat constitué en haute cour de justice conformément à l'article 12 de la loi constitutionnelle du 16 juillet 1875, ne peut condamner un ministre pour une prétendue infraction commise dans l'exercice de ses fonctions et qui ne serait pas prévue et définie par la loi pénale. La théorie des crimes ministériels pouvait à la rigueur se défendre lorsque l'on confondait encore la responsabilité politique et la responsabilité pénale, ou dans un pays

comme les États-Unis d'Amérique où la responsabilité
mise en œuvre par la procédure de l'*impeachment* est
à la fois pénale et politique. Elle est insoutenable
sous l'empire d'une constitution comme celle de 1875,
qui sépare nettement les deux espèces de responsabilité. Cf. § 115.

La *responsabilité civile* des ministres se traduit dans
l'obligation de réparer le préjudice causé. La question
de la responsabilité civile des ministres se pose dans
leurs rapports avec les particuliers et dans leurs rapports avec l'État.

A l'égard des particuliers, le ministre ne peut être
responsable que comme administrateur, et la question
du fondement et de l'étendue de sa responsabilité
doit être résolue tout simplement d'après la théorie
aujourd'hui unanimement admise en doctrine et en
jurisprudence sur la responsabilité des fonctionnaires
administratifs en général, la théorie qui distingue la
faute de fonction et la faute personnelle.

La *responsabilité civile* des ministres envers l'État
est encourue à l'occasion de tout acte qui a pour
résultat de causer un préjudice pécuniaire à l'État.
Le ministre n'étant pas fonctionnaire comptable, mais
simplement ordonnateur, n'a pas le maniement des
deniers publics. S'il commet un fait de gestion
occulte, on applique les règles ordinaires sur la gestion occulte, et la cour des comptes interviendra dans
les termes du droit commun (Décret sur la comptabilité du 31 mars 1862, art. 25). S'il n'y a pas gestion
occulte, on conçoit que le ministre dans l'exercice de
ses fonctions peut occasionner un préjudice à l'État,
soit en engageant des dépenses sans qu'un crédit ait
été ouvert par une loi ou par un décret en conseil des
ministres dans les cas prévus par la loi du 14 décembre 1879, soit en ordonnant des paiements au delà
des crédits régulièrement ouverts (*dépassement* de
crédit), soit en obtenant du parlement le vote d'un
crédit au moyen d'explications incomplètes ou erro-

nées. Nous n'hésitons pas à affirmer que dans ces divers cas ou autres équivalents la responsabilité du ministre se trouve engagée.

Il existe dans notre droit une série de textes qui reconnaissent et consacrent expressément le principe de la responsabilité civile des ministres envers l'Etat. D'abord on peut dire à la rigueur qu'elle se trouve impliquée par la disposition de l'article 6, § 1, de la loi constitutionnelle du 25 février 1875. La responsabilité civile des ministres est expressément consacrée par les articles 151 et 152 de la loi de finances du 25 mars 1817 : « Ils (les ministres) ne pourront, *sous leur responsabilité*, dépenser au delà de ce crédit (crédit alloué par les chambres). Le ministre des finances ne pourra, sous la même responsabilité, autoriser les paiements excédents que dans les cas extraordinaires et urgents... », et par l'article 9, § 2, de la loi du 15 mai 1850 : « Toute dépense non créditée ou portion de dépense dépassant le crédit *sera laissée à la charge personnelle du ministre contrevenant.* » Il ne peut y avoir une disposition plus précise.

Depuis la loi du 31 décembre 1920, les lois annuelles de finances contiennent toujours un article ainsi conçu : « Il est interdit aux ministres de prendre des mesures nouvelles entraînant des augmentations de dépenses imputables sur les crédits ouverts par les articles..... et qui ne résulteraient pas de l'application des lois antérieures ou des dispositions de la présente loi. Les ministres ordonnateurs et le ministre de finances seront personnellement responsables des décisions prises à l'encontre des dispositions ci-dessus... » Ce texte, devenu clause de style, forme l'article 211 de la dernière loi de finances du 30 juin 1923.

La loi du 10 août 1922 sur le contrôle des dépenses engagées contient un article 9 ainsi conçu : « Il est interdit, à peine de forfaiture, aux ministres et sous-secrétaires d'Etat et à tous autres fonctionnaires publics de prendre sciemment... des mesures ayant pour objet d'engager des dépenses dépassant les crédits ouverts ou qui ne résulteraient pas de l'application des lois. Les ministres et sous-secrétaires d'Etat et tous autres fonctionnaires publics seront civilement responsables des décisions prises sciemment à l'encontre des dispositions ci-dessus. »

Le législateur a prévu cependant le cas où les nécessités de la défense nationale obligeraient les ministres à engager d'urgence des dépenses en dehors des crédits ouverts. Ils peuvent le faire après délibération spéciale en conseil des ministres, « mais sous réserve de présenter immédiatement une demande d'ouverture de crédit devant les chambres appelées à régulariser l'initiative du gouvernement ou à refuser l'autorisation » (L. 10 août 1922, art. 9, § 3).

Il nous paraît certain que l'action en responsabilité civile ne peut être formée qu'en vertu d'une décision de l'une des chambres. C'est au moment où les chambres sont saisies de la *loi des comptes* qu'elles constateront les irrégularités financières des ministres. C'est après cette constatation et sur l'invitation de l'une des chambres que le ministre des finances devra mettre l'action en mouvement. Il ne pourrait certainement pas agir d'office. En effet, si les ministres ne peuvent engager de dépenses sans un vote du parlement, ni dépasser les crédits ouverts, il peut se rencontrer des circonstances où le ministère devra, par suite de nécessités urgentes, engager des dépenses sans un vote des chambres, sauf à lui demander la ratification postérieure, un *bill d'indemnité*, que le parlement peut toujours accorder. On vient de voir que la loi du 10 août 1922 prévoit cette éventualité en ce qui concerne les dépenses intéressant la défense nationale. Il faut donc laisser au parlement la possibilité de ratifier cette dépense, et la poursuite ne doit pouvoir commencer que lorsque au moins l'une des chambres refuse de l'approuver.

Cette condition remplie, devant quel tribunal l'action en responsabilité devra-t-elle être portée ? On a dit parfois qu'il n'y avait point de tribunal compétent. Nous ne pouvons admettre que dans un pays civilisé et organisé, il y ait un litige qui puisse rester sans juge. Nous croyons que les tribunaux judiciaires sont compétents pour juger la responsabilité civile des ministres. Sans doute les tribunaux judiciaires sont incompétents pour apprécier la légalité d'un acte administratif, mais ils ne sont point incompétents pour apprécier un fait *détachable* de l'acte administratif ; or ici précisément ce fait existe : c'est l'engagement des dépenses sans crédits ou au delà des crédits.

CHAPITRE IV

———

130. — **De la distinction des lois ordinaires et des lois constitutionnelles rigides.** — Comme les Etats-Unis de l'Amérique du Nord et divers autres pays, la France vit sous le régime des constitutions rigides. On y distingue deux catégories de lois : les lois ordinaires faites par le législateur dans les formes ordinaires, et les lois constitutionnelles, qui sont faites dans des conditions et suivant des formes déterminées. Les lois ordinaires ne peuvent ni modifier, ni abroger les lois constitutionnelles, qui ne peuvent être modifiées ou abrogées que dans les formes spéciales déterminées en général par la constitution elle-même.

L'expression *lois constitutionnelles* est souvent employée dans un autre sens pour désigner les lois qui ont pour objet de régler l'organisation politique d'un pays, indépendamment de la forme en laquelle ces lois sont faites. En Angleterre, par exemple, il y a des lois constitutionnelles; cependant le parlement fait toutes les lois et il n'y a pas de lois que le parlement ne puisse modifier ou abroger. Au contraire en France, aux Etats-Unis, le parlement intervenant suivant la procédure législative ordinaire ne peut modifier ni abroger les lois ayant le caractère de lois constitutionnelles. C'est pour éviter toute confusion que Dicey et Bryce ont proposé d'appeler et qu'à leur suite on appelle les lois constitutionnelles ainsi comprises des lois *constitutionnelles rigides*.

On voit par là que la distinction des lois ordinaires et des lois constitutionnelles rigides est une distinction exclusivement *formelle*. Le plus habituellement, les lois faites en la forme de lois constitutionnelles sont des lois contenant l'énoncé des principes généraux du droit ou les règles d'organisation des grands pouvoirs de l'Etat. Mais ce n'est pas leur objet qui fait le caractère des lois constitutionnelles rigides. Beaucoup de lois relatives à l'organisation des grands pouvoirs de l'Etat n'ont point le caractère de lois constitutionnelles rigides; il suffit de citer, pour la France, les lois du 30 novembre 1875 et du 12 juillet 1919 sur l'organisation de la chambre des députés et les lois des 2 août 1875 et 9 décembre 1884 sur l'organisation du sénat.

A l'inverse, on trouve souvent, dans les lois constitutionnelles, des dispositions qui ne sont point relatives à l'organisation des grands pouvoirs de l'Etat et ne contiennent pas davantage l'énoncé d'un principe général du droit. On peut citer, en France, l'article 4 de la loi constitutionnelle du 25 février 1875, qui détermine le mode de nomination des conseillers d'Etat. Les constitutions de 1791 (tit. III, chap, iv, sect. ii) et de l'an III (art. 174-201) contenaient de nombreux articles relatifs à l'organisation administrative et qui, par conséquent, ne touchaient point l'organisation des grands pouvoirs de l'Etat. Depuis l'an VIII, toutes les règles d'organisation administrative sont inscrites dans les lois ordinaires.

Cette distinction des lois constitutionnelles et des lois ordinaires, dont l'origine remonte à l'ancien régime, a été faite en France depuis 1789, excepté peut-être sous la Restauration et le Gouvernement de juillet. Elle a été consacrée en 1875 au moment du vote des lois constitutionnelles qui nous régissent encore aujourd'hui.

131. De l'établissement et de la revision des lois constitutionnelles de 1875. — Le gouvernement impérial s'effondrait le 4 septembre 1870 à la nouvelle du désastre de Sedan. Un gouvernement provisoire se constituait sous la présidence du général Trochu et prenait le titre de *Gouvernement de la Défense nationale*.

Dès le 8 septembre, le Gouvernement de la Défense nationale convoquait les collèges électoraux pour le 12 octobre à l'effet d'élire une *assemblée nationale constituante*. Le décret du 10 septembre, visant le décret du 8 « portant convocation des électeurs à l'effet d'élire une *assemblée nationale constituante* », fixe la date des élections pour les colonies. Le 15 septembre, un décret vient compléter celui du 8 en déclarant applicable aux élections pour l'*assemblée constituante* la loi du 15 mars 1849, sauf quelques modifications de détail. Le décret du 16 (art. 5) décide que les élections pour l'*assemblée constituante* sont avancées au 2 octobre et le décret du 17 porte que le second tour de scrutin pour l'élection des membres de l'*assemblée constituante* est fixé, s'il y a lieu, au dimanche 9 octobre. Mais les événements militaires se précipitent, et le décret du 23 septembre, « en considération des obstacles matériels », ajourne les élections pour l'*assemblée constituante* et annonce qu'une nouvelle date sera indiquée pour l'élection des membres de l'*assemblée constituante*. Cette nouvelle date, c'est le décret du 29 janvier 1871 qui vient la fixer : « Les collèges électoraux sont convoqués à l'effet d'élire l'*assemblée nationale* pour le dimanche 5 février dans le département de la Seine et pour le mercredi 8 février dans les autres départements » (art. 1er). On ne dit pas *une* assemblée nationale, mais *l'*assemblée nationale, c'est-à-dire l'assemblée dont l'élection avait été ordonnée, puis ajournée, c'est-à-dire l'*assemblée nationale constituante* nommément désignée dans les nombreux décrets qui ont précédé le décret du 29 janvier et dont celui-ci n'est que le complément. Il est donc certain que le décret du 29 janvier 1871 convo-

quait les électeurs à l'effet de nommer une assemblée
nationale constituante et que l'assemblée ainsi élue et
qui a voté les lois de 1875 avait bien le pouvoir constituant.

Le vote des lois de février a été le résultat d'une
transaction entre différents partis de l'Assemblée,
transaction dont il faut bien connaître et comprendre
les clauses, si l'on veut donner son véritable sens et sa
véritable portée à l'article 8 de la loi du 25 février 1875,
qui règle le mode de revision de la constitution
actuelle. Cette transaction intervint entre les partis
modérés de l'Assemblée, le centre gauche et le centre
droit; elle fut le résultat de ce que dans la phraséo-
logie de l'époque on appela la *conjonction des centres*.
Après le refus du comte de Chambord d'accepter la
couronne avec le drapeau tricolore (31 octobre 1873),
l'Assemblée vota la loi du 20 novembre 1873 (loi du
septennat) qui confiait le pouvoir exécutif pour sept
ans au maréchal de Mac-Mahon. Invoquant cette loi,
tous les monarchistes soutenaient que désormais
l'Assemblée ne pouvait qu'organiser les pouvoirs
septennaux du maréchal de Mac-Mahon et qu'à l'expiration de ces pouvoirs il faudrait nécessairement procéder à une revision. Ils espéraient qu'à cette époque
les choses auraient peut-être changé et que la monarchie serait possible. Les républicains, et notamment
le centre gauche, soutenaient que l'Assemblée nationale pouvait et devait, par une constitution définitive,
constituer la République comme gouvernement définitif du pays, et qu'en vertu de la loi du 20 novembre
le maréchal de Mac-Mahon serait le premier président
septennal de cette République.

Quelques hommes politiques, et notamment les
membres du groupe Wallon-Lavergne, essaient, aux
mois de mai et de juin 1874, de négocier une transaction entre les modérés de la droite, le centre droit, et
les modérés de la gauche, le centre gauche, sur les
bases suivantes : le centre droit votera le principe de

la république comme gouvernement définitif, mais le centre gauche en retour acceptera une clause de revision générale et toujours possible, afin que suivant les circonstances à tout moment la monarchie puisse être faite. Ce sont ces pourparlers, ces transactions plutôt tacitement consenties qu'expressément formulées, qui aboutirent au vote du 30 janvier 1875 où le groupe Wallon-Lavergne et le groupe Target assurèrent l'adoption de l'amendement Wallon, et par là l'échec du *septennat* et l'établissement de la République.

Mais en retour le centre gauche vota le principe de la revision *générale, illimitée* et toujours possible. C'est là le point essentiel et qui permet de comprendre le vrai sens de l'article 8 de la loi constitutionnelle du 25 février 1875. Ainsi, à la différence de nos constitutions antérieures, qui avaient entouré la revision de toute sorte de conditions restrictives, la constitution de 1875 a voulu que la revision fût aussi facile que possible, qu'à tout moment les chambres pussent la faire et même changer la forme du gouvernement Et, faiblesse des prévisions humaines, cette constitution, que l'on voulait toujours revisable, que beaucoup de ses auteurs croyaient provisoire, devait avoir une durée notablement plus longue qu'aucune des constitutions de la France au XIXe siècle et se maintenir intacte pendant la période tragique et glorieuse qu'a traversée notre cher et grand pays de 1914 à 1919.

L'article 8 de la loi constitutionnelle du 25 février 1875 est ainsi conçu : « Les chambres auront le droit, par délibérations séparées prises dans chacune à la majorité absolue des voix, soit spontanément, soit à la demande du président de la République, de déclarer qu'il y a lieu de reviser les lois constitutionnelles. Après que chacune des deux chambres aura pris cette résolution, elles se réuniront en assemblée nationale pour procéder à la revision. Les délibérations portant revision des lois constitutionnelles en tout ou en partie devront être prises à la majorité absolue des membres composant l'assemblée nationale. » Ce dernier alinéa a reçu de la loi constitutionnelle du 14 août 1884 une addition dont il sera parlé au paragraphe 133.

Initiative de la proposition de revision. — Elle appartient aux membres de chaque chambre et au gouvernement.

On s'est demandé si, lorsque l'initiative de la revision vient du gouvernement, le projet de résolution doit être présenté en même temps aux deux chambres. Il semble que ce serait la procédure la plus conforme à l'article 8 de la loi du 25 février 1875. En effet, il exige des résolutions votées séparément par les deux chambres, ce qui semble impliquer deux propositions faites simultanément aux deux chambres par le gouvernement et non point une proposition faite à l'une des chambres et suivie de la transmission à l'autre chambre du texte voté par celle saisie en premier lieu. En fait, on n'a pas procédé ainsi. En 1884, la proposition a été faite d'abord à la chambre; le texte voté par celle-ci a été transmis au sénat; en un mot, on a suivi la procédure des projets de loi.

Quelle que soit la manière dont les chambres sont saisies d'une proposition de revision, soit par le gouvernement, soit par leurs membres, il faut, pour que l'assemblée nationale se réunisse, que les résolutions votées par les deux chambres soient conçues dans les mêmes termes. Sans doute, ce n'est pas une loi; mais certainement, dans la pensée du législateur de 1875, il faut que ces résolutions soient identiques, il faut l'accord des chambres.

132. L'assemblée nationale de revision. — Elle se compose de tous les sénateurs et de tous les députés réunis en une seule assemblée. Elle n'est pas une réunion de la chambre et du sénat, chaque chambre conservant son individualité; elle est une assemblée nouvelle, absolument distincte de la chambre et du sénat, composée seulement des mêmes individus qu'eux. Diverses conséquences vont résulter de cette proposition.

L'assemblée nationale se réunit de plein droit lorsque les chambres ont voté les résolutions de revision. Elle détermine elle-même la durée de la session, et le président de la République ne pourra point prononcer la clôture. Il possède, aux termes de l'article 2, § 1, de la loi constitutionnelle du 16 juillet 1875, le droit de prononcer la clôture de la session des chambres ; mais il n'y a plus de chambres, elles sont absorbées en quelque sorte par l'assemblée nationale.

Pour la même raison, le président de la République ne pourrait point, en exerçant le droit d'ajournement qui lui est donné par l'article 2, § 2, de la loi constitutionnelle du 16 juillet 1875, empêcher l'assemblée nationale de se réunir. A *fortiori*, ne le pourrait-il pas en prononçant la dissolution de la chambre des députés conformément à l'article 5 de la loi constitutionnelle du 25 février 1875. .

Bureau. — L'assemblée nationale ne nomme pas son président, ses vice-présidents et secrétaires. En effet, aux termes de l'article 11, § 2, de la loi constitutionnelle du 16 juillet 1875, « lorsque les deux chambres se réunissent en assemblée nationale, leur bureau se compose des président, vice-présidents et secrétaires du sénat ». Il n'est rien dit des questeurs. L'assemblée nationale aurait donc le droit de nommer ses questeurs. En fait, les fonctions de questeurs de l'assemblée nationale sont remplies par les questeurs du sénat.

Siège de l'assemblée nationale. — Elle ne se réunit pas à Paris, mais à Versailles, aux termes de l'article 3, § 2, de la loi du 22 juillet 1879, relative au siège du pouvoir exécutif et des chambres à Paris. Le législateur a pensé que, la réunion pouvant provoquer une certaine effervescence dans le pays et surtout à Paris, il serait plus prudent que l'assemblée nationale siégeât à Versailles. D'autre part, il n'y a pas à Paris

de salle disposée à cet effet assez grande pour une
assemblée de plus de 900 membres. L'assemblée
nationale aurait certainement le droit de désigner
elle-même une autre ville et même de décider qu'elle
siégera à Paris.

Majorité spéciale. — L'article 8, § 3, de la loi constitutionnelle du 25 février 1875 exige pour la validité
des décisions de l'assemblée nationale une majorité
spéciale : elles doivent être prises *à la majorité absolue
des membres composant l'assemblée nationale.*

Beaucoup de constitutions ont exigé une majorité
exceptionnelle pour la revision. Le législateur de 1875
a exigé la simple majorité absolue; mais cette majorité
absolue doit se calculer sur le nombre *légal* des membres de l'assemblée nationale, c'est-à-dire sur la totalité des sièges de sénateurs et de députés, sans déduction des sièges vacants par mort ou par démission ou
autre cause.

Observation. — Il importe de noter que malgré la
similitude de nom et de composition, l'assemblée
nationale réunie aux termes de l'article 2 de la loi
constitutionnelle du 25 février 1875 et l'assemblée
nationale réunie pour faire la revision sont absolument différentes. La première n'est pas une assemblée
délibérante, mais simplement un collège électoral et
devrait être appelée *congrès;* la seconde est une assemblée constituante. Cf. § 117.

**133. Pouvoirs de l'assemblée nationale de
revision.** — A notre avis, elle a tous les pouvoirs
d'une assemblée constituante; elle peut faire une revision partielle ou totale; elle peut même changer la
forme du gouvernement. Cela résulte clairement des
conditions dans lesquelles a été voté l'article 8 de la
loi du 25 février et qui ont été expliquées au paragraphe 131. Cependant ce point a soulevé beaucoup
de discussions. De bons esprits, notamment Esmein
(*Droit constitutionnel*, 7ᵉ édit., 1921, II, p. 501 et s.),
soutiennent qu'au moins depuis la loi du 14 août 1884

l'assemblée nationale de revision n'a que des pouvoirs limités.

Pour résoudre la question, il faut distinguer deux hypothèses différentes, qu'on a eu souvent le tort de ne pas nettement séparer.

1re hypothèse. — Les résolutions des chambres portent seulement ce dispositif : « Il y a lieu de reviser les lois constitutionnelles. » Nous estimons qu'en pareil cas les pouvoirs de l'assemblée sont certainement illimités, qu'elle peut faire une revision totale et qu'elle peut même changer la forme du gouvernement, faire par exemple la monarchie. Nous donnons cette solution parce que nous avons montré au paragraphe 131 que l'article 8 fut inséré dans la loi du 25 février 1875 précisément pour permettre aux chambres à tout moment d'abolir la république et de constituer la monarchie. L'article 8 était la concession faite par la gauche au centre droit qui consentait à voter la république.

Mais on soutient que depuis 1884 l'assemblée de revision ne pourrait point changer la forme du gouvernement, parce que la loi constitutionnelle du 14 août 1884 contient un article 2 ainsi conçu : « Le paragraphe 3 de l'article 8 de la loi du 25 février 1875 est complété ainsi qu'il suit : « La forme républicaine du » gouvernement ne peut faire l'objet d'une proposi- » tion de revision... » « Désormais donc, dit Esmein, la portée possible de la revision est limitée sur ce point » (*loc. cit.*, p. 502).

Nous estimons que cela n'est point certain et que la question ne peut être résolue par une simple affirmation. D'abord nous faisons observer que cette disposition a été votée par une assemblée générale de revision, et que, par conséquent, elle peut être modifiée ou abrogée par une autre assemblée de revision, que par conséquent, si tant que ce texte existe l'assemblée nationale ne peut pas changer la forme du gouvernement, elle n'a qu'à l'abroger, et, la chose faite, elle pourra très constitutionnellement changer la forme du gouvernement.

D'autre part, il nous paraît certain que la disposition de l'article 2 de la loi du 14 août 1884 n'a pas pour but et pour effet de limiter les pouvoirs du congrès, mais bien les pouvoirs de chaque chambre. En effet, il est dit que la forme républicaine du gouvernement ne peut être l'objet d'une proposition de revision. Or les propositions de revision sont faites devant les chambres conformément à l'article 8. C'est dès lors l'interdiction adressée aux chambres de discuter une proposition de revision tendant à changer la forme du gouvernement. Ainsi comprise, la disposition est très logique; elle est l'affirmation que la république est la forme constitutionnelle du gouvernement français; il importait qu'une loi constitutionnelle le dît, puisque les lois constitutionnelles de 1875 ne le disaient pas. La république étant la forme constitutionnelle du pays, il en résulte que les assemblées législatives ordinaires ne peuvent pas mettre en question cette forme constitutionnelle. Mais l'assemblée nationale constituante qui a fait de la république le gouvernement légal du pays peut toujours légalement lui en substituer un autre.

2º hypothèse. — Les chambres ont spécifié, dans le dispositif des résolutions votées, les articles sur lesquels doit porter la revision. L'assemblée de revision est-elle alors liée par ces résolutions? Ne peut-elle reviser que les articles visés dans les résolutions des chambres, ou au contraire, même dans cette hypothèse, peut-elle faire une revision totale?

Nous n'hésitons pas à répondre que l'assemblée n'est point liée par les résolutions antérieures des chambres. En effet, si nous avons établi que le congrès, toutes les fois qu'il est réuni pour faire la revision, est une assemblée constituante, il est certain qu'il l'est et le reste, alors même que les résolutions des chambres ont spécifié les points sur lesquels doit porter la revision.

D'autre part, si l'on admet la distinction des lois constitutionnelles et des lois ordinaires, il paraît très difficile de comprendre comment le législateur ordinaire peut limiter les pouvoirs du législateur constituant. Tout au plus peut-on admettre que le législateur ordinaire prenne l'initiative de la revision. Sans doute, la constitution de 1791 (titre VII, art. 7 et 8) et la constitution de l'an III (art. 342) décidaient que l'assemblée de revision devait se borner à reviser les seuls articles constitutionnels visés par le corps législatif. Mais dans les lois de 1875 on ne trouve aucune trace d'une disposition semblable. Les auteurs des constitutions de 1791 et de l'an III avaient voulu soumettre la revision à toute sorte de conditions restrictives. Les constituants de 1875 ont voulu que la revision illimitée fût toujours possible. On ne peut donc invoquer les précédents de 1791 et de l'an III. Le caractère de notre congrès est totalement différent de celui qu'on attribuait en 1791 et en l'an III à l'assemblée de revision.

Promulgation des lois portant revision. — Bien qu'il ne soit rien dit dans la constitution, elles doivent certainement être promulguées par le président de la République ; les lois du 21 juin 1879 et du 14 août 1884 portant revision des lois constitutionnelles ont été promulguées en la forme ordinaire.

Mais nous croyons que l'article 7 de la loi constitutionnelle du 16 juillet 1875 est ici sans application. En effet, cet article est relatif au système d'équilibre et d'action réciproque que la constitution a voulu établir entre le président de la République personnifiant le gouvernement et les chambres. Or, cela n'a rien à faire ici, puisque le président de la République se trouve en présence du pouvoir constituant. En conséquence, le président de la République ne peut pas user du délai de trois jours ou d'un mois qui lui est accordé par l'article 7 pour les lois ordinaires. Il devra promulguer la loi portant revision dans le plus bref délai possible. Il ne peut point user du droit de *veto* suspensif qui lui est conféré par le même article 7, § 2; il ne pourrait point demander à l'assemblée nationale une nouvelle délibération. Le texte lui-même s'y oppose. Il porte, en effet, que le président de la République peut demander aux *deux chambres* une nouvelle délibération; ici, la seconde délibération devrait être demandée à l'assemblée nationale.

Observation. — L'assemblée nationale de revision, constituée conformément à l'article 8 de la loi constitutionnelle du 25 février, pourrait certainement se déclarer dissoute et ordonner la convocation d'une assemblée nationale constituante qui, elle, ferait la revision. En effet, en agissant ainsi, l'assemblée de revision ne ferait que modifier les dispositions de l'article 8. Or, elle peut certainement le faire, puisqu'elle peut faire une revision illimitée.

Pour la même raison, l'assemblée de revision pourrait décider que la revision qu'elle fera ou que fera l'assemblée constituante dont elle ordonne l'élection sera soumise à un *referendum* populaire.

Conclusion. — On voit, par tout ce qui précède, que dans le système actuel la revision totale est toujours possible par les députés et les sénateurs réunis en congrès. A chaque élection, les électeurs doivent savoir qu'en nommant députés et sénateurs, ils nomment peut-être les membres d'une assemblée constituante.

Théoriquement un pareil système semble dangereux pour la stabilité des institutions politiques. Il réduit au minimum la portée de la distinction des lois constitutionnelles et des lois ordinaires. Il est à l'opposé du système admis par nos constitutions antérieures, qui entouraient la revision de toute sorte d'obstacles. Cependant, depuis quarante-deux ans, notre constitution n'a reçu que des modifications de détail. Le gouvernement fondé en 1875 a notablement dépassé la durée moyenne des gouvernements de la France au xixᵉ siècle, sans que la lettre de la constitution ait été violée une seule fois, et c'est sous son abri tutélaire que pendant la grande guerre la France a opposé aux barbares « l'union sacrée » de tous ses enfants, qu'elle a vaincu et châtié les bandits qui l'avaient envahie.

Bordeaux, le 18 juillet 1923.

TABLE DES MATIÈRES

INTRODUCTION

PREMIÈRE PARTIE

Théorie générale de l'Etat.

CHAPITRE PREMIER

LES ÉLÉMENTS DE L'ÉTAT

CHAPITRE II

LES FONCTIONS DE L'ÉTAT

CHAPITRE III

LES ORGANES DE L'ÉTAT

A. Le corps des citoyens.

B. Les parlements et les chefs d'Etat.

DEUXIÈME PARTIE

Le droit et l'Etat. Les libertés publiques.

TROISIÈME PARTIE

Organisation politique de la France.

CHAPITRE PREMIER

LE CORPS ÉLECTORAL

CHAPITRE II

LE PARLEMENT

CHAPITRE III

LE GOUVERNEMENT

CHAPITRE IV

DE LA REVISION DES LOIS CONSTITUTIONNELLES

TABLE ANALYTIQUE

Les chiffres renvoient aux pages. — Les astérisques indiquent l'endroit où la matière est spécialement traitée.

milée, même changer la forme du gouvernement, 575 et s.; majorité spéciale, 574. V. Revision des lois constitutionnelles.

Assemblée nationale constituante, 300 et s.; 572 et s.; l'assemblée nationale de 1871 avait le caractère d' —, 569 et 570. V. Lois constitutionnelles.

Assistance, obligation de l'Etat de donner l' —, 211 et 212, 220, 297* et s.; lois établissant l' — obligatoire, 297 et 298.

Association, 54, 99, 167; différence entre l' — et la réunion, 242 et 243, 283 et 284; liberté d' —, 282 et s.; n'est pas admise par les lois de la Révolution, 237 et s., 282* et s.; la — et la constitution de 1848, 282; la — — et la loi du 1er juillet 1901, 284 et s.; la — — et la loi du 30 mai 1916, 287; la — — et les congrégations, 287 et s. V. Associations, Congrégations, Syndicats.

Associations, — en général (L. 1er juillet 1901), 284 et s.; développement des —, 283 et 284; personnalité juridique des —, 284 et s.; incomplète, les — ne peuvent acquérir à titre gratuit sans l'agrément du gouvernement, 285* et 286; critique de ce régime, 286; — ayant pour objet une œuvre de guerre (L. 30 mai 1916), 287 et 288; — cultuelles (L. 9 déc. 1905), 273* et s., 279 et 280; interdites par le pape Pie X, 274 et s.; — professionnelles (L. 21 mars 1884), 235 et s.; — interdites par l'assemblée de 1789, 235* et s., 283; leur développement, 62, 185, 238, 283 et 284; constituent une force politique qui doit être représentée, 53 et 54, 62 et 63. V. Représentation professionnelle, Syndicats professionnels.

Attentat à la sûreté de l'Etat, 488 et 489.

Autorité, — administrative, 115; — judiciaire, 88, 114 et 126; — politique, 14; origine de — —, 15 et s.

Budget, 477 et s.; annalité du —, 477 et s.; inconstitutionnalité de la loi du 30 juin 1923 qui a établi un budget biennal, 479 et 480; vote du — par les chambres, 199, 460, 479 et s.; — est voté par ministères et par chapitres, 481 et s.; — doit être présenté en premier lieu à la chambre, 441; initiative des députés en matière budgétaire, 442; sauf l'initiative et la priorité le sénat et la chambre ont les mêmes pouvoirs pour le vote du —, 482 et 483; refus du —, 483 et 484; à la chambre discussion sommaire du —, 483; aucune motion ne peut être déposée au cours de la discussion du —, 483; aucune interpellation ne peut y être jointe, 483. V. Crédits, Douzièmes provisoires, Loi de finances.

Bureau, — électoral, 365 et s.; — des chambres, 427 et s.; — du sénat, 428; — de la chambre des députés, 429; — de l'assemblée nationale, 573; attributions du — des chambres, 428 et s.

Bureaux des chambres, 445 et s.; — de la chambre, 445 et 446; — du sénat, 445.

But, — de l'Etat, 25, 46, 72, 86; conforme au droit, 7; — politique, 110 et 111; — de service public, 74.

Cabinet, 191* et s., 548 et s.; conseil de —, 550. V. Conseil des ministres, Ministère, Ministre, Régime parlementaire.

Candidature, déclaration de —, 381 et 390* et s.; prohibition des — multiples, 381, 390* et s.; sanction, 393; — aux élections sénatoriales, 387.

Capacités électorales, 337 et 338. V. Electoral, Régime électoral.

Cartes électorales, 364.

Cens électoral, 332 et 333, 335, 337. V. Electoral, Régime électoral.

Censure, 250 et s.; — pendant la guerre, 254 et s.; la — et l'état de siège, 256 et s. V. Presse (liberté de la).

et les places et emplois, 222 ; l' — et la propriété, 222, 293 ; l' — et le suffrage universel, 220 et 221.

Eglise catholique, 266 et 267, 271 et 272. V. Séparation des églises et de l'Etat, Union des —.

Eglises, leur situation sous le régime concordataire, 266, 276 ; leur jouissance garantie aux associations cultuelles par la loi du 9 décembre 1905, 278 ; à défaut d'association cultuelle les — sont laissées à la disposition des fidèles et des ministres du culte pour l'exercice public du culte (L. 2 janvier 1907), 278 et 279 ; voies de droit protégeant cette affectation légale, 279 et s. V. Associations cultuelles, Séparation des églises et de l'Etat, Union des —.

Electeurs, 127 et s., 327* et s. ; sont dans une situation légale ou objective, 127, 137 et s. ; — capacitaires, 337 et 338 ; — censitaires, 332, 333, 335, 337 ; — doivent être inscrits sur une liste électorale pour pouvoir voter, 344 et 345 ; — qui peuvent voter quoique non inscrits, 351 ; — qui ne peuvent pas voter quoique inscrits, 349 et s. V. Electorat, Listes électorales, Régime électoral, Suffrage universel.

Election, base de la représentation politique, 126 et 127 ; ajournement des — pendant la durée de la guerre, 351, 400 et 401 ; — des députés (L. 12 juillet 1919), 377 et s. ; — des sénateurs, 394 et s. ; — partielle, 387 ; proportionnelle, 172 et s. V. Opérations électorales, Représentation proportionnelle, Régime électoral, Majoritaire (Système).

Electorat, est-il un droit ou une fonction ou l'un et l'autre, 139 et s. ; exercice de l' —, 344 et s. ; — des femmes, 140 et s. ; histoire de l' — en France, 332 et s. ; l' — à l'étranger, 340 et s. V. Electeurs, Régime électoral, Suffrage universel.

Emprunt, 441, 476.

Enseignement, obligation pour l'Etat de donner l' —, 213, 243, 297* et s. ; l'Etat peut imposer à tous un minimum d' —, 243 et 244 ; l' — secondaire et le projet de loi de 1904, 249 et 250 ; liberté de l' —, 243 et s. ; elle comprend la liberté d'apprendre et la liberté d'enseigner, 243 et s. ; la liberté de l' — repose sur l'obligation du père d'élever ses enfants, 245 et s. ; la liberté d' — et la liberté d'opinion, 245 et 246 ; la liberté d' — et la liberté religieuse, 245, 250 ; la liberté d' — doit être réglementée, 247 et s.

Equilibre, — des éléments de puissance gouvernante existant dans un pays, 123, 130 ; — du parlement et du gouvernement, 190* et s., 195, 198.

Esclavage (Suppression et prohibition de l'), 235.

Etat, notion générale, 14 et 15 ; principe de notre théorie générale de l'Etat, 49 et s. ; origine de l' —, 15 et s. ; doctrines théocratiques, 16 et s. ; doctrines démocratiques, 18 et s. ; formation naturelle de l' —, 23 et s. ; différenciation politique, 23 et s., 56 et s. ; but de l' —, 25, 46 ; construction juridique de l' —, 26 et s. ; éléments de l' —, 28, 49* et s. ; — de droit, 26, 31 et s., 33, 103, 118, 165, 211* et 212 ; — fisc, 28 ; devoirs de l' —, 29, 31, 296* et s. ; limitation de l' — par le droit, 26, 31 et s., 32 et 33, 42, 51, 73, 97, 103, 162, 209* et s., 300 et s. ; fonctions de l' —, 25 et 26, 85* et s. ; patrimoine de l' —, 28 ; personnalité juridique de l' —, 26 ; l' — sujet de droit, 26. V. Gouvernants, Souveraineté.

Etat de siège, 229 et s. — réel, 229 ; — fictif, 230 et s. ; — ne peut en principe être déclaré que par une loi, 116, 231, 474* et s. ; quand et comment l' — peut être déclaré par le gouvernement, 230, 475 et s. ; la déclaration d' — n'est susceptible d'aucun recours contentieux, 116 ; les actes de l'autorité militaire faits sous le régime

temps de —, 510 et s. V. Commandement militaire.

Haute Cour, 485 et 486; le sénat — d'après les lois constitutionnelles de 1875, 485 et s.; juge le président de la République pour haute trahison et infraction de droit commun, 485 et 486; juge les crimes commis par les ministres dans l'exercice de leurs fonctions, 487 et 488, 563 et 564; sa compétence est facultative et préventive, 488; juge les attentats à la sûreté de l'Etat, 488 et 489; sa compétence est facultative et préventive, 489; pouvoirs du sénat —, 489 et s.; critique de l'arrêt du 16 août 1918 (affaire Malvy), 492; procédure devant la —, 493 et s.

Haute trahison, 485 et 486, 548. V. Président de la République.

Horde, 9, 14.

Impeachment, 201, 564.

Imperium, 27, 65.

Impôt, 477 et s.; — ne peut être établi que par la nation ou ses représentants, 477; — ne peut être établi que pour un an, 477 et s.; les représentants de la nation ont le droit d'en vérifier l'emploi, 478. V. Budget, Loi des comptes, Loi de finances.

Incompatibilités parlementaires, 405 et s.; différence des — et des inéligibilités, 405 et 406; — à la chambre et au sénat, 405 et s.; — du mandat de sénateur et du mandat de député, 407 et 408.

Inconstitutionnalité des lois, 218, 300 et s.; — jugée par une haute-juridiction spéciale, 302 et s.; — par les tribunaux ordinaires en France, 304 et s.; aux Etats-Unis, 304. V. Loi constitutionnelle.

Indemnité parlementaire, 409 et s.; — augmentée en 1920, 410.

Individualisme, 3, 6, 212 et s; — conséquences différentes auxquelles aboutissent la conception individualiste et la conception solidariste, 213 et 214.

Inéligibilités parlementaires, 401 et s.; différence des — et des incompatibilités, 405 et 406; — absolues, 402 et s.; — relatives, 405 et s.

Initiative, 439 et s.; — du gouvernement, 440 et s., 515; s'exerce en principe également devant la chambre et le sénat, 440 et s.; les lois financières doivent être présentées en premier lieu à la chambre, 440 et s.; — parlementaire, 442 et s.; — des députés, 443; en matière financière, 443; — des sénateurs, 444; en matière financière, 444 et 445; — implique droit d'amendement, 442; — de la revision de la constitution, 572.

Inscription sur les listes électorales, 344 et s.; — d'office, 346 et 347; — sur la demande de l'électeur, 347 et s.; — prohibition d' — multiples, 345 et 346.

Instruction. V. Enseignement.

Insurrection, question du droit à l' —, 325 et 326. V. Résistance à l'oppression.

Interdépendance sociale, 7 et s. V. Solidarité sociale.

Interpellation, 462 et s.; — peut porter sur tout objet, 462; — ne peut viser un acte personnel du président de la République ou un vote de l'autre chambre, 462; à la chambre aucune — ne peut être jointe à la discussion du budget, 483; — ouvre une discussion et aboutit au vote d'un ordre du jour, 463. V. Contrôle, Responsabilité des ministres.

Invalidation des sénateurs et des députés, 425 et s. V. Vérification des pouvoirs.

Inviolabilité du domicile, 233 et s.

Inviolabilité parlementaire, 414 et s.; on ne peut y renoncer, 415; — n'existe que pendant la session, 416; — ne s'applique pas au cas de flagrant délit, 416 et s.; — ne s'étend pas

BIBLIOTHÈQUE DE FRANCE

302, 567* et s. ; se distingue de la loi ordinaire seulement au point de vue formel, 37, 568; vote des — de 1875, 568 et s. ; fut le résultat d'une transaction, 569 et s. ; la — aux Etats-Unis, 32, 304, 567 ; la — en Angleterre, 32, 567. V. Revision.

Loi de finances, 477 et s. ; — ne peut contenir que des dispositions visant directement les recettes et les dépenses (L. 30 juillet 1913, art. 105), 483. V. Budget.

Majoritaire (Système), 60-62, 127, 172, 382.

Majorité, quand elle est nécessaire pour être élu, 370 et 371 ; — absolue, 370 et 371, 382 ; — relative, 370 ; — spéciale à l'assemblée nationale de revision, 574.

Mandat, — impératif, 154 ; est prohibé, 154 et 155 ; — représentatif, 134 et s., 137 et 138, 153* et s. V. Député (Situation du), Représentation.

Matériel (Point de vue), 88* et s., 101, 117, 121, 436, 472, 519 et 520.

Matières législatives et — réglementaires, 472 et 473, 519 et 520, 531* et s. V. Règlements.

Membres des familles ayant régné sur la France ne peuvent être élus à la présidence de la République, 499 ; — ne peuvent recevoir aucun mandat électif, 402 ; — ne peuvent entrer dans les armées de terre et de mer, 402 ; — ne peuvent exercer aucune fonction publique, 402.

Membres du parlement, 408 et s. V. Députés, Sénateurs.

Messages du président de la République, 501 ; — doivent être contresignés et lus aux chambres par un ministre, 501 ; — engagent la responsabilité ministérielle, 502.

Méthode, la même pour toutes les sciences sociales, pour le droit public et le droit privé, 43.

Militaires, ne peuvent voter quels que soient leur grade et leur emploi, 350 ; — sont inéligibles au parlement, 402.

Ministère, 197, 548* et s. ; sa composition, 553 ; elle ne peut être déterminée que par une loi, 532, 552. V. Conseil des ministres.

Ministres, 548 et s. ; caractère des — dans le régime parlementaire, 194, 196* et s., 548* et s. ; nomination des —, 550 et s. ; révocation des —, 550 et s. ; démission des —, 550 et s. ; attributions politiques des —, 557 et s. ; — ont droit d'entrée et de parole dans les deux chambres, 558 et 559. V. Responsabilité des ministres.

Ministres (Conseil des), 549 et s. ; présidé par le président de la République, 549 ; décrets pris en —. 550 ; — exerce le pouvoir exécutif pendant l'interrègne présidentiel, 500. V. Cabinet, Ministère.

Ministres sans portefeuille, 552 et 553.

Ministres des cultes, 266, 267, 271, 280, 405 et 406.

Mobilisation, 509.

Monarchie, 186 et s., 570 et 571 ; — absolue, 57 et 58, 187 et 188 ; — despotique, 187 et 188 ; — de droit divin, 16, 188, 190 ; — constitutionnelle ou limitée, 58 et 59, 188 et s., 194 ; — parlementaire, 196* et s. ; — et la conception de la souveraineté nationale, 188 et s.

Nation, 8, 9, 50* et s., 132, 145 ; formation de la —, 51 et s. ; — élément de l'Etat, 27, 51* et s. ; personnalité de la — est une fiction, 19, 50, 132, 137, 152 ; en quel sens la nation est une réalité, 54 et 55 ; il n'y a pas toujours coïncidence entre la sphère d'action des gouvernants et la nation, 55 et 56 ; la — titulaire de la souveraineté, 134 et s.

Nomination, — des fonctionnaires civils et militaires, 513 et 514 ; — des ministres, 550 et s. ; — du président de la République, 498 et s.

Opérations électorales, 261 et s. ; convocation des électeurs,

vège, 342; Prusse, 342; Suède, 342; Suisse, 341. V. Election, Suffrage universel.

Régime parlementaire, 125, 196* et s., 560 et s. V. Partis, Responsabilité politique des ministres.

Règle de droit, 10* et s., 30, 36, 42, 66, 93, 98, 211, 212; évolution de la —, 11; — fondée sur la solidarité, 10 et s.; s'impose à l'Etat, 26, 30 et s., 33, 102, 116, 162, 210* et s. V. Droit, Loi.

Règlement des chambres, 430 et s.; — n'est pas une loi, mais une résolution, 431; — s'impose seulement à la chambre qui l'a voté et à ses membres, 431 et 432. V. Discipline parlementaire, Police des chambres, Procédure parlementaire.

Règlements, 104* et s., 473, 519 et s.; — ne sont pas des actes administratifs, 104* et s., 519 et s.; — sont des actes législatifs matériels, 104* et s., 110 et 111, 519 et s.; — sont au point de vue formel des actes administratifs, 104* et s., 109 et 110, 522; — tous susceptibles de recours pour excès de pouvoir et de l'exception d'illégalité, 110, 522; autorités qui peuvent faire des —, 104, 109 et 110; il faut une disposition expresse de la loi leur donnant le pouvoir réglementaire, 110 et 111; — d'organisation, 107 et s.; ont le caractère législatif matériel, 107 et 108, 532 et s.; — de police, 106 et s., 533; ont le caractère législatif matériel, 107, 533 et s. V. Matières législatives et réglementaires, Police, Pouvoir réglementaire.

Règlements du président de la République, 105 et s., 122, 507 et 508, 519* et s.; distinction des matières législatives et réglementaires, 460 et 461, 521 et 522, 531* et s.; théories générales proposées, 519; ne peuvent être acceptées, 520 et 521; les — sont des actes législatifs matériels, 104* et s., 521; en les faisant, le

président de la République agit comme autorité administrative, 521 et s.; — sont tous susceptibles de l'exception d'illégalité et du recours pour excès de pouvoir, 521, 529; — aux colonies, 521 et s.; susceptibles de recours pour excès de pouvoir et de l'exception d'illégalité, 523; — faits sur certaines matières en vertu d'une compétence donnée par la loi, 523 et s.; sont des actes législatifs matériels, 524 et 525; ne peuvent s'expliquer par une délégation législative, 525 et 526; peuvent s'expliquer seulement par une évolution coutumière du droit constitutionnel, 525 et 526; susceptibles du recours pour excès de pouvoir et de l'exception d'illégalité, 526; — faits sur l'invitation du législateur pour compléter la loi ou — d'administration publique, 526 et s.; l'invitation du législateur n'ajoute rien au pouvoir constitutionnel du président de la République, 527 et 528; il faut écarter l'idée de délégation, 527; susceptibles du recours pour excès de pouvoir et de l'exception d'illégalité, 529; — spontanés pour compléter une loi, 122, 529 et s.; c'est l'exercice d'un pouvoir constitutionnel, 530; son étendue, 530; susceptibles du recours pour excès de pouvoir et de l'exception d'illégalité, 530; — autonomes ou ne se rattachant à aucune loi, 531 et s.; ne peuvent s'expliquer que par la coutume, 531 et s.; portent seulement sur le fonctionnement des services publics et la police, 531; — relatifs au fonctionnement des services publics, 532 et 533; — à la police, 533 et s.; sanction pénale des —, 534; — sur la police de la circulation, le code de la route, 534 et 535; — dits de nécessité, 539 et s.; leur différence avec les actes de gouvernement, 539 et 540; sont susceptibles de recours, 539 et 540; faits sur des matières législatives pendant la guerre, 204

— à raison des services publics, 80.

Responsabilité des fonctionnaires, 80 et 81, 564.

Responsabilités des ministres, 196 et 197, 467 et s., 560* et s.; — politique et solidaire, 190, 201 et s., 461* et s., 560* et s.; s'exerce devant le sénat comme devant la chambre avec la même sanction, 470* et s., 563; est l'élément essentiel du régime parlementaire, 202; — individuelle ou administrative, 460, 562*; — pénale, 486 et 487, 563* et 564; compétence de la haute cour et des tribunaux de droit commun, 486 et 487; — civile envers l'Etat, 469, 564* et s.; compétence des tribunaux judiciaires, 560; civile envers les particuliers, 564. V. Contrôle des chambres sur le gouvernement, Régime parlementaire.

Responsabilité du président de la République, — pour infraction de droit commun, 486 et 487; — pour haute trahison, 486 et 487, 547 et 548. V. Haute cour.

Réunion, différence avec l'association, 240 et 241; liberté de —, 240 et s.; interdiction des — sur la voie publique, 241; — cultuelle, 278; — électorale, 371 et 372; suppression de la déclaration préalable pour toute espèce de —, 242.

Revision des listes électorales, 351 et s. V. Listes électorales.

Revision des lois constitutionnelles, 439, 571* et s.; — générale et illimitée est toujours possible, 571, 574* et s.; l'assemblée nationale de — peut même changer la forme du gouvernement, 575 et s.; initiative de la —, 572; la forme républicaine du gouvernement ne peut faire l'objet d'une proposition de —, 575. V. Assemblée nationale.

Révocation des ministres, 550 et s.

Royauté. V. Monarchie.

Sanction du droit, 44; — du droit privé, 45; — du droit public, 45 et s.

Scrutin, — d'arrondissement, 172 et s., 179, 337, 377* et s.; — de département, 172, 333, 377; — uninominal, 171 et s., 377* et s.; — de liste, 171 et s., 333 (L. 12 juillet 1919), 377 et s.; — Loi du 12 juillet 1919 établissant le — de liste, 174; liberté du —, 364 et s.; secret du —, 364 et s.; sincérité du —, 364 et s.; — pour les élections dans les chambres, 428; — public dans les chambres, 455. V. Opérations électorales, Vote.

Séances des chambres, 450 et s.; publicité des —, 451; lieu des —, 452 et 453; date des —, 453. V. Comité secret, Ordre du jour, Paris.

Secrétaire, — du bureau électoral, 346; — des chambres, 428, 430; — du sénat sont — de l'assemblée nationale, 573. V. Bureau des chambres.

Sénat, 167, 183, 394* et s.; sa composition d'après les lois de 1875, 395 et s.; sa réforme en 1884, 396 et s.; suppression des sénateurs inamovibles, 396; composition actuelle du —, 397; — se renouvelle par tiers tous les trois ans, 398 et 399; — constitué en haute cour de justice, 485 et s., 470* et s.; pouvoir du — en matière financière, 439 et 440, 482 et 483; — a les mêmes pouvoirs de contrôle que la chambre avec la même sanction, 460, 470* et s., 563; bureau du —, 427 et s.; bureaux du —, 445; — conservateur de l'an VIII et de 1852, 304. V. Haute cour, Responsabilité des ministres.

Sénateurs, caractère, 154, 408* et s.; — sont dans une situation légale ou objective, 127; — inamovibles, 395 et 396; suppression des — inamovibles, 396; élection des —, 394 et s.; démission des —, 408; déchéance des —, 409; durée du mandat des —, 399; prérogatives des —, 408 et s.; —

volonté commandante, 82; origine de la —, 15 et s.; — conçue comme droit subjectif, 82; — pouvoir illimité, 83; — pouvoir indépendant, mais limité, 83 et 84; — inaliénable et imprescriptible, indivisible, 83* et 84, 156 et 157, 164 et 165, 167. V. Etat, Puissance publique, Séparation des pouvoirs.

Souveraineté nationale, 18 et s., 54 et s.; — n'existe pas en réalité, 19 et 20, 54* et s., 64 et 65. V. Volonté nationale.

Suffrage, — égalitaire, 328; — plural, 336, 341; — direct et indirect, 170* et s., 333; — à deux degrés, 21 et 22, 170* et s., 332 et s.; — restreint, 21 et 22; — universel, 20 et s., 60 et 61, 138, 140 et s., 327* et s.; son établissement en France, 331 et s.; dans la constitution de 1848, 338; restreint par la loi du 31 mai 1850, 339; rétabli le 2 décembre 1851, 340; le — universel à l'étranger, 340 et s. V. Femmes, Régime électoral.

Sûreté, 217 et s., 229, 301 et 302, 320* et s.

Suspects (Loi des), 239.

Syndicats professionnels, 54, 99, 169, 235* et s., 283; leur développement, 62, 185, 238, 283 et 284; leur force politique, 62 et 63, 169, 185; peuvent acquérir librement à titre gratuit (Loi 12 mars 1920), 237, 287. V. Associations professionnelles, Représentation professionnelle.

Territoire, considéré comme élément de l'Etat, 27, 51, 70* et s.; — limite de l'action des gouvernants, 71.

Théocratie. V. Doctrines théocratiques.

Traités, négociation et ratification, 544 et s.; par le président de la République, 544 et s.; cas où l'autorisation du parlement est nécessaire pour la ratification, 545; rôle du parlement en pareil cas, 545 et 546. V. Président de la République (attributions diplomatiques), Ratification.

Travail, liberté du —, 235 et s.;

obligation pour l'Etat de procurer du — à tous, 214, 220, 296* et s.

Tumulte dans les chambres, 433.

Tyrannicide, 323.

Union des églises et de l'Etat, 264 et s.; critique du système, 266 et s.; — était en contradiction avec la laïcité de l'Etat, la liberté religieuse et l'évolution de l'église catholique, 266 et s. V. Concordat, Séparation des églises et de l'Etat.

Urgence, déclaration d'—, 454; procédure d'extrême — en temps de guerre, 454 et s.; déclaration d'— de la promulgation, 517.

Vérification des pouvoirs, 425* et s.; chaque chambre a la — de ses membres, 426 et s.; la — a un caractère juridictionnel, 426 et 427. V. Corruption électorale, Invalidation.

Versailles, siège de l'assemblée nationale qui élit le président de la République, 498; — de l'assemblée nationale de revision, 573.

Veto, populaire, 148 et 149; — populaire de la constitution de 1793, 91, 150; — présidentiel, 198, 517* et 518. V. Referendum.

Volonté, déclaration de —, 72; — des agents publics, 124, 136; — des organes de l'Etat, 124, 133* et s.; — des gouvernants, 63* et s., 72; — du législateur, 98; n'a pas et ne peut pas avoir le caractère de volonté commandante, 63* et s., 69, 72, 98; — des particuliers, 72.

Volonté nationale, n'existe pas en réalité, 19* et s., 24, 54. V. Souveraineté nationale.

Vote, obligatoire, 142 et 141; — double ou plural, 336, 341; prohibition du — multiple, 348 et 349; liberté du —, 364 et s.; secret du —, 364 et s.; sincérité du —, 364 et s.; recensement des —, 368 et s.; — direct des lois par le peuple, 147 et s.; — dans les chambres, 454 et s.; formes du —, 454 et s.; — public, 455.

40.349. — Bordeaux, Imprimerie Cadoret, 17, rue Poquelin-Molière.

BIBLIOTHÈQUE
FRANCE

40.349. — Bordeaux, Imprimerie Cadoret, 17, rue Poquelin-Molière

E. de BOCCARD, Éditeur, 1, rue de Médicis, Paris-Vᵉ.

EN VENTE :

Barthélemy RAYNAUD
Professeur à la Faculté de droit de l'Université d'Aix-Marseille.

MANUEL DE LÉGISLATION INDUSTRIELLE

L'auteur a particulièrement songé à tous ceux qui, dans les divers domaines, industriel et commercial, sont par leur vie quotidenne en contact avec la législation du travail : les textes en vigueur sont cités avec les indications pratiques indispensables, les sommaires des principales directives de la jurisprudence, avec table spéciale, complètent heureusement l'ensemble de ce manuel qui constitue pour tous, étudiants et hommes d'affaires un instrument pratique de premier ordre.

Un fort volume in-16......................... **15 francs.**

Félix MOREAU
Professeur de droit administratif à l'Université d'Aix-Marseille.

MANUEL DE DROIT ADMINISTRATIF

Un fort volume in-16......................... **16 francs.**

Jules VALÉRY
Professeur à la Faculté de droit de Montpellier.

MANUEL
DE
DROIT INTERNATIONAL PRIVÉ

Un fort volume in-16......................... **16 francs.**

40.349. — Bordeaux, Imprimerie Y. Cadoret, 17, rue Poquelin-Molière.

www.ingramcontent.com/pod-product-compliance
Lightning Source LLC
Chambersburg PA
CBHW070238290326
41929CB00046B/1836